广西统计年鉴

STATISTICAL YEARBOOK OF GUANGXI

1994

广西壮族自治区统计局 编

中国统计出版社

(京)新登字041号

图书在版编目(CIP)数据

广西统计年鉴 1994/广西壮族自治区统计局编
北京：中国统计出版社，1994·8
ISBN 7-5037-1556-1

Ⅰ.广…
Ⅱ.广…
Ⅲ.统计资料-广西-1994-年鉴
Ⅳ.C832.67-54

广西统计年鉴
1994
中国统计出版社出版
(北京复外三里河月坛南街38号)
广西区茅桥印刷厂印刷
*
787×1092毫米 16开本 35印张 4彩页 95万字
1994年8月第一版 1994年8月 第一次印刷
印刷数：1-2000册

ISBN 7-5037-1556-1/C·897
定价：40元

热 烈 庆 祝

中华人民共和国成立四十五周年

暨改革开放十五年

中共广西壮族自治区党委副书记

刘明祖 **题词**

大興實事求是之風
重視統計基礎工作

劉明祖

中共广西壮族自治区党委副书记

丁廷模 **题词**

统计年鉴是了解广西社会经济的一个重要窗口。

丁廷模

一九九四年九月

●广西特产

神蜉酒

位于桂东南的广西浦北酒厂是建于1974年的国营综合企业，占地面积9.25万平方米，具有液体曲连续发酵工艺和传统大曲、小曲发酵工艺及设备。主要生产各种动植物滋补保健酒和饮料等十多个产品，其中小锅醇米酒、神蜉酒、墨糯酒和糯米酒多次在国内国外获奖。

广西特产——神蜉酒经国家卫生部批准为新资源产品，它选用大黑蚂蚁、桂元肉等名贵原料，经先进工艺精制而成，产品具有原汁、原色、原味和多功能的营养滋补疗效。神蜉酒投放市场后，得到广大消费者的欢迎，畅销两广、北京和上海等地，部分出口美国、日本、香港、澳门等国家和地区。1992年神蜉酒获得美国匹兹堡第八届发明与产品博览会金奖后，至今连续获国际国内九项金奖。

经过扩建技改，神蜉酒年产已达1000吨，而且，我厂还将继续投资进行第二期工程，建成后神蜉酒年产量将扩大一倍。

▲单位名称：广西浦北酒厂
▲地　　址：广西浦北县城
▲邮政编码：535300
▲电话号码：(07894)213831　213671

厂长　王福东

广西浦北卷烟厂地处北部湾畔，北靠玉林
路，南临钦州、北海、防城港，是中国烟草总公
定点卷烟生产厂家。

该厂建于 1974 年，花园式的厂区占地面
13.3 万多平方米，实际生产能力年产可达十
万大箱。

近几年来，浦北卷烟厂根据中国烟草总公
关于提高卷烟档次，提高卷烟单箱税利精神，
质量，创牌子，使单箱税利成倍增长。新开发
“北部湾”、“南珠”、“神通”香烟，采用了新技术
新工艺，新配方和进口包装技术，从口感到装
都有了新的突破，产品已销往区内外十几个
市，深受市场和消费者欢迎。

▲“北部湾”给您带来一个新的感觉
▲“南　珠”赐予您一个美的享受
▲“神　通”但愿您一帆风顺，路路畅通

该厂开发和引进国外先进包装技术及设备。

国家烟草专卖局副局长关政林（左三）广西区烟草专卖局
邓家 珍（左二）到浦北卷烟厂生产车间检查指导。

浦北卷烟厂新厂房大楼

▲单位名称：广西浦北卷烟厂
▲地　　址：广西浦北县小江镇环
▲邮政编码：535300
▲电话号码：212930　212253
▲厂　　长：王福东

企业介绍

广西浦北制药厂

法人代表:阮传明　　　　电话号码:212976

地　　址:广西浦北县小江镇　　　　邮政编码:535300

经营范围:ATP、穿心莲、板兰根等

浦北县张黄糖厂

法人代表:林智行　　　　电话号码:638311

地　　址:广西浦北县张黄镇　　　　邮政编码:535319

经营范围:白砂糖、赤砂糖、酒精等生产与销售

浦北县生物药厂

法人代表:谢超有　　　　电话号码:212320

地　　址:广西浦北县西滨南路2号　　　　邮政编码:535300

经营范围:生物农药、农用根瘤菌生产与销售

浦北县印刷厂

法人代表:张庆林　　　　电话号码:213709

地　　址:广西浦北县小江镇　　　　邮政编码:535300

经营范围:铅印零件印刷、彩印、胶印商标印刷

广西浦北县减速机厂

厂　　长:陈家旺　　　　电话号码:211127　212708

地　　址:广西浦北县城　　　　邮政编码:535300

开户银行:浦北县工商行　　　　帐　　号:102210000288

我厂是生产"X"系列摆线针轮减速机的专业工厂。其摆线针轮减速机采用行星式传动原理及摆线针齿啮合结构,具有减速比大,传动效率高,体积小、寿命长、噪音低、密封性好、通用性广的特点。产品经上海交通大学两次测定,均达到部级标准。该产品可广泛用于冶金矿山、石油化工、起重运输、轻工纺织、食品及医药等行业。产品型号规格有:立式机座〈XLD、XL〉,卧式机座〈XWD、XW〉,双级〈XWED、XLED〉,减速比一级有11～59、双级121～1003。此外,还可根据用户需要,另行设计制造。我厂竭诚为用户提供优质服务,出厂产品实行三包,欢迎广大用户来人来函订购。

浦北县罐头厂

法人代表:许清辉　　　　　　　　电话号码:768316
地　　址:广西浦北县寨圩镇　　　　邮政编码:535312
经营范围:罐头食品制造与销售

浦北县饲料公司

法人代表:冷　雄　　　　　　　　电话号码:212401
地　　址:广西浦北县小江镇56号　　邮政编码:535300
经营范围:颗粒饲料生产与销售

浦北县林业局木材加工厂

法人代表:石昌斌　　　　　　　　电话号码:212400
地　　址:广西浦北县解放北路49号　　邮政编码:535300
经营范围:刀座、刀柄等木制品生产与销售

广西浦北县对外经济贸易总公司

总 经 理:陈铭椿　　　　电话号码:(07894)211688　212436
地　　址:广西浦北县小江镇
邮政编码:535300　　　　传　真:(07894)211868　　电　挂:1120

我公司是浦北县唯一的对外贸易企业,年贸易额8000万元至1亿元人民币,是目前浦北县较大型的全民所有制企业。

总公司下辖16个独立核算企业,主要经营皮革、皮件制品、粮油食品、纺织品、轻工、工艺品、土畜产品、五金矿产、化工、机械、仪器、医药、交电、建材、技术、包装品、高新尖产品。

经营方式是进出口、代理进出品、联营、补偿贸易、来图来料来样加工、购销、调拨。

本公司资金实力雄厚,目前已与世界50个国家和地区及国内大批客户建立了友好的业务往来,我们热诚欢迎国内外客商与我们建立友好业务联系,本公司的宗旨是:信誉第一,顾客至上。

编者的话

《广西统计年鉴—1994》是一部较系统、全面反映广西社会和经济发展的大型资料性工具书。总体内容包括文字部份、统计图和统计数据资料等。

文字部份，主要表述新中国成立以来，特别是党的十一届三中全会以来广西社会和经济发展变化情况。

统计数据资料，除1993年度的统计数据资料外，还精选部分重要指标分列历年一条龙数据，或以1978年为起始年。目的在于反映新中国成立和改革开放以来广西的成就。当然，有些指标统计的起始年份不一，也只能实事求是取列年份。这部分资料，共开辟21个篇章，即：行政区划和自然资源；综合；人口；劳动力和职工工资；固定资产投资；能源原材料消费与库存；地方财政；物价；人民生活；城市概况；农业；工业；建筑业；交通运输邮电通讯业；批发零售贸易和餐饮业；对外经济贸易和旅游业；金融、保险业；教育、科技及文化事业；体育、卫生及其他；各地、市、县基本情况；附录。附录根据《中国统计年鉴》整理汇编。

在编辑过程中，得到有关单位的大力支持，我们衷心感谢。

一九九四年七月于南宁

目　录

广西

主要社会经济指标占全国的比重(%)

·1993

土地面积	2.5
总人口	3.7
职工人数	2.3

国内生产总值	2.5
第一产业	4.0
第二产业	2.0
第三产业	2.4

粮食	3.3
油料	2.0
甘蔗	30.2

原　煤	1.1
发电量	2.1
木　材	5.3
水　泥	4.0
化　肥	2.1
化学农药	1.7
糖	31.5

财政收入	2.6
社会消费品零售总额	2.6
外贸出口额	1.4
城乡居民储蓄存款余额	2.8
职工工资总额	2.4

货运周转量	1.7
客运周转量	3.7
邮电业务总量	1.7

全社会固定资产投资	2.4
其中:国有单位	2.0
集体单位	1.8

国有企事业单位科技人员	3.6
高等学校在校学生	2.0
卫生技术人员	2.7

各地区年平均气温

(1993 年)

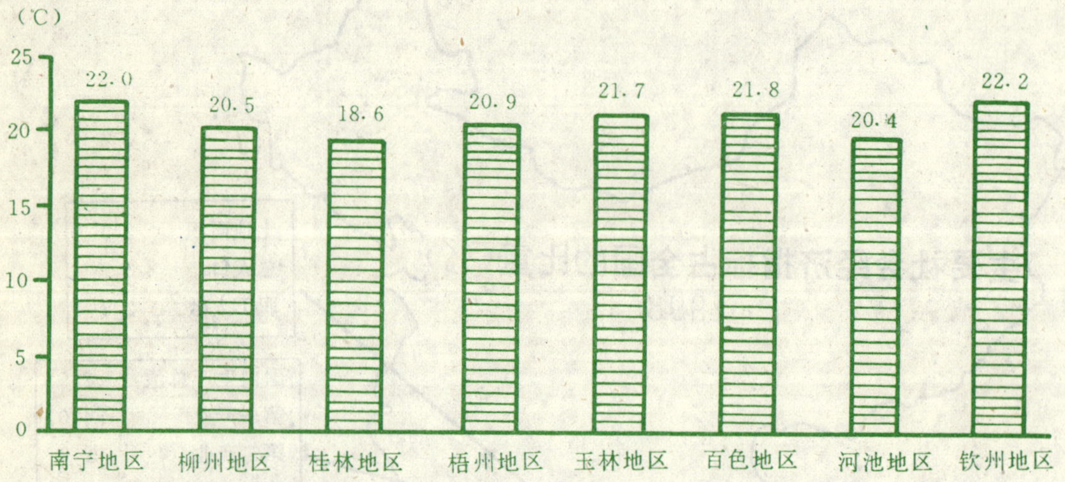

各地区年降水量

(1993 年)

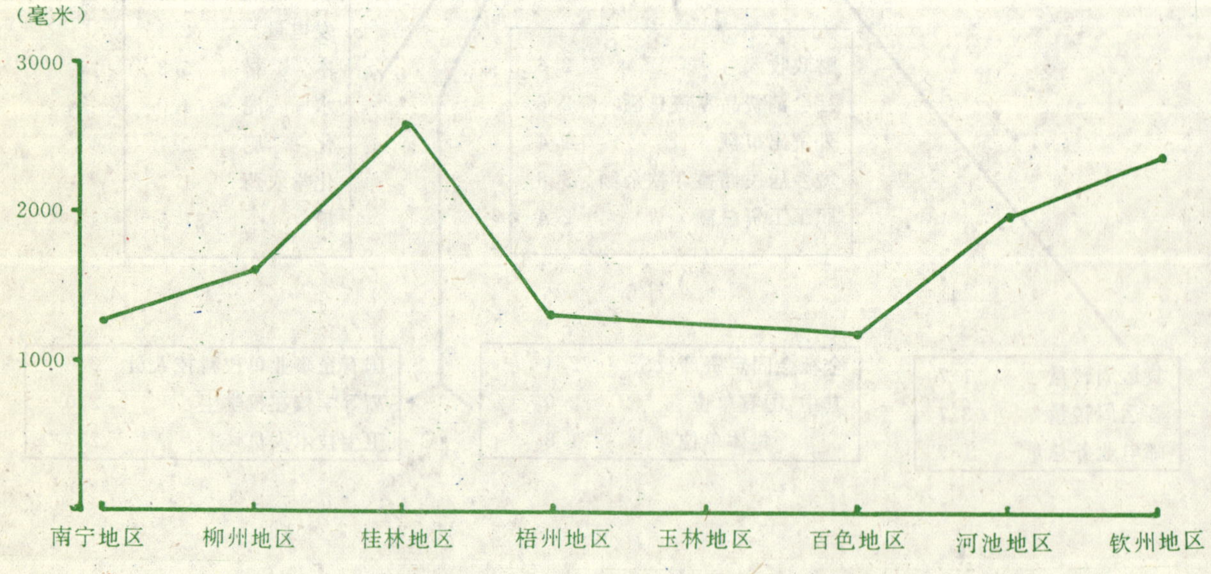

国内生产总值及构成

绝对数(当年价,亿元)

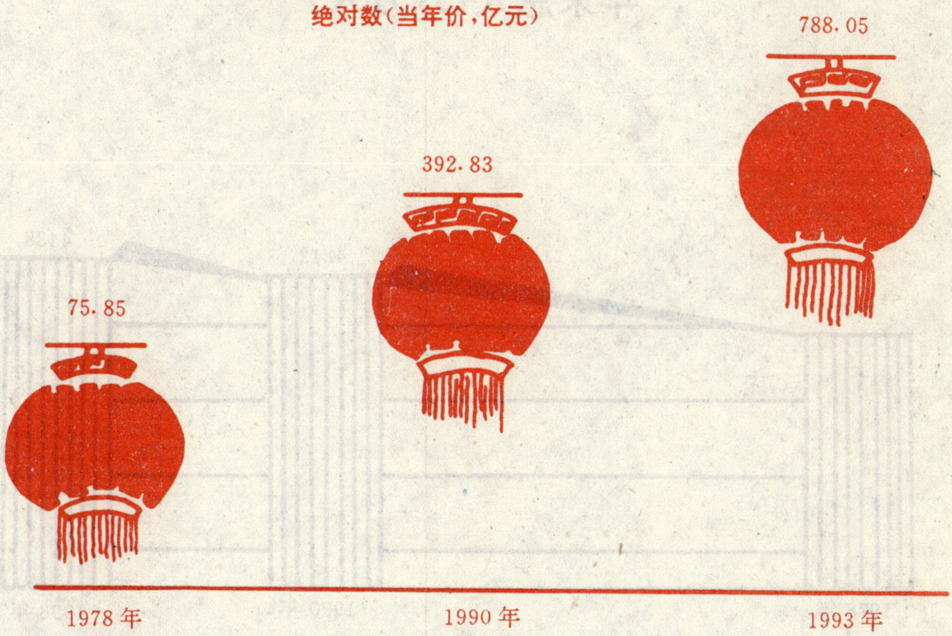

构成(%)

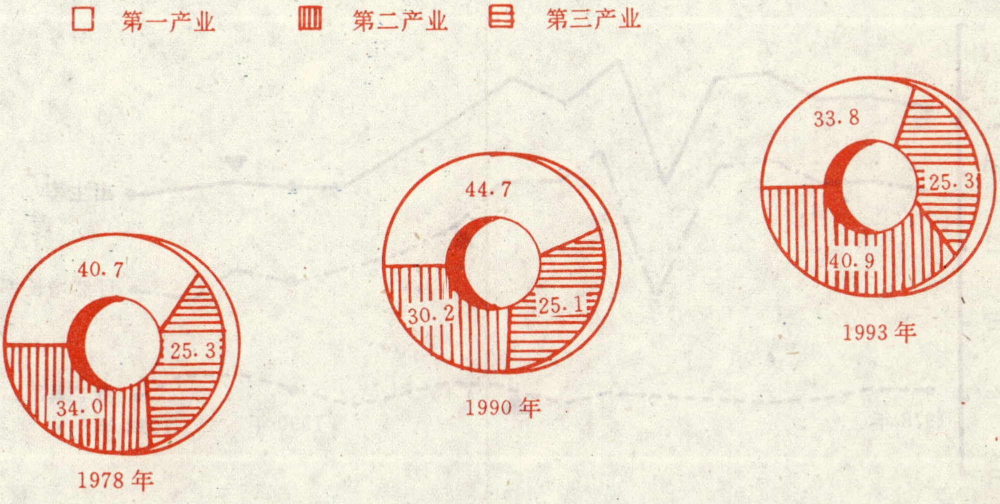

年末总人口(万人)

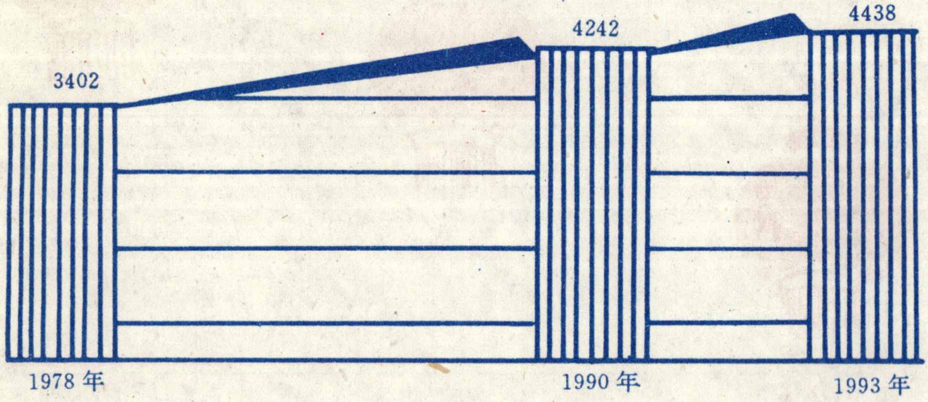

人口自然变动(‰)

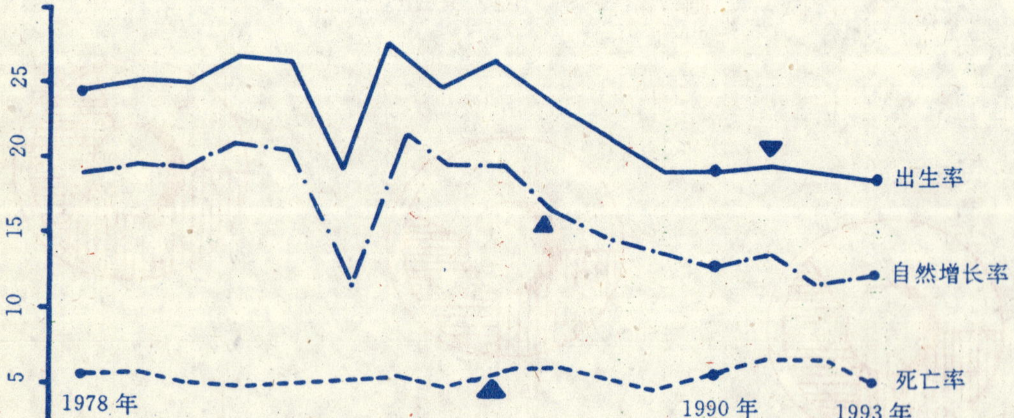

劳动力资源总数（万人）

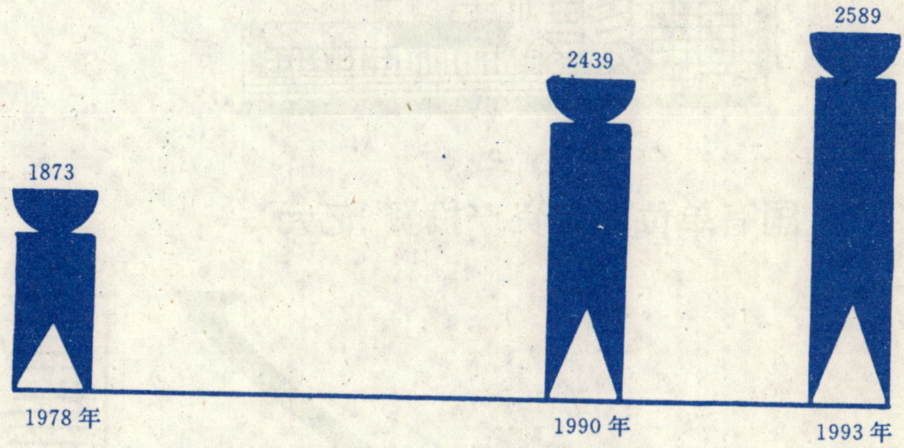

全部职工平均工资（元）

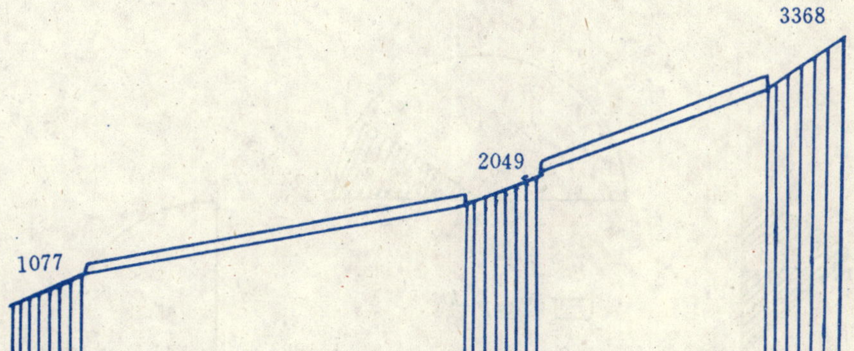

国有单位固定资产投资(亿元)

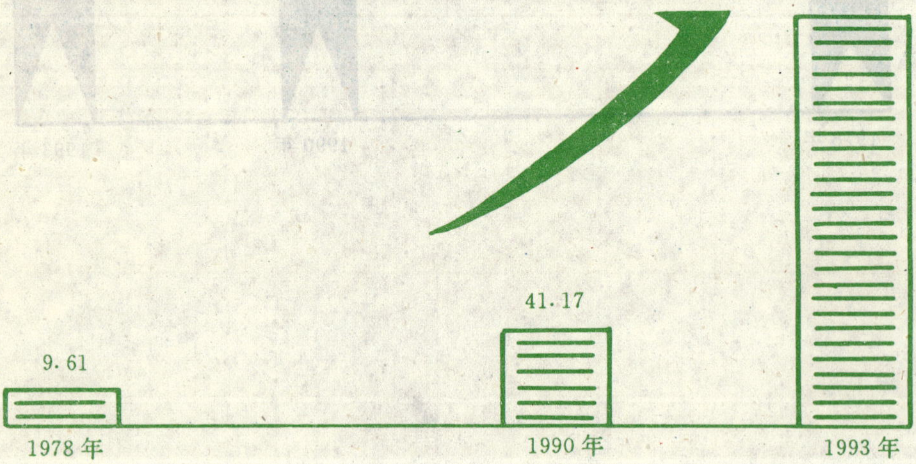

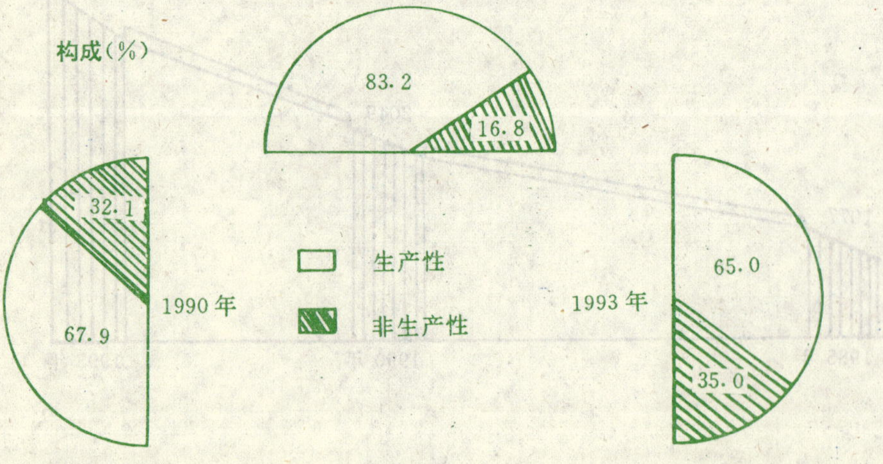

国有单位建筑业劳动生产率(元/人)

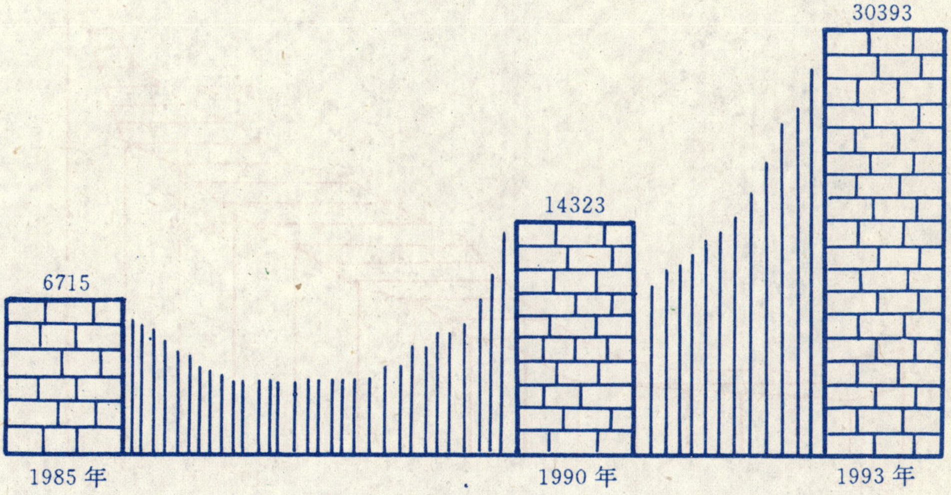

国有单位建筑业利税总额(万元)

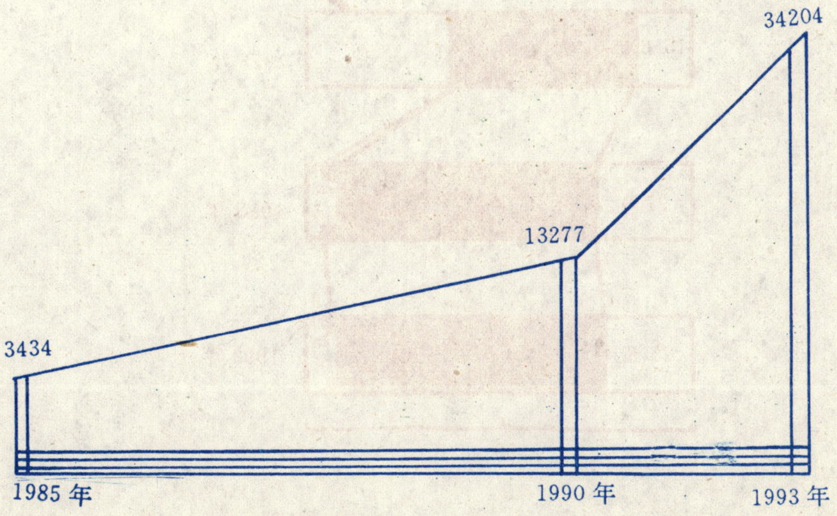

地方财政收支(亿元)

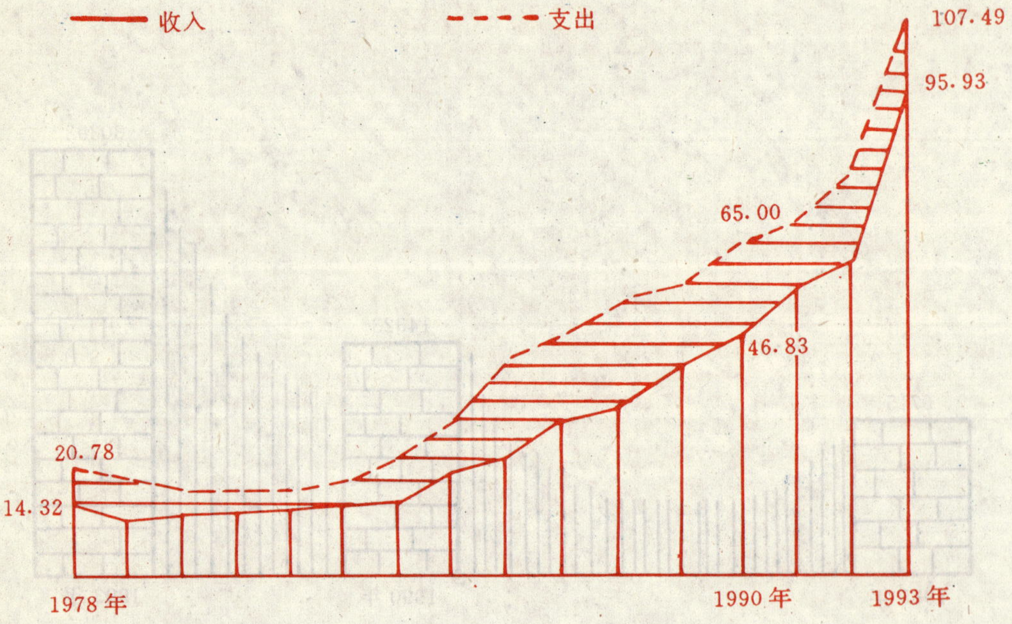

收入
支出
107.49
95.93
65.00
46.83
20.78
14.32
1978年
1990年
1993年

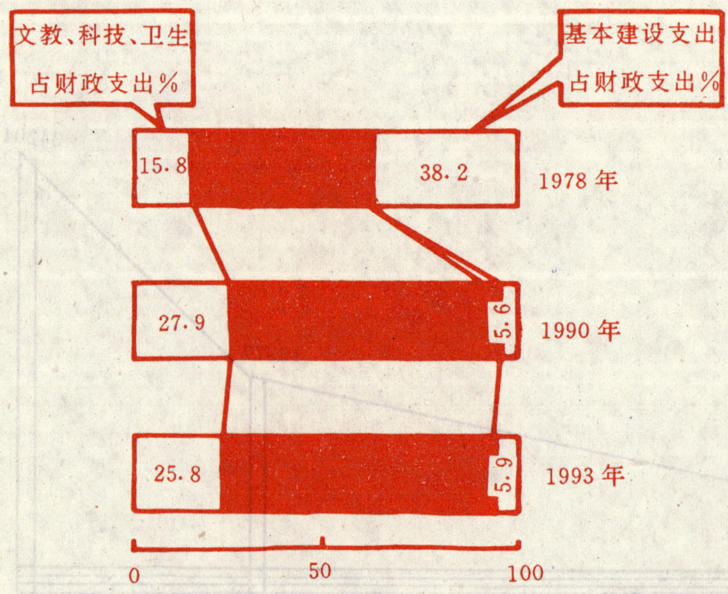

文教、科技、卫生
占财政支出%
基本建设支出
占财政支出%
15.8
38.2
1978年
27.9
5.6
1990年
25.8
5.9
1993年
0
50
100

城乡居民储蓄存款余额（亿元）

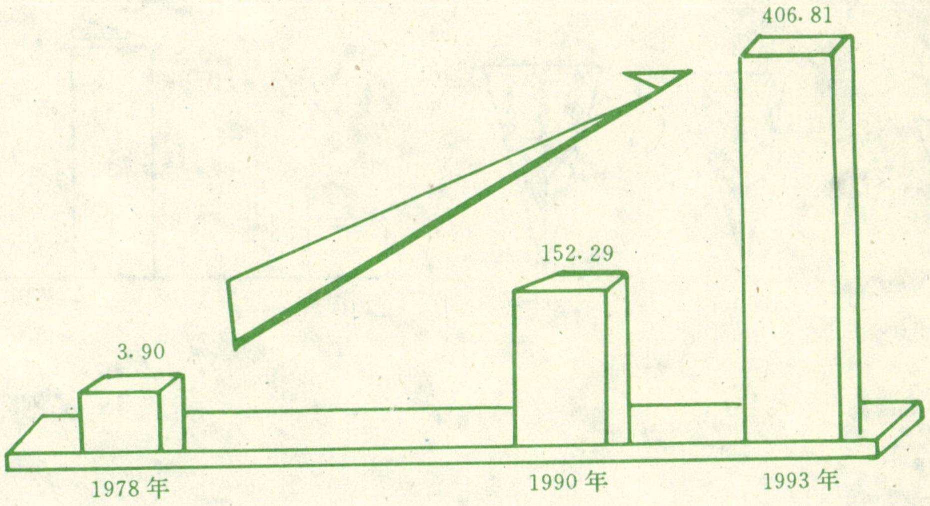

保费收入（万元）

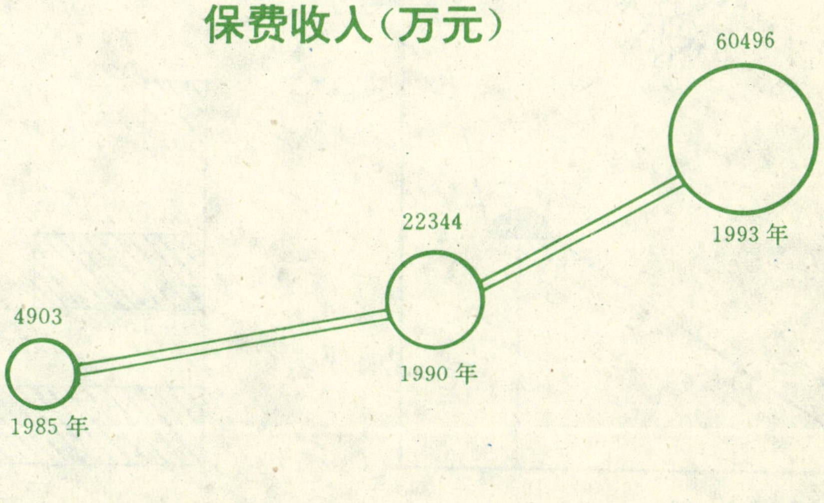

粮食(万吨)

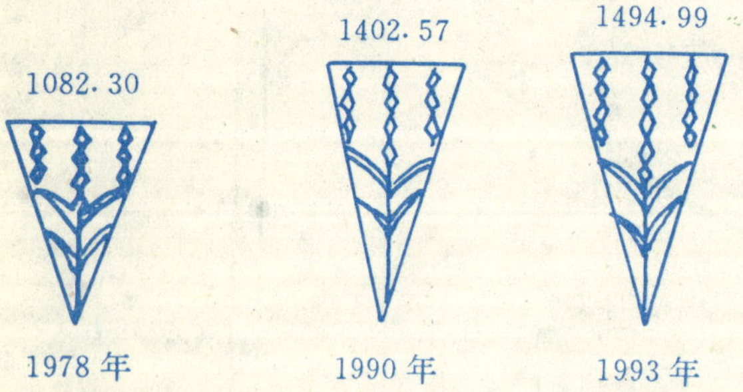

甘蔗(万吨)

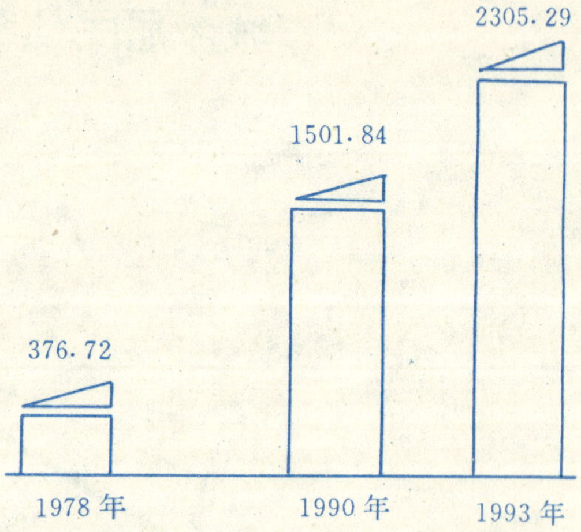

水果(万吨)

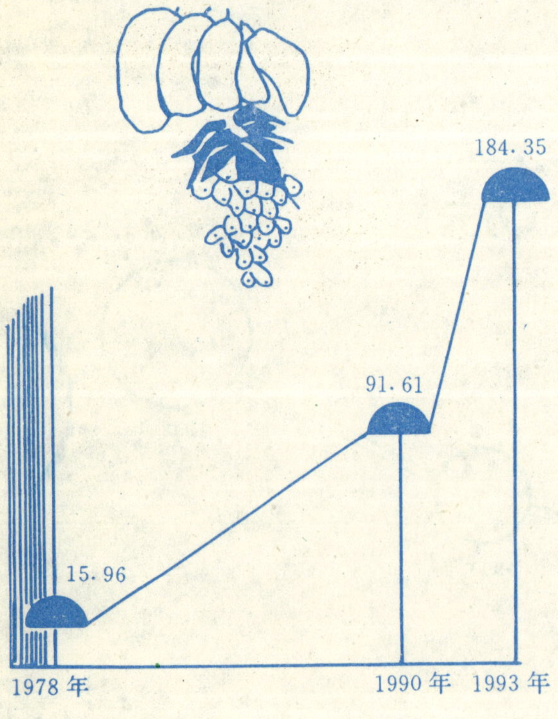

水产品(万吨)

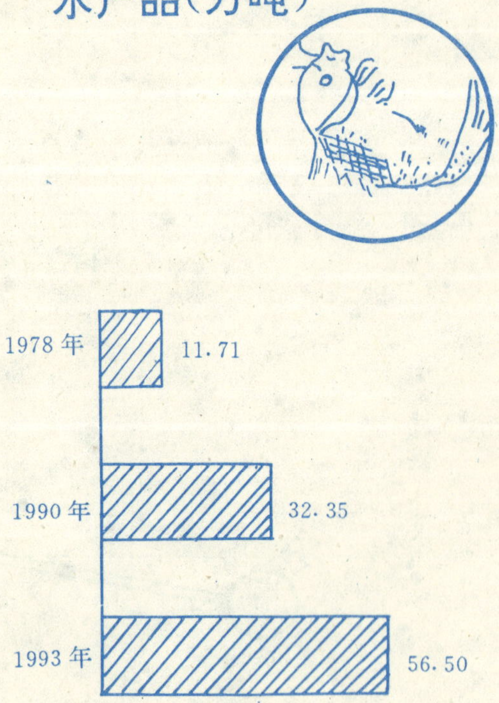

原　煤（万吨）

糖（万吨）

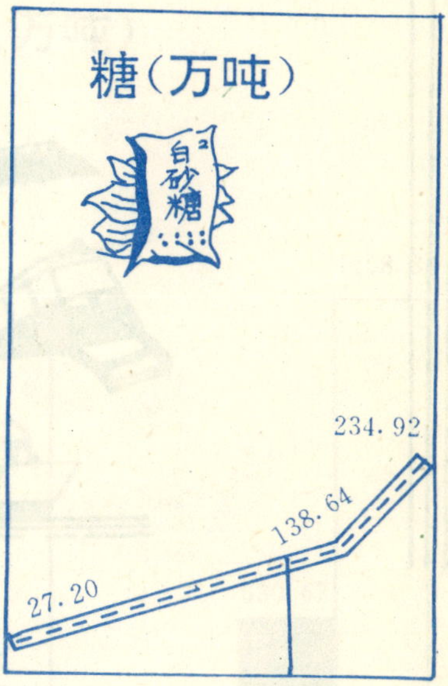

主要工业产品产量

发电量（亿千瓦小时）

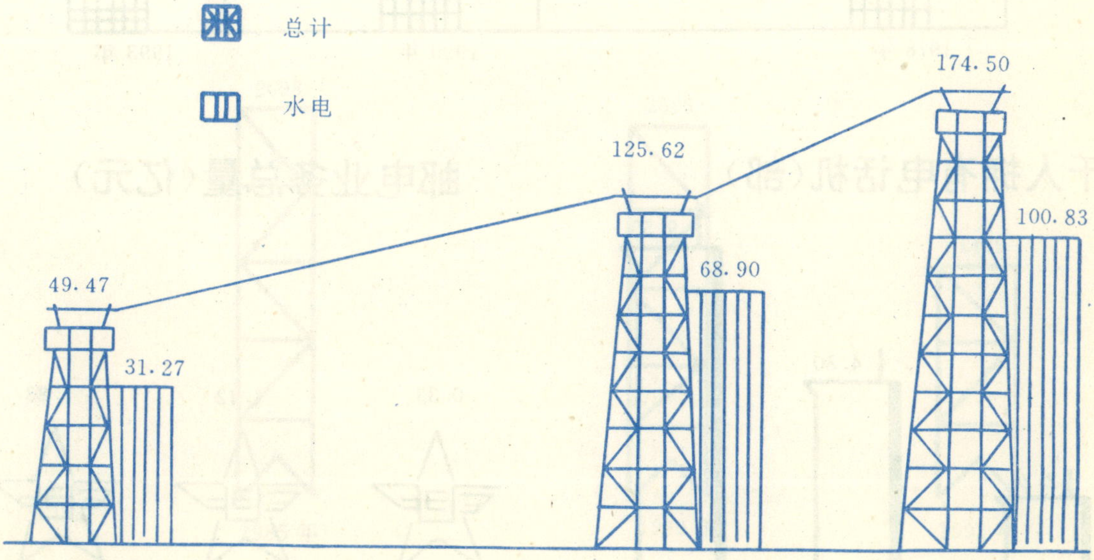

社会消费品零售总额及构成

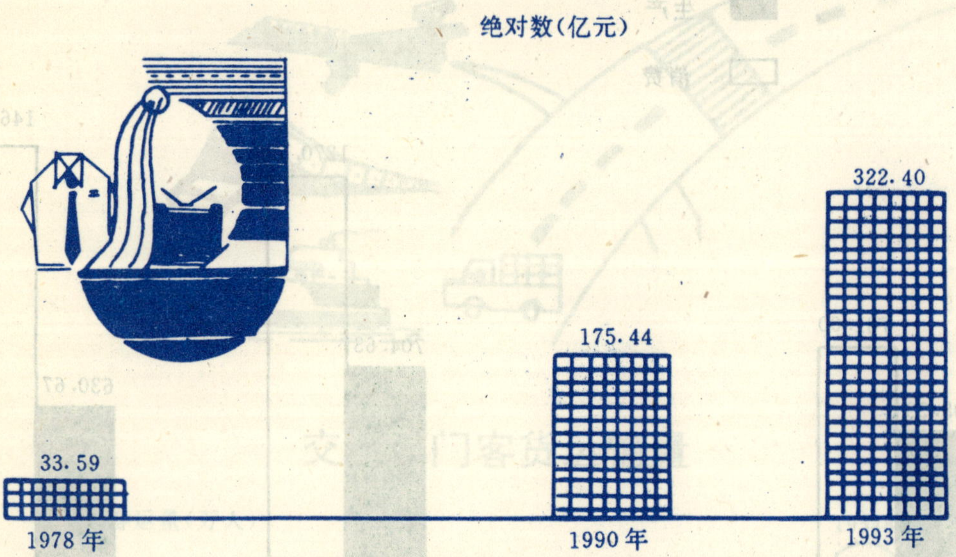

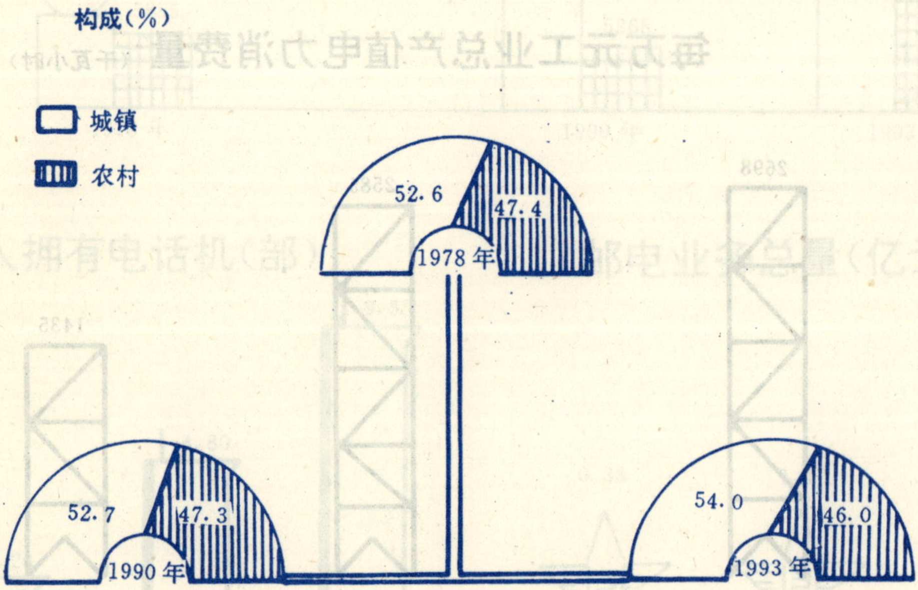

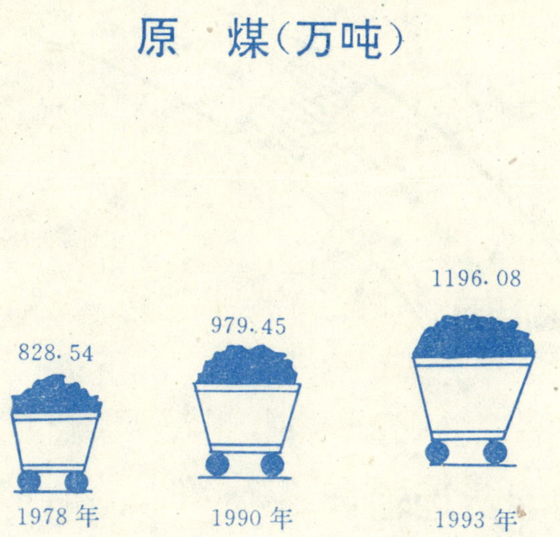
原　煤（万吨）
828.54
979.45
1196.08
1978 年
1990 年
1993 年

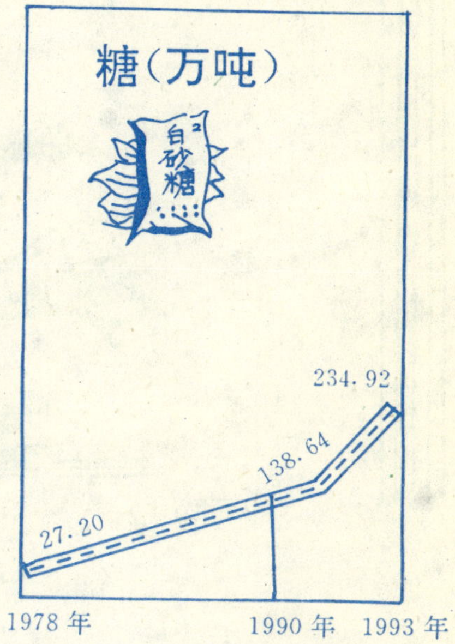
糖（万吨）
白砂糖
27.20
138.64
234.92
1978 年
1990 年
1993 年

主要工业产品产量

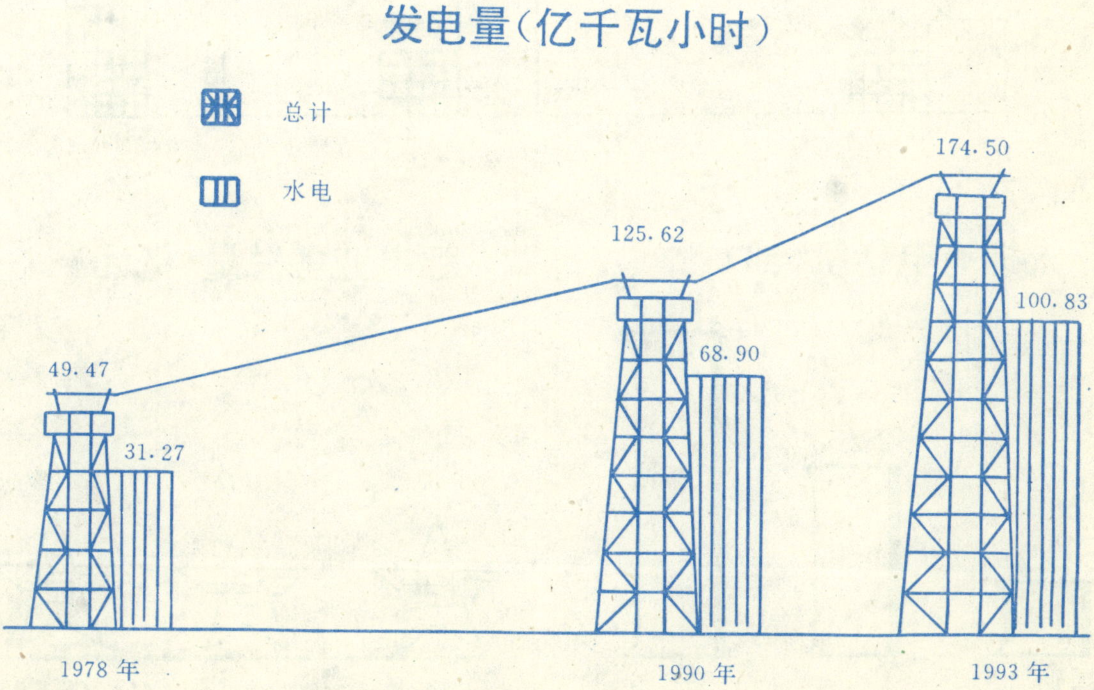
发电量（亿千瓦小时）
总计
水电
49.47
31.27
125.62
68.90
174.50
100.83
1978 年
1990 年
1993 年

交通部门客货运输量

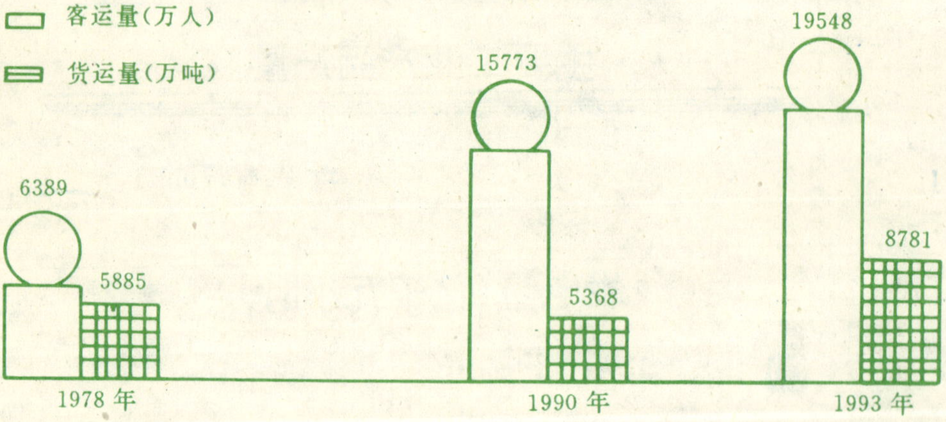

每千人拥有电话机(部)

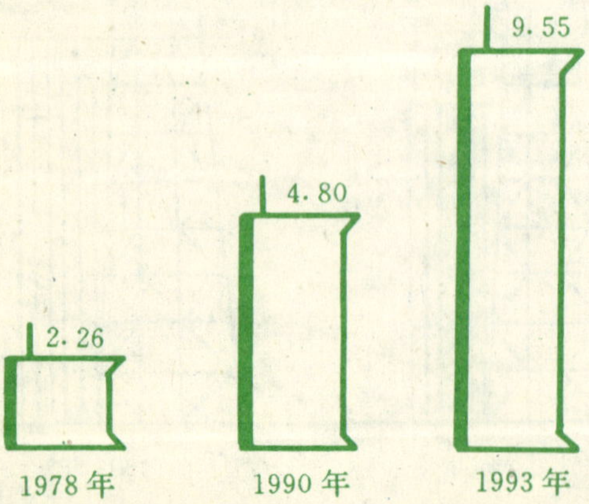

邮电业务总量(亿元)

能源生产消费总量（万吨）

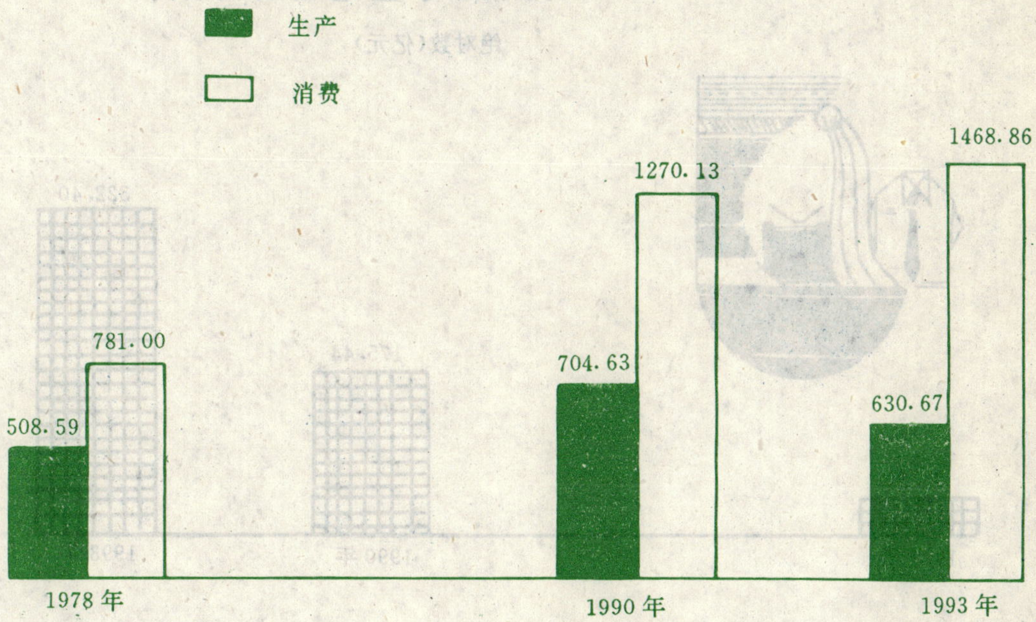

每万元工业总产值电力消费量（千瓦小时）

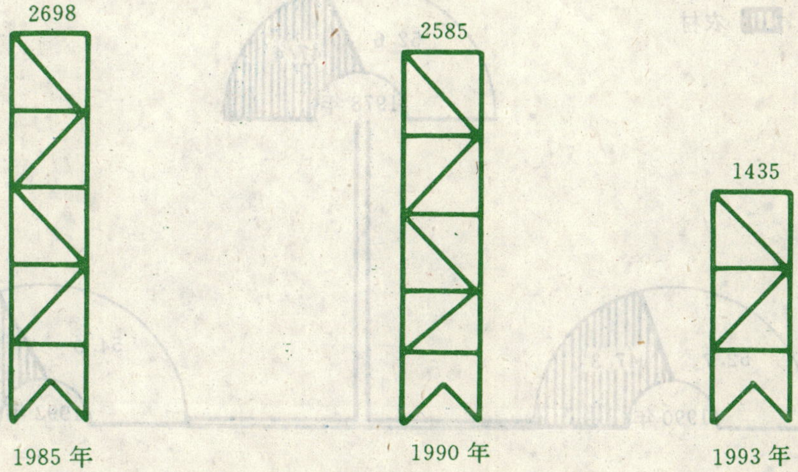

社会消费品零售总额及构成

绝对数(亿元)

构成(%)

外贸进出口总额(亿美元)

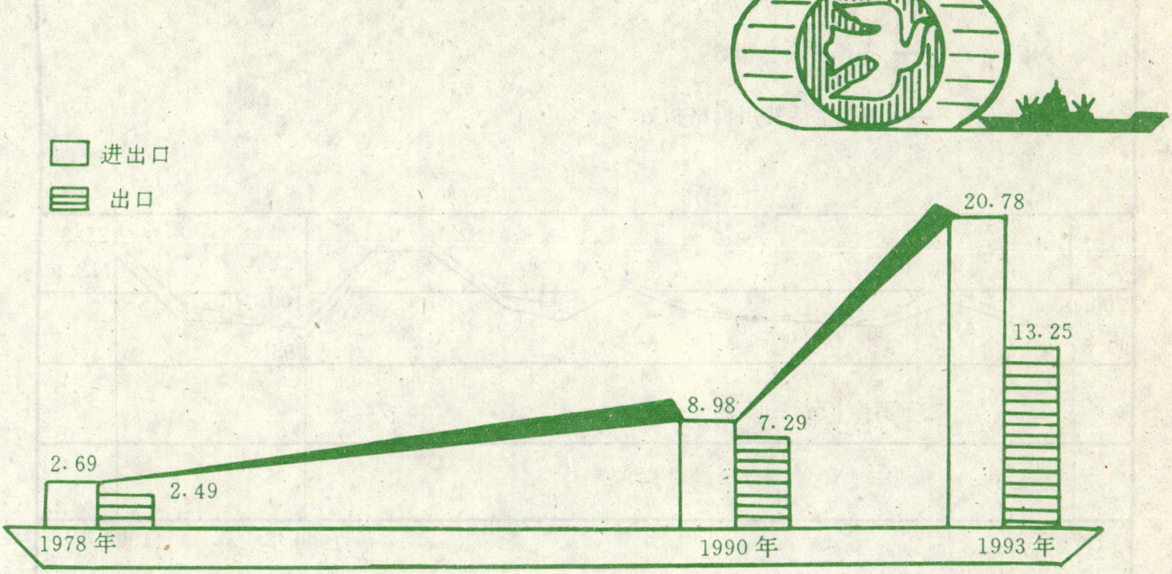

广西旅游

接待国际旅游者人数(万人次)

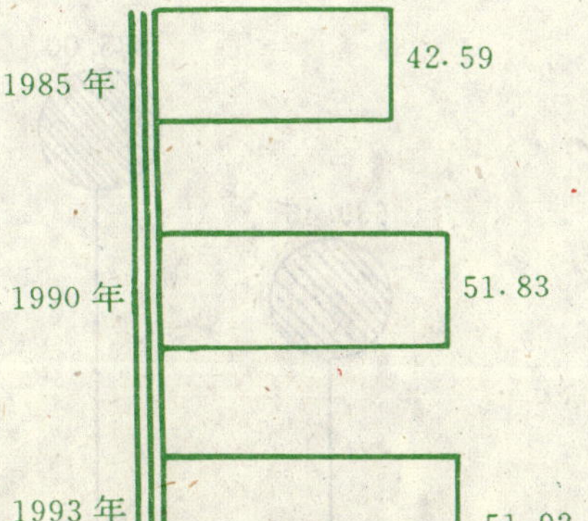

旅游外汇收入(万元)

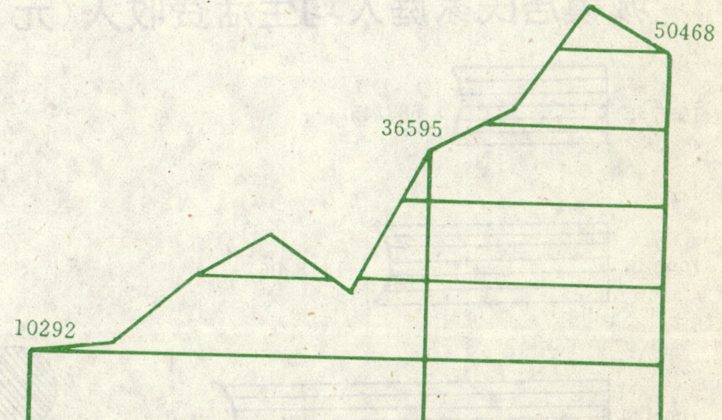

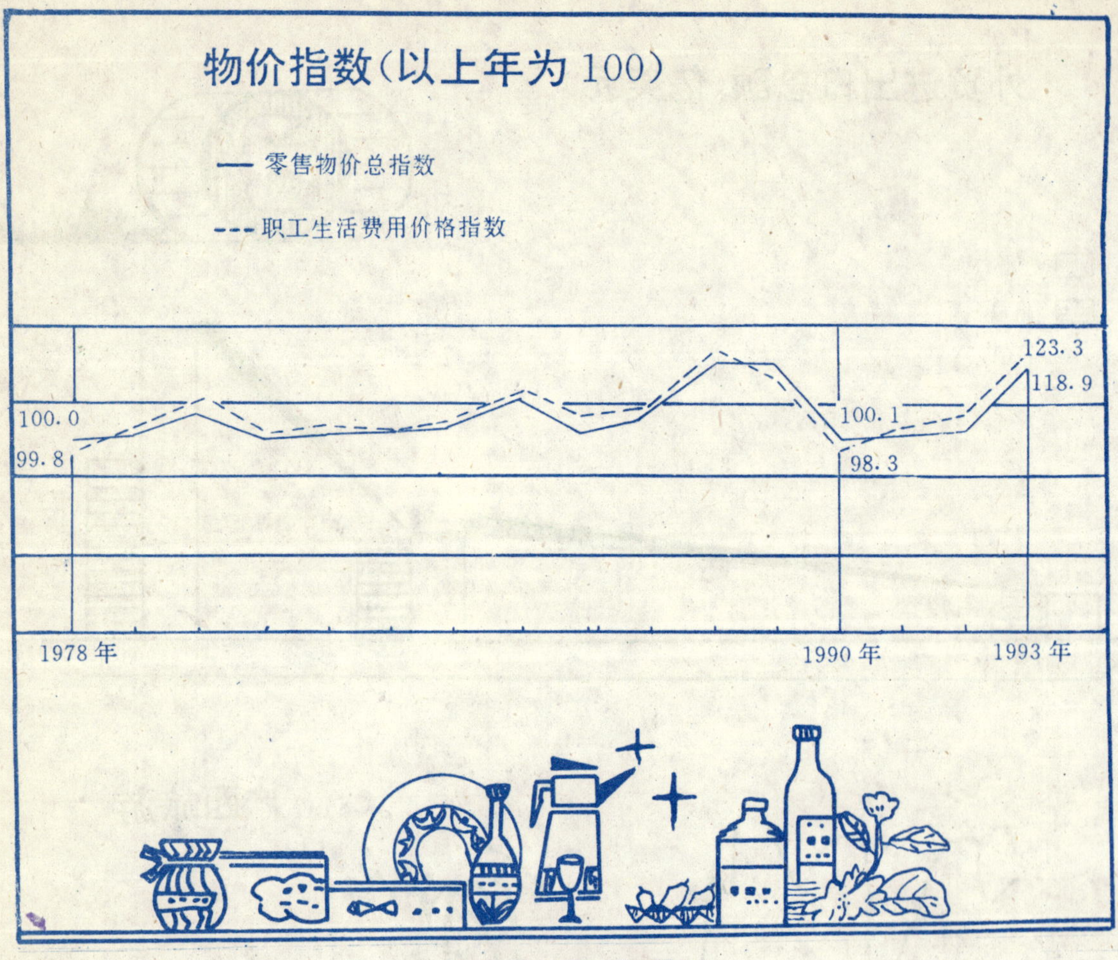

城镇居民家庭人均生活费收入(元)

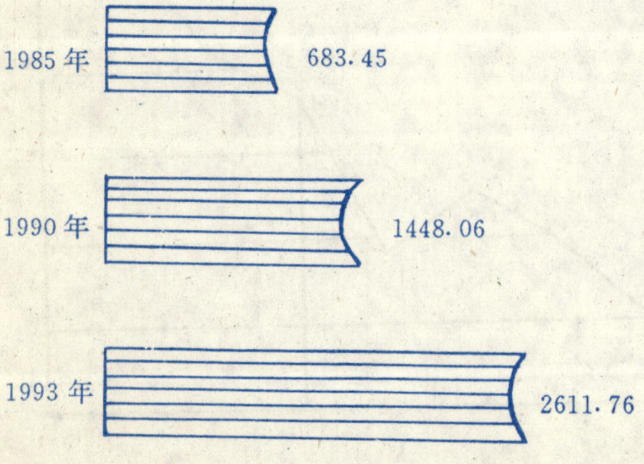

农民人均纯收入(元)

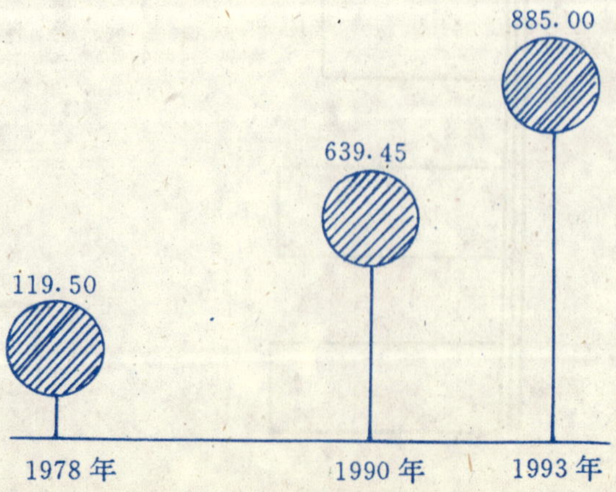

每万人拥有在校大学生（人）

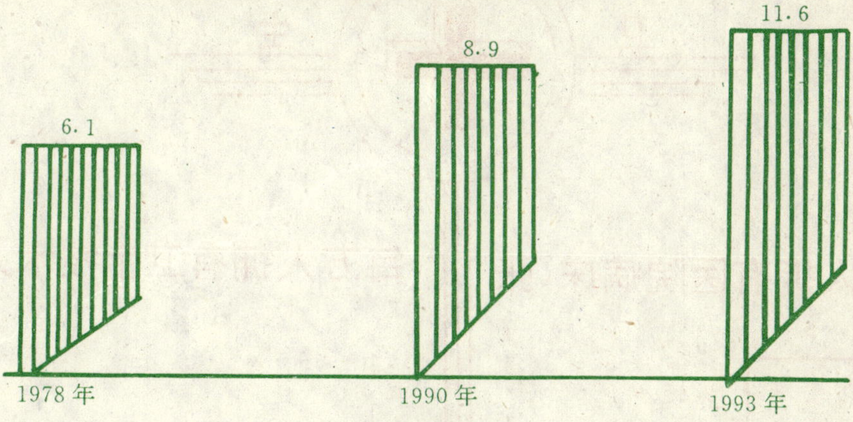

每万人拥有在校中学生（人）

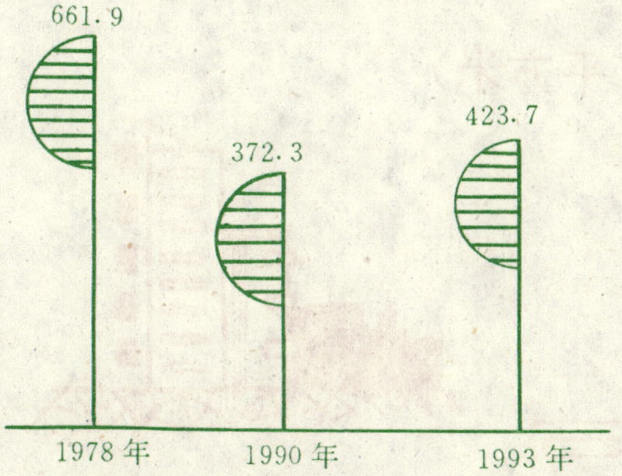

每万人拥有在校小学生（人）

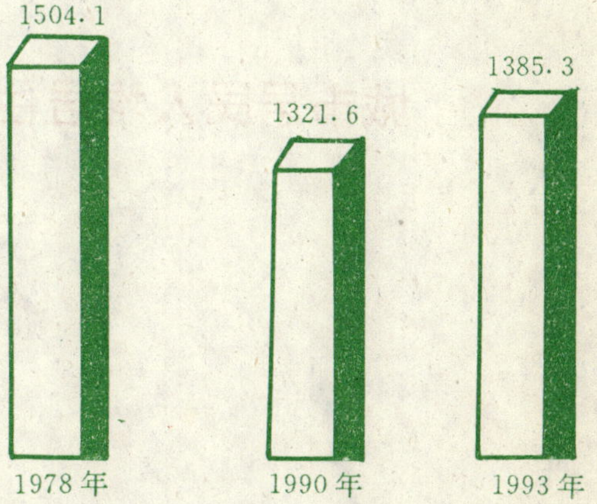

科技成果一览表

年份	合计	国家奖	省级奖	地方奖
1991	277	14	158	105
1992	488	18	233	237
1993	444	17	268	159

卫生

每万人拥有医院病床(张)

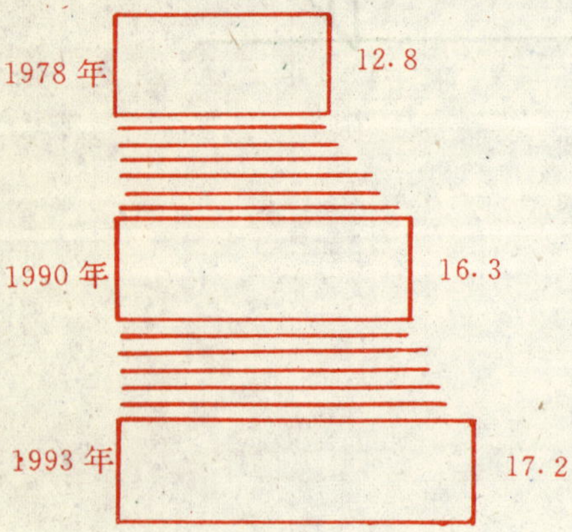

每万人拥有卫生技术人员(人)

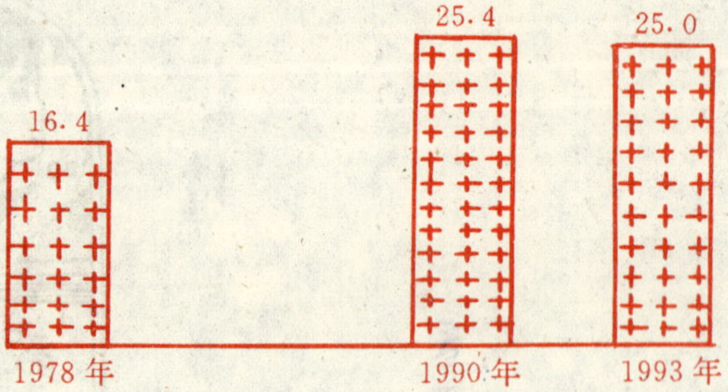

城市居民人均居住面积(平方米)

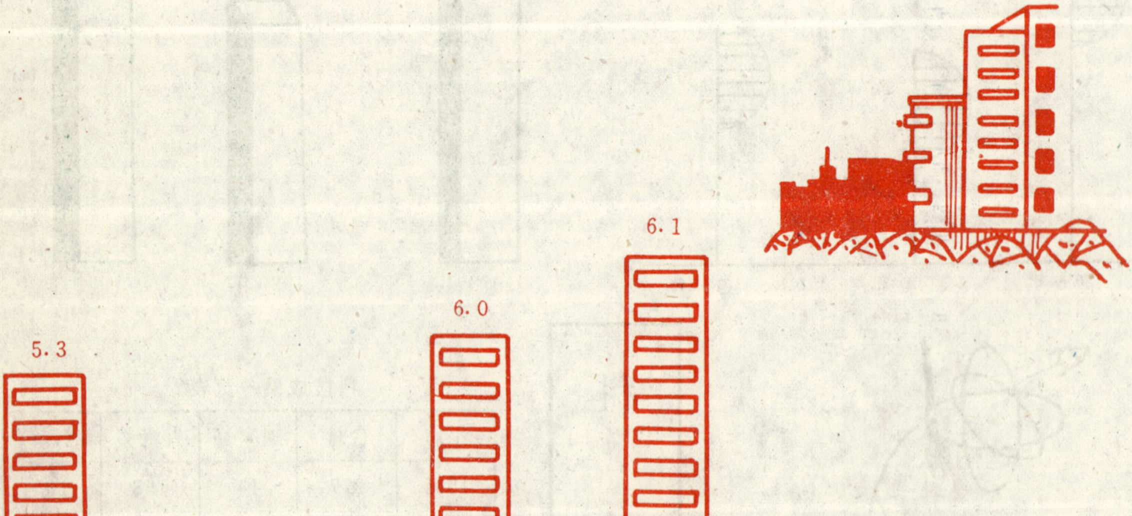

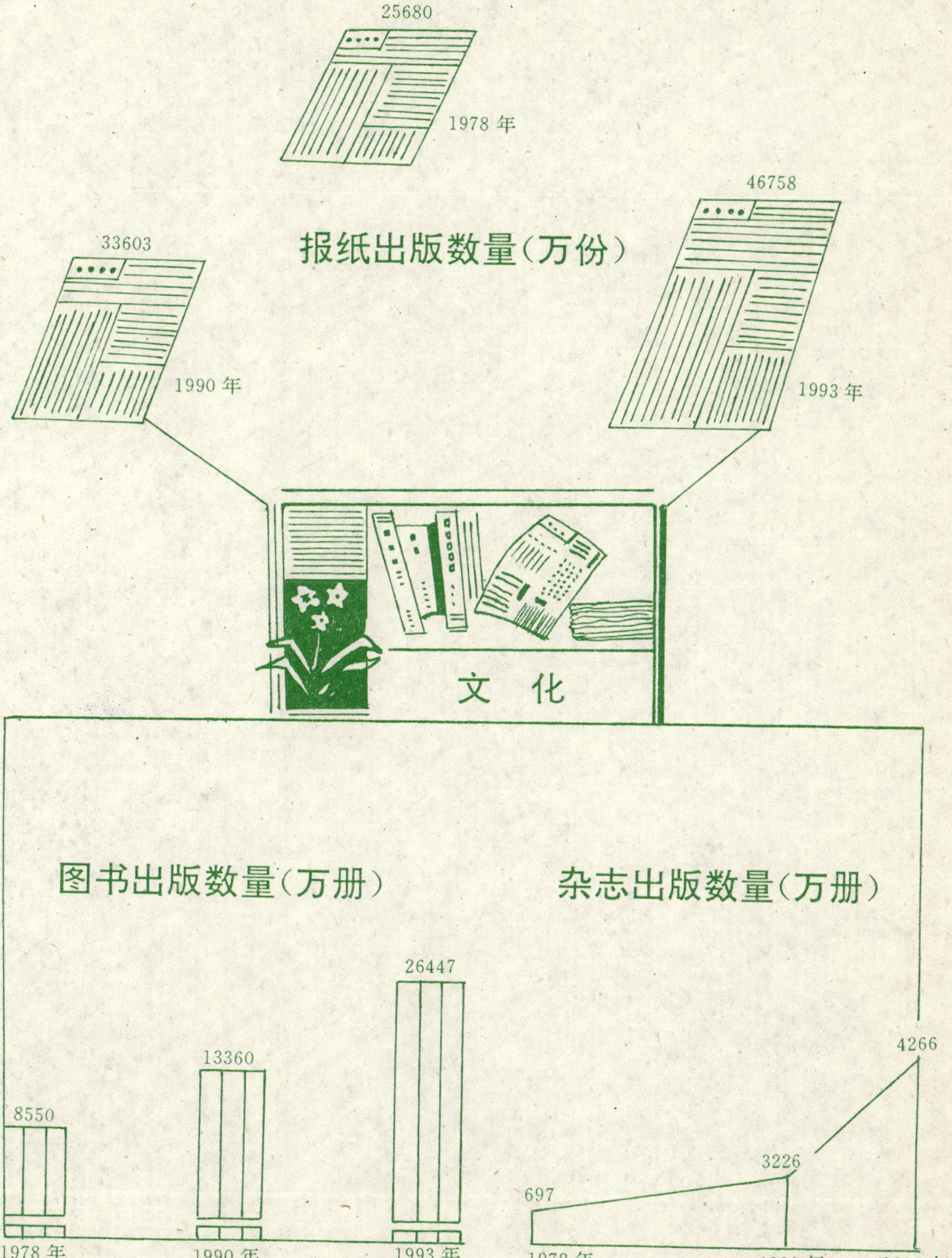
报纸出版数量(万份)
25680
1978 年
33603
1990 年
46758
1993 年
文 化
图书出版数量(万册)
8550
1978 年
13360
1990 年
26447
1993 年
杂志出版数量(万册)
697
1978 年
3226
1990 年
4266
1993 年

一、行政区划和自然资源

行政区划与自然资源

广西壮族自治区位于我国南部边陲，周边有广东、湖南、贵州、云南四省相绕，西南与越南为邻，陆地部分东西宽约770公里，南北长约610公里，土地面积23.67万平方公里，占全国面积的2.4%，自治区首府南宁市。

行政区划

截至1993年底，广西壮族自治区共设，南宁、柳州、桂林、北海及防城港六个自治区辖市；于南宁、柳州、桂林、梧州、玉林、百色、河池及钦州八个地区设有行署。

全自治区共设县六十二个，民族自治县十二个，县级市八个。

地处中越边境，与越南接壤的有防城港、凭祥、宁明、大新、那坡和靖西二市四县。

1984年，国务院批准北海市（含防城港区）为全国沿海开放的城市之一，以后又批准梧州市、玉林市、钦州市、合浦县、苍梧县、防城各族自治县及南宁市、凭祥市为沿海经济开放区。

从地理位置上看，广西属东部沿海地区，是国家实行对外开放的重点地区之一，但从经济发展状况看，仍属西部待开发地区，需要加快发展步伐。

自然资源

人口资源　广西是我国人口资源最丰富的省（区）之一，1993年末总人口4409万人，其中，少数民族人口1701万人，占总人口的38.6%，是一个多民族自治地区，主要少数民族有壮、瑶、苗、侗、仫佬、毛南、回、京、水、仡佬等11个。

土地资源　广西属多山地区。主要特征是山地多，平地少，耕地比重小。山地、丘陵和台地占总面积的74.6%，平地及水面占25.4%，其中耕地约5.86万平方米（261万公顷）占总面积的11.0%。

水利资源　广西是我国水利资源最丰富的省（区）之一，河川众多，集雨面大，流域面积300平方公里以上的河流204条，年径流总量约5000亿立方米，水能资源蕴藏量2133万千瓦。

矿产资源　有色金属，非金属矿产资源十分丰富，在全国占有突出地位。其中，锰、锡、水泥原料、玻璃用白云岩、铟、砷、压电水晶等矿藏储量居全国首位，且分布较为集中，有利于大规模开采。

海洋资源　海洋资源是广西的主要优势之一，连绵1595公里的大陆海岸线，广阔的北部湾渔场，渔业资源种类达600余种，其中较有经济价值的50种，涠洲渔场是我国南海的重要渔場，盛产对虾、青蟹、尤（墨）鱼、星格方虫、海马、文蛤等经济鱼类。

气候资源　广西地处于亚热带湿润季风气候区域的南部，气温高、热量充足、降水丰富，年平均气温16—23℃，日照时数1000—2000小时，降水量1000—2900毫米，湿润、半湿润气候资源为植物生长，电力开发提供了有利条件。植物种类约万余种，盛产水稻、玉米、甘蔗、水果等农作物，林木资源丰富，其种类在我国仅次于云南、广东省，居第三位。

旅游资源　广西现已开发和可能开发的旅游资源400余处，以得天独厚的自然风景闻名中外。其中，以“山水甲天下”的桂林为代表的岩溶地貌风景区，集“山奇、水秀、洞幽、石美”为一体，形成一派山环水绕，山水相依，奇洞幽然的自然景观，令人目不暇接，流连忘返；以北海为中心的海滨风景旅游区，位于北回归线以南，常年气温15℃—30℃。东距香港390海里。海口市119海里。北海滩平沙白，绵延10余公里的“银滩”，可供游憩面积达7平方公里。碧海蓝天，水质洁净，极少污染，海水能见度达2米以上，是游客向往的“三S”（阳光、沙滩、海水）旅游度假胜地，有“中国第一滩”的美誉。

表1—1 行 政 区 划

(1993年底)　　　　单位：个

地、市单位	地级单位	市数			县数			乡镇数			自治区辖市城(郊)区
		合计	地级市	县级市	合计	县	自治县	合计	乡	镇	
全区	**14**	**14**	**6**	**8**	**74**	**62**	**12**	**1 377**	**859**	**518**	**24**
南宁市	1	1	1		2	2		52	44	8	6
柳州市	1	1	1		2	2		37	29	8	5
桂林市	1	1	1		2	2		33	23	10	5
梧州市	1	1	1		1	1		21		21	3
北海市	1	1	1		1	1		23	1	22	2
防城港市	1	1	1		1	1		33	19	14	3
南宁地区	1	1		1	11	11		174	114	60	
柳州地区	1	1		1	9	6	3	139	113	26	
桂林地区	1				10	8	2	128	97	31	
梧州地区	1				7	6	1	114	49	65	
玉林地区	1	2		2	6	6		204	83	121	
百色地区	1	1		1	11	10	1	182	144	38	
河池地区	1	2		2	9	4	5	174	140	34	
钦州地区	1	1		1	2	2		63	3	60	

注：①防城港区已改为防城港市(地级市)，原防城各族自治县已改为防城区，为防城港市的一个城区，仍享受民族自治县的一切优惠待遇。

②本表资料由自治区民政厅提供。

表1—2 行政区划一览表

（1993年底）

地及地级市名称	县及县级市、县级区名称
南宁市	兴宁区、新城区、城北区、江南区、永新区、郊区、邕宁县、武鸣县
柳州市	城中区、鱼峰区、柳南区、柳北区、郊区、柳江县、柳城县
桂林市	秀峰区、叠彩区、象山区、七星区、郊区、阳朔县、临桂县
梧州市	万秀区、蝶山区、郊区、苍梧县
北海市	海城区、郊区、合浦县
防城港市	防城区、港口区、上思县
南宁地区	凭祥市、横县、宾阳县、上林县、隆安县、马山县、扶绥县、崇左县、大新县、天等县、宁明县、龙州县
柳州地区	合山市、鹿寨县、象州县、武宣县、来宾县、融安县、三江侗族自治县、融水苗族自治县、金秀瑶族自治县、忻城县
桂林地区	灵川县、全州县、兴安县、永福县、灌阳县、龙胜各族自治县、资源县、平乐县、荔浦县、恭城瑶族自治县
梧州地区	岑溪县、藤县、昭平县、蒙山县、贺县、钟山县、富川瑶族自治县
玉林地区	玉林市、贵港市、桂平县、平南县、容县、北流县、陆川县、博白县
百色地区	百色市、田阳县、田东县、平果县、德保县、靖西县、那坡县、凌云县、乐业县、田林县、隆林各族自治县、西林县
河池地区	河池市、宜州市、罗城仫佬族自治县、环江毛南族自治县、南丹县、天峨县、凤山县、东兰县、巴马瑶族自治县、都安瑶族自治县、大化瑶族自治县
钦州地区	钦州市、灵山县、浦北县

表1—3 土地、气候及森林

指　　标	单　位	1993年
土　地		
土地总面积	平方公里	236 661
在土地面积中各类土地所占比重	%	100.0
中山(海拔800米以上)	%	23.5
低山(海拔400—800米)	%	15.9
丘陵(海拔200—400米)	%	28.9
#石　山	%	18.4
台地(海拔200米以下)	%	6.3
平　地	%	23.4
水　面	%	2.0
气　候		
各地的年平均气温	℃	16.6—23.2
各地的年日照时数	小时	1 000—2 000
各地的年降水量	毫米	1 000—2 900
各类气候占全区总面积的比重	%	100.0
湿润气候区(干燥度小于1.0)	%	50.0
半湿润气候区(干燥度1.0—1.49)	%	49.0
半干燥气候区(干燥度1.5—2.0)	%	1.0
森　林		
森林面积	万公顷	602.17
林木蓄积量	万立方米	19 260
森林覆盖率	%	25.34

表1—4 主要河流基本情况

(1993年)

河流名称	流域面积 (万平方公里)	年径流量 (亿立方米)	水利资源蕴藏量 (万千瓦)	流域面积占全区总面积的比重 (%)
全区总计		5 869	2 133.00	
#红水河	4.41	700.7	690.02	18.6
郁江	6.81	426.6	355.86	28.2
黔江	8.87	1 567		37.5
西江	20.21	2 253	25.82	85.4
桂江	1.81	217.6	146.20	7.7
南流江	0.92	48.0	49.06	3.9
柳江	4.20	580.7	341.82	17.8
贺江	0.84	75.4		3.5

表1—5 各地区气象情况

(1993年)

单位：气温：℃
降水量：毫米

地区	平均气温	平均最高气温	平均最低气温	极端最高气温	极端最低气温	年降水量
南宁地区	22.0	26.5	18.9	37.0	3.3	1 250.2
柳州地区	20.5	24.8	17.4	36.7	1.5	1 681.7
桂林地区	18.6	22.8	15.7	35.9	—1.0	2 658.7
梧州地区	20.9	26.4	17.1	36.8	0.9	1 347.7
玉林地区	21.7	26.4	18.4	35.8	2.5	1 313.3
百色地区	21.8	27.7	17.6	38.9	2.8	1 211.8
河池地区	20.4	24.8	17.3	35.8	3.0	1 900.7
钦州地区	22.2	26.2	19.2	35.9	3.5	2 420.7

注：气象资料由自治区气象局提供。

二、综　　合

表2—1 国民经济主要指标

指标	单位	1978年	1980年	1985年	1990年	1992年	1993年
人口							
年末总人口	万人	3 402	3 538	3 873	4 242	4 380	4 438
人口自然增长率	‰	18.90	19.37	19.91	13.60	12.91	13.23
人口密度	人/公里²	144	149	164	179	185	187
年底社会劳动者人数	**万人**	**1 456**	**1 551**	**1 831**	**2 109**	**2 217**	**2 275**
第一产业	万人	1 171	1 290	1 473	1 614	1 628	1 594
第二产业	万人	153	147	161	207	235	253
第三产业	万人	132	114	197	288	354	428
总计中:职工人数	万人	237	249	276	312	334	345
工农业总产值	**亿元**	**116.14**	**141.95**	**247.41**	**605.66**	**915.93**	**1 296.05**
国内生产总值	**亿元**	**75.85**	**97.33**	**180.97**	**392.83**	**572.30**	**788.05**
第一产业	亿元	30.88	43.90	77.18	175.61	229.13	266.63
第二产业	亿元	25.81	30.79	54.69	118.45	187.48	321.96
第三产业	亿元	19.16	22.63	49.10	98.77	155.69	199.46
农业生产							
农林牧渔业总产值	亿元	46.17	63.31	108.02	252.22	333.12	390.11
耕地面积	千公顷	2 624.8	2 636.9	2 572.2	2 595.9	2 610.7	2 606.58
农作物总播种面积	千公顷	5 357.5	4 877.5	4 443.4	5 141.3	5 373.8	5 385.2
#粮食播种面积	千公顷	4 284.7	3 957.2	3 447.3	3 639.9	3 521.8	3 538.82
乡(镇)劳动力	万人	1 219	1 300	1 542	1 768	1 850	1 892
主要农产品产量							
粮食	万吨	1 082.30	1 190.45	1 117.10	1 402.57	1 457.09	1 494.99
#稻谷	万吨	911.33	1 006.74	986.03	1 239.02	1 280.72	1 273.26
油料	万吨	17.74	13.73	22.82	25.19	29.29	36.86
#花生	万吨	16.88	12.88	21.95	24.20	27.22	34.21
甘蔗	万吨	376.72	401.93	982.88	1 501.84	2 354.87	2 305.29
水果	万吨	15.96	20.91	38.82	91.61	161.16	184.35
茶叶	吨	7 150	7 227	9 930	16 410	16 411	
猪牛羊肉	万吨		40.23	62.06	90.52	115.03	132.80
水产品	万吨	11.71	11.13	18.90	32.35	44.57	56.51
生猪年底存栏数	万头	1 246.31	1 034.09	1 435.73	1 742.49	1 903.93	2 073.87
生猪出栏头数	万头	652.62	564.69	693.43	1 063.86	1 349.92	1 546.69

注:①本表价值指标均按当年价格计算。

②1991-1993年年末总人口及人口自然增长率均为人口变动抽样调查数,其余年份为公安部门人口年报数。

表 2—1 续表 1

指 标	单 位	1978 年	1980 年	1985 年	1990 年	1992 年	1993 年
农村用电量	亿千瓦·时	4.26	4.76	7.58	12.60	16.98	18.98
农用化肥施用折纯量	万吨		39.72	52.07	86.24	103.45	105.44
有效灌溉面积	千公顷	1 470.80	1 432.71	1 348.15	1 490.43	1 513.80	1 496.91
造林面积	千公顷	389.3	247.1	431.9	424.6	677.8	785.9
乡镇企业总收入	亿元	7.99	9.10	29.00	104.99	302.01	735.77
工业生产							
全部工业总产值	亿元	69.97	78.63	139.39	353.43	582.81	905.94
轻工业	亿元	38.23	46.84	75.34	195.32	304.13	423.75
重工业	亿元	31.74	31.79	64.05	158.11	278.68	482.19
总计中:国有工业	亿元	55.17	61.27	108.42	255.09	382.47	501.36
集体工业	亿元	11.61	13.61	22.81	58.69	95.53	154.88
主要工业产品产量							
十种有色金属	万吨	1.77	1.76	4.73	8.68	11.31	16.09
原煤	万吨	828.54	589.66	598.90	979.45	1 093.40	1 196.08
发电量	亿千瓦·时	49.47	53.64	81.82	125.62	153.06	174.50
#水电	亿千瓦·时	31.27	31.54	59.46	68.90	73.98	100.83
水泥	万吨	224.38	225.00	416.34	765.28	1 167.10	1 426.49
木材	万立方米	186.87	178.52	182.10	234.63	288.51	321.85
糖	万吨	27.20	41.61	64.61	138.64	214.18	234.92
#机糖	万吨	25.10	39.25	62.21	136.64	214.78	232.19
布	亿米	0.92	1.36	1.52	1.77	2.00	2.08
卷烟	万箱	29.77	50.62	65.57	108.45	104.04	104.45
罐头	万吨	4.06	5.65	12.58	14.44	27.24	25.75
机制纸及纸板	万吨	11.91	11.55	19.01	33.50	53.91	75.10
钢	万吨	19.02	20.82	39.05	52.41	68.60	81.68
钢材	万吨	16.27	21.82	30.15	45.48	63.73	73.16
农用化肥(折100%)	万吨	23.75	27.42	29.74	41.35	45.88	41.58
化学农药	万吨	2.06	1.73	0.45	0.65	0.62	0.43
汽车	辆	1 050	869	7 086	14 492	37 210	52 158
国有独立核算工业企业全员劳动生产率	元/人	7 574	8 664	12 326	29 441	39 075	44 429

注:①农村用电量中不包括县办工业和生活用电。

②国有独立核算工业企业全员劳动生产率 1978、1980 年按 1970 年不变价格计算,1985 年按 1980 年不变价格计算,1990 年以后按 1990 年不变价格计算。

表 2—1 续表 2

指标	单位	1978年	1980年	1985年	1990年	1992年	1993年
国有单位独立核算工业主要经济指标							
年底固定资产原值	亿元	56.06	64.61	105.99	195.30	257.70	310.03
资金总额	亿元	60.66	67.83	107.06	216.85	385.15	450.43
年底固定资产净值	亿元	41.77	47.37	76.86	141.62	185.43	227.86
定额流动资金全年平均余额	亿元	18.89	20.46	30.20	75.23	106.92	222.57
利税总额	亿元	10.50	11.85	22.43	37.48	44.59	60.99
运输邮电							
货运周转量(交通部门)							
铁路	亿吨公里	153.93	132.52	200.52	268.17	310.97	335.21
公路	亿吨公里	7.54	5.77	6.21	3.75	3.88	17.58
水运	亿吨公里	22.31	22.17	28.44	34.15	53.60	48.11
旅客周转量(交通部门)							
铁路	亿人公里	21.64	31.11	55.72	66.78	83.20	112.00
公路	亿人公里	16.89	25.05	66.50	61.75	74.99	86.16
水运	亿人公里	2.67	4.09	5.55	4.87	5.50	4.98
邮电业务总量	万元	3 272	3 701	6 991	26 536	45 986	78 339
固定资产投资							
全社会固定资产投资	亿元	9.71	12.56	42.22	68.57	141.04	278.07
#国有单位固定资产投资	亿元	9.61	12.18	24.17	41.17	92.68	169.36
#基本建设投资	亿元	9.61	10.31	16.73	21.29	52.21	103.15
集体单位固定资产投资	亿元	0.10	0.38	2.47	5.47	15.54	37.86
投资总计中:非生产性建设	亿元	1.61	4.23	19.24	29.86	56.58	129.46
国有单位基建新增固定资产	亿元	5.47	7.84	11.06	18.85	32.59	56.69
国内商业							
社会消费品零售总额	亿元	33.59	45.72	88.60	175.44	243.62	322.40
城镇	亿元	17.67	23.59	42.33	92.41	132.97	174.10
乡村	亿元	15.92	22.13	46.27	83.03	110.65	148.30
集市贸易成交额	亿元		15.37	30.37	88.49	122.84	178.64
城市	亿元		0.64	3.08	14.91	23.57	33.24
乡村	亿元		14.73	27.29	73.58	99.27	145.40
外贸							
进出口总额	万美元	26 931	37 823	52 310	89 797	163 850	207 760
进口额	万美元	2 046	1 244	15 105	16 853	53 019	75 269
出口额	万美元	24 885	36 579	37 205	72 944	110 831	132 491

注:①固定资产投资中,按国家统计制度规定,1990 年不包括零星投资。

②邮电业务总量 1978、1980 年按 1970 年不变价格计算,1985 年按 1990 年不变价格计算,1990 年开始按 1990 年不变价计算。

表 2—1 续表 3

指　　标	单 位	1978 年	1980 年	1985 年	1990 年	1992 年	1993 年
财政、金融							
地方财政收入	亿元	14.32	12.30	20.18	46.83	61.20	95.93
地方财政支出	亿元	20.78	17.44	29.75	65.00	78.48	107.49
年末城乡居民储蓄存款余额	亿元	3.90	7.44	34.23	152.29	277.02	406.81
城　　镇	亿元	2.98	5.48	24.39	119.92	216.70	314.98
农　　村	亿元	0.92	1.96	9.84	32.37	60.32	91.83
物价指数(以上年为 100)							
零售物价指数	%	100.0	109.2	111.2	100.1	104.6	118.9
城　　镇	%	99.8	113.1	114.2	97.4	106.2	121.9
农　　村	%	100.1	106.1	109.3	102.4	103.9	114.8
职工生活费用价格总指数	%	99.8	112.6	114.7	98.3	107.0	123.3
农副产品收购价格总指数	%	103.5	102.7	118.2	88.6	103.6	110.6
人民生活							
全部职工工资总额	亿元	12.50	17.36	28.99	62.40	85.88	112.28
#国有单位	亿元	10.75	14.96	24.31	53.83	73.97	95.26
全部职工年平均工资	元	543	714	1 077	2 049	2 634	3 368
#国有单位	元	559	735	1 126	2 135	2 733	3 432
城镇居民家庭平均每人年生活费收入	元			683	1 448	1 886	2 612
农民家庭平均每人年纯收入	元	119.50	173.68	302.96	639.45	731.69	885
科技、教育、文化、卫生							
国有单位全部科学技术人员	万人		21.66	42.07	63.87	66.90	66.12
普通高等学校在校学生	万人	2.09	2.55	3.05	3.78	4.20	5.10
中等专业学校在校学生	万人	4.07	3.96	5.10	7.17	7.48	8.76
普通中学在校学生	万人	221.12	155.88	116.32	140.88	159.83	164.11
小学在校学生	万人	511.69	502.48	531.45	560.55	595.00	610.77
图书出版数量	万册	8 550	9 532	13 974	13 360	23 910	26 447
杂志出版数量	万册	697	878	5 015	3 226	4 514	4 266
报纸出版数量	万份	25 680	20 902	35 028	33 603	45 891	46 758
卫生机构数	个	4 865	5 359	5 861	5 791	5 839	5 549
#医　　院	个	1 205	1 231	1 346	1 496	1 516	1 497
医院病床数	万张	4.35	4.76	5.73	6.90	7.37	7.65
卫生技术人员	万人	5.58	6.67	9.44	10.78	11.30	11.07
#医　　生	万人	2.60	3.00	4.38	5.12	5.01	5.16

注:①本表 1990 年工资总额和平均工资均包括肉类等价格补贴,1990 年以前未包括在内。

②农民人均纯收入从 1990 年起按新口径计算。

③1992 年地方财政收支含社会保险基金分别为 66.64 亿元和 85.19 亿元。

表 2—2　历年工农业总产值

（按当年价格计算）　　单位：万元

年份	工农业总产值	农业总产值	工业总产值		
				轻工业总产值	重工业总产值
1950	115 092	91 973	23 119	21 141	1 978
1951	131 309	101 216	30 093	24 805	5 288
1952	155 362	114 896	40 446	32 364	8 102
1953	177 643	123 426	54 217	41 771	12 446
1954	200 747	134 488	66 259	50 183	16 076
1955	218 929	142 320	76 609	57 649	18 960
1956	239 236	153 289	85 947	62 747	23 200
1957	259 432	167 478	91 954	63 552	28 402
1958	307 554	186 035	121 519	69 840	51 679
1959	335 186	160 846	174 340	104 334	70 006
1960	341 456	146 515	194 941	112 813	82 128
1961	249 662	144 376	105 286	69 799	35 487
1962	266 154	170 829	95 325	67 015	28 310
1963	272 481	167 630	104 851	76 039	28 812
1964	320 787	201 351	119 436	80 801	38 635
1965	392 469	236 588	155 881	101 322	54 559
1966	423 808	230 245	193 563	121 428	72 135
1967	411 145	240 791	170 354	109 775	60 579
1968	360 460	238 940	121 520	83 675	37 845
1969	479 040	255 791	223 249	131 139	92 110
1970	542 637	268 531	274 106	148 635	125 471
1971	635 267	302 303	332 964	187 574	145 390
1972	732 839	357 999	374 840	211 367	163 473
1973	817 482	389 745	427 737	241 464	186 273
1974	874 482	407 196	467 286	268 635	198 651
1975	965 877	442 818	523 059	290 204	232 855
1976	1 001 048	433 915	567 133	318 505	248 628
1977	1 085 194	446 219	638 975	347 331	291 644
1978	1 161 449	461 722	699 727	382 292	317 435
1979	1 300 376	555 652	744 724	415 147	329 577
1980	1 419 477	633 133	786 344	468 411	317 933
1981	1 594 784	744 126	850 658	536 296	314 362
1982	1 809 616	882 279	927 337	577 302	350 035
1983	1 880 116	895 038	985 078	595 160	389 918
1984	2 045 054	950 186	1 094 868	629 959	464 909
1985	2 474 130	1 080 181	1 393 949	753 461	640 488
1986	2 834 779	1 186 915	1 647 864	896 267	751 597
1987	3 453 742	1 379 180	2 074 562	1 119 620	954 942
1988	4 409 401	1 689 373	2 720 028	1 492 776	1 227 252
1989	5 391 641	2 121 715	3 269 926	1 782 317	1 487 609
1990	6 056 580	2 522 249	3 534 331	1 953 243	1 581 088
1991	6 996 214	2 781 533	4 214 681	2 270 524	1 944 157
1992	9 159 319	3 331 212	5 828 107	3 041 305	2 786 803
1993	12 960 471	3 901 090	9 059 381	4 237 505	4 821 876

表 2—3 历年工农业总产值构成

（按当年价格计算） 单位：%

年份	以工农业总产值为100				以工业总产值为100	
	农业总产值	工业总产值	轻工业总产值	重工业总产值	轻工业总产值	重工业总产值
1950	79.9	20.1	18.4	1.7	91.4	8.6
1951	77.1	22.9	18.9	4.0	82.4	17.6
1952	74.0	26.0	20.8	5.2	80.0	20.0
1953	69.5	30.5	23.5	7.0	77.0	23.0
1954	67.0	33.0	25.0	8.0	75.7	24.3
1955	65.0	35.0	26.3	8.7	75.3	24.7
1956	64.1	35.9	26.2	9.7	73.0	27.0
1957	64.6	35.4	24.5	10.9	69.1	30.9
1958	60.5	39.5	22.7	16.8	57.5	42.5
1959	48.0	52.0	31.1	20.9	60.0	40.0
1960	42.9	57.1	33.0	24.1	57.9	42.1
1961	57.8	42.2	28.0	14.2	66.3	33.7
1962	64.2	35.8	25.2	10.6	70.3	29.7
1963	61.5	38.5	27.9	10.6	62.6	27.4
1964	62.8	37.2	25.2	12.0	67.7	32.3
1965	60.3	39.7	25.8	13.9	65.0	35.0
1966	54.3	45.7	28.7	17.0	62.7	37.3
1967	58.6	41.4	26.7	14.7	64.4	35.6
1968	66.3	33.7	23.2	10.5	68.9	31.1
1969	53.4	46.6	27.4	19.2	58.7	41.3
1970	49.5	50.5	27.4	23.1	54.2	45.8
1971	47.6	52.4	29.5	22.9	56.3	43.7
1972	48.9	51.1	28.8	22.3	56.4	43.6
1973	47.7	52.3	29.5	22.8	56.5	43.5
1974	46.6	53.4	30.7	22.7	57.5	41.5
1975	45.8	54.2	30.0	24.2	55.5	44.5
1976	43.3	56.7	31.8	24.9	56.2	43.8
1977	41.1	58.9	32.0	26.9	54.4	45.6
1978	39.8	60.2	32.9	27.3	54.6	45.4
1979	42.7	57.3	31.9	25.4	55.7	44.3
1980	44.6	55.4	33.0	22.4	59.6	40.4
1981	46.7	53.3	33.6	19.7	63.0	37.0
1982	48.8	51.2	31.9	19.3	62.3	37.7
1983	47.6	52.4	31.7	20.7	60.4	39.6
1984	46.5	53.5	30.8	22.7	57.5	42.5
1985	43.7	56.3	30.4	25.9	54.1	45.9
1986	41.9	58.1	31.6	26.5	54.4	45.6
1987	39.9	60.1	32.4	27.7	54.0	46.0
1988	38.3	61.7	33.9	27.8	54.9	45.1
1989	39.4	60.6	33.0	27.6	54.5	45.5
1990	41.6	58.4	32.3	26.1	55.3	44.7
1991	39.8	60.2	32.4	27.8	53.9	46.1
1992	36.4	63.6	33.2	30.4	52.2	47.8
1993	30.1	69.9	32.7	37.2	46.8	53.2

表 2—4 历年工农业总产值指数

（以 1950 年为 100，可比价格）

年　份	工农业总产值	农业总产值	工业总产值		
				轻工业总产值	重工业总产值
1950	100.00	100.00	100.00	100.00	100.00
1951	112.30	109.78	124.25	112.00	255.15
1952	131.64	124.92	163.44	142.95	382.43
1953	148.53	133.66	218.38	184.41	587.21
1954	166.61	143.58	275.58	228.25	781.42
1955	178.93	150.85	311.77	256.57	901.75
1956	196.67	163.21	354.96	283.39	1 119.80
1957	217.12	182.10	382.80	289.32	1 381.79
1958	273.85	204.01	605.08	378.88	3 032.64
1959	297.49	172.47	891.47	581.25	4 218.73
1960	297.09	150.44	994.12	626.80	4 935.88
1961	184.68	120.53	489.29	353.41	1 943.56
1962	185.77	134.74	427.86	327.71	1 497.53
1963	195.74	138.71	466.39	368.54	1 510.08
1964	236.94	166.41	571.65	421.35	2 179.28
1965	282.98	185.88	744.03	526.90	3 069.04
1966	311.64	183.10	922.35	630.34	4 050.50
1967	304.73	190.83	845.69	593.74	3 544.22
1968	261.90	189.70	604.41	453.43	2 218.36
1969	360.39	203.18	1 107.36	708.70	5 384.47
1970	421.67	213.02	1 413.38	835.37	7 620.87
1971	494.44	234.64	1 729.41	997.26	9 594.15
1972	544.36	252.35	1 946.92	1 123.73	10 787.84
1973	602.22	269.72	2 221.77	1 283.82	12 292.70
1974	643.98	276.25	2 463.20	1 449.04	13 309.48
1975	707.79	296.71	2 756.94	1 565.06	15 601.27
1976	735.18	290.59	2 990.01	1 718.40	16 659.13
1977	809.87	300.02	3 438.09	1 959.30	19 361.87
1978	863.66	305.45	3 770.49	2 107.19	21 749.19
1979	899.59	319.96	3 914.40	2 233.12	22 014.69
1980	953.88	333.33	4 193.28	2 555.93	21 551.77
1981	1 002.93	353.31	4 388.57	2 932.39	19 361.28
1982	1 125.03	410.54	4 777.96	3 187.58	21 139.21
1983	1 168.35	413.28	5 095.06	3 333.69	23 328.66
1984	1 228.23	412.09	5 584.06	3 524.71	27 117.00
1985	1 384.81	420.79	6 742.59	4 091.59	34 718.69
1986	1 503.78	435.24	7 542.90	4 606.93	38 842.84
1987	1 704.56	456.61	8 924.25	5 442.62	45 626.30
1988	1 870.39	447.71	10 335.65	6 353.75	52 236.99
1989	2 009.35	493.74	10 973.43	6 629.48	56 858.45
1990	2 174.74	533.28	11 876.37	7 289.88	60 159.50
1991	2 441.78	576.27	13 701.77	8 534.25	68 071.94
1992	3 104.48	662.39	18 548.74	11 583.13	91 847.36
1993	3 879.90	710.07	25 072.38	14 611.61	134 807.38

注：本表指数按“指数连乘法”计算。

表 2—5 历年工农业总产值指数

（以上年为 100，可比价格）

年 份	工农业总产值	农业总产值	工业总产值		
				轻工业总产值	重工业总产值
1951	112.30	109.78	124.25	112.00	255.15
1952	117.22	113.80	131.54	127.63	149.88
1953	112.83	107.00	133.92	129.00	153.55
1954	112.17	107.42	125.90	123.77	133.07
1955	107.39	105.06	113.13	112.41	115.40
1956	109.92	108.20	113.85	110.45	124.18
1957	110.40	111.57	107.84	102.09	123.40
1958	126.13	112.03	158.07	130.96	219.47
1959	108.63	84.54	147.33	153.41	139.11
1960	99.87	87.23	111.52	107.84	117.00
1961	62.16	80.12	49.22	56.38	39.38
1962	100.59	111.79	87.44	92.73	77.05
1963	105.37	102.95	109.01	112.46	100.84
1964	121.05	119.97	122.57	114.33	144.32
1965	119.43	111.70	130.15	125.05	140.83
1966	110.13	98.51	123.95	119.63	131.98
1967	97.78	104.22	91.70	94.19	87.50
1968	85.94	99.41	71.47	76.37	62.59
1969	137.61	107.10	183.21	156.30	242.72
1970	117.01	104.84	127.64	117.87	141.53
1971	117.26	110.15	122.36	119.38	125.89
1972	110.10	107.55	112.58	112.68	112.44
1973	110.63	106.88	114.12	114.25	113.95
1974	106.93	102.42	110.87	112.87	108.27
1975	109.91	107.41	111.93	108.01	117.22

表 2—5　续表 1　　（以上年为 100，可比价格）

年　份	工农业总产值	农业总产值	工业总产值	轻工业总产值	重工业总产值
1976	103.87	97.94	108.45	109.80	106.78
1977	110.16	103.24	114.99	114.02	116.22
1978	106.64	101.81	109.67	107.55	112.33
1979	104.16	104.75	103.82	105.98	101.22
1980	106.03	104.18	107.12	114.46	97.90
1981	105.14	105.99	104.66	114.73	89.84
1982	112.17	116.20	108.87	108.70	109.18
1983	103.85	100.67	106.64	104.58	110.36
1984	105.13	99.71	109.60	105.73	116.24
1985	112.75	102.11	120.75	116.08	128.03
1986	108.59	103.43	111.87	112.60	110.84
1987	113.35	104.91	118.31	118.14	118.56
1988	109.73	98.05	115.82	116.74	114.49
1989	107.43	110.28	106.17	104.34	108.85
1990	108.16	108.01	108.23	109.96	105.80
1991	112.28	108.06	115.37	117.07	113.15
1992	127.14	114.94	135.37	135.73	134.93
1993	125.00	107.20	135.17	126.15	146.77
平均每年增长％					
恢复时期	14.7	11.8	27.8	19.6	95.6
“一五”时期	10.5	7.8	18.6	15.1	29.3
“二五”时期	−3.1	−5.8	2.3	2.5	1.6
1963—1965 年	15.1	11.3	20.3	17.2	27.1
“三五”时期	8.3	2.8	13.7	9.7	20.0
“四五”时期	10.9	6.9	14.3	13.4	15.4
“五五”时期	6.1	2.4	8.7	10.3	6.7
“六五”时期	7.7	4.8	10.0	9.9	10.0
“七五”时期	9.4	4.9	12.0	12.2	11.6
1991—1993 年	21.3	10.0	28.3	26.1	30.9

表 2—6 按人口平均的国民经济主要指标

指标	单位	1978年	1985年	1990年	1992年	1993年
国内生产总值	元/人	225	471	933	1 318	1 791
工农业总产值	元/人	345	644	1 443	2 105	2 862
农业总产值	元/人	137	281	601	765	807
工业总产值	元/人	208	363	842	1 339	2 055
轻工业	元/人	114	196	465	699	961
重工业	元/人	94	167	377	640	1 094
发电量	千瓦时/人	147.0	213.1	299.4	351.7	395.8
糖产量	公斤/人	8.1	16.8	33.0	49.2	53.3
耕地面积	公亩/人	7.8	6.6	6.2	6.0	5.9
粮食产量	公斤/人	322	291	334	335	339
油料产量	公斤/人	5.3	5.9	6.0	6.7	8.4
水果产量	公斤/人	4.7	10.1	21.8	37.0	41.8
猪牛羊肉产量	公斤/人		16.2	21.6	26.4	30.1
水产品产量	公斤/人	3.5	4.9	7.7	10.2	12.8
国有单位固定资产投资	元/人	28.5	63.0	98.1	213.0	384.1
地方财政收入	元/人	42.6	52.5	111.6	139.7	217.6
地方财政支出	元/人	61.7	77.5	154.9	179.2	243.8
外贸出口额	美元/人	7.4	9.7	17.4	25.5	30.1
普通高等学校在校学生	人/万人	6.1	7.9	8.9	9.6	11.5
中等专业学校在校学生	人/万人	12.0	13.2	16.9	17.1	19.7
普通中学在校学生	人/万人	650.0	300.3	332.1	364.9	369.8
小学在校学生	人/万人	1 504.1	1 372.2	1 321.4	1 358.5	1 376.3
医院病床数	张/万人	12.8	14.8	16.3	16.8	18.3
卫生技术人员	人/万人	16.4	24.4	25.4	25.9	25.0
#医生	人/万人	7.6	11.3	12.1	11.4	11.7

注:本表价值指标均按当年价格计算,人均数按平均人数计算;文教、卫生的人均指标按年末总人口计算。

表2—7 主要经济效益指标

指标	单位	1985年	1990年	1992年	1993年
一、综合					
社会劳动生产率(国内生产总值,当年价)	元/人	604	1 891	2 608	3 501
每万元国内生产总值消费能源(当年价)	吨标准煤		3.03	2.09	1.72
每百元投资新增国内生产总值	元	429	573	406	283
二、工业					
独立核算工业企业全员劳动生产率(总产值,当年价)	元/人	11 075	25 728	34 246	41 871
1. 国有工业	元/人	12 326	29 441	39 075	44 429
2. 集体工业	元/人	7 667	16 121	22 461	31 354
独立核算工业企业资金利税率	%	20.9	16.1	11.6	13.5
1. 国有工业	%	20.9	17.3	11.6	13.5
2. 集体工业	%	20.6	11.2	12.0	13.1
工业总产值能源消耗(标准煤、当年价)	吨/万元	5.3	2.8	2.2	1.4
三、农业					
农业商品率	%		53.6	56.7	56.9
生猪出栏率	%	48.3	57.5	71.0	81.2
四、固定资产投资					
国有单位建设项目投产率	%	50.5	56.8	55.8	58.5
城镇集体单位建设项目投产率	%	58.9	54.7	58.6	61.6
固定资产交付使用率	%	67.3	90.2	66.9	63.7
1. 国有单位	%	66.0	91.0	65.8	56.7
#基本建设	%	66.1	88.5	62.4	55.0
更新改造	%	64.7	95.4	74.1	68.7
2. 集体单位	%	80.2	78.5	73.5	82.0
房屋建筑面积竣工率	%	50.8	55.1	49.6	49.0
1. 国有单位	%	50.8	54.5	47.6	49.0
2. 集体单位	%	50.8	62.2	59.7	67.5

注:独立核算工业企业全员劳动生产率1985年按1980年不变价计算,其余年份按1990年不变价计算;

表2—8 国民经济主要比例关系

单位:%

指标	1978年	1985年	1990年	1992年	1993年
一、国内生产总值(当年价格)	**100.0**	**100.0**	**100.0**	**100.0**	**100.0**
第一产业	40.7	42.7	44.7	40.0	33.8
第二产业	34.0	30.2	30.2	32.8	40.9
第三产业	25.3	27.1	25.1	27.2	25.3
二、工农业总产值(当年价格)	**100.0**	**100.0**	**100.0**	**100.0**	**100.0**
农业	39.8	43.7	41.6	36.4	30.1
轻工业	32.9	30.4	32.3	33.2	32.7
重工业	27.3	25.9	26.1	30.4	37.2
三、工业总产值(当年价格)	**100.0**	**100.0**	**100.0**	**100.0**	**100.0**
轻工业	54.6	54.1	55.3	52.2	46.8
重工业	45.4	45.9	44.7	47.8	53.2
四、农林牧渔业总产值(不变价格)	**100.0**	**100.0**	**100.0**	**100.0**	**100.0**
农业	76.6	58.7	58.3	56.4	58.0
林业	4.9	7.2	6.7	9.5	9.2
牧业	13.7	21.1	22.1	24.1	26.8
副业	3.7	11.0	10.2		
渔业	1.2	2.0	2.7	5.0	6.0
五、固定资产投资	**100.0**	**100.0**	**100.0**	**100.0**	**100.0**
生产性	83.3	55.0	56.6	59.9	53.4
非生产性	16.7	45.0	43.4	40.1	46.6
六、基建拨款占地方财政收入比例	**38.2**	**14.9**	**7.8**	**6.5**	**6.6**
工商税收占地方财政收入比例	56.4	83.2	85.5	79.6	83.6
七、科学、教育、文化、卫生事业占地方财政支出的比例	**15.8**	**30.8**	**27.9**	**30.0**	**25.8**
农业支出占地方财政支出比例	10.8	9.8	9.5	7.0	9.6

注:①按国家新的统计制度规定,1993年起,农业总产值中取消副业产值,改为农林牧渔业总产值,故1992年数已调整。

②1992年科教文卫占地方财政支出比例数已调整。

表 2—9 国内生产总值

年 份	国内生产总值	第一产业	第二产业	第三产业
绝对数(万元)				
1978	758 505	308 776	258 110	191 619
1979	845 873	374 289	279 847	191 737
1980	973 294	439 039	307 919	226 336
1981	1 134 564	523 863	330 067	280 634
1982	1 291 546	629 357	347 222	314 967
1983	1 346 026	633 612	370 898	341 516
1984	1 502 736	660 073	432 656	410 007
1985	1 809 685	771 846	546 869	490 970
1986	2 054 621	852 653	690 322	511 646
1987	2 415 624	995 284	817 965	602 375
1988	2 982 799	1 177 212	1 006 856	798 731
1989	3 494 378	1 489 900	1 099 664	904 814
1990	3 928 308	1 756 077	1 184 522	987 709
1991	4 530 408	1 926 826	1 410 155	1 193 427
1992	5 722 971	2 291 300	1 874 793	1 556 878
1993	7 880 466	2 666 253	3 219 566	1 994 647
指数(以 1978 年为 100)				
1978	100.00	100.00	100.00	100.00
1979	103.89	105.51	105.63	98.42
1980	114.66	118.79	112.69	109.23
1981	123.84	121.76	118.93	134.38
1982	139.31	144.30	124.94	148.56
1983	143.93	143.22	133.55	159.03
1984	153.90	140.14	151.71	183.60
1985	170.82	147.19	180.60	203.95
1986	181.76	155.60	213.36	191.04
1987	198.51	164.44	238.89	211.59
1988	207.38	154.23	259.86	241.65
1989	214.86	173.33	257.71	239.24
1990	229.91	188.01	274.15	253.16
1991	259.19	204.48	317.84	293.60
1992	306.63	230.91	406.77	339.56
1993	371.54	246.14	594.90	379.05
构成(%)				
1978	100.00	40.71	34.03	25.26
1979	100.00	44.25	33.08	22.67
1980	100.00	45.11	31.64	23.25
1981	100.00	46.17	29.09	24.74
1982	100.00	48.73	26.88	24.39
1983	100.00	47.07	27.56	25.37
1984	100.00	43.93	28.79	27.28
1985	100.00	42.65	30.22	27.13
1986	100.00	41.50	33.60	24.90
1987	100.00	41.20	33.86	24.94
1988	100.00	39.47	33.75	26.78
1989	100.00	42.64	31.47	25.89
1990	100.00	44.70	30.16	25.14
1991	100.00	42.53	31.13	26.34
1992	100.00	40.04	32.76	27.20
1993	100.00	33.83	40.86	25.31

注:本表绝对数及构成按当年价格计算,根据现行统计制度规定,对 1991—1992 年的指数做相应调整,指数按可比价格计算。

主要统计指标解释

国民生产总值 是按市场价格计算的国民生产总值的简称。它是我国所有常住单位在一定时期内初次分配的最终成果。它是国(地区)内生产总值和国(地区)外净要素收入之和。国(地区)外净要素收入是指本国(地区)居民对国(地区)外从事投资和提供劳务所取得并汇(带)往国(地区)内的要素收入与外国(地区)居民对本国(地区)从事投资和提供劳务所取得并汇(带)往国(地区)外的要素收入的差额。主要包括企业收入(含利润和投资利息、股息等)、劳动者收入和财产收入三部分。

国内生产总值 是按市场价格计算的国内生产总值的简称。它是我国所有常住单位在一定时期内生产活动的最终成果。国内生产总值有三种表现形态,即价值形态、收入形态和产品形态。从价值形态看,它是所有常住单位在一定时期内所生产的全部货物和服务价值超过同期投入的全部非固定资产货物和服务价值的差额,即所有常住单位的增加值之和;从收入形态看,它是所有常住单位在一定时期内所创造并分配给我们常住单位和非常住单位的初次分配收入之和;从产品形态看,它是最终使用的货物和服务减去进口货物和服务。国内生产总值计算范围包括三次产业。我国三次产业的划分如下:

第一产业 农业(包括种植业、林业、牧业和渔业,不包括村及村以下工业,村及村以下工业划入工业。)

第二产业 工业(包括采掘工业、制造业、以及自来水、电力、蒸气、热水、煤气等)和建筑业(包括建筑安装企业和自营建设单位,以及为建筑安装工程服务的地质勘探和勘察设计等)。

第三产业 除上述第一、二产业以外的其他各业。

由于第三产业包括的行业多、范围广,根据我国情况,第三产业可分两大部门:一是流通部门,二是服务部门。具体又可分为四个层次。

第一层次 流通部门,包括交通运输业、邮电通讯、商业、饮食业、物资供销和仓储业。

第二层次 为生产和生活服务的部门,包括金融、保险业、综合技术服务业、农、林、牧、渔、水利服务业和水利业,咨询服务业,公路、内河(湖)航道养护业,地质普查业、居民服务业、公用事业以及房地产业等。

第三层次 为提高科学文化水平和居民素质服务的部门,包括教育、文化、广播电视,科学研究、卫生、体育和社会福利事业等。

第四层次 为社会公共需要服务的部门,包括国家与政党机关、社会团体,以及军队和警察等。

当年价格 报告期的实际价格,如工厂的出厂价格,农产品的收购价格,商业的零售价格等,按当年价格计算,是指一些以货币表现的物量指标,如国民生产总值等,按照当年的实际价格来计算总量。使用当年价格计算的数字,是为了使国民经济各项指标互相衔接便于考察当年社会经济效益,便于对生产和流通、生产和分配、生产和消费进行经济核算和综合平衡。

可比价格 指在不同时期的价值指标对比时,扣除了价格变动的因素,以确切表示物量的变化。按可比价格计算有两种方法:一种是直接按产品产量乘其不变价格计算;一种是用物价指数换算。

不变价格 用某一时期的同类产品的平均价格作为固定价格,来计算各个不同时期的产品价值。新中国成立后,随着工农业产品价格水平的变化,国家统计局先后五次制定了全国统一的工业产品不变价格和农业产品不变价格,从 1949 年到 1957 年使用 1952 年工(农)业产品不变价格,从 1957 年到 1971 年使用 1957 年不变价格,从 1971 年到 1981 年使用 1970 年不变价格,从 1981 年到 1990 年使用 1980 不变价格,从 1991 年开始使用 1990 年不变价格。

本《年鉴》所列国内生产总值指数按可比价格计算的。如计算有关年份产值增长情况,可用指数直接进行对比。

平均每年增长速度 在我国计算平均增长速度有两种方法,一种是习惯上经常使用的"水平法",又称几何平均法,是以间隔期最后一年的水平同基期水平对比来计算平均每年增长(或下降)速度。另一种是"累计法",又称代数平均法或方程法,是以间隔期内各年水平的总和同基期水平对比来计算平均每年增长(或下降)速度。(具体计算方法,可参阅中国财政经济出版社出版的《平均增长速度查对表》)

本《年鉴》内所列的平均每年增长速度,都是用"水平法"计算的。从某年到某年平均增长速度的年份,均不包括基期年在内。如建国三十六年的平均增长度是以 1949 年为基期计算的,则写为 1950～1985 年平均增长速度,余类推。

三、人　　口

广西人口发展变化

一、45年来的变化情况

总人口 1993年末，广西总人口达到4438万人，比1949年末的1845万人增加2593万人，平均每年增加59万人。

人口增长率 1949年至1993年，广西人口总增长率为140.54%，平均每年增长率为2.01%，快于全国同期平均每年增长1.80%的速度。

性别比 1993年广西总人口性别比为107.69，比1949年的106.61升高1.08，45年来广西总人口性别比总的趋势是上升。

人口出生率、死亡率和自然增长率 建国以来，广西人口出生率、死亡率和自然增长率均呈下降趋势。1954年至1993年，人口出生率由36.09‰下降为19.58‰，死亡率由15.15‰下降为6.35‰，自然增长率由20.94‰下降为13.23‰。

农业人口和非农业人口 1993年，广西农业人口3735万人，比1950年增加2106万人，非农业人口673万人，比1950年增加427万人，农业人口增长1.29倍，非农业人口增长1.74倍。

少数民族人口 1993年末，广西少数民族人口为1701万人，比1970年增加642万人，增长率为60.62%，快于同期汉族人口增长率(55.60%)。

市镇人口 1953年广西市镇人口为180.47万人，1993年发展到2473万人，增加2292.53万人，平均每年增长9.12%。1978年至1993年，市镇人口平均每年增长13.69%，而1953年至1978年，市镇人口平均每年仅增长2.81%。市镇人口飞速发展的主要原因是从80年代以来建制变化很大，从1982年至1993年，建制市由7个增加到14个，建制镇由92个增加到435个，使得市镇人口发展很快。

二、1978年以来的变化情况

总人口 1978年以来，广西人口总量增加过快，1978至1993年的15年间，广西人口增加1036万人，平均每年增加69万人，比1978年前29年的平均每年增加54万人多15万人。

人口增长率 1978年至1993年，广西人口增长率为30.45%，平均每年增长1.79%，比1949年至1978年的平均每年增长率(2.13%)低0.34个百分点。但由于人口基数加大，这一时期的年平均人口增长量较多。

性别比 广西人口性别比处在较高水平，15年中，有10年在107以上，由1978年的106.31上升为1993年的107.69，80年代中后期，上升势头最为突出。

人口出生率、死亡率和自然增长率 1978年以来，广西人口出生率大幅度下降，1993年已下降为19.58‰，人口死亡率变化不大，基本稳定在5.6‰—7.4‰。在人口死亡率稳定的情况下，人口自然增长率随着人口出生率的下降而下降，1993年已降到13.23‰。

农业人口和非农业人口 15年来，农业人口增加693万人，非农业人口增加313万人，农业人口增长22.78%，非农业人口增长86.94%，非农业人口年平均增长速度快于1978年前29年平均增长速度。其主要原因是80年代以来农转非人口逐渐增长，1985年农转非3.5万人，1993年农转非10.6万人。

少数民族人口 1978年以来，少数民族人口由1272万人增加到1701万人，增长率为33.73%，平均每年增长1.96%，快于这一时期全自治区总人口增长率。

人口年龄结构 15年来，广西人口年龄结构发生了较大的变化。据人口普查和人口抽样调查资料，1982年0—14岁人口比例为37.45%，15—64岁人口比例为57.44%，65岁及以上人口比例为5.11%，年龄中位数为19.98岁，老少比为13.65%；1990年0—14岁人口比例为33.38%，15—64岁人口比例为61.20%，65岁及以上人口比例为5.42%，年龄中位数为22.86岁，老少比为16.22%；1993年，0—14岁人口比例为31.49%，15—64岁人口比例为62.58%，65岁及以上人口比例为5.93%，年龄中位数为24.38岁，老少比为18.82%。广西人口年龄结构类型已由1982年的年轻型向成年型过渡类型转变为1990年的成年型。

婚姻状况 1982年第三次人口普查时，广西15岁及以上人口2278.25万人，未婚的704.35万人，占30.92%，有配偶的1385.45万人，占60.81%，丧偶的173.95万人，占7.64%，离婚的14.50万人，占0.64%；1990年第四次人口普查时，15岁及以上人口为2814.36万人，未婚814.69万人，占28.95%，有配偶1798.97万人，占63.92%，丧偶184.27万人，占6.55%，离婚16.42万人，占0.58%；1993年末人口抽样调查，未婚人口占15岁以上可婚人口的29.2%，有配偶人口占63.33%，丧偶人口占6.71%，离婚人口占0.76%。由此可以看出，有配偶人口和离婚人口的比例呈上升趋势，未婚和丧偶人口的比例呈下降趋势。

文化程度 1990年第四次人口普查，广西每十万人拥有各种文化程度人数为：大学792人，比1982年第三次人口普查增加429人，高中6816人，比1982年增加285人，初中19161人，比1982年增加3435人，小学45077人，比1982年增加6231人。文盲、半文盲人口比重为16.25%，比1982年降低10.83个百分点。

劳动年龄人口 1982年第三次人口普查，广西劳动年龄（男16—59岁，女16—54岁）人口为1861.51万人，1990年第四次人口普查时增加到2309.89万人，1993年末人口抽样调查推算，又增加到2500多万人。随着劳动年龄人口增多，就业压力增大。

回顾广西人口发展的历程，控制人口工作取得了很大的成绩，但面临人口基数逐年庞大的压力，尤其是育龄妇女增多，使计划生育工作难度有增无减，广西本世纪末的人口控制工作仍很艰巨。

表 3—1 总户数和总人口

年份	总户数（万户）	总人口（万人）	男	女	性别比（以女性为 100）
1949	419	1 845	952	893	106.61
1952	437	1 943	1 004	939	106.92
1957	484	2 147	1 108	1 039	106.64
1962	511	2 218	1 133	1 085	104.42
1965	538	2 445	1 256	1 189	105.63
1970	577	2 818	1 444	1 373	105.17
1975	618	3 201	1 648	1 553	106.12
1978	661	3 402	1 753	1 649	106.31
1979	666	3 470	1 786	1 684	106.06
1980	676	3 538	1 822	1 716	106.18
1981	694	3613	1 862	1 751	106.34
1982	706	3 684	1 902	1 782	106.73
1983	718	3 733	1 930	1 803	107.04
1984	734	3 806	1 969	1 836	107.24
1985	757	3 873	2 005	1 868	107.33
1986	783	3 946	2 044	1 902	107.47
1987	808	4 016	2 082	1 934	107.65
1988	831	4 088	2 119	1 969	107.62
1989	867	4 150	2 152	1 998	107.71
1990	896	4 242	2 205	2 037	108.25
1991	918	4 324	2 227	2 097	106.21
1992	950	4 380	2 268	2 112	107.35
1993	973	4 438	2 301	2 137	107.69

注：本表数字按 1993 年行政区划计算。总人口、性别比从 1991 年起为人口变动抽样调查推算数，其余年份及总户数均为户籍统计年报数。

表 3—2 城乡人口及少数民族人口

单位:万人

年份	按城乡分		按农业、非农业分		少数民族人口
	市镇人口	乡人口	农业人口	非农业人口	
1952			1 712	231	
1957	175	1 755	1 918	229	
1962	218	1 772	1 980	238	
1965	241	2 204	2 183	262	
1970			2 547	271	1 059
1975	315	2 886	2 878	323	
1978	361	3 041	3 042	360	1 272
1979	373	3 097	3 084	386	1 310
1980	388	3 150	3 140	398	1 335
1981	404	3 209	3 202	411	1 380
1982	451	3 233	3 263	421	1 405
1983	455	3 278	3 302	431	1 429
1984	1 434	2 372	3 361	445	1 470
1985	1 483	2 390	3 402	471	1 510
1986	1 506	2 440	3 457	489	1 543
1987	1 529	2 487	3 505	511	1 572
1988	1 710	2 378	3 556	532	1 597
1989	1 877	2 273	3 600	550	1 618
1990	1 960	2 282	3 677	565	1 650
1991	2 063	2 231	3 713	581	1 664
1992	2 200	2 159	3 730	629	1 683
1993	2 473	1 935	3 735	673	1 701

注:本表为户籍统计年报数。

表3—3 人口变动情况

年份	总人口比上年增减		出生人口(万人)	出生率(‰)	死亡人口(万人)	死亡率(‰)	自然增长率(‰)	年平均人口(万人)
	绝对数(万人)	增长速度(%)						
1952	37	1.94						1 925
1957	55	2.63	73	34.52	26	12.35	22.17	2 119
1962	59	2.73	86	39.08	22	10.25	28.83	2 188
1965	83	3.51	102	42.40	22	9.03	33.37	2 403
1970	80	2.92	94	33.81	19	6.77	27.04	2 778
1975	71	2.27	92	29.10	21	6.77	22.33	3 166
1978	73	2.19	83	24.69	19	5.79	18.90	3 365
1979	68	2.00	87	25.26	21	6.07	19.19	3 436
1980	68	1.96	88	25.17	20	5.80	19.37	3 504
1981	75	2.12	98	27.30	20	5.55	21.75	3 576
1982	71	1.97	98	26.88	21	5.64	21.24	3 648
1983	49	1.33	69	18.52	21	5.60	12.92	3 709
1984	73	1.96	107	28.34	22	5.87	22.47	3 770
1985	67	1.76	98	25.51	22	5.60	19.91	3 840
1986	73	1.88	106	27.08	26	6.68	20.40	3 910
1987	70	1.77	97	24.42	29	7.36	17.06	3 981
1988	72	1.79	90	22.18	26	6.36	15.82	4 052
1989	62	1.52	84	20.34	24	5.72	14.62	4 119
1990	92	2.22	85	20.20	28	6.60	13.60	4 196
1991	63	1.48	93	21.89	31	7.24	14.65	4 293
1992	56	1.30	87	20.19	32	7.28	12.91	4 352
1993	58	1.32	86	19.58	28	6.35	13.23	4 409

注:本表"三率"数字,1982年以前根据第三次人口普查资料进行了调整,1983年根据户籍统计年报数计算,1984年—1993年为人口变动抽样调查数字。总人口增减绝对数、增长速度和年平均人口,1991年以前为户籍统计年报数,从1991年起均为人口变动抽样调查数。

表3—4 人口年龄构成和性别比

(1993年)

年龄别	人口数(人)			占总人口的百分比(%)			性别比(以女性为100)
	合计	男	女	合计	男	女	
总 计	**39 949**	**20 714**	**19 235**	**100**	**51.85**	**48.15**	**107.69**
0—4	3 548	1 939	1 609	8.88	4.85	4.03	120.51
5—9	4 807	2 570	2 237	12.03	6.43	5.60	114.89
10—14	4 225	2 214	2 011	10.58	5.54	5.04	110.09
15—19	3 959	2 103	1 856	9.91	5.26	4.65	113.31
20—24	3 943	2 041	1 902	9.87	5.11	4.76	107.31
25—29	3 976	2 064	1 912	9.95	5.17	4.78	107.95
30—34	2 559	1 339	1 220	6.41	3.35	3.06	109.75
35—39	2 596	1 365	1 231	6.50	3.42	3.08	110.89
40—44	2 182	1 103	1 079	5.46	2.76	2.70	102.22
45—49	1 642	859	783	4.11	2.15	1.96	109.71
50—54	1 586	794	792	3.97	1.99	1.98	100.25
55—59	1 402	721	681	3.51	1.80	1.71	105.87
60—64	1 156	582	574	2.89	1.46	1.43	101.39
65岁及以上	2 368	1 020	1 348	5.93	2.56	3.37	75.67

注:本表为1993年人口变动抽样调查资料。

表3—5 分民族人口

单位:人

民族别	1978年	1980年	1985年	1990年	1992年	1993年
壮 族	11 289 329	11 830 852	13 156 919	14 236 246	14 520 605	14 674 141
汉 族	21 291 530	22 035 347	23 630 530	25 917 554	26 759 351	27 079 083
瑶 族	761 214	806 673	1 096 291	1 291 897	1 320 955	1 330 090
苗 族	318 429	329 397	363 909	407 867	417 678	423 125
侗 族	209 866	218 600	254 945	279 673	286 160	287 331
仫佬族	75 137	77 259	110 379	143 946	147 887	152 621
毛南族	32 853	32 224	64 199	69 386	68 056	68 066
回 族	16 950	17 844	21 280	25 607	26 682	27 028
京 族	5 723	5 942	10 872	14 083	14 418	13 946
彝 族	5 175	5 015	4 851	6 074	6 050	6 313
水 族	3 371	3 678	5 490	10 460	10 845	11 425
仡佬族	743	759	1 056	2 391	3 027	2 651
其他民族	6 053	20 535	8 746	11 018	11 924	12 144

注:本表为户籍统计年报数。1992年融水苗族自治县永乐乡上报的京族人口3104人,1993年上报时又改为水族。本表对1992年的水族和京族人口进行了调整。

表 3—6 分地市总户数和人口数

单位:万人

地市名称	户数(万户)		人口数		男性人口		女性人口	
	1992 年	1993 年	1992 年	1993 年	1992 年	1993 年	1992 年	1993 年
南宁市	62.0	64.2	259.4	264.6	135.5	138.5	123.9	126.1
柳州市	39.1	40.4	162.9	165.3	85.1	86.2	77.8	79.1
桂林市	30.0	30.6	124.5	126.4	64.1	65.1	60.4	61.3
梧州市	21.2	21.7	88.4	89.6	45.9	46.6	42.5	43.0
北海市	30.0	30.8	127.8	130.3	66.6	67.9	61.2	62.4
防城港市	16.3	16.8	70.5	71.8	38.6	39.4	31.9	32.4
南宁地区	112.0	115.6	530.7	534.9	273.4	275.9	257.3	259.0
柳州地区	78.6	81.0	376.2	379.8	196.1	198.0	180.1	181.8
桂林地区	82.1	83.5	337.3	338.5	176.9	177.5	160.4	161.0
梧州地区	74.2	75.7	355.6	360.6	186.5	189.3	169.1	171.3
玉林地区	190.8	194.1	921.6	935.9	483.9	491.8	437.7	444.1
百色地区	71.6	72.5	349.8	351.8	178.2	179.7	171.7	172.1
河池地区	78.5	81.3	362.8	364.6	186.3	187.1	176.4	177.5
钦州地区	63.3	64.4	291.9	294.6	156.6	158.3	135.3	136.3

地市名称	农业人口		非农业人口		市镇人口		乡人口	
	1992 年	1993 年	1992 年	1993 年	1992 年	1993 年	1992 年	1993 年
南宁市	167.6	168.7	91.8	95.9	154.3	158.5	105.1	106.1
柳州市	87.3	87.2	75.6	78.1	93.0	95.2	69.9	70.1
桂林市	79.1	79.9	45.4	46.5	84.1	85.8	40.4	40.6
梧州市	61.2	61.4	27.2	28.2	67.0	89.6	21.4	
北海市	98.9	100.4	28.9	29.9	75.7	128.2	52.1	2.1
防城港市	58.2	58.5	12.3	13.3	24.4	54.3	46.1	17.5
南宁地区	479.2	481.6	51.5	53.3	197.6	200.2	333.1	334.7
柳州地区	334.6	331.7	41.6	48.1	110.7	115.6	265.5	264.2
桂林地区	301.3	301.2	36.0	37.3	116.2	122.7	221.1	215.8
梧州地区	316.6	320.9	39.0	39.7	234.5	248.0	121.1	112.6
玉林地区	846.8	843.1	74.8	92.8	657.8	740.6	263.8	195.3
百色地区	314.9	315.3	34.9	36.5	121.2	122.7	228.6	229.1
河池地区	317.6	316.4	45.2	48.2	108.1	154.8	254.7	209.8
钦州地区	267.2	268.9	24.7	25.7	155.1	156.9	136.8	137.7

注:本表数字为户籍统计年报数;本表市镇人口和乡人口按 1993 年行政区划和建制统计。

表 3—7

分市县人口数

(1993 年)

单位:人

市县名称	总人口数	男	女	#少数民族人口	#非农业人口	#镇人口
南宁市	1 151 696	604 852	546 844	378 484	801 554	22 487
邕宁县	864 679	453 720	410 959	778 793	78 229	283 764
武鸣县	629 700	326 203	303 497	544 256	78 866	149 803
柳州市	796 390	417 513	378 877	137 899	675 658	39 578
柳江县	482 865	250 243	232 622	372 688	52 619	23 756
柳城县	373 511	194 186	179 325	196 761	52 652	131 934
桂林市	538 643	281 214	257 429	37 361	389 150	49 980
阳朔县	294 729	151 265	143 464	35 771	32 212	153 893
临桂县	430 994	218 451	212 543	33 865	44 112	165 325
梧州市	302 902	154 745	148 157	3 898	228 806	
苍梧县	593 071	311 020	282 051	3 440	53 259	593 071
北海市	234 043	119 623	114 420	2 711	128 051	62 319
合浦县	1 069 249	559 921	509 328	12 522	170 736	1 048 376
防城港市	521 197	284 161	237 036	148 408	104 174	316 609
上思县	196 769	109 718	87 051	179 272	29 021	21 616
凭祥市	93 095	47 395	45 700	78 321	19 999	
横　县	1 005 138	528 769	476 369	386 340	82 058	332 415
宾阳县	883 410	458 395	425 015	167 286	93 378	322 591
上林县	430 102	220 646	209 456	370 545	30 388	189 547
隆安县	361 846	186 602	175 244	351 232	27 486	140 387
马山县	468 935	235 875	233 060	392 184	27 701	78 336
扶绥县	400 203	209 426	190 777	333 850	58 165	277 195
崇左县	324 745	167 333	157 412	263 145	55 100	110 254
大新县	345 322	176 415	168 907	337 892	36 678	131 496
天等县	395 612	200 718	194 894	391 528	22 284	118 369
宁明县	377 914	194 130	183 784	301 046	43 993	94 429
龙州县	262 362	133 080	129 282	248 209	35 206	113 785
合山市	142 118	76 599	65 519	97 913	62 772	86 989
鹿寨县	441 019	235 661	205 358	220 086	66 490	209 733
象州县	335 138	172 519	162 619	234 402	33 696	100 425
武宣县	369 610	192 518	177 092	251 961	31 733	39 121

注:本表数字为户籍统计年报数;市不含市辖县。

表3—7 续表1 (1993年) 单位:人

市县名称	总人口数	男	女	#少数民族人口	#非农业人口	#镇人口
来宾县	890 988	466 279	424 709	588 910	134 624	223 326
融安县	307 196	162 645	144 551	124 563	42 311	85 798
三江侗族自治县	328 526	169 789	158 737	268 141	24 791	18 876
融水苗族自治县	451 077	230 995	220 082	319 975	46 785	93 299
金秀瑶族自治县	142 316	74 106	68 210	109 693	14 146	50 187
忻城县	390 058	198 667	191 391	365 563	23 256	193 466
灵川县	340 182	173 875	166 307	15 575	45 655	179 559
全州县	764 237	412 437	351 800	31 752	63 922	250 434
兴安县	367 895	190 238	177 657	11 496	44 883	119 087
永福县	264 469	136 612	127 857	34 253	28 866	52 062
灌阳县	270 000	145 331	124 669	18 331	22 009	96 687
龙胜各族自治县	166 128	86 520	79 608	126 761	18 407	14 569
资源县	164 133	85 523	78 610	30 245	17 243	13 731
平乐县	412 533	213 959	198 574	66 202	50 211	268 433
荔浦县	361 410	185 900	175 510	57 690	45 079	139 026
恭城瑶族自治县	273 878	144 041	129 837	147 073	36 883	93 389
岑溪县	686 779	361 041	325 738	1 864	76 268	483 147
藤县	832 703	442 818	389 885	1 979	75 811	581 155
昭平县	370 100	196 164	173 936	28 022	41 095	69 966
蒙山县	191 715	99 984	91 731	32 730	19 375	117 600
贺县	818 216	423 466	394 750	71 132	95 518	768 902
钟山县	435 299	229 249	206 050	60 407	61 766	413 331
富川瑶族自治县	271 658	140 357	131 301	128 894	26 835	45 976
玉林市	1 427 763	761 309	666 454	18 361	180 149	983 829
贵港市	1 522 751	777 923	744 828	441 653	244 932	889 760
桂平县	1 491 859	775 621	716 238	102 892	124 051	1 269 104
平南县	1 137 894	608 359	529 535	66 584	80 733	805 530
容县	683 781	360 659	323 122	3 753	58 408	212 242
北流县	1 046 464	553 308	493 156	8 119	109 763	706 692
陆川县	768 161	404 290	363 871	11 012	51 296	651 700

表 3—7 续表 2　　(1993 年)　　单位:人

市县名称	总人口数	男	女	#少数民族人口	#非农业人口	#镇人口
博白县	1 280 506	677 024	603 482	14 319	78 526	810 555
百色市	301 969	155 517	146 452	232 395	100 864	87 012
田阳县	329 916	165 123	164 793	297 211	37 582	140 704
田东县	384 151	193 778	190 373	342 247	51 105	106 295
平果县	431 212	218 845	212 367	409 938	37 184	119 776
德保县	340 808	179 897	160 911	339 389	22 562	57 105
靖西县	557 118	288 666	268 452	555 773	33 157	212 040
那坡县	191 077	99 312	91 765	180 467	14 503	61 649
凌云县	173 128	88 106	85 022	92 385	10 910	60 385
乐业县	137 394	69 401	67 993	70 613	9 937	35 638
田林县	217 018	109 465	107 553	159 642	15 553	52 031
隆林各族自治县	332 948	168 329	164 619	264 176	21 218	41 598
西林县	121 309	61 012	60 297	108 740	10 303	37 934
河池市	292 660	150 448	142 212	223 566	93 478	121 815
宜州市	574 450	294 447	280 003	474 992	85 347	198 899
罗城仫佬族自治县	346 506	179 033	167 473	248 082	41 068	137 095
环江毛南族自治县	329 271	171 024	158 247	301 677	52 385	76 454
南丹县	267 940	138 114	129 826	183 996	56 326	98 579
天峨县	135 285	69 053	66 232	82 269	12 635	42 067
凤山县	174 822	88 012	86 810	113 160	16 952	35 348
东兰县	272 534	139 036	133 498	248 165	17 719	49 708
巴马瑶族自治县	227 579	115 558	112 021	194 046	19 909	51 844
都安瑶族自治县	616 723	315 853	300 870	598 429	31 330	84 974
大化瑶族自治县	408 209	210 718	197 491	376 025	55 180	104 640
钦州市	1 074 957	587 634	487 323	285 367	135 333	489 933
灵山县	1 167 338	617 730	549 608	22 814	71 818	349 314
浦北县	703 960	377 401	326 559	3 304	49 544	144 570

表 3—8　各种规模家庭户构成

单位:%、人

年　份	合　计	1人户	2人户	3人户	4人户	5人户	6人户	7人户	8人及以上户	家庭户平均每户人数(人)
1987	100.00	5.22	6.38	11.22	17.26	20.02	15.58	11.12	13.21	5.11
1989	100.00	7.70	8.08	12.47	19.18	19.80	14.26	8.93	9.58	4.71
1990	100.00	6.55	7.82	14.43	21.41	20.79	13.54	7.67	7.79	4.60
1991	100.00	5.16	6.60	12.20	20.89	21.63	15.56	8.70	9.27	4.84
1992	100.00	5.94	7.34	12.60	21.45	21.66	14.10	8.43	8.47	4.73
1993	100.00	5.22	7.52	13.47	21.78	22.08	13.05	8.59	8.29	4.71

注:1987年为1%人口抽样调查数据,1989—1993年为人口变动抽样调查数据。

表 3—9　各种类别家庭户构成

单位:%

年　份	合　计	单身户	一对夫妇户	二代户	三代户	四代及以上户	一代与其它户	二代与其它户	三代与其它户	四代及以上与其它户
1987	100.00	5.22	3.02	58.74	24.67	1.15	0.91	3.27	2.86	0.17
1989	100.00	7.73	3.34	61.11	21.47	0.96	0.68	2.45	2.08	0.17
1990	100.00	6.63	3.73	61.36	21.12	1.01	1.04	2.90	2.10	0.11
1991	100.00	5.25	2.81	58.90	23.97	1.19	1.07	3.47	3.08	0.26
1992	100.00	5.91	3.51	59.69	22.94	1.13	1.06	2.85	2.76	0.16
1993	100.00	5.22	3.43	61.57	21.49	0.83	1.11	3.01	3.19	0.15

注:1987年为1%人口抽样调查数据,1989—1993年为人口变动抽样调查数据。

表3—10 育龄妇女生育孩次构成

单位：%

年份	合计	第一孩	第二孩	第三孩	第四孩	第五孩及以上
1985	100.00	33.55	27.43	17.89	11.49	9.64
1986	100.00	32.85	26.78	19.98	10.31	10.07
1987	100.00	31.26	27.67	19.61	10.77	10.68
1988	100.00	36.66	29.25	18.42	9.31	6.36
1989	100.00	35.25	30.67	17.89	9.37	6.82
1990	100.00	39.65	31.34	16.08	8.04	4.90
1991	100.00	41.75	34.87	14.75	5.90	2.72
1992	100.00	46.55	29.59	16.97	5.41	1.48
1993	100.00	48.35	33.38	11.98	3.14	3.14

注：1985—1990年为人口定点调查数据，1991—1993年为人口变动抽样调查数据。

主 要 统 计 指 标 解 释

户数 包括家庭户(含单身独居)和集体户。

人口数 指一定时点、一定地区范围内有生命的个人的总和。年度统计的年末人口是指每年12月31日24时的人口数。全区人口数不包括部队人口。

人口出生率 指在一定时期内(通常为一年内)平均每千人所出生的人数的比率,一般用千分率表示。计算公式:

$$人口出生率=\frac{年出生人数}{年平均人数}\times 1000‰$$

出生人数是指活产婴儿,即胎儿脱离母体时(不管怀孕月数),有过呼吸或其他生命现象。

人口死亡率 指在一定时期内(通常为一年内)一定地区的死亡人数与同期平均人数(或期中人数)之比,一般用千分率表示。计算公式:

$$人口死亡率=\frac{年死亡人数}{年平均人数}\times 1000‰$$

人口自然增长率 指在一定时期内(通常为一年内)人口自然增加数(出生人数减死亡人数)与平均人数(或期中人数)之比,一般用千分率表示。计算公式:

$$人口自然增长率=\frac{本年出生人口数-本年死亡人口数}{年平均人数}\times 1000‰$$

或人口自然增长率=人口出生率-人口死亡率

性别比 反映两性人口间比例的指标,指在总人口中或各年龄组人口中,男性人数与女性人数之比。通常以每100个女性人口相对应的男性人口数来表示。计算公式:

$$性别比=\frac{男性人口}{女性人口}\times 100$$

市人口 指地级市市辖区(不含辖县)和县级市的全部人口。

镇人口 指镇辖区内的全部人口。

市镇人口 指市人口和县辖镇人口。

乡人口 指县辖乡的全部人口。

农业人口 指农业户口人口。

非农业人口 指非农业户口人口。

孩次构成 指一定时期内(通常为一年)某一孩次的出生婴儿人数占同期全部出生婴儿数的比例。

人口年龄结构 各年龄组人口在全体人口中所占的比重。

家庭户规模 家庭的大小,亦即家庭成员的多少。

四、劳动力和职工工资

劳动力充分就业　职工工资显著提高

四十五年的巨变

建国四十五年来，八桂大地上发生了翻天覆地的变化，经济建设突飞猛进，人民安居乐业，职工生活水平得到了不断提高和显著改善。

1、劳动力资源十分丰富，劳动就业充分

1993年，全区劳动力资源总数达2588.5万人，比1950年增长1.5倍，占总人口的比重也由1950年的56%提高到58.3%，劳动力资源十分丰富。其中社会劳动者总数为2774.6万人，比1950年增长2.2倍，劳动力资源利用率达87.9%，比1950年提高了6.3个百分点。劳动力得到充分就业，有力地促进了经济的发展和保持了社会的长期稳定。

2、职工队伍日益壮大，职工整体素质不断提高

1993年末，全区职工人数为344.6万人，比1950年增长5.4倍，平均每年递增4.2%；职工占社会劳动者的比重由1950年的6.3%上升到1993年的15.1%。在全部职工中，国有单位职工为287.4万人，比1950年增长17.3倍，占职工总数的比重达83.4%；城镇集体单位职工48.4万人，比1950年增长33.3%，占职工总数的14%；"三资"企业等其他单位职工为8.8万人，占职工总数的2.6%。随着教育事业的蓬勃发展和职工就业培训和岗位培训的普及，职工文化程度、体能和劳动技能等不断得到提高。1993年，国有单位平均每万名职工中具有各类科技人员2474人，近几年来平均有4万多大、中专、技校毕业生充实到职工队伍中来。

3、职工工资巨增

随着职工人数的大量增加和工资水平的不断提高，职工工资总额迅速增长。1993年，全区职工工资总额为112.3亿元，比1950年增长71倍，年均递增10%。其中国有单位95.3亿元，比1950年增长210.5倍，年均递增12.6%；城镇集体单位13.4亿元，比1950年增长11倍，年均递增5.7%。1993年，全区职工平均货币工资为3368元，比1950年增长10.7倍，年均递增5.6%，扣除物价上涨因素实际平均工资年递增5.1%。其中国有单位3432元，增长11倍，年均递增5.7%。

十五年的辉煌

改革开放十五年来，全区经济发展进入了建国以来的最好时期，取得了前所未有的辉煌成就。经济的快速增长以及劳动、人事、社会保障制度的改革给劳动工资带来了新的显著变化。

1、城镇就业人数大量增加，待业率下降

1993年末，城镇社会劳动者为436.1万人，比1978年净增199.1万人，比前30年净增数还多16.4万人，平均每年净增13.3万人。充分的劳动就业使城镇待业率日趋下降，1993年全区城镇待业率为2.8%，比1978年下降了1.3个百分点。十五年间，职工人数净增107.6万人，年均净增7.2万人。其中，国有单位职工净增88.5万人，年均净增5.9万人；城镇集体职工净增10.5万人，年均净增0.7万人。

2、劳动力产业转移速度加快

随着农村经济的发展和产业结构调整，城镇居民的充分就业以及第三产业的迅速发展，劳动力向第三产业转移速度加快。1993年第一产业从业人员为1594万人，占全社会劳动者总数的70.1%，比1978年下降10.4个百分点；第二产业从业人员253万人，占11.1%，上升0.6个百分点；第三产业从业人员为428万人，占18.8%，上升9.8个百分点。

3、职工工资大幅度增长

15年间，职工工资随着经济的快速增长而大幅度增加。职工工资总额由1978年的12.5亿元猛增到112.3亿元，增加99.8亿元。年均递增15.8%，比前30年高出8.6个百分点。其中，国有单位增加84.6亿元，年均递增15.7%，比前30年高出4.5个百分点；城镇集体单位增加11.6亿元，年均递增14.3%，比前30年高出12.7个百分点。

职工平均货币工资由1978年的510元增加到3368元，增加2858元，年均递增13.4%，比前30年高11.5个百分点。扣除同期物价上涨因素后，职工平均实际工资年均递增11.8%。比前30年高9.3个百分点。其中，国有单位增加2873元，年均递增12.9%；城镇集体单位增加2376元，年均递增12.9%。

4、职工实际工资增长高于物价增长水平和社会劳动生产率增长速度

15年间，全区社会劳动生产率增长1.2倍，年均递增5.5%；职工生活费用指数上涨了2.5倍，年均递增8.7%，分别低于同期职工实际工资增长6.3个百分点

和 3.1 个百分点。

二个显著特征

1、劳动就业趋向多样化

经济的发展，社会的进步，给人们带来了就业现象的改变。在就业渠道上，由主要依靠国有、集体单位安置转为国有、集体、个体、私营、“三资”企业等多种渠道一齐上。1993 年，城镇新就业人数达 31.2 万人，被安置到国有、集体、个体、“三资”企业的比重分别为 67%、18.6%、9.6%和 4.8%。在用工形式上，逐步端掉“铁饭碗”，实行“双向选择”，合同制职工作为一种新的用工形式得到迅速增加。1993 年，合同制职工达 60.5 万人，占全部职工的 17.6%。

2、工资分配趋向多元化，合理化

改革开放前，工资分配几十年一贯制，平均主义是其主要特征。工资制度的改革，职工逐步告别“大锅饭”，工资收入基本上体现了按劳分配的原则，其构成趋向多元化，奖金、津贴和补贴已成为主要的增资内容。1993 年与 1980 年比，国有单位计时和计件标准工资增长了 2.6 倍，占工资总额的比重为 41.2%，比 1980 年下降了 32.6 个百分点；奖金、津贴和补贴等其他工资增长了 13.3 倍，占工资总额的比重为 58.8%，比 1980 年上升了 32.6%。

表4—1 历年社会劳动者人数

单位:万人

年份	社会劳动者		职工	城镇个体劳动者	乡村劳动者
	合计	占总人口(%)			
1950	857	45.7	54		803
1951	886	46.5	63		823
1952	917	47.2	73		844
1953	938	47.5	75		863
1954	950	47.1	73		877
1955	968	47.2	66		902
1956	995	47.6	84		911
1957	1 003	46.7	76		927
1958	1 010	46.2	113		897
1959	1 001	45.4	119		882
1960	969	44.6	138		831
1961	979	45.3	111		868
1962	1 018	45.9	96	3.1	919
1963	1 047	45.5	97	3.1	947
1964	1 052	44.5	102	4.4	945
1965	1 090	44.6	111	2.1	977
1966	1 099	43.5	115		984
1967	1 103	42.6	115		988
1968			115		
1969	1 175	42.9	124		1 051
1970	1 226	43.5	137		1 089
1971	1 281	44.2	161		1 120
1972	1 313	44.2	174		1 139
1973	1 332	43.6	169		1 163
1974	1 356	43.3	178		1 178
1975	1 370	42.8	185	0.5	1 184
1976	1 381	42.3	195	0.2	1 186
1977	1 396	41.9	198	0.1	1 198
1978	1 456	42.8	237		1 219
1979	1 493	43.0	240	0.7	1 252
1980	1 550	43.8	248	2.2	1 300
1981	1 605	44.4	260	5.4	1 340
1982	1 668	45.3	267	7.8	1 393
1983	1 713	45.9	267	10.7	1 435
1984	1 776	46.7	270	15.5	1 490
1985	1 831	47.3	276	21.0	1 534
1986	1 896	48.0	284	25.9	1 586
1987	1 961	48.8	296	27.8	1 637
1988	2 012	49.2	303	31.3	1 678
1989	2 046	49.3	307	27.8	1 712
1990	2 109	49.7	312	28.9	1 768
1991	2 171	50.6	323	29.6	1 818
1992	2 217	50.9	334	32.9	1 850
1993	2 275	51.3	344	38.3	1 893

表4—2 劳动力资源情况

指　　标	1978年	1980年	1985年	1990年	1992年	1993年
劳动力资源总数(万人)	**1 873**	**1 949**	**2 036**	**2 439**	**2 534**	**2 589**
劳动力资源总数占人口总数的(%)	**55.1**	**55.1**	**52.6**	**57.5**	**58.1**	**58.3**
#社会劳动者人数	1 456	1 551	1 831	2 109	2 217	2 275
劳动力资源利用率(%)	77.7	79.5	89.9	86.5	87.5	87.9
职工人数	237	248	276	312	334	345
城镇个体劳动者		2.2	21.0	28.9	33	38
乡村劳动者	1 219	1 300	1 534	1 768	1 850	1 893
社会劳动者按产业分						
第一产业(万人)	1 172	1 290	1 473	1 614	1 628	1 594
占总数比重%	80.5	83.1	80.4	76.5	73.5	70.1
第二产业(万人)	153	147	161	207	235	253
占总数比重%	10.5	9.5	8.8	9.8	10.6	11.1
第三产业(万人)	132	114	197	288	354	428
占总数比重%	9.0	7.4	10.8	13.7	15.9	18.8

表4—3 全部职工人数和工资情况

指　　标	1978年	1980年	1985年	1990年	1992年	1993年
一、年末职工人数(万人)	237	248	276	312	334	345
国有单位	199	208	222	259	277	287
城镇集体单位	38	40	54	51	54	49
其他各种经济单位			…	2	3	9
二、工资总额(万元)	125 012	173 582	289 888	624 048	858 763	1 122 805
国有单位	107 460	149 573	243 143	538 257	739 678	952 559
城镇集体单位	17 552	24 009	46 711	81 949	111 363	134 365
其他各种经济单位			34	3 842	7 722	35 881
三、平均工资(元)				2 049	2 634	3 368
国有单位	559	735	1 126	2 135	2 733	3 432
城镇集体单位	462	609	880	1 624	2 134	2 838
其他各种经济单位			1 040	1 934	2 393	4 241

表4—4 分行业全部职工人数和工资总额

指　　标	1978年	1980年	1985年	1990年	1992年	1993年
年末职工人数(万人)	**237**	**248**	**276**	**311.8**	**334.0**	**344.6**
农、林、牧、渔业				22.9	23.3	21.0
国有单位	22.0	21.3	20.9	22.8	23.2	20.8
城镇集体单位				0.1	0.1	0.1
其他单位					…	0.1
采掘业			12.3	13.4	12.9	13.1
国有单位			12.2	12.6	12.0	12.3
城镇集体单位			0.1	0.8	0.9	0.8
其他单位			—	…	…	…
制造业			78.3	95.7	101.5	100.1
国有单位			62.3	73.7	77.4	75.9
城镇集体单位			16.0	20.7	21.7	18.0
其他单位			…	1.3	2.4	6.2
电力、煤气及水的生产和供应业			3.6	4.9	5.6	5.9
国有单位			3.6	4.8	5.4	5.6
城镇集体单位			…	…	0.1	0.2
其他单位			—	0.1	0.1	0.1
建筑业	18.5	18.7	19.4	18.5	21.7	25.8
国有单位	13.1	13.0	12.5	11.9	13.8	16.7
城镇集体单位	5.4	5.7	6.9	6.6	7.9	9.0
其他单位			—	…	…	0.1
地质勘查、水利管理业	4.8	4.9	4.9	4.1	4.0	4.5
国有单位	4.8	4.9	4.9	4.1	4.0	4.5
城镇集体单位	—	—	…	—	…	…
其他单位	—	—	—	—	—	…
交通运输、仓储及邮电通信业				22.2	22.9	23.9
国有单位	16.0	17.1	17.6	17.5	18.8	20.4
城镇集体单位				4.7	4.1	3.3
其他单位			…		…	0.2

表 4—4 续表 1

指 标	1978 年	1980 年	1985 年	1990 年	1992 年	1993 年
批发和零售贸易、餐饮业				35.7	37.5	37.8
国有单位	25.5	27.2	18.7	21.1	22.4	23.6
城镇集体单位				14.6	15.1	13.2
其他单位			…		…	1.0
金融、保险业	1.3	2.0	3.4	5.8	6.6	7.3
国有单位	1.3	1.9	2.8	4.2	4.8	5.3
城镇集体单位	…	0.1	0.6	1.6	1.8	2.0
其他单位					—	…
房地产业				0.4	0.5	1.3
国有单位		0.1	0.3	0.4	0.5	1.0
城镇集体单位				…	…	0.1
其他单位				—	…	0.2
社会服务业				7.0	8.1	9.0
国有单位		3.0	3.6	5.3	6.3	7.2
城镇集体单位				1.1	1.0	0.9
其他单位				0.6	0.8	0.9
卫生、体育和社会福利业	6.0	7.1	8.7	10.5	11.6	13.9
国有单位	5.6	6.8	8.4	10.4	11.5	13.7
城镇集体单位	0.4	0.3	0.3	0.1	0.1	0.2
其他单位			—		—	…
教育、文化艺术和广播电影电视业	25.0	27.1	31.9	40.3	44.7	46.0
国有单位	24.6	27.0	31.7	40.2	44.5	45.8
城镇集体单位	0.4	0.1	0.2	0.1	0.2	0.2
其他单位			—		…	—
科学研究和综合技术服务业	2.5	2.5	2.6	3.1	3.1	4.2
国有单位	2.4	2.5	2.6	3.0	3.1	4.1
城镇集体单位	0.1	…	…	0.1	…	0.1
其他单位			…		…	—
国家机关、政党机关和社会团体	12.0	14.2	19.8	27.3	30.0	30.3
国有单位	11.2	13.9	19.3	26.7	29.4	30.1
城镇集体单位	0.8	0.3	0.5	0.6	0.6	0.2
其他单位			—	—	—	—
其他行业						0.5
国有单位						0.4
城镇集体单位						0.1
其他单位						…

表 4—4 续表 2

指　　标	1978 年	1980 年	1985 年	1990 年	1992 年	1993 年
职工工资总额(万元)	**125 012**	**173 582**	**289 888**	**624 048**	**858 763**	**1 122 805**
农、林、牧、渔业				36 468	46 643	48 950
国有单位	9 768	12 484	17 062	36 292	46 359	48 563
城镇集体单位				176	176	302
其他单位					108	85
采掘业					37 160	44 680
国有单位			14 694	30 838	35 075	41 988
城镇集体单位				1 352	2 001	2 640
其他单位					84	52
制造业					255 395	338 549
国有单位			66 321	152 880	206 505	265 336
城镇集体单位				32 679	43 698	47 968
其他单位			9	2 506	5 192	25 245
电力、煤气及水的生产和供应业					19 274	25 353
国有单位			3 887	11 565	18 776	24 333
城镇集体单位				71	162	677
其他单位					336	343
建筑业				38 904	60 281	97 840
国有单位	8 085	10 672	17 431	28 788	42 104	69 137
城镇集体单位	2 820	3 703	6 588	10 028	18 130	28 338
其他单位	—	1	—	88	47	365
地质勘查、水利管理业				9 106	11 531	16 570
国有单位	2 900	3 763	5 811	9 106	11 501	16 491
城镇集体单位					30	50
其他单位	—	—	—	—	—	29
交通运输、仓储及邮电通信业				52 063	68 959	88 203
国有单位	10 051	13 956	22 946	45 684	61 084	77 641
城镇集体单位				6 347	7 837	9 397
其他单位			…	32	38	1 165

表 4—4　续表 3

指　　标	1978 年	1980 年	1985 年	1990 年	1992 年	1993 年
批发和零售贸易、餐饮业				68 795	86 691	109 144
国有单位	13 253	18 674	19 714	43 478	55 557	70 891
城镇集体单位				25 250	31 059	33 807
其他单位			2	67	75	4 446
金融、保险业	818	1 385	3 509	10 855	16 570	24 945
国有单位	809	1 322	3 057	8 373	12 403	18 777
城镇集体单位	9	63	452	2 482	4 167	5 944
其他单位					—	224
房地产业				761	1 264	3 789
国有单位		75	275	753	1 222	2 615
城镇集体单位				8	6	353
其他单位					36	821
社会服务业				12 744	19 718	28 290
国有单位		2 058	3 806	9 865	15 940	22 750
城镇集体单位				1 730	2 015	2 526
其他单位				1 149	1 763	3 014
卫生、体育和社会福利业	3 223	4 889	9 481	22 758	32 910	43 035
国有单位	3 076	4 653	9 182	22 529	32 608	42 549
城镇集体单位	147	236	299	229	302	482
其他单位					—	4
教育、文化艺术和广播电影电视业	11 398	17 904	36 126	77 003	109 657	134 670
国有单位	11 317	17 831	35 994	76 771	109 287	134 156
城镇集体单位	81	73	132	232	329	514
其他单位					41	—
科学研究和综合技术服务业	1 251	1 885	2 760	6 423	8 805	12 426
国有单位	1 216	1 878	2 750	6 324	8 728	12 198
城镇集体单位	35	7	9	99	75	228
其他单位			1	—	2	—
国家机关、政党机关和社会团体	6 897	10 663	20 730	56 277	83 905	104 489
国有单位	6 733	10 495	20 213	55 011	82 529	103 624
城镇集体单位	164	168	517	1 266	1 376	865
其他单位					—	—
其他行业						1 872
国有单位					—	1 510
城镇集体单位					—	274
其他单位					—	88

表 4—5 历年国有单位职工工资和指数

年份	工资总额（万元）	指数（以上年为 100）	职工平均工资(元)		指数(以 1950 年为 100)	
			货币工资	实际工资	货币工资	实际工资
1950	4 503	100.0	287	287	100.0	100.0
1951	5 850	129.9	292	264	101.7	92.0
1952	7 109	121.5	315	315	109.8	109.8
1953	10 227	143.9	354	345	123.3	120.2
1954	12 108	118.4	376	361	131.0	125.8
1955	15 185	125.4	399	390	139.0	135.9
1956	23 162	152.5	459	460	159.9	160.3
1957	27 788	119.9	487	471	169.7	164.1
1958	29 294	105.4	421	422	146.7	147.0
1959	39 744	135.7	409	410	142.5	142.9
1960	46 827	117.8	387	369	134.8	128.6
1961	42 191	90.1	415	301	144.6	104.9
1962	38 458	91.2	464	462	161.7	161.0
1963	37 993	98.8	499	503	173.9	175.3
1964	40 983	107.9	518	546	180.5	190.2
1965	42 802	104.4	514	537	179.1	187.1
1966	44 045	102.9	516	516	179.8	179.8
1967	45 103	102.4	527	525	183.6	182.9
1968	44 561	98.8	496	491	172.8	171.1
1969	45 413	101.9	471	467	164.1	162.7
1970	48 917	107.7	493	491	171.8	171.1
1971	54 385	111.2	472	466	164.5	162.4
1972	71 421	131.3	547	541	190.6	188.5
1973	72 661	101.7	532	528	185.4	184.0
1974	75 043	103.3	546	544	190.2	189.5
1975	77 116	102.8	539	534	187.8	186.1
1976	80 852	104.8	533	528	185.7	184.0
1977	85 232	105.4	536	533	186.8	185.7
1978	107 460	126.1	559	560	194.8	195.1
1979	121 233	112.8	620	603	216.0	210.1
1980	149 574	123.4	735	653	256.1	227.5
1981	157 342	105.2	748	728	260.6	253.7
1982	169 708	107.9	782	751	272.5	261.7
1983	178 875	105.4	810	786	282.2	273.9
1984	219 622	122.8	1 039	993	362.0	346.0
1985	243 143	110.7	1 126	982	392.3	342.2
1986	299 732	123.3	1 344	1 266	468.3	441.1
1987	347 475	115.9	1 502	1 363	523.3	474.9
1988	428 302	123.3	1 798	1 458	626.5	508.0
1989	464 594	108.5	1 887	1 576	657.5	548.8
1990	538 257	113.3	2 135	2 172	743.9	757.8
1991	609 682	113.5	2 341	2 279	815.7	794.1
1992	739 678	121.5	2 733	2 554	952.3	889.9
1993	952 559	128.9	3 432	2 783	1 195.8	969.7

注:①"实际工资指数"指扣除职工生活费用价格变动因素后的指数。

②1990 年工资总额含肉类等价格补贴,其指数是按同一口径对比。

表 4—6 国有单位职工工资总额和构成

指　　标	1980 年	1985 年	1990 年	1992 年	1993 年
工资总额(万元)	149 573	243 143	538 257	739 678	952 559
计时和计件标准工资	110 326	157 959	287 501	351 449	392 057
奖金和计件超额工资	13 011	31 529	91 096	161 011	211 410
津贴和补贴	22 530	47 257	137 452	207 653	293 833
其　他	3 706	6 398	22 208	19 565	55 255
工资总额构成(%)	100	100	100	100	100
计时和计件标准工资	73.8	65.0	53.4	47.5	41.2
奖金和计件超额工资	8.7	13.0	16.9	21.8	22.2
津贴和补贴	15.0	19.4	25.6	28.1	30.8
其　他	2.5	2.6	4.1	2.6	5.8

表 4—7 国有单位分行业职工平均工资

单位:元

	1978 年	1980 年	1985 年	1990 年	1992 年	1993 年
农、林、牧、渔业	463	587	830	1 629	2 036	2 525
采掘业		782	1 195	2 483	2 895	3 381
制造业		759	1 116	2 161	2 750	3 639
电力、煤气及水的生产和供应业		739	1 099	2 453	3 631	4 504
建筑业	642	848	1 431	2 485	3 237	4 212
地质勘查、水利管理业	605	765	1 192	2 198	2 800	3 640
交通运输、仓储及邮电通信业	640	832	1 319	2 640	3 282	3 811
批发零售贸易、餐饮业	534	699	1 055	2 054	2 522	3 058
金融、保险业	609	745	1 154	2 069	2 712	3 737
房地产业		715	1 001	1 913	2 734	3 760
社会服务业		715	1 077	1 935	2 592	3 442
卫生、体育和社会福利业	567	716	1 119	2 212	2 892	3 201
教育、文化艺术和广播电影电视业	503	681	1 166	1 953	2 515	3 011
科学研究和综合技术服务业	531	749	1 053	2 131	2 847	4 084
国家机关、政党机关和社会团体	618	782	1 072	2 106	2 867	3 517
其他行业						3 437

表4—8 城镇待业与就业人员情况

指　　标	1978年	1980年	1985年	1990年	1992年	1993年
城镇待业人数(万人)	10.3	12.4	8.6	13.9	12.6	11.6
待业率(%)	4.1	4.7	2.8	3.9	3.3	2.9
就业人员主要来源(万人)	12.7	15.5	18.3	22.3	31.5	31.2
城镇劳动力	4.5	8.1	9.5	12.6	18.8	17.2
农村劳动力	0.9	2.7	2.8	3.2	4.9	5.1
大、中、专、技校毕业生	0.8	2.5	2.3	4.0	4.3	4.3
其　　他	6.5	2.2	3.7	2.5	3.5	4.6
就业人员安置去向(万人)						
国有单位	8.2	10.2	9.9	13.7	21.1	20.9
城镇集体单位	2.3	2.7	4.9	6.4	7.9	5.8
其他所有制单位	—	—	—	—	—	1.5
从事个体劳动	2.2	2.6	3.5	2.2	2.5	3.0

表4—9 职工工资增长因素

指　　标	全部工资总额合计(1993年比1992年)		#国有单位(1993年比1992年)	
	增加额(万元)	比重(%)	增加额(万元)	比重(%)
工资总额增加额	**264 043.2**	**100**	**212 881.3**	**100**
由于增加标准工资	48 803.6	18.5	40 607.5	19.0
由于增加奖金和计件超额工资	65 737.1	24.9	50 399.1	23.7
由于增加津贴和补贴	98 269.5	37.2	86 180.7	40.5
其　　他	51 233.0	19.4	35 694.0	16.8

表4—10 职工人数变动情况

（1993年） 单位：人

指标	本年增加人数							
	合计	从农村招收	从城镇招收	录用的复员转业军人	录用的大中专技工学校毕业生	调入	由外省自治区直辖市调入	其他
总计	**275 165**	**51 558**	**65 449**	**5 924**	**43 135**	**81 319**	**6 332**	**27 780**
一、国有经济单位合计	225 674	37 014	51 741	5 377	39 372	69 866	5 709	22 304
按企业、事业、机关分组								
1、企业	140 995	21 292	42 383	3 558	19 633	38 886	2 923	15 243
其中：地方	117 454	17 942	37 457	2 696	15 223	30 644	2 058	13 492
2、事业	60 297	12 864	6 716	962	16 837	17 722	2 384	5 196
其中：地方	56 375	12 693	6 402	912	15 960	15 633	926	4 775
3、机关	24 382	2 858	2 642	857	2 902	13 258	402	1 865
其中：地方	24 123	2 817	2 614	830	2 856	13 143	389	1 863
二、城镇集体经济单位合计	36 874	11 334	10 364	329	2 296	8 529	395	4 022
三、其他各种经济类型单位合计	12 617	3 210	3 344	218	1 467	2 924	228	1 454

表4—10 续表

指标	本年减少人数						
	合计	离休退休退职	开除除名辞退	终止解除合同	调出	调到外省自治区直辖市	其他
总计	**246 564**	**61 468**	**22 247**	**11 851**	**83 223**	**5 186**	**67 775**
一、国有经济单位合计	174 903	52 553	15 352	8 412	71 286	4 723	27 300
按企业、事业、机关分组							
1、企业	113 993	29 998	13 542	7 284	43 683	2 989	19 486
其中：地方	91 395	22 716	9 730	6 932	35 564	1 598	16 453
2、事业	41 942	16 861	1 586	912	16 671	1 344	5 912
其中：地方	39 000	15 179	1 500	859	15 768	1 216	5 694
3、机关	18 968	5 694	224	216	10 932	390	1 902
其中：地方	18 769	5 641	223	216	10 853	383	1 836
二、城镇集体经济单位合计	64 324	7 760	5 165	2 319	10 101	313	38 979
三、其他各种经济类型单位合计	7 337	1 155	1 730	1 120	1 836	150	1 496

表4—11 职工保险福利费用构成情况

单位:万元

项目	1990年	1992年	1993年
总　计	**91 234.4**	**134 295.2**	**178 486.8**
国有单位合计	**82 354.7**	**121 792.9**	**157.815.5**
医疗卫生费	31 940.1	42 353.1	50 051.4
丧葬抚恤救济费	1 101.6	1 670.8	2 011.5
生活困难补助费	2 514.2	2 599.7	2 795.2
文体宣传费	2 290.8	3 434.6	4 679.4
集体福利事业补贴费	6 902.2	10 124.4	13 042.6
集体福利设施费	6 116.5	9 516.1	12 630.3
计划生育补贴费	2 107.5	2 601.5	2 678.9
上下班交通补贴费	3 313.2	4 448.7	13 244.4
洗理卫生费	13 491.6	23 442.4	33 035.7
其　他	12 577.0	21 601.6	23 646.1
城镇集体单位合计	**8 383.0**	**11 792.9**	**15 545.1**
医疗卫生费	3 250.6	3 951.4	7 009.3
丧葬抚恤救济费	94.3	130.9	128.4
生活困难补助费	168.9	211.6	229.5
文体宣传费	206.7	262.2	292.3
集体福利事业补贴费	384.4	783.0	1 031.6
集体福利设施费	361.2	476.8	626.5
计划生育补贴费	257.4	290.2	241.6
上下班交通补贴费	487.5	619.3	1 184.1
洗理卫生费	1 603.6	2 621.6	3 096.9
其　他	1 568.4	2 445.9	1 704.9
其他单位合计	**496.7**	**709.4**	**5 126.2**
医疗卫生费	173.3	204.2	1 606.8
丧葬抚恤救济费	1.8	5.8	15.2
生活困难补助费	3.7	3.6	45.2
文体宣传费	8.2	15.7	97.5
集体福利事业补贴费	19.4	220.3	535.7
集体福利设施费	23.6	27.6	724.2
计划生育补贴费	11.3	17.6	107.7
上下班交通补贴费	62.6	30.4	436.3
洗理卫生费	71.3	109.7	898.0
其　他	121.5	74.5	659.6

表 4—12 离休、退休、退职人员和保险福利费用构成情况

项　　目	1990 年	1992 年	1993 年
一、截止年末离休、退休、退职人员数总计(人)	**436 300**	**526 659**	**574 558**
国有单位	342 188	423 360	469 354
#离、退休人员	331 765	412 783	459 000
城镇集体单位	93 966	103 012	100 298
#离、退休人员	90 464	100 144	96 683
其他单位	146	287	4 906
#离、退休人员	140	266	4 856
二、保险福利费用总计(万元)	**85 214.5**	**133 422.9**	**2 022 855**
国有单位	73 329.1	115 203.8	180 275.2
离休金	5 367.2	7 728.4	8 400.7
退休金	41 704.2	65 082.9	100 472.9
退职生活费	924.8	1 278.1	1 361.9
医疗卫生费	8 825.0	14 319.4	21 171.1
护理费	380.5	479.0	565.6
生活补贴费	5 307.9	7 616.0	11 373.4
交通费补贴	447.5	787.2	1 666.5
丧葬抚恤救济费	956.5	1 196.3	1 518.9
物价补贴费		9 992.8	17 168.0
其　他	9 416.1	6 723.7	16 576.2
城镇集体单位	11 851.4	18 153.1	19 076.7
离休金	459.6	438.6	428.4
退休金	6 918.4	11 560.0	10 507.6
退职生活费	184.3	204.3	166.3
医疗卫生费	1 668.2	2 456.9	2 594.8
护理费	31.4	41.4	40.4
生活补贴费	831.7	849.9	1 380.2
交通费补贴	60.9	47.7	118.6
丧葬抚恤救济费	124.3	188.6	153.8
物价补贴费		1 713.7	2 480.3
其　他	1 572.6	652.0	1 206.3
其他单位	33.4	66.0	2 933.6
离休金	1.1	11.7	71.0
退休金	21.3	36.8	1 123.3
退职生活费	0.4	1.0	9.9
医疗卫生费	7.4	4.2	383.0
护理费		—	8.6
生活补贴费	1.0	3.0	166.9
交通费补贴	—	0.2	11.4
丧葬抚恤救济费	—	1.0	20.6
物价补贴费		5.6	216.4
其　他	2.2	2.5	922.5

主 要 统 计 指 标 解 释

劳动力资源总数 指在劳动年龄内人口(男 16—59 岁,女 16—54 岁)总数中,有劳动能力的人口数和不足或超过劳动年龄,但实际经常参加社会劳动并取得劳动报酬或经营收入的人口数。

社会劳动者 指从事一定社会劳动并取得劳动报酬或经营收入的全部劳动力。包括国有单位、城镇集体单位、其他各种经济类型单位的全部职工;城镇私营企业从业人员;城镇个体劳动者;农村社会劳动者和其他社会劳动者。

职工 指在国有单位、城镇集体单位、其他各种经济类型单位企业、事业、机关及其附属机构中工作,并由其支付工资的各类人员。具体包括长期职工和临时职工。

城镇待业人员 指城镇中具有非农户口,在规定的劳动年龄以内,具有劳动能力、无业而要求就业并在当地就业服务机构进行待业登记的人员。包括社会青年、待业职工和其他待业人员。

$$城镇待业率=\frac{城镇待业人员}{城镇社会劳动者+城镇待业人员}\times 100\%$$

工资总额 指各单位在一定时期内直接支付给本单位全部职工的劳动报酬总额。由下列六部分组成:

(1)**计时工资** 指按计时工资标准(包括地区生活费补贴)和工作时间支付给个人的劳动报酬。

(2)**计件工资** 指对已做工作按计件单价支付的劳动报酬。

(3)**奖金和计件超额工资** 指支付给职工的超额劳动报酬和增收节支的劳动报酬以及计件工人超过定额后所得的工资。

(4)**津贴和补贴** 指为了补偿职工特殊或额外的劳动消耗和因其他特殊原因支付给职工的津贴,以及为了保证职工工资水平不受物价影响支付给职工的物价补贴。

(5)**加班加点工资** 指对法定节假日和公休假日工作的职工,以及在正常工作日以外延长工作时间的职工按规定支付的加班工资和加点工资。

(6)**其他工资** 是指其他根据国家规定支付的工资,如保留工资、附加工资、调整工资补发的上年工资等。

平均货币工资 是指在一定时期内职工货币工资的平均水平。其计算公式为:

$$平均货币工资=\frac{报告期工资总额(元)}{报告期平均人数(人)}$$

平均实际工资 是指扣除职工生活费用价格变动影响后的平均工资。其计算公式为:

$$平均实际工资=\frac{平均工资}{职工生活费用价格指数}$$

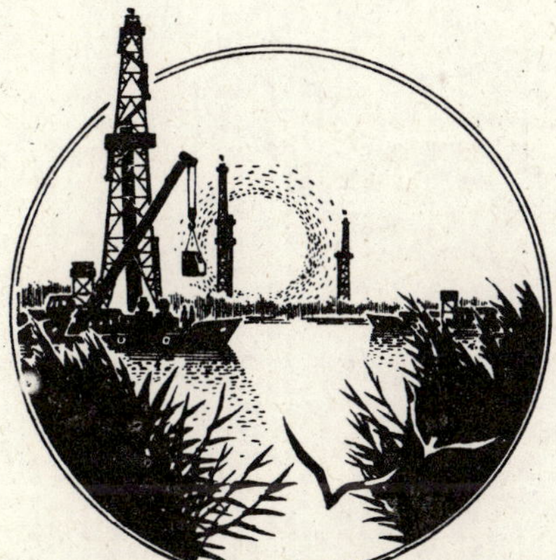

五、固定资产投资

固定资产投资不断增加

一、45年固定资产投资综述

新中国刚成立时，广西的生产力水平十分低下。1950年广西工业产值仅3.7亿元，全区只有17家照明用的小电厂，709家手工操作为主的轻纺小厂或作坊，经济基础十分薄弱。45年来，广西各族人民在自治区党委和人民政府的领导下，积极地、有计划地进行固定资产投资建设活动。从1950年至1993年，全社会累计完成固定资产投资总额达1093.27亿元，累计新增固定资产788.49亿元，平均每年完成投资24.85亿元，新增固定资产17.92亿元；累计建成投产项目62287个。经过45年来的连年建设，逐步形成了具有广西特点的产业结构，使国民经济得以持续、稳定地向前发展。

1、农业基本建设取得成效。45年来，对农业的固定资产投资累计66.39亿元。累计新增水库库容73.44亿立方米，新增有效灌溉面积2181.43万亩。

2、形成了具有广西特色的工业体系。1950～1993年，全区工业固定资产投资累计完成441.2亿元。目前已形成以电力工业、制糖业、建材工业、机械工业、化工工业、有色工业等为支柱的工业体系。45年来，累计新增发电机组容量：374.82万千瓦；新增机制糖：日处理原料16.95万吨，年生产糖208.71万吨；新增水泥1055.78万吨/年；新增化学农药26541吨/年；新增轮胎外胎163.78万条/年。其它工业生产能力不胜枚举。

3、交通运输、邮电通讯业日益发达。1950～1993年，交通运输业累计完成投资82.42亿元，邮电通讯业累计完成投资17.28亿元。累计新建公路15268.58公里，改建公路9011.55公里；新(扩)建港口码头：年吞吐量675万吨；新建铁路主线正线交付运营里程1412.6公里；新增长途电缆2014.99延长公里，市内电话自动交换机41.02万门。

4、文教、卫生、广播电视事业旧貌换新颜。1950～1993年，这些部门累计完成固定资产投资42.21亿元。解放初期，广西的文化、教育、卫生还非常落后，经过45年的建设，办学条件、卫生条件获得极大改善，各项文化事业欣欣向荣。45年来，累计新增学生席位：高等院校4.88万个，中等学校102.62万个，小学校169.84万个；新增医院病床32844张。

二、改革开放中固定资产投资成绩斐然，成为广西经济增长的动力军。

在党的十一届三中全会制定的方针路线指引下，为了适应改革开放、发展商品经济的需要，广西的固定资产投资活动较前29年发生了显著变化。

1、资金来源渠道增多。从1984年起，计划部门改变过去完全指令性计划的模式，将固定资产投资计划划分为指令性计划和指导性计划，并减少工作环节，简化审批程序，下放审批权限，同时对开放城市在项目安排，利用外资的审批及投资规模等方面均给予较宽政策，由此，大大拓宽了资金来源渠道，尤以自筹资金和利用外资增长较快。从1979年至1993年，国家预算内拨款累计83.18亿元，平均每年5.55亿元，年均下降0.24%；国内贷款221.33亿元，平均每年14.76亿元，年均增长56.3%；利用外资33.92亿元(人民币)，平均每年2.26亿元，年均增长30.3%；自筹资金296.01亿元，平均每年19.73亿元，平均每年增长33.3%。资金来源渠道增多，减轻了国家财政负担，有力地促进了广西的扩大再生产。

2、投资规模迅速扩大。1950年，全区固定资产投资仅0.12亿元，1978年为9.61亿元，从1951年至1978年，投资规模平均每年增长16.9%；1993年全区投资达到278.07亿元，从1979年至1993年，平均每年增长达到25.1%。改革开放以来平均每年完成投资为65.39亿元，为前29年的16.9倍。投资增长快，规模迅速扩大，一方面是因为广西的基础薄弱，基数低，投资需求大，另一方面则得益于对外开放政策。

3、投资结构趋向合理。十一届三中全会以来，全党贯彻实事求是的思想路线，广西的固定资产投资工作亦从实际出发，根据自身的特点，扬长避短，不断调整投资结构。坚持不懈地大力加强能源、交通、通讯、原材料和具有资源优势的一系列产业的开发建设，改变过去只重农业、工业，忽视第三产业的发展战略。三次产业完成投资增速，前28年与后15年分别为：19.7%与3.4%、18.8%与17.6%、13.0%与30.1%。其中1993年第三产业完成投资比1978年增长50.7倍，以交通、邮电通讯为代表的第三产业获得空前发展。15年来，全区用于公路、铁路、内河与沿海港口码头、航空等方面的固定资产投资累计70.3亿元，为前29年的5.8倍；用于邮电通信业方面的投资累计16.03亿元，为前29年的12.8倍。在工业方面，对具有资源优势的产业给予重点扶持和倾斜：制糖业累计完成投资29.55亿元，占第二产业完成投资总额的7.8%；建材工业完成投资31.87亿元，占8.4%；电力工业完成69.33亿元，占18.3%；有色工业完成25.93亿元，占6.8%；化学工业完成22.89亿元,占6.0%;冶金工业完成13.21亿元,占3.5%;机电工业完成33.05亿元,占8.7%。上述工业15年来累计投资分别为前29年的9.0倍、11.7倍、5.9倍、5.1倍、2.7倍、1.9倍和4.3倍。

此外,为扭转前29年中"先生产、后生活"的一贯倾向,逐步提高了住宅、教育、卫生、文化、科技等方面的投资,部分偿还了历年"欠帐",居民居住条件获得改善。

4、固定资产投资成果累累

15年来,在改革开放方针指引下,固定资产投资随着规模增大,结构改善,一大批支撑广西国民经济总体的骨干项目逐年建成投产。

农业方面:合面狮水库灌区工程、沙埔河水库及北海渔业基地等;

工业方面:大厂矿务局一、二期工程,柳州钢铁厂扩建,柳州化肥厂扩建,大化水电站、恶滩水电站、岩滩水电站、来宾火电厂、合山火电厂及广西送变电,柳州水泥厂、黎塘水泥厂,柳州工程机械厂,南宁平板玻璃厂,南宁和桂林两座啤酒厂等。此外,一大批新建,扩建糖厂项目,如贵港甘蔗化工厂、桂平糖厂、龙州糖厂等37个糖厂;

交通业:防城港二期工程、北海飞机场、南防铁路等;

邮电通讯业:南宁市电信局引进比利时三万门程控电话和引进德国三万门程控电话。

这些大中型项目的建成投产,为广西争取提前实现国民生产总值翻两番打下了坚实的物质基础。

45年的固定资产投资,使广西国民经济能够稳步向前发展。尤其是近三年来,全区国内生产总值平均以17.4%的速度增长,而投资以平均59.5%的速度上升,是经济得以高速增长的主要动力。由于基础差,基数低,虽然投资增速较高,但投资总规模仍然偏低。为了缩小广西与全国水平的差距,加大投资力度、保持合理的投资结构依然是今后投资活动的目的。为此,应以提高投资效益为指导思想,坚持投资体制的全面改革,建立、建全投资管理机制,以求增加资金来源渠道,扩大投资规模,适应国民经济发展对固定资产投资的需求。

表 5—1 全社会固定资产投资总额

单位：亿元

项　目	1978 年	1980 年	1985 年	1990 年	1992 年	1993 年
总　计	**9.71**	**12.56**	**42.22**	**68.57**	**141.04**	**278.07**
国有单位	**9.61**	**12.18**	**24.17**	**41.17**	**92.68**	**169.36**
基本建设投资	9.61	10.31	16.73	21.29	52.21	103.15
按隶属关系分						
中央	1.57	2.21	7.49	6.23	16.41	29.51
地方	8.04	8.10	9.24	15.06	35.80	73.64
按用途分						
物质生产性建设	8.00	6.32	9.46	12.65	30.70	66.59
非物质生产性建设	1.61	3.99	7.27	8.64	21.51	36.56
更新改造投资	—	1.87	7.12	16.96	34.17	47.31
按隶属关系分						
中央	—	0.60	1.28	2.39	6.31	9.6
地方	—	1.27	5.84	14.57	27.86	37.71
按用途分						
物质生产性建设	—	1.63	6.08	14.67	30.01	41.92
非物质生产性建设	—	0.24	1.04	2.29	4.16	5.39
其他固定资产投资	—	—	0.32	0.72	1.76	2.72
按隶属关系分						
中央	—	—	—	0.03	0.08	0.12
地方	—	—	0.32	0.69	1.68	2.60
按用途分						
物质生产性建设	—	—	0.22	0.55	1.58	1.27
非物质生产性建设	—	—	0.10	0.17	0.18	1.45
房地产开发投资	—	—	—	2.20	4.54	16.18
物质生产性建设	—	—	—	0.10	0.31	0.29
非物质生产性建设	—	—	—	2.10	4.23	15.89
集体单位	**0.10**	**0.38**	**2.47**	**5.47**	**15.54**	**37.86**
城镇集体	0.10	0.38	1.44	2.86	5.93	11.4
农村集体	—	—	1.03	2.61	9.61	26.46
私人固定资产投资	—	—	**15.57**	**21.93**	**32.82**	**36.22**
城镇和工矿区私人建房	—	—	1.88	3.11	6.47	13.44
农村私人投资	—	—	13.69	18.82	26.35	22.78
其他经济类型	—	—	—	—	—	**34.63**

注：①从 1993 年年报起，全社会投资新增其他经济类型。

②在房地产开发投资中，1993 年以前为商品房投资。

表5—2 历年固定资产投资

单位:万元

年份	投资总额	#基本建设投资	#更新改造投资	在投资总额中 生产性建设	非生产性建设	#住宅
1950	1 167	1 167	—	1 109	58	20
1951	6 661	6 661	—	6 231	430	70
1952	2 458	2 458	—	1 634	824	144
1953	6 529	6 529	—	4 819	1 710	500
1954	8 772	8 772	—	7 074	1 698	490
1955	16 131	16 131	—	14 337	1 794	510
1956	16 192	16 192	—	11 707	4 485	850
1957	14 303	14 303	—	10 338	3 965	750
1958	34 715	34 715	—	30 631	4 084	1 915
1959	58 222	58 222	—	49 993	8 229	2 500
1960	68 030	68 030	—	56 620	11 410	3 300
1961	21 240	21 240	—	18 231	3 009	1 400
1962	13 677	13 677	—	12 149	1 528	685
1963	16 643	16 643	—	13 124	3 519	1 468
1964	26 887	26 887	—	22 385	4 502	1 762
1965	28 569	28 569	—	24 567	4 002	1 835
1966	41 485	41 485	—	36 730	4 755	1 921
1967	32 647	32 647	—	26 771	5 876	2 087
1968	19 424	19 424	—	15 733	3 691	1 138
1969	41 737	41 737	—	37 146	4 591	1 345
1970	58 989	58 989	—	56 027	2 962	1 248
1971	58 513	58 513	—	54 203	4 310	1 534
1972	64 770	64 770	—	57 170	7 600	3 555
1973	61 309	61 309	—	52 716	8 548	3 583
1974	67 791	67 791	—	58 166	9 625	3 965
1975	76 255	76 255	—	67 127	9 128	3 701
1976	85 967	85 967	—	75 792	10 175	4 481
1977	79 478	79 478	—	68 707	10 771	5 831
1978	96 055	96 055	—	79 972	16 083	6 745
1979	98 051	95 990	2 061	74 231	23 820	12 584
1980	121 815	103 067	18 748	79 491	42 324	23 185
1981	101 875	68 323	33 552	64 893	36 982	22 342
1982	187 197	85 971	49 415	96 615	90 582	63 527
1983	213 856	88 547	47 852	100 281	113 575	86 218
1984	281 675	108 042	45 670	160 007	121 668	82 299
1985	427 791	167 327	71 218	235 357	192 434	142 092
1986	552 131	190 872	108 364	291 196	260 935	185 644
1987	645 119	176 743	204 019	368 198	276 921	181 153
1988	774 656	223 532	273 915	496 253	278 403	173 644
1989	718 914	207 675	195 285	448 490	270 424	189 869
1990	685 666	212 880	169 619	387 028	298 638	221 077
1991	896 479	288 923	220 662	522 746	373 733	285 398
1992	1 410 395	522 135	341 696	844 611	565 784	378 228
1993	2 780 754	1 099 415	527 724	1 486 107	1 294 647	680 317

注:1950～1981年为全民投资总额,1982年以后为全社会投资总额。

表5—3 历年国有单位固定资产投资

单位:万元

年份	投资总额	中央项目	地方项目		新增固定资产
				占总额比重(%)	
1950	1 167	977	190	16.28	412
1951	6 661	5 621	1 040	15.61	6 461
1952	2 458	771	1 687	68.63	2 394
1953	6 529	4 115	2 414	36.97	6 171
1954	8 772	5 505	3 267	37.24	7 958
1955	16 131	10 203	5 928	36.75	14 670
1956	16 192	7 215	8 977	55.44	13 725
1957	14 303	7 239	7 064	49.39	12 514
1958	34 715	1 687	33 028	95.14	27 370
1959	58 222	8 748	49 474	84.97	36 727
1960	68 030	12 518	55 512	81.60	45 154
1961	21 240	4 387	16 853	79.35	12 128
1962	13 677	1 748	11 929	87.22	6 723
1963	16 643	4 438	12 205	73.33	10 982
1964	26 887	6 976	19 911	74.05	32 071
1965	28 569	7 437	21 132	73.97	28 272
1966	41 485	9 479	32 006	77.15	22 501
1967	32 647	5 072	27 575	84.46	16 369
1968	19 424	3 300	16 124	83.01	9 883
1969	41 737	5 283	36 454	87.34	35 896
1970	58 989	7 611	51 378	87.10	37 854
1971	58 513	7 793	50 720	86.68	28 813
1972	64 770	6 566	58 204	89.86	33 936
1973	61 309	7 880	53 429	87.15	35 962
1974	67 791	7 942	59 849	88.28	35 725
1975	76 255	6 826	69 429	91.05	42 147
1976	85 967	8 411	77 556	90.22	46 198
1977	79 478	11 871	67 607	85.06	59 725
1978	96 055	15 710	80 345	83.65	54 677
1979	98 051	29 392	68 659	70.02	78 800
1980	121 815	28 129	93 686	76.91	89 031
1981	101 875	19 235	82 640	81.12	79 108
1982	135 386	28 497	106 889	78.95	93 929
1983	143 837	38 961	104 876	72.91	102 287
1984	164 288	56 104	108 184	62.85	136 440
1985	247 349	88 319	159 030	64.29	163 230
1986	303 692	8 811	215 581	70.99	220 737
1987	408 328	77 092	331 236	81.12	274 119
1988	529 426	81 478	447 948	84.61	335 963
1989	414 199	96 347	317 852	76.74	365 487
1990	411 663	88 657	323 006	78.46	374 779
1991	542 295	128 015	414 280	76.39	419 072
1992	926 799	229 885	696 914	75.20	609 629
1993	1 693 664	393 855	1 299 809	76.75	960 428

注:1989 年以后不包括 2～5 万元零星基建投资。

表 5—4 主要工业行业基本建设投资

时期(年份)	全部工业投资(万元)	#食品工业	#制糖业	#纺织工业	#机械工业
“一五”时期	15 040			177	684
“二五”时期	98 396			1 429	10 796
1963—1965	28 590			1 023	2 484
“三五”时期	107 688			5 059	18 831
“四五”时期	205 155			5 208	25 702
“五五”时期	250 058	19 455		18 580	27 711
#1978	60 304	5 054		4 237	6 799
1979	46 810	3 131		2 365	4 881
1980	43 624	2 082		6 041	4 226
“六五”时期	223 261	29 658	23 316	8 562	13 781
1981	29 726	2 168	993	3 284	1 480
1982	33 961	8 038	7 533	1 851	2 176
1983	41 468	12 096	11 317	1 326	1 809
1984	49 309	3 767	2 521	866	2 786
1985	68 797	3 589	952	1 235	5 530
“七五”时期	438 577	46 539	38 583	2 236	4 550
1986	70 112	2 898	2 482	437	1 331
1987	76 433	5 589	4 628	387	521
1988	94 588	13 419	10 862	215	685
1989	99 309	14 223	12 360	403	886
1990	98 135	10 410	8 251	794	1 127
“八五”时期					
1991	134 342	7 348	5 371	1 291	1 765
1992	213 780	12 333	7 729	3 367	2 712
1993	410 081	15 374	3 134	3 601	14 983

时期(年份)	#电力工业	#火力发电	#水力发电	#有色冶金工业	#建材工业
“一五”时期	874			4 458	—
“二五”时期	21 787			24 422	7 918
1963—1965	7 759			6 085	3 278
“三五”时期	18 112			13 911	2 680
“四五”时期	35 386			38 027	6 690
“五五”时期	56 673	9 221	41 805	50 484	13 224
#1978	14 882	3 560	9 879	12 802	2 719
1979	12 969	1 094	10 513	9 716	3 076
1980	9 694	954	7 617	7 028	3 555
“六五”时期	84 047	13 128	54 303	21 838	30 278
1981	7 741	684	6 143	3 052	3 747
1982	9 622	1 472	6 866	3 292	3 432
1983	13 831	2 388	9 391	2 938	3 655
1984	21 356	3 906	14 357	4 931	8 612
1985	31 497	4 678	17 546	7 625	10 832
“七五”时期	218 556	55 223	134 427	54 916	24 420
1986	30 939	8 141	19 333	9 253	9 710
1987	32 733	7 578	22 711	14 569	3 706
1988	44 512	13 416	26 289	15 146	3 846
1989	55 718	18 516	27 431	8 011	1 878
1990	54 654	7 572	38 663	7 937	5 280
“八五”时期					
1991	65 354	6 491	46 122	24 771	2 880
1992	100 083	5 031	65 629	47 920	5 481
1993	116 725	33 736	82 862	111 515	19 179

表 5—5 国有单位固定资产投资资金来源分类

单位:万元

指　　标	1978 年	1980 年	1985 年	1990 年	1992 年	1993 年
固定资产投资总额	**96 055**	**121 815**	**241 726**	**411 663**	**926 799**	**1 693 664**
#地方	80 345	93 686	153 969	323 006	696 914	1 299 809
#国家预算内	74 023	56 029	65 254	54 822	48 486	66 900
#地方	58 385	38 675	23 793	25 434	36 100	4 146
国内贷款	—	11 970	65 692	128 424	386 264	541 295
#地方	—	10 340	46 307	111 604	281 893	376 295
利用外资	—	5 254	8 906	26 715	32 446	68 763
#地方		1 583	4 718	25 185	13 385	40 944
自筹投资	22 032	45 456	91 367	170 523	409 693	895 101
#地方	21 960	42 109	68 759	135 069	323 787	732 052
在投资总额中:						
基本建设投资	**96 055**	**103 067**	**167 327**	**212 880**	**522 135**	**1 031 508**
#地方	80 345	80 958	92 405	150 572	358 011	736 445
#国家预算内	74 023	52 890	61 742	49 388	45 830	59 827
#地方	58 385	36 544	20 907	20 065	33 664	35 423
国内贷款	—	6 895	28 158	47 030	175 705	279 436
#地方	—	6 895	11 309	36 147	88 687	141 397
利用外资	—	5 241	7 632	9 813	25 095	51 575
#地方	—	1 570	3 444	8 298	6 034	25 555
自筹投资	22 032	36 383	61 056	88 258	244 995	586 206
#地方	21 960	35 949	48 121	71 626	204 779	489 294
更新改造投资	—	**18 748**	**71 218**	**169 619**	**341 696**	**473 149**
#地方	—	12 728	58 383	145 652	278 606	377 265
#国家预算内	—	3 139	3 362	5 194	1 917	3 075
#地方	—	2 131	2 736	5 129	1 697	2 339
国内贷款	—	5 075	36 427	75 290	176 738	215 330
#地方	—	3 445	33 891	69 552	159 949	194 178
利用外资	—	13	942	16 902	7 246	16 797
#地方	—	13	942	16 887	7 246	15 468
自筹投资	—	9 073	28 860	65 753	142 207	213 863
#地方	—	6 160	19 187	48 608	97 638	143 474

表 5—6 国有单位分行业固定资产投资

（1993 年）　　　　　　单位：万元

	投资总额	按建设性质分			新增固定资产
		#新建	#扩建	#改建	
总计	**1 693 664**	**650 212**	**588 932**	**208 113**	**960 428**
按农业、轻工业、重工业分					
农业	29 096	9 381	13 977	3 735	23 261
轻工业	207 343	57 530	117 270	26 328	146 244
重工业	509 641	226 359	220 667	47 414	224 475
按用途分					
第一产业	21 506	8 672	8 694	3 885	
第二产业	665 325	271 094	313 557	70 231	
第三产业	759 600	344 906	211 835	116 644	
住宅	247 233	25 540	54 846	17 353	
按行业分					
农、林、牧、渔业	29 096	9 381	13 977	3 735	23 261
#农业	9 426	928	6 505	1 170	8 838
林业	10 691	2 616	6 002	1 467	6 638
工业	716 984	283 889	337 937	73 742	370 719
建筑业	95 625	53 324	4 032	32 431	71 392
地质勘查业、水利管理业	6 295	881	568	3 160	4 607
#水利管理业	4 347	620	79	3 160	2 773
交通运输、仓储、邮电业	233 870	63 477	100 633	53 212	118 900
交通运输	147 661	56 954	37 649	36 956	52 367
仓储业	507	86	312	9	507
邮电通讯业	85 702	6 437	62 672	16 247	66 026
批发和零售、餐饮业	48 110	17 060	20 759	7 096	31 400
#批发业	23 715	7 894	10 469	2 942	15 763
零售业	16 952	4 423	8 152	3 728	10 699
餐饮业	6 517	4 581	1 392	408	4 012
金融、保险业	26 938	8 514	12 885	3 099	17 257
#金融业	25 763	8 208	12 394	3 099	16 102
房地产业	171 175	6 161	1 831	737	66 377
社会服务业	128 667	102 109	16 479	7 320	108 647
卫生、体育和社会福利业	23 650	9 451	7 911	2 497	17 604
#卫生事业	15 146	2 144	7 358	2 352	12 410
教育、文化艺术及广播电影电视业	56 247	16 351	25 449	7 760	39 183
#教育事业	42 677	8 709	23 046	5 447	34 134
文化、艺术、事业	8 460	4 650	1 673	1 060	1 895
科研和综合技术服务业	4 152	1 018	1 943	601	3 027
国家党政机关和社会团体	144 888	72 026	43 873	12 265	85 348
其他行业	7 967	6 570	655	450	2 706

表5—7 国有单位工业行业固定资产投资

（1993年）　　单位：万元

行　　业	投资总额	按建设性质分			新增固定资产
		#新　建	#扩　建	#改　建	
总　　计	**716 984**	**283 889**	**337 937**	**73 742**	**370 719**
煤炭采选业	9 185	173	7 089	1 569	6 007
石油和天然气开采业	100	—	—	100	—
黑色金属矿采选业	1 444	637	729	—	1 028
有色金属矿采选业	13 195	2 557	3 327	7 067	7 159
非金属矿采选业	1 456	386	306	646	1 545
其它矿采选业	—	—	—	—	—
木材及竹材采运业	1 218	332	459	389	626
食品加工业	49 432	3 463	38 567	5 981	42 486
#制糖	37 086	1 645	29 067	5 402	29 646
食品制造业	6 527	653	4 711	904	12 284
饮料制造业	12 332	90	11 697	505	12 336
烟草加工业	7 660	—	5 255	2 405	8 395
纺织业	19 529	891	5 939	10 968	24 369
服装及其他纤维制品制造业	375	—	278	97	278
皮革、毛皮、羽绒及其制品业	1 047	—	485	—	1 048
木材加工及竹、藤、棕、草制品业	2 153	200	1 151	565	1 216
家具制造业	133	—	18	16	45
造纸及纸制品业	59 017	43 220	15 424	304	11 198
印刷业、记录媒介的复印	3 942	—	620	2 736	3 765
文教体育用品制造业	—	—	—	—	—
石油加工及炼焦业	1 643	417	1 226	—	1 638
化学原料及化学制品制造业	26 668	2 459	19 775	3 149	21 876
医药制造业	10 511	613	8 903	738	4 658
化学纤维制造业	5 165	—	5 165	—	1 316
橡胶制品业	3 107	314	529	1 968	1 832
塑料制品业	3 674	—	3 628	46	4 370
非金属矿物制品制造业	74 314	6 331	56 694	6 603	39 265
#水泥制造业	52 994	3 492	41 173	5 165	27 955
黑色金属冶炼及压延加工业	27 250	75	24 080	2 796	19 693
有色金属冶炼及压延加工业	115 788	102 077	7 520	5 908	14 016
金属制品业	1 575	1 031	137	242	1 698
普通机械制造业	20 309	37	14 241	3 602	11 892
专用设备制造业	15 252	948	7 789	5 586	8 877
交通运输设备制造业	31 445	69	27 970	2 445	10 703
武器弹药制造业	—	—	—	—	—
电气机械及器材制造业	9 900	901	7 787	103	5 422
电子及通信设备制造业	4 654	—	3 227	546	3 480
电器仪表及文化办公用机械制造业	1 848	—	1 420	327	386
其他制造业	239	—	49	70	119
电力、蒸汽、热水的生产和供应业	155 358	108 274	40 885	4 710	73 237
#电力生产业	103 748	72 005	29 032	2 310	43 837
#水　　电	75 459	71 724	1 514	1 902	40 293
煤气生产和供应业	2 227	207	1 474	546	2 333
自来水的生产和供应业	17 312	7 534	9 375	105	10 123

表 5—8 固定资产投资新增主要生产能力(或工程效益)

(1993 年)

能力(或效益)名称	单　位	总　计	基本建设	更新改造
原煤开采	万吨/年	0.20	0.20	—
天然原油	万吨/年	0.25	0.25	—
石油加工:蒸馏设备	万吨/年	0.58	0.58	—
油罐容量	万立方米	0.03	0.02	—
铁矿石原矿开采	万吨/年	5.00	—	—
锰矿石原矿开采	万吨/年	1.00	—	1.00
炼铁	万吨/年	2.60	—	1.00
初轧	万吨/年	1.00	—	1.00
铁合金	吨/年	2 000.00	—	2 000.00
金属丝及其制品	吨/年	0.03	—	—
铜电解	吨/年	3 000.00	—	—
铅冶炼	吨/年	800.00	—	500.00
其中:电解铅	吨/年	500.00	—	500.00
锌冶炼	吨/年	19 975.00	—	7 595.00
其中:电解锌	吨/年	14 000.00	—	7 000.00
锡选矿:(1)处理原矿	万吨/年	6.00	6.00	—
(2)锡精矿	万吨/年	0.01	0.01	—
锑冶炼	吨/年	800.00	—	300.00
铝加工	吨/年	2 330.00	—	250.00
钛选矿:(1)处理原矿	万吨/年	0.60	—	0.60
金采矿(原矿)	万吨/年	1.20	1.20	—
硫铁矿开采	万吨/年	0.50	—	0.50
水力发电机组容量	万千瓦	32.40	32.15	—
输电线路长度(11 万伏及以上)	公里	331.20	331.20	—
变电设备能力(11 万伏及以上)	万千伏安	31.72	30.12	1.60
水泥	万吨/年	205.05	20.00	184.05
锯材	万立米/年	0.50	—	—
胶合板	万立米/年	0.41	—	0.41
刨花板	万立米/年	4.70	4.50	0.20
人造板装饰加工板	万立米/年	1.25	—	—
硫酸	吨/年	15 000.00	—	15 000.00
合成氨	吨/年	15 000.50	—	15 000.50
氮肥	吨/年	40 000.00	—	40 000.00
其中:农用碳酸氢铵	吨/年	6 720.00	—	6 720.00
磷肥	吨/年	52 000.00	—	50 500.00
其中:普通过磷酸钙	吨/年	9 000.00	—	9 000.00

表 5—8　续表 1　　　　(1993 年)

能力(或效益)名称	单　位	总　计	基本建设	更新改造
乙　烯	吨/年	2 000.00	—	2 000.00
冰醋酸	吨/年	12 000.00	—	12 000.00
油　漆	吨/年	100.00	—	100.00
炭　黑	吨/年	500.00	—	500.00
塑料树脂及共聚物	吨/年	2 720.00	—	2 000.00
轮胎外胎	万条/年	42.70	—	42.70
轮胎内胎	万条/年	2.00	—	2.00
化学药制剂	吨/年	150.00	—	150.00
医药中间体	吨/年	300.02	—	0.02
中成药	吨/年	275.00	—	275.00
蒸汽锅炉制造	台/年	20.00	—	20.00
	吨/年	100.00	—	100.00
交流电动机制造	万千瓦/年	3.00	—	3.00
柴油机制造	台/年	95 000.00	—	50 000.00
	万千瓦/年	962.78	—	489.78
金属切削机床制造	台/年	500.00	—	500.00
民用船舶制造	艘/年	4.00	—	2.00
	万综合吨/年	29.90	—	21.90
棉纺锭	万锭	3.00	3.00	—
棉布织机	台	304.00	—	304.00
棉印染	万米/年	170.00	—	20.00
丝织机	台	228.00	—	48.00
桑蚕缫丝机	绪	8 576.00	4 976.00	3 600.00
麻袋织机	台	2 400.00	—	2 400.00
食用植物油	日处理存料:吨	10.00	—	—
	日精炼油:吨	3.00	—	—
机制糖	日处理原料:吨	11 300.00	650.00	10 350.00
	年生产糖:吨	145 790.00	8 450.00	133 440.00
饼干	吨/年	4 500.00	—	—
啤酒	吨/年	52 000.00	—	50 000.00
白酒	吨/年	4 600.00	—	4 600.00
其他酒	吨/年	1541.20	—	1 210.20
卷烟	万箱/年	24.00	—	24.00
机制纸及纸板	万吨/年	3.50	—	2.97
肥皂	万吨/年	0.30	—	0.30
鞣制皮革(折合牛皮)	万张/年	63.10	—	60.00
皮鞋	万双/年	68.00	—	—
服装	万件/年	129.20	—	4.20

表 5—8　续表 2　　　　(1993 年)

能力(或效益)名称	单　位	总　计	基本建设	更新改造
塑料制品	万吨/年	0.59	—	0.40
日用陶瓷器	万件/年	202.00	—	200.00
自行车	万辆/年	37.00	—	—
铁路机车购置	台	2.00	—	2.00
载货汽车购置	辆	200.00	54.00	113.00
载客汽车购置	辆	275.00	12.00	263.00
小汽车购置	辆	125.00	68.00	41.00
其他汽车购置	辆	42.00	13.00	27.00
新建公路	公里	263.02	169.76	12.00
改建公路	公里	799.00	515.70	62.20
新建独立公路桥梁	延长米	572.60	464.00	30.00
	座	6.00	3.00	1.00
新(扩)建港口码头	年吞吐量:万吨	60.00	60.00	—
	泊位:个	14.00	14.00	—
船舶购置	艘	20.00	—	6.00
	载重量:吨位	5 780.00	—	1 300.00
	载客量:客位	222.00	—	72.00
	拖轮功率:千瓦	5 000.00	—	1 500.00
新增内河航道里程	公里	0.95	0.95	—
改善内河航道里程	公里	10.00	10.00	—
新(扩)建客、货运站	个	1.00	1.00	—
	平方米	2 686.00	2 686.00	—
长途电缆	延长公里	1 639.86	—	1 639.86
新建微波电路	公里	14.00	14.00	—
市内电话自动交换机	门	200 199.00	128 470.00	71 729.00
长途自动电话交换设备	路端	10 809.00	1 643.00	9 166.00
农牧场机具购置	台	250.00	250.00	—
	千瓦	500.00	500.00	—
造林面积	公顷	89 913.33	89 720.00	—
水库容量(总库容)	亿立方米	0.10	0.10	—
有效灌溉面积	公顷	1 073.33	740.00	—
除涝面积	公顷	26.67	26.67	—
排灌装机	万千瓦	0.25	0.20	—
商业石油库	万立米方	0.12	0.01	0.10
物资储备石油库	万立米方	0.10	—	0.10
商业冷藏库	万吨	0.40	—	0.20
粮食仓库	万公斤	1 131.00	1 031.00	—
	平方米	8 350.00	7 746.00	—

表5—8 续表3 (1993年)

能力(或效益)名称	单位	总计	基本建设	更新改造
商业饮食服务网点	处	193.00	121.00	14.00
	平方米	226 133.00	148 258.00	24 369.00
高等院校:学生席位	个	1 048.00	1 048.00	
建筑面积	平方米	3 019.00	3 019.00	—
中等学校:学生席位	个	90 533.00	89 171.00	1 362.00
建筑面积	平方米	217 189.00	213 143.00	4 046.00
小学校:学生席位	个	110 112.00	106 907.00	3 205.00
建筑面积	平方米	226 267.00	220 755.00	5 512.00
其他学校:学生席位	个	9 867.00	9 717.00	150.00
建筑面积	平方米	42 329.00	41 679.00	650.00
公共图书馆:藏书量	万册(件)	1.00	1.00	—
阅览室座席	个	284.00	284.00	—
建筑面积	平方米	953.00	953.00	—
影剧院:座席	个	2 920.00	2 560.00	360.00
	平方米	6 186.00	5 110.00	1 076.00
文化馆	平方米	960.00	960.00	—
医院病床	张	1 746.00	1 576.00	170.00
疗养院、所病床	张	45.00	—	45.00
宾馆、旅馆、招待所客房数	间	1 344.00	597.00	311.00
城市自来水供水能力	万吨/日	31.53	19.63	11.90
城市自来水管道长度	公里	17.12	11.50	5.62
城市煤汽生产能力	万立方米/日	3.00	3.00	—
城市液化石油气储气能力	吨	650.00	650.00	—
城市道路扩建长度	公里	184.95	177.65	2.00
城市道路扩建面积	万平方米	1 043.29	1 016.46	19.01
城市排水管道铺设长度	公里	25.48	24.00	1.48
城市永久性桥梁	座	7.00	5.00	2.00

表5—9 国有单位固定资产投资分布

(1993年)

项目	总计	#六个直辖市					
		南宁市	柳州市	桂林市	梧州市	北海市	防城港市
项目个数(个)							
施工项目	7 121	706	776	501	278	247	177
全投项目	4 162	339	346	224	153	127	136
投资额(万元)	**1 693 664**	**175 537**	**224 643**	**105 908**	**61 655**	**211 420**	**36 980**
按隶属关系分							
中央项目	393 855	27 323	54 851	26 384	7 492	373	3 207
地方项目	1 299 809	148 214	169 792	79 524	54 163	211 047	33 773
按构成分							
#建筑安装工程	1 082 146	111 084	126 203	64 985	40 935	183 382	28 113
设备、工器具购置	412 502	41 095	76 946	31 517	14 760	12 587	6 583
按用途分							
第一产业	21 506	1 683	2 591	305	125	623	790
第二产业	665 325	50 330	129 900	35 842	19 705	16 618	6 013
第三产业	759 600	79 949	57 379	47 342	28 867	167 683	22 120
住宅	247 233	43 575	34 773	22 419	12 958	26 496	8 057
按资金来源分							
国家预算内投资	66 900	8 127	9 031	13 122	2 331	529	296
国内贷款	541 295	51 362	87 161	45 403	14 951	29 028	8 979
利用外资	68 763	2 633	4 628	4 925	1 739	8 858	—
自筹投资	895 101	86 330	112 973	29 855	33 633	168 121	26 266
中央自筹	62 496	1 369	1 999	191	99	21	1 124
自治区自筹	102 806	4 845	19 544	572	2 787	994	1 405
地市自筹	105 515	13 060	18 893	5 549	4 895	29 620	4 726
县自筹	68 085	2 967	2 426	2 118	820	2 072	5 336
企事业自筹	556 199	64 089	70 111	21 425	25 032	135 414	13 675
其他投资	121 605	27 085	10850	12 603	9 001	4 884	1 439
新增固定资产(万元)	**960 428**	**115 158**	**97 647**	**55 106**	**40 118**	**136 141**	**24 617**

表 5—9 续表

项　目	#八　个　地　区							
	南宁地区	柳州地区	桂林地区	梧州地区	玉林地区	百色地区	河池地区	钦州地区
项目个数(个)								
施工项目	520	542	542	480	534	516	633	286
全投项目	319	343	330	323	361	324	381	188
投资额(万元)	**71 541**	**51 737**	**62 584**	**87 190**	**113 750**	**165 161**	**104 545**	**79 283**
按隶属关系分								
中央项目	7 473	6 586	7 328	8 008	8 928	107 151	53 633	3 850
地方项目	64 068	45 151	55 256	79 182	104 822	58 010	50 912	75 433
按构成分								
#建筑安装工程	47 588	34 340	44 502	44 601	75 994	89 388	49 537	43 013
设备、工器具购置	11 767	12 585	13 155	32 928	27 221	55 420	35 360	15 544
按用途分								
第一产业	1 744	1 630	450	1 424	5 677	681	2 187	1 493
第二产业	18 430	24 097	19 502	52 707	41 608	127 403	77 273	16 902
第三产业	38 459	16 632	32 505	24 274	45 356	25 507	15 821	51 985
住　宅	12 908	9 378	10 127	8 785	21 109	11 570	9 264	8 903
按资金来源分								
国家预算内投资	6 889	3 715	1 521	3 296	1 820	8 209	2 216	2 688
国内贷款	26 971	18 418	22 831	17 979	38 903	97 181	56 737	20 756
利用外资	100	—	131	12 285	34	20 480	5 081	3 044
自筹投资	29 246	24 327	33 044	46 594	62 995	33 082	34 155	49 845
中央自筹	594	600	1 427	706	899	1 998	554	238
自治区自筹	2 232	2 437	4 287	14 317	3 720	10 240	5 300	14 707
地市自筹	2 161	1 568	1 352	3 566	330	3 072	1 401	388
县自筹	9 730	4 123	7 892	6 592	9 100	2 874	4 307	12 503
企事业自筹	14 529	15 599	18 086	21 413	48 946	14 898	22 593	22 009
其他投资	8 335	5 277	5 057	7 036	9 998	6 209	6 356	2 950
新增固定资产(万元)	**32 802**	**30 385**	**48 184**	**32 415**	**97 762**	**50 755**	**72 335**	**31 752**

表 5—10 国民经济行业基本建设投资

（1993 年）　　　　单位:万元

指标名称	投资总额	按建设性质分			新增固定资产
		#新建	#扩建	#改建	
总　计	**1 099 415**	**684 922**	**274 416**	**78 041**	**588 124**
按农业、轻工业、重工业分					
农业	23 579	8 848	10 807	2 029	18 242
轻工业	83 035	63 144	13 917	1 803	30 299
重工业	326 821	239 332	72 292	3 176	111 689
按用途分					
第一产业	17 462	8 726	6 593	1 966	
第二产业	371 714	286 180	75 103	4 803	
第三产业	579 945	361 046	149 693	60 076	
住　宅	130 294	28 970	43 027	11 196	
按行业分					
农、林、牧、渔水利业	23 579	8 848	10 807	2 029	18 242
#农业	6 421	798	4 753	118	5 996
林业	9 060	2 616	4 804	1 053	5 363
工业	410 081	302 476	86 209	4 979	141 988
建筑业	84 390	53 148	3 715	23 331	65 036
地质勘查业、水利管理业	5 949	881	568	2 894	4 432
#水利管理业	4 081	620	79	2 894	2 678
交通运输、仓储、邮电业	136 705	59 367	56 784	16 310	58 921
交通运输业	96 284	53 823	24 877	13 708	19 730
仓储业	499	86	304	9	507
邮电通讯业	39 922	5 458	31 603	2 593	38 684
批发和零售、餐饮业	45 022	21 811	16 975	3 230	28 972
#批发业	20 180	8 432	7 184	2 250	12 592
零售业	17 590	8 471	7 653	910	11 608
餐饮业	6 344	4 746	1 392	70	3 864
金融、保险业	24 974	8 626	12 422	1 962	15 600
#金融业	23 875	8 270	12 021	1 962	14 521
房地产业	10 160	8 581	313	637	12 191
社会服务业	142 075	119 264	14 331	5 830	111 315
卫生、体育和社会福利业	22 060	9 551	7 749	1 666	16 236
#卫生事业	13 538	2 208	7 196	1 490	11 030
教育、文化艺术及广播电影电视业	53 082	16 194	25 065	5 529	36 398
#教育事业	40 883	8 532	22 672	4 597	32 854
文化艺术事业	8 101	4 670	1 673	681	1 622
科研和综合技术服务业	3 634	988	1 510	586	2 514
国家党政机关和社会团体	131 168	70 163	37 217	8 633	73 634
其他行业	6 536	5 024	751	425	2 645

表 5—11 基本建设单位工业行业固定资产投资

（1993 年） 单位：万元

行业	投资总额	按建设性质分			新增固定资产
		#新建	#扩建	#改建	
总计	**410 081**	**302 476**	**86 209**	**4 979**	**141 988**
煤炭采选业	4 008	173	3 571	11	2 052
石油和天然气开采业	100	—	—	100	—
黑色金属矿采选业	323	50	236	—	259
有色金属矿采选业	5 553	2 805	2 636	—	1 847
非金属矿采选业	1 292	1 135	50	50	1 096
其它矿采选业	—	—	—	—	—
木材及竹材采运业	931	332	359	202	505
食品加工业	14 326	10 031	3 211	340	6 673
#制糖	3 134	1 645	989	45	1 744
食品制造业	1 048	278	656	23	1 223
饮料制造业	1 133	103	708	282	1 046
烟草加工业	1 676	—	1 544	132	1 245
纺织业	3 601	718	743	464	3 436
服装及其他纤维制品制造业	203	—	203	—	203
皮革、毛皮、羽绒及其制品业	497	340	—	101	441
木材加工及竹藤棕草制品业	1 046	200	635	—	625
家具制造业	52	—	36	16	63
造纸及纸制品业	43 366	43 269	28	—	5 658
印刷业、记录媒介的复印	795	—	127	328	405
文教体育用品制造业	80	80	—	—	80
石油加工及炼焦业	1 643	417	1 226	—	1 638
化学原料及化学制品制造业	6 619	3 641	1 655	56	3 230
医药制造业	673	263	153	—	923
化学纤维制造业	280	—	280	—	280
橡胶制品业	485	314	51	—	238
塑料制品业	84	16	68	—	152
非金属矿物制品制造业	22 056	6 877	10 944	360	13 243
#水泥制造业	16 841	3 860	9 751	120	10 077
黑色金属冶炼及压延加工业	425	—	400	—	400
有色金属冶炼及压延加工业	105 962	104 572	927	180	8 491
金属制品业	807	561	73	8	1 067
普通机械制造业	3 158	—	323	445	2 365
专用设备制造业	3 702	748	1 819	112	2 188
交通运输设备制造业	4 054	69	3 814	70	4 162
武器弹药制造业	—	—	—	—	—
电气机械及器材制造业	2 541	711	931	—	1 605
电子及通信设备制造业	1 427	—	662	400	941
电器仪表及文化办公用机械制造业	101	—	—	—	—
其他制造业	269	30	49	70	119
电力、蒸汽、热水的生产和供应业	160 680	116 855	41 239	1 182	65 566
#电力生产业	116 725	81 019	34 564	826	41 501
#水电	82 862	80 738	1 191	699	39 628
煤气生产和供应业	1 926	452	1 474	—	1 853
自来水的生产和供应业	13 159	7 436	5 378	47	6 670

表 5—12 基本建设大中型项目情况

（1993 年）

单位：万元

项目	开工日期（年/月）	计划总投资	始建至本年底累计完成投资	始建至本年底累计新增固定资产	本年计划投资	本年完成投资
总计		**1 888 734**	**748 467**	**234 725**	**368 496**	**348 466**
正式施工项目						
南宁电信局引进德国三万门程控电话	91.10	7 000	7 000	7 000	4 612	4 612
南宁电信局引进比利时三万门程控电话	93.5	5 735	5 735	5 735	5 735	5 735
柳州市机车车辆厂	84.12	17 776	17 790	17 485	1 809	1 823
柳州市电厂	92.12	76 978	32 504	1 621	27 000	25 504
露塘造纸厂	92.8	8 604	6 269	2 600	7 621	5 287
梧州木材厂	89.12	6 977	7 922	7 737	165	165
梧州长洲岛民用机场	92.1	13 220	7 959	98	6 160	4 699
梧州市京南水利工程	93.9	34 700	5 537	44	7 700	4 568
横县白水泥厂大桥分厂	92.12	2 978	3 215	—	1 578	2 300
左江水利枢纽工程	92.11	22 183	6 583	829	7 438	2 151
浮石水电站	92.9	19 351	3 923	57	6 383	2 297
全州天湖水电站	89.7	9 369	8 981	7 521	1 443	1 720
梧州昭平水电站	90.9	12 500	10 571	1 683	4 885	3 420
贺县纸浆厂	91.9	55 756	39 218	1 335	31 200	33 153
贵港镁厂	92.7	8 700	3 340	52	2 785	2 500
平果铝业公司	90.12	342 038	169 656	10 794	100 000	100 000
叶茂水电站	91.11	16 600	2 980	242	4 838	1 379
大厂矿务局高峰锡矿	85.7	4 800	5 793	1 420	1 500	1 600
岩滩水电站	84.1	356 306	227 079	117 762	51 500	42 700
广西送变电	89.10	39 555	35 505	33 269	—	9 787
广西岩滩 500KV 输变电	92.11	55 650	36 754	7 096	—	18 648
钦北铁路	91.11	29 832	20 940	—	16 507	12 733
玉梧铁路	93.2	122 000	636	123	500	531
柳州白莲机场	92.10	37 568	17 215	—	20 000	11 049
柳州大埔水电站	93.7	42 900	4 765	266	6 714	3 965
桂林两江国际机场	93.11	90 000	18 630	—	2 500	13 300
北海市北郊水厂	93.8	10 510	1 200	—	1 500	1 200
北海机场	93.12	43 000	3 500	—	5 000	3 500
防城港新海油脂工业有限公司	93.1	11 600	7 018	2 958	8 700	7 018
鹿寨交通水泥厂	93.12	5 000	1 899	873	2 250	1 899
融水县造纸厂	93.8	9 190	673	—	3 100	542
田东第二糖厂	93.3	6 485	1 347	—	2 271	1 347
田林县造纸厂	90.6	2 255	2 300	2 300	256	340
广西高龙金矿	92.11	6 500	3 970	1 570	3 186	2 072
筹建项目						
南宁造纸厂		125 008	4 029	—	1 300	3 646
横县华基水泥有限公司		9 190	375	—	1 578	375
鹿寨化肥厂总厂磷铵工程		113 570	5 456	1 315	9 500	1 665
百龙滩水电站		107 350	10 200	940	8 860	9 236

表 5—13 按资金来源分的基本建设投资

单位：万元

指　　标	1978 年	1980 年	1985 年	1990 年	1992 年	1993 年
基本建设投资	**96 055**	**103 067**	**167 327**	**212 880**	**522 135**	**1 099 415**
#国家预算内投资	74 023	52 890	61 742	49 388	45 830	59 039
国内贷款	—	6 895	28 158	47 030	175 705	286 178
利用外资	—	5 241	7 632	9 813	25 095	69 813
自筹投资	22 032	36 383	61 056	88 258	244 995	597 972
#中央各部	—	1 472	2 924	7 911	16 719	23 088
地方各级	—	20 017	32 516	37 610	105 751	222 412
企事业单位	—	14 894	25 616	42 737	122 525	352 472
其他投资	—	1 658	8 739	18 391	30 510	86 413

表 5—14 基本建设投资分类

单位：万元

指　　标	1978 年	1980 年	1985 年	1990 年	1992 年	1993 年
基本建设投资	**96 055**	**103 067**	**167 327**	**212 880**	**522 135**	**1 099 415**
按隶属关系分						
中央项目	15 710	22 109	74 922	62 308	164 124	295 123
地方项目	80 345	80 958	92 405	150 572	358 011	804 292
按资金来源分						
国家预算内投资	74 023	52 890	61 742	49 388	45 830	59 039
国家预算外投资	22 032	50 177	105 586	163 492	476 305	1 040 376
按构成分						
#建筑工程	{57 980	{78 233	11 527	140 872	344 790	739 526
安装工程			6 305	10 937	17 433	52 276
设备、工、器具购置	32 115	17 254	24 683	28 902	80 914	184 692
按用途分						
物质生产性建设	79 972	63 150	94 574	126 519	307 015	710 008
非物质生产性建设	16 083	39 917	72 753	86 361	215 120	389 407
#住宅	6 745	21 905	35 749	36 489	81 565	130 294

表 5—15 基本建设房屋建筑情况

项　　目	施工房屋面积（万平方米）		竣工房屋面积（万平方米）		竣工房屋造价（元/平方米）	
	1992 年	1993 年	1992 年	1993 年	1992 年	1993 年
本年房屋合计	976.14	1 093.72	493.86	569.75	315.81	439.69
# 住宅	395.82	440.33	217.65	217.83	281.11	508.56

表5—16 国民经济行业更新改造投资

（1993年）　　　　单位：万元

指标名称	投资总额	按建设性质分 #新建	#扩建	#改建	新增固定资产
总　计	**527 724**	**21 219**	**357 798**	**128 098**	**372 163**
按农业、轻工业、重工业分					
农　业	4 575	613	2 259	1 691	4 267
轻工业	147 544	3 542	117 328	24 864	129 425
重工业	238 524	12 348	177 412	45 925	146 214
按用途分					
第一产业	6 611	529	4 443	1 639	
第二产业	366 148	15 643	278 744	67 362	
第三产业	131 576	4 831	63 365	53 090	
住　宅	23 389	216	11 246	6 007	
按行业分					
农、林、牧、渔业	4 575	613	2 259	1 691	4 267
#农　业	2 891	130	1 709	1 052	2 728
林　业	961	—	550	399	795
工　业	386 086	15 890	294 740	70 789	275 639
建筑业	6 114	—	394	3 939	6 761
地质勘查业、水利管理业	3	—	—	3	15
#水利管理业	3	—	—	3	15
交通运输、仓储、邮电业	92 841	4 141	43 078	33 318	57 836
交通运输业	47 129	3 238	12 001	19 664	30 550
仓储业	8	—	8	—	—
邮电通讯业	45 704	903	31 069	13 654	27 286
批发和零售、餐饮业	14 090	453	4 066	9 382	5 560
#批发业	4 218	82	3 172	868	3 787
零售业	9 534	371	894	8 176	1 565
餐饮业	338	—	—	338	208
金融、保险业	2 338	—	725	1 137	1 880
#金融业	2 272	—	695	1 137	1 814
房地产业	1 083	—	983	100	983
社会服务业	7 776	—	5 731	1 995	8 664
卫生、体育和社会福利业	1 615	—	146	846	1 423
#卫生事业	1 566	—	146	846	1 354
教育、文化艺术及广播电影电视业	3 029	85	374	2 231	2 656
#教育事业	1 648	85	374	850	1 161
文化艺术事业	379	—	—	379	273
科研和综合技术服务业	448	—	433	15	443
国家党政机关和社会团体	7 710	37	4 869	2 627	5 975
其他行业	34	—	—	25	61

表 5—17 更新改造单位工业行业固定资产投资

（1993 年）

单位：万元

行业	投资总额	按建设性质分			新增固定资产
		#新建	#扩建	#改建	
总计	**386 068**	**15 890**	**294 740**	**70 789**	**275 639**
煤炭采选业	3 005	—	1 982	922	2 268
石油和天然气开采业	—	—	—	—	—
黑色金属矿采选业	1 171	637	493	—	819
有色金属矿采选业	7 050	—	691	6 227	4 980
非金属矿采选业	913	—	256	596	1 042
其它矿采选业	—	—	—	—	—
木材及竹材采运业	221	—	100	121	121
食品加工业	51 874	1 174	44 660	5 685	46 569
#制糖业	33 630	—	28 078	5 357	27 580
食品制造业	5 529	425	4 055	881	11 061
饮料制造业	14 443	—	14 220	223	11 365
烟草加工业	5 984	—	3 711	2 273	7 150
纺织业	16 152	397	5 196	10 504	20 933
服装及其他纤维制品制造业	287	—	75	212	190
皮革、毛皮、羽绒及其制品业	991	—	485	—	1 048
木材加工及竹藤棕草制品业	1 107	—	516	565	591
家具制造业	133	—	17	17	34
造纸及纸制品业	16 521	—	16 155	366	6 229
印刷业、记录媒介的复印	3 147	—	501	2 408	3 360
文教体育用品制造业	—	—	—	—	—
石油加工及炼焦业	—	—	—	—	—
化学原料及化学制品制造业	21 271	100	18 060	3 093	18 504
医药制造业	9 838	350	8 750	738	3 735
化学纤维制造业	5 531	—	5 531	—	1 682
橡胶制品业	2 617	—	473	1 968	1 594
塑料制品业	3 606	—	3 560	46	4 225
非金属矿物制品制造业	71 743	10 564	54 125	6 243	42 328
#水泥制造业	40 504	7	35 398	5 045	19 688
黑色金属冶炼及压延加工业	26 825	75	23 680	2 796	19 293
有色金属冶炼及压延加工业	15 671	5	6 738	8 928	8 745
金属制品业	797	470	64	263	660
普通机械制造业	32 165	37	28 932	3 157	24 541
专用设备制造业	11 351	200	5 677	5 474	6 721
交通运输设备制造业	27 387	—	24 152	2 375	6 598
武器弹药制造业	—	—	—	—	—
电气机械及器材制造业	7 149	190	6 856	103	3 607
电子及通信设备制造业	3 227	—	2 565	146	2 539
电器仪表及文化办公用机械制造业	1 747	—	1 420	327	386
其他制造业	88	—	—	—	88
电力、蒸汽、热水的生产和供应业	11 195	535	7 047	3 528	8 162
#电力生产业	3 759	222	1 968	1 484	2 926
#水电	1 833	222	323	1 203	1 255
煤气生产和供应业	551	5	—	546	480
自来水的生产和供应业	4 781	726	3 997	58	3 991

表 5—18 更新改造投资分类

单位:万元

项　　目	1980 年	1985 年	1990 年	1992 年	1993 年
更新改造投资额	**18 748**	**71 218**	**169 619**	**341 696**	**527 724**
按隶属关系分					
中央项目	6 020	12 835	23 967	63 090	95 884
地方项目	12 728	58 383	145 652	278 606	431 840
按资金来源分					
国家预算内投资	—	3 362	5 194	1 917	3 075
国家预算外投资	—	67 856	164 425	339 779	524 649
按构成分					
#建筑工程	} 9 182	28 132	55 381	112 851	180 725
安装工程		4 019	15 061	22 559	48 602
设备、工器具购置	7 978	34 440	89 460	182 373	276 492
按用途分					
物质生产性建设	16 341	60 833	146 698	300 094	470 073
非物质生产性建设	2 407	10 385	22 921	41 602	57 651

表 5—19 更新改造房屋建筑情况

项　　目	施工房屋面积（万平方米）		竣工房屋面积（万平方米）		竣工房屋造价（元/平方米）	
	1992 年	1993 年	1992 年	1993 年	1992 年	1993 年
本年房屋合计	318.11	346.02	156.54	173.30	380.77	517.84
#住宅	83.83	88.18	46.74	47.40	274.82	374.26

表 5—20 限额以上更新改造项目一览表

（1993 年）

项　　目	开工日期（年/月）	全部投产日期（年/月）	计划总投资（万元）	累计完成投资（万元）	累计新增固定资产（万元）	本年计划投资（万元）	本年完成投资（万元）	本年新增固定资产（万元）
总　　计			**143 760**	**126 494**	**93 064**	**66 602**	**63 431**	**46 586**
柳州钢铁集团公司 50 万吨技改工程	85.4	93.12	46 001	48 766	44 411	2 891	5 523	3 672
柳江造纸厂全漂白化学纸	92.12		13 237	11 500		8 700	10 662	
桂林桂强面粉有限公司	93.10		3 870	214		3 288	214	
北海市棉纺厂二万锭棉纺工程	90.7		3 263	3 430	3 210	600	441	1 993
北海市专用面粉厂	92.3	93.10	3 323	3 845	3 845	523	1 003	3 845
北海市万利油脂有限公司	92.4		4 295	4 223	73	1 280	2 925	73
健力宝北海有限公司	93.12		5 330	2 748		5 330	2 748	
合浦县汽车齿轮厂	92.10		3 233	1 413	887	1 000	710	451
合浦县南康糖厂	93.5	93.12	5 573	5 573	5 573	5 573	5 573	5 573
广西林业造纸厂	90.11	93.7	6 106	6 106	6 106	—	974	3 275
荔浦县纸厂	88.11		3 440	3 740	737	300	300	300
玉林机器股份有限公司引进巴西二手设备	93.3	93.12	15 014	15 014	15 014	15 014	15 014	15 014
广西贵港甘蔗化工厂 8000—10000 吨扩建	92.6	93.12	3 000	2 277	2 277	1 509	786	1 459
广西都峤高级墙地砖有限公司	93.3		7 052	3 914	3 631	4 500	3 914	3 631
广西北流常鑫陶瓷有限公司	93.1		10 000	8 067	7 300	10 000	8 067	7 300
博白糖厂	93.10		4 542	250		700	250	
广西宜山德胜铝厂	90.11		6 481	5 414		5 394	4 327	

表 5—21 各地市基本建设投资来源情况

(1993 年)

单位:万元

地　　市	投资合计	国家预算内拨款	国内贷款	利用外资	自筹投资	#自治区	地、市	企事业单位
全区总计	**1 099 415**	**59 039**	**286 178**	**69 813**	**597 972**	**77 839**	**93 120**	**352 472**
南宁市	104 449	6 946	16 231	11 730	62 711	4 930	12 889	41 059
柳州市	105 529	8 273	29 759	—	62 663	20 124	16 684	21 275
桂林市	52 842	12 154	18 896	74	17 512	550	4 386	10 362
梧州市	36 256	2 346	4 412	1 751	23 603	2 803	4 913	14 970
北海市	159 046	493	9 829	8 254	137 495	859	26 974	107 690
防城港市	51 815	326	8 363	7 378	34 219	1 487	2 990	24 016
南宁地区	45 757	6 232	14 780	2 558	17 827	1 652	1 592	8 735
柳州地区	32 057	3 706	10 855	—	14 906	2 000	1 430	7 389
桂林地区	35 956	1 327	11 901	90	19 506	3 736	859	8 033
梧州地区	64 113	2 007	12 528	12 899	32 198	10 329	3 456	13 207
玉林地区	51 903	1 438	11 870	1 167	34 111	3 010	151	23 886
百色地区	139 103	7 845	81 542	20 322	24 760	9 626	2 838	9 097
河池地区	70 998	1 697	45 538	3 543	18 026	3 529	518	9 201
钦州地区	45 645	2 652	12 822	3 359	24 484	150	434	14 460
柳州铁路局	3 820	750	—	—	3 070	3 070	—	—

表 5—22 各地市更新改造投资来源情况

(1993 年)

单位:万元

地　　市	投资合计	国家预算内拨款	国内贷款	利用外资	自筹投资	#自治区	地、市	企事业单位
全区总计	**527 724**	**3 061**	**247 714**	**21 848**	**220 008**	**4 169**	**6 227**	**157 156**
南宁市	52 742	47	31 360	305	18 718	42	596	17 289
柳州市	101 720	1 068	47 320	4 577	43 017	244	1 800	40 973
桂林市	45 118	180	22 640	4 778	7 584	4	952	6 623
梧州市	15 734	—	7 894	—	7 196	—	15	7 181
北海市	46 013	—	32 061	2 842	9 360	80	—	8 679
防城港市	4 640	—	628	—	4 011	4	731	2 328
南宁地区	13 840	8	6 723	29	6 355	195	282	4 798
柳州地区	15 036	—	7 050	—	5 523	454	141	4 264
桂林地区	22 634	199	10 441	38	10 294	570	217	7 084
梧州地区	11 833	290	3 417	84	7 451	259	301	6 395
玉林地区	73 257	249	46 079	2 879	22 864	615	29	19 457
百色地区	23 107	404	13 767	261	7 336	575	242	4 906
河池地区	36 924	502	10 686	1 495	20 471	919	388	7 839
钦州地区	17 575	93	7 671	—	9 682	10	—	6 348
柳州铁路局	39 703	—	—	—	39 699	—	—	687

表 5—23 各地市国有单位房屋和住宅竣工面积及造价

(1993 年)

地　区	房屋竣工面积(万平方米)	#基本建设	#更新改造	住宅竣工面积(万平方米)	房屋造价(元/平方米)	#基本建设	#更新改造	住宅造价(元/平方米)
总　计	**823.75**	**538.83**	**163.54**	**415.85**	**493.71**	**470.92**	**490.09**	**445.78**
南宁市	113.25	75.36	20.54	63.44	551.84	469.72	471.91	518.06
柳州市	84.66	49.95	17.24	48.72	489.78	506.81	486.66	435.65
桂林市	54.55	33.01	9.99	26.55	661.64	635.20	521.72	514.39
梧州市	38.76	21.37	4.85	21.35	503.43	497.63	540.41	480.33
北海市	54.78	31.26	7.01	26.02	639.36	612.73	717.40	594.27
防城港市	20.67	12.40	0.46	12.95	773.58	718.54	1 141.30	699.23
南宁地区	50.90	38.80	6.22	25.30	439.49	422.11	540.35	382.57
柳州地区	37.57	30.93	4.02	20.61	390.31	359.68	545.77	341.82
桂林地区	55.29	40.71	8.71	25.56	442.61	405.23	501.84	350.82
梧州地区	44.07	33.89	9.92	21.93	379.96	384.72	352.12	347.59
玉林地区	111.47	69.47	26.66	43.63	451.29	411.08	749.47	413.94
百色地区	48.74	37.27	9.19	25.84	537.98	534.00	588.79	459.52
河池地区	53.27	34.76	17.12	24.07	366.81	350.03	389.31	320.15
钦州地区	33.69	24.01	5.18	16.32	451.44	435.99	606.37	387.01
柳州铁路局	21.76	5.30	16.43	13.34	470.77	572.08	438.95	410.12
不分地区	0.32	0.34	—	0.22	504.63	508.82	—	418.82

表 5—24 房地产开发投资情况

(1993 年)

	总　计	中央部直属	地方合计	区　属	地市属	县　属
项目个数(个)						
施工项目	361	4	357	18	163	127
全投项目	96	1	95	1	26	61
投资额(万元)	**316 451**	**1 756**	**314 695**	**19 886**	**168 583**	**64 239**
按构成分						
#建筑安装工程	212 966	1 705	211 261	9 731	131 020	42 532
设备、工器具购置	2 495	—	2 495	205	792	929
按用途分						
第一产业	—	—	—	—	—	—
第二产业	1 850	—	1 850	82	208	260
第三产业	106 627	1 623	105 004	12 338	41 956	26 299
住　宅	207 974	133	207 841	7 466	126 419	37 680
按资金来源分						
国家预算内投资	443	—	443	443	—	—
国内贷款	55 759	1 143	54 616	1 639	35 903	12 194
自筹资金	138 447	249	138 196	12 793	68 490	27 204
#企事业单位自筹	120 188	252	119 936	6 562	66 271	24 615
其他投资	121 834	—	121 834	6 645	74 398	1 835
新增固定资产(万元)	**85 052**	**101**	**84 951**	**6 333**	**43 763**	**29 097**

表 5—25　国民经济行业城镇集体投资

（1993 年）　　　　　　　　　　　　　　　　单位：万元

指标名称	投资总额	按建设性质分			新增固定资产
		#新　建	#扩　建	#改　建	
总　　计	**113 960**	**35 286**	**40 312**	**13 504**	**79 657**
按农业、轻工业、重工业分					
农　业	650				80
轻工业	23 962				24 027
重工业	32 747				17 674
按用途分					
第一产业	552	243	309	—	
第二产业	54 597	16 156	27 618	8 531	
第三产业	30 747	15 514	8 625	3 475	
住　宅	28 064	3 373	3 760	1 498	
按行业分					
农、林、牧、渔业	650	620	30	—	80
#农　业	40	40	—	—	—
林　业	—	—	—	—	—
工　业	56 709	17 268	27 564	8 622	41 701
建筑业	3 328	230	2 247	377	1 218
地质勘查业、水利管理业	139	—	139	—	139
# 水利管理业	139	—	139	—	139
交通运输、仓储、邮电业	3 649	652	1 091	479	2 264
交通运输	3 649	652	1 091	479	2 264
仓储业	—	—	—	—	—
邮电通讯业	—	—	—	—	—
批发和零售、餐饮业	10 236	4 640	4 178	1 244	9 360
#批发业	1 827	992	647	120	941
零售业	8 349	3 588	3 531	1 124	724
餐饮业	60	60	—	—	7 695
金融业、保险业	4 561	953	2 402	722	3 193
#金融业	4 561	903	2 402	722	3 143
房地产业	19 360	620	—	—	10 039
社会服务业	12 570	9 616	1 498	1 418	9 252
卫生、体育和社会福利业	435	156	—	31	443
#卫生事业	117	64	—	—	64
教育、文化艺术及广播电影电视业	68	30	38	—	68
#教育事业	68	30	38	—	68
文化艺术事业	—	—	—	—	—
科研和综合技术服务业	5	—	—	5	5
国家党政机关和社会团体	1 670	103	1 045	522	1 733
其他行业	580	398	80	89	162

表 5—26 城镇集体单位工业行业固定资产投资

(1993 年)　　单位:万元

行　业	投资总额	按建设性质分			新增固定资产
		#新　建	#扩　建	#改　建	
总　计	**56 709**	**17 268**	**27 564**	**8 622**	**41 701**
煤炭采选业					
石油和天然气开采业					
黑色金属矿采选业	50	50			50
有色金属矿采选业	500	248	252		
非金属矿采选业	1 160	698	54	408	1 068
其它矿采选业					
木材及竹材采运业					
食品加工业	638	534		104	1 171
#制糖业	295	295			295
食品制造业	1 027	59	721	47	824
饮料制造业	3 366	222	2 897	219	3 440
烟草加工业	156	120	36		188
纺织业	1 858	561	892		1 267
服装及其他纤维制品制造业	481	30	307	144	318
皮革、毛皮、羽绒及其制品业	221		212		256
木材加工及竹藤棕草制品业	112	94	13		87
家具制造业	695	28	249	43	771
造纸及纸制品业	4 188	304	2 401	1 426	4 464
印刷业、记录媒介的复印	256		122	90	298
文教体育用品制造业	597		571	26	683
石油加工及炼焦业					
化学原料及化学制品制造业	1 309	185	846	87	905
医药制造业	1 647	1 500	5	142	1 702
化学纤维制造业					
橡胶制品业	209	200	9		9
塑料制品业	1 176	275	332	539	758
非金属矿物制品制造业	13 534	10 068	3 195	255	6 481
#水泥制造业	2 510	650	1 607	253	1 881
黑色金属冶炼及压延加工业	466	98	195	173	216
有色金属冶炼及压延加工业	7 294		4 722	2 572	3 512
金属制品业	3 758	580	2 230	309	3 220
普通机械制造业	208	30	126	52	167
专用设备制造业	702	93	575		702
交通运输设备制造业	4 267	56	3 327	780	2 380
武器弹药制造业					
电气机械及器材制造业	2 736		1 337	1 110	2 719
电子及通信设备制造业	90		90		
电器仪表及文化办公用机械制造业	563		183		410
其他制造业	2 240	110	1 585	96	2 850
电力、蒸汽、热水的生产和供应业	327	247	80		247
#电力生产业	247	247			247
#水　电	247	247	80		247
煤气生产和供应业	250	250			
自来水的生产和供应业	628	628			538

表 5—27 国有单位各行业投资项目和新增固定资产

（1993 年）

行　业	施工项目（个）	全部建成投产项目（个）	项目建成投产率（个）	投资总额（万元）	新增固定资产（万元）	固定资产交付使用率（%）
总　计	**7 121**	**4 162**	**58.45**	**1 693 664**	**960 428**	**56.71**
按农业、轻工业、重工业分						
农业	347	263	75.79	29 096	23 261	79.60
轻工业	662	399	60.27	207 343	146 244	70.53
重工业	1 288	643	49.92	509 641	224 475	44.05
按行业分						
农、林、牧、渔业	347	263	75.79	29 096	23 261	79.60
#农业	118	89	75.42	9 426	8 838	93.76
林业	104	86	82.69	10 691	6 638	62.09
工业	1 950	1 042	53.44	716 984	370 719	51.71
建筑业	97	39	40.21	95 625	71 392	74.66
地质勘查业、水利管理业	50	30	60.00	6 295	4 607	73.19
#水利管理业	32	20	62.50	4 347	2 773	63.79
交通运输、仓储、邮电业	769	491	63.85	233 870	118 900	50.84
交通运输	562	356	63.35	147 661	52 367	35.46
仓储业	11	6	54.55	507	507	100.00
邮电通讯业	196	129	65.82	85 702	66 026	77.04
批发和零售、餐饮业	519	337	64.93	48 110	31 400	65.27
#批发业	263	151	57.41	23 715	15 763	66.47
零售业	226	155	68.58	16 952	10 699	63.11
餐饮业	27	17	62.96	6 517	4 012	61.56
金融、保险业	267	168	62.92	26 938	17 257	64.06
#金融业	250	154	61.60	25 763	16 102	62.50
房地产业	273	100	36.63	171 175	66 377	38.78
社会服务业	238	122	51.26	128 667	108 647	84.44
卫生、体育和社会福利业	352	212	60.23	23 650	17 604	74.44
#卫生事业	311	188	60.45	15 146	12 410	81.94
教育、文化艺术及广播电影电视业	845	495	58.58	56 247	39 183	69.66
#教育事业	738	447	60.57	42 677	34 134	79.98
文化艺术事业	61	24	39.34	8 460	1 895	22.40
科研和综合技术服务业	56	29	51.79	4 152	3 027	72.90
国家党政机关和社会团体	1 315	809	61.52	144 888	85 348	58.91
其他行业	43	25	58.14	7 967	2 706	33.97

表 5—28 基本建设单位各行业投资项目和新增固定资产

(1993 年)

行业	施工项目(个)	全部建成投产项目(个)	项目建成投产率(个)	投资总额(万元)	新增固定资产(万元)	固定资产交付使用率(%)
总计	**4 750**	**2 797**	**58.88**	**1 099 415**	**588 124**	**53.49**
按农业、轻工业、重工业分						
农业	281	204	72.60	23 579	18 242	77.37
轻工业	221	125	56.56	83 035	30 299	36.49
重工业	449	227	50.56	327 046	111 689	34.15
按行业分						
农、林、牧、渔业	281	204	72.60	23 579	18 242	77.37
#农业	71	46	64.79	6 421	5 996	93.38
林业	90	74	82.22	9 060	5 363	59.19
工业	670	352	52.54	410 081	141 988	34.62
建筑业	73	28	38.36	84 390	65 036	77.07
地质勘查业、水利管理业	48	28	58.33	5 949	4 432	74.50
#水利管理业	28	18	64.29	4 081	2 678	65.62
交通运输、仓储、邮电业	285	165	57.89	136 705	58 921	43.10
交通运输	168	94	55.95	96 284	19 730	20.49
仓储业	9	6	66.67	499	507	101.60
邮电通讯业	108	65	60.19	39 922	38 684	96.90
批发和零售、餐饮业	420	272	64.76	45 022	28 972	64.35
#批发业	197	113	57.36	20 180	12 592	62.40
零售业	196	142	72.49	17 590	11 608	65.99
餐饮业	25	15	60.00	6 344	3 864	60.91
金融、保险业	234	146	62.39	24 974	15 600	62.46
#金融业	218	134	61.47	23 875	14 521	60.82
房地产业	53	28	52.83	10 160	12 191	119.99
社会服务业	236	121	51.27	142 075	111 315	78.35
卫生、体育和社会福利业	334	196	58.68	22 060	16 236	73.60
#卫生事业	292	171	58.56	13 538	11 030	81.47
教育、文化艺术和广播电影电视业	807	473	58.61	53 082	36 398	68.57
#教育事业	706	429	60.76	40 883	32 854	80.36
文化艺术事业	59	23	38.98	8 101	1 622	20.02
科研和综合技术服务业	53	27	50.94	3 634	2 514	69.18
国家党政机关和社会团体	1 212	732	60.40	131 168	73 634	56.14
其他行业	44	25	56.82	6 536	2 645	40.47

表 5—29 更新改造单位各行业投资项目和新增固定资产

(1993 年)

行　　业	施　工 项　目 (个)	全部建成 投产项目 (个)	项目建成 投产率 (个)	投　资 总　额 (万元)	新　增 固定资产 (万元)	固定资产 交付使用 率(%)
总　　计	**2 203**	**1 317**	**59.78**	**527 724**	**372 163**	**70.52**
按农业、轻工业、重工业分						
农业	57	52	91.23	4 575	4 267	93.27
轻工业	476	292	61.34	147 544	129 425	87.72
重工业	849	417	49.12	238 524	146 214	61.30
按行业分						
农、林、牧、渔业	57	52	91.23	4 575	4 267	93.27
#农业	44	41	93.18	2 891	2 728	94.36
林业	8	7	87.50	961	795	82.73
工业	1 325	709	53.51	386 068	275 639	71.40
建筑业	22	13	59.09	6 114	6 761	110.58
地质勘查业、水利管理业	1	1	100.00	3	15	500.00
#水利管理业	1	1	100.00	3	15	500.00
交通运输、仓储、邮电业	455	312	68.57	92 841	57 836	62.30
交通运输	367	249	67.85	47 129	30 550	64.82
仓储业	2	—	—	8	—	—
邮电通讯业	86	63	73.26	45 704	27 286	59.70
批发和零售、餐饮业	122	79	64.75	14 090	5 560	39.46
#批发业	68	51	75.00	4 200	3 769	89.74
零售业	49	24	48.98	9 534	1 565	16.41
餐饮业	4	3	75.00	338	208	61.54
金融、保险业	39	24	61.54	2 338	1 880	80.41
#金融业	38	23	60.53	2 272	1 814	79.84
房地产业	7	5	71.43	1 083	983	90.77
社会服务业	35	25	71.43	7 776	8 664	111.42
卫生、体育和社会福利业	20	19	95.00	1 615	1 423	88.11
#卫生事业	19	18	94.74	1 566	1 354	86.46
教育、文化艺术和广播电影电视业	37	20	54.05	3 029	2 656	87.69
#教育事业	31	17	54.84	1 648	1 161	70.45
文化艺术事业	3	1	33.33	379	273	72.03
科研和综合技术服务业	2	1	50.00	448	443	98.88
国家党政机关和社会团体	78	54	69.23	7 710	5 975	77.50
其他行业	3	3	100.00	34	61	179.41

表 5—30 城镇集体单位各行业投资项目和新增固定资产

(1993 年)

行业	施工项目(个)	全建成投产项目(个)	项目建成投产率(个)	投资总额(万元)	新增固定资产(万元)	固定资产交付使用率(%)
总计	**762**	**469**	**61.55**	**113 960**	**79 657**	**69.90**
按农业、轻工业、重工业分						
农业	4	1	25.00	650	80	12.31
轻工业	167	111	66.47	23 962	24 027	100.27
重工业	160	96	60.00	32 747	17 674	53.97
按行业分						
农、林、牧、渔业	4	1	25.00	650	80	12.31
#农业	1	—	—	40	—	—
林业	—	—	—	—	—	—
工业	327	207	63.30	56 709	41 701	73.54
建筑业	22	11	50.00	3 328	1 218	36.60
地质勘查业、水利管理业	1	1	100.00	139	139	100.00
#水利管理业	1	1	100.00	139	139	100.00
交通运输、仓储、邮电业	31	19	61.29	3 649	2 264	62.04
交通运输	31	19	61.29	3 649	2 264	62.04
仓储业	—	—	—	—	—	—
邮电通讯业	—	—	—	—	—	—
批发和零售、餐饮业	160	110	68.75	10 236	9 360	91.44
#批发业	32	20	62.50	1 827	1 605	87.85
零售业	127	89	70.08	8 349	7 695	92.17
餐饮业	1	1	100.00	60	60	100.00
金融、保险业	98	55	56.12	4 561	3 193	70.01
#金融业	97	55	56.70	4 511	3 143	69.67
房地产业	48	16	33.33	19 360	10 039	51.85
社会服务业	38	23	60.53	12 570	9 252	73.60
卫生、体育和社会福利业	10	7	70.00	435	443	101.84
#卫生事业	3	2	66.67	117	64	54.70
教育、文化艺术和广播电影电视业	2	2	100.00	68	68	100.00
#教育事业	2	2	100.00	68	68	100.00
文化艺术事业	—	—	—	—	—	—
科研和综合技术服务业	1	1	100.00	5	5	100.00
国家党政机关和社会团体	12	9	75.00	1 670	1 733	103.77
其他行业	8	7	87.50	580	162	27.93

主要统计指标解释

全社会固定资产投资 是指全社会以货币表现的建造和购置固定资产活动的工作量及与此有关费用的总称。包括国有单位投资、城乡集体所有制单位投资和城乡居民个人投资。按照我国计划管理体制，国有单位固定资产投资总额分为基本建设，更新改造，其他固定资产投资和房地产开发投资四个部分；城乡集体所有制单位投资，包括城镇集体所有制单位投资和农村集体所有制单位投资；城乡居民个人投资包括城市、县城、镇、工矿区所辖范围内的个人建房和农村个人建房及购买生产性固定资产的投资。

基本建设投资 指国民经济各部门以扩大生产能力或工程效益为主要目的的新建、扩建工程完成量及有关工作量的货币表现。包括工厂、矿山、铁路、桥梁、港口、农田水利、商店、住宅、学校、医院等工程建造和机器设备、车船等购置。

更新改造投资 指国有企业、事业单位对原有设施进行固定资产更新和技术改造，以及相应配套的工程完成量和有关工作量的货币表现。

国有单位中其他固定资产投资 是指不纳入基建、更改计划管理的国有其他固定资产投资。具体包括：用油田维护费和开发基金进行的油田维护和开发工程；采掘采伐工业用维简费进行的开拓延伸工程；交通部门用养路费改建公路、桥梁工程；商、贸、粮、供销部门用简易建筑费建造的仓库。

房地产开发投资 指各种经济类型的房地产开发公司，商品房建设公司及其他房地产开发单位统一开发的商品住宅、厂房、仓库、饭店、宾馆、度假村、写字楼、办公楼等房屋建筑物和配套的服务设施，以及土地开发工程，如道路、给水、排水、供电、供热、通讯、平整场地等基础设施工程。

其他经济类型项目投资 即根据国家统计局、国家工商行政管理局联合制定的《关于经济类型划分的暂行规定》的通知规定，在全社会固定资产投资中除去国有经济单位投资、集体经济单位投资和私人固定资产投资后，其他经济类型的固定资产投资。

固定资产投资按建设性质分——其中：

（1）**新建** 一般指从无到有，“平地起家”新开始建设的单位。但若现有企事业和行政单位原有基础较小，经建设后，其新增加的固定资产价值超过原值三倍以上也算为新建。

（2）**扩建** 指为扩大原有产品生产能力而增建主要生产车间（或主要工程）、矿井、独立的生产线或总厂的分厂的企业及事业行政单位在原单位增建业务用房。

（3）**改建** 是指现有企、事业单位，对原有设施进行技术改造或更新，没有增建主要生产车间、总厂之下的分厂等则作为改建。

施工项目 指报告期内曾进行建筑或安装施工活动的建设项目。包括报告期内新开工项目，报告期以前开工跨入报告期继续施工的项目，报告期施过工并在报告期内全部建成投产或停缓建的项目。

全部建成投产项目 工业项目是指设计文件规定形成生产能力的主体工程及其相应配套的辅助设施全部建成，经负荷试运转，证明具备生产设计规定合格产品的条件，并经过验收鉴定合格或达到竣工验收标准，与生产性工程配套的生活福利设施可以满足近期正常生产的需要，正式移交生产的建设项目；非工业项目是指设计文件规定的主体工程和相应的配套工程全部建成，能够发挥设计规定的全部效益，经验收鉴定合格或达到竣工验收标准，正式移交使用的建设项目。

新增生产能力 指通过固定资产投资活动而增加的设计能力或工程效益，它是用实物形态表示的固定资产投资的成果。新增生产能力的计算，是以能独立发挥生产能力或效益的单项工程（或项目）为对象。当单项工程（或项目）建成，经有关部门鉴定合格，正式移交投入生产，即可计算新增生产能力。

施工和竣工房屋建筑面积 房屋建筑面积从房屋的外墙线算起，包括房屋结构占用的面积和地下室面积。多层建筑按各自然层面积总和计算，包括房屋内的楼隔层，突出墙面的瞭望间、门斗、有柱雨罩的面积。不包括突出墙面结构的构件，艺术装饰等所占的面积，如台阶等。凹阳台、挑阳台按其水平投影面积一半计算建筑面积。

新增固定资产 指已经建成投产或交付使用的工程价值和达到固定资产标准的设备、工具、器具的投资及有关应摊入的费用。它是以价值形式表示的固定资产投资成果的综合性指标，可以综合反映不同时期、不同部门、不同地区的固定资产投资成果。

六、能源、原材料消费与库存

能源、原材料使用效益逐年提高

建国四十五年来，我区国民经济迅速发展。特别是改革开放十五年来，由于工业生产、固定资产投资得到全面恢复，以及工业结构、投资结构的逐步调整，我区经济建设速度出现前所未有的迅猛发展，以此相应的能源、原材料消费量也有较大幅度的增加。

能　源

四十五年来，我区的能源工业逐步得到发展和加强，能源消费也随着工业的发展而增加，能源经济效益得到了提高。

原煤生产在1950年只有5.2万吨，1988年原煤产量突破了1千万吨大关，到了1993年已经达到了1196.08万吨。原煤生产企业1950年时仅有合山矿务局和西湾煤矿，而今发展到拥有合山、东罗、红茂等12个主要煤矿及大批小煤窑企业。

电力生产形势喜人。1957年前我区电力生产量不足1亿千瓦时，水电成为空白。1987年，我区电力产量突破了100亿千瓦时。1993年发电总量达到了168.43亿千瓦时，水电产量也突破100亿千瓦时，为我区的工业高速发展提供了有力的保证。

石油工业已不是我区的空白。1982年田东油矿开始投产，当年产量2.15万吨，至今每年产量均保持在3万吨左右。原油加工能力得到了扩大，原来我区只有一个田东炼油厂，1993年北海炼油厂已正式投产，1993年原油加工量已达到了22.96万吨，从一定程度上缓解了我区的石油供应紧张的局面。

随着工业的发展和人民生活水平的提高，能源消费也随之增加。从1978年的781万吨标煤到1993年的1468.86万吨标煤，增长了88%。能源经济效益不断提高，从1985年到1993年工业总产值增长2.9倍的形势下，每万元工业总产值能耗从1985年的3.65吨标准煤，下降到1993年的1.58吨标准煤，节约或少用了1620万吨标煤。每万元工业总产值耗电力也从2698千瓦时下降到1435千瓦时，节约或少用了98.9亿千瓦时。

但是，由于我区属缺能地区，能源供应缺口较大。由于我区的石油制品极少，所以几乎所有的油制品都从区外调进，1993年就调进了122.5万吨。煤炭调进量也逐年增加，1985年调进量268.84万吨，1993年达到819.79万吨。1993年我区首次从区外调进了6.62亿千瓦时的电力。

因此，我区在抓好能源生产的同时，还必须加强节约能源的工作，使有限的能源发挥出最大的效益。

原 材 料

新中国成立四十五年来，随着我区生产建设速度的逐步加快，我区主要原材料的消费也在不断增加。作为生产建设用的主要原材料钢材、水泥、木材等“三材”，一直是我区各种原材料中消费量最大的，从1954年至1993年，其消费平均每年递增均在7.5%～18.6%左右。

钢材：1993年我区钢材消费114.97万吨，比1978年增长3倍，比1980年增长2.2倍，比1990年增长99.7%。从改革开放的1978年至1993年，钢材消费平均每年增长一直在9.0%左右。在1993年钢材总消费量中，国有单位消费97.61万吨，比1978年增长2.7倍；集体单位消费17.36万吨，比1978年增长5.4倍。其中生产消费73.21万吨，基建消费41.76万吨，分别比1978年增长2.3倍和5.1倍。

我区钢材自给率比较低。从1979年到1993年，我区平均每年消费钢材60.5万吨，而同期钢材平均年生产量仅37.4万吨，平均每年缺口钢材约23万吨左右。由于缺口较大，每年不得不大量从区外调进或进口。如1993年我区从区外调进钢材约85万吨，调出区外约51万吨，净调进34万吨，此外，还从国外进口80万吨左右，基本上缓和我区钢材供应紧张的局面。

水泥：1993年我区消费水泥257.61万吨，比1978年增长1.6倍，比1990年增长98.9%。1979～1993年，我区水泥消费平均每年增长6.5%。在水泥总消费量中，生产消费61.27万吨，比1978年增长1.4倍，占消费总量23.8%；基建消费196.34万吨，比1978年增长1.6倍，占消费总量76.2%。

木材：1993年我区木材消费83.47万立方米，比1978年增长11.1%，比1990年增长44.7%。我区木材消费波动比较大，“七五”时期的消费基本呈递减趋势，直到1991年以后消费才有所上升，主要是基本建设中大量使用钢窗、钢架等，由此节省了很多木材。因此，从1979～1993年15年间，木材消费平均每年仅递增0.7%。

改革开放以来，我区由于工业生产持续增长，因而对各种有色金属及化工产品的需求量越来越大。1993年我区铜、铝、铅、锌、铜材、铝材等6种有色金属消费共6.29万吨，比1978年增长3.1倍，比1990年增长97.2%。其中铜材消费0.8万吨，铝材消费0.98万吨，分别比1978年增长4.7倍和9.9倍。

1993年全区化工产品消费的主要品种有硫酸、烧碱、纯碱等。其中硫酸消费31.35万吨，比1978年增长4.0倍；烧碱消费6.72万吨，纯碱消费8.35万吨，分别比1978年增长1.1倍和4.6倍。

近几年来，我区在加速生产建设的同时，十分重视主要原材料的节约和利用。在工业生产快速增长及基本建设投资扩大的情况下，每万元工业产值及每万元基本建设投资的“三材”消耗，基本上是逐年下降的。如每万元工业产值消耗钢材由1978年的0.28吨下降到1993年的0.11吨；每万元基本建设投资消耗钢材由1978年的0.70吨下降到1993年的0.26吨，两项共节约钢材166.5万吨；每万元工业产值和基本建设投资消耗水泥由1978年的0.26吨和7.66吨下降到1993年的0.06吨和1.21吨，共节约水泥1156.1万吨；每万元工业产值和每万元基本建设投资消耗木材也由1978年的0.63立方米和2.39立方米下降到1993年的0.09立方米和0.19立方米，共节约木材658.8万立方米。

表6—1 能源生产、消费总量及构成

年份	能源生产总量(万吨)	占能源生产总量%			能源消费总量(万吨)	占能源生产总量%		
		原煤	原油	水电		原煤	原油	水电
1978	508.59	65.8		34.2	781.00	61.4	12.3	22.3
1980	415.21	60.5		39.5	730.00	56.7	13.2	22.5
1985	638.52	51.7	0.8	47.5	974.01	39.1	12.2	31.1
1990	704.63	59.1	2.4	38.5	1 270.13	43.0	11.4	21.4
1991	693.59	61.6	0.6	37.8	1 343.87	41.6	10.6	19.5
1992	783.88	62.9	0.6	36.5	1 549.30	66.8	10.1	18.5
1993	630.67	79.7	0.7	19.6	1 468.86	73.1	14.3	8.4

注:①本表指标均为常规能源的折合标准燃料煤。

②1988年电力折标系数调整。

③1993年电力折标系数调整为当量系数。

表6—2 分行业能源消费量和构成

行业名称	1985年		1990年		1992年		1993年	
	消费总量(万吨)	构成(%)	消费总量(万吨)	构成(%)	消费总量(万吨)	构成(%)	消费总量(万吨)	构成(%)
能源消费总量	**974.01**	**100.00**	**1 270.13**	**100.00**	**1 549.30**	**100.00**	**1 468.86**	**100.00**
物质生产部门	**871.60**	**89.5**	**1 150.79**	**90.6**	**1 400.58**	**90.40**	**1 358.89**	**92.51**
工业	**697.43**	**71.6**	**963.78**	**75.9**	**1 254.12**	**80.95**	**1 236.02**	**84.15**
#煤炭采选业	19.89	2.0	20.45	1.6	26.08	1.68	16.37	1.11
食品、饮料和烟草制造业	89.46	9.2	128.04	10.1	164.73	10.63	135.32	9.21
纺织业	38.50	4.0	31.57	2.5	37.35	2.41	25.53	1.74
电力工业	22.05	2.3	65.18	5.1	96.13	6.20	246.61	16.79
非金属矿物制品业	119.10	12.2	205.80	16.2	307.48	19.85	269.92	18.38
化学工业	161.31	16.6	183.97	14.5	210.96	13.62	157.86	10.75
冶金工业	134.81	13.8	185.87	14.6	208.42	13.45	236.91	16.13
机械工业	36.39	3.7	24.36	2.0	23.93	1.54	32.70	2.23
农、林、牧、渔业	**88.25**	**9.1**	**35.16**	**2.8**	**41.16**	**2.66**	**21.49**	**1.46**
建筑业	**8.46**	**0.9**	**6.80**	**0.5**	**6.09**	**0.39**	**5.27**	**0.36**
交通运输、邮电通讯业	**71.97**	**7.4**	**128.18**	**10.1**	**93.2**	**6.02**	**85.59**	**5.83**
批发零售贸易、餐饮业	**5.49**	**0.5**	**16.87**	**1.3**	**5.99**	**0.39**	**10.52**	**0.72**
非物质生产部门	**5.70**	**0.6**	**12.51**	**1.0**	**13.62**	**0.88**	**22.85**	**1.56**
生活消费	**96.71**	**9.9**	**106.83**	**8.4**	**135.10**	**8.72**	**87.12**	**5.93**

注:能源消费总量为折合标准燃料煤。

表 6—3 电力消费量

单位:亿千瓦时

指标	1985年	1990年	1991年	1992年	1993年
消费总计	**76.25**	**125.62**	**135.55**	**152.99**	**168.40**
工业	53.99	82.13	86.54	106.28	112.33
#煤炭采选业	2.73	3.62	3.76	4.17	4.00
食品、饮料和烟草制造业	4.67	8.89	9.07	14.41	15.41
纺织业	2.99	3.43	3.42	3.78	3.83
电力工业	4.10	5.95	7.23	9.85	7.88
非金属矿物制品业	6.31	8.54	10.17	15.98	15.93
化学工业	10.68	16.32	15.96	18.12	18.75
冶金工业	11.58	16.62	16.28	18.46	21.69
机械工业	3.43	2.28	2.41	3.09	2.84
农、林、牧、渔业	9.49	6.47	7.97	7.78	8.76
建筑业	0.93	0.94	0.95	0.86	1.25
交通运输、邮电通讯业	0.59	1.15	1.22	1.39	1.61
批发零售贸易、餐饮业	0.31	0.88	1.02	1.03	1.98
城乡居民生活	10.56	19.85	23.16	22.14	25.97
其它	0.38	14.20	14.69	13.51	16.50

表 6—4 能源利用效益主要指标

年份	每万元国内生产总值消费能源(吨标燃煤)	每万元工农业总产值消费能源(吨标燃煤)	每万元工业总产值消费能源(吨标燃煤)	每吨能源消费实现的国内生产总值(元)	每吨能源消费实现的工农业总产值(元)	每吨能源消费实现的工业总产值(元)
1985		3.28	5.31		3 047	1 884
1990	3.03	1.71	2.83	3 303	5 848	3 533
1991	2.64	1.55	2.47	3 781	6 466	4 052
1992	2.09	1.41	2.15	4 086	7 071	4 647
1993	1.72	0.97	1.37	5 799	10 289	7 317

注:价值指标按当年价格计算。

表6—5 能源加工转换效率

年份	总效率	火力发电	炼 焦	炼 油
1985	40.0	24.1	84.4	96.3
1990	47.1	31.2	98.3	94.5
1991	42.4	29.8	97.8	93.0
1992	48.0	35.4	96.3	93.6
1993	42.3	26.3	93.8	96.4

表6—6 能源消费弹性系数

年 份	能源消费比上年增长(%)	电力消费比上年增长(%)	国内生产总值比上年增长(%)	能源消费弹性系数	电力消费弹性系数
1985	6.7	15.1	20.4	0.33	0.74
1990	8.2	11.8	12.4	0.68	0.99
1991	4.1	6.0	15.3	0.29	0.42
1992	15.3	13.1	26.3	0.56	0.48
1993	6.9	7.3	21.2	0.33	0.34

注:国内生产总值增长速度接当年价格计算。

表6—7 能源消费水平

年 份	每人每年平均用能(千克标准煤)	每人每年平均用电(千瓦小时)	每人每年平均生活用能(千克标准煤)	每人每年生活用电(千瓦小时)
1985	251	197	25	27
1986	248	208	24	29
1987	270	232	23	30
1988	274	232	21	27
1989	280	244	22	31
1990	299	275	25	41
1991	313	293	31	48
1992	345	327	31	51
1993	280	349	20	59

注:1993年电力折标系数按当量计算。

表 6—8 能源主要产品生活用量

年份	生活用能合计（万吨标准煤）	原煤（万吨）	液化石油气（万吨）	煤气（万立方米）	电力（亿千瓦小时）
1985	76.12	66.71	0.07		10.56
1986	95.81	65.20	0.12		11.41
1987	89.20	55.14	0.19		11.91
1988	86.71	67.95			11.19
1989	89.63	61.71			12.79
1990	106.83	60.31	0.09		17.45
1991	133.21	59.07	6.03		20.59
1992	135.10	55.18	6.06		22.14
1993	87.12	57.57	7.89		25.97

表 6—9 每万元工业总产值电力消费量

单位：千瓦小时

项目	1985 年	1990 年	1991 年	1992 年	1993 年
全自治区	**2 698**	**2 585**	**2 137**	**1 835**	**1 435**
按轻重工业分					
#轻工业	1 210	1 225	1 042	975	950
重工业	4 711	4 410	3 538	2 941	1 970
按工业主要行业分					
#煤炭采选业	19 927	11 346	10 097	10 070	8 935
黑色金属矿采选业	10 875	4 465	4 745	3 725	3 000
有色金属矿采选业	9 973	4 494	4 146	3 466	1 838
食品、饮料、烟草业	1 045	989	944	1 143	1 050
纺织业	1 380	1 213	1 223	1 197	1 155
造纸及纸制品业	2 370	2 209	2 130	2 531	2 469
化学工业	8 000	6 113	5 267	5 063	4 611
医药制造业	1 120	1 151	1 953	462	291
非金属矿物制品业	6 485	4 158	3 624	4 861	3 517
黑色金属冶炼及压延加工业	7 792	6 923	6 180	6 189	6 615
有色金属冶炼及压延加工业	10 234	6 631	4 424	4 050	3 868
金属制品业	1 078	1 092	1 004	980	880
机械、电子、电气制造业	1 108	1 071	788	599	540
电力工业	4 437	4 584	5 113	6 335	4 417
自来水生产和供应业	8 345	12 151	16 417	11 431	10 183

注：1985 年产值已按 1990 年不变价换算。

表 6—10 能源生产消费量

年份	能源生产量（万吨标煤）	原煤（万吨）	原油（万吨）	水电（亿千瓦时）	能源消费量（万吨标煤）	煤炭（万吨）	石油（万吨）	水电（亿千瓦时）
1985	638.52	707.75	3.59	59.46	974.01	708.14	81.70	59.45
1986	587.43	689.18	3.65	61.31	978.89	735.23	82.92	59.29
1987	628.55	820.0	3.77	63.40	1 084.48	854.53	80.50	61.50
1988	684.25	1 070.66	3.64	60.56	1 120.18	974.91	80.61	60.52
1989	706.28	1 140.45	3.27	58.64	1 161.77	1 018.17	84.02	58.60
1990	704.63	979.45	12.00	68.90	1 270.13	1 043.04	99.33	68.86
1991	693.59	992.91	3.14	63.72	1 343.87	1 030.75	96.70	63.50
1992	783.88	1 093.40	3.21	73.98	1 503.19	1 161.24	98.95	73.91
1993	630.67	1 196.08	3.08	100.83	1 242.63	1 309.44	114.59	100.80

注：本表消费量为终端消费量

表 6—11 综合能源可供量

单位：万吨标准煤

年份	综合能源可供量	生产量	调入量	进口量	调出量	出口量	年初年末库存差额
1985	1 008.17	638.52	354.43	2.76	0.70		13.16
1986	1 044.37	587.43	446.54	1.54	11.97	0.79	21.62
1987	1 107.43	628.55	486.44	7.04	10.52	1.70	—2.38
1988	1 156.00	684.25	474.90	7.10	1.70	0.47	—8.08
1989	1 194.87	706.28	520.26	12.20	2.48	0.11	—41.28
1990	1 296.00	704.63	630.14	5.62	26.25		—18.14
1991	1 374.62	693.59	663.75	5.92	8.89		20.25
1992	1 537.10	783.88	766.29	7.15	16.89		—3.33
1993	1 449.00	630.67	880.19	4.56	27.64		—38.78

注：可供量表中的生产量均不包括二次能源产量。

表 6—12 煤炭可供量

单位:万吨

年份	煤炭可供量	生产量	调入量	进口量	调出量	出口量	年初年末库存差额
1985	980.97	707.75	268.84	3.78			8.01
1986	1 116.37	689.18	374.81	2.15	1.75	1.10	43.77
1987	1 317.89	820.0	443.82	5.89	0.65	2.38	49.92
1988	1 487.66	1 070.66	439.76	4.84	1.00	0.66	—25.21
1989	1 542.93	1 140.45	455.47	5.87	1.50	0.15	—50.18
1990	1 538.25	979.45	582.21	0.15	22.30		6.14
1991	1 653.47	992.91	611.99	0.63	5.96		51.92
1992	1 824.03	1 093.40	779.53	3.70	21.31		—32.27
1993	1 938.63	1 196.08	819.79	1.84	38.37		—36.21

表 6—13 原油、电力可供量

年份	可供量		生产量		调入量		调出量	
	原油（万吨）	电力（亿千瓦时）	原油（万吨）	电力（亿千瓦时）	原油（万吨）	电力（亿千瓦时）	原油（万吨）	电力（亿千瓦时）
1985	3.59	59.45	3.59	59.46				0.01
1986	3.81	59.29	3.65	61.31	0.15			2.02
1987	4.96	61.50	3.77	63.40	1.22			1.90
1988	4.73	60.52	3.64	60.56	1.08			0.04
1989	3.56	58.60	3.27	58.64	0.23			0.04
1990	5.88	68.86	12.00	68.90			6.01	0.04
1991	5.28	63.50	3.14	63.72	2.28			0.22
1992	10.77	73.91	3.21	73.98	8.25			0.07
1993	23.41	100.80	3.08	100.83	20.85	6.62		6.65

注:1990 年的原油产量 12 万吨包括滇黔桂石油局的产量,其它年份不包括。

表 6—14 物资消费总值

单位：万元

指　　标	1980 年	1985 年	1990 年	1992 年	1993 年
总　计	**378 234**	**687 583**	**1 761 564**	**2 652 889**	**3 201 115**
生产用	**345 247**	**613 794**	**1 640 320**	**2 398 568**	**2 856 508**
#工业部门	324 425	586 080	1 579 834	2 325 124	2 646 531
轻工业	—	301 003	891 580	1 212 895	—
重工业	—	285 077	688 254	1 112 229	—
在工业部门中					
煤炭采选业	—	6 158	18 745	21 637	27 567
黑色金属矿采选业	—	4 631	11 580	19 867	13 137
有色金属矿采选业	—	16 344	23 968	17 658	28 741
食品、饮料和烟草制造业	61 007	106 774	394 983	574 388	520 136
纺织业	—	73 387	176 792	144 877	113 595
造纸及纸制品业	11 970	14 941	59 073	72 250	71 712
化学原料及化学制品制造业	53 150	112 170	162 377	182 466	246 118
医药制造业	—	18 887	32 603	43 140	33 660
非金属矿物制品业	12 130	30 789	85 751	213 787	212 263
黑色金属冶炼及压延加工业	—	32 084	57 951	99 341	132 197
有色金属冶炼及压延加工业	—	12 164	52 162	59 860	117 593
金属制品业	—	9 826	26 962	48 086	60 105
交通运输设备制造业	—	22 144	40 549	138 888	295 145
电子及通信设备制造业	—	7 917	17 871	24 305	23 335
电力、蒸汽、热水的生产和供应业	7 356	12 956	47 497	90 439	54 521
自来水生产和供应业	—	939	3 408	3 824	9 270
交通运输、邮电部门	20 822	27 714	60 486	73 444	55 925
基建用	**32 987**	**73 789**	**121 244**	**254 321**	**344 607**

注：1992 年消费总值包括新机电设备使用总值；1993 年消费总值包括行政机关单位的消费总值（实物量统计范围相同）。

表 6—15 主要物资消费量

物资名称	单位	1978 年	1980 年	1985 年	1990 年	1992 年	1993 年
煤　炭	万　吨	731.40	818.67	930.40	1 316.73	1 601.55	1 527.37
焦　炭	万　吨	53.89	42.79	73.32	108.31	118.89	136.39
原　油	万　吨	—	—	3.64	3.63	10.77	23.43
燃料油	万　吨	5.2	4.42	9.82	8.03	9.69	11.28
汽　油	万　吨	—	9.46	15.65	19.14	19.10	19.13
柴　油	万　吨	—	14.30	19.25	29.39	40.00	45.17
煤　油	万　吨	—	0.25	0.29	2.32	0.59	0.46
生　铁	万　吨	28.36	20.65	34.87	55.90	69.90	82.29
钢　材	万　吨	28.97	36.11	54.14	57.56	90.80	114.97
铜	万　吨	0.22	0.25	0.61	0.60	0.55	0.65
铝	万　吨	0.71	0.80	0.89	1.15	2.22	2.27
铅	万　吨	0.25	0.28	0.55	0.36	0.61	0.73
锌	万　吨	0.14	0.32	0.27	0.42	0.56	0.86
铜　材	万　吨	0.14	0.32	0.36	0.36	0.57	0.80
铝　材	万　吨	0.09	0.23	0.32	0.30	0.60	0.98
硫　酸(折 100%)	万　吨	6.33	14.94	15.57	30.80	33.24	31.35
烧　碱(折 100%)	万　吨	3.14	3.12	4.03	4.80	6.56	6.72
纯　碱	万　吨	1.48	1.77	5.40	6.15	7.80	8.35
水　泥	万　吨	99.98	110.75	118.17	129.50	195.09	257.61
平板玻璃	万重量箱	—	—	17.65	14.73	18.07	21.72
木　材	万立方米	75.12	74.10	62.05	57.68	79.16	83.47

表 6—16 煤炭消费量

单位：万吨

指 标	1980年	1985年	1990年	1992年	1993年
消费量总计	**818.67**	**930.40**	**1 316.73**	**1 601.55**	**1 527.37**
生产用	**817.32**	**930.17**	**1 316.36**	**1 601.30**	**1 527.24**
工 业	758.03	863.32	1 257.36	1 551.68	1 461.85
#煤炭采选业	10.20	9.38	10.35	15.01	15.60
黑色金属矿采选业	—	6.16	1.79	3.70	2.95
有色金属矿采选业	—	10.80	17.08	16.05	15.21
食品、饮料和烟草制造业	74.94	115.65	159.37	178.93	175.43
纺织业	—	38.15	31.75	36.11	31.38
造纸及纸制品业	20.17	24.97	31.19	43.79	41.36
化学原料及化学制品制造业	187.70	202.88	184.66	206.65	176.65
医药制造业	5.42	13.37	15.36	16.08	16.28
非金属矿物制品业	98.94	151.13	202.74	260.35	287.13
黑色金属冶炼及压延加工业	—	33.66	68.67	83.26	79.81
有色金属冶炼及压延加工业	—	6.01	14.73	17.02	17.83
金属制品业	—	2.28	1.28	1.02	1.46
交通运输设备制造业	48.44	0.36	0.69	2.61	3.21
电子及通信设备制造业	0.20	0.22	—	—	0.35
电力、蒸汽、热水的生产和供应业	257.00	237.33	444.04	597.89	541.80
自来水生产和供应业	—	—	—	—	0.44
农、林、牧、渔业	7.05	9.17	10.30	11.32	15.65
交通运输、仓储及邮电通信业	48.09	51.53	45.56	36.02	24.92
批发和零售贸易、餐饮业	1.35	2.92	0.76	0.82	7.32
其他行业	2.80	2.93	2.38	1.46	17.50
基建用	**1.35**	**0.23**	**0.37**	**0.25**	**0.13**

表 6—17 钢材消费量

单位：万吨

指 标	1980年	1985年	1990年	1992年	1993年
消费量总计	**36.11**	**54.14**	**57.56**	**90.80**	**114.97**
生产用	**25.01**	**36.02**	**39.03**	**54.56**	**73.21**
工 业	23.20	32.25	35.54	48.97	62.42
#煤炭采选业	0.49	0.67	0.69	0.81	0.66
黑色金属矿采选业	—	0.41	0.07	0.04	0.09
有色金属矿采选业	—	0.85	0.95	0.83	0.69
食品、饮料和烟草制造业	0.96	1.13	1.66	2.15	2.74
纺织业	—	0.23	0.14	0.17	0.09
造纸及纸制品业	0.17	0.09	0.18	0.13	0.19
化学原料及化学制品制造业	1.15	1.10	1.11	1.27	1.16
医药制造业	0.05	0.10	0.05	0.05	0.06
非金属矿物制品业	1.49	1.50	1.66	2.22	3.26
黑色金属冶炼及压延加工业	—	2.29	1.11	1.22	3.20
有色金属冶炼及压延加工业	—	0.32	0.74	0.28	3.54
金属制品业	—	2.70	5.26	5.94	7.62
交通运输设备制造业	1.38	2.66	4.20	8.77	14.26
电子及通信设备制造业	0.10	0.16	0.33	0.44	0.69
电力、蒸汽、热水的生产和供应业	0.28	0.24	0.37	0.52	1.25
自来水生产和供应业	—	0.05	0.11	0.09	0.34
农、林、牧、渔业	0.40	0.26	0.24	0.28	0.31
交通运输、仓储及邮电通信业	1.00	3.13	2.93	4.92	4.70
批发和零售贸易、餐饮业	0.10	0.03	0.03	0.02	0.27
其他行业	0.31	0.35	0.29	0.37	5.51
基建用	**11.10**	**18.12**	**18.53**	**36.24**	**41.76**

表 6—18 木材消费量

单位:万立方米

指标	1980年	1985年	1990年	1992年	1993年
消费量总计	**74.10**	**62.05**	**57.68**	**79.16**	**83.47**
生产用	**52.28**	**45.12**	**41.68**	**54.23**	**52.97**
工业	46.64	41.23	38.58	51.03	48.41
#煤炭采选业	9.90	7.62	6.04	5.23	3.09
黑色金属矿采选业	—	0.25	0.19	0.02	0.08
有色金属矿采选业	—	1.14	1.18	0.81	0.46
食品、饮料和烟草制造业	0.84	1.18	0.50	0.50	0.59
纺织业	—	0.21	0.08	0.18	0.05
造纸及纸制品业	8.19	13.61	13.98	22.31	22.66
化学原料及化学制品制造业	1.00	2.19	3.24	2.98	2.18
医药制造业	0.03	0.10	0.02	0.01	0.04
非金属矿物制品业	0.49	1.49	0.73	1.08	1.42
黑色金属冶炼及压延加工业	—	0.56	0.38	0.26	0.28
有色金属冶炼及压延加工业	—	0.06	0.03	0.03	0.25
金属制品业	—	0.04	0.18	0.07	0.02
交通运输设备制造业	0.42	0.40	0.42	0.69	2.20
电子及通信设备制造业	0.09	0.08	0.04	0.06	0.07
电力、蒸汽、热水的生产和供应业	0.15	0.12	0.04	0.04	0.13
自来水生产和供应业	—	0.02	—	—	0.01
农、林、牧、渔业	1.21	0.34	0.36	0.50	0.30
交通运输、仓储及邮电通信业	3.33	3.41	2.59	2.54	2.13
批发和零售贸易、餐饮业	0.43	0.01	0.02	0.03	0.34
其他行业	0.67	0.13	0.13	0.13	1.79
基建用	**21.82**	**16.93**	**16.00**	**24.93**	**30.50**

表 6—19 主要物资年末库存量

物资名称	单位	1978年	1980年	1985年	1990年	1992年	1993年
煤炭	万吨	132.92	199.10	209.10	266.00	245.91	302.22
焦炭	万吨	6.05	11.32	11.65	23.15	17.10	23.29
原油	万吨	—	—	0.01	0.12	0.95	1.47
燃料油	万吨	0.22	1.29	1.20	1.95	2.14	2.03
汽油	万吨	—	0.65	0.96	2.43	1.23	5.17
柴油	万吨	—	2.01	2.60	3.69	3.32	7.81
煤油	万吨	—	0.10	0.11	0.66	0.12	1.57
生铁	万吨	7.57	8.04	2.95	4.90	4.07	5.58
钢材	万吨	21.99	30.60	32.63	39.80	38.06	56.16
铜	万吨	0.22	0.38	0.28	0.12	0.13	0.27
铝	万吨	0.33	0.27	0.40	0.34	0.24	0.25
铅	万吨	0.27	0.21	0.11	0.29	0.16	0.72
锌	万吨	0.28	0.12	0.69	0.12	0.17	1.11
铜材	万吨	0.22	0.33	0.30	0.26	0.29	0.86
铝材	万吨	0.10	0.18	0.13	0.24	0.25	0.48
硫酸(折100%)	万吨	0.35	0.39	1.09	1.46	0.98	7.15
烧碱(折100%)	万吨	0.17	0.53	0.40	0.76	0.70	0.77
纯碱	万吨	0.37	0.32	1.44	1.56	1.07	1.96
水泥	万吨	8.87	17.21	41.90	56.73	54.50	114.16
平板玻璃	万重量箱	—	—	10.32	16.22	8.31	16.91
木材	万立方米	21.96	21.84	43.27	35.65	34.61	44.24

注:1993年年末库存量包括乡镇工业企业产品库存量。

表6—20 每万元工业总产值煤炭消费量

单位:吨

项目	1985年	1990年	1991年	1992年	1993年
全自治区	**4.45**	**4.08**	**3.92**	**3.41**	**2.61**
按轻重工业分					
#轻工业	2.13	1.58	1.47	1.34	—
重工业	7.37	7.04	6.96	5.98	—
按工业主要行业分					
#煤炭采选业	5.86	3.54	8.18	3.92	3.84
黑色金属矿采选业	3.42	1.05	1.50	2.06	1.47
有色金属矿采选业	2.08	2.21	2.40	1.61	1.04
食品、饮料和烟草制造业	2.29	1.81	1.59	1.48	1.26
纺织业	2.03	1.14	1.29	1.17	0.98
造纸及纸制品业	5.06	3.12	3.55	3.39	2.81
化学原料及化学制品制造业	13.24	7.25	6.44	6.21	4.75
医药制造业	4.34	2.40	1.91	1.46	1.09
非金属矿物制品业	14.51	11.52	11.10	9.91	7.58
黑色金属冶炼及压延加工业	5.17	6.21	6.07	6.15	4.85
有色金属冶炼及压延加工业	1.67	2.05	1.66	1.63	1.23
金属制品业	0.77	0.24	0.16	0.14	0.12
交通运输设备制造业	0.06	0.06	0.05	0.10	0.07
电子及通信设备制造业	0.06	—	—	—	0.03
电力、蒸汽、热水的生产和供应业	27.58	35.08	40.30	39.36	31.17
自来水生产和供应业	—	—	—	—	0.20

表6—21 每万元工业总产值钢材、木材消费量

项目	钢材（吨）			木材（立方米）		
	1990年	1992年	1993年	1990年	1992年	1993年
全自治区	**0.11**	**0.11**	**0.11**	**0.12**	**0.11**	**0.09**
按轻重工业分						
#轻工业	0.04	0.03	—	0.13	0.15	—
重工业	0.20	0.20	—	0.11	0.07	—
按工业主要行业分						
#煤炭采选业	0.24	0.21	0.16	2.07	1.37	0.76
黑色金属矿采选业	0.04	0.02	0.05	0.11	0.01	0.04
有色金属矿采选业	0.12	0.08	0.05	0.15	0.08	0.03
食品、饮料和烟草制造业	0.02	0.02	0.02	0.01	—	—
纺织业	0.01	0.01	—	—	0.01	—
造纸及纸制品业	0.02	0.01	0.01	1.40	1.73	1.54
化学原料及化学制品制造业	0.04	0.04	0.03	0.13	0.09	0.06
医药制造业	0.01	0.01	—	—	—	—
非金属矿物制品业	0.09	0.09	0.09	0.04	0.04	0.04
黑色金属冶炼及压延加工业	0.10	0.09	0.19	0.03	0.02	0.02
有色金属冶炼及压延加工业	0.10	0.03	0.25	—	—	0.02
金属制品业	0.99	0.79	0.64	0.03	0.01	—
交通运输设备制造业	0.38	0.35	0.32	0.04	0.03	0.05
电子及通信设备制造业	0.06	0.05	0.06	0.01	0.01	0.01
电力、蒸汽、热水的生产和供应业	0.03	0.03	0.07	—	—	0.01
自来水生产和供应业	0.07	0.05	0.15	—	—	—

主 要 统 计 指 标 解 释

能源生产总量　指一定时期内全国(地区)一次能源生产量的总和。一次能源生产量包括原煤、原油、天然气、水电及其他动力能发电量(如风能、地热能等)。不包括生物质能、太阳能等的利用和由一次能源加工转换而成的二次能源产量。能源生产总量是观察全国(地区)能源生产水平、规模、构成和发展速度的总量指标。

能源消费总量　指一定时期内全国(地区)用于生产和生活的各种能源消费量的总和。能源消费总量包括原煤和原油及其制品、天然气、电力。不包括生物质能和太阳能等的利用。能源消费总量分为三部分,即终端能源消费量、能源加工转换损失量和损失量。它是观察能源消费水平、构成和增长速度的总量指标。

(1)**终端能源消费量**　指一定时期内全国(地区)物质生产部门、非物质生产部门和生活消费的各种能源数量。不包括用于加工转换的中间能源消费量、加工转换损失量和损失量。

(2)**能源加工转换损失量**　指一定时期内全国(地区)投入加工转换的各种能源数量之和与产出各种能源产品及其它石油制品和其它焦化产品之和的差额。它是观察能源在加工转换过程中损失量变化的指标。

(3)**能源损失量**　指一定时期内能源在生产、输送、储存过程中发生的经营管理损失和由于客观原因造成的各种损失量。不包括各种气体能源放空、放散量。

能源消费弹性系数　是反映能源消费增长速度与国民经济增长速度之间比例关系的指标。其计算公式为:

$$\text{能源消费弹性系数}=\frac{\text{能源消费量年平均增长速度}}{\text{国民经济年平均增长速度}}$$

电力消费弹性系数　是反映电力消费增长速度与国民经济增长速度之间比例关系的指标。其计算公式为:

$$\text{电力消费弹性系数}=\frac{\text{电力消费量年平均增长速度}}{\text{国民经济年平均增长速度}}$$

可供量　是指本地区报告期内实有的资源数量。包括一次能源生产量、进出口量、调入调出量、期初期末库存量等七个指标。其平衡关系式为:

可供本地区消费的能源量=年初库存量+一次能源生产量+进口量+调入量-出口量-调出量-期末库存量

能源加工转换效率　指一定时期内能源经过加工转换后,产出的各种能源产品及其它石油制品和其它焦化产品的数量与同期内投入加工转换的各种能源数量的比率。它是观察能源加工转换装置和生产工艺先进与落后、管理水平高低等的重要指标。

七、地方财政

表7—1 财 政 收 支 情 况

单位:万 元

项 目	1978年	1980年	1985年	1990年	1991年	1992年	1993年
财政收入总计	**238 008**	**207 150**	**388 080**	**763 135**	**865 085**	**958 757**	**1 319 245**
#本地区财政收入	143 231	122 987	201 774	468 304	559 225	611 953	959 269
中央补助收入	68 111	50 257	129 028	180 691	150 776	157 646	169 653
上年结余收入	19 689	29 385	56 307	101 570	95 775	104 547	70 584
调入其他资金	1 179	1 717	972	4 823	3 684	7 219	6 106
在本地区财政收入中							
工 商 税 收	80 731	92 159	167 813	400 378	448 185	487 301	802 452
农 业 税 类	9 236	9 285	12 342	30 964	32 817	40 486	52 691
企 业 收 入	51 941	19 803	17 808	-13 975	14 488	15 993	21 934
#工 业 收 入	35 331	28 138	27 905	28 592	28 468	21 261	25 823
商 业 收 入	14 751	6 198	7 815	6 786	2 004	3 423	—
能源交通重点建设基金	—	—	18 143	7 736	6 685	5 002	3 792
财政支出总计	**207 838**	**177 420**	**306 539**	**763 135**	**865 085**	**958 757**	**1 319 245**
#本地区财政支出	207 838	174 440	297 485	650 003	716 089	784 754	1 074 853
上解中央支出	—	2 980	2 432	6 275	3 844	13 421	14 521
在本地区财政支出中							
基本建设拨款	79 459	43 027	44 428	36 558	46 709	50 984	63 727
企业挖潜改造资金	13 113	8 512	16 396	16 005	19 640	29 781	124 551
科技三项费用	1 581	1 268	2 021	2 930	3 497	4 186	4 644
流 动 资 金	11 991	3 839	2 544	188	167	156	249
支援农业支出(包括农林水气事业费)	22 521	24 234	29 014	73 253	84 734	90 601	102 906
工、交、商等部门事业费	2 563	2 818	4 953	8 460	9 866	10 940	12 323
城市维护费	1 488	3 029	7 674	18 136	18 575	24 084	27 387
文教科学卫生事业费	32 867	43 794	91 738	181 665	204 011	235 144	277 241
抚恤和社会福利救济费	2 456	3 244	9 287	11 514	13 280	15 064	16 872
行政管理费	14 161	17 843	33 730	97 423	112 871	135 356	167 176

注:①"行政管理费"含"公检法支出"。

②"本地区财政收入"1985年(含1985年)以前包括折旧,1986年以后不包括折旧。

③1990年、1991年地方财政总收入分别为476051万元和614713万元,支出分别为657750万元和758879万元,为了保证财政收支资料的可比性,这两年本表在本地区财政收支中扣除社会保险基金及电力建设资金收支数额,1991年本地区财政收入为559225万元,支出为716089万元。

表 7—2　历年地方财政收支总额和指数

年　　份	总收入（万元）	总支出（万元）	收支差额（万元）	指数(以上年为100)	
				总收入	总支出
1950	6 650	4 526	2 124		
1951	17 434	9 343	8 091	262.2	206.4
1952	21 878	16 856	5 022	125.5	180.4
1953	26 164	17 885	8 279	119.6	106.1
1954	32 565	19 485	13 079	124.5	108.9
1955	32 655	23 389	9 266	100.3	120.0
1956	32 140	31 972	168	98.4	136.7
1957	29 819	33 354	−3 534	92.8	104.3
1958	46 568	61 346	−14 778	156.2	183.9
1959	62 889	85 270	−22 381	135.0	139.0
1960	60 174	109 925	−49 751	95.7	128.9
1961	33 015	53 638	−20 623	54.8	48.8
1962	33 953	36 796	−2 843	102.8	68.6
1963	36 092	42 751	−6 659	106.3	116.2
1964	41 398	54 905	−13 506	114.7	128.4
1965	48 914	61 530	−12 616	118.2	112.1
1966	55 996	71 159	−15 163	114.5	115.6
1967	44 799	61 652	−16 853	80.0	86.6
1968	25 718	45 692	−19 974	57.4	74.1
1969	52 489	72 383	−19 894	204.1	158.4
1970	73 399	91 589	−18 190	139.8	126.5
1971	79 712	104 420	−24 708	108.6	114.0
1972	88 982	123 179	−34 197	111.6	118.0
1973	95 601	124 589	−28 988	107.4	101.1
1974	107 914	131 902	−23 989	112.9	105.9
1975	111 037	131 564	−20 527	102.9	99.7
1976	109 653	141 955	−32 302	98.8	107.9
1977	120 753	145 110	−24 357	110.1	102.2
1978	143 231	207 838	−64 607	118.6	143.2
1979	120 539	205 987	−85 448	84.2	99.1
1980	122 987	174 441	−51 454	102.0	84.7
1981	127 250	160 412	−33 162	103.5	92.0
1982	130 313	174 423	−44 110	102.4	108.7
1983	135 830	188 416	−52 586	104.2	108.0
1984	134 699	230 559	−95 860	99.2	122.4
1985	201 774	297 486	−95 712	149.8	129.0
1986	252 306	422 199	−169 893	125.0	141.9
1987	305 368	476 958	−171 590	121.0	113.0
1988	338 871	532 723	−193 852	111.0	111.7
1989	414 130	577 433	−163 303	122.2	108.4
1990	468 304	650 003	−181 699	113.1	112.6
1991	559 225	716 089	−156 864	119.4	110.2
1992	611 953	784 754	−172 801	109.4	109.6
1993	959 269	1 074 853	−115 584	156.8	140.0

表 7—3 历年地方财政分项收入

单位:万元

年份	总收入	企业收入	#工业收入	各项税收	#工商税收	#农业税	其他收入
1950	6 650	195	113	6 365	2 726	3 639	90
1951	17 434	2 184	1 155	13 750	6 886	6 864	1 500
1952	21 878	3 914	1 985	15 664	8 028	7 636	2 300
1953	26 164	4 785	2 463	19 675	11 479	8 196	1 704
1954	32 565	7 818	3 380	22 320	13 349	8 971	2 427
1955	32 655	9 038	3 797	21 629	13 490	8 139	1 988
1956	32 140	9 840	4 952	20 721	13 613	7 108	1 579
1957	29 819	6 952	4 915	21 370	13 519	7 851	1 497
1958	46 568	16 079	8 180	27 902	19 219	8 683	2 587
1959	62 889	27 560	12 048	32 695	23 454	8 606	2 634
1960	60 174	31 163	12 798	27 361	19 074	7 547	1 650
1961	33 015	9 432	2 499	22 421	14 850	6 642	1 162
1962	33 953	6 484	884	26 806	19 286	6 745	663
1963	36 092	8 340	4 435	26 917	20 908	5 645	835
1964	41 398	9 490	5 932	31 354	22 974	7 772	554
1965	48 914	12 628	7 362	35 781	28 019	7 249	505
1966	55 996	18 305	11 617	37 402	28 255	8 857	289
1967	44 799	9 954	6 772	34 616	25 438	8 468	229
1968	25 718	−4 719	−3 683	30 177	20 147	9 143	260
1969	52 489	12 949	7 004	39 067	29 446	9 072	473
1970	73 399	27 779	17 952	45 094	34 736	9 306	526
1971	79 712	28 592	20 654	50 689	40 209	9 659	431
1972	88 982	35 069	24 522	53 462	43 668	9 065	451
1973	95 601	32 938	25 147	62 314	52 118	9 688	349
1974	107 914	39 270	27 090	68 283	57 958	8 562	361
1975	111 037	39 642	26 145	70 960	60 499	9 607	435
1976	109 653	34 973	23 004	74 201	63 917	9 516	479
1977	120 753	38 557	26 592	81 847	71 295	9 437	349
1978	143 231	51 941	35 331	90 864	80 731	9 236	6 224
1979	120 539	22 924	32 040	97 403	87 088	9 264	212
1980	122 897	19 803	28 138	102 783	92 159	9 285	3 205
1981	127 250	13 789	25 732	112 802	102 336	9 145	659
1982	130 313	6 852	23 222	122 105	110 931	9 787	1 356
1983	135 830	12 865	28 885	121 417	109 956	9 876	1 548
1984	134 699	2 343	17 770	131 232	119 027	10 056	1 124
1985	201 774	17 808	27 905	180 156	167 813	12 342	3 810
1986	252 306	22 423	26 728	224 403	208 487	15 916	5 480
1987	305 368	32 289	32 934	265 083	245 440	19 643	7 996
1988	338 871	−2 768	34 348	322 866	300 562	22 304	18 773
1989	414 130	−17 673	28 396	387 471	357 224	27 730	44 332
1990	468 304	−13 975	28 592	433 183	400 378	30 964	49 096
1991	559 225	14 488	28 468	481 002	448 185	32 817	63 735
1992	611 953	15 993	21 261	527 787	487 301	40 486	68 173
1993	959 269	21 934	25 823	855 143	802 452	52 691	104 126

表 7—4 历年地方财政分项支出

单位:万元

年份	总支出	基本建设拨款	流动资金	企业挖潜改造及三项专用款	工、交、商和地质部门事业费
1950	4 526	104			556
1951	9 343	2 271	886		706
1952	16 856	3 917	3 631		62
1953	17 885	6 478	1 226		72
1954	19 486	6 732	1 398		1 182
1955	23 389	5 978	4 358		1 634
1956	31 972	12 585	796		2 131
1957	33 353	11 349	1 307		2 993
1958	61 346	38 266	1 245		3 357
1959	85 270	50 168	5 572		4 273
1960	109 925	57 175	7 308		4 931
1961	53 638	13 544	1 626		2 738
1962	36 796	6 914	138	1 467	1 249
1963	42 751	8 375	1 031	1 635	1 063
1964	54 904	17 446	295	1 688	982
1965	61 530	22 234	1 352	2 336	1 286
1966	71 159	28 917	1 917	2 701	1 261
1967	61 652	24 060	1 925	1 225	1 184
1968	45 692	12 118	885	1 309	1 083
1969	72 383	33 199	2 743	777	1 292
1970	91 589	56 891	5 280	1 497	1 106
1971	104 420	53 221	4 713	6 492	3 615
1972	123 179	64 131	5 403	6 693	3 938
1973	124 589	57 111	8 194	7 050	4 580
1974	131 902	56 732	10 557	6 528	4 510
1975	131 564	56 907	7 315	5 746	5 448
1976	141 955	63 169	7 610	6 970	6 226
1977	145 110	58 704	7 899	7 801	7 212
1978	207 838	79 459	11 991	14 694	11 776
1979	205 987	56 637	7 303	11 257	11 132
1980	174 441	43 027	3 839	9 780	4 862
1981	160 412	23 807	3 676	6 891	5 300
1982	174 423	26 129	3 271	9 190	5 321
1983	188 416	31 585	613	11 748	6 594
1984	230 559	35 135	82	12 883	6 877
1985	297 486	44 428	2 545	18 417	4 720
1986	422 199	62 090	845	27 241	8 038
1987	476 958	40 977	133	28 954	5 918
1988	532 723	42 815	1 236	22 207	7 001
1989	577 433	34 761	2 128	13 792	7 079
1990	650 003	36 558	188	18 935	8 564
1991	716 089	46 709	167	23 137	9 866
1992	784 754	50 984	156	33 967	11 053
1993	1 074 853	63 727	249	129 195	12 432

表 7—4 续表

单位:万元

年份	支援农业支出	文教、科学卫生事业费	抚恤和社会福利事业费	行政管理费	其他支出
1950	108	335	152	2 582	689
1951	66	899	170	3 469	876
1952	245	2 789	500	4 512	1 200
1953	519	4 466	584	4 401	139
1954	527	4 344	644	4 550	109
1955	984	4 690	731	4 751	263
1956	1 876	6 352	1 528	6 547	157
1957	1 885	7 608	1 808	5 662	741
1958	2 586	7 771	628	6 268	1 225
1959	5 820	8 845	944	7 640	2 367
1960	13 186	12 480	2 004	8 033	4 808
1961	7 068	9 953	3 137	8 047	7 525
1962	5 619	9 303	1 708	6 652	3 746
1963	8 080	9 983	2 567	7 310	2 707
1964	8 536	11 215	4 220	7 578	2 944
1965	9 934	11 569	2 005	7 478	3 226
1966	8 060	13 190	2 290	8 628	4 195
1967	6 509	13 424	2 520	7 890	2 915
1968	6 830	11 201	1 637	8 159	2 470
1969	9 116	11 482	1 607	7 715	4 452
1970	3 416	11 751	1 555	6 939	3 154
1971	7 556	14 236	1 827	8 868	3 892
1972	9 619	19 144	1 712	9 441	3 098
1973	12 654	20 022	1 597	9 641	3 740
1974	11 966	22 618	1 751	10 446	6 794
1975	14 304	23 032	1 621	11 112	6 079
1976	14 294	24 312	1 948	10 959	6 467
1977	15 437	25 949	2 336	11 895	7 877
1978	22 521	32 867	2 456	14 161	17 913
1979	24 375	37 231	4 156	15 786	38 110
1980	24 233	43 794	3 244	17 843	23 819
1981	25 942	48 896	3 994	19 365	22 541
1982	23 487	55 635	4 178	21 742	25 470
1983	24 441	60 518	4 857	24 556	23 504
1984	26 460	75 609	6 091	32 694	34 727
1985	29 014	91 738	9 287	33 730	63 607
1986	37 995	110 494	9 677	40 196	125 623
1987	44 082	122 549	9 252	47 538	177 915
1988	47 032	144 190	10 149	66 848	191 245
1989	60 996	158 971	11 994	78 081	209 631
1990	73 253	181 665	11 514	97 423	221 903
1991	84 734	204 011	13 280	112 871	221 314
1992	90 601	235 144	15 064	135 356	212 429
1993	102 906	277 241	16 872	167 176	305 055

主要统计指标解释

财政收入　是指国家通过财政各个环节筹集的资金的总称。地方财政收入主要包括以下几个方面：(1)各项税收，包括工商税收类，农牧业税和耕地占用税类。(2)其他收入，包括国有企业所得税类、国有企业上缴利润、国有企业调节税、国有企业计划亏损补贴、国家能源交通重点建设基金、基本建设贷款归还收入、国家预算调节基金、国有企业承包收入退库、股份制企业所得税、专款收入、其他收入。

财政支出　是指国家为行使其职能，通过财政各环节对筹集起来的资金所进行的分配和使用。地方财政预算支出包括以下几个方面：(1)基本建设拨款；(2)流动资金；(3)企业挖潜改造及三项专用费；(4)工、交、商和地质部门事业费；(5)支援农业支出；(6)文教、科学卫生事业费；(7)抚恤和社会福利事业费；(8)行政管理费；(9)其他支出等。

全民所有制预算内企业(国营预算内企业)　是指全民所有制企业中仅纳入各级财政预算管理范围内的企业。如：全民所有制工业企业中不包括全民所有制预算外企业和全民所有制非独立核算工业企业等。

各项税收　包括产品税、增值税、资源税、盐税、农牧业税、屠宰税、关税、城市维护建设税、建筑税、营业税、工商统一税、集体企业所得税、城乡个体工商业户所得税、个人所得税、个人收入调节税、私营企业所得税、中外合资经营企业所得税、车船使用税、房产税、牲畜交易税、集市交易税、土地使用税、国营企业奖金税、国营企业工资调节税、事业单位奖金税、集体企业奖金税、印花税、烧油特别税等。

基本建设拨款　是指地方预算内的基本建设拨款，不包括地方预算外自筹的各种基本建设资金。

流动资金　指地方财政用自筹资金建设的纳入预算的企业，由财政拨付的自有流动资金。

企业挖潜改造及三项专用费　指由国家预算拨款，用于企业挖潜、革新和改造方面的资金和新产品试制费、中间试验费、重要科学研究补助费等科学技术三项费用。

工、交、商和地质部门事业费　指各级工业、交通运输和商业主管部门的事业费及各级地质矿产主管部门及其所属地质勘探机构的地质勘探工作费。

支援农业支出　指国家财政支援农村集体(户)和各项生产支出及农林水利气象等部门的事业费等。

城市维护费　指用城市维护建设税和地方机动财力安排的城市维护支出，包括城市道路、桥涵、给水、排水、公共污水处理、防洪堤坝、供气、供热、城市交通管理、消防、路灯等项公共设施的维护费；园林、苗圃、公共绿地、风景绿地等园林绿化设施维护费，中、小学校舍维修补助费；公共厕所、清扫垃圾、街道洒水、扫雪等公共环境卫生补助费；城市其他公用事业和公共设施的维护费。但不包括基建支出、流动资金、挖潜改造资金、科技三项费用和城建事业以及地方预算外自筹的各种基本建设资金。

文教、科学卫生事业费　指除基本建设支出、挖潜改造资金、流动资金和科技三项费用以外的各级文化部门、出版事业、文物事业、教育事业、卫生事业、地方中医管理部门、地方体委系统、档案事业、地震事业、海洋事业、通讯事业、广播电影电视事业、计划生育事业和其他文教事业等部门的事业费和公费医疗经费，以及由各级科委归口管理的科学事业费及中国社会科学院系统的国家预算拨款的科学事业费。

抚恤和社会福利救济费　指按规定由民政部门和地方组织、人事部门归口管理的抚恤事业费、离休费、退休退职费、社会救济福利事业费、自然灾害救济事业费和其他民政事业经费。

行政管理费　指各级人大、政府机关的行政支出、党派团体各级机关补助支出和外交(如驻外机构经费、出国费、招待费、其他外事费等)支出。

八、物　　价

我区物价变动主要情况

一、建国后的前三十年全区物价变动概况。

建国后，从1950年到1978年，我区零售物价总水平年平均递升1.4%。物价基本上是稳定的。其中只有两次较大的物价上涨，一是建国初期，1951年上涨9.9%。这次物价上涨，主要是因为受战争的破坏，工农业生产尚未恢复，社会主义经济力量还比较薄弱，物资缺乏，物价在解放前夕暴涨的基础上继续上涨。为了适应人民稳定物价的迫切愿望，当时国家采取坚决平抑物价的方针，采取了一系列重大措施，恢复和发展工农业生产，统一国家财政经济，厉行节约，大量抛售粮食、纱、布等物资，回笼货币。到1952年就实现了市场物价的基本稳定。第二次是1961年零售物价上涨24.8%，这也是建国以后涨幅最高的。这一次主要是由于以"大跃进""反右倾"为标志的左倾严重错误，违背了客观规律，导致1959年到1961年国民经济的严重困难，工农业生产下降，许多商品供不应求，财政出现赤字，因而引起物价暴涨，人民生活极为困难。为此，党和政府采取了一系列正确措施，包括发展农业生产、压缩基本建设、做好财政收支平衡、敞开供应高价商品，回笼货币等，到1965年国民经济比例恢复正常，物价也趋于稳定。此后至1978年，物价基本处于冻结状态。

二、改革开放十五年我区物价变化概况。

物价改革首先是调整不合理的价格体系。从1979年起，逐步大幅度提高农产品收购价格，使农产品价格长期偏低的状况有所改善，以有利于农业生产的发展；有计划提高生产资料价格和交通运输价格，同时降低了部分机器和电子等加工产品价格，以利于采掘业和原材料工业的发展；有升有降地调整部分轻纺工业产品价格，以利于轻纺工业的协调发展；逐步提高旅游业、医疗收费标准、放开饮食业价格等，以利于第三产业的发展。在调整价格体系的同时，还对价格管理体制进行了改革，逐步放开大多数农副产品价格和轻工产品价格，改变了过去过分集中的价格管理制度。国家定价的商品范围明显减少。到1993年底止，我区实行国家定价管理的比重，在社会商品零售总额中约占5.4%，在生产资料销售收入总额中约占7.4%，在农副产品收购额中约占1.5%。市场形成价格的机制已初步确立，市场价格在资源配置中的基础作用正在得到越来越大的发挥。

在改革开放的十五年中，我区物价变动基本与经济改革的力度变化相同步。十五年我区零售物价总涨幅为1.97倍(即1993年比1978年上涨1.97倍)，平均年递升7.5%。其中"六五"期间年均递升4.6%，"七五"期间年均递升10.8%。在这十五年中，国家加大改革力度、出台调价项目较多的那年，物价涨幅也就越高，主要体现在1980年、1985年、1988年、1989年和1993年。这五年的年度指数分别为109.2、111.2、121.0、121.1和118.9。

十五年的物价改革，基本理顺了价格关系，促进了国民经济的稳步发展，取得了较大的成绩。但与此同时，也曾因宏观管理失控、基本建设投资和消费基金增长过快、货币发行增长过快，促使物价上涨过大，一度超过财政、企业和群众的承受能力，致使部分低收入户生活困难。同时，由于社会主义市场经济管理体制尚未完善，给不法分子钻了空子，牟了暴利。为了保证改革顺利发展，抑制物价过快增长，各级有关部门一要尽力保持市场供需总量平衡；二要建立和完善物价的调控手段；三要加强管理，依法治价；四要积极推进企业改革，大力发展农村经济，使城乡居民的收入增长快于物价上涨。

表8—1 历年各种物价总指数

（以上年价格为100）

年份	全区零售物价总指数	职工生活费用价格总指数	农民生活费用价格总指数	农民出售农副产品价格指数	农副产品收购价格总指数	农村工业品零售价格总指数	工农业商品综合比价指数			
							按出售方计算		按收购方计算	
							以农民出售农副产品价格指数为100	以农村工业品零售价格指数为100	以农副产品收购价格指数为100	以农村工业品零售价格指数为100
1951	109.9	110.5	110.4	123.4	123.4	109.5	88.7	112.7	88.7	112.7
1952	99.8	99.9	100.1	111.4	113.0	99.8	89.6	111.6	88.3	113.2
1953	102.9	102.5	101.7	112.4	112.8	95.9	85.3	117.2	85.0	117.6
1954	104.2	104.2	103.8	98.8	98.6	100.3	101.5	98.5	101.7	98.3
1955	101.5	102.2	101.7	99.4	99.3	101.1	101.7	98.3	101.8	98.2
1956	99.2	99.7	99.6	100.4	100.4	98.5	98.1	102.3	98.1	101.9
1957	102.4	103.3	102.3	108.4	108.6	100.5	92.7	107.9	92.5	108.1
1958	99.9	99.7	100.3	101.6	101.4	99.4	97.8	102.2	98.0	102.0
1959	99.7	99.8	99.5	102.3	102.3	99.8	97.6	102.5	97.6	102.5
1960	103.4	104.8	103.8	105.8	104.4	102.2	96.6	103.5	97.9	102.2
1961	124.8	138.0	107.8	191.8	123.0	110.9	57.8	172.9	90.2	110.9
1962	103.0	100.5	104.4	93.9	105.2	108.0	115.0	86.9	102.7	97.4
1963	99.5	99.2	99.2	91.5	94.5	98.8	108.0	92.6	104.6	95.7
1964	95.4	94.8	98.5	95.5	99.8	97.4	102.0	98.0	97.6	102.5
1965	95.3	95.8	99.8	99.5	100.3	95.5	96.0	104.2	95.2	105.0
1966	99.7	100.0	99.8	103.6	103.7	97.5	94.1	106.3	94.0	106.4
1967	99.9	100.4	99.9	100.1	100.4	99.9	98.9	101.1	98.6	101.4
1968	100.5	101.0	100.6	100.1	99.8	99.4	99.3	100.7	99.6	100.4
1969	100.4	100.9	100.1	100.2	100.0	99.0	98.8	101.2	99.0	101.0
1970	100.1	100.4	100.2	100.1	100.1	99.6	99.5	100.5	99.5	100.5
1971	100.4	101.2	100.2	101.7	101.4	99.9	98.2	101.8	98.5	101.5
1972	100.5	101.2	100.4	102.1	102.4	99.9	97.8	102.2	97.6	102.5
1973	100.3	100.7	100.1	100.7	101.7	99.3	98.6	101.4	97.6	102.4
1974	100.1	100.4	100.0	100.2	99.9	100.0	99.8	100.2	100.1	99.9
1975	100.2	101.0	99.8	100.8	101.1	99.5	98.7	101.3	98.4	101.6
1976	100.5	101.0	100.0	100.9	100.1	100.1	99.2	100.8	100.0	100.0
1977	100.2	100.5	100.0	100.4	99.7	100.0	99.6	100.4	100.3	99.7
1978	100.0	99.8	100.0	102.6	103.5	99.9	97.4	102.7	96.5	103.6
1979	102.3	102.8	101.1	114.8	117.8	100.0	87.1	114.8	84.9	117.8
1980	109.2	112.6	106.0	103.1	102.7	101.6	98.5	101.5	98.9	101.1
1981	101.7	102.7	100.1	102.5	101.0	101.1	98.6	101.4	100.1	99.9
1982	103.1	104.1	102.4	106.1	105.5	102.4	96.5	103.6	96.5	103.6
1983	102.8	103.0	102.7	102.2	101.8	101.5	99.3	100.7	99.7	100.3
1984	104.2	104.6	102.4	105.2	106.9	103.5	98.4	101.6	96.8	103.3
1985	111.2	114.7	111.8	119.8	118.2	103.1	86.1	116.2	87.2	114.6
1986	105.1	106.2	106.2	105.3	105.4	103.2	98.0	102.0	97.9	102.1
1987	108.0	110.2	105.8	116.0	115.7	105.7	91.1	109.7	91.4	109.5
1988	121.0	123.3	118.4	125.0	124.4	125.8	100.6	99.4	101.1	98.9
1989	121.3	119.7	123.3	106.8	103.7	123.4	115.5	92.5	119.0	84.0
1990	100.1	98.3	104.4	89.3	88.6	103.2	115.6	86.5	116.5	85.9
1991	102.5	102.7	103.0	104.7	106.5	102.9	98.3	101.7	96.6	103.5
1992	104.6	107.0	105.4	103.5	103.6	102.5	99.0	101.0	98.9	101.1
1993	118.9	123.3	119.1	115.7	110.6	113.2	97.8	102.2	102.4	97.7

表8—2 历年全社会和国营商业零售物价指数

(以上年价格为100)

年份	全社会零售物价总指数			国营商业零售物价总指数		
	全区	城镇	农村	全区	城镇	农村
1951	109.9	110.4	109.4	110.1	110.4	109.4
1952	99.8	99.7	99.8	99.8	99.9	99.8
1953	102.9	102.9	102.9	102.5	102.4	102.9
1954	104.2	104.6	103.9	104.1	104.4	103.9
1955	101.5	102.4	100.8	101.5	102.3	100.8
1956	99.2	99.7	98.5	99.2	99.7	98.5
1957	102.4	103.1	101.5	102.3	103.0	101.5
1958	99.9	99.7	100.0	99.7	99.2	99.9
1959	99.7	99.8	99.6	99.6	99.7	99.6
1960	103.4	104.3	102.7	102.7	102.7	102.7
1961	124.8	139.6	114.5	110.7	111.9	110.2
1962	103.0	100.2	105.3	104.3	101.7	105.8
1963	99.5	99.2	99.9	99.2	99.3	98.8
1964	95.4	94.8	96.0	98.1	97.8	98.2
1965	95.3	95.9	94.8	99.5	99.6	99.0
1966	99.7	100.0	99.5	99.7	99.8	99.5
1967	99.9	100.4	99.3	99.7	100.2	99.3
1968	100.5	101.0	100.1	100.4	100.8	100.1
1969	100.4	100.9	100.1	100.4	100.7	100.1
1970	100.1	100.4	99.9	100.0	100.2	99.9
1971	100.4	101.3	100.1	100.2	100.4	100.1
1972	100.5	101.3	100.3	100.3	100.4	100.3
1973	100.3	100.7	100.1	100.1	100.2	100.1
1974	100.1	100.4	100.0	100.0	100.1	100.0
1975	100.2	101.0	99.7	99.8	100.0	99.7
1976	100.5	101.1	100.1	100.0	99.9	100.1
1977	100.2	100.5	100.0	100.0	100.0	100.0
1978	100.0	99.8	100.1	100.1	100.3	100.0
1979	102.3	102.9	101.7	101.0	101.3	100.7
1980	109.2	113.1	106.1	105.9	107.0	105.2
1981	101.7	103.0	100.5	100.9	101.5	100.5
1982	103.1	104.4	102.4	102.8	103.5	102.4
1983	102.8	103.0	102.7	102.6	102.5	102.7
1984	104.2	104.5	104.1	103.9	103.6	104.1
1985	111.2	114.2	109.3	109.5	110.0	109.3
1986	105.1	106.0	104.4	104.3	104.1	104.4
1987	108.0	110.5	105.5	105.8	106.2	105.5
1988	121.0	123.2	119.4	119.4	119.5	119.4
1989	121.3	119.1	123.5	122.1	119.1	123.5
1990	100.1	97.4	102.4	101.9	100.9	102.4
1991	102.5	102.5	102.5	102.9	106.1	102.5
1992	104.6	106.2	103.9	104.4	106.4	103.9
1993	118.9	121.9	114.8	116.0	117.5	114.8

表 8—3 全社会生活费用价格指数和零售物价总指数

项　　目	以上年价格为 100			以 1980 年价格为 100		
	1991 年	1992 年	1993 年	1991 年	1992 年	1993 年
生活费用价格总指数	**102.8**	**105.9**	**122.0**	**220.0**	**233.0**	**284.3**
零售物价总指数	**102.5**	**104.6**	**118.9**	**213.6**	**223.4**	**265.6**
消费品价格指数	**102.7**	**104.8**	**120.1**	**212.5**	**222.7**	**267.5**
食　品　类	102.8	106.3	125.6	261.6	278.1	349.3
粮　食	110.5	131.2	154.6	178.5	234.2	362.1
副食品	99.0	103.3	124.5	306.4	316.5	394.0
烟酒茶	101.7	102.1	107.2	167.4	170.9	183.2
其他食品	106.9	100.2	115.4	261.6	262.1	302.5
衣　着　类	105.8	102.3	109.7	158.9	162.6	178.4
日　用　品　类	101.9	100.7	111.2	169.6	170.7	189.8
文化娱乐用品类	96.2	95.7	101.5	124.2	118.9	120.7
书报杂志类	99.4	101.7	107.5	—	—	—
药及医疗用品类	102.4	110.7	111.7	239.7	265.4	296.5
建筑装璜材料类	102.6	115.2	135.4	—	—	—
燃　料　类	112.5	115.9	147.8	259.9	301.2	445.2
农业生产资料价格指数	**101.3**	**104.0**	**110.6**	**210.3**	**218.7**	**241.9**
小　农　具	100.7	103.2	114.3	178.4	184.2	210.5
半机械化农具	101.6	103.3	121.9	196.9	203.4	247.9
机械化农具	103.1	103.5	118.3	173.8	179.9	212.8
化学肥料	101.2	105.4	107.6	209.1	220.4	237.2
农药及农药械	98.8	97.5	100.6	225.7	220.0	221.3
农机用油	104.3	105.2	125.4	349.9	368.1	461.6
其　　他	100.1	99.7	105.2	183.1	182.5	192.0
服务项目价格指数	**103.4**	**114.0**	**135.9**	**288.8**	**329.2**	**447.4**
房　　租	101.3	102.5	126.9	—	—	—
水　电　费	106.2	105.1	132.3	—	—	—
交　通　费	102.6	118.7	131.3	—	—	—
邮　电　费	144.5	100.1	106.6	—	—	—
医疗保健费	108.5	123.2	107.8	—	—	—
学杂保育费	101.7	120.6	151.3	—	—	—
文　娱　费	109.8	115.4	146.0	—	—	—
修理及其他服务费	102.0	103.2	114.6	—	—	—

表 8—4 历年全社会零售物价分类指数

（以上年价格为 100）

年 份	总指数	消费品价格指数	食品类	衣着类	日用品类	文化娱乐用品类	书报杂志类	药及医疗用品类	建筑装璜材料类	燃料类	农业生产资料价格指数
1951	109.9	110.3	110.3	109.2	112.7	114.7	—	97.9	—	111.3	103.0
1952	99.8	99.8	97.7	101.9	104.4	96.9	—	102.7	—	115.8	100.1
1953	102.9	102.6	104.9	99.6	99.2	89.8	—	93.1	—	98.7	107.9
1954	104.2	104.5	107.9	99.2	99.1	94.3	—	99.8	—	103.9	100.9
1955	101.5	102.2	103.1	100.8	100.7	101.2	—	98.2	—	101.9	93.9
1956	99.2	99.6	99.7	100.6	98.5	100.4	—	97.2	—	100.9	94.5
1957	102.4	102.6	104.2	100.1	99.5	100.1	—	102.5	—	99.3	99.7
1958	99.9	100.1	100.2	99.9	100.0	99.0	—	97.8	—	108.3	97.8
1959	99.7	99.7	99.6	100.0	100.3	100.1	—	97.1	—	99.1	99.8
1960	103.4	103.7	103.8	101.2	105.1	100.4	—	96.0	—	103.7	101.7
1961	124.8	125.5	137.1	100.6	113.6	101.6	—	101.6	—	104.1	119.4
1962	103.0	101.5	100.4	100.3	106.2	102.1	—	103.0	—	104.3	114.8
1963	99.5	99.9	95.8	100.0	100.7	100.6	—	98.7	—	99.1	94.9
1964	95.4	95.6	95.3	99.6	95.1	95.9	—	89.1	—	99.8	93.1
1965	95.3	95.4	94.8	99.9	94.2	96.8	—	96.8	—	98.9	93.3
1966	99.7	99.9	101.0	99.6	98.0	97.3	—	89.1	—	97.6	98.5
1967	99.9	100.2	100.2	100.0	100.1	99.4	—	100.0	—	100.0	97.0
1968	100.5	100.8	100.8	100.2	100.0	100.0	—	100.0	—	100.0	98.0
1969	100.4	100.5	101.1	100.4	100.0	100.0	—	91.0	—	100.0	100.0
1970	100.1	100.3	100.5	100.1	100.1	100.0	—	100.0	—	100.0	98.8
1971	100.4	100.6	100.9	100.0	100.0	100.6	—	100.0	—	100.0	100.0
1972	100.5	100.7	101.1	100.0	99.9	100.0	—	101.7	—	99.9	100.0
1973	100.3	100.4	100.7	99.9	100.0	99.5	—	99.4	—	100.0	100.0
1974	100.1	100.2	100.3	99.8	100.3	99.5	—	99.8	—	101.0	99.8
1975	100.2	100.4	100.5	100.0	99.8	100.9	—	99.8	—	100.0	99.3
1976	100.5	100.6	100.9	100.0	100.1	101.3	—	100.1	—	100.0	100.2
1977	100.2	100.3	100.4	100.1	100.0	100.5	—	100.6	—	100.3	100.0
1978	100.0	100.0	99.8	99.9	100.0	100.5	—	101.9	—	100.1	100.0
1979	102.3	102.8	104.3	100.3	100.3	102.0	—	101.5	—	100.0	99.9
1980	109.2	110.7	116.3	99.8	100.7	101.0	—	100.5	—	100.0	103.1
1981	101.7	101.7	102.5	99.8	101.0	99.9	—	103.8	—	100.0	101.6
1982	103.1	103.5	108.1	98.3	100.2	100.3	—	102.7	—	103.0	102.0
1983	102.8	102.7	103.1	100.9	100.7	97.9	—	106.8	—	105.6	102.9
1984	104.2	103.0	105.5	100.3	100.3	99.7	112.7	107.3	—	106.0	110.4
1985	111.2	112.3	121.8	100.5	102.7	100.6	112.4	104.2	—	113.8	104.6
1986	105.1	105.8	107.6	101.0	107.1	100.6	117.9	102.7	—	101.5	101.1
1987	108.0	108.2	111.2	103.7	109.8	102.2	100.2	103.9	—	102.2	105.5
1988	121.0	120.0	123.6	109.7	114.7	116.9	113.7	135.9	129.4	125.5	126.7
1989	121.3	120.4	119.8	120.3	115.0	111.7	202.5	128.0	120.9	124.3	125.8
1990	100.1	100.2	97.9	108.9	102.1	97.7	114.2	99.2	93.3	108.8	99.2
1991	102.5	102.7	102.8	105.8	101.9	96.2	99.4	102.4	102.6	112.5	101.3
1992	104.6	104.8	106.3	102.3	100.7	95.7	101.7	110.7	115.2	115.9	104.0
1993	118.9	120.1	125.6	109.7	111.2	101.5	107.5	111.7	135.4	147.8	110.6

表8—5 历年农副产品收购价格分类指数

（以上年价格为100）

年份	总指数	粮食类	经济作物类	竹木材类	禽畜产品类	蚕茧蚕丝类	干鲜果类	干鲜菜及调味品类	药材类	土副产品类	水产品类
1951	123.4	132.0	106.4	112.6	107.0	105.0	122.5	125.1	111.6	121.6	118.3
1952	113.0	90.8	86.9	125.2	102.5	104.4	99.9	138.4	124.5	113.4	94.3
1953	112.8	113.5	112.9	100.0	126.3	98.6	104.3	144.0	120.7	110.2	108.4
1954	98.6	99.9	101.6	98.9	104.0	117.0	97.2	97.9	125.9	111.8	117.4
1955	99.3	100.0	102.4	94.3	97.9	100.0	103.1	75.7	97.9	104.9	104.2
1956	100.4	99.5	101.1	105.2	100.9	102.1	107.8	87.8	96.8	107.4	101.1
1957	108.6	100.3	118.9	100.0	111.0	109.6	111.6	100.4	112.3	127.8	102.6
1958	101.4	101.9	103.2	100.0	100.0	100.0	108.0	101.6	103.4	101.7	101.6
1959	102.3	101.5	101.1	106.4	102.4	123.1	102.1	102.3	103.7	104.4	106.7
1960	104.4	104.8	108.3	106.0	100.9	100.0	110.7	100.3	104.7	110.4	131.6
1961	123.0	128.6	109.1	100.0	123.5	100.0	108.0	144.6	109.5	109.2	88.9
1962	100.9	100.0	102.0	100.0	100.1	100.0	100.0	102.1	100.0	105.6	100.0
1963	97.7	100.0	101.7	100.0	96.2	100.0	78.0	96.9	98.1	94.6	100.0
1964	99.8	100.0	100.9	123.6	98.4	100.0	97.2	97.3	100.0	96.5	100.0
1965	100.2	103.8	101.0	100.0	99.7	100.0	100.5	95.3	111.9	99.4	100.0
1966	103.7	114.6	100.5	100.0	100.8	104.8	100.0	96.7	100.0	100.1	100.0
1967	100.0	100.0	100.0	100.0	100.0	100.0	100.0	100.0	100.0	100.0	100.0
1968	100.0	100.0	100.0	100.0	100.0	100.0	100.0	100.5	100.0	100.0	100.0
1969	100.0	100.0	100.0	100.0	100.0	100.0	100.0	101.2	100.0	100.0	100.0
1970	100.0	100.0	100.1	100.0	100.0	100.0	100.0	100.6	100.0	100.0	100.0
1971	101.4	100.0	103.1	100.0	104.6	100.0	100.9	99.6	100.0	100.4	100.0
1972	101.8	100.0	103.0	100.0	100.6	100.0	103.8	110.7	100.6	103.8	100.0
1973	100.5	100.0	100.7	100.0	100.4	100.0	107.4	108.1	99.3	100.2	101.3
1974	100.1	100.0	100.0	105.9	100.0	100.0	101.4	104.2	93.4	100.0	100.0
1975	100.2	100.0	100.0	100.0	100.2	100.0	100.0	100.0	100.0	102.4	100.0
1976	100.0	100.0	100.0	100.0	100.0	100.0	100.0	99.9	100.0	100.0	100.0
1977	100.0	100.0	100.0	100.0	100.0	100.0	100.0	100.8	100.0	100.0	100.0
1978	103.5	100.4	101.2	100.0	101.9	100.0	100.0	128.9	101.2	108.1	100.0
1979	115.1	121.0	115.5	135.3	125.5	115.8	124.1	96.0	100.1	100.6	118.8
1980	102.7	100.0	100.0	100.0	100.6	100.0	100.0	107.4	102.5	108.4	100.0
1981	101.0	106.3	100.8	100.9	100.5	100.0	101.2	90.6	100.0	101.6	104.1
1982	105.5	114.4	103.2	100.5	104.8	100.0	101.3	100.2	100.0	100.1	107.1
1983	101.8	98.7	101.8	100.0	105.0	100.0	101.0	102.4	123.0	105.0	100.2
1984	106.9	103.7	112.3	100.0	106.1	100.0	113.4	106.9	110.5	110.9	116.3
1985	118.2	110.7	107.1	161.8	134.1	119.6	130.2	157.6	105.6	99.0	133.3
1986	105.4	102.8	102.3	132.3	103.1	100.0	94.5	104.6	91.3	146.6	110.5
1987	115.7	123.3	104.7	112.3	126.1	177.2	140.6	112.9	113.5	112.4	112.0
1988	124.4	135.2	121.3	126.8	118.7	197.2	129.2	99.8	112.0	132.3	127.8
1989	103.7	92.7	105.4	117.4	120.4	107.8	97.0	97.1	49.8	108.4	125.3
1990	88.6	90.6	105.2	70.6	74.7	70.3	101.7	77.9	76.8	82.5	91.5
1991	106.5	101.1	110.8	106.5	97.3	97.8	91.0	117.5	110.1	111.9	103.9
1992	103.6	103.1	91.0	101.3	106.1	77.2	109.3	156.9	111.0	150.8	104.3
1993	110.6	139.3	102.4	110.4	125.3	140.7	106.5	115.1	126.2	133.9	119.9

表 8—6 城镇职工生活费用价格指数和全社会零售物价指数

以上年价格为100

地区	1991年		1992年		1993年	
	职工生活费用价格指数	全社会零售物价指数	职工生活费用价格指数	全社会零售物价指数	职工生活费用价格指数	全社会零售物价指数
南宁市	104.1	104.0	106.7	105.7	125.1	124.1
柳州市	102.3	102.2	106.1	105.8	124.6	123.8
桂林市	101.6	101.6	109.5	108.6	120.3	119.8
梧州市	104.8	104.7	110.2	109.6	122.2	120.0
北海市	104.5	104.1	107.2	105.4	134.8	134.0
贵港市	103.2	102.8	104.6	103.3	123.1	120.5
百色市	102.5	102.8	109.5	107.1	119.9	118.6
贺县	101.6	100.7	108.5	107.4	120.2	119.0
钦州市	102.8	101.9	105.2	105.0	120.5	121.3
宜州市	102.2	102.5	105.1	105.3	122.1	122.2
融安县	100.7	100.1	107.6	106.9	122.7	120.1
兴安县	98.8	98.7	107.7	106.3	118.2	114.1
崇左县	—	—	—	—	116.8	117.5

表 8—7 七县(市)农民生活费用价格指数和农村零售物价指数

以上年价格为100

地区	1991年		1992年		1993年	
	农民生活费用价格指数	农村零售物价指数	农民生活费用价格指数	农村零售物价指数	农民生活费用价格指数	农村零售物价指数
贵港市	104.6	102.9	105.4	102.9	123.1	118.2
百色市	102.8	103.7	108.3	107.0	116.2	114.7
贺县	103.4	102.4	105.2	102.9	120.6	115.7
钦州市	105.0	103.9	106.1	103.0	114.9	111.8
宜州市	102.1	101.3	103.7	104.3	115.4	111.4
融安县	104.9	103.9	105.4	105.2	121.0	113.2
兴安县	100.6	100.3	104.9	102.2	122.3	118.1
崇左县	—	—	—	—	117.0	118.9

表8—8 主要工业品出厂价格分类指数

(以上年价格为100)

指　　　标	1990年	1992年	1993年
总指数	**101.5**	**105.2**	**121.1**
按轻重工业分			
轻工业	101.0	102.3	110.9
以农产品为原料	102.6	102.9	110.4
以非农产品为原料	97.4	99.9	113.0
重工业	102.0	108.4	132.0
采掘	90.1	105.1	113.3
原料	97.0	109.9	143.1
加工	108.6	107.3	127.6
按两大部类分			
生产资料	102.0	107.7	130.1
生活资料	100.8	102.4	110.5
按工业行业分			
煤炭采选业	98.5	105.6	109.6
黑色金属矿采选业	98.4	118.0	102.6
有色金属矿采选业	94.9	101.7	119.6
建筑材料及其他非金属矿采选业	80.0	100.0	103.3
采盐业	130.7	100.0	122.2
木材及竹材采运业	70.7	102.8	106.8
自来水生产和供应业	105.6	106.8	135.6
食品制造业	97.1	105.1	113.9
饮料制造业	104.9	94.4	112.0
烟草加工业	99.3	99.5	98.5
饲料工业	95.3	104.3	129.1
纺织业	104.7	100.1	109.4
缝纫业	92.6	101.9	—
皮革、毛皮及其制品业	101.5	115.3	123.2
木材加工及竹、藤、棕草制品业	100.0	100.5	113.5
家具制造业	106.2	108.8	134.9
造纸及纸制品业	105.8	100.8	109.7
文教体育用品制造业	121.5	104.0	103.1
电力、蒸汽、热水生产和供应业	90.2	100.1	105.5
化学工业	101.5	105.9	115.2
医药工业	93.9	104.0	112.0
化学纤维工业	99.8	94.5	129.4
橡胶制品业	109.8	100.7	106.8
塑料制品业	98.2	102.0	99.0
建筑材料及其他非金属矿物制品业	97.2	121.0	169.1
黑色金属冶炼及压延加工业	100.0	121.6	174.7
有色金属冶炼及压延加工业	90.9	107.1	115.6
金属制品业	99.3	98.6	145.4
机械工业	104.8	108.2	132.0
交通、运输设备制造业	95.2	112.6	136.2
电气机械及器材制造业	138.2	99.1	107.4
电子及通信设备制造业	88.1	88.3	90.4
仪器仪表及其他计量器具制造业	100.0	103.4	119.4

表 8—9 主要原材料、燃料、动力购进价格指数

（以上年价格为 100）

指　　标	1990 年	1992 年	1993 年
总指数	**102.2**	**112.5**	**141.7**
燃料、动力类	107.9	111.2	131.1
黑色金属材料类	99.9	123.2	182.4
#钢材	—	126.6	182.0
有色金属材料类	90.3	108.7	111.6
化工原料类	101.3	102.3	122.1
木材及纸浆类	102.1	106.6	115.4
建筑材料类	97.7	134.4	170.6
非金属矿类	—	105.3	156.8
农副产品类	100.4	108.4	138.9
纺织原料类	105.8	97.3	104.0

表 8—10 固定资产投资价格指数

（以上年价格为 100）

指　　标	1992 年	1993 年	指　　标	1992 年	1993 年
总指数	**117.9**	**131.2**			
建筑安装工程投资	116.8	131.5	#金属制品业	119.6	132.9
直接费用	122.8	137.4	机械工业	120.2	138.8
#人工费	119.4	133.1	交通运输设备	176.3	—
材料费	123.3	141.7	电气机械及器材	116.0	105.3
其他费用	99.5	114.9	仪器仪表及其他计量器具	110.0	—
设备、工器具购置	119.5	133.0	其他费用投资	123.5	124.7

表 8—11 建筑业产值价格指数

（以上年价格为 100）

指　　标	1985 年	1990 年	1992 年	1993 年
总指数	**109.9**	**103.8**	**116.4**	**131.5**
直接费用	109.3	103.5	121.7	136.0
材料费	110.9	104.0	122.7	140.3
#钢材	116.4	110.6	132.1	146.0
木材	121.7	93.2	114.2	115.3
水泥	113.5	95.5	116.1	141.0
地方材料	104.1	102.2	110.9	147.8
其他材料	112.6	105.1	115.9	133.2
人工费	106.4	96.5	119.4	133.1
其他费用	112.2	105.0	99.5	114.9

主要统计指标解释

全社会零售物价指数 是全面反映市场零售物价总水平的变动情况的,亦即反映国营商业价格和集市贸易价格的总变动,用以说明国家定价、国家指导价和市场调节价的总升降水平,以及物价变动对城乡人民生活支出的总影响程度,故应在各种价格的基础上按商品零售额综合汇总。

国营商业零售物价指数 是反映城乡国营商业零售价格变动趋势和程度的相对数。用以观察和分析国营(包括供销社)商业零售价格的总变动及其对城乡居民生活支出和国家财政收入的影响程度。

职工生活费用价格指数 是反映城镇职工家庭所支付的消费品和服务支出的价格变动趋势的相对数,目的在于观察价格变动对职工生活费用支出的影响;并可以计算出实际工资指数,为研究职工生活和确定工资政策的依据。它由城镇消费品价格指数和服务项目价格指数构成。

农民生活费用价格指数 是反映农民及其家庭所购买的消费品的价格和服务项目价格变动趋势和程度的相对数。用以观察对农民生活费支出的影响,直接反映农民生活水平的实际变化情况,为分析和研究农民生活问题提供依据。它由农村消费品价格指数和农村服务项目价格指数构成。

农副产品收购价格指数 是反映国家收购农副产品的价格变动趋势和程度的相对数,用以观察和研究农副产品收购价格总水平的变化情况及对农民收入和国家财政支出的影响。并可作为制定和检查农副产品价格政策的依据。它包括国家定价、国家指导价和市场调节价。

农村工业品零售价格指数 是反映农村市场工业品价格水平变动趋势和程度的相对数,通过农村工业品零售价格指数,可以考察工业品价格变动对农民货币支出的影响。另外还可以将其与农副产品收购价格指数对比,计算出工农业商品的综合比价指数。

农产品与工业品交换的综合比价指数 是反映农副产品和工业品交换比价的变化情况的经济指数,用以说明农民将农产品卖给国家后,由于价格变动所换回的工业品数量比基期增加了还是减少了。它分为正指标和逆指标。正指标是以农村工业品零售价格指数为基数(为100)与农产品收购价格指数之比,其经济内容是以农民为主体观察在不同时期,农民用等量的农产品因价格变动所换到工业品的增减情况。逆指标以农产品收购价格指数为基数(为100)与农村工业品价格指数之比。其经济内容是以国家为主体观察在不同时期,国家用等量的工业品因价格的变动所交换到的农产品数量的增减情况。

工业品出厂价格指数 是全面反映工业产品出厂价格总水平变动趋势和程度的相对数。用以消除不同时期价值量指标中价格因素变动的影响。

原材料、燃料及动力购进价格指数 是全面反映原材料、燃料及动力产品购进价格总水平变动趋势和程度的相对数。

固定资产投资价格指数 是反映固定资产投资经济活动中建筑、安装工程和购置设备、工器具以及其他投资价格变动趋势和程度的经济指标。用以消除按现价计算的固定资产指标中的价格变动因素,真实地反映固定资产投资的规模、结构和效益。

建筑安装工程投资价格指数 是反映固定资产投资中各种房屋、构筑物的建造工程投资和各种设备、装置的安装工程价格变动程度的相对数。

建筑业产值价格指数 是反映不同时期建筑业产值中的各项费用、价格变动趋势和程度的相对数。

设备、工具、器具购置投资价格指数 是反映发生了此类经济活动的各类建设单位,购置或自制达到固定资产标准的设备、工具、器具时,实际支付的价格或购进价格变动趋势和程度的相对数。

其他费用投资价格指数 是反映建筑安装工程和投资、设备、工具、器具购置和商品房购置以外的构成固定资产投资完成额的各种费用投资价格变动趋势和程度的相对数。

九、人民生活

城镇居民生活水平不断提高

一、解放后城镇居民生活的变化。

解放前，在三座大山的压迫剥削下，民不聊生，吃不饱，穿不暖，商品供应匮乏与购买力低下并存，人民生活饥寒交迫，挣扎在死亡线上。解放后，广西各族人民在中国共产党的领导下，努力发展国民经济，各项事业得到迅速发展，人民生活得到很大的提高。1993 年，我区城镇居民人均生活费收入为 2611.76 元，比 1957 年增长 13.11 倍，扣除物价因素后，实际增长 1.83 倍，平均每年增长 3%。目前，城镇居民生活正朝着小康水平迈进。

二、改革开放给城镇居民生活带来深刻的变化。

1978 年以前，我区经济发展缓慢，积累和分配比例关系不协调，加上人口增长过快，城镇居民收入增长慢，人民生活水平提高不快。党的十一届三中全会以后，区党委和政府认真执行党中央关于改革开放政策，大力发展经济，取得了新的成果，积累和消费的比例关系得到了调整，同时，工资制度的改革，恢复各种奖金和津贴制度，城镇居民得到了更多的实惠，加上严格控制人口的增长，大力安置待业人员，降低就业者的负担系数，增加了收入，这一切，使城镇居民生活水平迅速提高。1985 年，我区城镇居民人均生活费收入为 683.43 元，比 1978 年增长 1.36 倍。

1985 年后，改革的力度增强，国民经济以前所未有的速度发展。国民收入迅速增加，消费基金大幅度上升，居民生活水平提高较快，其主要特点如下：(一)收入增长快。1993 年，我区城镇居民人均生活费收入为 2611.76 元，比 1985 年增长 2.82 倍，扣除物价因素后，实际增长 65.37%，平均每年增长 6.5%。其中：职工工资性收入增长 2.73 倍，职工从工作单位得到其它收入增长 2.60 倍，个体经营劳动者收入增长 3.68 倍，其它劳动收入增长 1.46 倍。

(二)消费水平不断提高。1993 年，我区城镇居民人均生活费支出 2318.31 元，比 1985 年增长 2.49 倍，扣除物价因素后，实际增长 51.2%，平均每年增长 5.3%。首先是食品消费数量增加，结构和质量发生了变化。肉禽蛋油鲜菜的消费量明显增加，粮食消费所占比重大幅度下降。1993 年，我区城镇居民人均肉禽蛋消费 37.53 公斤，比 1985 年增长 57.3%，而粮食人均消费 87.19 公斤，比 1985 年下降 40.60%。其次是衣着消费增加。1993 年，我区城镇居民人均衣着支出 237.9 元，比 1985 年增长 2.56 倍，居民衣着购买由单一色、单一化向美观、新颖、多样化、时装化转变，服装的布料由低档向中高档发展。1993 年，我区城镇居民棉布消费量比 1985 年下降 83.4%，而化纤布等却上升了 40%以上。再次是日用和文娱用耐用消费品迅速进入城镇居民家庭。1993 年，我区城镇居民家庭百户拥有彩色电视机、电冰箱、洗衣机、照相机分别为 65.24 台、52.96 台、87、84 台、22.33 台、分别比 1985 年增长 5.7 倍、8.8 倍、1.9 倍、3.9 倍。同时，录像机、空调器、摩托车等高档日用品也进入城镇居民家庭。

四是精神文化生活丰富多彩。随着物质生活的改善，政府对居民的文化生活十分关心，有计划地加强对城市文化、教育、娱乐、旅游等公共事业的建设，从而使城镇居民的精神文化生活更加丰富多彩，支出大增。1993 年，我区城镇居民文化娱乐支出人均达 51.57 元，其中：书报杂志支出 18.01 元，比 1985 年增长 1.59 倍，平均每年增长 12.62%，文娱费人均支出 11.68 元，比 1985 年增长 4.48 倍，平均每年增长 23.7%。

(三)金融资产增多。1993 年，我区城镇居民人均银行储蓄存款 465.87 元，比 1985 年增长 4.43 倍，平均每年增长 23.54%；手存现金人均 205.6 元，比 1985 年增长 3.26 倍，平均每年增长 19.9%。

(四)住房条件不断改善。1993 年，我区城镇居民人均居住面积 12.18 平方米，比 1985 年增长 44.12%，其中人均居住面积在 8 平方米以上的家庭比重达 78.4%，比 1985 年增加 32.4 个百分点。在居住面积增加的同时，住房的设施日趋齐全。有 78.8%的家庭有浴室厕所，有 95.8%的家庭有独用厨房，有 96.9%的家庭有独用自来水，有 62.8%的家庭烧液化石油气。分别比 1985 年增加 43 个百分点、5.9 个百分点、13.6 个百分点、烧液化石油气 85 年以前还是很个别的。此外，有 22.4%的家庭有自有房，4.3%的家庭住上单栋配套住宅，72.1%的家庭住上单元式配套住宅。

三、问题和建议

由于我区地区经济发展不平衡，产业结构有待调整，城镇居民生活消费也要进一步改善和提高。如：食品消费结构不够科学合理，居民从食品中摄取的热量和蛋白质不足，而脂肪偏高；高低收入户的差距在扩大；物价涨幅过大，影响居民生活水平的提高。针对上述问题，建议：

1、深化改革，大力发展第三产业，不断满足人们生活日益增长的需要，同时，扩大就业面，增加城镇居民的收入。

2、严格控制物价大幅度上涨，减少由于物价造成对城镇居民生活的影响程度，使城镇居民收入真正得到提高。

3、大力发展畜牧业，增加低脂肪、高蛋白的食品生产供应，以正确引导消费，使居民的食品消费更具科学性。

4、采取措施，防止高低收入差距进一步扩大。根据党现行的政策，允许一部分人通过诚实劳动先富起来。但也有一些人通过不正当的手段谋取暴利成为暴发户，对于这些人应分不同情况，按有关政策如税收政策给予限制，最后达到共同富裕，共奔小康。

农村居民收入增加　生活明显改善

解放后直至七十年代末，我区农村经济发展较为落后，农村居民收入水平很低，且增长缓慢，生活比较贫困。1956年，农民人均纯收入仅58.7元，到1978年也只有120元，年均仅增2.77元，递增3.3%，全年生活消费支出在50—100元（含自产自用部分）之间徘徊。一九七八年，党的十一届三中全会后，我区农村和全国一样发生了巨大的变化，农村经济建设成就令人鼓舞，农户成为具有生产经营自主权的独立生产经营单位，打破了"大锅饭"经营体制，农民生产致富的积极性被重新点燃，极大地推动了农村经济的发展，农民收入迅速提高，生活水平有了显著的改善，绝大多数农民解决了温饱问题，正在向农村小康迈进。

一、农村居民实际人均纯收入翻了一番多

自1980年后，我区农村推行了以生产承包责任制为主的经济体制，农业生产发展迅猛，农民收入迅速提高。

〔**农民人均总收入翻2.5番**〕　1993年，农民人均全年总收入达到1291元，比1980年增长5倍多，翻了2.5番，平均每年增83元，年均递增15%，比1985年增长2倍多，翻了1.5番，平均每年增108元，年均增长14.9%，比1990年增长43.7%，平均每年增131元，年均递增12.8%。

从总收入的来源看，我区农户收入仍然以家庭经营为主。1993年，农户家庭经营总收入人均达到1158元，占家庭总收入89.7%。略高于1985年的89.1%和1990年的89.4%。随着农村劳动力的转移，脱离家庭生产经营的劳动力不断增加，农户家庭经营以外的劳动报酬收入1993年人均达到72元，占农户总收入的比重为5.6%；农户其他非生产性收入人均达61元，占总收入的比重为4.7%。

从产业结构发展看，农户生产经营打破了单一务农的格局，呈多元化发展，农户经营的二、三产业逐步壮大，使农村产业结构趋向良性发展。1993年农户生产经营的第一、二、三产业的收入占家庭经营收入的构成为：88.3%、3.4%和8.3%，农民人均从二、三产业经营得到的收入达到135元，是1985年的3倍多。

〔**农民人均实际纯收入翻一番多**〕　1993年，我区农民人均纯收入达到885元，比1980年增长4倍多，翻了2.3番，扣除物价上涨因素，实际增长1.05倍，翻了一番多，在农民纯收入中，生产性纯收入占94%左右，其中家庭经营所得的纯收入占86%。

〔**纯收入超千元的农民已逾30%**〕　随着农民收入的普遍提高，高收入的农民越来越多，低收入农户逐年减少。1993年已有30.2%的农民人均纯收入超过1000元，比1990年的10%提高了10个百分点，人均纯收入低于300元的农民剩下不足3%，比1990年下降2个百分点。

二、农民生活状况得到显著改善

我们党坚持把改善提高人民生活水平作为建设社会主义根本目标。十四年的改革取得巨大成功的标志之一就是城乡居民生活水平有了显著提高。

〔**农民生活消费支出翻2.2番，吃、穿、住、用全面改善**〕　1993年农民人均生活消费支出达705元，比1980年增长3.7倍，翻了2.2番。农民吃穿住用等生活的各方面得到明显改善，绝大多数农民解决了温饱问题。1993年农民人均吃的支出为448元，比80年增长3.7倍，穿的开支人均34元，增长1.4倍，住房支出39元，增长2.7倍，用的支出73元，增长3.8倍。农民食物消费量成倍增加，营养水平明显提高。1993年农民人均消费细粮达237公斤，比1980年增长9.7%，食用油4.5公斤，增长1.1倍，肉类15.8公斤，增长95%，蛋类近1公斤，增长2倍，水果6.73公斤，增长4倍。农民人平均每天从食物中摄取蛋白质超过65克，脂肪50克，获取食物热能超过2470千卡，分别比1980年增长17%、93%和12%，食物热能摄取量已超过营养标准要求。

〔**农户家庭耐用品拥有量达到一个新水平**〕　1993年每百户农家拥有自行车151辆，缝纫机73架，钟表191只，分别是1980年的2.8倍，3.8倍，4.1倍，拥有电风扇108台，电视机53台，收录机21台，而1980年农户中极少有家电产品。洗衣机、摩托车、电冰箱等进入了少数农民家庭。

〔**农民居住条件得到根本改观**〕　随着农民收入的提高和基本解决温饱后，农民居住条件也随之得到根本的改观。在80年代后期，我区农村兴起了较普遍的建房热潮，至1993年底，农民人均居住面积达到18.1平方米，比1980年增加近7.5平方米，住房质量明显提高，1993年在农民住房面积中，砖木结构占45%，钢筋混凝土结构占12%，分别比1983年提高25个百分点和11个百分点。农家的摆设也越来越好，1993年每百户拥有大型家具达250件，单价50元以上，是80年代初的3倍。九十年代初农村中已有90%左右的农户用上了电，有62%的农村人口用上了安全卫生水，已有80%的行政村通上公路。

表 9—1 城镇居民家庭情况

项目	单位	1985 年	1990 年	1992 年	1993 年
调查户数	户	800	940	950	950
平均每户家庭人口	人	3.98	3.62	3.48	3.41
平均每户就业人口	人	2.14	2.01	1.93	1.93
平均每户就业面	%	53.75	55.52	55.46	56.71
平均每一就业者负担人数	人	1.86	1.80	1.80	1.76
平均每人全年实际收入	元	745.20	1 601.97	2 119.06	2 910.64
#生活费收入	元	683.45	1 448.06	1 886.01	2 611.76
按每人每月生活费收入分					
组户数占总户数比重	%	100.0	100.0	100.0	100.0
50 元以下	%	36.2	1.0	0.7	
50—60 元	%	20.2	1.9	0.6	0.1
60—70 元	%	17.7	4.0	1.2	0.4
70—80 元	%	25.9	4.0	0.9	0.5
80—90 元	%		7.8	2.2	1.1
90—100 元	%		10.0	5.8	2.5
100—110 元	%		11.3	6.7	2.3
110—120 元	%		10.2	6.2	2.4
120—130 元	%		11.3	7.7	4.2
130—140 元	%		9.9	6.9	4.1
140—150 元	%		6.0	8.3	6.0
150—160 元	%		21.7	7.1	4.7
160—170 元	%			7.5	5.2
170—180 元	%			6.0	5.9
180—190 元	%			5.2	3.6
190 元以上	%			27.0	57.0
平均每人全年实际支出	元	712.11	1 466.31	1 993.20	3 017.22
#生活费支出	元	663.74	1 338.10	1 755.10	2 318.31
年末平均每人居住面积	米^2	8.73	10.90	11.56	12.18

表9—2 城镇居民家庭人均年收入

单位:元

项　目	1985年	1990年	1992年	1993年
现金收入		**1 814.21**	**2 490.06**	**3 789.38**
实际收入	**745.20**	**1 601.97**	**2 119.06**	**2 910.64**
#国有经济职工工资	478.96	1 057.77	1 444.23	1 979.11
#计时工资	303.42	592.18	616.64	709.45
计件工资			33.42	72.80
奖　金	71.86	203.38	368.52	570.69
津贴和补贴	86.21	221.90	395.41	590.16
其他工资性收入	17.47	40.31	30.23	36.02
集体所有制职工工资	91.76	105.79	123.80	152.17
#计时工资	63.88	72.48	52.13	53.32
计件工资			21.85	28.62
奖　金	13.70	12.97	19.84	31.41
津贴和补贴	11.20	16.91	27.51	36.32
其他工资性收入	2.98	3.42	2.45	2.49
其它所有制职工全部收入			12.96	18.25
职工从单位得到的其他收入	60.35	129.78	170.90	217.21
个体经营劳动者收入	16.59	27.76	60.65	77.66
离、退休人员再就业收入	0.51	2.08	3.52	7.58
其他就业者收入	20.12	5.94	4.06	9.32
其他劳动收入		32.23	30.00	49.46
财产性收入	1.95	19.68	37.67	75.61
转移性收入	74.96	220.94	218.32	308.23
#赡养收入	3.80	10.98	13.45	18.00
离、退休金	12.65	70.11	110.68	154.47
赠送收入	7.89	32.97	43.50	76.07
借贷收入	**104.48**	**212.24**	**371.00**	**878.74**
#提取储蓄存款	74.39	161.15	260.47	629.74
提取储金会款	9.36	18.43	20.41	29.05

表 9—3 城镇居民家庭人均年支出

单位:元

项　　目	1985 年	1990 年	1992 年	1993 年
现金支出		**1 767.04**	**2 430.91**	**3 704.63**
实际支出	**712.11**	**1 466.31**	**1 993.20**	**3 017.22**
生活费支出	663.74	1 338.10	1 755.10	2 318.31
非消费性支出	16.71	46.01	238.09	698.90
贷款利息		0.10	0.04	
个人所得税		0.78	0.01	0.03
各种税金		1.03	0.67	0.08
赡养支出	16.71	41.80	63.60	93.41
非储蓄性保险支出		0.93	5.02	2.78
其他非消费性支出		1.36	8.59	22.64
赠送支出	24.12	71.61	110.35	136.59
购买商品住宅支出		2.06	41.23	442.64
借贷支出	**114.86**	**300.73**	**437.71**	**687.41**
存入储蓄款	72.12	218.97	305.41	432.47
存入储金会款	13.73	21.66	24.09	33.40
归还借款	11.53	18.27	16.88	18.25
借出款	13.50	21.77	34.60	73.68
储蓄性保险支出		6.24	10.50	13.02
购买有价证券		6.91	14.01	70.60
预　　购		0.13	0.44	7.78
归还购房贷款		2.20	1.19	1.99
其他借贷支出	3.98	4.57	30.59	36.22
期末手存现金	**48.20**	**131.96**	**137.43**	**205.55**

表 9—4 城镇居民家庭人均年生活费支出和构成

项　目	1985 年	1990 年	1992 年	1993 年
生活费支出(元)	**663.7**	**1 338.1**	**1 755.1**	**2 318.31**
一、消费性支出	**663.7**	**1 338.1**	**1 739.9**	**2 303.0**
食　品	375.6	784.6	973.1	1 236.2
衣　着	66.8	117.2	170.2	237.9
家庭设备、用品及服务	69.3	122.6	136.7	193.04
#日用耐用消费品	36.1	70.6	64.6	111.06
医疗保健	7.8	25.2	37.70	48.77
交通和通讯	13.0	24.7	31.6	84.7
娱乐、教育、文化服务	64.5	144.5	218.1	275.7
#文娱用耐用消费品	39.5	70.6	71.2	70.9
学杂费	11.1	43.0	69.6	109.61
书报杂志	7.0	16.5	14.6	18.01
居　住	38.8	73.8	97.4	137.6
#房　租	5.9	7.8	9.8	16.48
水	2.6	6.2	8.6	13.55
电	7.3	25.4	34.5	47.6
燃　料	8.7	18.10	33.5	47.6
杂项商品和服务	27.9	45.5	75.1	89.2
二、家庭副业生产支出	—	—	**15.2**	**15.3**
生活费支出构成(%)	**100.0**	**100.0**	**100.0**	**100.0**
一、消费性支出	**100.0**	**100.0**	**99.1**	**99.3**
食　品	56.6	58.7	55.9	53.7
衣　着	10.1	8.7	9.8	10.3
家庭设备、用品及服务	10.4	9.2	7.9	8.4
#日用耐用消费品	5.4	5.3	3.7	4.8
医疗保健	1.2	1.9	2.2	2.1
交通和通讯	2.0	1.8	1.8	3.7
娱乐、教育、文化服务	9.7	10.8	12.5	12.0
#文娱用耐用消费品	6.0	5.3	4.1	3.1
学杂费	1.7	3.2	4.0	4.8
书报杂志	1.1	1.2	0.8	0.8
居　住	5.8	5.5	5.6	6.0
#房　租	0.9	0.6	0.6	0.7
水	0.4	0.5	0.5	0.6
电	1.1	1.9	2.0	2.1
燃　料	1.3	1.4	1.9	2.1
杂项商品和服务	4.2	3.4	4.3	3.8
二、家庭副业生产支出	—	—	**0.9**	**0.7**

注:85、90 年的消费性支出包括家庭副业生产支出。

表 9—5 城镇居民家庭人均年购买主要商品数量

品　名	单　位	1985 年	1990 年	1992 年	1993 年
粮　食	公斤	146.78	124.76	99.28	87.19
鲜　菜	公斤	93.30	100.04	95.54	95.47
食用植物油	公斤	3.65	4.80	5.19	5.59
猪　肉	公斤	20.87	25.94	22.30	21.02
牛羊肉	公斤	2.69	2.75	2.93	3.14
家　禽	公斤	5.71	7.82	7.63	8.34
鲜　蛋	公斤	2.95	3.92	4.91	5.03
鱼	公斤	9.43	9.84	9.52	9.17
食　糖	公斤	2.98	2.70	2.26	2.14
卷　烟	盒	26.30	21.26	19.70	18.65
酒	公斤	4.62	5.20	3.26	5.00
棉　布	米	1.60	0.75	0.32	0.26
化纤布	米	1.16	1.62	2.01	1.48
呢　绒	米	0.08	0.03	0.07	0.04
绸　缎	米	0.06	0.05	0.02	0.03
服　装	件	3.40	3.91	6.08	6.27
皮　鞋	双	0.28	0.34	0.39	0.45
肥　皂	块	8.96	5.13	5.00	4.47
煤　炭	公斤	125.63	89.79	55.74	38.06

表 9—6 城镇居民家庭平均每百户年末耐用消费品拥有量

品　名	单　位	1985 年	1990 年	1992 年	1993 年
自行车	辆	184.06	237.85	237.50	250.45
摩托车	辆	0.79	0.79	1.60	2.52
缝纫机	架	92.28	90.39	86.82	87.30
电风扇	台	145.63	251.08	299.11	310.04
洗衣机	台	30.58	81.22	84.43	87.84
电冰箱	台	5.42	34.84	49.88	52.96
大衣柜	个	122.20	123.38	109.36	109.64
沙　发	个	93.26	127.41	127.21	138.07
写字台	张	89.06	96.32	87.85	89.07
黑白电视机	台	70.88	70.13	56.54	55.22
彩色电视机	台	9.74	38.61	61.46	65.24
录像机	台	—	1.70	7.57	9.50
高级音响	套	—	0.93	2.54	4.93
收录机	台	36.99	70.81	74.48	74.65
照相机	架	4.56	16.04	21.32	22.33
空调器	台	—		0.38	0.81

表 9—7 城镇居民家庭居住构成

单位:%

项目	1985年	1990年	1992年	1993年
总计	**100.0**	**100.0**	**100.0**	**100.0**
按人均居住面积分				
#4米^{2}以下	7.3	1.3	2.3	2.7
4—6米^2	22.9	10.0	6.3	6.0
6—8米^2	23.5	16.8	14.3	12.9
8米^{2}以上	46.0	71.9	77.1	78.4
按自来水使用情况分组				
无自来水	3.5	0.8	0.3	0.2
独用自来水	83.5	93.8	96.7	96.9
公用自来水	13.0	5.4	3.0	2.9
按卫生设备拥有情况分组				
无卫生设备	30.2	15.7	13.5	12.8
有浴室厕所	35.8	64.3	74.8	78.8
有厕所无浴室	8.5	4.8	1.1	0.6
公用卫生设备	25.4	15.2	10.6	7.8
按厨房使用情况分组				
无厨房	3.6	1.6	1.4	0.8
独用厨房	90.1	94.0	95.4	95.8
公用厨房	6.3	4.4	3.2	3.4
按房屋产权分组				
#公房	85.1	86.2	87.7	77.2
租赁私房	1.8		0.5	0.4
自有房	13.0	13.8	11.8	22.4
按燃料使用情况分组				
管道煤气		0.5	1.6	3.6
液化石油气	4.1	23.1	54.8	62.8
煤	61.3	47.0	26.5	17.2
其它	34.6	29.4	17.1	16.4
按电话拥有情况分				
无电话	—	—	93.3	88.0
公费电话	—	—	3.4	6.7
自费电话	—	—	0.9	2.2
公用电话	—	—	2.4	3.1
按住宅建筑式样分	—	—		
家庭单栋配套楼房	—	—	3.5	4.3
单元式配套住宅	—	—	71.6	72.1
一居室	—	—	16.5	13.6
二居室	—	—	61.3	65.4
三居室	—	—	18.7	16.9
四居室及以上	—	—	3.5	4.1
普通楼房	—	—	9.5	10.4
其他住宅	—	—	15.4	13.2

表 9—8　城镇居民家庭生活基本情况

（1993 年）

项　　目	单位	总平均	按收入等级分组							
			最低收入户	#更低收入户	低收入户	中等偏下户	中等收入户	中等偏上户	高收入户	最高收入户
调查户数	**户**	**950**	**95**	**53**	**95**	**190**	**190**	**190**	**95**	**95**
各组户数占总户数的比重	%	100.0	10.0	5.0	10.0	20.0	20.0	20.0	10.0	10.0
平均每户家庭人口	人	3.41	4.05	4.15	3.68	3.53	3.45	3.19	3.04	2.96
平均每户就业人口	人	1.93	1.80	1.73	1.83	1.88	2.06	1.96	1.96	1.92
平均每户就业面	%	56.71	44.44	41.69	49.73	53.26	59.71	61.44	64.47	64.86
平均每一就业者负担人数	人	1.77	2.25	2.40	2.01	1.88	1.67	1.63	1.55	1.54
平均每人全年实际收入	元	2 910.64	1 553.53	1 400.43	1 954.61	2 262.17	2 712.29	3 369.26	4 118.56	5 741.33
#生活费收入	元	2 611.76	1 336.75	1 208.57	1 717.80	2 039.11	2 440.62	3 025.50	3 728.71	5 198.32
平均每人全年生活费支出	**元**	**2 318.31**	**1 427.55**	**1 300.94**	**1 763.38**	**1 999.89**	**2 236.97**	**2 722.19**	**2 868.01**	**3 744.28**
消费性支出	**元**	**2 303.03**	**1 416.25**	**1 287.13**	**1 753.04**	**1 989.30**	**2 211.61**	**2 702.57**	**2 859.82**	**3 731.75**
食　　品	元	1 236.20	884.59	816.10	1 064.74	1 134.39	1 216.43	1 426.77	1 418.71	1 622.28
#粮　食	元	130.14	129.85	125.21	134.12	127.20	125.20	132.19	126.86	143.10
油脂类	元	44.49	38.85	36.49	39.16	46.20	41.04	43.98	50.27	57.93
肉禽及其制品	元	442.38	326.00	305.23	397.55	408.55	438.69	506.80	488.59	560.75
蛋　类	元	34.29	23.34	21.82	31.31	30.75	34.78	36.98	45.05	43.38
水产品类	元	84.22	52.12	46.96	71.40	73.84	79.48	105.95	97.52	119.51
菜　类	元	115.72	93.05	88.20	108.38	105.09	112.60	132.66	124.88	142.69
烟草类	元	31.82	17.75	19.33	21.76	32.66	32.06	35.50	46.17	38.40
酒和饮料	元	32.38	17.36	15.31	22.96	29.42	30.96	41.23	42.69	45.37
干鲜瓜果类	元	71.90	37.46	25.87	51.10	61.89	69.39	88.85	106.31	102.83
奶及奶制品	元	11.42	3.99	2.28	6.23	8.65	12.29	13.37	21.55	17.99
衣　着	元	237.89	93.52	66.04	138.64	180.91	246.11	296.52	368.73	415.21
#服　装	元	152.60	58.90	42.12	86.68	109.44	163.81	191.92	244.13	261.08
家庭设备、用品及服务	元	193.04	54.76	52.19	80.35	120.93	195.27	226.87	331.12	474.91
#耐用消费品	元	111.06	14.58	18.92	33.24	55.12	119.82	133.22	212.68	301.11
医疗保健	元	48.72	33.87	20.79	36.53	54.50	47.67	47.35	56.05	68.21
交通和通讯	元	84.71	34.80	15.92	33.28	65.39	53.83	101.58	62.26	322.14
#交通费	元	19.99	9.54	6.91	8.32	11.84	20.03	16.83	21.86	73.12
邮　费	元	1.48	0.68	0.21	0.71	0.73	1.15	1.46	4.20	3.38
娱乐、教育、文化服务	元	275.67	190.90	199.35	233.49	248.86	225.76	334.84	319.34	452.31
#文娱耐用消费品	元	70.93	7.47	1.55	22.08	55.26	50.82	92.84	119.93	205.37
学杂费	元	109.61	126.51	141.55	153.78	107.97	90.13	122.53	73.31	90.36
书报杂志	元	18.01	6.33	5.78	9.94	13.69	17.91	27.75	20.87	30.65
文娱费	元	11.68	4.54	2.35	9.30	9.61	10.26	14.34	19.17	19.20
居　住	元	137.62	90.55	90.34	115.63	121.50	148.60	147.99	170.45	186.31
#房　租	元	16.48	13.46	15.58	12.94	14.69	19.95	16.76	16.92	20.15
水　费	元	13.55	9.46	10.00	14.30	12.49	15.01	13.83	14.21	16.02
电　费	元	47.64	31.82	30.93	39.78	42.19	47.96	54.11	65.70	58.82
杂项商品和服务	元	89.19	33.25	26.39	50.37	62.83	77.94	120.64	133.16	190.39
#旅游中的交通费	元	14.90	3.54	0.90	9.12	6.99	14.79	26.23	15.75	31.51

表 9—9 城镇居民家庭人均年现金收入和支出

(1993 年)　　　　单位:元

项　　目	总平均	按收入等级分组							
		最低收入户	#更低收入户	低收入户	中等偏下户	中等收入户	中等偏上户	高收入户	最高收入户
现金收入	**3 789.38**	**1 934.50**	**1 708.46**	**2 423.62**	**2 896.50**	**3 430.24**	**4 328.47**	**5 540.21**	**8 039.21**
实际收入	**2 910.64**	**1 553.53**	**1 400.43**	**1 954.61**	**2 262.17**	**2 712.29**	**3 369.26**	**4 118.56**	**5 741.33**
#国有经济职工工资	1 979.11	892.90	642.63	1 242.08	1 554.16	1 953.00	2 455.34	2 951.66	3 434.00
#计时工资	709.45	369.79	296.08	487.70	619.36	744.44	868.13	956.24	988.50
计件工资	72.80	140.64	80.51	90.27	55.19	51.11	75.55	92.79	24.22
奖　金	570.69	152.30	97.92	258.34	364.11	509.68	722.51	977.90	1 422.50
津贴和补贴	590.16	217.85	160.28	390.83	489.85	630.32	734.72	882.72	905.17
集体所有制职工工资	152.17	150.62	161.85	191.34	192.59	144.45	134.88	96.27	121.73
#计时工资	53.32	58.66	58.48	62.46	76.70	50.33	45.43	24.78	32.12
计件工资	28.62	26.71	38.53	44.03	45.68	21.44	13.70	22.61	26.36
奖　金	31.41	23.45	23.23	33.31	28.43	34.88	34.69	25.84	37.64
津贴和补贴	36.32	38.61	36.54	47.92	40.50	34.98	38.37	22.68	21.55
其它所有制职工全部收入	18.25	16.04	0.00	22.57	9.44	18.35	36.42	6.62	9.58
#奖　金	3.17	3.51	0.00	0.54	2.61	2.76	6.67	0.94	3.01
国有集体职工从单位得到其它收入	217.21	76.86	64.16	113.55	163.71	197.29	267.06	351.75	466.98
个体经营劳动者净收益	60.88	81.83	100.87	79.60	37.91	53.86	67.69	25.45	101.98
个体被雇者收入	16.78	32.52	46.89	16.90	25.84	6.12	13.01		23.70
其它劳动收入	49.46	41.90	52.40	51.07	23.30	39.04	44.18	36.23	169.76
财产性收入	75.61	17.30	20.12	14.26	28.21	40.23	51.25	167.84	385.31
#利　息	32.87	12.21	18.31	9.26	12.78	15.64	32.19	87.88	123.54
红　利	25.43	4.32	0.94	3.49	7.57	13.32	17.04	78.33	116.29
转移性收入	308.23	201.83	251.46	198.23	217.48	222.51	277.41	450.61	927.76
#离、退休金	154.47	99.80	134.75	97.87	131.83	122.02	122.52	296.21	352.60
赡养收入	18.00	18.26	28.53	34.10	17.10	7.65	9.11	6.47	54.94
借贷收入	**878.74**	**380.98**	**308.04**	**469.01**	**634.32**	**717.95**	**959.20**	**1 421.64**	**2 297.87**
#提取储蓄存款	658.79	263.37	233.16	318.83	453.20	512.76	751.16	1 128.31	1 773.29
兑售有价证券	9.67	1.86	0.13	1.00	5.71	1.81	10.02	30.30	36.98
现金支出	**3 704.63**	**1 883.89**	**1 652.13**	**2 372.02**	**2 842.15**	**3 328.99**	**4 241.19**	**5 422.41**	**7 871.55**
实际支出	**3 017.22**	**1 710.42**	**1 499.30**	**2 189.98**	**2 509.90**	**2 789.94**	**3 471.70**	**3 837.15**	**5 757.05**
消费性支出	2 303.03	1 416.25	1 287.13	1 753.04	1 989.30	2 211.61	2 702.57	2 859.82	3 731.75
非消费性支出	698.90	282.86	198.37	426.60	510.02	552.97	749.51	969.15	2 012.77
#贷款利息									
赡养支出	93.41	87.55	81.03	70.32	72.01	71.83	113.79	119.33	161.09
购房和建房支出	442.64	118.06	67.05	222.16	306.18	342.94	453.22	618.57	1 516.94
家庭副业生产支出	15.28	11.30	13.81	10.34	10.59	25.36	19.62	8.19	12.53
借贷支出	**687.41**	**173.47**	**152.83**	**182.05**	**332.24**	**539.05**	**769.49**	**1 585.26**	**2 114.50**
#存入储蓄款	465.87	116.49	115.88	116.14	193.95	290.49	526.38	1 167.28	1 586.40
购买有价证券	70.60	7.17	4.72	18.20	45.06	67.66	61.46	137.15	241.89

注:本表提取储蓄存款、存入储蓄款两指标中包括了储蓄和储金会。

表 9—10 城镇居民家庭消费性支出构成

（1993 年）

单位：%

项目	总平均	按收入等级分组							
		最低收入户	#更低收入户	低收入户	中等偏下户	中等收入户	中等偏上户	高收入户	最高收入户
消费性支出	**100.00**	**100.00**	**100.00**	**100.00**	**100.00**	**100.00**	**100.00**	**100.00**	**100.00**
食品	53.68	62.46	63.40	60.74	57.02	55.00	52.79	49.60	43.47
#粮食	5.65	9.17	9.73	7.65	6.39	5.66	4.89	4.44	3.83
油脂类	1.93	2.74	2.84	2.23	2.32	1.86	1.63	1.76	1.55
肉禽及其制品	19.21	23.02	23.71	22.68	20.54	19.84	18.75	17.08	15.03
蛋类	1.49	1.65	1.70	1.79	1.55	1.57	1.37	1.58	1.16
水产品类	3.66	3.68	3.65	4.07	3.71	3.59	3.92	3.41	3.20
菜类	5.02	6.57	6.85	6.18	5.28	5.09	4.91	4.37	3.82
烟草类	1.38	1.25	1.50	1.24	1.64	1.45	1.31	1.61	1.03
酒和饮料	1.41	1.23	1.19	1.31	1.48	1.40	1.53	1.49	1.22
干鲜瓜果类	3.12	2.65	2.01	2.92	3.11	3.14	3.29	3.72	2.76
奶及奶制品	0.50	0.28	0.18	0.36	0.43	0.56	0.49	0.75	0.48
衣着	10.33	6.60	5.13	7.91	9.09	11.13	10.98	12.89	11.13
#服装	6.63	4.16	3.27	4.94	5.50	7.41	7.10	8.54	7.00
家庭设备、用品及服务	8.38	3.87	4.06	4.58	6.08	8.83	8.39	11.58	12.73
#耐用消费品	4.82	1.03	1.47	1.90	2.77	5.42	4.93	7.44	8.07
医疗保健	2.12	2.39	1.61	2.08	2.74	2.16	1.75	1.96	1.83
交通和通讯	3.68	2.46	1.24	1.90	3.29	2.43	3.76	2.18	8.63
#交通费	0.87	0.67	0.54	0.47	0.60	0.91	0.62	0.76	1.96
邮费	0.06	0.05	0.02	0.04	0.04	0.05	0.05	0.15	0.09
娱乐、教育、文化服务	11.97	13.48	15.49	13.32	12.51	10.21	12.39	11.17	12.12
#文娱耐用消费品	3.08	0.53	0.12	1.26	2.78	2.30	3.44	4.19	5.50
学杂费	4.76	8.93	11.00	8.77	5.43	4.08	4.53	2.56	2.42
书报杂志	0.78	0.45	0.45	0.57	0.69	0.81	1.03	0.73	0.82
文娱费	0.51	0.32	0.18	0.53	0.48	0.46	0.53	0.67	0.51
居住	5.98	6.39	7.02	6.60	6.11	6.72	5.48	5.96	4.99
#房租	0.72	0.95	1.21	0.74	0.74	0.90	0.62	0.59	0.54
水费	0.59	0.67	0.78	0.82	0.63	0.68	0.51	0.50	0.43
电费	2.07	2.25	2.40	2.27	2.12	2.17	2.00	2.30	1.58
杂项商品和服务	3.86	2.35	2.05	2.87	3.16	3.52	4.46	4.66	5.10
#旅游中的交通费	0.65	0.25	0.07	0.52	0.35	0.67	0.97	0.55	0.84

表 9—11 城镇居民家庭人均年购买的主要商品数量

(1993 年)

商品名称	单位	总平均	按收入等级分组							
			最低收入户	#更低收入户	低收入户	中等偏下户	中等收入户	中等偏上户	高收入户	最高收入户
粮食	公斤	87.19	92.12	90.46	92.98	86.09	83.65	86.82	79.68	92.63
油脂	公斤	6.24	5.57	5.22	5.64	6.43	5.83	6.16	7.03	7.73
猪肉	公斤	21.02	18.97	18.64	21.17	20.35	20.80	22.59	20.64	22.81
牛羊肉	公斤	3.14	2.23	2.13	3.35	3.19	2.79	3.40	2.79	3.44
家禽	公斤	8.34	5.42	4.75	6.69	7.22	8.42	10.03	9.56	11.98
蛋	公斤	5.03	3.52	3.29	4.75	4.45	5.10	5.41	6.47	6.37
鱼	公斤	9.17	7.17	6.93	8.77	8.62	8.76	10.93	9.89	10.58
鲜菜	公斤	95.47	87.08	84.51	93.00	91.28	91.77	105.02	97.06	106.40
食糖	公斤	2.14	1.78	1.66	1.99	2.27	2.01	1.98	2.46	2.83
卷烟	盒	18.65	13.69	14.80	14.06	19.17	21.32	19.91	22.83	16.65
白酒	公斤	3.19	3.91	4.93	3.84	3.24	2.67	3.40	2.03	3.23
啤酒	公斤	1.51	0.56	0.44	0.98	0.96	1.37	2.40	2.10	2.55
鲜乳品	公斤	1.39	0.32	0.07	0.71	0.94	1.58	1.67	2.93	2.14
呢大衣	件	0.02		0.01	0.01	0.02	0.02	0.02	0.05	0.05
风雨衣	件	0.04	0.01	0.01	0.02	0.03	0.04	0.05	0.06	0.07
西服	件	0.08	0.04	0.03	0.07	0.08	0.10	0.08	0.10	0.12
茄克衫	件	0.15	0.05	0.04	0.08	0.11	0.19	0.18	0.17	0.29
毛线衣	件	0.23	0.07	0.05	0.13	0.14	0.24	0.34	0.30	0.43
衬衫	件	0.70	0.40	0.25	0.46	0.28	0.76	0.68	0.79	0.84
棉布	米	0.26	0.23	0.13	0.22	0.25	0.22	0.33	0.28	0.29
化纤布	米	1.48	0.56	0.28	0.74	1.25	1.40	1.77	2.23	3.02
呢绒	米	0.04	0.01			0.03	0.03	0.04	0.13	0.14
绸缎	米	0.03				0.04	0.03	0.05	0.02	0.01
毛线	公斤	0.15	0.07	0.03	0.08	0.11	0.18	0.16	0.22	0.25
皮鞋	双	0.45	0.18	0.10	0.38	0.36	0.46	0.55	0.53	0.76
凉鞋	双	0.49	0.46	0.43	0.50	0.49	0.48	0.47	0.56	0.45
肥皂	块	4.47	3.02	3.83	4.06	4.21	4.74	5.31	5.55	4.05
洗衣粉	公斤	1.86	1.31	1.09	1.78	1.83	1.79	2.05	1.91	2.54
煤炭	百公斤	0.38	0.60	0.71	0.45	0.49	0.36	0.30	0.15	0.18
液化石油气	公斤	17.04	6.82	4.97	14.46	13.09	17.67	20.95	25.85	24.73

注:鱼包括了鲜鱼和鱼制品;蛋包括了鲜蛋和蛋制品。

表 9—12 城镇居民家庭平均每百户年末主要消费品拥有量

(1993年)

商品名称	单位	总平均	按收入等级分组							
			最低收入户	#更低收入户	低收入户	中等偏下户	中等收入户	中等偏上户	高收入户	最高收入户
毛皮大衣	件	15.96	5.69	8.98	4.63	11.59	18.01	13.24	25.43	38.15
呢大衣	件	115.84	72.45	70.92	73.51	102.98	128.01	128.21	142.78	151.26
毛毯	条	87.59	57.88	54.84	56.29	79.14	91.92	97.42	123.31	101.45
地毯	平方米	19.81				19.74	24.17	25.16	23.84	36.16
组合家具	套	44.00	15.89	15.13	35.37	32.98	42.32	51.06	65.30	70.73
沙发床	个	21.84	11.79	7.80	21.45	18.54	17.35	29.34	23.44	31.26
沙发	个	138.07	66.22	60.99	109.27	109.87	129.01	166.43	216.16	178.41
大衣柜	个	109.64	104.64	108.04	108.08	105.76	110.40	112.52	114.57	111.79
写字台	张	89.07	64.37	57.45	66.75	78.54	94.44	92.38	109.93	118.94
摩托车	辆	2.52	1.32		0.66	3.18	1.85	0.99	3.31	7.81
自行车	辆	250.45	236.56	230.50	227.55	247.55	254.83	249.07	265.83	271.65
缝纫机	台	87.30	85.56	85.58	90.60	86.42	86.16	86.49	88.48	90.20
洗衣机	台	87.84	63.71	62.41	81.72	78.41	84.37	95.83	106.49	109.27
电风扇	台	310.04	275.23	244.92	298.68	289.67	310.46	322.12	329.01	352.98
电冰箱	台	52.96	21.85	15.60	30.06	39.40	53.71	63.37	81.99	82.78
彩色电视机	台	65.24	32.19	20.57	48.47	52.65	65.03	79.20	89.67	88.34
黑白电视机	台	55.22	71.26	81.80	60.53	66.69	50.73	48.94	44.11	43.58
录放像机	台	9.50	3.97	5.91	5.69	8.08	7.35	11.79	11.39	19.47
游戏机	台	13.23	3.71	5.44	7.02	10.93	15.03	14.17	18.01	23.31
组合音响	套	4.93			1.99	4.70	3.31	5.03	9.40	11.79
立体声收录机	台	29.17	17.75	12.53	20.66	22.12	28.34	30.53	48.21	43.05
普通收录机	台	45.48	43.05	42.32	47.28	43.38	41.79	53.25	46.75	40.93
照相机	架	22.33	13.91	6.62	12.45	15.50	22.51	23.04	37.62	37.22
钢琴	架	0.81	0.66	1.18		0.86	0.33	1.52		1.99
其它中高档乐器	件	6.78	3.44	6.15	0.66	1.85	6.75	8.81	15.37	13.51
空调器	台	0.81			1.72		0.33		1.99	3.71
电炊具	台	123.48	87.03	66.91	102.12	105.83	133.32	126.56	152.19	161.99
淋浴热水器	台	23.67	5.69	2.36	13.24	15.49	22.65	27.22	44.24	42.78
脱排油烟机	台	16.62	3.71	2.36	9.27	8.94	16.42	17.95	32.85	33.77
吸尘器	台	0.90			0.66	0.66	0.99	0.66	1.99	1.72

表 9—13 调查五市居民家庭人均年现金收入和支出

(1992 年)　　单位:元

项目	总平均	南宁市	柳州市	桂林市	梧州市	北海市
现金收入	**4 541.93**	**4 111.89**	**4 971.64**	**4 310.77**	**4 358.27**	**5 403.47**
实际收入	**3 444.41**	**3 083.74**	**3 544.56**	**3 169.17**	**3 267.17**	**4 542.87**
#国有经济职工工资	2 270.84	2 039.18	2 537.83	2 066.44	1 852.54	3 110.35
#计时工资	761.14	690.06	921.30	840.84	608.50	820.71
计件工资	63.42	106.89	31.19	7.52	44.55	82.71
奖　金	693.80	528.39	879.07	556.43	603.46	1 073.24
津贴和补贴	727.31	694.96	689.31	639.02	572.16	1 083.17
集体所有制职工工资	238.89	116.50	282.65	234.37	384.97	298.04
#计时工资	80.15	34.05	103.62	105.45	149.68	53.13
计件工资	40.79	40.28	35.77	20.63	28.65	79.82
奖　金	54.01	14.19	68.50	48.34	88.25	91.00
津贴和补贴	61.06	27.46	74.71	58.69	111.21	66.27
其它所有制职工全部收入	43.15	50.21		78.89	32.82	48.61
#奖　金	8.21	12.67		3.41	8.47	12.07
国有集体职工从单位得到其它收入	238.89	195.77	200.81	225.06	304.51	312.82
个体经营者净收益	42.06	39.06	42.98	21.71	20.67	89.88
个体被雇者收入	15.83	1.92	17.70		22.20	51.73
其它劳动收入	47.45	48.66	23.30	80.53	30.99	54.24
财产性收入	92.11	46.53	101.54	88.04	74.76	198.39
#利　息	38.73	23.71	46.02	62.89	42.93	33.64
红　利	33.39	22.82	52.84	19.50	18.99	63.83
转移性收入	403.98	514.04	330.77	361.51	413.04	286.08
#离、退休金	230.61	321.65	176.37	245.36	201.65	114.78
赡养收入	18.10	30.04	12.86	16.44	13.38	5.50
借贷收入	**1 097.52**	**1 028.15**	**1 427.08**	**1 141.60**	**1 091.10**	**860.61**
#提取储蓄存款	831.58	771.46	1 135.04	850.09	819.09	634.59
兑售有价证券	15.42	17.75	2.90	46.81	4.41	3.82
现金支出	**4 421.37**	**3 953.27**	**4 813.07**	**4 225.77**	**4 296.70**	**5 304.00**
实际支出	**3 629.30**	**3 417.45**	**3 873.20**	**3 432.94**	**3 444.42**	**4 200.81**
消费性支出	2 789.26	2 624.19	2 915.79	2 594.94	2 509.90	3 482.73
非消费性支出	830.89	790.72	957.11	836.41	913.61	690.78
#贷款利息						
赡养支出	82.94	86.12	61.36	95.33	79.60	131.19
购房和建房支出	601.98	604.57	706.22	605.22	705.48	377.20
家庭副业生产支出	9.15	2.53	0.29	1.60	20.91	27.30
借贷支出	**792.07**	**535.82**	**939.87**	**792.02**	**852.29**	**1 103.19**
#存入储蓄款	522.52	327.14	514.55	462.10	584.56	929.18
购买有价证券	99.87	98.95	123.18	102.76	108.76	65.41

表 9—14 调查五市居民家庭人均年消费性支出

（1993 年）

单位：元

项目	总平均	南宁市	柳州市	桂林市	梧州市	北海市
消费性支出	**2 789.26**	**2 624.19**	**2 915.79**	**2 594.94**	**2 509.90**	**3 482.73**
食　　品	1 456.57	1 387.78	1 407.08	1 400.21	1 420.32	1 743.78
#粮　　食	139.91	145.80	124.50	132.07	142.54	148.85
油脂类	53.83	54.57	54.33	42.56	61.48	55.02
肉禽及其制品	498.51	531.97	461.45	424.78	470.68	570.57
蛋　　类	40.60	40.81	43.00	36.56	38.50	43.91
水产品类	113.14	83.26	67.20	80.52	83.18	286.25
菜　　类	134.41	132.78	137.90	137.71	122.01	143.78
烟草类	33.17	33.34	37.48	43.85	29.95	21.05
酒和饮料	37.99	42.10	36.80	44.22	23.53	39.58
干鲜瓜果类	86.22	83.55	77.97	103.66	74.81	94.81
奶及奶制品	18.50	24.90	17.47	22.00	9.66	12.12
衣　　着	294.50	249.08	349.34	311.03	212.37	400.23
#服　　装	191.84	162.21	222.80	178.41	133.26	295.18
家庭设备、用品及服务	251.40	216.41	261.44	276.30	193.83	348.29
#耐用消费品	147.18	123.26	150.99	171.20	96.59	221.27
医疗保健	47.68	42.76	55.82	51.95	45.90	46.95
交通和通讯	127.54	160.01	87.18	62.18	56.34	241.29
#交通费	18.82	24.06	18.12	18.17	16.14	12.22
邮　　费	1.78	2.20	1.88	2.91	0.62	0.89
娱乐、教育、文化服务	314.84	304.77	440.78	203.56	273.98	358.15
#文娱耐用消费品	98.28	77.96	151.97	20.62	65.37	196.06
学杂费	97.31	125.30	86.07	94.36	80.77	71.50
书报杂志	18.67	20.39	20.71	19.08	17.43	13.88
文娱费	17.40	17.05	24.03	15.26	18.98	11.71
居　　住	179.88	149.14	203.21	171.32	202.15	204.34
#房　　租	23.65	14.29	49.80	20.27	32.63	9.74
水　　费	14.15	14.94	12.17	12.04	13.95	16.91
电　　费	50.05	46.48	45.28	46.46	53.78	62.08
杂项商品和服务	116.84	114.24	110.34	118.38	105.03	139.71
#旅游中的交通费	25.10	13.09	24.79	33.31	25.95	41.07

表 9—15 调查县城居民家庭人均年现金收入和支出

(1993 年) 单位:元

项 目	总平均	贵港市	百色市	贺 县	钦州市	宜州市	融安县	兴安县
现金收入	**3 316.34**	**2 813.55**	**3 555.43**	**3 943.22**	**4 026.94**	**2 320.20**	**3 532.21**	**3 066.02**
实际收入	**2 575.12**	**2 426.92**	**2 756.06**	**2 540.86**	**3 100.20**	**2 112.51**	**2 808.08**	**2 311.78**
#国有经济职工工资	1 795.73	1 539.41	1 889.12	1 499.37	2 179.53	1 390.11	2 250.73	1 869.14
#计时工资	676.95	624.66	671.65	646.97	736.40	562.46	816.44	689.31
计件工资	78.70	47.28	78.18	1.30	88.00	85.86	61.13	195.51
奖 金	493.30	453.11	568.17	429.66	640.28	307.50	574.11	492.28
津贴和补贴	503.95	366.70	553.56	391.15	692.26	420.29	670.73	451.83
集体所有制职工工资	97.65	136.60	158.41	56.80	176.84	86.37	29.72	38.67
#计时工资	36.46	70.95	52.45	37.86	46.34	19.01	11.71	14.85
计件工资	20.97	19.22	30.98		57.16	36.02	4.60	
奖 金	17.20	16.84	35.34	9.52	29.93	12.62	3.89	12.57
津贴和补贴	20.78	26.76	34.18	8.68	40.05	18.25	6.77	11.07
其它所有制职工全部收入	2.60				19.15			
#奖 金								
国有集体职工从单位得到其它收入	203.59	232.50	239.57	216.14	215.26	147.37	236.79	135.15
个体经营劳动者净收益	72.70	84.68	34.58	59.57	45.67	189.23	91.63	
个体被雇者收入	17.38	11.65	27.50	45.50	4.85	30.21		
其它劳动收入	50.73	61.62	53.34	31.26	92.55	36.37	35.39	46.35
财产性收入	65.24	70.07	59.16	159.43	59.12	5.07	44.86	56.32
#利 息	29.18	20.49	31.81	43.71	38.94	3.79	34.72	31.62
红 利	20.43	38.64	26.66	34.17	5.64	1.28	10.14	24.69
转移性收入	248.04	265.00	217.14	448.30	304.51	216.18	117.32	161.70
#离、退休金	106.62	135.37	91.16	249.69	17.34	141.89	14.70	85.26
赡养收入	17.94	27.53	29.50	33.00	8.67	11.26	11.10	2.67
借贷收入	**741.22**	**386.64**	**799.37**	**1 402.36**	**926.74**	**207.69**	**724.13**	**754.23**
#提取储蓄存款	550.16	219.77	693.90	858.48	785.31	182.18	616.02	515.12
兑售有价证券	6.06		8.84	14.82	6.16	1.49	5.47	5.67
现金支出	**3 254.09**	**2 741.59**	**3 541.33**	**3 878.30**	**3 961.77**	**2 224.42**	**3 483.84**	**2 989.94**
实际支出	**2 632.47**	**2 137.85**	**2 856.20**	**3 231.93**	**3 237.02**	**1 952.27**	**2 613.58**	**2 432.30**
消费性支出	1 997.40	1 844.54	2 093.54	1 878.95	2 435.30	1 758.12	2 098.82	1 902.86
非消费性支出	615.94	283.74	709.78	1 347.96	792.42	176.87	497.87	506.56
#贷款利息								
赡养支出	100.00	79.76	147.56	126.13	118.59	48.37	107.16	72.74
购房和建房支出	342.49	44.45	441.40	1 098.02	436.01		139.30	233.73
家庭副业生产支出	19.13	9.56	52.88	5.02	9.30	17.20	16.89	22.87
借贷支出	**621.62**	**603.74**	**685.13**	**646.77**	**724.74**	**272.15**	**870.26**	**557.64**
#存入储蓄款	430.26	365.16	547.39	414.29	556.31	185.17	612.49	341.01
购买有价证券	52.20	150.42	70.26	40.28	37.78	22.87	22.81	14.88

表9—16 调查县城居民家庭人均年消费性支出

(1992年)

单位:元

项目	总平均	贵港市	百色市	贺县	钦州市	宜州市	融安县	兴安县
消费性支出	**1 997.40**	**1 844.54**	**2 093.54**	**1 878.95**	**2 435.30**	**1 758.12**	**2 098.82**	**1 902.86**
食品	1097.68	1069.95	1193.05	1100.76	1201.85	1058.26	1074.01	987.87
#粮食	124.00	122.42	133.96	131.06	127.74	122.47	113.17	116.80
油脂类	38.62	68.59	34.59	54.87	30.38	23.32	38.65	17.45
肉禽及其制品	407.10	394.72	427.05	385.33	491.76	416.56	389.51	347.76
蛋类	30.31	30.98	26.33	33.34	31.50	24.06	41.08	24.99
水产品类	66.04	57.70	43.33	58.29	153.94	50.46	53.78	49.45
菜类	103.97	116.22	94.06	103.45	115.40	104.62	112.16	81.59
烟草类	30.98	30.46	55.70	33.09	12.31	28.76	16.69	38.57
酒和饮料	28.85	19.51	46.58	20.79	23.10	27.88	22.79	41.64
干鲜瓜果类	62.91	43.79	74.43	64.31	60.52	66.03	66.58	65.30
奶及奶制品	6.96	5.50	11.15	5.52	5.14	7.66	6.95	6.76
衣着	202.30	171.81	198.12	169.59	221.48	192.26	224.84	242.55
#服装	127.93	101.55	124.21	101.89	164.34	127.86	142.99	136.68
家庭设备、用品及服务	156.34	141.27	133.94	125.31	201.86	118.95	166.67	212.23
#耐用消费品	88.36	79.02	68.65	66.17	142.69	63.30	86.76	116.70
医疗保健	49.37	45.81	43.35	89.93	46.64	17.72	52.77	48.80
交通和通讯	57.79	25.83	105.18	33.51	139.94	47.71	29.32	27.20
#交通费	20.72	9.97	37.11	13.67	47.87	12.83	12.98	12.04
邮费	1.30	0.72	1.64	0.81	0.86	1.25	0.82	3.05
娱乐、教育、文化服务	251.05	198.51	246.63	168.09	404.73	156.33	355.93	240.92
#文娱耐用消费品	53.74	16.51	55.75	4.87	125.63	23.80	110.63	46.10
学杂费	117.34	113.10	84.83	74.20	166.95	69.90	160.07	158.49
书报杂志	17.59	13.65	18.91	7.90	42.81	11.67	17.79	11.93
文娱费	8.08	3.95	15.77	6.68	9.20	4.88	12.66	3.57
居住	111.06	129.09	97.10	99.29	134.32	107.04	121.15	89.84
#房租	11.97	15.71	9.71	8.23	16.27	8.55	16.89	8.63
水费	13.16	18.22	13.11	11.01	12.53	13.95	14.50	8.53
电费	46.12	58.25	54.78	50.43	56.93	31.07	42.65	28.09
杂项商品和服务	71.81	62.26	76.17	92.47	84.47	59.87	74.14	53.46
#旅游中的交通费	8.49	6.58	19.06	14.15	5.36	1.91	2.72	9.27

表 9—17 调查市、县城镇居民家庭基本情况

(1993 年)

地区	平均每户家庭人口(人)	平均每户就业人口(人)	平均每一就业者负担人数(人)	平均每人全年实际收入(元)	平均每人全年生活费收入(元)	平均每人全年实际支出(元)	平均每人全年生活费支出(元)	平均每人年末居住面积(米²)
全区合计	**3.41**	**1.93**	**1.76**	**2 910.64**	**2 611.76**	**3 017.22**	**2 318.31**	**12.18**
城市合计	**3.31**	**1.92**	**1.72**	**3 444.41**	**3 148.87**	**3 629.30**	**2 798.41**	**11.46**
南宁市	3.33	1.86	1.79	3 083.74	2 820.10	3 417.45	2 626.72	11.97
柳州市	3.36	1.97	1.71	3 544.56	3 267.46	3 873.20	2 916.08	10.55
桂林市	3.22	1.86	1.73	3 169.17	2 901.45	3 432.94	2 596.54	10.22
梧州市	3.37	2.02	1.67	3 267.17	3 001.71	3 444.42	2 530.81	9.02
北海市	3.23	1.99	1.62	4 542.87	4 103.30	4 200.81	3 510.03	15.06
县城合计	**3.47**	**1.94**	**1.79**	**2 575.12**	**2 274.14**	**2 632.47**	**2 016.53**	**13.36**
贵港市	3.62	1.93	1.86	2 426.92	2 173.61	2 137.85	1 854.10	12.80
百色市	3.52	2.03	1.73	2 756.06	2 421.24	2 856.20	2 146.42	12.20
贺县	3.55	1.76	1.98	2 540.86	2 237.55	3 231.93	1 883.97	17.53
钦州市	3.30	2.10	1.57	3 100.20	2 756.98	3 237.02	2 444.60	13.09
宜州市	3.50	1.98	1.77	2 112.51	1 905.69	1 952.27	1 775.40	13.13
融安县	3.42	1.94	1.76	2 808.08	2 439.72	2 613.58	2 115.71	12.93
兴安县	3.38	1.80	1.88	2 311.78	2 009.38	2 432.30	1 925.73	11.74

表 9—18 调查市、县人均年生活费收入

单位:元

地区	1985 年	1990 年	1991 年	1992 年	1993 年
南宁市	715.56	1 454.33	1 658.41	1 913.48	2 820.10
柳州市	668.28	1 515.36	1 794.25	2 104.89	3 267.46
桂林市	757.44	1 500.60	1 828.95	2 244.59	2 901.45
北海市	751.44	1 591.48	1 910.27	2 399.29	4 103.30
梧州市	708.12	1 545.49	1 789.55	2 126.18	3 001.71
贵港市	694.92	1 421.39	1 522.90	1 687.20	2 173.61
百色市	663.48	1 410.37	1 426.66	1 772.05	2 421.24
贺县	653.16	1 589.91	1 615.37	1 840.94	2 237.55
钦州市	573.72	1 500.94	1 663.40	1 872.79	2 756.98
宜州市	629.28	1 214.53	1 282.70	1 479.37	1 905.69
融安县	630.00	1 359.33	1 580.62	1 827.92	2 439.72
兴安县	—	1 327.71	1 446.73	1 645.38	2 009.38

表 9—19 调查市、县人均年生活费支出

单位:元

地区	1985年	1990年	1991年	1992年	1993年
南宁市	723.48	1 359.98	1 667.08	1 856.71	2 626.72
柳州市	645.48	1 461.95	1 754.93	1 936.43	2 916.08
桂林市	813.48	1 444.90	1 806.62	2 179.35	2 596.54
北海市	712.56	1 448.55	1 859.73	2 131.34	3 510.03
梧州市	691.08	1 417.87	1 780.29	1 927.32	2 530.81
贵港市	607.92	1 344.30	1 479.00	1 485.54	1 854.10
百色市	632.16	1 333.66	1 354.56	1 677.30	2 146.42
贺县	634.32	1 335.65	1 557.93	1 636.70	1 883.97
钦州市	559.80	1 394.03	1 650.20	1 744.20	2 444.60
宜州市	570.72	1 099.98	1 240.10	1 440.30	1 775.32
融安县	567.96	1 271.32	1 486.49	1 605.94	2 115.71
兴安县	—	1 195.27	1 503.41	1 642.45	1 925.73

表 9—20 农民家庭基本情况

项目	单位	1985年	1990年	1992年	1993年
调查户数	户	2320	2320	2310	2310
平均每户常住人口	人	5.91	5.62	5.44	5.36
平均每户整半劳动力	人	3.24	3.14	2.94	2.97
整劳动力	人	2.70	2.61	2.52	2.55
半劳动力	人	0.54	0.53	0.42	0.42
平均每个劳动力负担人口	人	1.82	1.79	1.85	1.81
平均每百个劳动力中文盲或半文盲人数	人	18.84	13.12	10.89	9.64
小学程度人数	人	45.31	48.31	47.17	46.82
初中程度人数	人	27.56	31.02	33.60	34.76
高中程度人数	人	7.98	7.12	7.85	8.21
中专程度人数	人	0.28	0.40	0.46	0.51
大专程度人数	人	0.03	0.03	0.03	0.04
平均每百户中职工人数	人	3.92	3.75	3.98	4.63
乡村企业从业人数	人	0.91	0.39	0.26	0.82
在外从事其他劳动人数	人	2.24	0.99	2.03	11.13

表 9—21 农户人均纯收入分组构成

单位:%

组　　别	1985 年	1990 年	1992 年	1993 年
2000 元及以上的户	0.47	0.73	1.39	3.20
1500～2000 元的户		1.42	2.77	7.58
1000～1500 元的户		9.87	14.03	22.29
800～1000 元的户	0.86	13.32	16.88	19.96
500～800 元的户	8.28	40.26	41.08	33.77
300～500 元的户	34.31	28.97	20.69	11.34
300 元以下的户	56.08	5.43	3.16	1.86

表 9—22 农户平均每人经济收支情况

项目	1985 年	1990 年	1992 年	1993 年
全年总收入合计(元)	**425.74**	**898.53**	**1 056.97**	**1 291.04**
劳动者报酬收入	27.79	59.94	70.36	72.39
家庭经营收入	379.24	803.51	941.29	1 157.66
其他非生产性收入	18.71	35.08	45.32	60.99
全年总收入构成(%)	100.00	100.00	100.00	100.00
劳动者报酬收入	6.53	6.67	6.66	5.61
家庭经营收入	89.08	89.42	89.05	89.67
其他非生产性收入	4.39	3.90	4.29	4.72
全年总支出合计(元)	395.30	803.08	958.33	1 123.74
家庭经营费用支出	103.85	226.92	285.79	358.78
缴纳税款	3.91	9.36	11.24	10.38
上交集体的承包任务	0.88	1.48	3.08	3.76
购置生产性固定资产支出	13.23	18.07	23.31	26.78
生活消费支出	268.31	536.97	616.33	704.98
其他非生产性支出	5.12	10.28	18.58	19.06
全年总支出构成(%)	100.00	100.00	100.00	100.00
家庭经营费用支出	26.27	28.26	29.82	31.93
缴纳税款	0.99	1.17	1.17	0.92
上交集体的承包任务	0.22	0.18	0.32	0.17
购置生产性固定资产支出	3.35	2.25	2.43	2.38
生活消费支出	67.88	66.86	64.32	62.74
其他非生产性支出	1.29	1.28	1.94	1.70

表 9—22 续表

项　　目	1985 年	1990 年	1992 年	1993 年
平均每人纯收入(按来源分)(元)	**302.96**	**639.45**	**731.69**	**885.00**
劳动者报酬收入	27.78	59.94	70.36	72.39
家庭经营纯收入	261.93	552.96	624.86	766.99
其他非生产性收入	13.25	26.55	36.47	45.62
平均每人纯收入(按来源分)构成(%)	100.00	100.00	100.00	100.00
劳动者报酬收入	9.17	9.37	9.62	8.18
家庭经营纯收入	86.46	86.47	85.40	86.67
其他非生产性收入	4.37	4.15	4.98	5.15
平均每人纯收入(按性质分)(元)	302.96	639.45	731.69	885.00
生产性收入	285.79	608.44	688.54	826.98
农业(种植业)收入	133.44	328.75	363.12	418.72
非农业生产收入	152.35	279.69	325.42	408.26
非生产性收入	17.17	31.01	43.16	58.02
平均每人纯收入(按性质分)构成(%)	100.00	100.00	100.00	100.00
生产性收入	94.33	95.15	94.10	93.44
农业(种植业)收入	44.04	51.41	49.63	47.31
非农业生产收入	50.29	43.74	44.48	46.13
非生产性收入	5.67	4.85	5.90	6.56

表9—23 农户平均每人家庭经营总收入

单位:元

项目	1985年	1990年	1992年	1993年
家庭经营总收入	**379.24**	**803.51**	**941.29**	**1 157.66**
农业收入	174.18	420.54	486.33	550.82
林业收入	8.60	12.23	22.54	27.79
牧业收入	111.02	220.41	281.00	377.18
渔业收入	4.23	10.56	11.04	15.29
手工业收入	7.28	10.97	14.93	12.48
采集捕猎收入	29.72	48.74	41.98	38.99
工业收入	9.39	27.13	19.42	20.87
建筑业收入	5.13	9.41	10.19	18.18
运输业收入	7.12	15.62	20.93	19.82
商业收入	}9.42	12.70	15.73	24.24
饮食业收入		5.06	1.54	2.11
服务业收入	2.71	3.96	7.07	14.36
其他家庭经营收入	10.44	6.18	8.59	35.51

表9—24 农户平均每人生活消费支出和构成

项目	1985年	1990年	1992年	1993年
平均每人生活消费支出(元)	**268.31**	**536.97**	**616.33**	**704.98**
生活消费品支出	259.06	502.98	560.04	624.99
食品	166.85	345.86	381.07	448.12
衣着	19.79	26.17	30.42	33.55
燃料	17.37	31.93	29.32	30.61
住房	27.98	46.24	56.52	39.28
用品及其他	27.07	52.78	62.71	73.43
非商品支出	9.25	33.99	56.29	79.99
构成(%)	**100.00**	**100.00**	**100.00**	**100.00**
生活消费品支出	96.55	93.67	90.87	88.65
食品	62.19	64.41	61.83	63.56
衣着	7.38	4.87	4.94	4.76
燃料	6.47	5.95	4.76	4.34
住房	10.42	8.61	9.17	5.57
用品及其他	10.09	9.83	10.17	10.42
非商品支出	3.45	6.33	9.13	11.35

表 9—25 农户平均每人全年现金收支平衡表

单位:元

项　　目	1985 年	1990 年	1992 年	1993 年
期初存款余额	**12.07**	**36.93**	**63.44**	**75.44**
期初手存现金	27.26	185.03	137.88	221.28
期内现金收入合计	352.33	640.45	851.63	1 000.41
劳动者报酬收入	27.78	59.92	80.36	72.24
出售产品的现金	194.31	400.23	502.35	600.98
工业加工费的现金收入	—	6.95	7.01	6.79
建筑业的现金收入	5.13	9.41	10.19	18.18
运输业的现金收入	7.12	15.62	20.93	19.82
商业的现金收入	9.42 (商业、饮食业合计)	12.70	15.73	24.24
饮食业的现金收入		5.06	1.54	2.11
服务业的现金收入	2.71	3.96	7.07	14.36
其他经营的现金收入	7.05	5.62	8.09	33.41
其他非生产性现金收入	28.66	50.03	74.16	90.15
储蓄借贷现金收入	70.15	70.95	124.20	118.13
期内现金支出合计	315.21	615.54	770.72	875.83
生产费用支出的现金	83.92	176.57	240.85	299.61
家庭经营费用支出	71.15	158.66	217.86	272.83
购置生产性固定资产支出	13.21	18.07	23.32	26.78
缴纳税款	3.87	9.36	11.14	6.60
上交集体承包任务的现金	0.72	1.06	2.22	2.76
生活消费支出的现金	159.30	290.33	359.85	417.33
生活消费品支出	150.05	256.35	303.57	337.34
食　品	76.09	130.59	153.48	190.59
衣　着	19.78	26.17	30.42	33.52
住　房	26.09	45.30	55.10	37.92
燃　料	1.02	1.56	1.86	2.24
用品及其他	27.07	52.73	62.71	73.07
日用品	16.47	24.49	26.18	30.16
文化娱乐用品	2.65	8.73	9.23	10.02
书报杂志	1.19	5.40	9.02	7.55
医药卫生用品	4.90	9.60	12.71	15.20
其　他	1.86	4.49	5.57	10.53
非商品支出	9.25	33.98	56.28	79.99
文化服务支出	4.89	17.67	33.31	51.45
生活服务支出	4.36	16.31	22.96	28.54
其他非生产性现金支出	16.89	29.57	39.14	41.92
储蓄借贷现金支出	50.07	108.49	117.19	107.61
期末手存现金	64.38	209.94	218.79	345.87
期末存款余额	24.95	73.27	82.64	93.05

表 9—26 农户主要农副产品人均生产量和商品率情况

产品名称	1985年			1990年			1992年			1993年		
	生产量（公斤）	出售量（公斤）	商品率（%）	生产量（公斤）	出售量（公斤）	商品率（%）	生产量（公斤）	出售量（公斤）	商品率（%）	生产量（公斤）	出售量（公斤）	商品率（%）
粮　食	382.20	50.85	13.30	414.25	74.46	17.97	413.59	55.94	13.53	427.13	46.30	10.84
油　料	10.98	2.54	23.13	10.99	2.55	23.20	11.50	2.75	23.91	14.35	4.12	28.71
麻　类	6.38	3.75	58.78	1.46	0.99	67.81	3.05	2.94	96.39	1.78	1.22	68.54
糖　料	227.67	203.48	89.37	366.45	357.29	97.50	483.28	468.46	96.93	586.37	576.82	98.37
烟　叶	0.49	0.28	57.14	0.62	0.55	88.71	1.98	1.87	94.44	2.42	2.08	85.95
蔬　菜	152.77	32.34	21.10	154.67	34.96	22.60	168.15	41.15	24.47	165.72	49.46	29.85
果用瓜	12.67	11.04	87.13	15.48	14.38	92.89	17.27	14.92	86.39	19.90	16.62	83.52
水　果	10.66	9.35	87.71	24.16	20.51	84.89	24.47	19.93	81.45	32.08	25.78	80.36
茶　叶	0.08	0.07	87.50	0.09	0.08	88.89	0.07	0.07	100.00	0.17	0.17	100.00
猪　肉	22.89	19.45	84.97	28.97	26.33	90.89	34.19	32.22	94.24	40.69	37.40	91.91
羊　肉	0.07	0.05	71.43	0.18	0.16	88.89	0.10	0.10	100.00	0.13	0.12	92.31
家禽(只)	2.88	1.68	58.33	2.70	1.42	52.59	2.93	1.70	58.02	3.40	2.13	62.65
鱼　虾	1.92	1.35	70.31	2.19	1.78	81.28	2.18	1.72	78.90	2.97	2.52	84.85
蛋　类	1.18	0.52	44.07	1.16	0.35	30.17	1.08	0.40	37.04	0.84	0.42	50.00
蜂　蜜	0.01	0.01	100.00	…	…	…	0.01	0.01	100.00	…	…	…
蚕　茧	0.23	0.22	95.65	0.43	0.43	100.00	0.47	0.47	100.00	0.74	0.74	100.00
油桐籽	0.52	0.44	84.62	0.75	0.74	98.67	0.97	0.85	87.63	1.08	0.31	28.70
油菜籽	1.88	0.52	27.66	1.92	0.80	41.67	1.90	0.41	21.58	1.19	0.55	46.22

表 9—27 农户平均每人粮食收支平衡表

单位:公斤

项目	1985年	1990年	1992年	1993年
年初粮食结存(原粮)	**181.00**	**229.78**	**232.09**	**274.51**
年内粮食收入	**424.83**	**460.78**	**467.36**	**460.16**
从集体统一经营中得到的	—	0.04	0.02	0.05
家庭经营生产的	382.20	414.25	413.59	427.13
购入	30.11	32.24	38.84	29.10
#集市上购入	17.41	22.60	26.56	17.90
借入	3.55	3.29	4.24	1.21
收回借出粮	2.04	5.11	5.70	2.07
其他粮食收入	6.93	5.85	4.97	0.59
年内粮食支出	**405.64**	**435.83**	**421.27**	**430.63**
主食用粮	253.40	242.34	247.05	255.77
#稻谷	229.25	219.82	231.05	234.75
小麦	1.53	1.57	1.75	1.77
其他生活用粮	2.80	3.59	4.76	2.36
出售	50.85	74.46	55.94	46.30
#售给国家	29.16	46.31	30.94	8.67
种籽	13.59	8.74	6.71	6.24
饲料	72.69	82.21	90.76	108.41
借出	1.61	4.97	4.53	1.36
归还借粮	3.12	3.34	3.18	1.08
上交集体承包任务	0.80	0.77	1.49	1.50
其他粮食支出	6.78	15.41	6.85	7.61
年末粮食结存	**200.19**	**254.73**	**278.18**	**304.04**
#口粮		167.09	165.12	182.45
饲料		41.90	48.42	74.56
种籽		6.69	4.78	4.64

表 9—28 农户平均每人主要消费品消费量

品名	单位	1985年	1990年	1992年	1993年
粮食(原粮)	公斤	256.20	245.93	251.81	255.77
#细粮	公斤	230.78	221.39	232.80	236.52
蔬菜	公斤	125.79	126.35	130.39	124.68
食用油	公斤	3.47	4.57	4.87	4.49
植物油	公斤	1.79	1.97	2.19	2.46
动物油	公斤	1.68	2.60	2.68	2.03
肉类	公斤	11.93	10.74	11.30	12.28
猪肉	公斤	11.55	10.41	10.82	11.73
牛羊肉	公斤	0.38	0.33	0.48	0.55
家禽	公斤	2.40	2.89	3.00	3.39
蛋类	公斤	0.65	0.74	0.94	0.97
鱼虾	公斤	1.54	1.45	1.37	1.64
食糖	公斤	1.32	1.37	1.25	1.28
卷烟	盒	15.54	13.66	13.88	12.72
酒	公斤	5.38	6.46	6.89	7.09
茶叶	公斤	0.02	0.02	0.02	0.02
糖果、糕点	公斤	0.61	0.41	0.41	1.39
水果	公斤	2.32	3.70	4.71	6.73
棉布	米	1.86	0.46	0.32	0.32
#棉布服装	件	0.33	0.14	0.11	0.15
化纤布	米	1.58	1.53	1.54	1.52
#化纤布服装	件	0.43	0.67	0.88	1.02
呢绒	米	0.05	0.03	0.02	0.01
#呢绒服装	件	0.02	0.01	0.01	0.00
绸缎	米	0.01	…	…	…
毛线及毛线织品	公斤	0.02	0.02	0.02	0.02
尼龙衫裤	件	0.08	0.06	0.05	0.05
棉毛衫裤	件	0.09	0.04	0.05	0.05
皮鞋	双	0.03	0.02	0.03	0.04
胶鞋、球鞋	双	0.34	0.35	0.53	0.48
床褥单	条	0.06	0.02	0.03	0.02
肥皂	块	3.02	2.12	1.89	1.26

表 9—29 农户平均每百户耐用消费品年末拥有量

品　　名	单位	1985 年	1990 年	1992 年	1993 年
自行车	辆	101.85	136.85	144.46	151.47
缝纫机	架	48.92	64.57	68.79	73.38
钟	只	24.47	36.38	34.63	44.80
手　表	只	119.96	162.20	143.72	146.28
#电子表	只		7.84	4.24	3.29
电风扇	台	11.76	52.28	86.62	107.46
洗衣机	台	—	1.16	1.13	1.13
摩托车	辆	0.09	0.17	0.30	0.56
大型家具[注]	件	127.11	202.24	230.04	696.19
#沙　发	个	15.65	32.84	41.95	48.66
大衣柜	个	50.47	69.09	67.49	76.32
写字台	张	47.07	70.30	79.61	98.10
收音机	台	27.20	24.44	14.50	15.41
黑白电视机	台	3.32	24.70	41.00	50.61
彩色电视机	台	0.22	0.65	1.26	2.51
收录机	台	3.58	13.97	15.37	20.56

注：1992 年以前该指标包括单价 50 元以上的大型家具，1993 年统计范围扩大至单价不足 50 元的简易家具。如简易的床、桌子等。

表 9—30 农户房屋情况

项　　目	单位	1985 年	1990 年	1992 年	1993 年
平均每户年末使用房屋间数	间	4.79	5.17	4.91	5.2
#年内新建间数	间	0.21	0.14	0.12	0.09
平均每人年末使用房屋面积	米^2	16.12	18.41	19.33	21.00
生产用房面积	米^2	2.30	2.61	2.83	2.90
生活用房面积	米^2	13.82	15.80	16.50	18.10
#砖木结构面积	米^2	4.51	6.14	6.87	8.11
钢筋混凝土结构面积	米^2	0.26	1.04	1.75	2.16
平均每人年内新建房屋面积	米^2	0.75	0.49	0.53	0.33
#砖木结构面积	米^2	0.41	0.15	0.11	0.13
钢筋混凝土结构面积	米^2	0.09	0.24	0.34	0.17
年末使用每间房屋价值	元	437.69	574.21	871.59	1 024.49
#年内新建每间房屋价值	元	765.67	1 562.95	2 117.18	2 200.87

表 9—31 农户生活基本情况

(1993 年、按人均纯收入分组)

项目	单位	100 元以下的户	100—150 元的户	150—200 元的户	200—300 元的户	300—400 元的户	400—500 元的户
调查户数	户	**1**	**3**	**1**	**38**	**96**	**166**
常住人口	人	4	20	7	225	553	976
#整半劳动力	人	1	7	4	127	304	521
人均新建房屋面积	米²	—	—	—	—	0.27	0.20
人均年末住房面积	米²	9.00	16.50	12.86	14.91	14.03	15.39
人均经营耕地面积	亩	0.35	0.85	1.09	0.79	1.02	1.02
#承包耕地面积	亩	0.33	0.64	1.01	0.65	0.85	0.84
自留地面积	亩	0.03	0.04	0.09	0.06	0.06	0.10
平均每人全年总收入	元	127.75	553.50	330.00	563.63	600.73	739.58
劳动者的报酬收入	元	3.75	37.60	1.43	36.24	39.88	36.76
家庭经营收入	元	110.00	509.35	309.29	508.05	539.02	679.23
#农业收入	元	24.25	188.05	145.86	254.62	313.35	361.57
林业收入	元	28.50	—	—	4.62	10.81	20.42
牧业收入	元		260.10	77.14	151.61	135.75	203.10
渔业收入	元	—	—	—	0.73	0.98	7.87
其他非生产性收入	元	14.00	6.55	19.29	19.34	21.84	23.59
平均每人全年纯收入	元	64.25	119.30	180.86	259.03	360.07	455.14
平均每人全年总支出	元	604.25	788.30	619.86	692.00	678.09	793.52
家庭经营费用支出	元	43.00	407.55	130.43	263.73	215.00	252.56
购置生产性固定资产支出	元	—	2.50	—	7.77	9.56	9.45
缴纳税款	元	3.75	3.00	5.71	6.44	5.28	7.78
上交集体的承包任务	元	0.05	1.85	—	2.62	1.37	3.14
生活消费支出	元	557.00	353.35	482.29	407.26	439.57	510.76
食品	元	341.25	254.40	142.86	295.45	303.74	361.24
衣着	元	34.75	11.90	14.43	16.34	16.87	20.87
居住	元	27.50	29.00	271.86	29.32	42.21	42.37
家庭设备、用品及服务	元	21.00	17.55	6.14	20.60	19.65	25.88
医疗保健用品及服务	元	5.25	7.55	5.00	7.60	15.51	11.72
交通和通讯用品及服务	元	10.25	10.05	1.43	10.80	9.54	6.24
文教娱乐用品及服务	元	36.75	21.70	40.29	23.24	30.29	39.00
其他商品和服务	元	80.25	1.20	0.29	3.90	1.77	3.45
其他非生产性支出	元	2.75	26.35	1.43	16.15	15.38	16.79

表 9—31　续表　　　　(1993年、按人均纯收入分组)

项　　目	单位	500—600元的户	600—800元的户	800—1000元的户	1000—1500元的户	1500—2000元的户	2000元以上的户
调查户数	户	**228**	**552**	**461**	**515**	**175**	**74**
常住人口	人	1 288	3 120	2 445	2 617	818	307
#整半劳动力	人	696	1 658	1 393	1 462	490	194
人均新建房屋面积	米²	0.10	0.23	0.25	0.53	0.99	0.03
人均年末住房面积	米²	15.03	15.89	21.64	19.27	21.78	23.95
人均经营耕地面积	亩	1.14	1.19	1.31	1.28	1.45	1.59
#承包耕地面积	亩	0.94	0.96	1.07	1.05	1.21	1.32
自留地面积	亩	0.09	0.09	0.12	0.11	0.12	0.20
平均每人全年总收入	元	837.99	1 039.60	1 290.04	1 676.81	2 388.40	3 157.77
劳动者的报酬收入	元	43.96	54.78	53.79	95.57	160.26	290.17
家庭经营收入	元	763.46	948.03	1 192.13	1 484.04	2 096.11	2 571.53
#农业收入	元	413.60	470.95	589.51	660.01	918.18	1 006.72
林业收入	元	15.16	21.88	28.07	40.88	46.90	49.59
牧业收入	元	228.82	302.29	403.48	504.82	735.23	682.03
渔业收入	元	5.47	6.30	11.25	29.27	15.87	121.04
其他非生产性收入	元	30.57	36.79	44.11	97.21	132.02	296.06
平均每人全年纯收入	元	552.37	695.78	892.29	1 204.82	1 703.24	2 371.73
平均每人全年总支出	元	846.83	977.52	1 115.63	1 334.43	1 851.87	2 308.95
家庭经营费用支出	元	250.02	308.11	358.00	427.58	626.23	709.53
购置生产性固定资产支出	元	15.53	17.09	22.29	37.37	53.14	150.35
缴纳税款	元	8.31	9.57	10.95	11.17	17.77	17.49
上交集体的承包任务	元	2.98	2.59	3.81	4.96	6.27	8.94
生活消费支出	元	561.50	628.62	699.22	825.20	1 109.22	1 370.67
食　　品	元	380.95	415.46	462.27	516.33	630.75	768.02
衣　　着	元	23.86	27.32	29.06	36.84	47.68	63.94
居　　住	元	59.36	60.65	72.49	92.92	154.13	154.23
家庭设备、用品及服务	元	26.96	29.55	34.84	44.28	75.20	86.31
医疗保健用品及服务	元	13.63	17.06	19.09	23.15	27.53	62.83
交通和通讯用品及服务	元	9.39	10.77	11.43	16.99	34.33	50.39
文教娱乐用品及服务	元	44.62	63.52	64.36	87.76	129.57	174.21
其他商品和服务	元	2.72	4.27	5.69	6.92	10.02	10.74
其他非生产性支出	元	8.49	11.55	21.36	28.15	39.23	51.97

表 9—32 农户生活基本情况

（1993 年、按文化程度分组）

项　　　目	单位	文盲或半文盲	小　学	初　中	高　中	中　专	大　专
调查户数	户	16	572	1 212	475	32	3
常住人口	人	77	2 907	6 633	2 580	166	17
#整半劳动力	人	28	1 537	3 796	1 383	103	10
人均新建房屋面积	米²	0.39	0.32	0.31	0.37	0.52	—
人均年末住房面积	米²	20.96	17.48	17.73	19.41	21.33	23.65
人均经营耕地面积	亩	1.68	1.25	1.23	1.17	1.27	1.14
#承包耕地面积	亩	1.16	1.00	1.02	0.95	1.02	0.92
自留地面积	亩	0.28	0.11	0.10	0.10	0.09	0.05
平均每人全年总收入	元	1 084.30	1 233.72	1 288.33	1 353.45	1 527.60	1 307.24
劳动者的报酬收入	元	41.09	44.46	64.44	104.60	356.75	426.00
家庭经营收入	元	994.90	1 138.50	1 167.14	1 167.64	1 067.08	843.71
#农业收入	元	471.51	553.27	554.54	541.99	556.92	321.71
林业收入	元	71.58	33.36	23.84	31.64	10.86	1.12
牧业收入	元	294.12	362.06	377.29	395.84	395.99	274.76
渔业收入	元	4.90	10.93	18.21	13.23	13.54	2.82
其他非生产性收入	元	48.31	50.76	56.75	81.22	103.77	37.53
平均每人全年纯收入	元	797.83	854.81	888.26	932.66	1 105.48	936.18
平均每人全年总支出	元	931.52	1 079.68	1 114.44	1 188.33	1 324.87	1 388.35
家庭经营费用支出	元	247.60	341.35	359.62	379.60	361.31	330.59
购置生产性固定资产支出	元	12.62	20.79	31.14	22.81	28.17	—
缴纳税款	元	11.43	9.28	10.57	10.44	20.32	16.53
上交集体的承包任务	元	3.13	3.20	3.53	4.99	4.00	4.53
生活消费支出	元	649.47	689.01	690.85	747.97	874.92	1 018.53
食　品	元	419.68	450.42	450.99	458.70	536.39	528.18
衣　着	元	25.92	30.72	29.48	32.14	32.30	46.88
居　住	元	90.00	71.11	70.74	90.68	93.53	63.29
家庭设备、用品及服务	元	34.71	36.05	35.76	39.29	48.45	185.06
医疗保健用品及服务	元	4.73	17.60	19.08	22.89	23.57	41.12
交通和通讯用品及服务	元	6.99	13.26	13.01	18.33	14.46	38.35
文教娱乐用品及服务	元	65.12	64.26	66.58	80.45	122.22	102.18
其他商品和服务	元	2.32	5.59	5.19	5.49	4.01	13.47
其他非生产性支出	元	7.27	16.05	18.74	22.52	36.14	18.18

表9—33 农户生活基本情况

（1993年、按地势和民族分组）

项目	单位	按地势分组			按民族分组	
		平原	丘陵	山区	少数民族	汉族
调查户数	户	392	1 218	700	1 047	1 263
常住人口	人	2 062	6 550	3 768	5 654	6 726
#整半劳动力	人	1 126	3 607	2 124	3 151	3 706
人均新建房屋面积	米²	0.32	0.33	0.32	0.19	0.44
人均年末住房面积	米²	18.34	18.36	17.52	17.22	18.84
人均经营耕地面积	亩	1.19	1.23	1.23	1.37	1.11
#承包耕地面积	亩	1.10	0.99	0.98	1.07	0.95
自留地面积	亩	0.05	0.12	0.11	0.13	0.09
平均每人全年总收入	元	1 654.32	1 302.99	1 071.49	1 188.79	1 377.01
劳动者的报酬收入	元	104.24	59.91	76.65	68.81	75.40
家庭经营收入	元	1 486.24	1 179.21	940.40	1 078.23	1 224.44
#农业收入	元	699.41	589.17	402.85	542.44	557.87
林业收入	元	10.21	23.55	44.80	24.26	30.77
牧业收入	元	469.47	383.27	316.08	352.32	398.06
渔业收入	元	38.68	14.21	4.39	8.33	21.15
其他非生产性收入	元	63.84	63.86	54.44	41.74	77.16
平均每人全年纯收入	元	1 152.75	895.46	743.53	802.12	967.69
平均每人全年总支出	元	1 358.32	1 125.07	993.05	1 070.85	1 168.20
家庭经营费用支出	元	457.44	367.13	290.27	348.22	367.66
购置生产性固定资产支出	元	37.42	20.09	32.59	31.03	23.21
缴纳税款	元	10.83	11.79	7.69	8.16	12.25
上交集体的承包任务	元	2.99	4.16	3.48	3.63	3.86
生活消费支出	元	811.23	705.37	646.16	662.80	740.44
食品	元	520.54	455.59	413.24	435.98	468.26
衣着	元	36.18	29.89	28.01	29.39	31.19
居住	元	74.13	70.59	84.46	72.37	77.95
家庭设备、用品及服务	元	40.99	37.10	34.42	33.52	39.80
医疗保健用品及服务	元	26.74	19.93	14.89	16.90	21.75
交通和通讯用品及服务	元	16.88	13.62	13.72	12.07	15.98
文教娱乐用品及服务	元	90.77	72.83	52.77	57.16	80.27
其他商品和服务	元	4.99	5.81	4.66	5.42	5.24
其他非生产性支出	元	38.42	16.52	12.87	17.00	20.78

表9—34 农户生活基本情况

（1993年、按家庭类型分组）

项　　目	单位	夫妻户	夫妻 一孩户	夫妻 二孩户	夫妻 多孩户	三代 同堂户	其他户
调查户数	户	**29**	**136**	**409**	**914**	**538**	**284**
常住人口	人	58	408	1 636	5 264	3 537	1 477
#整半劳动力	人	58	310	1 080	2 729	1 824	856
人均新建房屋面积	米²	0.31	0.02	0.28	0.36	0.29	0.44
人均年末住房面积	米²	36.24	32.33	19.30	17.32	16.93	17.70
人均经营耕地面积	亩	1.80	1.42	1.30	1.18	1.19	1.30
#承包耕地面积	亩	1.56	1.17	1.06	0.96	0.98	1.08
自留地面积	亩	0.16	0.13	0.11	0.10	0.11	0.11
平均每人全年总收入	元	1 966.43	1 757.30	1 510.67	1 274.83	1 157.62	1 238.47
劳动者的报酬收入	元	121.10	139.18	110.71	69.29	55.65	57.86
家庭经营收入	元	1 711.03	1 536.08	1 330.89	1 150.87	1 050.85	1 092.61
#农业收入	元	837.94	685.73	581.80	558.55	515.32	515.68
林业收入	元	63.89	22.15	27.24	24.73	31.40	30.67
牧业收入	元	629.64	467.58	461.29	364.51	338.32	379.15
渔业收入	元	29.66	11.43	24.16	19.36	9.33	5.69
其他非生产性收入	元	134.30	82.04	69.08	54.67	51.11	88.00
平均每人全年纯收入	元	1 359.27	1 153.44	996.14	894.56	808.23	859.56
平均每人全年总支出	元	1 545.21	1 505.09	1 349.93	1 105.64	1 012.69	1 058.65
家庭经营费用支出	元	537.19	543.29	463.56	343.44	311.29	340.91
购置生产性固定资产支出	元	16.21	42.39	31.98	24.09	26.63	26.69
缴纳税款	元	22.21	15.15	13.05	9.34	9.60	10.86
上交集体的承包任务	元	4.44	4.19	6.15	3.33	3.61	2.81
生活消费支出	元	950.90	876.89	817.71	705.73	640.89	663.71
食　　品	元	684.74	601.54	509.10	444.62	420.69	444.67
衣　　着	元	26.41	38.77	40.97	29.85	25.16	30.19
居　　住	元	75.61	61.26	98.87	73.76	73.70	63.12
家庭设备、用品及服务	元	61.21	48.74	52.21	35.58	30.11	36.06
医疗保健用品及服务	元	25.34	24.73	26.48	18.22	18.60	16.70
交通和通讯用品及服务	元	13.54	21.34	19.18	14.06	12.59	10.52
文教娱乐用品及服务	元	56.26	67.32	65.75	84.88	55.11	56.60
其他商品和服务	元	7.77	13.20	5.16	4.77	4.93	5.85
其他非生产性支出	元	14.26	23.17	17.48	19.72	20.67	13.67

表 9—35 调查县(市)农户基本情况

(1993年)

县(市)名称	调查户数(户)	平均每户常住人口(人)	平均每户整半劳动力(人)	平均每个劳动力负担人口(人)	平均每人经营耕地面积(亩)	平均每人经营山地面积(亩)	平均每人经营水面面积(亩)
邕宁	70	5.19	2.84	1.82	1.50	0.42	0.10
上林	70	5.17	2.70	1.92	1.22	0.49	0.01
扶绥	70	5.47	2.93	1.87	1.96	…	0.02
大新	70	5.19	3.19	1.63	1.75	0.01	0.02
马山	70	5.99	3.37	1.66	1.00	0.34	0.01
来宾	70	6.23	2.94	2.12	1.66	0.19	0.01
鹿寨	70	5.26	3.09	1.70	1.74	0.07	0.01
象州	70	5.41	3.10	1.75	1.29	0.42	…
忻城	70	5.46	3.06	1.79	1.34	0.01	0.01
阳朔	70	5.20	2.76	1.89	1.37	0.21	0.01
兴安	70	4.53	2.73	1.66	1.39	3.31	…
全州	70	4.49	2.74	1.64	1.15	0.01	0.01
平乐	70	5.24	3.04	1.72	1.00	0.14	0.03
钟山	70	6.00	3.31	1.81	1.15	0.06	…
岑溪	70	5.01	2.74	1.83	0.65	0.56	…
藤县	70	5.80	2.87	2.02	0.79	0.63	…
玉林	70	4.93	2.76	1.79	0.70	0.01	0.06
桂平	70	5.67	2.99	1.90	0.75	0.03	0.01
贵港	70	5.57	2.77	2.01	1.26	0.03	0.07
博白	70	5.69	3.03	1.88	0.65	0.38	0.01
平南	70	5.37	2.96	1.82	0.84	0.27	0.01
田林	70	6.24	3.33	1.88	1.40	1.16	0.01
田阳	70	5.10	3.07	1.66	1.42	0.42	0.01
田东	70	5.87	3.24	1.81	1.25	0.44	0.11
靖西	70	5.23	2.84	1.84	1.15	0.81	…
环江	70	5.56	3.06	1.82	1.45	0.79	…
南丹	70	5.17	2.63	1.97	1.69	0.72	…
宜山	70	4.86	2.87	1.69	1.65	0.37	0.02
都安	70	5.09	2.99	1.70	0.90	1.21	…
钦州	70	4.83	2.59	1.87	1.13	0.96	…
合浦	70	5.27	2.91	1.81	1.57	…	…
灵山	70	5.57	2.94	1.89	0.90	0.04	0.01
浦北	70	5.61	3.57	1.57	0.80	0.55	0.01

表 9—36 调查县(市)农户房屋情况

(1993 年)

县(市)名称	年内新建房屋面积(m²)	其中:砖木结构面积(m²)	钢筋混泥土结构面积(m²)	新建生活用房面积(m²)	平均每人年末住房面积(m²)	其中:砖木结构面积(m²)	钢筋混泥土结构面积(m²)	年末住房每平方米价值(元)
邕宁	0.17	—	0.17	0.17	12.99	9.03	3.91	47.00
上林	—	—	—	—	19.59	6.97	4.34	50.00
扶绥	0.11	0.11	—	0.11	18.74	15.17	2.45	51.00
大新	—	—	—	—	14.55	13.28	0.69	46.00
马山	0.40	0.40	—	0.23	21.20	12.60	4.25	27.00
来宾	0.36	0.19	—	0.18	15.05	4.53	1.62	48.00
鹿寨	0.96	0.26	0.33	0.86	19.26	1.14	1.98	42.00
象州	—	—	—	—	18.38	1.95	0.61	48.00
忻城	0.05	0.05	—	—	18.96	3.54	0.84	33.00
阳朔	0.04	—	—	—	21.24	0.39	0.33	26.00
兴安	1.83	1.83	—	1.83	22.51	22.07	0.44	68.00
全州	0.11	0.03	—	0.06	18.21	11.49	1.41	51.00
平乐	0.43		0.23	0.40	36.16	19.87	0.81	19.00
钟山	0.66	0.12	0.55	0.66	23.35	22.73	0.62	31.00
岑溪	0.97	0.06	0.91	0.97	13.75	5.38	3.57	55.00
藤县	—	—	—	—	12.45	9.90	2.55	62.00
玉林	—	—	—	—	14.75	12.50	1.20	76.00
桂平	0.25	—	0.25	0.25	17.35	7.88	4.73	89.00
贵港	1.20	—	1.20	1.20	19.05	6.41	3.95	65.00
博白	0.20	0.20	—	0.20	29.21	4.60	5.68	31.00
平南	—	—	—	—	13.99	5.62	4.12	61.00
田林	0.06	—	—	0.06	15.10	2.86	0.07	37.00
田阳	0.42	0.08	0.34	0.34	16.98	6.96	2.60	40.00
田东	—	—	—	—	15.79	11.87	0.58	47.00
靖西	0.93	0.20	0.74	0.74	14.15	5.10	0.85	34.00
环江	0.08	—	0.08	0.08	19.92	0.80	1.93	32.00
南丹	—	—	—	—	12.58	—	0.22	45.00
宜山	0.63	0.15	0.49	0.49	21.78	7.54	3.14	33.00
都安	0.39	0.11	0.28	0.39	19.13	9.09	4.23	38.00
钦州	0.19	0.19	—	0.09	15.62	6.01	3.18	53.00
合浦	0.57	0.57	—	0.57	16.61	7.41	1.60	45.00
灵山	0.05	—	0.05	0.05	17.07	4.12	2.97	56.00
浦北	—	—	—	—	12.03	10.88	1.15	50.00

表 9—37 调查县(市)农户平均每人总收入

(1993年) 单位:元

县(市)名称	全年总收入	劳动者的报酬收入(元)	家庭经营收入(元)	转移性收入(元)	财产性收入(元)
邕宁	1 594.65	26.08	1 549.58	18.74	0.25
上林	1 246.09	65.75	1 132.12	47.15	1.06
扶绥	1 340.67	71.15	1 250.82	17.21	1.49
大新	1 256.45	50.52	1 135.40	69.67	0.87
马山	897.82	92.25	773.09	31.64	0.84
来宾	1 108.70	53.29	1 016.61	37.33	1.47
鹿寨	1 611.31	74.80	1 490.02	44.50	1.99
象州	1 339.45	10.47	1 305.92	19.91	3.15
忻城	999.97	87.85	891.47	20.65	—
阳朔	1 160.59	26.95	1 104.95	26.51	2.18
兴安	2 088.24	231.52	1 685.18	161.59	9.95
全州	1 402.00	89.42	1 259.99	50.65	1.93
平乐	1 308.82	88.41	1 197.20	21.78	1.43
钟山	1 031.01	38.76	952.46	39.31	0.48
岑溪	1 237.39	36.76	1 120.96	78.17	1.51
藤县	1 116.07	11.70	926.58	177.15	0.64
玉林	1 735.28	196.08	1 317.41	218.78	3.01
桂平	1 419.16	122.15	1 220.81	75.76	0.45
贵港	1 430.64	25.51	1 323.00	78.04	4.09
博白	1 520.65	152.49	1 301.77	65.34	1.06
平南	1 407.17	100.97	1 236.71	69.08	0.41
田林	908.83	28.43	854.27	23.87	2.26
田阳	1 205.14	71.87	1 103.62	29.50	0.14
田东	1 298.48	89.10	1 129.76	79.44	0.18
靖西	1 028.55	9.97	952.34	61.40	4.84
环江	1 189.92	31.27	1 104.14	53.60	0.92
南丹	1 099.38	103.82	975.13	16.49	3.94
宜山	1 442.99	79.13	1 289.99	70.33	3.54
都安	888.15	194.58	644.42	49.15	
钦州	1 391.40	37.80	1 288.51	64.45	0.64
合浦	1 757.09	49.05	1 684.28	23.62	0.14
灵山	1 261.66	67.09	1 128.90	65.41	0.26
浦北	1 198.24	23.53	1 098.44	75.46	0.81

表 9—38 调查县(市)农户平均每人纯收入

(1993年)

单位:元

县(市)名称	纯收入	劳动者报酬收入	家庭经营纯收入	其他非生产性收入
邕宁	1 143.47	26.08	1 101.62	15.77
上林	890.67	65.75	786.40	38.52
扶绥	831.23	71.15	751.30	8.78
大新	892.36	50.52	780.61	61.23
马山	518.01	92.25	401.88	23.88
来宾	778.09	53.29	692.51	32.29
鹿寨	1 049.70	74.80	937.54	37.36
象州	846.73	10.47	821.92	14.34
忻城	559.85	87.85	460.15	11.85
阳朔	773.93	26.95	729.13	17.85
兴安	1 390.97	229.11	998.49	163.37
全州	993.03	89.42	862.21	41.40
平乐	958.35	88.41	852.41	17.53
钟山	807.34	38.76	736.18	32.40
岑溪	909.15	36.76	799.10	73.29
藤县	876.04	11.70	694.44	169.90
玉林	1 249.93	196.08	841.67	212.18
桂平	1 033.25	122.15	840.64	70.46
贵港	976.16	25.51	877.33	73.32
博白	1 024.59	152.49	813.55	58.55
平南	960.22	100.97	795.51	63.74
田林	733.02	28.43	684.66	19.93
田阳	811.97	71.87	716.74	23.36
田东	867.00	89.10	705.33	72.57
靖西	733.08	9.97	666.03	57.08
环江	844.79	31.27	766.96	46.56
南丹	785.54	103.82	670.57	11.16
宜山	870.59	79.13	729.92	61.54
都安	560.15	194.58	325.86	39.71
钦州	1 021.78	37.80	928.66	55.32
合浦	1 200.47	49.05	1 136.77	14.65
灵山	881.48	67.09	757.34	57.05
浦北	852.06	23.53	761.67	66.86

表 9—39 调查县(市)农户平均每人生活消费支出

(1993 年)

单位:元

县(市)名称	生活消费支出(合计)	食品	衣着	居住	家庭设备用品及服务	医疗保健	交通和通讯	文教娱乐用品及服务	其他商品和服务
邕宁	869.61	588.33	34.28	88.57	38.89	28.88	7.00	75.51	8.14
上林	655.57	410.48	26.02	94.65	31.48	26.75	13.77	48.78	3.63
扶绥	640.79	428.31	26.64	53.20	32.05	16.09	9.34	66.88	8.28
大新	603.79	416.73	20.71	50.16	30.47	18.33	12.07	46.68	8.64
马山	566.23	372.87	23.90	46.45	29.31	15.50	20.05	53.08	5.08
来宾	664.32	453.97	31.92	68.84	29.47	16.64	7.95	52.57	2.97
鹿寨	842.91	567.64	40.25	78.55	50.06	17.53	15.98	68.74	4.15
象州	686.95	460.77	37.57	38.41	41.69	23.35	11.83	58.33	15.01
忻城	518.02	319.18	36.08	49.23	29.14	15.50	15.23	52.06	1.60
阳朔	726.29	485.94	32.40	62.42	36.73	14.89	32.39	59.12	2.40
兴安	1 128.69	667.08	56.29	127.97	65.29	41.02	22.78	145.69	2.57
全州	793.84	471.29	43.69	89.43	53.96	18.94	11.84	92.11	12.57
平乐	754.16	533.83	23.19	83.70	34.67	17.31	14.15	45.53	1.79
钟山	581.91	397.49	20.15	73.72	27.99	9.65	6.21	45.18	1.52
岑溪	738.48	401.62	25.25	103.50	48.18	38.08	10.38	96.48	14.99
藤县	562.84	380.24	21.94	55.23	25.80	23.07	5.51	46.26	4.80
玉林	895.08	512.53	45.43	100.98	61.27	30.35	27.16	112.53	4.88
桂平	702.21	462.10	24.85	96.49	28.61	11.01	12.62	63.02	3.51
贵港	800.18	453.18	24.15	131.81	47.64	18.61	16.29	105.71	2.80
博白	849.84	481.08	36.05	85.37	52.74	38.73	32.02	118.60	5.24
平南	635.30	398.31	25.01	59.21	41.13	18.59	15.40	71.89	5.76
田林	506.81	385.91	21.71	32.33	24.55	8.19	3.76	27.22	3.14
田阳	565.43	451.88	34.62	65.83	30.89	8.47	7.93	51.88	4.92
田东	632.23	428.13	24.88	58.43	31.16	14.45	13.78	59.60	1.81
靖西	724.03	437.93	28.61	164.99	26.93	11.55	16.60	34.34	3.08
环江	744.30	462.67	36.69	125.94	33.96	16.13	9.90	52.39	6.62
南丹	687.29	471.74	32.04	78.00	35.56	12.60	17.61	37.03	2.71
宜山	764.05	475.85	34.24	117.01	35.60	12.21	10.52	74.87	3.76
都安	569.17	355.59	25.99	51.45	41.47	17.87	15.20	56.58	5.01
钦州	797.88	504.60	33.36	52.33	33.13	29.18	19.87	120.75	4.66
合浦	790.24	518.81	33.20	50.64	33.21	25.35	13.76	107.69	7.59
灵山	766.55	519.06	29.91	47.16	37.57	18.15	9.81	99.69	5.20
浦北	590.05	369.89	22.73	33.84	32.69	19.99	15.27	86.34	9.30

表 9—40　调查县(市)农户平均每人主要消费品消费量

(1993 年)

县(市)名称	粮食(公斤)	蔬菜(公斤)	食油(公斤)	肉类(公斤)	蛋类(公斤)	食糖(公斤)	酒和饮料(公斤)	棉布(米)	化纤布(米)
邕宁	274.54	186.12	7.52	22.99	0.64	0.91	5.03	0.23	1.53
上林	239.34	111.11	4.76	12.73	0.42	1.11	4.09	0.27	1.20
扶绥	259.73	82.51	5.04	13.02	0.32	0.65	5.93	0.09	2.14
大新	238.81	106.88	2.78	16.64	0.16	1.08	9.69	0.12	0.97
马山	166.51	111.95	5.07	17.09	0.36	0.66	11.32	0.44	1.37
来宾	273.01	141.53	8.00	12.82	2.56	0.61	2.56	0.42	1.50
鹿寨	310.25	162.83	6.43	19.75	0.77	1.63	7.29	0.25	2.21
象州	306.28	110.55	5.36	14.64	0.53	2.16	2.84	0.49	1.55
忻城	204.78	64.20	4.20	10.10	0.14	1.02	6.14	0.41	1.87
阳朔	295.59	165.20	5.96	14.49	0.93	1.79	6.67	0.23	1.88
兴安	338.71	103.41	4.82	22.96	2.40	1.70	12.50	0.44	2.44
全州	289.54	70.66	2.57	20.47	1.00	1.22	15.34	0.26	1.80
平乐	333.25	231.32	4.48	14.02	1.99	2.12	2.82	0.44	1.29
钟山	292.06	158.31	4.68	7.89	1.22	1.39	1.50	0.47	1.07
岑溪	234.24	128.12	2.91	12.17	1.16	0.33	2.06	0.71	1.17
藤县	235.73	113.15	4.83	9.97	1.12	1.13	2.12	0.32	1.15
玉林	243.66	144.74	6.97	14.90	2.62	1.72	5.48	0.19	2.25
桂平	232.73	177.54	7.60	13.46	0.88	0.94	3.95	0.45	1.40
贵港	258.86	156.87	7.14	11.21	0.77	1.14	2.46	0.22	1.38
博白	233.87	99.81	4.02	18.82	1.76	2.03	3.27	0.26	1.80
平南	240.28	136.03	3.66	10.89	0.75	1.09	1.67	0.09	1.66
田林	240.42	51.62	2.21	20.12	1.33	1.11	8.96	0.43	0.80
田阳	235.73	119.86	2.74	18.38	0.71	1.06	11.63	0.31	1.70
田东	217.46	101.83	3.93	20.28	0.43	1.15	14.29	0.17	1.78
靖西	249.53	104.38	1.53	20.41	0.19	1.03	16.27	0.13	1.28
环江	302.48	138.68	1.54	19.15	0.23	0.65	16.84	0.54	1.82
南丹	262.40	117.60	3.15	21.64	0.23	0.83	9.78	0.36	0.85
宜山	247.17	118.31	5.14	19.39	0.55	1.07	15.65	0.42	1.40
都安	147.38	83.92	3.37	16.27	0.44	0.90	13.28	0.27	1.15
钦州	262.88	138.68	4.51	16.81	2.33	3.01	6.50	0.28	1.50
合浦	301.35	74.85	2.70	17.21	0.83	1.95	3.27	0.11	1.36
灵山	276.60	215.99	5.32	14.49	1.31	1.65	3.87	0.42	2.34
浦北	215.65	83.98	2.74	14.34	1.00	1.72	3.31	0.38	0.88

表 9—41 调查县(市)农户主要耐用消费品拥有量

(1993 年、平均每百户)

县(市)名称	自行车(辆)	缝纫机(架)	手表(只)	电风扇(台)	收音机(台)	电视机(台)	收录机(台)
邕宁	154.29	87.14	171.43	154.29	54.29	68.57	22.86
上林	180.00	85.71	131.43	128.57	17.14	65.71	21.43
扶绥	150.00	60.00	120.00	117.14	32.86	65.71	21.43
大新	160.00	52.86	132.86	58.57	10.00	40.00	10.00
马山	134.29	74.29	158.57	88.57	5.71	54.29	14.29
来宾	162.86	85.71	154.29	157.14	11.43	74.29	17.14
鹿寨	175.71	67.14	138.57	137.14	20.00	74.29	18.57
象州	101.43	82.86	107.14	110.00	4.29	80.00	24.29
忻城	192.86	81.43	117.14	115.71	10.00	60.00	17.14
阳朔	160.00	41.43	121.43	58.57	8.57	44.29	18.57
兴安	127.14	75.71	157.14	87.14	10.00	77.14	27.14
全州	91.43	77.14	117.14	70.00	10.00	57.14	15.71
平乐	180.00	68.57	140.00	102.86	12.86	51.43	28.57
钟山	171.43	67.14	104.29	138.57	15.71	32.86	24.29
岑溪	151.43	88.57	215.71	164.29	30.00	37.14	27.14
藤县	122.86	85.71	221.43	161.43	14.29	41.43	17.14
玉林	215.71	90.00	180.00	132.86	24.29	42.86	15.71
桂平	151.43	72.86	188.57	174.29	15.71	37.16	14.29
贵港	205.71	77.14	128.57	190.00	17.14	65.71	38.57
博白	194.29	82.86	164.29	174.29	8.57	67.14	11.43
平南	181.43	87.14	172.86	164.29	12.86	41.43	24.29
田林	50.00	62.86	97.14	12.86	10.00	22.86	17.14
田阳	145.71	68.57	111.43	55.71	7.14	34.29	8.57
田东	124.29	90.00	112.86	77.14	10.00	44.29	22.86
靖西	132.86	67.14	152.86	—	24.29	25.71	17.14
环江	77.14	78.57	114.29	52.86	14.29	34.29	20.00
南丹	65.71	65.71	100.00	18.57	10.00	32.86	22.86
宜山	164.29	74.29	161.43	92.86	14.29	62.86	17.14
都安	138.57	65.71	130.00	75.71	2.86	47.14	14.29
钦州	152.86	70.00	181.43	120.00	28.57	55.71	30.00
合浦	194.29	61.43	121.43	90.00	5.71	34.29	15.71
灵山	211.43	68.57	177.14	147.14	22.86	51.43	32.86
浦北	177.14	57.14	224.29	115.71	11.43	45.71	30.00

主要统计指标解释

居民消费水平 按平均人口计算的居民人均消费额，就是居民消费水平。用农民平均人口和非农居民平均人口分别除以农民消费额和非农业居民消费额计算出的结果就是农民消费水平和非农业居民消费水平。

负担系数 指平均每一就业者所负担的人口数(包括就业者本人)

期初(末)手存现金 指调查户家庭全部成员自有的未存入银行的现金。不包括家庭成员手中存放的不属其所有的暂收款，另外家庭成员所支付的各种暂付款，都应包括在手存现金内。

现金收入 包括现金的实际收入和借贷收入。

实际收入 指调查户的全部实际的现金收入，不包括借贷收入。

生活费收入 指调查户家庭实际收入中能用于安排日常生活的收入。即用实际收入减掉"赡养支出"和"赠送支出"，减掉调查户记帐所得的"记帐补贴"及非家庭人口中的经常用饭人口所交的"搭伙费"以及"家庭副业生产支出。

消费性支出 指调查户用于日常生活的全部支出，包括食品、衣着、家庭设备用品及服务、医疗保健、交通和通讯、娱乐教育文化服务、居住、杂项商品和服务等八大类支出。

非消费性支出 包括直接税、消费性贷款利息支出、经常性转移支出等。生活费支出＝消费性支出＋家庭副业生产支出。

全年总收入 是指农户年内从各种来源得到的现金和实物折款的全部实际收入。包括从集体得到的收入、从经济联合体得到的收入、家庭经营收入(包括承包集体生产和其他家庭经营收入)和其他非生产性收入。但不包括储蓄借贷收入。

全年总支出 是指农户全年用于生产、生活和再分配等方面的现金和实物折款的全部实际支出。包括家庭经营费用支出、购置生产性固定资产支出、缴纳税款、上交集体承包任务、生活消费支出和其他非生产性支出。但不包括储蓄借贷支出。

全年纯收入 是指农户全年总收入中，扣除各种生产经营费用支出后的剩余部分，即可以直接用来进行生产和非生产性建设投资，改善生活的那部分收入。它是反映农民实际收入水平和经济效益的主要指标。

全年纯收入的计算公式是：

全年纯收入＝全年总收入－家庭经营费用支出－缴纳税款－上交集体的承包任务－生产性固定资产折旧－调查补贴

平均每人纯收入＝全年纯收入÷家庭常住人口

"平均每人纯收入"指标是观察划分农户贫富的标准。

生活消费支出 是指农户年内用于物质生活和精神生活方面的实际支出。包括生活消费品支出和非商品支出两部分。农村内部亲友之间赠送的消费品(粮食除外)，按"谁送谁消费"的原则进行统计。

生活消费品支出 是指农户年内用于吃、穿、住、用、烧的消费资料支出。根据消费品来源可分为商品性和自给性消费两部分。

十、城市概况

弹指四十五载　城市展新颜

——广西城市建设发展回顾

城市是一个地区经济、政治和文化中心，在国民经济和社会发展中居于举足轻重的地位，发挥着主导作用。新中国成立四十五年来，特别是改革开放十五年来，广西城市有了长足的发展，城市建设成绩斐然，城市面貌焕然一新。

一、城市发展快，城市化水平提高

解放初期的广西，只有南宁、柳州、桂林、凭祥四个城市，总人口不过四、五十万人。党的十一届三中全会以后，广西城市得到较快的发展，至1993年底，全自治区共有14个建制市，城市总人口897万人，占全自治区总人口的20.4%，城市非农业人口326万人，占全自治区非农业人口48.4%，城市建成区土地面积385平方公里，市区人口密度每平方公里311人。按市区非农业人口划分大中小城市，50～100万人的大城市有南宁、柳州2市，20～50万人的中等城市有桂林、梧州2市，20万人以下的小城市有北海、防城港、玉林、贵港、钦州、河池、百色、合山、凭祥、宜州10个市，大中小城市的比例由1985年的1：0.5：4提高到1993年的1：1：5，小城市发展明显加快。城市布局正向中心城市周围和桂东南沿海、沿江地区倾斜，形成了以中心城市为依托，以桂东南沿海、沿江地区城市带动西部城市发展的新格局。

二、城市基础设施建设成绩斐然

随着对外开放区域的扩大和大西南出海通道的建设，广西把加快城市基础设施建设作为城市发展的先决条件，1993年，用于城市建设的投资22.65亿元，比1985年增长27倍，其中用于城市供水、排污、防洪、道路、桥梁的投资20.67亿元，比1985年增长41倍，先后建成了一大批供水、排涝、防洪、道路、桥梁等市政基础设施，并发挥了较好的社会效益。

1、城市供水、供气能力明显提高

1993年，14个建制市自来水日生产能力达494万吨，全年供水总量14.79亿吨，其中生活用水量4.09亿吨，分别比1985年增长3倍和1.3倍，平均每人日生活用水336升，自来水普及率95.6%，比1985年提高了6个百分点。城市人工煤气供气总量5.84万立方米，液化石油气供气6.35万吨，气化率达53.9%。

2、城市排污、防洪能力增强

1993年，城市拥有下水道总长1418公里，比1985年增加1017公里，每万人拥有下水道由1985年的2.16公里提高到1993年的4.36公里，年污水处理量2.01亿吨，年累计防洪堤175公里。

3、城市交通面貌大为改观，邮电通讯事业迅速发展

1993年，广西城市用于公共交通建设的投资0.28亿元，比1985年增长1.8倍，全年拥有公共汽车898辆，营运线路总长2398公里，客运总量2.77亿人次。全年城市铺装道路长度1884公里，道路面积2102万平方米，分别比1985年增长1.9倍和2.4倍，人均铺装道路面积由1985年的3.3平方米提高到1993年的6.7平方米，初步形成了以主干道、次干道、立交桥、人行天桥等城市现代交通网络。同时，与交通相适应的邮电通讯事业也得到迅速发展，全年城市拥有程控电话交换机28.32万门，电话机27.26万部，其中自动电话23.67万部，平均每万人拥有电话304部，邮电业务总量（1990年不变价）5.41亿元。

4、城市园林绿化成绩显著，环境卫生条件得到改观

本着"美化环境、改善环境、造福后人"出发，广西城市十分重视对城市环境的美化，1993年，用于城市园林绿化、环境卫生的投资0.71亿元，比1985年增长10倍，城市园林绿地面积1.38万公顷，其中公共绿地0.13万公顷，分别比1985年增长1.8倍和1.6倍，人均公共绿地面积由1985年的2.8平方米提高到1993年的4.3平方米，建成区绿化覆盖率达22%。城市绿化已由市区向远郊方向发展，一些城市还结合旧区改造和利用江河堤坝等工程进行绿化，大大改善了城市生态环境。城市环境卫生得到改观，1993年城市清运垃圾粪便122万吨，平均每天清运3342吨，全年清扫面积1410万平方米，城市街道整洁卫生，面貌焕然一新。

对今后广西城市发展的几点认识

改革开放十五年来，广西城市发展快，城市建设成就瞩目，这是改革开放的一个重要侧面。回顾城市发展的历程，道路是曲折的，总结城市发展的经验教训，对今后广西城市的发展无疑是十分重要和有现实意义的。

一、从实际出发，稳步推进和提高城市化水平

人类的近现代史表明，工业化与现代化必然导致

城市化，而城市化又促进工业化和现代化的发展。广西有4300多万人口，而农业人口占87%，因而城市化的进程必然要求从区情出发，循序渐进地进行，切忌急躁冒进。因为：(1)城市化是建立在农业发展、农业经济十分繁荣、农民生活富裕的基础上，而广西80%左右的人口则分布在广大的农村，尤其是贫困边远山区，这些地方尚未解决温饱问题，农村扶贫工作十分艰巨。(2)农业人口转化为非农人口，其中一部分要进入城镇，主要是进入中小城镇，而相当部分将在农村从事非农产业。(3)对不同地区、不同情况的城市化水平应有不同要求，广西城市布局总的来说，仍不尽合理，从分布看，主要分布在中部、桂东南沿江、沿海等经济发达地区，而桂北、桂西南地区的城市较少，而恰恰是在这些城市较少的地区，自然资源丰富，急待开发。

二、城市政府的主要职责是规划好、建设好、管理好城市，而其中主要是抓好规划这一“龙头”，在城市用地与建设安排上，要统筹兼顾，全面考虑，才能获得良好的经济、社会与环境效益。

三、城市基础设施是城市赖以生存和发展的物质基础，必须加强，不可削弱。多年来城市发展的经验表明，城市建设只能超前发展。虽然改革开放十五年来城市建设取得令人瞩目的成就，但随着城市的发展，城市建设已不适应城市经济增长和人民生活水平提高的需要，而城市建设发展缓慢，还引发一系列的“城市病”，诸如供水紧张、交通拥挤、排水不畅、燃气不足、环境污染等等，因此，要重视对城市基础设施的建设，以保证城市的健康发展。

表 10—1 城市公用事业基本情况

指标名称	单位	1985年	1990年	1992年	1993年
自来水全年供水总量	万吨	36 862	132 334	143 260	147 312
#生活用水量	万吨	17 644	30 939	37 739	40 877
人均日生活用水	升/日·人	255	292	337	336
自来水用水普及率	%	89.64	95.0	96.3	95.6
年末实有营运公共汽车	辆	612	722	856	898
平均每万人拥有公共汽车	辆	2.8	2.7	3.0	2.8
铺装道路长度	公里	722	1 386	1 720	1 884
平均每万人拥有道路长度	公里	3.35	5.25	6.06	5.80
铺装道路面积	万平方米	703	1 342	1 676	2 102
平均每人拥有道路面积	平方米	3.26	5.10	5.90	6.7
下水道总长度	公里	465	782	1 267	1 418
平均每万人拥有下水道长度	公里	2.16	2.96	4.45	4.36
煤气供气总量	万立方米		26 110	55 511	56 376
#家庭用量	万立方米		1 410	1 390	1 614
液化石油气供气总量	吨	1 044	23 340	48 328	63 521
#家庭用量	吨	1 638	22 766	46 187	60 800
用气普及率	%		28.3	48.0	53.9
园林绿地面积	公顷	5 185	6 313	12 510	13 757
公共绿地面积	公顷	512	1 135	1 218	1 336
平均每人公共绿地面积	平方米	2.8	4.3	4.3	4.3
建成区绿化覆盖率	%	25.6	26.2	22.2	22.0
公园个数	个	18	36	40	44
公园面积	公顷	735	984	1 091	1 211
实际清扫面积	万平方米	497	1 164	1 277	1 410
生活垃圾清运量	万吨	41	63	87	104
粪便清运量	万吨	18	15	17	17
平均每天清运垃圾和粪便量	吨	1 616	2 137	2 849	2 849
公共厕所数	座	533	655	935	967
平均每万人拥有公共厕所数	座	2.5	2.5	3.0	3.0

注:①本表均为当年有市建制城市的数字。其中1985年的数字仅为城建部门管理的部分,1985年以后为全社会的数字,人均指标是按城市中的非农业人口计算。

②城市建设资料根据自治区城乡建委提供的数据整理。

表10—2 城市供水情况

(1993年)

城市名称	年末供水综合生产能力(万吨/日)	年末供水管道长度(公里)	全年供水总量(万吨)	#生活用水	用水人口(万人)	#非农业用水人口	人均日生活用水量(升)
城市合计	**492.3**	**1 660**	**147 312**	**40 877**	**333.6**	**299.1**	**335.7**
南宁市	59.4	388	25 069	12 830	85.2	80.2	412.6
柳州市	144.2	316	39 157	8 977	70.5	67.6	348.9
桂林市	40.5	205	12 689	5 222	38.1	37.0	375.5
梧州市	30.5	180	6 086	2 633	23.5	22.9	307.0
北海市	18.0	151	4 028	1 553	13.6	12.8	312.8
防城港市	5.7	83	1 244	958	9.9	7.5	265.1
凭祥市	1.2	32	299	283	3.0	1.9	258.4
合山市	70.8	8	25 721	543	5.7	5.3	261.0
玉林市	18.8	73	2 850	1 928	24.8	14.9	213.0
百色市	7.5	55	2 709	1 322	10.5	9.2	344.9
河池市	33.2	53	10 203	1 740	14.7	9.1	324.3
宜州市	3.0	46	1 327		6.7	5.1	
钦州市	24.0	59	3 489	1 090	10.7	10.0	279.1
贵港市	38.5	57	13 768	1 798	23.4	20.7	211.0

注:年末供水管道长度为系统内数字。

表10—3 城市市政设施情况

(1993年)

城市名称	年末实有铺装道路长度(公里)	年末实有铺装道路面积(万平方米)	城市桥梁(座)	排水管道长度(公里)	污水排放量(万吨)	污水处理量(万吨)	城市路灯(盏)
城市合计	**1 884**	**2 102**	**227**	**1 418**	**117 348**	**20 066**	**42 987**
南宁市	315	323	34	204	20 055	2 750	10 232
柳州市	417	337	27	512	31 326	15 115	9 418
桂林市	302	282	42	114	9 862	1 748	5 287
梧州市	76	80	7	77	4 675	—	4 350
北海市	195	370	15	170	3 222	—	3 449
防城港市	64	113	15	75	995	—	905
凭祥市	13	12	2	9	239	—	260
合山市	45	43	—	10	20 577	—	513
玉林市	121	125	21	67	2 280	—	1 595
百色市	41	34	4	35	2 167	—	1 180
河池市	55	49	7	29	8 162	453	885
宜州市		40		12			
钦州市	115	179	26	56	2 774	—	1 034
贵港市	125	155	27	60	11 014	—	3 879

表 10—4 城市人口和建设用地

(1993 年)

城市名称	城市人口(万人)	#非农业人口	城市面积(平方公里)	建成区面积(平方公里)	#工业用地面积	#居住用地面积	公共设施用地	城市人口密度(人/平方公里)
城市合计	**897.47**	**325.03**	**28 821**	**372.3**	**87.8**	**95.2**	**42.3**	**311**
南宁市	115.17	80.16	1 834	72.5	17.9	14.8	10.9	628
柳州市	79.64	67.57	651	82.9	28.7	17.5	9.1	1 223
桂林市	53.86	38.92	565	38.4	12.5	12.6	3.8	952
梧州市	30.29	22.88	307	14.6	4.2	5.6	0.1	987
北海市	23.40	12.81	275	25.6	4.6	3.8	4.2	851
防城港市	52.12	10.42	3 391	12.5	1.0	4.4	2.1	154
凭祥市	9.31	1.99	631	6.5	0.4	1.3	0.5	148
合山市	14.21	6.28	350	5.3	0.4	1.3	0.1	406
玉林市	142.78	18.01	2 697	25.6	3.6	8.9	4.4	529
百色市	30.20	10.09	3 713	13.1	3.6	5.9	0.8	81
河池市	29.27	9.35	2 340	12.6	2.9	3.3	1.6	125
宜州市	57.45	8.53	3 877	7.0				148
钦州市	107.50	13.53	4 657	34.5	3.5	9.6	2.2	231
贵港市	152.27	24.49	3 533	28.2	4.5	6.2	2.5	431

表 10—5 城市房屋建筑和住房情况

(1993 年)

城市名称	年末实有房屋建筑面积(万平方米)	年末实有住宅建筑面积(万平方米)	年末实有住宅使用面积(万平方米)	年末实有住宅居住面积(万平方米)	人均住宅居住面积(平方米)	缺房户(户)	解决缺房户(户)
城市合计	**10 821**	**5 399**	**3 676.7**	**2 045.6**	**6.1**	**111 617**	**28 583**
南宁市	2 777	1 332	866.6	474.0	5.9	29 475	13 591
柳州市	2 197	1 040	727.7	407.6	6.3	27 338	11 053
桂林市	1 416	627	431.2	236.0	6.3	24 651	29
梧州市	730	335	219.0	133.0	5.8	15 854	268
北海市	641	347	257.5	122.2	7.5	4 880	1 300
防城港市	223	139	97.3	55.6	5.5	518	295
凭祥市	59	35	23.6	12.8	6.7	—	—
合山市	137	72	52.8	30.8	5.2	956	225
玉林市	935	541	378.7	218.5	5.9	1 052	240
百色市	344	175	108.6	64.8	6.8	2 431	572
河池市	334	157	109.9	62.8	7.1	1 528	540
宜州市			48.2	27.5	4.1		
钦州市	440	244	160.5	95.5	6.9	1 054	200
贵港市	588	355	243.3	132.0	5.4	1 880	270

表10—6 城市公共交通情况

(1993年)

城市名称	年末实有公共汽车营运车辆(辆)	营运线路长度(公里)	客运总量(万人次)	年末实有出租汽车(辆)
城市合计	**898**	**2 398**	**27 655**	**3 045**
南宁市	227	553	7 291	602
柳州市	271	360	10 308	709
桂林市	154	332	5 297	868
梧州市	85	130	2 885	325
北海市	46	45	763	430
防城港市	18	164	129	35
凭祥市	17	120	9	—
合山市	10	37	128	—
玉林市	19	47	480	35
百色市	7	54	39	—
河池市	29	357	277	1
宜州市	9		160	—
钦州市	9	56	36	3
贵港市	6	143	13	38

表10—7 城市园林绿化情况

(1993年)

城市名称	城市园林绿地面积(公顷)	#公共绿地	城市绿化覆盖面积(公顷)	#建成区绿化覆盖面积	公园个数(个)	公园面积(公顷)	年游人量(万人次)
城市合计	**13 757**	**1 336**	**15 739**	**8 183**	**44**	**1 211**	**2 227**
南宁市	2 305	347	2 490	2 289	8	333	486
柳州市	7 145	384	7 751	2 620	8	358	578
桂林市	1 135	186	1 253	1 240	10	164	576
梧州市	1 324	104	1 410	461	4	97	240
北海市	585	54	653	631	3	39	67
防城港市	87	34	104	63	3	34	—
凭祥市	108	—	128	20	—	—	—
合山市	95	2	102	65	—	—	—
玉林市	226	31	360	155	3	19	101
百色市	231	21	875	180	1	17	35
河池市	156	26	163	116	1	17	8
宜州市	94						
钦州市	67	7	106	74	1	3	24
贵港市	293	140	344	269	2	130	112

表10—8 城市清洁卫生情况

(1993年)

城市名称	实际清扫面积(万平方米)	生活垃圾清运量(万吨)	粪便清运量(万吨)	环卫机械总数(辆)	公共厕所(座)	清洁卫生工作人员(人)
城市合计	**1 410**	**104**	**17**	**571**	**967**	**7 358**
南宁市	450	22	4	156	225	2 152
柳州市	282	22	2	106	250	1 841
桂林市	218	12	—	60	73	736
梧州市	81	7	2	41	74	624
北海市	125	10	4	89	117	593
防城港市	37	5	1	6	24	172
凭祥市	11	1	—	8	5	68
合山市	9	2	1	5	2	19
玉林市	62	8	1	38	56	365
百色市	20	2	—	11	13	106
河池市	32	2	—	15	33	110
宜州市		1				64
钦州市	41	4	1	20	67	333
贵港市	42	7	1	16	28	239

表10—9 城市设施水平

(1993年)

城市名称	城市人口用水普及率(%)	城市用气普及率(%)	每万人拥有公共汽车(标台)	人均拥有道路面积(平方米)	人均公共绿地面积(平方米)	建成区绿化覆盖率(%)	排水管道密度(公里/平方公里)
城市合计	**95.6**	**53.9**	**3.3**	**6.7**	**4.3**	**22.0**	**3.8**
南宁市	100.0	54.5	3.5	4.0	4.3	31.6	2.5
柳州市	100.0	61.1	4.7	5.0	5.7	31.6	6.2
桂林市	95.4	45.1	5.0	7.3	4.8	32.3	3.0
梧州市	100.0	59.4	4.0	3.5	4.5	31.6	5.3
北海市	100.0	59.4	3.4	28.9	4.2	24.6	6.6
防城港市	93.8	87.5	2.3	14.1	4.3	5.0	6.0
凭祥市	95.0	45.0	6.0	6.0	—	3.1	1.4
合山市	85.5	9.7	1.3	6.9	0.3	12.3	1.9
玉林市	82.8	56.1	1.4	6.9	1.7	6.1	2.6
百色市	91.1	—	0.6	3.4	2.1	13.7	2.7
河池市	97.8	48.4	2.6	5.3	2.8	9.2	2.3
宜州市							
钦州市	87.0	58.3	0.8	15.6	0.6	2.1	1.6
贵港市	84.5	35.1	0.2	6.3	5.7	9.5	2.1

表10—10 城市环境状况

(1993年)

城市名称	工业废水排放量(万吨)	#符合排放标准的	工业废水处理量(万吨)	生活污水排放量(万吨)	废气排放量(亿标立米)	#工业废气排放量
城市合计	**55 800**	**32 157**	**31 395**	**29 432**	**1 109.06**	**913.43**
南宁市	6 052	2 363	2 751	10 264	104.24	89.15
柳州市	21 890	14 735	15 115	4 341	314.80	308.56
桂林市	3 046	1 985	2 004	4 519	127.27	33.94
梧州市	2 270	922	957	1 842	28.35	22.80
北海市	1 137	384	643	1 000	10.56	9.84
防城港市	455	26	—	—	5.71	5.71
凭祥市	52	—	50	153	3.97	3.39
合山市	2 729	4	1 056	434	213.19	213.19
玉林市	731	177	299	899	43.13	14.38
百色市	1 960	470	607	1 058	19.99	19.99
河池市	6 214	5 767	1 100	1 072	53.04	52.31
宜州市	4 312	2 918	3 460	556	60.99	60.99
钦州市	877	110	134	681	55.09	19.46
贵港市	4 075	2 296	3 219	2 613	68.73	59.72

城市名称	二氧化硫排放量(吨)	工业粉尘排放量(吨)	工业粉尘处理量(吨)	工业固体废物产生量(万吨)	工业固体废物处理量(万吨)	环境噪声达标面积(平方公里)
城市合计	**408 185**	**122 645**	**611 672**	**570**	**252**	**44**
南宁市	38 921	3 461	10 863	58	10	8
柳州市	81 906	15 963	520 720	141	125	13
桂林市	22 805	261	3 354	24	24	18
梧州市	17 897	618	12 263	16	2	3
北海市	2 681	11	4	7	7	2
防城港市	280	23	5	1	—	—
凭祥市	594	654	202	…	…	—
合山市	183 937	69 494	5 472	192	—	—
玉林市	5 352	14 460	13 245	7	7	—
百色市	5 281	1 541	1 638	14	2	—
河池市	18 472	1 356	10 717	17	8	—
宜州市	12 017	1 344	7 958	23	3	—
钦州市	3 214	2 459	2 366	6	6	—
贵港市	14 828	11 000	22 865	64	58	—

表10—11 城市教育事业情况

(1993年)

城市名称	在校学生数(万人)			平均每万人在校学生数(人)		
	大学生	中学生	小学生	大学生	中学生	小学生
城市合计	**5.32**	**55.78**	**118.69**	**59**	**622**	**1 322**
南宁市	2.53	11.53	12.38	220	1 001	1 075
柳州市	0.34	8.33	8.42	43	1 046	1 057
桂林市	1.63	5.05	5.65	303	938	1 049
梧州市	0.11	2.30	2.91	36	759	961
北海市	—	1.43	3.15	—	611	1 346
防城港市	—	2.36	8.03	—	453	1 541
凭祥市	—	0.39	1.27	—	419	1 364
合山市	—	0.95	2.45	—	669	1 724
玉林市	0.18	6.30	19.12	13	441	1 339
百色市	0.24	1.92	4.15	79	636	1 374
河池市	—	1.97	4.20	—	673	1 435
宜州市	0.14	2.72	8.57	24	473	1 492
钦州市	0.15	4.65	15.31	14	433	1 424
贵港市	—	5.88	23.08	—	386	1 516

注:中学生包括中等专业学校、普通中学、技工学校和农、职业中学学生,平均每万人在校学生按年末总人口计算。

表10—12 城市科技情况

(1993年)

城市名称	科技活动机构数(个)	从事科技活动人员数(人)	专业技术人员数(人)	#中级技术职称以上	平均每万人拥有科技人员(人)
城市合计	**539**		**263 034**	**75 598**	**293**
南宁市	79	5 269	32 107	9 865	279
柳州市	218	3 876	75 463	24 673	948
桂林市	77	5 655	30 790	6 285	572
梧州市	6	99	15 388	4 453	508
北海市	8	115	11 425	2 348	488
防城港市	4	30	10 076	3 913	193
凭祥市	2		1 451	210	156
合山市	1	4	3 904	321	275
玉林市	12	243	24 319	8 787	170
百色市	15	236	11 179	4 417	370
河池市	6	132	12 473	1 569	426
宜州市	2	43	7 005	226	122
钦州市	57	2 418	8 513	2 118	79
贵港市	52		18 941	6 413	124

注:平均每万人科技人员按年末总人口计算。

表10—13 城市文化事业情况

(1993年)

城市名称	电影放映单位数(个)	#影剧院	艺术表演场所(个)	公共图书馆总藏量(千册·件)	图书出版印数(万册)	杂志出版印数(万册)	报纸出版印数(万印张)
城市合计	**816**	**105**	**41**	**6 010**	**23 591**	**4 043**	**47 248**
南宁市	118	10	4	2 173	21 747	4 012	32 554
柳州市	86	12	5	691	—	12	5 566
桂林市	49	5	3	1 584	1 770	5	2 924
梧州市	13	6	2	380	—	12	769
北海市	10	4	1	130	—	—	570
防城港市	21	20	1	85	—	—	—
凭祥市	13	1	1	57	—	—	—
合山市	8	5	—	20	—	—	5
玉林市	71	19	1	309	74	2	924
百色市	79	5	1	128	—	—	1 666
河池市	70	4	2	90	—	—	1 339
宜州市	8	1	1	85	—	—	—
钦州市	143	1	19	168	—	—	770
贵港市	127	12	1	110	—	—	161

表10—14 城市卫生事业情况

(1993年)

城市名称	卫生机构数(个)	#医院	卫生机构床位数(张)	#医院床位数	卫生技术人员(人)	#医生	平均每万人拥有卫生技术人员(人)
城市合计	**2 343**	**327**	**37 426**	**34 664**	**50 768**	**23 401**	**57**
南宁市	567	38	9 245	8 581	14 006	6 664	122
柳州市	391	49	6 998	6 819	9 546	4 377	120
桂林市	300	29	5 298	4 197	6 087	2 701	113
梧州市	251	9	2 259	2 259	3 143	1 527	104
北海市	97	12	1 531	1 447	2 027	933	87
防城港市	53	23	936	718	1 231	581	24
凭祥市	21	3	161	161	323	117	35
合山市	27	8	614	529	595	301	42
玉林市	150	35	3 230	2 925	4 263	1 815	30
百色市	110	21	1 689	1 673	2 305	1 151	76
河池市	96	16	1 498	1 478	1 732	843	59
宜州市	66	26	840	838	1 354	633	24
钦州市	115	28	1 668	1 603	1 961	822	18
贵港市	99	30	1 459	1 436	2 195	936	14

表 10—15 十四个城市国民经济主要指标

(1993 年)

指 标	单 位	南宁市	柳州市	桂林市	梧州市	北海市
年末总人口	万人	115.17	79.64	53.86	30.29	23.40
#非农业人口	万人	80.16	67.57	38.92	22.88	12.81
年出生人口	人	10 766	5 973	5 560	3 357	5 260
年死亡人口	人	4 814	2 842	2 429	1 661	552
年末劳动力资源总数	万人	77.30	60.33	33.39	20.72	18.49
#乡村劳动力	万人	20.10	6.28	7.49	4.30	7.92
年末全部从业人总数	万人	62.70	49.05	31.34	17.53	14.33
#城镇个体劳动者	万人	2.80	1.80	1.56	0.76	1.21
城镇待业人员数	人	11 000	8 336	2 970	3 420	1 123
土地面积	平方公里	1 834	651	565	307	275
#建成区土地面积	平方公里	71	83	38	15	26
国内生产总值	万元	685 248	724 831	319 572	201 430	219 370
第一产业	万元	39 548	12 667	12 741	5 515	31 133
第二产业	万元	295 731	495 182	168 301	94 453	107 270
第三产业	万元	349 969	216 982	138 530	101 462	80 967
农林牧渔业总产值	万元	72 480	27 493	21 115	12 330	59 379
农林牧渔业商品产值	万元	53 326	21 885	14 430	8 876	55 244
谷物产量	万吨	11.75	2.67	3.61	0.55	0.94
蔬菜产量	万吨	19.19	11.55	7.36	4.20	3.64
水果产量	吨	87 845	14 997	23 581	1 782	7 212
猪牛羊肉产量	吨	14 970	7 121	6 810	4 434	5 574
牛羊奶产量	吨	4 678	1 463	1 068	77	607
禽蛋产量	吨	7 687	1 688	438	2 492	264
禽肉产量	吨	16 104	4 667	1 310	3 091	2 751
水产品产量	吨	13 926	2 551	2 968	3 272	150 810
乡及乡以上独立与附营工业企业单位数	个	626	847	557	310	195
#国有经济	个	220	217	154	101	71
集体经济	个	363	593	378	171	93
股份制经济	个	3	7	4	2	—
外商投资经济	个	4	3	10	22	6
港澳台投资经济	个	23	6	3	13	18

注:①城市资料除旅游人数和旅游外汇收入包括市辖县数字外,其余指标均为市区数。

②人口指标为公安部门户籍统计数。

③本表价值指标均按当年价格计算。

表 10—15　续表 1　　（1993 年）

指　　标	单　位	防城港市	凭祥市	合山市	玉林市	百色市
年末总人口	万人	52.12	9.31	14.21	142.78	30.20
#非农业人口	万人	10.42	1.97	6.28	18.01	10.09
年出生人口	人	5 757	1 487	1 425	16 719	3 192
年死亡人口	人	2 266	614	509	6 680	1 741
年末劳动力资源总数	万人	33.51	5.95	8.23	79.25	18.94
#乡村劳动力	万人	22.35	4.51	3.87	67.61	10.77
年末全部从业人总数	万人	28.90	5.15	6.52	75.71	16.62
#城镇个体劳动者	万人	2.09	1.16	0.20	2.11	0.66
城镇待业人员数	人	24 715	620	1 879	4 670	2 870
土地面积	平方公里	3 391	631	350	2 697	3 713
#建成区土地面积	平方公里	13	5	5	26	13
国内生产总值	万元	131 644	29 771	41 898	389 910	79 635
第一产业	万元	39 012	5 618	5 644	90 310	21 551
第二产业	万元	29 149	8 388	30 305	200893	30 235
第三产业	万元	63 483	15 765	5 949	98 707	27 849
农林牧渔业总产值	万元	68 270	7 621	7 568	156 896	31 062
农林牧渔业商品产值	万元	68 279	4 674	3 787	86 204	19 385
谷物产量	万吨	13.43	2.02	2.80	52.08	8.26
蔬菜产量	万吨	2.36	0.15	2.06	20.96	4.37
水果产量	吨	31 699	1 254	184	121 750	11 100
猪牛羊肉产量	吨	16 082	1 858	2 725	44 509	5 269
牛羊奶产量	吨	—	—	—	—	64
禽蛋产量	吨	2 097	157	90	3 120	79
禽肉产量	吨	2 058	269	300	7 073	1 754
水产品产量	吨	46 096	391	271	12 097	845
乡及乡以上独立与附营工业企业单位数	个	129	54	46	299	132
#国有经济	个	29	10	16	61	77
集体经济	个	94	42	28	213	55
股份制经济	个	—	—	—	2	—
外商投资经济	个	4	—	2	13	—
港澳台投资经济	个	1	—	—	6	—

表 10—15 续表 2 (1993 年)

指 标	单 位	河池市	钦州市	贵港市	宜州市
年末总人口	万人	29.27	107.50	152.27	57.45
#非农业人口	万人	9.35	13.53	25.20	8.53
年出生人口	人	2 866	13 000	20 318	4 981
年死亡人口	人	1 704	5 432	6 828	2 917
年末劳动力资源总数	万人	16.54	64.16	89.51	33.85
#乡村劳动力	万人	10.11	49.05	63.28	29.91
年末全部从业人总数	万人	15.49	51.61	81.34	28.91
#城镇个体劳动者	万人	0.62	0.93	1.26	0.50
城镇待业人员数	人	1 993	3 956	3 541	1 200
土地面积	平方公里	2 340	4 657	3 533	3 877
#建成区土地面积	平方公里	13	35	28	7
国内生产总值	万元	82 626	223 069	267 141	107 714
第一产业	万元	13 473	130 128	63 916	42 336
第二产业	万元	34 038	48 716	112 528	39 988
第三产业	万元	35 115	44 225	90 697	25 390
农林牧渔业总产值	万元	21 634	188 171	95 122	60 895
农林牧渔业商品产值	万元	11 184	127 963	58 661	24 698
谷物产量	万吨	8.06	42.20	48.78	25.60
蔬菜产量	万吨	3.93	13.99	16.05	11.50
水果产量	吨	4 224	88 076	9 168	7 524
猪牛羊肉产量	吨	9 194	25 130	45 802	25 010
牛羊奶产量	吨	4	10	980	—
禽蛋产量	吨	76	3 870	2 292	258
禽肉产量	吨	1 320	8 110	6 600	3 804
水产品产量	吨	750	62 129	10 500	2 090
乡及乡以上独立与附营工业企业单位数	个	127	309	240	162
#国有经济	个	52	43	80	43
集体经济	个	72	243	154	119
股份制经济	个	1	3	1	—
外商投资经济	个	1	1	4	—
港澳台投资经济	个	—	1	—	—

表 10—15 续表 3 (1993 年)

指　　标	单 位	南宁市	柳州市	桂林市	梧州市	北海市
全部工业总产值	万元	706 397	1 721 807	634 386	362 636	198 152
#城镇联营和个体工业	万元	11 299	7 423	5 226	17 661	10 476
乡办工业	万元	5 745	57 508	9 531	—	6 736
“三资”企业工业	万元	33 836	5 478	11 453	19 642	17 182
乡及乡以上工业总产值	万元	720 877	1 711 007	611 788	332 475	156 371
按轻重工业分:轻工业	万元	422 565	462 336	254 848	200 051	96 718
重工业	万元	298 312	1 248 671	356 940	132 424	59 653
按经济类型分:国有经济	万元	574 443	1 274 666	444 981	225 276	103 115
集体经济	万元	99 315	262 041	129 800	67 816	33 078
股份制经济	万元	12 699	139 729	24 059	19 536	—
外商投资经济	万元	7 078	801	10 607	8 421	1 805
港、澳、台投资经济	万元	26 763	4 677	846	11 221	15 377
按行业分:						
#煤炭采选业	万元	7 808	64	—	—	—
黑色金属矿采选业	万元	951	1 237	86	—	—
有色金属矿采选业	万元	859	156	—	—	38
非金属矿采选业	万元	17 848	1 072	914	538	404
木材及竹材采运业	万元	6 260	—	508	192	—
食品加工业	万元	81 685	45 277	24 473	20 450	40 249
食品制造业	万元	43 844	21 620	16 622	8 085	3 692
饮料制造业	万元	27 965	11 902	24 054	18 328	3 473
烟草加工业	万元	35 100	56 169	—	—	492
纺织业	万元	47 572	117 355	29 631	25 634	8 347
服装及其他纤维制品制造业	万元	10 571	6 416	10 467	2 485	4 811
皮革、毛皮、羽绒及其制品业	万元	8 661	4 110	7 433	5 413	222
木材加工及竹、藤、棕、草制品业	万元	1 911	25 533	251	9 633	2 039
家具制造业	万元	2 620	3 591	1 906	1 002	1 883
造纸及纸制品业	万元	8 708	32 459	13 840	3 578	8 524
印刷业、记录媒介的复制	万元	18 769	6 220	9 611	6 796	5 088
文教体育用品制造业	万元	877	590	1 631	1 717	1

表 10—15　续表 4　　(1993 年)

指　　标	单位	防城港市	凭祥市	合山市	玉林市	百色市
全部工业总产值	万元	53 280	6 617	81 243	606 276	90 900
#城镇联营和个体工业	万元		205	704		865
乡办工业	万元		345	2 004	41 573	429
"三资"企业工业	万元	2 461	—	—	18 923	—
乡及乡以上工业总产值	万元	25 057	5 176	65 530	288 040	86 087
按轻重工业分:轻工业	万元	19 826	1 092	569	133 163	30 779
重工业	万元	5 231	4 084	64 961	154 877	55 308
按经济类型分:国有经济	万元	16 711	4 784	60 803	104 277	79 071
集体经济	万元	8 084	391	4 727	53 765	7 016
股份制经济	万元	—	—	—	106 270	—
外商投资经济	万元	2 919	—	—	4 763	—
港、澳、台投资经济	万元	1 277	—	—	14 159	—
按行业分:						
#煤炭采运业	万元	—	—	19 728	—	1 408
黑色金属矿采选业	万元	371	—	—	—	32
有色金属矿采选业	万元	250	—	—	232	584
非金属矿采选业	万元	39	27	—	753	33
木材及竹材采运业	万元	—	2 092	108	2 105	549
食品加工业	万元	4 811	728	309	23 934	14 929
食品制造业	万元	2 025	41	—	8 507	825
饮料制造业	万元	85	86	14	12 915	1 439
烟草加工业	万元	—	—	—	8 948	154
纺织业	万元	—	—	—	10 063	2 566
服装及其他纤维制品制造业	万元	155	5	181	12 684	521
皮革、毛皮、羽绒及其制品业	万元	39	—	—	1 645	404
木材加工及竹、藤、棕、草制品业	万元	197	—	—	719	354
家具制造业	万元	394	38	1	102	106
造纸及纸制品业	万元	247	—	—	5 348	3 586
印刷业、记录媒介的复制	万元	162	50	10	1 270	1 514
文教体育用品制造业	万元	—	—	—	635	—

表 10—15 续表 5 (1993 年)

指 标	单 位	河池市	钦州市	贵港市	宜州市
全部工业总产值	万元	135 866	174 487	445 035	97 028
#城镇联营和个体工业	万元	1 323	7 064	15 893	—
乡办工业	万元	3 839	13 853	2 300	3 216
"三资"企业工业	万元	1 050	246	106	—
乡及乡以上工业总产值	万元	130 107	95 531	204 563	86 722
按轻重工业分:轻工业	万元	18 521	58 050	130 372	43 489
重工业	万元	111 586	37 481	74 191	43 233
按经济类型分:国有经济	万元	114 801	48 111	155 624	79 725
集体经济	万元	14 417	42 095	38 151	6 997
股份制经济	万元	495	118	10 612	—
外商投资经济	万元	217	36	106	—
港、澳、台投资经济	万元	—	210	—	—
按行业分:					
#煤炭采运业	万元	—	3 160	114	1 648
黑色金属矿采选业	万元	—	650	—	3 005
有色金属矿采选业	万元	60 850	821	15	—
非金属矿采选业	万元	152	1 389	129	222
木材及竹材采运业	万元	199	511	—	1 030
食品加工业	万元	4 594	23 102	102 658	18 241
食品制造业	万元	446	1 854	688	102
饮料制造业	万元	261	2 652	3 157	2 044
烟草加工业	万元	—	—	—	—
纺织业	万元	6 195	3 739	3 101	626
服装及其他纤维制品制造业	万元	388	95	545	276
皮革、毛皮、羽绒及其制品业	万元	92	2 646	423	807
木材加工及竹、藤、棕、草制品业	万元	275	349	151	83
家具制造业	万元	166	912	1 005	—
造纸及纸制品业	万元	693	1 978	13 059	133
印刷业、记录媒介的复制	万元	2 793	874	640	132
文教体育用品制造业	万元	—	—	—	—

表 10—15 续表 6 (1993年)

指标	单位	南宁市	柳州市	桂林市	梧州市	北海市
石油加工及炼焦业	万元	703	82	334	—	24 027
化学原料及化学制品制造业	万元	44 773	88 301	28 435	47 074	5 435
医药制造业	万元	23 348	7 237	24 965	22 255	507
化学纤维制造业	万元	10 893	6 786	6 925	6 480	93
橡胶制品业	万元	15 159	5 825	54 653	1 808	80
塑料制品业	万元	8 568	20 258	10 875	12 638	1 186
非金属矿物制品业	万元	48 337	80 052	15 688	5 008	7 555
黑色金属冶炼及压延加工业	万元	7 305	185 482	30 325	1 626	216
有色金属冶炼及压延加工业	万元	13 455	96 051	4 160	—	3 594
金属制品业	万元	34 314	43 298	20 897	12 853	240
普通机械制造业	万元	41 912	242 540	57 718	28 309	2 921
专用设备制造业	万元	48 063	64 270	44 217	5 391	—
交通运输设备制造业	万元	27 171	419 769	30 127	29 893	5 807
电气机械及器材制造业	万元	28 383	75 237	38 894	35 227	8 945
电子及通信设备制造业	万元	21 400	9 566	45 268	4 783	253
仪器仪表及文化办公用机械制造业	万元	2 363	12 573	20 220	3 917	717
其他制造业	万元	6 422	4 149	29 054	5 391	11 136
电力、蒸汽、热水的生产和供应业	万元	10 525	11 191	5 564	3 679	2 970
煤气生产和供应业	万元	—	434	33	—	13
自来水生产和供应业	万元	5 776	3 521	2 009	2 292	1 415
全部独立核算工业企业经济指标						
企业单位数	个	556	760	530	230	150
工业总产值(当年价)	万元	696 738	1 665 658	604 444	305 538	144 129
工业增加值	万元	218 321	411 994	119 963	78 674	24 122
流动资产年末合计	万元	420 807	1 009 011	399 818	185 666	116 492
流动资产年平均余额	万元	364 121	815 626	346 903	159 683	97 211
固定资产原价合计	万元	333 816	703 132	310 266	149 036	95 954
固定资产净值合计	万元	273 711	524 077	223 702	104 027	75 597
固定资产净值年平均余额	万元	234 158	505 386	194 514	91 376	72 239
产品销售收入	万元	690 070	1 665 515	589 415	290 180	130 390
#产品销售税金及附加	万元	45 820	110 776	37 936	16 156	6 207
利润总额	万元	21 251	95 523	16 449	9 142	396

表10—15　续表7　　　　(1993年)

指　　标	单位	防城港市	凭祥市	合山市	玉林市	百色市
石油加工及炼焦业	万元	—	—	—	—	—
化学原料及化学制品制造业	万元	4 989	—	—	12 506	16 944
医药制造业	万元	211	—	—	6 513	1 011
化学纤维制造业	万元	—	—	—	—	—
橡胶制品业	万元	—	—	—	1 034	—
塑料制品业	万元	1 280	8	—	3 530	266
非金属矿物制品业	万元	1 554	1 754	1 322	23 060	3 167
黑色金属冶炼及压延加工业	万元	—	—	252	500	695
有色金属冶炼及压延加工业	万元	—	—	—	203	3
金属制品业	万元	16	—	—	1 459	524
普通机械制造业	万元	—	—	—	104 915	15 624
专用设备制造业	万元	—	—	—	621	—
交通运输设备制造业	万元	—	—	—	33 587	536
电气机械及器材制造业	万元	—	—	—	2 183	5 941
电子及通信设备制造业	万元	—	—	—	—	—
仪器仪表及文化办公用机械制造业	万元	—	—	—	—	—
其他制造业	万元	—	—	—	587	1 139
电力、蒸汽、热水的生产和供应业	万元		222	43 551	6 769	10 538
煤气生产和供应业	万元	—	—	—	342	—
自来水生产和供应业	万元		125	54	371	695
全部独立核算工业企业经济指标						
企业单位数	个	129	51	15	262	103
工业总产值(当年价)	万元	29 070	3 153	64 417	283 829	78 432
工业增加值	万元		2 780	23 776	113 781	29 027
流动资产年末合计	万元		1 998	18 396	146 551	45 796
流动资产年平均余额	万元	16 432	1 520	16 535	127 156	40 681
固定资产原价合计	万元		4 151	87 339	106 312	47 797
固定资产净值合计	万元		3 674	51 746	80 587	33 941
固定资产净值年平均余额	万元		3 778	43 301	75 692	29 487
产品销售收入	万元	25 184	3 136	64 468	290 563	79 651
#产品销售税金及附加	万元	29	329	4 279	20 618	5 574
利润总额	万元		—38	2 425	39 517	3 864

表 10—15　续表 8　　(1993 年)

指　　　标	单位	河池市	钦州市	贵港市	宜州市
石油加工及炼焦业	万元	—	—	—	—
化学原料及化学制品制造业	万元	20 045	3 516	13 555	2 667
医药制造业	万元	635	12 428	370	414
化学纤维制造业	万元	—	—	694	19 798
橡胶制品业	万元	194	—	67	—
塑料制品业	万元	6	1 649	712	96
非金属矿物制品业	万元	7 843	11 642	18 239	7 884
黑色金属冶炼及压延加工业	万元	—	4 476	16 944	3 589
有色金属冶炼及压延加工业	万元	1 503	—	—	9 549
金属制品业	万元	902	586	2 012	3 022
普通机械制造业	万元	391	266	969	8 232
专用设备制造业	万元	10 637	5 134	6 449	246
交通运输设备制造业	万元	3 310	1 944	12 199	275
电气机械及器材制造业	万元	723	835	3 655	—
电子及通信设备制造业	万元	—	—	—	130
仪器仪表及文化办公用机械制造业	万元	—	488	—	12
其他制造业	万元	—	4 478	1 824	247
电力、蒸汽、热水的生产和供应业	万元	3 793	2 840	651	1 718
煤气生产和供应业	万元	—	—	—	211
自来水生产和供应业	万元	557	517	538	285
全部独立核算工业企业经济指标					
企业单位数	个	114	295	180	159
工业总产值(当年价)	万元	125 885	90 367	198 305	85 704
工业增加值	万元	44 873	27 029	92 513	35 116
流动资产年末合计	万元	75 084	55 344	79 452	43 216
流动资产年平均余额	万元	60 956	54 100	56 701	36 634
固定资产原价合计	万元	133 459	68 201	79 642	69 292
固定资产净值合计	万元	94 111	57 654	59 826	52 722
固定资产净值年平均余额	万元	87 316	48 158	51 525	46 962
产品销售收入	万元	138 931	93 534	181 554	82 010
#产品销售税金及附加	万元	6 702	6 775	12 381	7 731
利润总额	万元	8 204	6 499	27 108	6 344

表 10—15 续表 9 (1993年)

指标	单位	南宁市	柳州市	桂林市	梧州市	北海市
独立核算国有工业企业主要经济指标						
企业单位数	个	180	167	132	77	51
工业总产值(当年价)	万元	552 364	1 250 697	438 111	213 586	96 844
工业增加值	万元	117 062	306 236	77 728	54 249	17 873
流动资产年末合计	万元	320 304	726 352	305 721	134 376	61 522
流动资产年平均余额	万元	275 209	611 778	265 486	116 302	54 950
固定资产原价合计	万元	320 819	560 272	243 682	112 952	55 973
固定资产净值合计	万元	228 709	415 767	177 166	79 106	46 392
固定资产净值平均余额	万元	194 654	416 753	155 463	69 149	44 230
产品销售收入	万元	554 502	1 262 786	438 638	208 616	92 230
#产品销售税金及附加	万元	39 314	90 662	28 947	12 550	4 127
利润总额	万元	17 384	57 796	10 453	6 156	-1 174
独立核算"三资"企业主要经济指标						
企业单位数	个	32	9	13	30	23
工业总产值(当年价)	万元	33 841	5 478	11 453	13 901	16 855
工业增加值	万元	12 836	3 047	1 650	3 968	3 164
流动资产年末合计	万元	30 566	2 890	7 334	8 061	21 646
流动资产年平均余额	万元	25 479	1 978	7 449	5 072	16 168
固定资产原价合计	万元	19 202	1 933	5 990	8 887	22 249
固定资产净值合计	万元	14 900	1 685	5 474	6 249	15 015
固定资产净值年平均余额	万元	12 640	1 384	3 983	6 877	15 974
产品销售收入	万元	28 260	2 935	9 485	11 399	13 397
#产品销售税金及附加	万元	744	67	527	197	538
利润总额	万元	-66	121	278	628	-784
铁路客运量	万人	365.12	481.74	301.00	—	—
铁路货运量	万吨	263	409	121	—	—
公路客运量	万人	1 189.00	1 495.00	852.24	544.00	750.00
公路货运量	万吨	3 976	1 597	545	688	68
水运客运量	万人	11.25	24.00	109.00	165.00	26.00
水运货运量	万吨	122	16	...	446	84

表 10—15　续表 10　　　　（1993 年）

指　　标	单位	防城港市	凭祥市	合山市	玉林市	百色市
独立核算国有工业企业主要经济指标						
企业单位数	个		8	9	53	57
工业总产值(当年价)	万元		2 779	60 372	101 513	72 716
工业增加值	万元		2 422	21 895	33 944	26 598
流动资产年末合计	万元		1 862	14 946	59 268	42 799
流动资产年平均余额	万元		1 470	13 337	52 334	37 795
固定资产原价合计	万元		3 194	84 867	57 390	44 834
固定资产净值合计	万元		3 674	49 827	45 011	32 029
固定资产净值平均余额	万元		3 778	41 948	41 746	27 586
产品销售收入	万元		2 638	59 012	107 583	74 156
#产品销售税金及附加	万元		321	3 988	10 291	5 245
利润总额	万元		-54	1 956	2 212	3 703
独立核算“三资”企业主要经济指标						
企业单位数	个	5	—	—	16	—
工业总产值(当年价)	万元	4 196	—	—	18 923	—
工业增加值	万元	556	—	—	4 868	—
流动资产年末合计	万元	4 070	—	—	11 479	—
流动资产年平均余额	万元	3 224	—	—	9 647	—
固定资产原价合计	万元	1 750	—	—	6 915	—
固定资产净值合计	万元	1 504	—	—	6 102	—
固定资产净值年平均余额	万元	1 413	—	—	4 554	—
产品销售收入	万元	4 251	—	—	16 149	—
#产品销售税金及附加	万元	52	—	—	756	—
利润总额	万元	-70	—	—	730	—
铁路客运量	万人	82.00	46.40	4.49	138.10	—
铁路货运量	万吨	923	14	240	122	—
公路客运量	万人	2 273	289.00	75.75	715.00	786.00
公路货运量	万吨	565	23	893	1 116	137
水运客运量	万人	—	—	—	—	—
水运货运量	万吨	25	—	1	—	4

表 10—15　续表 11　　　　(1993 年)

指　　标	单位	河池市	钦州市	贵港市	宜州市
独立核算国有工业企业主要经济指标					
企业单位数	个	41	40	31	40
工业总产值(当年价)	万元	110 890	46 805	149 366	78 707
工业增加值	万元	37 490	9 642	71 862	35 116
流动资产年末合计	万元	68 075	32 751	56 886	41 009
流动资产年平均余额	万元	55 424	33 432	40 520	34 901
固定资产原价合计	万元	126 582	42 590	57 211	66 649
固定资产净值合计	万元	88 588	35 046	43 055	50 744
固定资产净值平均余额	万元	81 089	28 606	35 456	45 332
产品销售收入	万元	123 130	53 997	126 819	75 310
#产品销售税金及附加	万元	5 989	4 297	9 089	7 381
利润总额	万元	6 923	2 859	20 979	6 544
独立核算"三资"企业主要经济指标					
企业单位数	个	1	2	4	—
工业总产值(当年价)	万元	217	246	106	—
工业增加值	万元	97	102	6	—
流动资产年末合计	万元	53	132	992	—
流动资产年平均余额	万元	53	36	705	—
固定资产原价合计	万元	474	473	936	—
固定资产净值合计	万元	474	349	776	—
固定资产净值年平均余额	万元	474	349	742	—
产品销售收入	万元	216	226	978	—
#产品销售税金及附加	万元	—	10	26	—
利润总额	万元	5	-55	23	—
铁路客运量	万人	91.67	5.87	66.68	150.70
铁路货运量	万吨	114	31	49	143
公路客运量	万人	438.08	1 220.00	757.00	3 336.00
公路货运量	万吨	132	293	345	71
水运客运量	万人	5.20	15.00	5.00	—
水运货运量	万吨	4	27	392	—

表 10—15 续表 12 (1993 年)

指 标	单位	南宁市	柳州市	桂林市	梧州市	北海市
沿海港口货物吞吐量	万吨	—	—	—	—	190
内河港口货物吞吐量	万吨	63	24	3	202	—
民用航空客运总量	人	179 817	—	780 000	—	210 159
民用航空货邮运量	吨	1 864	—	3 000	—	1 389
年末邮电局(所)数	处	67	32	23	9	6
邮电业务总量(90 年不变价)	万元	15 929	6 733	8 417	4 621	6 533
电话交换机装机总容量	门	68 950	40 806	52 050	24 288	49 918
#程 控	门	68 522	40 656	52 000	24 288	49 918
年末电话机数	部	82 409	50 097	43 452	20 214	17 538
#自动电话机	部	53 922	48 382	42 876	20 184	17 098
全年用电量	万千瓦小时	117 428	226 891	77 759	41 552	28 810
#工业用电	万千瓦小时	89 617	199 227	46 889	29 356	15 314
城乡居民生活用电	万千瓦小时	27 580	26 250	22 259	3 986	6 533
国有经济基本建设投资	万元	92 243	89 877	47 581	33 322	147 399
#住 宅	万元	18 387	16 495	6 656	5 903	3 616
国有经济更新改造措施投资	万元	34 470	115 660	38 102	13 195	33 990
#住 宅	万元	3 291	5 094	1 530	103	300
国有经济其他固定资产投资	万元	518	358	—	14 944	—
#住 宅	万元	251	—	—	184	—
城镇集体固定资产投资	万元	5 597	19 564	6 067		12 796
#住 宅	万元	1 853	4 861	2 624		194
房地产开发投资额	万元	50 716	44 614	26 534	29 051	73 384
#商品住宅	万元	31 438	32 812	21 976	19 732	53 412
商品房销售额	万元	31 492	12 676	12 130	12 263	40 709
商品房竣工建筑面积	万平方米	19.14	19.24	15.59	26.57	26.53
#商品住宅	万平方米	16.84	16.85	13.76	22.03	23.33
商品房销售建筑面积	万平方米	9.07	14.53	12.65	15.49	27.44
国有经济基建新增固定资产	万元	59 539	27 146	18 861	18 251	91 261
国有经济更改新增固定资产	万元	24 611	63 832	27 581	11 664	30 539
国有经济其他新增固定资产	万元	881	358	—	12 922	—
城镇集体投资新增固定资产	万元	3 819	7 038	5 822		8 890

表 10—15　续表 13　　(1993 年)

指　　标	单位	防城港市	凭祥市	合山市	玉林市	百色市
沿海港口货物吞吐量	万吨	595	—	—	—	—
内河港口货物吞吐量	万吨	—	—	—	—	6
民用航空客运总量	人	—	—	—	—	—
民用航空货邮运量	吨	—	—	—	—	—
年末邮电局(所)数	处	23	6	9	32	15
邮电业务总量(90 年不变价)	万元	2 393	528	123	3 388	552
电话交换机装机总容量	门	6 696	2 048	756	14 574	10 371
#程　控	门	6 696	2 048	256	12 500	10 240
年末电话机数	部	7 311	2 251	1 606	13 948	5 790
#自动电话机	部	7 311	2 251	1 606	13 651	5 225
全年用电量	万千瓦小时	32 558	2 761	59 066	45 739	11 707
#工业用电	万千瓦小时	27 410	1 209	56 394	35 844	5 469
城乡居民生活用电	万千瓦小时	2 850	1 552	2 142	4 085	4 144
国有经济基本建设投资	万元	25 343	10 695	7 245	17 009	11 782
#住　宅	万元	7 240	1 202	300	3 435	3 317
国有经济更新改造措施投资	万元	2 711	246	2 180	16 926	6 766
#住　宅	万元	25	—	140	1 476	716
国有经济其他固定资产投资	万元	1 433	—	1 651	1 539	49
#住　宅	万元	—	—	208	—	—
城镇集体固定资产投资	万元	12 766	1 124	351	8 999	665
#住　宅	万元	—	20	—	2 923	61
房地产开发投资额	万元	7 049	7 240	71	12 231	358
#商品住宅	万元	6 648	—	71	12 231	275
商品房销售额	万元	1 987	3 250	—	8 626	235
商品房竣工建筑面积	万平方米	11.94	2.33	—	14.92	0.39
#商品住宅	万平方米	11.01	2.33	—	14.92	0.26
商品房销售建筑面积	万平方米	4.09	2.20	—	14.31	0.45
国有经济基建新增固定资产	万元	22 097	5 105	2 622	17 854	8 731
国有经济更改新增固定资产	万元	1 342	173	2 727	18 653	4 290
国有经济其他新增固定资产	万元	627	—	704	1 539	—
城镇集体投资新增固定资产	万元	8 578	40	—	5 390	630

表 10—15　续表 14　　(1993 年)

指　　标	单位	河池市	钦州市	贵港市	宜州市
沿海港口货物吞吐量	万吨	—	18	—	—
内河港口货物吞吐量	万吨	—	—	415	—
民用航空客运总量	人	—	—	—	—
民用航空货邮运量	吨	—	—	—	—
年末邮电局(所)数	处	17	34	31	24
邮电业务总量(90 年不变价)	万元	905	2 136	1 273	535
电话交换机装机总容量	门	5 748	14 964	4 096	3 656
#程　控	门		4 096	4 096	2 128
年末电话机数	部	6 244	11 063	8 114	2 544
#自动电话机	部	5 873	10 689	5 032	2 544
全年用电量	万千瓦小时	35 410	14 446	39 556	6 834
#工业用电	万千瓦小时	29 233	9 285	28 698	3 642
城乡居民生活用电	万千瓦小时	3 183	4 394	7 735	3 192
国有经济基本建设投资	万元	6 042	34 401	12 113	4 669
#住　宅	万元	1 794	3 249	2 614	926
国有经济更新改造措施投资	万元	17 440	15 013	10 488	12 414
#住　宅	万元	630	513	457	520
国有经济其他固定资产投资	万元	310	302	—	—
#住　宅	万元	100	—	—	—
城镇集体固定资产投资	万元	2 081	1 400	5 712	381
#住　宅	万元	—	—	4 878	81
房地产开发投资额	万元	506	22 127	2 749	324
#商品住宅	万元	157	4 561	2 749	324
商品房销售额	万元	308	2 892	916	—
商品房竣工建筑面积	万平方米	0.47	3.50	1.05	
#商品住宅	万平方米	0.36	3.50	0.33	
商品房销售建筑面积	万平方米	0.42	8.41	1.05	
国有经济基建新增固定资产	万元	3 533	7 959	5 244	1 528
国有经济更改新增固定资产	万元	12 174	11 005	7 339	7 706
国有经济其他新增固定资产	万元	763	302	—	—
城镇集体投资新增固定资产	万元	100	3 485	5 712	449

表 10—15 续表 15 （1993 年）

指　　标	单位	南宁市	柳州市	桂林市	梧州市	北海市
施工住宅建筑面积(包括商品房)	万平方米	129.56	156.86	92.98	64.17	98.81
竣工住宅建筑面积(包括商品房)	万平方米	58.00	53.51	27.49	32.13	29.13
批发零售贸易业商品购进总额	万元	1 469 005	824 521	456 533	432 500	241 613
#国内商业	万元	694 443	442 815	196 780	190 511	109 949
批发零售贸易商品销售总额	万元	1 566 979	850 150	474 421	418 262	218 496
#国内商业	万元	759 978	476 425	218 403	217 028	123 724
社会消费品零售总额	万元	460 332	281 473	163 968	99 102	93 000
批发零售贸易业餐饮业网点数	个	28 481	5 161	8 345	7 807	7 190
#个　体	个	21 366	—	6 556	5 639	7 002
批发零售贸易业餐饮业人员数	人	111 250	60 396	31 777	26 625	22 859
#个　体	人	29 252	18 305	10 784	6 548	9 126
外贸收购总额(实际价格)	万元	168 700	113 238	7 341	79 990	20 472
外贸口岸进口总额(海关数)	万美元	13 861	8 890	10 019	19 372	29 927
外贸口岸出口总额(海关数)	万美元	9 463	6 211	3 525	24 691	7 879
利用外资签订协议(合同)数	个	235	110	154	196	545
#外商直接投资	个	235	108	154	196	124
协议(合同)外资金额	万美元	22 203	12 778	31 144	14 997	219 485
#外商直接投资	万美元	22 203	11 495	31 144	14 997	131 744
实际利用外资额	万美元	7 968	3 640	5 000	2 068	51 367
#外商直接投资	万美元	7 167	2 973	5 000	2 068	51 367
国际旅游者人数	人	24 352	20 465	439 111	29 519	4 615
#外国人	人	9 691	3 682	279 253	4 660	978
港澳和台湾同胞	人	14 616	16 693	137 507	24 823	3 604
旅游外汇收入(外汇券)	万元	2 315	349	46 467	874	227
地方财政预算内收入	万元	89 108	108 608	66 107	33 768	39 171
地方财政预算内支出	万元	57 785	70 420	47 217	27 449	35 162
#文教科学卫生事业费支出	万元	9 349	7 191	7 550	5 766	4 862
#教育事业费支出	万元	5 582	3 527	4 032	3 148	2 469
城乡居民储蓄年末余额	万元	407 197	337 880	248 945	112 902	292 884
年末银行各项贷款余额	万元	551 576	494 858	391 973	195 155	248 129
#流动资金贷款	万元	384 650	357 859	253 736	161 142	161 815
固定资产贷款	万元	84 703	113 012	64 094	29 532	51 758

表 10—15 续表 16　　(1993 年)

指　标	单位	防城港市	凭祥市	合山市	玉林市	百色市
施工住宅建筑面积(包括商品房)	万平方米	27.87	20.00	2.67	49.56	22.60
竣工住宅建筑面积(包括商品房)	万平方米	19.80	8.60	1.96	30.33	18.44
批发零售贸易业商品购进总额	万元		249 825	7 322	359 586	60 646
#国内商业	万元		198 423	5 748	224 904	34 859
批发零售贸易商品销售总额	万元		240 161	8 529	407 264	72 439
#国内商业	万元		202 369	6 166	255 769	44 585
社会消费品零售总额	万元		29 834	11 128	148 988	34 606
批发零售贸易业餐饮业网点数	个	16 163	2 303	125	20 960	5 339
#个　体	个	2 873	2 216	—	18 860	4 923
批发零售贸易业餐饮业人员数	人	25 517	3 349	3 180	50 551	10 364
#个　体	人	6 157	2 642	2 345	30 280	7 119
外贸收购总额(实际价格)	万元	3 769	—	—	37 570	5 927
外贸口岸进口总额(海关数)	万美元	34 158	1 054	—	—	—
外贸口岸出口总额(海关数)	万美元	23 945	2 254	—	—	—
利用外资签订协议(合同)数	个	105	38	—	121	16
#外商直接投资	个	105	10	—	121	16
协议(合同)外资金额	万美元	23 541	1 247	—	18 638	784
#外商直接投资	万美元	23 541	784	—	18 638	784
实际利用外资额	万美元	9 088	600	—	2 486	122
#外商直接投资	万美元	9 088	500	—	2 486	122
国际旅游者人数	人	4 000	294	—	731	—
#外国人	人	—	204	—	202	—
港澳和台湾同胞	人	3 500	90	—	479	—
旅游外汇收入(外汇券)	万元	—	—	—	—	—
地方财政预算内收入	万元	24 582	3 465	4 437	28 691	9 871
地方财政预算内支出	万元	20 233	4 183	3 798	23 983	8 006
#文教科学卫生事业费支出	万元	4 854	1 106	711	5 899	2 069
#教育事业费支出	万元	3 101	643	408	4 635	1 401
城乡居民储蓄年末余额	万元	102 515	20 092	17 171	158 714	42 778
年末银行各项贷款余额	万元	109 745	22 383	15 549	98 584	69 520
#流动资金贷款	万元	61 654	15 438	7 042	76 837	46 474
固定资产贷款	万元	14 605	6 050	7 523	10 720	20 253

表 10—15 续表 17 (1993年)

指　　标	单位	河池市	钦州市	贵港市	宜州市
施工住宅建筑面积(包括商品房)	万平方米	10.53	18.41	22.59	0.53
竣工住宅建筑面积(包括商品房)	万平方米	7.31	9.78	18.55	0.53
批发零售贸易业商品购进总额	万元	95 206	203 331	141 126	292 041
#国内商业	万元	66 399	120 027	94 185	208 096
批发零售贸易商品销售总额	万元	110 840	237 239	154 163	354 738
#国内商业	万元	81 334	138 612	103 702	265 436
社会消费品零售总额	万元	34 578	128 122	90 569	318 655
批发零售贸易业餐饮业网点数	个	4 410	14 375	15 092	8 238
#个　体	个	3 983	13 295	13 863	7 746
批发零售贸易业餐饮业人员数	人	11 751	25 563	38 438	10 251
#个　体	人	4 977	17 490	28 142	9 934
外贸收购总额(实际价格)	万元	6 388	4 376	14 002	—
外贸口岸进口总额(海关数)	万美元	—	—	730	—
外贸口岸出口总额(海关数)	万美元	—	—	1 993	—
利用外资签订协议(合同)数	个	—	39	52	—
#外商直接投资	个	—	39	—	—
协议(合同)外资金额	万美元	—	5 564	3 522	—
#外商直接投资	万美元	—	5 564	—	—
实际利用外资额	万美元	—	1 500	1 154	—
#外商直接投资	万美元	—	1 500	—	—
国际旅游者人数	人	—	—	—	70
#外国人	人	—	—	—	25
港澳和台湾同胞	人	—	—	—	15
旅游外汇收入(外汇券)	万元	—	—	—	—
地方财政预算内收入	万元	7 070	14 370	20 480	9 094
地方财政预算内支出	万元	7 198	13 447	20 241	7 441
#文教科学卫生事业费支出	万元	1 859	4 285	4 569	2 499
#教育事业费支出	万元	1 247	3 010	3 663	1 855
城乡居民储蓄年末余额	万元	44 241	113 028	99 806	34 959
年末银行各项贷款余额	万元	102 186	130 583	91 203	51 760
#流动资金贷款	万元	61 568	89 607	74 825	34 069
固定资产贷款	万元	36 143	12 461	9 381	9 716

表 10—15　续表 18　　　　（1993 年）

指　　标	单位	南宁市	柳州市	桂林市	梧州市	北海市
银行现金收入	万元	2 101 025	1 581 176	959 289	416 982	1 022 772
银行现金支出	万元	1 849 013	1 411 160	886 851	407 503	1 326 232
承保额	万元	1 724 803	1 422 675	1 710 722	249 330	395 971
保　费	万元	8 350	6 274	2 931	1 981	3 805
已决赔款	万元	4 331	3 400	1 537	964	1 814
国有经济全部职工年末人数	万人	35.36	31.78	17.75	8.99	4.88
工资总额	万元	141 369	132 325	65 860	32 022	21 339
城镇集体经济全部职工年末人数	万人	6.02	8.00	2.83	2.58	0.86
工资总额	万元	19 280	23 506	7 822	8 319	3 715
其他经济类型单位全部职工年末人数	万人	1.51	1.51	1.17	0.62	0.52
工资总额	万元	6 609	7 393	4 226	2 741	2 391
城市居民人均消费收入	元	2 820	3 267	2 901	3 002	4 103
城市居民人均消费支出	元	2 624	2 916	2 595	2 510	3 483
#食品支出	元	1 388	1 407	1 400	1 420	1 744
衣着商品支出	元	249	349	311	213	400
家庭设备、用品及服务	元	216	262	276	194	348
交通和通讯	元	160	88	62	56	241
娱乐、教育、文化服务	元	305	441	204	274	358
居　住	元	149	203	172	202	204
每百户拥有黑白电视机	台	53	44	37	56	51
每百户拥有彩色电视机	台	80	85	94	58	63
每百户拥有电冰箱	台	75	82	94	49	67
每百户拥有录像机	台	18	12	18	14	14
职工生活费用价格指数	%	125.1	124.6	120.3	122.2	134.8
消费品零售物价指数	%	124.1	123.8	119.8	120.0	134.0
#食品价格指数	%	128.9	127.2	121.8	124.8	145.7

注：物价指数以上年为 100，城市居民人均消费收支，每百户拥有黑白、彩色电视机、电冰箱、录像机为抽样调查数。

表10—15 续表19 (1993年)

指　　标	单位	防城港市	凭祥市	合山市	玉林市	百色市
银行现金收入	万元	703 060	217 674	57 991	850 718	206 453
银行现金支出	万元	797 021	217 916	71 837	638 223	220 634
承保额	万元	225 782	3 296	53 975	301 773	99 800
保　费	万元	1 946	217	298	3 018	660
已决赔款	万元	1 091	218	128	1 692	273
国有经济全部职工年末人数	万人	2.86	0.78	2.46	6.66	4.90
工资总额	万元	11 097	2 871	9 003	22 489	15 917
城镇集体经济全部职工年末人数	万人	0.62	0.09	0.28	1.58	0.54
工资总额	万元	2 382	290	820	4 365	1 288
其他经济类型单位全部职工年末人数	万人	0.13	—	—	—	—
工资总额	万元	415	—	—	—	—
城市居民人均消费收入	元	—	—	—	—	2 421
城市居民人均消费支出	元	—	—	—	—	2 094
#食品支出	元	—	—	—	—	1 193
衣着商品支出	元	—	—	—	—	198
家庭设备、用品及服务	元	—	—	—	—	134
交通和通讯	元	—	—	—	—	105
娱乐、教育、文化服务	元	—	—	—	—	247
居　住	元	—	—	—	—	97
每百户拥有黑白电视机	台	—	—	—	—	50
每百户拥有彩色电视机	台	—	—	—	—	72
每百户拥有电冰箱	台	—	—	—	—	50
每百户拥有录像机	台	—	—	—	—	4
职工生活费用价格指数	%	—	—	—	—	119.9
消费品零售物价指数	%	—	—	—	—	118.6
#食品价格指数	%	—	—	—	—	124.0

注：物价指数以上年为100，城市居民人均消费收支，每百户拥有黑白、彩色电视机、电冰箱、录像机为抽样调查数。

表 10—15 续表 20 (1993年)

指标	单位	河池市	钦州市	贵港市	宜州市
银行现金收入	万元	193 379	567 118	383 862	117 182
银行现金支出	万元	198 509	583 793	398 415	122 971
承保额	万元	122 726	133 311	351 748	106 983
保　费	万元	1 556	1 611	2 905	1 453
已决赔款	万元	360	1 305	1 696	974
国有经济全部职工年末人数	万人	5.42	5.28	5.50	3.34
工资总额	万元	18 680	15 242	17 170	11 464
城镇集体经济全部职工年末人数	万人	0.79	1.20	1.44	0.26
工资总额	万元	2 498	3 234	3 767	604
其他经济类型单位全部职工年末人数	万人	0.02	0.04	0.13	—
工资总额	万元	61	93	296	—
城市居民人均消费收入	元	—	2 757	2 174	1 905
城市居民人均消费支出	元	—	2 435	1 844	1 757
#食品支出	元	—	1 201	1 070	1 058
衣着商品支出	元	—	222	172	192
家庭设备、用品及服务	元	—	202	141	119
交通和通讯	元	—	140	26	47
娱乐、教育、文化服务	元	—	405	199	156
居　住	元	—	134	129	107
每百户拥有黑白电视机	台	—	58	64	72
每百户拥有彩色电视机	台	—	56	50	42
每百户拥有电冰箱	台	—	44	30	34
每百户拥有录像机	台	—	8	8	8
职工生活费用价格指数	%	—	120.5	123.1	122.1
消费品零售物价指数	%	—	121.3	120.5	122.2
#食品价格指数	%	—	129.6	125.7	127.5

注：物价指数以上年为100，城市居民人均消费收支，每百户拥有黑白、彩色电视机、电冰箱、录像机为抽样调查数。

表 10—16　对外开放区市、县国民经济主要指标和比重

（1993 年）

指　　　　标	单　位	自治区总计	开放区合　计	为总计 %
年末总人口	万人	4 408.00	796.25	18.1
#非农业人口	万人	673.00	197.89	29.4
年末社会劳动者人数	万人	2 275.00	422.65	18.6
土地面积	平方公里	236 667	29 322	12.4
人口密度	人/平方公里	187	272	145.4
国内生产总值（当年价）	万元	7 880 466	2 323 766	29.5
第一产业	万元	2 666 253	507 889	19.0
第二产业	万元	3 219 566	932 363	28.9
第三产业	万元	1 994 647	883 514	44.3
农林牧渔业产值（当年价）	万元	3 901 090	1 032 085	26.5
耕地面积	千公顷	2 607	422	16.2
粮食产量	万吨	1 494.99	237.29	15.9
水果产量	万吨	184.35	48.53	26.3
水产品产量	万吨	56.50	41.34	73.2
乡镇企业总收入	万元	7 357 741	2 046 639	27.8
全部工业总产值（当年价）	万元	9 059 381	2 763 775	30.5
国有独立核算工业固定资产原价	万元	3 100 338		
国有独立核算工业资金总额	万元	4 324 435		
国有独立核算工业利税总额	万元	609 937		
全社会货运总量	万吨	35 509	10 919	30.7
全社会客运总量	万人	39 398	12 107	30.7
沿海港口吞吐量	万吨	659	659	100.0
内河港口吞吐量	万吨	852	351	41.2

注：①经国务院批准的我区对外开放区市、县，指：梧州市、苍梧县、北海市、合浦县、防城港市（含原防城各族自治县）、玉林市、钦州市、南宁市、凭祥市。

②总人口及非农业人口为公安部门户籍数。

表10—16　续表　　　　(1993年)

指　　标	单位	自治区总计	开放区合计	为总计%
年末电话机数	万部	41.87	17.25	41.2
#自动电话	万部		14.03	
邮电业务总量(1990年不变价)	万元	78 339	38 670	49.4
国有单位基本建设投资	万元	1 099 415	387 244	35.2
国有单位更新改造投资	万元	527 724	149 461	28.3
社会消费品零售总额	万元	3 224 031		
外贸收购总额	万元	635 861	320 024	50.3
外贸进口总额(海关数)	万美元	138 090	84 061	60.9
外贸出口总额(海关数)	万美元	110 311	58 692	53.2
实际利用外资	万美元	92 415	75 373	81.6
#外商直接投资	万美元	87 203	74 472	85.4
全部职工人数	万人	345	99.17	28.7
#国有单位	万人	287	79.39	27.7
全部职工工资总额	万元	1 122 805	358 316	31.9
#国有单位	万元	952 559	289 248	30.4
地方财政收入	万元	959 269	286 202	29.8
地方财政支出	万元	1 074 853	232 647	21.6
城乡居民储蓄存款余额	万元	4 068 057	1 500 681	36.9
普通高等学校在校学生	万人	5.10	3.04	59.6
中等专业学校在校学生	万人	8.76	5.17	59.0
普通中学在校学生	万人	164.11	33.47	20.4
小学在校学生	万人	610.77	106.54	17.4
医院病床数	万张	7.65	2.15	28.1
卫生技术人员	万人	11.07	3.25	29.4

主要统计指标解释

年末自来水生产能力　指年末城建部门管理的自来水厂取水、净化、送水、出厂输水干管等环节的综合生产能力。

年末供水管道长度　指从送水泵至用户水表之间所有管道的长度。

全年供水总量　指公用自来水厂全年的供水总量，包括有效供水量及损失水量。

生产用水量　指居民日常生活与公共福利设施的用水量。包括饮食店、旅馆、医院、理发店、浴池、洗衣店、游泳池、商店、学校、机关、部队等单位。

年末实有铺装道路长度　指除土路外，路面经过铺装的道路，包括高级、次高级道路和普通道路。

城市下水道总长度　指所有排水总管（渠）、干管、支管及暗渠等长度之和。

城市污水日处理能力　指污水处理厂每昼夜处理污水量的设计能力。

年末实有营运公共汽车　指年底可参加营运的全部车辆数。

营运线路长度　指设置的固定营运线路长度，包括郊区营运线路长度，不包括临时行驶的线路长度。

城市园林绿地面积　指城市公共绿地、专用绿地、生产绿地、防护绿地、郊区风景名胜区的全部面积。

城市人口用水、用气普及率　指城市人口的非农业人口用自来水、煤气（包括人工煤气、液化石油气、天然气用气人口）的普及情况。

十一、农　业

广西农村巨变

解放45年来,党领导各族人民进行艰苦卓绝的社会主义建设,广西的"八山一水一分地"发生了巨大的变化。昔日的穷山、恶水、荒坡,经过长期的综合治理,变成了资源优势。各地在调整产业结构中这些资源优势已开始转化为生产优势,广大农村已从单一的粮食生产向多种经营方向转化,传统的农业生产方式在向现代化农业生产迈进,自给半自给的自然经济在向商品经济转化,劳动生产率提高,农村社会经济全面迅速发展,农村居民物质文化生活上升,安居乐业,整个农村呈现一派繁荣昌盛好景象。

1993年现价农业总产值390.11亿元,按可比价计算比1949年增长7.30倍。耕地面积复种指数达到206.9%,提高70.8个百分点;粮食单产提高2.32倍,粮食、油料、甘蔗总产量分别增长2.70倍、4.57倍、51.98倍,水果总产量比1952年增长20.02倍。生猪、耕牛存栏分别增长4.82倍和1.57倍;水产品产量增长31.35倍;造林灭荒取得长足发展,主产品产量迅速上升;原农民家庭兼营的"三坊五匠"随着农业劳动生产力的提高,搞副业的劳动力与资金逐步从兼营中发展为农村的第二、三产业,农村经济获得全面迅速增长。纵观广西农业生产,经历了两个飞跃。

农业生产在困境中崛起

中华人民共和国的成立,废除了旧的生产关系,解放了生产力。在国民经济恢复时期,面对旧社会遗留下来的田园荒芜,耕牛和农具严重缺乏,农民生产和生活都处于极其困难的破败现象。新生的人民政权在进行剿匪反霸、镇压反革命、恢复社会秩序,保护人民生命财产安全的同时,深入发动群众,开展爱国生产竞赛,奖励勤劳耕作,改良生产技术,严肃惩罚一切破坏生产行为;组织农民生产自救,扶持农民发展生产,使长期受战乱威胁,生活在水深火热之中的广大农民开始休养生息,致力重建家园,在短短三年期间,农村经济在恢复中迅速发展,大部分农产品产量超过历史最高水平。接着广西区党委、区政府及时领导各族人民开始有计划大规模进入社会主义建设,尽管在第一个五年计划期间,自然和物质条件比较差,抗灾能力还弱,生产水平也不高,但完成了土地改革,开展了互助合作运动,特别是党制定鼓励农村发展多种经营,确定农产品比价,坚持少征多留等农村经济政策全面扎实地贯彻落实,农民得以休养生息,政治情绪饱满,生产积极性高涨,同心协力地完成了第一个五年计划。

1957年按1952年不变价格计算的农业总产值为18.97亿元,比1949年增长93.37%,其中种植业产值11.04亿元,增长44.72%;林业产值0.6亿元,增长2.98倍;牧业产值5.13亿元,增长2.38倍;渔业产值0.34亿元,增长2.60倍。在主要农产品产量中,粮、油、蔗、黄红麻分别增长44.49%、96.49%、1.01倍和1.63倍;猪、牛、羊年末存栏数增长70.53%、58.64%和48.14%;水产品产量增长2.56倍。同期社队办工业和农民家庭兼营手工业有了很大的发展,市场物价稳定,农村商业购销两旺,地方财政收入增加,实现广西农业第一次飞跃。

改革开放促进农村经济大发展

1958年以后的一段时间里,受"左"的思想干扰,"大跃进"、"人民公社"运动挫伤了广大农村干部和农民的积极性,生产环境和物质资源遭到破坏,给农村经济发展留下潜在影响。"文化大革命"破坏了正常的生产秩序,批资批修总体战禁止私人开荒,查处"野马"副业,反对"工分挂帅",砍"资本主义"尾巴,导致农业内部生产失调,农村经济在徘徊中缓慢发展。

1978年12月,党的十一届三中全会决议从根本上冲破了"左"的束缚,把党的工作重点转移到社会主义建设上来,对农村经济体制进行了一系列的改革,是党的改革开放政策的贯彻落实,把广西的农村经济建设推向一个迅速全面发展新阶段。首先是改革经营管理方式,实行生产责任制,这种责任制与农民利益直接相关,受到农民欢迎,家庭联产责任制的推广和不断完善,广大农村形成了多元化所有制结构和多种经营方式同时并存,这种新格局符合农村生产力水平和农村经济特点,调动了各方面积极性。二是大胆引进人才、资金和科学技术,重视科研工作,推广科研成果,大力培训各级农业科技人员,建立商品基地,农村科学种田水平提高,耕地复种指数上升,产出率提高,品质优良,为发展优质、高产、高效迈出了新步子。三是调整产业结构,发挥资源优势。根据《决不放松粮食生产,积极发展多种经营》方针,结合广西"八山一水一分地"资源优势,分三个层次调整农村产业结构,把发展二、三产业作为农民致富和促进农业生产的主要途径,加快农村劳动力、资金与土地的分离,农村工业、建筑业、运输业和商业饮食业全面兴起,农业机械化、水利化、电气化和化学水平提高,农林牧渔业全面丰收,农民收入增加,生活改善,整个农村经济呈现出前所未有的繁荣兴旺好势头。

1993 年农村社会总产值达到 793 亿元(现价,下同),比 1978 年增长 12.63 倍,五大物质生产部门增长幅度农业为 7.45 倍,农村工业为 5.65 倍,农村建筑业为 15.03 倍,农村交通运输业为 37.02 倍,农村商业饮食业为 13.52 倍,农民人均纯收入 885 元,扣除物价因素,比 1980 年增长 1.05 倍。改革开放 15 年来,农村经济增长幅度高于前 30 年的幅度,特别是乡镇企业的兴起,对促进农村社会经济全面发展,改善生产条件和社会福利事业起到重大作用。农林牧渔业及其主产品产量获得了长足的发展,农业商品率提高,效益改善。

然而,目前农村经济仍存在诸多不利因素,如综合生产能力比较低,基础脆弱,流通渠道不畅,市场发育不够健全,经济效益不高等制约因素,需要采取一系列措施,才能保证农村经济持续稳定发展。

表 11—1 乡镇户数、人口和劳动力情况

指　　标	单　位	1985 年	1990 年	1992 年	1993 年
乡镇户数、人口、劳动力					
乡镇户数	**万户**	**651.12**	**756.50**	**785.94**	**801.00**
乡镇人口数	**万人**	**3 421.97**	**3 710.63**	**3 796.55**	**3 833.02**
乡镇劳动力	**万人**	**1 542.47**	**1 767.79**	**1 850.15**	**1 891.68**
按性别分					
男劳动力	万人	798.43	919.64	967.47	989.02
女劳动力	万人	744.04	848.15	882.68	902.66
按产业分					
第一产业劳动力	万人	1 449.21	1 589.12	1 602.46	1 572.83
第二产业劳动力	万人	40.26	70.51	74.41	103.82
第三产业劳动力	万人	53.00	108.16	173.28	215.03

表 11—2 农村非农行业总产值和构成

（当年价）

年份	农村非农行业总产值总计	农村工业总产值	农村建筑业总产值	农村运输业总产值	农村批发零售贸易业饮食业总产值
绝对数（亿元）					
1978	12.01	6.68	2.28	0.65	2.40
1980	15.57	7.49	3.43	1.26	3.39
1985	32.05	12.36	10.31	2.80	6.58
1990	77.51	43.19	15.57	5.27	13.48
1991	100.31	57.66	21.23	7.09	14.33
1992	170.39	116.57	25.31	8.96	19.55
1993	403.15	307.04	36.55	24.71	34.85
构成（以农村非农行业总产值合计为 100）					
1978	100	55.62	18.99	5.41	19.98
1980	100	48.11	22.03	8.09	21.77
1985	100	38.56	32.17	8.74	20.53
1990	100	55.72	20.09	6.80	17.39
1991	100	57.48	21.16	7.07	14.29
1992	100	68.41	14.86	5.26	11.47
1993	100	76.16	9.07	6.13	8.64

表 11—3 农林牧渔业总产值和增加值

（当年价） 单位：亿元

指标	1985 年	1990 年	1992 年	1993 年
农林牧渔业总产值	**108.02**	**252.22**	**333.12**	**390.11**
农业产值	66.34	149.69	188.65	214.24
林业产值	8.09	18.05	26.77	27.47
牧业产值	30.43	75.50	100.71	125.64
渔业产值	3.16	8.98	16.99	22.76
农林牧渔业增加值	—	—	**229.13**	**266.63**
农业	—	—	137.20	155.04
林业	—	—	19.36	21.86
牧业	—	—	60.89	73.99
渔业	—	—	11.68	15.74

表11—4 农林牧渔业总产值指数

年份	农林牧渔业总产值	农业产值	林业产值	牧业产值	渔业产值
1978	101.81	102.69	100.76	104.97	72.75
1979	104.75	106.88	109.69	96.88	85.20
1980	104.18	98.53	98.92	143.75	112.80
1981	105.99	110.35	122.72	76.89	106.36
1982	116.20	116.40	104.58	123.48	126.33
1983	100.01	99.72	92.52	102.73	111.97
1984	99.71	96.95	113.68	105.59	104.19
1985	102.11	99.61	110.51	107.19	112.53
1986	103.43	103.09	104.15	103.31	114.45
1987	104.91	95.72	93.12	102.68	112.53
1988	98.05	96.65	102.65	100.36	106.95
1989	110.28	111.39	94.48	111.78	109.43
1990	108.01	105.38	125.07	111.26	113.93
1991	108.06	105.25	113.01	112.85	112.24
1992	114.94	115.26	106.72	116.04	122.93
1993	107.20	101.31	104.19	119.29	126.60

注：本表以上年为100。

表11—5 耕地面积

单位：千公顷

年份	年末实有耕地面积	水田	#保水田	旱地	#水浇地	占耕地面积% 水田	占耕地面积% 旱地
1978	2 624.8	1 670.3	1 265.1	954.5	65.0	63.6	36.4
1979	2 627.5	1 668.1	1 249.2	959.4	60.7	63.5	36.5
1980	2 636.9	1 653.9	1 223.7	983.0	58.5	62.7	37.3
1981	2 634.5	1 656.2	1 210.6	978.3	57.5	62.9	37.1
1982	2 630.9	1 649.3	1 198.4	981.6	58.1	62.7	37.3
1983	2 620.1	1 641.6	1 183.3	978.5	60.3	62.7	37.3
1984	2 573.7	1 633.5	1 170.1	940.2	58.5	63.5	36.5
1985	2 572.2	1 616.3	1 142.7	955.9	59.7	62.8	37.2
1986	2 563.8	1 605.2	1 137.0	958.6	56.2	62.6	37.4
1987	2 564.9	1 597.9	1 130.2	967.0	54.2	62.3	37.7
1988	2 569.4	1 590.4	1 122.6	979.0	53.1	61.9	38.1
1989	2 578.5	1 587.9	1 121.4	991.4	56.1	61.6	38.4
1990	2 595.9	1 584.9	1 118.9	1 011.0	59.1	61.1	38.9
1991	2 612.9	1 583.1	1 110.6	1 029.8	51.2	60.6	39.4
1992	2 610.7	1 573.0	1 101.9	1 037.7	51.4	60.3	39.7
1993	2 606.6	1 566.5	1 091.8	1 040.1	53.3	60.1	39.9

注：1公顷=15亩

表11—6 主要农作物播种面积

单位:千公顷

指标	1978年	1980年	1985年	1990年	1992年	1993年
农作物总播种面积	**5 357.5**	**4 877.5**	**4 443.4**	**5 141.3**	**5 373.8**	**5 385.2**
粮食作物	4 284.7	3 957.2	3 447.3	3 639.9	3 521.8	3 538.8
占总播种面积的比重(%)	80.0	81.1	77.6	78.8	65.5	65.7
#稻谷	2 892.2	2 764.3	2 471.0	2 543.7	2 465.4	2 418.6
#早稻	1 330.4	1 243.8	1 153.2	1 190.3	1 153.6	1 137.1
晚稻	1 411.0	1 323.9	1 138.5	1 187.5	1 158.6	1 135.2
玉米	632.6	535.2	476.0	536.9	515.5	526.6
大豆	131.6	173.0	210.7	213.4	199.4	224.6
薯类	204.9	164.2	216.4	248.4	252.7	271.1
花生	158.8	141.5	171.5	167.3	165.6	188.9
油菜籽	13.1	5.9	9.1	14.3	25.1	31.5
芝麻	13.1	16.6	13.8	11.2	10.3	13.1
黄红麻	50.3	27.6	79.9	10.0	12.9	15.4
苎麻	1.0	1.0	1.8	2.0	1.0	0.8
甘蔗	144.8	111.8	221.4	319.9	446.6	395.9
烤烟	38.1	19.1	9.1	21.3	37.2	42.5
木薯	131.0	207.8	100.8	219.4	213.3	219.7

表11—7 主要农作物产品产量

单位:万吨

指标	1978年	1980年	1985年	1990年	1992年	1993年
粮食作物	1 082.30	1 190.45	1 117.10	1 402.57	1 457.09	1 494.99
#稻谷	911.33	1 006.74	986.03	1 239.02	1 280.72	1 273.26
#早稻	438.30	493.85	542.25	655.71	676.86	672.73
晚稻	428.62	450.62	383.90	516.70	536.16	531.30
玉米	102.88	111.24	91.67	118.75	122.02	146.58
大豆	7.29	9.91	14.17	13.56	15.95	23.63
薯类	19.80	16.81	20.91	24.88	31.52	43.07
油料	17.74	13.73	22.82	25.19	29.29	36.86
#花生	16.88	12.88	21.95	24.20	27.22	34.21
油菜籽	0.31	0.20	0.42	0.52	1.56	1.96
芝麻	0.40	0.45	0.38	0.35	0.44	0.65
黄红麻	11.77	10.25	23.14	2.08	2.82	2.98
苎麻	0.09	0.08	0.22	0.18	0.09	0.11
甘蔗	376.72	401.93	982.88	1 501.84	2 354.87	2 305.29
烤烟	4.29	2.08	1.25	2.97	5.78	5.57
木薯	25.83	48.12	26.12	64.59	70.69	82.65
茶叶	0.72	0.72	0.99	1.64	1.64	1.92
水果	15.96	20.91	38.82	91.61	161.16	184.35
#蕉类	1.36	1.61	7.72	21.38	69.02	79.28
沙田柚	0.93	0.93	1.10	1.85	4.67	5.31
柑桔橙	5.66	9.33	13.89	34.09	41.59	52.73
菠萝	1.99	2.42	7.56	12.93	12.63	13.63
龙眼	0.96	1.11	2.41	3.44	4.96	3.68
荔枝	0.98	1.50	1.82	5.89	7.96	3.06

表 11—8 主要农作物单位面积产量

单位:公斤/公顷

指　标	1978年	1980年	1985年	1990年	1992年	1993年
粮食作物	**2 526**	**3 008**	**3 241**	**3 853**	**4 137**	**4 225**
#稻　谷	3 151	3 642	3 990	4 871	5 195	5 264
#早　稻	3 294	3 970	4 702	5 509	5 867	5 916
晚　稻	3 038	3 404	3 372	4 351	4 628	4 681
玉　米	1 626	2 078	1 926	2 212	2 367	2 784
大　豆	554	573	673	635	800	1 052
薯　类	966	1 024	966	1 002	1 247	1 589
花　生	**1 063**	**910**	**1 280**	**1 447**	**1 644**	**1 811**
烤　烟	**1 126**	**1 089**	**1 374**	**1 394**	**1 554**	**1 312**
甘　蔗	**26 017**	**35 951**	**44 394**	**46 947**	**52 729**	**58 225**

表 11—9 农业生产条件基本情况

指　标	单　位	1978年	1980年	1985年	1990年	1992年	1993年
机耕面积	**千公顷**	**917.2**	**782.6**	**466.6**	**679.3**	**743.8**	**752.3**
农村用电量	**亿千瓦小时**	**4.26**	**4.76**	**7.58**	**12.60**	**16.98**	**18.98**
化肥施用量(折纯量)	**万　吨**		**39.72**	**52.07**	**86.24**	**103.45**	**105.44**
氮　肥	万　吨		25.09	31.86	45.03	49.28	48.90
磷　肥	万　吨		11.37	10.74	14.74	18.20	17.74
钾　肥	万　吨		2.81	6.59	16.33	21.08	21.61
复合肥	万　吨		0.45	2.88	10.14	14.89	17.20
农田有效灌溉面积	**千公顷**	**1 470.80**	**1 432.71**	**1 348.15**	**1 490.43**	**1 513.80**	**1 496.91**
水　库	**个**	**4 557**	**4 571**	**4 582**	**4 536**	**4 480**	**4 462**
#大型水库	个	24	25	25	25	25	25
中型水库	个	145	147	155	166	168	169
水库库容量	**亿立方米**	**196.12**	**207.98**	**213.19**	**220.22**	**222.35**	**222.24**
#大型水库	亿立方米	115.65	126.20	126.29	130.64	130.66	130.13
中型水库	亿立方米	38.44	39.29	43.62	48.28	48.65	48.88
水库有效库容量	**亿立方米**	**96.50**	**96.92**	**99.80**	**106.69**	**106.45**	**106.95**
#大型水库	亿立方米	42.20	42.34	42.67	47.95	46.47	46.47
中型水库	亿立方米	23.40	23.36	25.94	29.45	29.72	29.87
水库有效灌溉面积	**千公顷**	**695.63**	**702.63**	**703.02**	**696.90**	**683.35**	**670.1**
#大型水库	千公顷	207.57	215.05	212.99	209.50	195.84	179.74
中型水库	千公顷	218.03	220.35	228.45	236.2	239.90	242.65

表 11—10 主要农业机械拥有量

指　　标	单位	1978 年	1980 年	1985 年	1990 年	1992 年	1993 年
农业机械总动力	亿瓦特	31.30	39.05	47.30	78.42	85.42	93.91
农用大中型拖拉机	万　台	2.06	2.23	1.92	1.64	1.27	1.24
	亿瓦特	5.99	6.53	5.63	4.91	4.01	4.03
农用小型及手扶拖拉机	万　台	6.73	10.43	13.28	23.00	24.24	25.68
	亿瓦特	5.93	9.20	11.62	20.34	21.54	22.89
机引农具	万　部	3.81	3.62	12.59	19.00	21.65	23.14
农用排灌动力机械	亿瓦特	6.54	6.97	5.28	7.23	8.81	9.29
农用水泵	台	46 890	57 187	45 511	76 839	110 587	118 087
农用载重汽车	辆	1 693	3 117	8 824	15 448	16 629	19 534
渔业机动船	艘	1 185	1 158	5 495	9 394	9 106	10 235
	亿瓦特	0.79	0.85	1.30	1.91	2.21	2.39
碾米机	台	87 627	102 092	122 121	182 407	193 904	201 690
磨面机	台	6 869	6 550	8 888	19 115	20 979	19 450

表 11—11 畜牧业生产情况

指　　标	单位	1978 年	1980 年	1985 年	1990 年	1992 年	1993 年
牲畜年底头(只)数							
大牲畜	万头	431.25	429.42	582.71	730.85	770.30	787.82
#从事农事劳役的	万头	262.33	273.30	396.67	490.98	523.43	535.87
牛	万头	413.87	410.97	560.19	703.90	741.44	757.45
#能繁殖的母牛	万头		121.16	211.45	287.06	304.18	312.96
水　牛	万头	214.46	222.53	285.03	371.26	402.12	416.49
黄　牛	万头	198.98	188.09	274.67	332.11	338.83	340.47
良种及改良种奶牛	万头	0.43	0.35	0.49	0.53	0.49	0.49
马	万匹	16.73	17.78	21.93	26.11	27.89	29.24
驴	万头	0.11	0.07	0.04	0.05	0.05	0.05
骡	万头	0.54	0.60	0.55	0.79	0.93	1.08
猪	万头	1 246.31	1 034.09	1 435.73	1 742.49	1 903.93	2 073.87
#能繁殖的母猪	万头	80.91	59.39	120.65	132.15	158.71	183.04
羊	万只	94.79	80.32	66.59	80.56	89.05	97.72
#山羊	万只	94.43	80.10	66.58	80.56	89.05	97.72
养蜂箱数	万箱		12.78	14.49	17.92	21.45	21.01
畜产品产量							
肉猪出栏头数	万头	650.62	564.69	693.43	1 063.86	1 349.92	1 546.69
肉类总产量	万吨		40.23	72.31	104.15	136.20	160.89
#猪　肉	万吨		39.70	60.80	87.19	109.78	126.24
牛　肉	万吨		0.34	1.07	3.04	4.82	6.00
羊　肉	万吨		0.19	0.19	0.29	0.43	0.56
其他畜产品							
牛　奶	吨		4 653	6 211	8 589	9 288	9 386
蜂　蜜	吨		1 981	1 837	2 528	3 399	3 390

注：1980 年的肉类总产量只包括猪、牛、羊肉产量。

表 11—12 林业生产情况

指标	单位	1978年	1980年	1985年	1990年	1992年	1993年
造林面积(年末成活率达85%以上)	**千公顷**	**389.3**	**247.1**	**431.9**	**424.6**	**677.8**	**785.9**
#飞机播种	千公顷	194.5	71.7	173.4	114.3	183.9	265.1
用材林	千公顷	330.8	183.1	355.5	375.6	598.3	666.2
#毛竹林	千公顷	2.1	1.2	0.9	0.7	0.7	1.3
经济林	千公顷	55.7	60.7	73.1	45.5	59.4	100.85
#油　茶	千公顷	38.9	29.7	10.6	8.6	6.8	10.50
油　桐	千公顷	5.2	16.5	21.7	5.4	22.4	39.99
八　角	千公顷	1.7	4.4	25.8	6.6	4.0	7.02
玉　桂	千公顷	3.5	2.5	3.8	6.5	7.3	11.81
防护林	千公顷	0.7	1.4	1.1	1.5	19.2	10.2
其他林(风景林、薪炭林)	千公顷	2.1	1.9	2.2	2.0	0.9	1.1
当年迹地更新面积	千公顷	12.8	19.7	19.1	35.2	40.2	40.3
育苗面积	千公顷	2.2	1.6	3.3	3.1	4.4	3.9
当年四旁零星植树(按实际成活计)	万　株	1 176.98	1 202.19	2 719.71	3 051.60	4 508.00	4 998.42
当年幼林抚育作业面积	千公顷次	231.3	168.5	213.4	378.2	548.5	656.8
当年幼林抚育实际面积	千公顷	197.9	148.1	189.6	304.1	428.4	521.3
成林抚育实际面积	千公顷	123.0	106.6	136.2	150.6	178.3	215.1
现有封山育林面积	千公顷	555.3	726.5	1 171.0	1 658.7	3 725.0	4 137.9
林木种籽采集量	吨		503	491	681	753	990
林产品产量							
油茶籽	吨	85 425	58 360	81 013	58 645	112 041	65 976
油桐籽	吨	27 860	21 220	23 890	30 789	45 218	46 149
松　脂	吨	106 050	126 550	118 365	154 595	205 988	245 341
八　角	吨	7 905	6 435	6 985	8 484	17 217	15 830
桂　皮	吨	4 420	5 825	5 050	4 191	6 837	8 872
板　栗	吨	3 294	2 241	1 795	3 955	6 762	9 878
核　桃	吨	52	242	100	153	314	214
白　果	吨	1 790	1 660	1 610	1 625	1 929	1 419
茴　油	吨	253	255	360	402	681	712
桂　油	吨	6	65	105	107	208	360
竹笋干	吨	144	235	1 360	1 838	3 266	3 861
橡　胶	吨	1 376	1 955	2 303	3 181	2 822	2 225
村、村民小组和农户采伐							
木材采伐量	万立方米	173.00	214.82	334.81	329.23	328.28	315.39
毛　竹	万　根	891.00	547.97	553.79	838.00	1 392.00	1 945.57

注:1985 年以前的造林面积是按成活率达 40%以上统计。

表11—13 渔业生产情况

指标	1978年	1980年	1985年	1990年	1992年	1993年
养殖面积(千公顷)	**94.2**	**88.4**	**119.8**	**132.4**	**139.2**	**146.0**
淡水养殖面积	92.3	86.8	117.9	126.9	124.6	128.8
#山塘水库	70.1	64.6	81.1	85.2	80.4	78.2
池塘	22.0	20.6	32.4	37.4	39.1	45.6
海水养殖面积	1.9	1.6	1.9	5.5	14.6	17.2
水产品产量(吨)	**117 136**	**111 349**	**188 980**	**323 493**	**445 744**	**565 099**
海水产品产量	**85 961**	**79 264**	**121 885**	**202 672**	**284 350**	**348 364**
按生产性质分						
天然生产	85 523	78 631	121 187	199 324	260 625	303 006
人工养殖	438	633	698	3 348	23 725	45 358
按类别分						
#鱼类	82 586	74 672	107 588	165 645	213 125	243 013
虾蟹类	2 097	2 648	12 102	25 584	35 469	39 921
贝类	1 276	1 944	2 159	10 882	27 314	59 723
藻类	2	—	36	7	129	72
淡水产品产量	**31 175**	**32 085**	**67 095**	**120 821**	**161 394**	**216 735**
按生产性质分						
天然生产	2 576	2 892	4 209	10 549	13 815	22 141
人工养殖	28 599	29 193	62 886	110 272	147 579	194 594
按类别分						
#渔类	31 138	32 006	66 893	119 116	158 741	208 398
虾蟹类	37	20	69	992	1 303	2 129
贝类	—	59	133	686	1 336	6 096

表11—14 农村乡镇企业基本情况

项　目	1978年	1980年	1985年	1990年	1992年	1993年
乡镇企业单位数(个)	**39 792**	**31 336**	**433 196**	**753 906**	**981 665**	**1 212 334**
按隶属关系分						
乡办企业	10 951	11 580	9 554	8 804	10 033	11 673
村办企业	28 841	19 756	14 665	14 884	19 933	25 230
合作企业			44 799	29 228	35 475	42 094
个体企业			364 178	700 990	916 224	1 133 337
按国民经济部门分						
农业企业	11 156	7 863	4 402	6 766	9 458	12 117
工业企业	17 732	13 458	10 578	254 360	318 544	360 305
建筑企业	2 134	1 366	962	17 476	28 383	37 126
交通运输企业	2 917	2 874	1 892	159 760	197 993	257 689
商业饮食业企业			3 842	239 038	314 385	386 196
服务业企业			1 929	53 843	78 153	101 903
其他企业	5 853	5 775	614	22 663	34 749	56 998
乡镇企业人数(人)	**807 353**	**593 140**	**1 399 060**	**1 991 063**	**2 718 229**	**3 663 529**
按隶属关系分						
乡办企业	360 137	327 209	321 658	343 671	415 315	488 701
村办企业	447 216	265 931	176 239	166 744	227 711	280 766
合作企业			215 447	211 718	255 617	353 547
个体企业			685 716	1 268 930	1 819 586	2 540 515
按国民经济部门分						
农业企业	191 549	98 889	44 506	47 193	67 971	91 405
工业企业	398 721	288 933	271 437	984 875	1 283 665	1 617 922
建筑企业	98 499	101 777	121 512	231 276	307 795	417 513
交通运输企业	51 785	44 230	16 292	205 250	265 662	387 854
商业饮食业企业			18 616	372 466	513 671	701 366
服务业企业			17 287	89 885	144 181	262 346
其他企业	66 799	59 311	8 247	60 118	135 284	185 123
总收入(万元)	**79 875**	**91 044**	**289 984**	**1 049 917**	**3 020 057**	**7 357 741**
按隶属关系分						
乡办企业	47 061	57 443	100 838	263 041	634 400	1 337 456
村办企业	32 814	33 601	42 456	85 873	253 263	565 625
合作企业			47 056	105 332	262 826	695 526
个体企业			99 634	595 671	1 869 568	4 759 134
按国民经济部门分						
农业企业	8 099	6 693	7 130	16 696	55 294	135 230
工业企业	52 203	56 350	79 291	488 994	1 403 955	3 382 084
建筑企业	7 879	10 090	30 760	84 821	269 063	717 070
交通运输企业	6 213	5 808	3 610	134 115	478 928	1 310 487
商业饮食业企业			13 555	269 117	606 938	1 350 360
服务业企业			3 999	32 639	120 603	287 425
其他企业	5 481	12 103	4 949	23 535	85 276	175 085

注:①1978年和1980年为乡村两级数,无合作和个体企业数。

②1985年按隶属关系分的数为乡、村、合作和个体办的全部企业数;而按国民经济部门分的七大行业数为乡村两级数,无合作、个体办的企业数。

③1990年以后的为乡、村、合作和个体办的全部企业数。

④1993年总收入为企业营业收入。

⑤本表资料由自治区乡镇企业局提供。

表 11—14 续表

项目	1978 年	1980 年	1985 年	1990 年	1992 年	1993 年
乡村企业主要财务指标(万元)						
营业收入	79 875	91 044	143 294	348 914	887 663	1 903 081
各项费用支出	41 194	77 378	125 466	313 464	790 884	1 533 257
国家税金	3 111	2 976	8 397	22 423	42 194	69 425
纯利润	10 828	10 690	9 431	11 137	46 780	101 642
#用于扩大再生产	4 185	6 249	3 784	6 935	25 723	40 407
用于支援农业	2 492	1 485	298	682	1 590	2 000
用于集体福利事业	543	705	829	1 401	3 939	7 501
工资总额	24 741	24 391	30 053	56 497	105 632	180 844
年底固定资产原值	57 575	64 741	72 128	199 316	340 107	569 166
年底固定资产净值平均余额			53 937	150 303	225 947	441 615
银行信用社贷款余额	5 864	12 200	25 305	92 340	182 604	248 352
主要分析指标(元)						
每百元固定资产原值实现利润	18.81	16.51	13.08	5.59	13.75	17.86
每百元总收入实现的利润	13.56	11.74	6.58	3.19	5.27	5.34
每百元固定资产原值实现总收入	138.73	140.63	198.67	175.06	261.00	334.36
乡镇企业主要产品产量						
发电量(亿千瓦小时)	0.71	1.08	2.00	2.79	3.70	9.28
原　煤(万吨)	181.14	107.08	149.51	354.76	607.95	815.78
铁矿石(万吨)	25.56	7.86	15.64	45.16	80.06	122.13
锰矿石(万吨)	—	18.04	21.36	82.12	115.11	98.18
重晶石矿(万吨)		56.58	67.80	130.90	113.79	96.16
水　泥(万吨)	5.77	6.78	19.36	93.74	218.04	290.12
砖　(亿块)	7.03	7.21	14.33	45.42	64.22	121.13
石　灰(万吨)	66.05	62.08	57.01	127.84	402.61	646.43
铁制农具(万件)	1542.77	876.14	396.23	825.31	1 561.01	10 269
木制农具(万件)	588.64	59.37	21.22	196.75	421.78	4 248
竹制农具(万件)	388.74	32.78	13.52	548.95	650.39	1 254
粮食加工(万吨)	34.67	37.43	35.94	584.01	790.67	1 698
食用植物油(万吨)	0.24	0.16	0.36	4.81	5.76	12.48
饮料酒(万吨)		1.31	1.82	11.57	13.25	18.14
机制纸及纸板(万吨)	2.78	2.96	3.50	10.91	17.20	30.96
日用陶器(万件)	4 647.00	1 622.00	4 581.00	2 621.00	3 427.55	27 553
日用瓷器(万件)	3 646.00	7 748.00	1 560.00	12 794.00	22 561.84	35 094
烟　花(万箱)		0.17	4.00	19.47	51.21	94
炮　竹(万箱)		18.74	71.00	256.41	185.46	179

注：乡村企业主要财务指标是指乡(镇)、村两级企业。

表 11—15 各地、市乡镇企业基本情况

项　　目	1978 年	1980 年	1985 年	1990 年	1992 年	1993 年
年末从业人数(人)	**807 353**	**593 140**	**1 399 060**	**1 991 063**	**2 718 229**	**3 663 529**
南宁市	7 442	9 110	48 396	86 841	103 424	163 309
柳州市	3 689	4 303	28 152	44 663	56 944	71 522
桂林市	7 664	6 974	24 911	30 770	39 662	51 468
梧州市	5 242	6 360	15 944	27 220	34 939	44 441
北海市			6 337	84 221	154 196	199 990
防城港市				300	1 132	70 100
南宁地区	114 704	80 640	258 641	288 081	337 101	521 674
柳州地区	77 269	44 349	81 785	135 519	174 485	251 645
桂林地区	77 098	60 472	101 827	152 417	197 001	288 444
梧州地区	81 316	61 783	121 119	178 406	289 987	323 407
玉林地区	194 181	159 441	363 512	522 960	732 572	954 399
百色地区	51 995	25 645	45 241	80 528	108 136	148 804
河池地区	55 327	24 628	58 278	109 454	126 933	177 790
钦州地区	131 446	109 435	244 917	249 683	361 717	396 536
总收入(万元)	**79 875**	**91 044**	**289 984**	**1 049 917**	**3 020 057**	**7 357 741**
南宁市	1 257	2 335	11 549	59 525	105 990	288 580
柳州市	604	1 277	8 083	35 328	77 150	203 276
桂林市	994	1 363	6 971	18 029	40 061	106 831
梧州市	675	949	5 337	16 506	34 395	82 691
北海市			4 616	70 351	239 789	646 450
防城港市				517	2 062	175 074
南宁地区	8 630	9 928	34 659	92 159	153 439	425 678
柳州地区	6 759	6 261	15 125	59 286	120 514	328 924
桂林地区	7 893	8 309	20 538	101 187	219 253	553 579
梧州地区	7 766	8 833	21 592	98 801	229 451	531 819
玉林地区	22 400	27 433	94 771	307 604	1 344 735	3 027 111
百色地区	3 276	2 565	6 274	32 681	69 385	141 770
河池地区	3 991	2 801	9 455	47 744	84 579	198 028
钦州地区	15 630	18 990	51 014	110 199	299 254	647 930
总产值(现价,万元)				**916 081**	**2 790 267**	**6 939 466**
南宁市				51 468	96 115	250 590
柳州市				33 113	78 153	206 630
桂林市				16 029	37 408	103 972
梧州市				14 676	31 612	71 847
北海市				66 214	222 204	617 426
防城港市				392	1 392	167 981
南宁地区				76 280	143 195	393 410
柳州地区				50 871	116 175	317 527
桂林地区				87 079	208 599	502 399
梧州地区				79 454	210 023	503 754
玉林地区				275 711	1 214 448	2 877 129
百色地区				24 450	62 409	122 704
河池地区				36 829	78 822	180 750
钦州地区				103 515	289 712	623 347

注:①1978 年和 1980 年为乡村两级数,1985 年以后,为乡镇企业全部数。即包括乡、村办企业、合作和个体企业。
②本表资料按当年行政区划整理。

表 11—15　续表

项　　目	1978年	1980年	1985年	1990年	1992年	1993年
上缴税金(万元)	**3 111**	**2 976**	**14 346**	**50 519**	**104 308**	**189 643**
南宁市	60	154	620	3 121	5 109	10 041
柳州市	21	35	425	1 650	3 046	6 300
桂林市	50	27	320	873	1 794	4 164
梧州市	8	11	269	1 120	1 590	2 365
北海市			226	3 485	8 655	15 424
防城港市				24	82	5 100
南宁地区	249	245	1 571	4 201	7 281	16 560
柳州地区	211	166	914	3 160	6 149	11 561
桂林地区	318	264	1 068	5 009	8 157	12 770
梧州地区	437	450	1 235	4 217	7 784	13 238
玉林地区	786	601	3 864	13 003	34 645	60 595
百色地区	132	73	379	1 802	3 726	6 209
河池地区	173	45	420	2 018	3 953	7 736
钦州地区	666	992	3 035	6 836	12 337	17 580
利　　润(万元)	**10 829**	**10 690**	**25 110**	**70 271**	**196 077**	**442 123**
南宁市	233	452	982	3 158	6 690	15 022
柳州市	130	250	743	2 350	5 331	11 985
桂林市	168	222	626	681	2 922	6 747
梧州市	111	170	463	825	1 789	4 049
北海市			612	4 139	17 686	49 855
防城港市				44	249	9 992
南宁地区	1 396	1 289	3 519	7 531	13 486	32 222
柳州地区	938	895	1 800	5 636	10 396	27 139
桂林地区	976	830	1 984	7 774	16 079	37 104
梧州地区	1 039	935	1 722	6 884	14 384	31 723
玉林地区	3 073	3 448	7 216	17 820	73 626	147 094
百色地区	576	389	544	2 955	7 990	12 212
河池地区	659	321	773	4 355	8 111	18 357
钦州地区	1 530	1 583	4 126	6 119	17 338	38 622

注：1980年上缴税金和利润数各地、市相加不等全区数。

表 11—16 农民家庭生产性固定资产原值

（平均每户） 单位：元

指标	1985 年	1990 年	1992 年	1993 年
合计	**777.15**	**1 082.59**	**1 330.55**	**1 426.66**
役畜产品畜	437.15	512.61	562.28	595.01
大中型铁木农具	24.61	47.36	64.89	83.96
农林牧渔业机械	54.49	139.02	185.52	224.60
工业机械	18.04	54.90	73.50	67.44
运输机械	57.15	97.70	113.07	138.58
生产用房	164.78	195.90	261.97	290.09
其他	20.93	35.10	69.32	26.98

表 11—17 农民家庭拥有主要生产性固定资产

（平均每百户）

指标	单位	1985 年	1990 年	1992 年	1993 年
汽车	辆	—	0.16	0.18	0.22
大中型拖拉机	台	0.13	0.22	0.21	0.24
小型和手扶拖拉机	台	2.82	4.14	4.83	5.58
机动脱粒机	台	0.12	0.43	0.65	2.68
役畜	头	77.24	81.69	74.06	78.00
胶轮手推车	辆	9.11	11.04	13.72	17.58
抽水机	台	0.10	1.20	1.81	2.67
水泵	台	0.01	0.95	2.10	2.68
机动船	条	0.34	0.21	0.15	0.13

表 11—18 农民家庭经营耕地情况

（平均每人）

指标	单位	1985 年	1990 年	1992 年	1993 年
经营耕地面积	**亩**	**1.18**	**1.16**	**1.18**	**1.23**
#承包耕地面积	亩	0.99	0.97	1.00	1.00
所占比重	%	83.90	83.62	84.75	81.30
自留地面积	亩	0.12	0.10	0.09	0.10
所占比重	%	10.17	8.62	7.63	8.13
经营山地面积	**亩**	**0.45**	**0.49**	**0.35**	**0.44**
#承包山地面积	亩	0.21	0.23	0.27	0.31
所占比重	%	46.67	46.94	77.14	70.45
自留山面积	亩	0.23	0.25	0.07	0.09
所占比重	%	51.11	51.02	20.00	20.45
植树造林面积	亩	0.04	0.01	0.04	0.08
经营水面面积	**亩**	**0.01**	**0.01**	**0.01**	**0.02**

注：表 11—16 至表 11—18 为抽样调查数。

主 要 统 计 指 标 解 释

农村非农行业总产值 指在一定时期内农村生产的，以货币形式表现的农村工业、建筑业、交通运输业、批发零售贸易业四个物质生产部门的全部产品价值总量。包括的范围是：乡(社)、村(队)及村以下各级合作经济组织和农户从事工业、建筑业、运输业、批发零售贸易业及餐饮业活动所生产的产值。凡是在农村的国有工业、建筑业、运输业、批发零售贸易业及餐饮业所生产的产值均不包括在内。集体和国有联营的企业产值，凡场址在农村，利用农村劳动力、土地或生产用房进行生产的联营企业，其产值包括在农村非农行业总产值中。

农林牧渔业总产值 以货币表现的农林牧渔四业全部产品的总量，它反映一定时期内农业生产的总成果和总规模。

农、林、牧、渔四业的统计范围是：

(1)农业，包括种植业和其他农业主产品和副产品。

①农作物种植业，包括粮、棉、油料、糖料、麻类、烟叶、蔬菜、药材、瓜类和其他农作物的种植，以及茶园、桑园、果园的生产经营。

②其他农业包括采集野生植物及农民家庭兼营的商品性工业(不包括村及村以下办的工业)。

(2)林业，包括林木的栽培(不包括茶园、桑园和果园的栽培、管理和收获等活动)、林产品的采集和村及村以下(即原生产大队、生产队和社员)的竹木采伐。

(3)牧业，包括除渔业养殖以外的一切动物饲养和放牧，以及捕猎野兽、野禽。

(4)渔业，包括水生动物和海藻类植物的养殖和捕捞。

从经济类型看，包括国有的各种专业农(林、牧、渔)场和农业试验场、所；集体所有制的农村各种经济组织经营的农林牧渔业；农民自营的农作物栽培和动物饲养等。

农林牧渔业总产值的计算方法通常是以农林牧渔业产品及其副产品的产量乘以该项产品的单位价格而得该项产品的产值，少数生产周期较长，当年没有产品或产品产量不易统计的则采用间接方法匡算产值。四业产品产值之和即为农林牧渔业总产值。

农林牧渔业增加值 指在一定时期内农业劳动者从事农业、林业、牧业、渔业生产经营或劳务活动的最终成果。

增加值和总产值相比较，一个最大的优点在于增加值避免了中间产品的重复计算。重复计算是总产值指标所不可避免的一个缺陷，它受社会分工和工厂法计算的影响，社会分工越细，重复计算的次数就越多，总产值也就越大。而增加值在计算过程中扣掉了中间消耗，消除了总产值计算时的重复因素，计算结果是社会最终产品的价值。因此它能较客观地反映农业生产经营单位对社会的贡献，也是计算各项经济效益指标的重要依据。

农业机械总动力 指主要用于农、林、牧、渔业的各种动力机械的动力总和。包括耕作机械、排灌机械、收获机械、农产品加工机械、运输机械、植物保护机械、牧业机械、林业机械、渔业机械和其他农业机械(内燃机按引擎马力折成瓦特计算)。不包括专门用于乡办工业、基本建设、非农业运输、科学试验和教学等非农业生产方面用的动力机械与作业机械。

耕地面积 指种植农作物，经常进行耕锄的田地。包括熟地、当年新开荒地、连续撩荒未满三年的耕地和当年的休闲地(轮歇地)。以种植农作物为主附带种植桑树、茶树、果树和其他林木的土地以及沿海、沿湖地区已围垦利用的"海涂"、"湖田"等也应包括在内。但专业性的桑园、茶园、果园、果木苗圃、林地、芦苇地、天然草原等不应包括在内。

乡镇企业 即原来的农村人民公社和生产大队两级集体经济举办的社队企业。在农村政社组织管理体制分设以后，除了乡、村合作经济组织办企业外，又出现了部分社员联营或其他形式的合作企业和个体企业。1984 年 3 月确定将这类企业统称"乡镇企业"。

乡镇企业单位一般应拥有固定的组织、生产场所、生产设备和人员；有核算制度，承担经济责任和纳税义务；是一个比较稳定的经济实体。

十二、工　业

工业经济快速发展

一、四十五年巨变

建国四十五年，广西工业经济在党和政府的重视下，经过全区各族人民坚持不懈的艰苦努力，面貌发生了巨大变化，在建国初期全区只有17家小电厂，709家以手工操作为主的轻纺厂，坊和民间矿场，以及8万多户个体工业。1950年全区工业总产值仅2.2亿元，其中轻工业2.01亿元，重工业0.19亿元，这样一个十分薄弱的工业基础上，迅速发展为行业门类比较齐全，工业结构比较协调，分布比较合理的工业体系。建国以后，国家对发展广西的少数民族经济十分重视，从1950年至1993年对我区国有及集体工业投资达448.25亿元，其中对国有工业投资达391.76亿元，促使我区工业经济实力大大增强，到1993年，全部独立核算工业企业拥有固定资产原值397.75亿元，比1975年增长了8.6倍，有职工139.15万人，有工业企业12736个。(乡及乡以上)其中轻工企业6618个，占51.96%，重工企业6118个，占48.04%。1993年全年，全区实现工业总产值达905.94亿元，比1950年增长246.73倍，平均每年增长13.68%，现在只需要一天时间，就能完成相当于1950年全年的工业总产值。工业总产值占工农业总产值的比重也由1950年的20.1%上升到1993年的69.9%。工业在广西经济中的地位与日俱增。

新中国成立后，我区工业从小到大，从无到有陆续建成大型企业89个，中型企业403个，这些大中型企业生产规模大，资金雄厚，生产设备先进，人员素质好。1993年，其所拥有的固定资产原值占全部独立核算企业固定资产原值的比重达62.45%，工业总产值在全区工业中占56.21%。利税占68.94%。是我区工业经济中一颗闪烁的明珠和中坚力量。

回顾我区工业45年的发展过程，我们在注重总量发展的同时，还注意根据广西的资源优势调整和完善我区的工业结构，至今已形成轻、重工业协调发展的格局。1950年我区轻重工业的比重为91.44：8.56，到1993年调整为51.04：48.96。轻工业比重下降40.4个百分点。重工业比重上升40.4个百分点。一些长期空缺的工业门类逐步得到填补。到1993年全区已拥有工业行业40个。其中支柱行业的生产长足发展。到1993年全区已从1950年只有一间日榨25吨的小糖厂发展到拥有机制糖生产厂家100家，年产食糖235万吨，比1950年增产76.81倍，平均每年增长10.66%，近两年已连续两个榨季成为全国产糖头号大省。是我国糖业的重要基地。制糖业的迅速掘起，推动了整个食品工业的蓬勃发展，使其成为广西工业最大的一个行业。1993年食品工业总产值占全部工业总产值的比重达16.65%，其次是机械工业和建筑材料及其他非金属矿物制品业，占全部工业总产值的比重分别为10.48%和7.26%。工业经济的日益壮大兴旺，对丰富各族人民物质文化生活，改变广西落后面貌，带动整个经济持续、稳定，协调发展起着越来越重要的作用。

二、改革开放十五年的腾飞

1978年党的十一届三中全会以后，改革开放的春风吹遍了祖国大地，我区工业经济园地生机盎然。大步迈上了一个新台阶。1993年全区工业总产值比1978年增长4.33倍，固定资产原价比1978年增加341.69亿元，是1978年的7.1倍，全年独立核算企业利税总额达85.54亿元，是1978年利税总额的7.22倍，许多重要工业产品产量累计超过前28年的总和：原煤产量相当于改革前的1.8倍，生铁为2.93倍，发电量为4倍，其中：水电为4.43倍，钢4.84倍，水泥为5.19倍，汽车为35.26倍，自行车为98.5倍，电视机为216.49倍，糖为4.94倍，卷烟为5.17倍。

改革开放15年，我区原有的工业经济所有制结构被生产力发展的要求所冲破，至今已形成多种经济成份共同发展的新格局，1993年，我区国有工业产值比1978年增长约3.43倍，占全部工业总产值的比重为68.18%，比1978年81.96%的比重下降了13.78个百分点，集体工业产值比1978年增长5.92倍，比重由18.02%上升为23.41%，以三资企业为主的其他经济类型工业从无到有发展迅速，到1993年其产值占全部工业产值的比重已达8.41%。尤其可喜的是，近几年我区乡村工业在改革开放政策的引导下，如雨后春笋蓬勃发展。1993年全区乡村工业产值已达239.98亿元，占全部产值比重达28.42%，四分天下有其一。乡村工业的发展壮大，为我区工业经济增添了巨大活力。对解决农村剩余劳动力就业，丰富广大农民生活，做了很大贡献。

纵观改革十五年，是我区工业经济发展最旺盛的时期，工业总量的增长及结构的逐步改善，对促进我区整个国民经济的健康增长起了很大作用，实践证明，改革是我区工业经济发展的巨大动力。

但是工业经济发展中还存在一些问题、能源、交通、原材料及资金严重不足仍是制约我区工业发展的重要因素，近两年因增本减利因素增多，企业亏损也还比较严重。效益提高受一定影响。现代企业制度的建立还需进一步摸索和完善。可以予期，我区工业经济在进一步改革开放过程中，将还会获得更大发展。

表 12—1 工业企业单位数

（乡及乡以上）

单位：个

指标	1992年	1993年
总计	**11 668**	**12 736**
按经济类型分		
国有经济	3 732	3 575
中央企业	83	91
地方企业	3 649	3 484
#县属企业		2 278
集体经济	7 691	8 682
#县属企业	1 186	1 666
其他经济	245	479
#三资企业		307
按轻重工业分		
轻工业	6 641	6 618
以农产品为原料	4 422	4 374
以非农产品为原料	2 219	2 244
重工业	5 027	6 118
采掘工业	966	1 056
原料工业	1 522	1 650
加工工业	2 589	3 412
按企业规模分		
大型企业	72	89
中型企业	384	403
小型企业	11 212	12 244
按工业主要行业分		
煤炭采选业	126	120
石油和天然气开采业	—	1
黑色金属矿采选业	142	177
有色金属矿采选业	221	224
非金属矿采选业	335	416
其他矿采选业	—	6
木材及竹材采运业	160	124
食品加工业	979	907
#制糖业	106	106
食品制造业	674	612
#罐头食品制造业	96	80
饮料制造业	504	555
#酒精及饮料酒制造业	210	161

表 12—1　续表

指　　标	1992 年	1993 年
烟草加工业	22	23
卷烟制造业	11	11
纺织业	300	311
服装及其他纤维制品制造业	313	301
皮革、毛皮、羽绒及其制品业	100	155
木材加工及竹、藤、棕、草制品业	585	705
家具制造业	280	295
造纸及纸制品业	409	487
#造纸业	222	244
印刷业、记录煤介的复制	307	346
文教体育用品制造业	66	62
石油加工及炼焦业	9	16
化学原料及化学制品制造业	540	677
医药制造业	120	154
化学纤维制造业	4	11
橡胶制品业	42	38
塑料制品业	311	370
非金属矿物制品业	1 368	1 611
#水泥制造业	190	203
黑色金属冶炼及压延加工业	76	124
有色金属冶炼及压延加工业	90	131
金属制品业	796	776
普通机械制造业	255	394
专用设备制造业	431	369
交通运输设备制造业	289	391
武器弹药制造业	—	1
电气机械及器材制造业	169	238
电子及通信设备制造业	64	69
仪器仪表及文化、办公用机械制造业	38	44
其他制造业	581	6
电力、蒸汽、热水的生产和供应业	705	646
#电力生产业	581	513
#水力发电业	555	493
煤气生产和供应业	1	13
自来水的生产和供应业	255	270

表 12—2 全部工业总产值

（当年价格） 单位：万元

指　　标	1985 年	1990 年	1992 年	1993 年
总　　计	**1 393 949**	**3 534 331**	**5 828 107**	**9 059 381**
国有经济	1 084 159	2 550 882	3 824 655	5 013 602
中央企业	129 962	349 473	498 918	684 646
地方企业	954 197	2 201 409	3 325 737	4 328 956
#县属企业	238 946	678 023	1 065 427	1 440 143
集体经济	228 070	586 910	955 270	1 548 821
#县属企业	38 778	105 399	152 956	292 425
其他经济	1 762	57 292	132 726	634 125
#三资企业	111	18 654	47 804	233 762
农村村办工业	27 339	60 515	156 050	305 739
城镇联营工业	3 706	15 882	32 587	99 695
农村联营工业	17 581	60 511	151 654	387 744
城镇个体工业	7 632	43 610	100 871	252 024
农村个体工业	23 700	158 729	474 294	817 631
总计中：轻工业	753 461	1 953 243	3 041 305	4 237 505
重工业	640 488	1 581 088	2 786 803	4 821 876

表 12—3 全部工业总产值

（1990 年不变价） 单位：万元

指　　标	1985 年	1990 年	1992 年	1993 年
总　　计	**1 307 695**	**3 709 887**	**5 791 527**	**7 828 421**
国有经济	991 201	2 701 952	3 793 871	4 140 646
中央企业	109 868	367 009	476 966	534 634
地方企业	881 342	2 334 943	3 316 906	3 606 012
#县属企业	212 017	750 721	1 130 039	1 228 513
集体经济	234 980	613 109	969 124	1 421 975
#县属企业	40 786	113 190	164 985	276 238
其他经济	1 547	63 179	132 483	510 940
#三资企业	125	19 018	49 170	234 848
农村村办工业	27 339	59 159	152 742	282 047
城镇联营工业	3 706	15 526	31 896	94 704
农村联营工业	17 581	59 156	148 439	368 333
城镇个体工业	7 632	42 633	98 733	237 916
农村个体工业	23 700	155 173	464 239	771 860
总计中：轻工业	766 487	2 050 263	3 257 728	4 109 481
重工业	541 208	1 659 624	2 533 799	3 718 940

注：1985 年按 1980 年不变价计算。

表12—4 历年全部工业总产值

单位:万元

年份	全部工业总产值(当年价)	国有经济	集体经济	全部工业总产值指数(以上年为100)	国有经济	集体经济
1950	23 119	3 856	19 263			
1951	30 093	7 587	22 506	24.25	87.83	11.52
1952	40 466	12 097	28 369	31.54	55.98	23.30
1953	54 217	19 082	35 135	33.92	57.67	23.79
1954	66 259	30 140	36 119	25.90	62.72	5.91
1955	76 609	39 877	36 732	13.13	29.46	−0.49
1956	85 947	49 295	36 652	13.85	25.45	1.26
1957	91 954	58 947	33 007	7.84	20.53	−9.23
1958	121 519	95 161	26 358	58.07	93.05	−4.44
1959	174 340	130 055	44 285	47.33	40.35	72.54
1960	194 941	154 555	40 386	11.52	18.52	−9.22
1961	105 286	86 240	19 046	−50.78	−49.15	−56.94
1962	95 325	71 315	21 342	−12.56	−20.55	7.66
1963	104 851	74 937	22 295	9.01	3.11	2.51
1964	119 436	83 861	24 664	22.57	20.93	19.55
1965	155 881	115 844	29 468	30.15	38.14	19.48
1966	193 563	147 008	36 340	23.95	26.90	23.32
1967	170 354	125 162	34 744	−8.30	−11.13	−0.20
1968	121 520	85 857	24 980	−28.53	−31.40	−28.10
1969	223 249	172 814	39 322	83.21	101.28	57.41
1970	274 106	219 323	43 274	27.64	32.24	14.67
1971	332 964	267 644	46 946	22.36	22.39	12.00
1972	374 840	302 061	52 201	12.58	12.86	11.19
1973	427 737	345 120	61 816	14.12	14.25	18.42
1974	467 286	368 505	72 719	10.87	8.46	19.49
1975	523 059	407 301	84 499	11.93	10.53	16.20
1976	567 133	441 862	97 728	8.45	8.49	15.66
1977	638 975	505 648	104 757	14.99	15.22	17.05
1978	699 727	551 690	116 121	9.67	9.65	9.24
1979	744 724	589 477	118 404	3.82	3.77	1.14
1980	786 344	612 702	136 125	7.12	6.46	11.66
1981	850 658	675 014	139 610	4.66	5.61	2.73
1982	927 337	740 084	145 939	8.87	8.97	7.01
1983	985 078	789 293	151 902	6.64	6.99	5.12
1984	1 094 868	848 923	190 996	9.60	5.00	27.22
1985	1 393 949	1 084 159	228 070	20.75	21.08	12.21
1986	1 647 864	1 247 422	271 647	11.87	9.54	13.77
1987	2 074 562	1 545 869	344 279	18.31	15.69	18.66
1988	2 720 028	1 972 737	486 579	15.82	11.56	26.10
1989	3 269 926	2 391 455	552 706	6.17	4.86	7.56
1990	3 534 331	2 550 882	586 910	8.23	6.71	6.85
1991	4 214 681	3 000 710	696 019	15.32	11.85	19.14
1992	5 828 107	3 824 655	955 270	35.37	25.50	32.67
1993	9 059 381	5 013 602	1 548 821	35.17	9.14	46.73

表 12—5 各种分组的工业总产值

（乡及乡以上工业企业）

单位：万元

指标	按当年价格计算			按 1990 年不变价格计算		
	1990 年	1992 年	1993 年	1990 年	1992 年	1993 年
总计	**3 195 084**	**4 912 651**	**7 196 548**	**3 378 240**	**4 895 478**	**6 073 561**
按经济类型分						
国有经济	2 550 882	3 824 655	5 013 602	2 701 952	3 793 871	4 140 646
中央企业	349 473	498 918	684 646	367 009	476 966	534 634
地方企业	2 201 409	3 325 737	4 328 956	2 334 943	3 316 906	3 606 012
#县属企业	678 023	1 065 427	1 440 143	750 721	1 130 039	1 228 513
集体经济	586 910	955 270	1 548 821	613 109	969 124	1 421 975
#县属企业	105 399	152 956	292 425	113 190	164 985	276 238
其他经济	57 292	132 726	634 125	63 279	132 483	510 940
#三资企业	18 654	48 844	233 762	19 018	50 212	234 848
按轻重工业分						
轻工业	1 742 209	2 471 295	3 166 836	1 935 923	2 699 802	3 100 178
以农产品为原料	1 348 422	1 898 647	2 327 666	1 515 584	2 093 776	2 327 666
以非农产品为原料	393 787	572 648	839 170	420 339	606 026	839 170
重工业	1 452 875	2 441 357	4 029 712	1 442 316	2 195 676	4 029 712
采掘工业	197 104	279 261	389 405	185 710	254 983	389 405
原料工业	570 600	913 988	1 481 563	543 252	742 781	1 481 563
加工工业	685 171	1 248 107	2 158 744	713 355	1 197 912	2 158 744
按企业规模分						
大型企业	810 001	1 137 175	1 898 077	910 325	1 104 480	1 485 883
中型企业	749 613	1 592 847	2 157 180	801 068	1 673 474	1 927 770
小型企业	1 635 470	2 182 629	3 141 291	1 666 846	2 117 524	2 659 909
按工业主行业分						
煤炭采选业	41 545	61 126	79 137	31 905	41 411	44 769
石油和天然气开采业	—	—	71	—	—	71
黑色金属矿采选业	18 750	27 032	39 738	21 277	24 695	28 996
有色金属矿采选业	89 438	112 563	170 409	85 225	114 832	155 851
非金属矿采选业	18 229	30 517	74 989	19 585	31 469	63 701
其他矿采选业	20	—	1 905	27	—	1 006
木材及竹材采运业	31 815	51 764	47 240	29 562	45 050	34 492
食品加工业	436 874	708 363	943 729	548 849	850 582	914 015
#制糖业	282 089	424 756	578 607	382 208	601 966	657 050
食品制造业	145 280	215 567	229 287	149 786	208 970	215 474
#罐头食品制造业	46 588	89 744	80 425	45 187	78 541	69 211
饮料制造业	77 732	119 077	177 717	77 776	107 732	146 984
#饮料酒制造业	39 815	59 818	77 848	37 981	49 780	53 735

表 12—5 续表

单位:万元

指标	按当年价格计算			按 1990 年不变价格计算		
	1990 年	1992 年	1993 年	1990 年	1992 年	1993 年
烟草加工业	163 835	166 185	185 075	161 615	177 335	191 452
#卷烟制造业	154 420	154 338	173 664	156 426	164 832	179 678
纺织业	254 596	282 110	311 547	282 762	315 706	331 733
服装及其他纤维制品制造业	33 493	47 402	64 506	38 676	52 162	68 528
皮革、毛皮、羽绒及其制品业	23 340	29 478	56 811	26 333	35 151	56 556
木材加工及竹、藤、棕、草制品业	28 819	47 406	85 228	28 750	46 747	72 278
家具制造业	10 492	15 931	24 395	11 096	16 355	23 207
造纸及纸制品业	95 451	137 328	174 409	106 836	146 588	173 363
#造纸业	68 768	95 698	126 081	78 158	100 263	121 170
印刷业、记录媒介的复制	43 296	65 607	70 567	46 002	62 425	67 372
文教体育用品制造业	4 935	9 634	7 120	5 232	10 697	7 779
石油加工及炼焦业	4 719	12 358	37 600	2 458	5 680	11 817
化学原料及化学制品制造业	271 865	383 379	492 167	266 977	357 880	406 643
医药制造业	61 456	106 388	144 018	65 135	116 954	154 821
化学纤维制造业	30 270	39 225	52 315	30 769	42 460	52 779
橡胶制品业	55 881	68 550	83 628	73 399	88 083	102 697
塑料制品业	46 985	72 969	84 908	51 619	82 078	90 959
非金属矿物制品业	200 711	390 238	719 492	204 527	327 888	452 934
#水泥制造业	110 555	232 489	448 503	109 475	169 615	221 102
黑色金属冶炼及压延加工业	130 382	190 303	355 084	112 670	140 085	178 686
有色金属冶炼及压延加工业	75 866	115 959	174 006	76 008	120 731	159 000
金属制品业	59 554	93 648	169 952	58 770	92 318	143 249
普通机械制造业	143 112	271 584	522 515	147 261	252 264	359 945
专用设备制造业	84 902	136 449	247 009	87 549	132 687	212 274
交通运输设备制造业	126 444	335 190	627 134	129 475	294 722	467 639
武器弹药制造业	—	—	2 464	—	—	1 937
电气机械及器材制造业	103 346	141 480	212 590	108 045	148 876	203 169
电子及通信设备制造业	42 196	66 509	110 459	52 754	82 558	89 862
仪器仪表及文化办公用机械制造业	19 157	28 347	41 864	18 148	28 222	39 486
其他制造业	70 307	107 851	119 462	74 710	117 802	125 984
电力、蒸汽、热水的生产和供应业	137 897	204 773	245 134	129 800	155 490	177 142
#电力生产业	94 548	142 894	164 528	90 583	109 908	121 688
#水力发电业	43 393	45 393	62 508	54 609	58 544	75 338
煤气生产和供应业	104	234	1 314	85	238	1 240
自来水的生产和供应业	11 947	20 129	30 151	16 789	20 558	23 079

表12—6 重点工业企业主要产品质量指标

指标	单位	1985年	1990年	1992年	1993年
冶金工业					
电炉钢锭合格率	%	97.59	97.88	98.52	98.28
转炉钢锭合格率	%	96.40	98.21	98.85	99.05
轧钢合格率	%	96.69	97.23	98.30	98.05
高炉生铁合格率	%	98.93	99.58	99.67	99.66
高炉锰铁合金合格率	%	99.94	98.39	99.77	99.46
冶金焦硫分	%	0.74	0.84	0.72	0.76
冶金焦灰分	%	16.43	16.60	15.34	15.58
冶金焦率	%	93.32	93.12	91.51	91.45
煤炭工业					
原煤灰分	%	41.95	41.67	40.86	40.08
原煤含矸率	%	5.26	5.95	5.04	4.86
商品煤灰分	%	39.94	38.94	38.57	38.57
商品煤含矸率	%	3.56	3.23	2.48	2.35
化学工业					
烧碱合格率	%	100.00	100.00	100.00	100.00
纯碱合格率	%	100.00	99.63	—	95.70
硫酸合格率	%	99.82	100.00	100.00	100.00
钙镁磷肥平均有效磷含量	%	17.64	18.12	17.87	17.69
黄磷合格率	%	100.00	100.00	100.00	100.00
电石合格率	%	96.64	88.59	99.52	99.86
轮胎外胎合格率	%	99.38	99.39	99.47	99.26
建材工业					
卫生陶瓷合格率	%	—	78.54	80.76	
回窑水泥合格率	%	100.00	100.00	100.00	
立窑水泥合格率	%	96.12	100.00	100.00	
森林工业					
胶合板一、二等品率	%	79.20	53.93	59.10	77.7
木质纤维板一、二等品率	%	54.00	47.75	41.50	74.6
松香优质品率	%	96.60	85.48	96.90	89.3
纺织工业					
合成纤维一等品率	%	99.37	85.98	97.54	89.18
绵纱一等一级以上品率	%	98.95	98.23	99.18	98.43
棉布入库一等品率	%	78.40	91.83	96.32	94.73
印染布入库一等品率	%	85.39	77.92	87.56	91.14
棉毛类衫裤一等品率	%	92.73	93.56	96.37	96.80
轻工业					
卷烟合格率	%	99.40	92.70	98.40	98.90
机制纸及纸板成品率	%	88.57	91.14	93.47	91.60
日用搪瓷面盆一级品率	%	89.21	89.68	90.09	92.79
日用搪瓷口杯一级品率	%	91.44	89.00	88.06	95.00
机制糖成品合格率	%	97.82	90.34	95.89	98.33
机榨甘蔗产糖率	%	11.37	10.70	10.77	11.17
出口罐头合格率	%	98.48	98.30	99.09	98.25
洗衣机一次合格率	%	78.89	—	86.10	
台扇一次合格率	%	92.95	67.64	84.98	82.14

表12—7 重点工业企业主要产品物质消耗指标

指标	单位	1985年	1990年	1992年	1993年
冶金工业					
冶金钢耗钢铁料	公斤/吨	1 157	1 169	1 118	1 120
顶吹转炉钢耗钢铁料	公斤/吨	1 223	1 180	1 149	1 148
生铁耗铁矿石(原料矿)	公斤/吨	1 834	1 860	1 759	1 791
电炉钢耗电	千瓦·时/吨	915	838	809	857
电炉铁合金耗电	千瓦·时/吨	4 865	—	—	
电解铝耗直流电	千瓦·时/吨	17 156	16 429	16 813	
铜冶炼回收率	%	98.34	91.80	—	
铅冶炼回收率	%	89.30	91.12	82.51	89.36
锌冶炼回收率	%	85.90	90.00	91.90	90.00
锡冶炼回收率	%	97.10	92.82	93.64	93.45
电力工业					
发电厂用电率	%	3.40	4.92	5.54	4.97
水　　电	%	0.32	0.35	0.52	0.68
火　　电	%	11.84	10.58	10.25	10.41
发电耗标准煤	克/千瓦·时	5100	448	439	435
线路损失率	%	7.52	7.14	6.77	6.93
煤炭工业					
企业耗坑木	立方米/万吨	156.20	98.61	77.21	76.16
原煤耗坑木	立方米/万吨	146.04	91.59	71.16	69.26
企业耗炸药	公斤/万吨	4 367	3 871	3 845	3 931
原煤耗炸药	公斤/万吨	3 661	3 449	3 256	3 313
企业耗钢材	吨/万吨	14.51	11.37	11.58	7.42
原煤耗钢材	吨/万吨	5.56	4.06	4.08	2.93
综合耗电	千瓦·时/吨	67.09	57.81	60.38	65.52
原煤耗电	千瓦·时/吨	50.56	46.30	45.06	48.42
化学工业					
烧碱耗原盐	公斤/吨	1 649	1 662	1 661	1 713
烧碱耗直流电	千瓦·时/吨	2 482	2 436	2 442	2 560
纯碱耗原盐	公斤/吨	1 248	1 353	—	1 522
纯碱耗电	千瓦·时/吨	390	458	—	559
合成氨耗原料煤	公斤/吨	1 317	1 393	1 376	1 412
合成氨耗燃料煤	公斤/吨	644	582	449	413

注:重点工业是指各工业主管部门确定的主要骨干企业。

表 12—7 续表

指 标	单 位	1985年	1990年	1992年	1993年
合成氨耗电	千瓦.时/吨	1 554	1 598	1 554	1 522
硫酸耗电	千瓦.时/吨	113	118	120	123
钙镁磷肥耗电炉电(折纯量)	千瓦.时/吨	1 116	573	524	540
建材工业					
水泥(熟料)耗标准煤(回窑)	公斤/吨	215.64	175.84	164.37	
#柳州水泥厂	公斤/吨	237.32	158.38	148.57	
水泥(综合)耗电(回窑)	千瓦.时/吨	106.00	117.19	116.96	
#柳州水泥厂	千瓦.时/吨	102	122.56	119.51	
森林工业					
锯材出材率	%	72.00	61.99	64.90	61.1
松香收得率	%	76.90	78.49	77.10	76.9
烤胶收得率	%	33.00	38.41	41.60	42.0
纺织工业					
合成纤维耗电	千瓦.时/吨	1 696	2 040	2 318.37	2 663.18
合成纤维耗标准煤	公斤/吨	1 634	596	244.80	365.01
棉纱用电量	千瓦.时/吨	2 136	2 190.31	2 219.21	2 423.53
棉纱通扯净用棉量	公斤/吨	1 059	1 059.29	1 044.98	1 051.47
布用纱量	公斤/百米	17.04	15.39	15.48	15.63
印染布用碱量	公斤/百米	2.63	2.29	1.98	0.99
印染布用标准煤	公斤/百米	41.75	43.41	50.67	48.20
麻袋耗用麻量	公斤/百条	81.65	79.34	67.93	87.49
桑蚕丝用茧量	公斤/百公斤	331.48	357.93	321.18	333.08
丝织品用原料量	公斤/百米	14.28	15.54	13.65	71.38
轻工业					
搪瓷制品铁皮利用率	%	81.48	80.49	81.42	80.95
日用陶瓷耗标准煤	吨/吨	2.51	1.91	1.69	1.52
日用玻璃耗标准煤	公斤/吨	176.79	133.00	134.64	510
铅笔用木材	立方米/万支	0.58	0.54	0.53	0.51
15—40瓦普通灯泡耗钨丝	万米/万只	1.30	1.59	1.38	1.42
火柴耗用原木	立方米/万件	288.24	260.49	236.87	214.32
每箱卷烟耗用烟叶	公斤	55.20	50.50	51.30	49.2
每吨聚氯乙烯全塑料鞋耗原料	公斤	1 140	1 010	—	—
每吨重革耗用牛皮	吨	0.87	0.75	1.67	0.81
每吨重革耗用猪皮	吨	1.60	1.28	1.27	1.52
每吨铁锅耗用生铁	吨	1.08	1.05	1.04	1.04

表12—8 历年主要工业产品产量

年份	钢（吨）	生铁（吨）	钢材（吨）	锰矿石（万吨）	铁矿石（万吨）	十种有色金属（吨）	发电量（亿千瓦.时）	原煤（万吨）	硫酸（万吨）
1950	—	351	—	0.07	0.11	1 767	0.22	5.20	—
1951	—	697	—	0.13	0.14	3 503	0.28	8.60	—
1952	—	2 381	—	0.65	0.51	4 514	0.35	9.74	—
1953	—	1 696	—	2.53	0.27	4 515	0.41	9.21	—
1954	—	3 169	—	5.99	0.60	4 110	0.55	14.19	—
1955	—	5 361	—	9.29	1.29	5 186	0.65	26.16	—
1956	—	4 169	—	11.29	1.01	5 542	1.11	42.03	—
1957	—	7 669	—	19.61	1.76	6 101	1.26	52.15	—
1958	14 105	7 825	6	64.82	104.50	6 675	1.76	253.44	—
1959	2 818	13 097	193	110.11	29.00	6 658	2.52	372.46	0.09
1960	7 195	21 248	2 046	123.85	45.90	6 078	3.91	362.30	0.38
1961	358	14 512	1 952	86.41	8.86	4 482	3.91	225.48	0.27
1962	90	7 577	1 933	27.29	4.79	4 120	3.80	166.14	0.27
1963	—	—	—	18.59	—	4 512	4.06	128.25	0.55
1964	—	—	—	17.11	—	4 767	4.76	127.35	1.12
1965	205	—	2 454	17.77	—	5 076	6.37	143.02	2.23
1966	6 305	18 948	8 785	48.05	0.28	5 894	8.85	173.76	2.86
1967	5 615	5 346	9 389	56.05	3.55	5 158	9.48	166.41	2.55
1968	808	—	1 896	19.50	3.15	2 259	6.66	117.83	1.93
1969	10 565	28 202	22 287	59.56	30.01	6 234	12.83	229.04	4.42
1970	54 398	104 197	39 478	63.20	78.58	7 476	15.50	302.83	6.02
1971	111 851	209 904	46 793	78.83	121.59	9 054	19.69	392.66	7.00
1972	153 615	267 959	77 655	90.46	105.90	10 714	24.42	439.20	8.53
1973	174 276	237 762	89 127	88.21	124.91	13 095	27.59	456.67	10.86
1974	131 210	183 053	68 258	94.38	104.54	11 638	29.95	516.19	11.87
1975	128 871	232 130	108 567	91.66	77.32	13 041	35.19	605.47	11.96
1976	104 970	207 681	83 641	101.40	78.57	12 310	39.16	704.29	13.04
1977	146 554	245 899	119 018	114.45	76.21	15 576	44.79	749.89	16.15
1978	190 164	320 926	162 664	111.50	75.83	17 712	49.47	828.54	17.64
1979	211 647	343 509	188 417	110.11	82.86	17 391	52.30	722.38	17.25
1980	208 163	180 372	218 150	84.97	47.19	17 643	53.64	589.66	17.58
1981	227 608	267 488	205 571	52.08	37.70	28 580	58.82	560.87	18.41
1982	245 043	222 331	233 831	52.66	43.55	28 873	60.23	643.34	19.69
1983	224 425	209 421	212 223	69.44	54.35	32 223	65.62	756.58	20.35
1984	291 994	259 922	237 843	88.17	58.21	40 237	70.60	729.24	15.16
1985	390 520	419 289	301 530	78.65	77.55	47 272	81.82	598.90	17.28
1986	386 000	393 900	369 400	74.21	78.37	51 400	90.97	639.18	21.04
1987	417 300	418 800	450 300	83.62	76.05	61 500	102.62	797.97	27.71
1988	382 880	409 590	409 830	102.07	68.53	63 792	102.43	1 035.37	32.42
1989	416 746	444 037	420 716	108.99	72.80	66 248	109.29	1 140.45	32.37
1990	524 118	579 773	454 780	138.39	86.43	86 755	125.62	979.45	40.53
1991	591 400	648 800	544 900	148.80	91.62	97 900	135.55	992.91	41.07
1992	686 000	696 100	637 300	113.49	108.40	113 091	153.06	1 093.40	41.97
1993	816 800	809 200	731 600	223.40	118.01	160 940	174.50	1 196.08	37.41

表 12—8 续表 1

年份	烧碱（吨）	农用化肥（折100%）（万吨）	手扶拖拉机（台）	水泥（万吨）	木材（万米^3）	化学纤维（吨）	纱（万吨）	布（万米）	针棉织品折用纱（吨）
1950	—	—	—	—	18.60	—	—	2 140	236
1951	—	—	—	—	26.70	—	—	2 366	308
1952	—	—	—	—	50.08	—	—	2 896	345
1953	—	—	—	—	66.60	—	—	3 945	581
1954	—	—	—	—	93.80	—	—	3 921	925
1955	—	—	—	—	67.45	—	—	3 981	962
1956	—	—	—	—	96.48	—	—	3 663	1 143
1957	—	—	—	—	125.95	—	—	3 663	1 325
1958	23	—	—	—	117.28	—	—	3 680	1 615
1959	225	0.15	—	1.05	121.55	—	—	5 862	2 595
1960	814	0.24	—	5.03	91.50	—	0.01	4 896	2 849
1961	717	0.11	—	1.99	51.05	—	0.02	1 343	871
1962	284	0.17	—	1.89	49.27	—	0.02	817	435
1963	151	0.39	—	4.20	78.91	—	0.04	1 099	399
1964	1 002	0.89	—	9.79	78.15	—	0.15	1 792	1 143
1965	4 333	3.61	3	43.40	92.46	—	0.44	2 973	1 851
1966	8 098	5.39	14	70.55	95.40	—	0.61	2 913	3 175
1967	6 144	3.86	26	55.12	102.42	—	0.54	3 845	2 359
1968	3 851	2.45	62	23.93	87.15	—	0.21	2 166	—
1969	8 427	6.05	426	73.48	118.40	—	0.55	4 284	3 665
1970	13 570	6.78	1 272	92.07	119.24	—	0.69	5 966	5 171
1971	16 630	8.36	1 520	110.63	133.33	135.00	0.78	7 562	4 300
1972	18 635	10.85	2 000	130.29	146.10	236.66	0.70	7 166	3 974
1973	23 835	14.42	3 320	140.54	141.31	295.00	0.93	7 514	4 191
1974	25 648	15.71	5 050	139.63	137.97	306.70	1.03	7 238	4 681
1975	29 997	18.58	11 002	165.23	142.98	500.25	1.07	7 869	4 972
1976	31 071	19.59	16 000	171.23	174.21	510.50	1.11	8 390	5 552
1977	35 357	22.71	20 000	190.50	181.27	587.45	1.27	9 190	6 151
1978	37 962	23.75	20 000	224.38	186.87	525.30	1.41	9 173	7 185
1979	33 348	23.80	20 150	229.82	194.64	560.25	1.90	10 529	8 165
1980	33 705	27.42	17 050	225.00	178.52	993.00	2.50	13 636	8 201
1981	32 470	30.51	2 387	245.91	159.70	4 044.00	3.44	14 700	9 100
1982	35 368	28.91	5 026	274.49	179.85	5 174.00	3.92	17 600	10 900
1983	31 135	29.56	8 920	307.91	178.40	4 122.00	3.66	16 000	10 600
1984	32 662	29.65	15 759	337.88	204.00	5 091.00	3.63	13 300	10 100
1985	36 665	29.74	19 124	416.34	182.10	12 439.00	4.56	15 200	10 700
1986	40 200	33.17	25 002	457.67	192.23	6 560.00	5.23	17 900	12 400
1987	44 500	37.51	38 388	555.20	217.10	7 581.00	5.90	18 700	13 800
1988	49 707	35.65	45 826	572.76	234.10	7 463.00	5.95	19 331	15 045
1989	52 738	36.03	33 608	639.07	192.11	10 349.00	6.12	18 906	17 162
1990	61 232	41.35	29 057	765.28	234.63	13 717.00	6.48	17 711	18 409
1991	63 200	44.34	55 847	961.52	237.96	16 060.49	6.96	18 000	18 287
1992	70 600	45.88	58 100	1167.10	288.51	19 900.00	7.48	19 971	17 900
1993	71 700	41.58	45 200	1426.49	321.85	18 800.00	7.66	20 752	16 300

表 12—8　续表 2

年　份	麻　袋 （万条）	丝织品 （万米）	机制纸及纸板 （万吨）	机制糖 （万吨）	手　表 （万只）	原　盐 （万吨）	卷　烟 （万箱）	罐　头 （吨）	饮料酒（混合量） （万吨）
1950	—	5.50	—	0.02	—	1.65	0.56	—	2.61
1951	—	6.00	0.01	0.05	—	2.22	1.05	—	2.90
1952	—	9.71	0.02	0.33	—	4.43	1.59	—	2.94
1953	—	8.06	0.03	0.43	—	2.49	1.72	—	2.97
1954	—	7.00	0.05	0.59	—	7.82	1.93	—	2.30
1955	—	19.00	0.08	0.48	—	9.40	2.10	—	2.52
1956	—	28.00	0.12	1.51	—	7.82	2.82	—	2.28
1957	—	17.00	0.15	1.25	—	6.39	3.32	—	2.42
1958	—	16.00	0.29	2.80	—	10.65	4.18	—	2.63
1959	8.10	18.00	0.47	6.34	—	6.41	5.86	167	3.39
1960	95.20	8.00	0.91	2.31	—	9.15	4.45	1 076	2.44
1961	46.60	5.00	0.65	1.99	—	7.84	1.00	510	1.51
1962	7.50	7.97	0.75	1.60	—	9.25	1.25	1 099	1.14
1963	5.90	9.86	0.81	0.67	—	11.92	2.20	1 350	1.47
1964	63.40	18.30	1.03	2.52	—	6.32	4.43	2 487	1.72
1965	133.00	56.64	1.19	6.81	—	4.45	4.65	4 192	3.16
1966	222.70	138.00	1.80	8.91	—	6.68	5.66	8 089	3.46
1967	134.90	405.24	1.86	10.40	—	8.66	4.09	6 163	—
1968	59.40	359.64	0.91	10.73	—	6.20	1.25	9 216	1.89
1969	222.10	901.17	2.09	8.85	—	9.10	6.00	10 050	1.75
1970	552.80	1 335.00	3.24	11.65	—	6.16	8.15	13 751	3.60
1971	698.00	1 441.00	3.56	13.98	—	13.34	9.31	17 298	5.47
1972	657.70	1 685.00	4.03	14.87	0.13	7.50	10.09	19 047	7.19
1973	975.85	1 617.00	4.97	21.26	0.39	9.48	12.48	23 969	9.23
1974	1 077.99	1 833.00	5.99	22.62	0.58	11.95	16.77	27 163	10.71
1975	1 315.00	1 863.00	7.73	15.20	0.80	8.35	20.68	30 435	9.63
1976	1 476.15	1 969.00	8.52	17.37	1.11	13.59	26.52	29 482	10.36
1977	1 542.25	1 898.00	9.43	17.74	3.28	26.50	32.16	42 121	10.16
1978	1 717.00	1 791.00	11.91	25.10	5.62	12.53	29.77	40 594	9.88
1979	1 880.00	1 728.00	11.80	35.01	7.81	12.97	37.08	39 064	13.80
1980	2 429.21	1 608.35	11.55	39.25	10.08	14.70	50.62	56 548	15.05
1981	2 782.00	1 832.00	12.79	44.46	13.05	12.47	58.39	78 343	12.81
1982	3 738.90	407.30	13.53	48.68	16.29	7.93	58.75	76 563	12.14
1983	4 098.49	1 190.98	13.78	58.18	20.20	14.85	50.76	59 448	15.80
1984	4 095.00	1 148.45	15.06	56.75	36.20	9.88	58.00	89 396	13.37
1985	4 563.00	1 404.00	19.01	62.21	50.01	9.70	65.57	125 797	12.40
1986	5 059.00	1 399.09	21.24	95.16	173.16	8.15	74.67	174 000	13.79
1987	5 679.59	1 457.11	25.46	103.45	95.13	9.45	93.71	146 500	17.58
1988	5 878.73	1 116.63	26.27	101.00	70.65	11.91	98.09	161 888	21.15
1989	5 144.00	1 115.97	31.02	116.35	79.07	14.65	105.74	190 529	23.72
1990	2 927.00	1 392.04	33.50	136.64	82.98	10.42	108.45	144 400	26.14
1991	2 517.06	1 194.70	42.21	137.45	65.03	19.55	100.65	200 600	26.80
1992	3 592.04	998.14	53.91	214.78	86.30	15.52	104.04	272 400	35.14
1993	2 574.00	884.00	75.10	232.19	777.81	11.78	104.45	257 500	29.05

表 12—9 主要工业产品生产、销售、库存总量

(1993 年)

产品名称	单 位	本年生产量	本年销售量	年末库存量
原煤	万吨	1 196.08	1 214.00	39.59
铁矿石(原矿量)	万吨	118.01	101.69	28.43
锰矿石	万吨	223.40	224.78	6.28
原盐	万吨	11.78	15.57	2.15
木材	万立方米	321.85	322.00	10.84
发电量	亿千瓦·时	174.50	165.50	—
#水电	亿千瓦·时	100.83	99.83	—
食用植物油	万吨	6.95	7.00	0.30
糖	万吨	234.92	261.14	13.80
#机制糖	万吨	232.19	258.37	13.64
罐头	万吨	25.75	26.39	7.30
饮料酒	万吨	29.05	28.88	7.98
卷烟	万箱	104.45	104.78	2.26
味精	万吨	1.20	1.26	0.02
化学纤维	万吨	1.88	1.60	0.13
纱	万吨	7.66	7.78	0.28
针棉织品折用纱	万吨	1.63	1.56	0.29
布	亿米	2.08	2.04	0.16
丝	吨	1 339.00	1 418.00	132.37
丝织品	万米	884.00	720.00	520.34
机制纸及纸板	万吨	75.10	74.85	3.08
焦炭	万吨	51.39	10.36	1.61
硫酸	万吨	37.41	19.21	4.94
盐酸(30%以上)	万吨	4.98	3.75	0.04
烧碱	万吨	7.17	6.59	0.15
电石	万吨	6.16	3.12	0.27
合成氨	万吨	37.16	10.40	1.77
农用化肥(折 100%)	万吨	41.58	41.76	3.19
#氮肥	万吨	24.23	24.97	0.58
磷肥	万吨	16.44	15.88	2.64
化学农药	吨	4 296.00	4 219.00	1 147.76
油漆	吨	12 939.00	13 228.00	1 132.75
塑料	吨	19 111.00	18 897.00	434.14
合成洗涤剂	吨	48 425.00	47 743.40	1 952.60
松香类产品	万吨	24.96	23.41	2.62
化学原料药	吨	2 171.24	706.03	1 349.70
轮胎外胎	万条	122.91	121.00	6.45
自行车外胎	万条	480.25	449.00	70.04
塑料制品	万吨	7.03	6.61	1.34
水泥	万吨	1 426.49	1 425.00	62.80
平板玻璃	万重量箱	193.30	188.96	1.52
钢	万吨	81.68	7.46	5.35
生铁	万吨	80.92	24.15	1.00
钢材	万吨	73.16	69.00	2.00

表 12—9 续表

产品名称	单位	本年生产量	本年销售量	年末库存量
有色金属总计	万吨	16.09	14.88	1.07
#铝	吨	8 945.00	7 514.00	16.00
铅	吨	7 728.00	8 090.00	212.00
锌	吨	107 861.23	103 599.15	9 732.36
锡	吨	20 708.00	14 745.00	494.40
锑	吨	15 698.00	14 878.00	293.76
日用精铝制品	吨	4 494.00	4 365.00	502.73
工业锅炉	蒸吨	1 552.00	1 570.50	242.00
内燃机生产量总计	万千瓦	744.60	996.00	25.56
#柴油机	万千瓦	707.83	963.44	19.92
汽油机	万千瓦	36.70	36.30	0.40
内燃机商品量	万千瓦	695.10	681.70	18.54
金属切削机床	台	6 517.00	6 044.00	744.00
锻压机械	台	1 410.00	1 291.00	101.00
起重机械	吨	8 919.10	8 112.21	672.00
输送机械	吨	17 714.10	17 386.10	673.00
泵	万台	2.38	2.24	0.74
风机	万台	0.97	1.20	0.62
气体压缩机	台	3 653.00	3 616.00	340.00
滚动轴承	万套	288.00	218.00	125.00
矿山设备	吨	19 448.00	19 319.00	797.09
手扶拖拉机	万台	4.52	4.55	0.15
医疗器械	万元			
缝纫机	万架	25.24	25.08	0.97
汽车	辆	52 158.00	51 815.00	1 993.00
自行车	万辆	115.44	161.42	21.84
民用钢质船舶	艘	652.00	651.00	4.00
发电设备(500千瓦以上)	台(组)/万千瓦	949/23.55	861/21.39	330/7.37
内燃发电机组	台(组)/万千瓦			
一般交流发电机	万千瓦	9.00	7.53	2.68
交流电动机	万千瓦	88.04	80.01	19.26
变压器	万千伏安	101.00	87.10	25.55
电线	万公里	17.25	17.12	136.75
铅酸蓄电池	万千伏安	30.10	29.68	32.03
原电池(折干电池)	亿只	3.48	3.50	0.16
家用电冰箱	万台	0.23	0.45	0.20
电风扇	万台	55.05	60.97	13.45
家用洗衣机	万台	0.09	0.10	0.01
电视机	万部	21.52	23.55	2.30
电子原件	万只	80 329.49	79 363.94	4 454.29
钟	万只	17.02	22.35	5.41
表	万只	777.81	761.00	62.29
#手表	万只	777.81	761.00	62.29

表 12—10 **独立核算工业企业主要经济指标**

(按经济类型分)

指标	企业单位数(个)				工业总产值(当年价,万元)			
	1985 年	1990 年	1992 年	1993 年	1985 年	1990 年	1992 年	1993 年
总　计	**7503**	**8981**	**9323**	**11066**	**1235086**	**2989212**	**4570424**	**6902420**
国有经济	2436	2510	2498	2614	1026460	2395878	3575652	4812394
中央企业	54	64	60	73	154090	342421	488633	670573
地方企业	2382	2446	2438	2541	872370	2053457	3087019	4141821
#县属企业	1526	1630	1626	1711	216697	620801	971872	1373503
集体经济	5061	6323	6619	8026	207404	541426	875038	1474445
#县属企业	818	957	930	1168	34373	94648	135124	244004
其它经济	6	148	206	426	1222	51908	119734	615581
#三资企业	2	36	157	285	111	17797	100337	220839
在总计中:								
轻工业	4477	5097	5271	5601	636948	1617118	2280646	3016224
以农产品为原料	2805	3229	3347	3524	481499	1244342	1738695	2219857
以非农产品为原料	1672	1868	1924	2077	155449	372777	541951	796367
重工业	3026	3884	4052	5465	598138	1372094	2289778	3886197
采掘工业	467	630	722	931	78842	163349	226789	350159
原料工业	894	1243	1261	1470	201192	559860	890186	1455953
加工工业	1665	2011	2069	3064	318104	648886	1172803	2080085
在总计中:大型企业	50	109	72	89	188819	808801	1137175	1898077
中型企业	146	219	384	403	313868	749283	1592847	2157180
小型企业	7307	8653	8867	10574	732399	1431129	1840402	2847164

指标	工业总产值(90 年不变价,万元)				全部职工年平均人数(人)			
	1985 年	1990 年	1992 年	1993 年	1985 年	1990 年	1992 年	1993 年
总　计	**1151007**	**3165726**	**4567675**	**5826198**	**1020003**	**1230439**	**1333788**	**1391469**
国有经济	933179	2542041	3558446	3980211	737629	863437	910665	895859
中央企业	127236	359930	465746	526211	62514	79592	81384	68715
地方企业	805943	2182111	3092700	3454001	675115	783845	829281	827144
#县属企业	190517	690781	1041047	1176550	179514	243337	276053	294882
集体经济	216663	565592	890183	1354000	282004	350841	396325	431839
#县属企业	37007	102647	149108	230817	50626	64013	60105	68832
其它经济	1165	58093	119046	491987	370	16161	26798	63771
#三资企业	125	18182	101492	220983	—	7251	23413	34535
在总计中:								
轻工业	654107	1806829	2519134	2968065	468369	247874	632671	633787
以农产品为原料	482525	1407861	1944028	2183614	326999	206683	446541	431699
以非农产品为原料	171582	398969	575106	784451	141370	41191	186130	202088
重工业	496900	1358897	2048542	2858133	551634	168955	701117	757682
采掘工业	52721	151813	202627	282803	139355	13941	163534	161824
原料工业	159540	532549	722887	904054	122963	96106	198887	227124
加工工业	284639	674534	1123028	1671276	289316	58908	338696	368734
在总计中:大型企业	184156	908718	1104480	1485883	83505	185505	230753	265379
中型企业	287841	800715	1673474	1927769	202347	104221	364916	347265
小型企业	679010	1456293	1789721	2412545	734151	127103	738119	778825

表 12—10 续表

单位：万元

指标	固定资产原价				全部资金			
	1985 年	1990 年	1992 年	1993 年	1985 年	1990 年	1992 年	1993 年
总　　计	**1172058**	**2284895**	**3064270**	**3977488**	**1209129**	**2590553**	**4678866**	**6046228**
国有经济	1059855	1953004	2577045	3100338	1070608	2168549	3851545	4504310
中央企业	250935	356699	422126	584509	229110	348211	584412	571770
地方企业	808920	1596305	2154919	2515829	841498	1820338	3267133	3932540
#县属企业	233548	508522	720778	879398	233571	541534	1078521	1336966
集体经济	112011	287707	399575	597872	138220	372349	686366	1030284
#县属企业	19382	47958	68115	102907	23307	68036	115575	192523
其它经济	192	44184	87650	279278	301	49655	140955	511634
#三资企业	84	22032	79248	163020	101	24901	128904	250784
在总计中：								
轻工业	360617	847571	1195027	1517732	435376	1078300	2116571	2577133
以农产品为原料	262449	645673	904285	1119894	315949	808728	1603585	1855049
以非农产品为原料	98168	201898	290741	397838	119427	269572	512986	722084
重工业	811441	1437324	1869243	2459756	773757	1512253	2562295	3469095
采掘工业	144935	231275	283045	317275	120172	191598	300245	368822
原料工业	388476	729743	905003	1301105	336716	695759	1158284	1523745
加工工业	278030	476307	681196	841377	316865	624896	1103766	1576529
在总计中：大型企业	285703	678922	869841	1218613	266810	724667	1161693	1650490
中型企业	324721	579135	1068218	1265474	326844	671115	1773277	1766011
小型企业	561634	1026838	1126211	1493402	615475	1194771	1743896	2199642

指标	利税总额				销售收入			
	1985 年	1990 年	1992 年	1993 年	1985 年	1990 年	1992 年	1993 年
总　　计	**253111**	**416829**	**535026**	**855449**	**1196728**	**2828963**	**4390639**	**6888348**
国有经济	224201	374828	445894	609937	1000117	2309993	3490177	4920760
中央企业	58310	108084	118875	96824	142988	353924	491541	664115
地方企业	165891	266744	327020	513113	857129	1956070	2998636	4256645
#县属企业	43791	101452	84465	200273	220375	627424	934976	1439613
集体经济	28517	41668	82487	134974	195454	475743	795452	1393903
#县属企业	3208	5565	10108	15213	31915	79963	120104	224402
其它经济	393	333	6645	110538	1157	43227	105010	573685
#三资企业	9	960	4451	13476	79	14036	89462	197319
在总计中：								
轻工业	122044	247874	204166	331220	615747	1524726	2081330	2992647
以农产品为原料	93081	206683	137946	256589	465164	1191393	1575156	2214483
以非农产品为原料	28963	41191	66220	74632	150583	333333	506174	778164
重工业	131067	168955	330861	524229	580981	1304237	2309309	3895701
采掘工业	12643	13941	15241	27248	80176	143279	213431	342996
原料工业	61959	96106	201336	273177	208130	574350	963058	1478114
加工工业	56465	58908	114284	223804	292585	586608	1132821	2074591
在总计中：大型企业	59266	185505	182274	282656	181993	807812	1138048	1923890
中型企业	72916	104221	178646	307067	311231	693822	1507007	2185729
小型企业	120859	127103	174106	265725	703504	1327328	17455584	2778729

表 12—11 独立核算工业企业主要经济指标(一)

(1993年) 单位:万元

指标	企业单位数(个)	工业总产值(当年价)	工业总产值(90年不变价)	工业增加值(生产法)	全部职工平均人数(人)	固定资产原价
全部独立核算工业按主要行业分:						
煤炭采选业	115	78 406	44 397	36 835	67 664	98 737
石油和天然气开采业						
黑色金属矿采选业	174	39 312	28 649	17 039	14 740	21 673
有色金属矿采选业	213	168 660	154 324	88 197	54 013	152 898
非金属矿采选	390	73 653	62 475	28 587	23 208	40 089
其他矿采选业	6	1 905	1 006	55	375	577
木材及竹材采运业	48	15 279	9 361	5 753	6 443	9 926
食品加工业	505	891 455	871 902	223 605	96 012	453 976
#制糖业	104	578 555	656 996	163 539	70 705	368 474
食品制造业	504	215 104	202 280	62 175	60 695	111 363
#罐头食品制造业	62	74 170	63 514	25 394	25 575	28 605
饮料制造业	451	165 944	137 376	48 893	27 513	80 792
#饮料酒制造业	145	77 608	53 519	27 131	13 567	43 469
烟草加工业	20	183 701	191 253	93 273	10 700	62 722
#卷烟制造业	11	173 664	179 678	91 914	9 867	58 127
纺织业	284	307 663	328 006	81 085	108 890	193 567
服装及其他纤维制品制造业	276	63 222	66 615	36 091	23 333	17 642
皮革、毛皮、羽绒及其制品业	139	49 995	49 247	15 849	12 946	17 247
木材加工及竹、藤、棕、草制品业	624	73 020	59 385	19 071	22 043	36 790
家具制造业	275	21 996	21 003	8 107	10 084	8 975
造纸及纸制品业	442	170 430	169 050	44 297	42 309	101 484
#造纸业	239	125 133	120 016	31 099	29 890	84 491
印刷业、记录媒介的复制	293	68 875	65 728	14 717	22 425	42 853
文教体育用品制造业	53	6 700	7 363	1 722	3 155	2 583
石油加工及炼焦业	12	35 952	11 412	1 116	1 960	25 660
化学原料及化学制品制造业	626	481 537	397 683	135 471	87 113	244 443
医药制造业	140	143 251	154 079	39 883	23 863	58 149
化学纤维制造业	10	51 622	51 917	7 406	7 950	62 809
橡胶制品业	35	82 648	101 493	23 823	13 601	35 197
塑料制品业	339	82 355	88 218	23 796	20 421	53 733
非金属矿物制品业	1 462	688 306	429 878	299 896	175 620	458 179
#水泥制造业	199	445 007	219 847	204 869	67 733	289 582
黑色金属冶炼及压延加工业	117	354 765	178 434	123 438	49 642	158 218
有色金属冶炼及压延加工业	126	173 000	157 963	32 464	23 281	89 640
金属制品业	736	137 035	117 270	34 620	29 305	39 265
普通机械制造业	366	518 937	356 729	174 272	79 159	174 194
专用设备制造业	337	237 699	204 716	58 318	48 013	88 049
交通运输设备制造业	302	605 880	448 238	98 295	58 698	148 011
武器弹药制造业	1	2 464	1 937	748	950	3 537
电气机械及器材制造业	217	208 320	198 984	51 154	40 415	86 048

表 12—11 续表 1　　(1993 年)　　单位:万元

指　　标	企业单位数(个)	工业总产值(当年价)	工业总产值(90年不变价)	工业增加值(生产法)	全部职工平均人数(人)	固定资产原价
电子及通信设备制造业	62	86 027	106 635	29 331	16 424	45 269
仪器仪表及文化、办公用机械制造业	42	41 795	39 416	11 594	7 855	19 003
其他制造业	506	106 608	114 633	26 297	42 144	37 084
电力、蒸汽、热水的生产和供应业	547	237 837	173 186	100 287	49 303	638 175
#电力生产业	420	157 670	117 852	67 623	27 626	428 668
#水力发电业	401	56 757	71 628	42 672	18 976	270 536
煤气生产和供应业	10	1 074	1 010	—219	540	6 034
自来水的生产和供应业	260	29 921	22 877	15 851	8 664	52 898
国有独立核算工业总计	**2 614**	**4 812 394**	**3 980 211**	**1 419 322**	**895 859**	**3 100 338**
按轻重工业分:						
轻工业	1 214	2 035 063	1 986 818	572 704	367 579	1 091 443
重工业	1 400	2 777 331	1 993 394	846 618	528 280	2 008 895
按企业规模分:						
大型企业	78	1 586 292	1 267 463	498 885	245 447	1 111 570
中型企业	368	1 907 470	1 695 819	514 491	316 635	1 146 604
小型企业	2 168	1 318 631	1 016 930	405 946	333 777	842 164
按主要行业分:						
煤炭采选业	36	68 092	38 331	31 998	60 482	95 375
石油和天然气开采业	—	—	—	—	—	—
黑色金属矿采选业	42	27 081	17 632	11 996	8 015	19 326
有色金属矿采选业	72	122 628	111 155	65 844	40 114	136 172
非金属矿采选业	53	37 230	29 073	14 148	8 930	24 987
其他矿采选业	—	—	—	—	—	—
木材及竹材采运业	44	14 668	8 928	5 312	6 247	9 773
食品加工业	278	779 619	768 115	195 977	86 053	394 802
#制糖业	96	534 648	607 656	147 801	66 920	332 076
食品制造业	164	121 653	107 135	34 218	31 054	76 543
#罐头食品制造业	30	45 956	34 568	15 241	11 911	22 816
饮料制造业	114	82 203	61 980	25 933	16 175	42 028
#饮料酒制造业	62	62 036	43 529	22 363	11 411	29 230
烟草加工业	16	178 589	184 975	92 977	10 565	61 230
#卷烟制造业	11	173 664	179 678	91 914	9 867	58 127
纺织业	89	242 225	258 477	59 988	86 744	149 297
服装及其他纤维制品制造业	8	2 518	3 491	2 157	1 293	1 511
皮革、毛皮、羽绒及其制品业	18	15 792	15 556	4 408	4 258	5 847
木材加工及竹、藤、棕、草制品业	37	39 300	24 446	9 680	5 922	25 166
家具制造业	16	3 641	3 351	745	1 464	1 778
造纸及纸制品业	58	90 249	85 937	21 625	19 693	63 080
#造纸业	44	85 334	81 133	20 310	17 933	61 012
印刷业、记录媒介的复制	117	50 061	47 259	9 052	16 004	34 018

表 12—11 续表 2 (1993年) 单位:万元

指　　标	企业单位数(个)	工业总产值(当年价)	工业总产值(90年不变价)	工业增加值(生产法)	全部职工平均人数(人)	固定资产原价
文教体育用品制造业	6	2 284	3 094	497	752	672
石油加工及炼焦业	5	34 986	10 787	868	1 805	25 465
化学原料及化学制品制造业	169	386 400	315 033	107 166	68 593	205 315
医药制造业	66	84 160	92 777	19 983	16 062	35 005
化学纤维制造业	5	50 801	51 092	6 925	7 799	62 241
橡胶制品业	9	78 180	97 204	22 329	12 016	33 150
塑料制品业	19	13 443	13 321	2 788	2 612	8 280
非金属矿物制品业	264	425 280	241 488	180 631	93 233	297 628
#水泥制造业	108	311 766	152 614	135 692	48 491	212 440
黑色金属冶炼及压延加工业	34	305 900	150 056	111 248	39 792	129 547
有色金属冶炼及压延加工业	43	74 003	63 518	9 610	11 232	41 639
金属制品业	25	30 158	25 505	5 957	7 211	11 198
普通机械制造业	87	251 858	193 010	71 241	48 241	117 523
专用设备制造业	110	191 815	162 881	40 972	37 150	72 339
交通运输设备制造业	104	501 248	348 336	73 660	43 511	128 193
武器弹药制造业	1	2 464	1 937	748	950	3 537
电气机械及器材制造业	61	138 469	129 498	37 218	28 644	62 806
电子及通信设备制造业	26	66 125	80 719	18 832	14 045	41 124
仪器仪表及文化、办公用机械制造业	13	33 606	30 908	8 416	4 683	14 775
其他制造业	24	12 631	14 148	2 605	1 926	5 953
电力、蒸汽、热水的生产和供应业	285	223 584	166 405	96 467	44 246	605 712
#电力生产业	195	144 905	112 256	63 971	22 930	397 234
煤气生产和供应业	4	772	747	—233	422	5 672
自来水的生产和供应业	92	28 682	21 910	15 336	7 921	50 199
集体独立核算工业总计	**8 026**	**1 474 445**	**1 354 000**	**484 018**	**431 839**	**597 872**
按轻重工业分:						
轻工业	4 123	716 172	720 085	229 748	229 101	269 812
重工业	3 903	758 273	633 914	254 270	202 738	328 060
按企业规模分:						
大型企业	5	30 447	35 231	5 466	3 811	21 945
中型企业	25	145 788	141 275	32 606	18 483	71 472
小型企业	7 996	1 298 211	1 177 494	445 946	409 545	504 455
按主要行业分:						
煤炭采选业	79	10 314	6 066	4 837	7 182	3 362
石油和天然气开采业	—	—	—	—	—	—
黑色金属矿采选业	129	11 974	10 762	4 859	6 692	2 330
有色金属矿采选业	137	45 458	42 659	22 017	13 786	16 162
非金属矿采选业	317	32 135	29 408	12 611	13 696	12 055
其他矿采选业	6	1 905	1 006	55	375	577
木材及竹材采运业	4	610	433	441	196	154

表 12—11 续表 3　　(1993 年)　　单位:万元

指　　标	企　业 单位数 (个)	工　业 总产值 (当年价)	工业总产 值(90 年 不变价)	工　业 增加值 (生产法)	全部职工 平均人数 (人)	固定资产 原　价
食品加工业	200	26 657	23 428	5 182	5 098	13 015
#制糖业	5	3 338	4 101	638	554	4 179
食品制造业	316	70 781	70 824	20 369	26 450	21 921
#罐头食品制造业	28	27 131	47 967	9 765	13 520	3 888
饮料制造业	315	49 266	45 881	16 319	9 154	18 744
#饮料酒制造业	81	2 216	2 171	561	1 227	1 081
烟草加工业	3	4 620	5 796	186	135	683
#卷烟制造业	—	—	—	—	—	—
纺织业	165	40 497	39 964	14 517	17 274	18 344
服装及其他纤维制品制造业	249	46 170	48 767	30 427	17 163	11 078
皮革、毛皮、羽绒及其制品业	112	23 976	23 506	8 363	7 842	8 285
木材加工及竹、藤、棕、草制品业	572	31 892	32 794	8 935	14 245	9 689
家具制造业	254	18 046	17 356	7 220	8 525	1 712
造纸及纸制品业	372	73 905	77 565	21 571	21 983	34 471
#造纸业	188	37 347	36 949	10 295	11 467	21 063
印刷业、记录媒介的复制	167	17 595	16 999	5 639	5 995	7 708
文教体育用品制造业	45	3 772	3 628	920	2 362	1 296
石油加工及炼焦业	7	965	625	249	155	194
化学原料及化学制品制造业	430	82 514	71 732	23 890	16 895	32 099
医药制造业	63	32 090	34 129	10 973	4 402	10 530
化学纤维制造业	4	728	732	464	80	183
橡胶制品业	25	4 418	4 250	1 490	1 585	2 027
塑料制品业	302	63 040	68 799	20 049	16 457	40 842
非金属矿物制品业	1 145	219 233	156 677	98 641	74 150	129 470
#水泥制造业	83	102 394	50 464	53 576	15 994	66 236
黑色金属冶炼及压延加工业	74	33 356	21 472	8 965	8 750	25 956
有色金属冶炼及压延加工业	75	67 643	62 990	15 204	9 008	32 107
金属制品业	700	105 727	90 753	27 898	21 703	26 452
普通机械制造业	261	45 668	40 608	9 693	19 259	11 544
专用设备制造业	217	36 820	34 284	12 447	9 159	12 112
交通运输设备制造业	189	97 108	92 647	22 817	14 495	17 660
武器弹药制造业	—	—	—	—	—	—
电气机械及器材制造业	144	62 580	62 836	12 908	10 494	20 242
电子及通信设备制造业	28	6 579	6 969	3 949	724	1 037
仪器仪表及文化、办公用机械制造业	26	7 883	8 254	3 171	3 097	3 952
其他制造业	461	87 107	92 145	20 661	37 945	25 645
电力、蒸汽、热水的生产和供应业	258	9 802	5 954	5 482	4 467	15 786
#电力生产业	221	8 314	4 769	5 315	4 106	14 757
煤气生产和供应业	6	302	263	15	118	363
自来水的生产和供应业	168	1 239	968	515	743	2 699

表 12—12 独立核算工业企业主要经济指标(二)

(1993 年)

单位:万元

指标	固定资产净值	流动资产年平均余额	固定资产净值年平均余额	利润总额	利税总额	产品销售收入
全部独立核算工业按主要行业分:						
煤炭采选业	61 526	31 145	57 766	−1 579	1 240	78 063
石油和天然气开采业						
黑色金属矿采选业	16 146	25 299	12 514	2 919	4 347	40 594
有色金属矿采选业	96 491	86 894	91 232	1 892	8 998	156 061
非金属矿采选	32 425	27 317	28 987	5 126	7 346	65 751
其他矿采选业	459	357	511	175	248	1 364
木材及竹材采运业	8 518	7 506	7 939	4 814	6 943	22 740
食品加工业	363 975	32 3758	319 488	36 295	119 173	926 633
#制糖业	293 971	241 462	260 136	30 284	111 038	646 324
食品制造业	88 469	126 395	79 664	975	9 273	225 416
#罐头食品制造业	21 938	46 691	21 941	−397	1 311	78 784
饮料制造业	62 019	84 580	57 556	3 924	18 759	153 377
#饮料酒制造业	33 005	36 916	31 971	4 044	15 461	74 446
烟草加工业	53 329	85 521	44 184	2 625	77 500	186 617
#卷烟制造业	49 402	81 392	40 505	2 103	76 626	172 965
纺织业	139 709	207 394	143 294	−9 063	4 730	315 081
服装及其他纤维制品制造业	12 583	25 946	12 219	167	2 163	57 323
皮革、毛皮、羽绒及其制品业	10 974	32 210	11 665	−1 280	−154	39 572
木材加工及竹、藤、棕、草制品业	29 504	30 852	28 001	—	—	74 155
家具制造业	6 090	11 138	5 454	256	1 256	20 037
造纸及纸制品业	79 107	90 006	74 005	1 158	9 522	166 425
#造纸业	66 665	67 233	62 558	882	7 592	121 602
印刷业、记录媒介的复制	31 095	34 142	28 776	1 704	3 953	59 178
文教体育用品制造业	1 926	3 494	1 440	257	479	6 479
石油加工及炼焦业	22 051	11 223	21 783	−1 660	219	36 604
化学原料及化学制品制造业	178 099	210 467	165 632	6 555	45 261	477 027
医药制造业	44 656	89 114	40 039	7 825	16 283	134 015
化学纤维制造业	56 251	23 866	43 385	3 563	5 995	50 555
橡胶制品业	25 263	40 427	21 599	1 119	12 269	90 679
塑料制品业	38 342	49 356	35 569	1 133	4 534	81 777
非金属矿物制品业	365 578	238 933	345 539	98 900	157 319	686 749
#水泥制造业	232 370	145 676	221 122	88 518	131 843	445 790
黑色金属冶炼及压延加工业	108 475	162 231	115 322	20 092	52 874	343 155
有色金属冶炼及压延加工业	71 003	97 047	54 921	12 396	21 429	164 049
金属制品业	26 306	59 982	24 954	3 395	9 076	126 719
普通机械制造业	121 686	279 215	107 258	74 749	99 058	502 223
专用设备制造业	54 916	136 332	50 522	10 757	18 624	245 121
交通运输设备制造业	105 714	229 243	99 871	26 017	41 406	612 371
武器弹药制造业	2 765	1 428	871	58	111	2 536
电气机械及器材制造业	63 749	140 541	58 228	5 477	16 055	200 608

表 12—12 续表 1 (1993 年) 单位:万元

指标	固定资产净值	流动资产年平均余额	固定资产净值年平均余额	利润总额	利税总额	产品销售收入
电子及通信设备制造业	30 305	74 267	26 919	979	4 068	82 231
仪器仪表及文化、办公用机械制造业	10 904	30 680	11 047	531	2 360	40 706
其他制造业	29 642	74 239	24 858	1 209	8 883	100 094
电力、蒸汽、热水的生产和供应业	462 602	185 231	358 973	23 009	49 677	286 563
#电力生产业	300 525	60 150	227 422	3 904	15 979	141 470
#水力发电业	193 068	19 424	139 519	3 601	9 315	42 006
煤气生产和供应业	5 628	6 096	5 193	−102	17	2 204
自来水的生产和供应业	41 206	15 699	39 484	5 493	6 391	27 496
国有独立核算工业总计	**2 278 582**	**2 458 457**	**2 045 853**	**218 527**	**609 937**	**4 920 760**
按轻重工业分:						
轻工业	849 797	1 016 922	775 834	43 491	259 797	2 068 204
重工业	1 428 785	1 441 535	1 270 019	175 036	350 141	2 852 555
按企业规模分:						
大型企业	789 660	721 044	718 109	63 738	199 020	1 624 759
中型企业	851 213	1 004 466	747 813	92 530	270 195	1 946 538
小型企业	637 709	732 948	579 932	62 259	140 722	1 349 463
按主要行业分:						
煤炭采选业	58 671	27 515	55 552	−2 213	261	66 980
石油和天然气开采业	—	—	—	—	—	—
黑色金属矿采选业	14 238	21 430	10 914	2 339	3 369	28 250
有色金属矿采选业	82 395	72 899	79 733	−3 344	2 034	113 038
非金属矿采选业	19 014	19 104	17 228	3 134	4 234	31 495
其他矿采选业	—	—	—	—	—	—
木材及竹材采运业	8 432	7 415	7 859	4 694	6 736	22 087
食品加工业	312 172	287 603	282 482	30 644	106 304	810 775
#制糖业	262 186	223 841	237 929	26 163	100 700	598 216
食品制造业	59 829	88 143	53 813	−2 256	2 736	13 575
#罐头食品制造业	16 965	39 184	16 531	−2 178	−809	47 733
饮料制造业	30 882	46 797	29 804	1 503	11 075	76 056
#饮料酒制造业	21 858	31 033	21 151	2 977	11 853	59 556
烟草加工业	52 116	84 240	42 944	2 429	77 161	180 924
#卷烟制造业	49 402	81 392	40 505	2 103	76 626	172 965
纺织业	108 483	171 293	109 055	−9 640	1 396	253 996
服装及其他纤维制品制造业	1 441	1 040	1 257	−100	67	3 048
皮革、毛皮、羽绒及其制品业	4 677	10 471	4 606	−500	−126	14 722
木材加工及竹、藤、棕、草制品业	19 785	20 028	18 855	3 277	4 850	40 294
家具制造业	1 242	1 924	1 265	−43	128	3 862
造纸及纸制品业	48 761	49 734	43 733	−72	4 462	89 863
#造纸业	47 228	47 169	42 297	−78	4 300	84 290
印刷业、记录媒介的复制	25 118	25 739	23 021	1 312	2 698	41 829

表 12—12 续表 2 (1993 年) 单位:万元

指标	固定资产净值	流动资产年平均余额	固定资产净值年平均余额	利润总额	利税总额	产品销售收入
文教体育用品制造业	398	1 320	315	147	202	2 368
石油加工及炼焦业	21 936	10 936	21 641	—1 703	122	35 534
化学原料及化学制品制造业	146 861	169 343	135 829	6 708	39 033	387 175
医药制造业	26 001	55 288	24 444	2 969	8 517	82 353
化学纤维制造业	55 698	23 714	42 868	3 558	5 981	50 305
橡胶制品业	23 598	38 838	19 911	1 105	11 928	86 410
塑料制品业	5 598	9 704	5 046	20	476	14 477
非金属矿物制品业	236 021	158 623	223 711	71 740	110 506	440 907
#水泥制造业	170 648	106 810	164 306	65 508	95 847	324 485
黑色金属冶炼及压延加工业	83 588	145 337	105 069	17 200	48 497	295 133
有色金属冶炼及压延加工业	32 985	40 923	23 605	4 436	8 370	70 835
金属制品业	7 353	16 385	6 984	377	1 967	30 497
普通机械制造业	83 451	152 267	72 537	13 973	23 451	246 027
专用设备制造业	43 602	115 312	39 251	7 926	13 954	202 637
交通运输设备制造业	90 412	199 743	82 387	22 031	34 267	517 977
武器弹药制造业	2 765	1 428	871	58	111	2 536
电气机械及器材制造业	46 847	96 124	42 980	4 043	10 314	131 983
电子及通信设备制造业	27 091	64 534	23 787	474	3 110	69 016
仪器仪表及文化、办公用机械制造业	8 710	24 472	8 751	368	1 787	33 592
其他制造业	5 194	10 493	4 632	757	1 732	14 309
电力、蒸汽、热水的生产和供应业	438 851	167 405	336 886	25 905	52 052	270 293
#电力生产业	277 607	42 569	206 102	6 877	18 479	126 802
煤气生产和供应业	5 288	5 822	4 849	—85	—12	1 709
自来水的生产和供应业	39 080	15 045	37 382	5 357	6 190	25 893
集体独立核算工业总计	**463 257**	**612 441**	**417 843**	**62 421**	**134 974**	**1 393 903**
按轻重工业分:						
轻工业	203 157	354 673	188 688	13 779	48 158	676 978
重工业	260 100	357 769	229 155	48 642	86 816	716 925
按企业规模分:						
大型企业	15 487	26 857	12 819	60	2 566	29 027
中型企业	56 291	82 346	42 101	9 298	16 277	139 843
小型企业	391 480	503 239	362 923	53 063	116 131	1 225 034
按主要行业分:						
煤炭采选业	2 854	3 630	2 214	616	979	11 083
石油和天然气开采业	—	—	—	—	—	—
黑色金属矿采选业	1 893	3 850	1 590	575	971	12 228
有色金属矿采选业	13 639	13 708	11 033	5 168	6 890	42 588
非金属矿采选业	10 834	5 802	9 241	1 876	2 885	30 153
其他矿采选业	459	357	511	175	248	1 364
木材及竹材采运业	86	91	81	120	208	653

表 12—12　续表 3　　(1993 年)　　单位:万元

指　　标	固定资产净值	流动资产年平均余额	固定资产净值年平均余额	利润总额	利税总额	产品销售收入
食品加工业	10 689	11 247	8 592	—13	974	24 693
#制糖业	3 580	2 997	2 848	46	501	4 033
食品制造业	17 659	24 975	17 286	2 765	4 793	73 271
#罐头食品制造业	3 095	6 883	3 524	1 827	2 149	30 621
饮料制造业	14 950	24 625	12 508	913	2 660	44 905
#饮料酒制造业	846	1 565	833	—8	194	2 003
烟草加工业	525	1 223	552	196	330	4 905
#卷烟制造业	—	—	—	—	—	—
纺织业	13 778	20 374	12 390	—161	2 073	39 173
服装及其他纤维制品制造业	7 524	16 901	7 276	240	1 915	41 674
皮革、毛皮、羽绒及其制品业	5 407	15 238	5 226	—796	—70	19 924
木材加工及竹、藤、棕、草制品业	7 984	8 867	7 883	1 426	2 927	31 852
家具制造业	4 760	8 989	4 104	342	1 169	15 879
造纸及纸制品业	26 820	33 800	26 971	991	4 471	70 839
#造纸业	17 093	17 881	18 157	895	3 016	34 829
印刷业、记录媒介的复制	5 208	7 502	4 959	408	1 211	16 294
文教体育用品制造业	916	2 127	852	110	271	3 817
石油加工及炼焦业	115	260	143	43	97	1 070
化学原料及化学制品制造业	25 350	33 626	24 620	680	6 242	79 219
医药制造业	9 491	16 658	7 251	3 197	4 979	28 529
化学纤维制造业	178	111	141	7	12	159
橡胶制品业	1 645	1 565	1 671	20	346	4 225
塑料制品业	29 471	35 936	27 340	1 369	4 133	63 318
非金属矿物制品业	102 886	59 663	97 170	22 414	38 642	209 519
#水泥制造业	52 338	27 867	1 649	16 690	26 674	96 033
黑色金属冶炼及压延加工业	22 547	9 716	8 125	769	1 992	30 761
有色金属冶炼及压延加工业	26 551	39 320	21 559	5 731	8 734	63 379
金属制品业	17 386	43 069	16 314	2 984	7 052	95 280
普通机械制造业	8 729	17 029	9 145	2 484	4 188	43 592
专用设备制造业	8 729	16 144	8 333	1 127	2 544	36 383
交通运输设备制造业	13 272	25 626	15 619	3 573	6 438	87 370
武器弹药制造业	—	—	—	—	—	—
电气机械及器材制造业	14 258	38 864	12 931	1 108	5 240	62 452
电子及通信设备制造业	680	2 230	652	214	389	4 222
仪器仪表及文化、办公用机械制造业	1 994	5 680	2 095	186	569	6 630
其他制造业	19 778	59 790	17 508	592	7 080	80 320
电力、蒸汽、热水的生产和供应业	11 746	2 920	11 517	849	1 195	10 087
#电力生产业	10 914	2 676	10 750	772	1 070	8 486
煤气生产和供应业	341	274	343	—17	—5	495
自来水的生产和供应业	2 127	654	2 102	137	201	1 602

表 12—13 独立核算工业企业经济效益评价指标

(1993 年)

单位:%

指标	产品销售率	资金利税率	增加值率	成本费用利润率	全员劳动生产率(元/人)	流动资产周转率
全部独立核算工业按主要行业分:						
煤炭采选业	96.58	1.39	46.98	−2.07	5 444	2.51
石油和天然气开采业	—	—	—	—	—	—
黑色金属矿采选业	92.98	11.50	43.34	8.20	11 560	1.60
有色金属矿采选业	85.93	5.05	52.29	1.29	16 329	1.80
非金属矿采选业	87.59	13.05	38.81	8.78	12 318	2.41
其他矿采选业	43.91	28.58	2.87	15.75	1 456	3.82
木材及竹材采运业	134.71	44.96	37.65	28.36	8 929	3.03
食品加工业	96.91	18.53	25.08	4.49	23 289	2.86
#制糖业	104.35	22.14	28.27	5.66	23 130	2.68
食品制造业	100.46	4.50	28.90	0.45	10 244	1.78
#罐头食品制造业	100.57	1.91	34.24	0.51	9 929	1.69
饮料制造业	91.39	13.20	29.46	2.94	17 771	1.81
#饮料酒制造业	94.43	22.44	34.96	6.86	19 997	2.02
烟草加工业	100.15	59.75	50.77	2.43	87 171	2.18
#卷烟制造业	100.09	62.86	52.93	2.21	93 153	2.13
纺织业	94.97	1.35	26.36	−3.05	7 447	1.52
服装及其他纤维制品制造业	83.65	5.67	57.09	0.31	15 468	2.72
皮革、毛皮、羽绒及其制品业	84.28	−0.35	31.70	−3.20	12 243	1.23
木材加工及竹、藤、棕、草制品业	89.30	13.25	26.12	7.14	8 652	2.40
家具制造业	84.00	7.57	36.86	1.41	8 039	1.80
造纸及纸制品业	96.22	5.81	25.99	0.75	10 470	1.85
#造纸业	95.84	5.85	24.85	0.78	10 404	1.81
印刷业、记录媒介的复制	76.58	6.28	21.37	3.10	6 563	1.73
文教体育用品制造业	96.15	9.70	25.70	4.27	5 457	1.85
石油加工及炼焦业	96.44	0.66	3.10	−4.55	5 694	3.26
化学原料及化学制品制造业	94.49	12.03	28.13	1.52	15 551	2.27
医药制造业	86.20	12.61	27.84	6.75	16 713	1.50
化学纤维制造业	62.58	8.91	14.35	8.00	9 315	2.12
橡胶制品业	95.79	19.78	28.82	1.43	17 515	2.24
塑料制品业	93.26	5.34	28.89	1.48	11 653	1.66
非金属矿物制品业	95.10	26.92	43.57	18.67	17 076	2.87
#水泥制造业	95.74	35.94	46.04	28.11	30 247	3.06
黑色金属冶炼及压延加工业	98.44	19.05	34.79	6.86	24 866	2.12
有色金属冶炼及压延加工业	87.64	14.10	18.77	8.80	13 945	1.69
金属制品业	82.62	10.69	25.26	2.89	11 814	2.11
普通机械制造业	92.46	25.63	33.58	18.22	22 015	1.80
专用设备制造业	87.21	9.97	24.53	4.74	12 146	1.80
交通运输设备制造业	90.70	12.58	16.22	4.56	16 746	2.67
武器弹药制造业	84.98	4.83	30.37	2.44	7 877	1.78
电气机械及器材制造业	91.88	8.08	24.56	2.97	12 657	1.43

表 12—13　续表 1　　(1993 年)　　单位:%

指　　标	产品销售率	资金利税率	增加值率	成本费用利润率	全员劳动生产率(元/人)	流动资产周转率
电子及通信设备制造业	95.45	4.02	34.10	1.25	17 859	1.11
仪器仪表及文化、办公用机械制造业	94.69	5.66	27.74	1.39	14 760	1.33
其他制造业	88.80	8.96	24.67	1.31	6 240	1.35
电力、蒸汽、热水的生产和供应业	105.07	9.13	42.17	9.58	20 341	1.55
#电力生产业	94.28	5.56	42.89	3.02	24 478	2.35
#水力发电业	97.66	5.86	75.18	11.10	22 487	2.16
煤气生产和供应业	173.84	0.15	—20.34	—4.45	—4 046	0.36
自来水的生产和供应业	92.01	11.58	52.98	26.12	18 295	1.75
国有独立核算工业总计	**95.06**	**13.54**	**29.49**	**5.08**	**15 843**	**2.00**
按轻重工业分:						
轻工业	95.01	14.49	28.14	2.42	15 580	2.03
重工业	95.09	12.91	30.48	6.98	16 026	1.98
按企业规模分:						
大型企业	98.92	13.83	31.45	4.48	20 326	2.25
中型企业	94.82	15.42	26.97	5.56	16 249	1.94
小型企业	90.76	10.72	30.79	5.12	12 162	1.84
按主要行业分:						
煤炭采选业	99.04	0.31	46.99	—3.29	5 291	2.43
石油和天然气开采业	—	—	—	—	—	—
黑色金属矿采选业	94.04	10.41	44.30	9.40	14 967	1.32
有色金属矿采选业	84.03	1.33	53.69	—3.01	16 414	1.55
非金属矿采选业	91.96	11.66	38.00	11.44	15 843	1.65
其他矿采选业	—	—	—	—	—	—
木材及竹材采运业	135.85	44.10	36.21	28.42	8 503	2.98
食品加工业	96.62	18.65	25.14	4.34	22 774	2.82
#制糖业	104.37	21.81	27.64	5.26	22 086	2.67
食品制造业	103.31	1.93	28.13	—1.74	11 019	1.49
#罐头食品制造业	101.41	—1.45	33.17	—4.40	12 796	1.22
饮料制造业	93.62	14.46	31.55	2.33	16 033	1.63
#饮料酒制造业	93.67	22.71	36.05	6.25	19 598	1.92
烟草加工业	100.11	60.67	52.06	2.37	88 005	2.15
#卷烟制造业	100.09	62.86	52.93	2.21	93 153	2.13
纺织业	96.31	0.50	24.77	—4.04	6 916	1.48
服装及其他纤维制品制造业	98.29	2.90	85.68	—3.38	16 685	2.93
皮革、毛皮、羽绒及其制品业	85.05	—0.83	27.92	—3.30	10 353	1.41
木材加工及竹、藤、棕、草制品业	93.07	12.47	24.63	9.06	16 346	2.01
家具制造业	73.39	4.02	20.45	—1.34	5 087	2.01
造纸及纸制品业	94.85	4.77	23.96	—0.09	10 981	1.81
#造纸业	95.09	4.81	23.80	—0.10	11 326	1.79
印刷业、记录媒介的复制	73.22	5.53	18.08	3.37	5 656	1.63

表 12—13　续表 2　　(1993 年)　　单位:%

指　　标	产　品 销售率	资　金 利税率	增加值率	成本费用 利润率	全员劳动 生产率 (元/人)	流动资产 周 转 率
文教体育用品制造业	114.94	12.34	21.76	6.68	6 610	1.79
石油加工及炼焦业	96.80	0.37	2.48	—4.80	4 806	3.24
化学原料及化学制品制造业	95.49	12.79	27.73	1.92	15 623	2.29
医药制造业	84.25	10.68	23.74	4.08	12 441	1.49
化学纤维制造业	62.41	8.98	13.63	8.03	8 879	2.12
橡胶制品业	96.18	20.30	28.56	1.49	18 583	2.22
塑料制品业	103.80	3.23	20.74	0.14	10 672	1.49
非金属矿物制品业	97.01	28.90	42.47	21.75	19 374	2.78
#水泥制造业	96.79	35.35	43.52	28.68	27 983	3.04
黑色金属冶炼及压延加工业	99.10	19.37	36.37	6.90	27 957	2.03
有色金属冶炼及压延加工业	89.36	12.97	12.99	7.22	8 556	1.73
金属制品业	90.41	8.42	19.75	1.32	8 260	1.86
普通机械制造业	93.80	10.43	28.29	6.29	14 768	1.62
专用设备制造业	86.18	9.03	21.36	4.20	11 029	1.76
交通运输设备制造业	93.02	12.15	14.70	4.55	16 929	2.59
武器弹药制造业	84.98	4.83	30.37	2.44	7 877	1.78
电气机械及器材制造业	92.39	7.41	26.88	3.32	12 993	1.37
电子及通信设备制造业	99.82	3.52	28.48	0.72	13 409	1.07
仪器仪表及文化、办公用机械制造业	98.01	5.38	25.04	1.37	17 972	1.37
其他制造业	95.72	11.45	20.62	5.78	13 524	1.36
电力、蒸汽、热水的生产和供应业	105.55	10.32	43.15	11.70	21 802	1.61
#电力生产业	93.92	7.43	44.15	6.15	27 898	2.98
煤气生产和供应业	202.77	—0.11	—30.22	—4.71	—5 526	0.29
自来水的生产和供应业	92.05	11.81	53.47	27.26	19 362	1.72
集体独立核算工业总计	**88.94**	**13.10**	**32.83**	**4.98**	**11 208**	**2.28**
按轻重工业分:						
轻工业	90.44	8.86	32.08	2.20	10 028	1.91
重工业	87.52	17.83	33.53	7.76	12 542	2.78
按企业规模分:						
大型企业	100.44	6.47	17.95	0.22	14 343	1.08
中型企业	88.71	13.08	22.37	7.51	17 641	1.70
小型企业	88.69	13.41	34.35	4.81	10 889	2.43
按主要行业分:						
煤炭采选业	80.35	16.76	46.90	6.31	6 735	3.05
石油和天然气开采业	—	—	—	—	—	—
黑色金属矿采选业	90.11	17.85	40.58	5.42	7 260	3.18
有色金属矿采选业	91.10	27.85	48.43	14.58	15 971	3.11
非金属矿采选业	82.03	19.18	39.25	6.92	9 208	5.20
其他矿采选业	43.91	28.58	2.87	15.75	1 456	3.82
木材及竹材采运业	107.46	121.04	72.27	26.17	22 503	7.19

表 12—13 续表 3 (1993年) 单位:%

指标	产品销售率	资金利税率	增加值率	成本费用利润率	全员劳动生产率(元/人)	流动资产周转率
食品加工业	94.07	4.91	19.44	—0.05	10 165	2.20
#制糖业	106.32	8.56	19.10	1.30	11 509	1.35
食品制造业	97.72	11.34	28.78	4.02	7 701	2.93
#罐头食品制造业	101.53	20.65	35.99	6.38	7 223	4.45
饮料制造业	87.50	7.16	33.12	2.19	17 827	1.82
#饮料酒制造业	89.19	8.07	25.30	—0.44	4 569	1.28
烟草加工业	105.35	18.60	4.02	4.30	13 756	4.01
#卷烟制造业	—	—	—	—	—	—
纺织业	9.31	6.33	35.85	—0.43	8 404	1.92
服装及其他纤维制品制造业	83.76	7.92	65.90	0.62	17 728	2.47
皮革、毛皮、羽绒及其制品业	93.44	—0.34	34.88	—4.01	10 665	1.31
木材加工及竹、藤、棕、草制品业	84.68	17.47	28.02	5.23	6 272	3.59
家具制造业	86.06	8.93	40.01	2.34	8 470	1.77
造纸及纸制品业	98.63	7.36	29.19	1.50	9 813	2.10
#造纸业	97.54	8.37	27.57	2.80	8 978	1.95
印刷业、记录媒介的复制	85.82	9.72	32.05	2.72	9 405	2.17
文教体育用品制造业	93.41	9.08	24.40	3.13	3 897	1.79
石油加工及炼焦业	83.50	24.13	25.75	4.55	16 032	4.11
化学原料及化学制品制造业	89.58	10.72	28.95	0.93	14 140	2.36
医药制造业	88.30	20.83	34.19	13.91	24 927	1.71
化学纤维制造业	69.91	4.92	63.72	4.77	58 000	1.43
橡胶制品业	89.01	10.69	33.73	0.52	9 403	2.70
塑料制品业	93.91	6.53	31.80	2.33	12 182	1.76
非金属矿物制品业	94.44	24.64	44.99	13.09	13 303	3.51
#水泥制造业	96.82	35.31	52.32	23.93	33 498	3.45
黑色金属冶炼及压延加工业	91.79	11.17	26.88	2.68	10 245	3.17
有色金属冶炼及压延加工业	82.33	14.35	22.48	10.60	16 879	1.61
金属制品业	80.23	11.88	26.39	3.39	12 855	2.21
普通机械制造业	75.52	16.00	21.23	6.28	5 033	2.56
专用设备制造业	96.09	10.39	33.81	3.34	13 590	2.25
交通运输设备制造业	77.68	15.61	23.50	4.43	15 742	3.41
武器弹药制造业	—	—	—	—	—	—
电气机械及器材制造业	93.56	10.12	20.63	1.95	12 300	1.61
电子及通信设备制造业	86.56	13.49	60.02	5.59	54 540	1.89
仪器仪表及文化、办公用机械制造业	78.52	7.31	40.23	2.98	10 239	1.17
其他制造业	87.61	9.16	23.72	0.80	5 445	1.34
电力、蒸汽、热水的生产和供应业	96.33	8.28	55.93	9.22	12 273	3.45
#电力生产业	97.50	7.97	63.93	9.99	12 944	3.17
煤气生产和供应业	100.00	—0.81	4.86	—3.48	1 246	1.81
自来水的生产和供应业	91.16	7.31	41.54	9.92	6 929	2.45

表12—14 独立核算大中型工业企业主要经济指标(一)

(1993年)

单位:万元

指标	企业单位数(个)	工业总产值(当年价)	工业总产值(90年不变价)	工业增加值(生产法)	全部职工年平均人数(人)
总计	**492**	**4 052 339**	**3 412 525**	**1 185 822**	**621 939**
按企业规模分:大型企业	89	1 898 077	1 485 883	612 001	267 389
中型企业	403	2 154 262	1 926 642	573 821	354 550
按企业规模分:轻工业	267	1 728 753	1 753 368	481 972	265 596
重工业	225	2 323 586	1 659 157	703 850	356 343
按主要行业分:					
煤炭采选业	7	50 327	27 165	23 196	50 802
黑色金属矿采选业	2	4 523	3 603	2 809	2 430
有色金属矿采选业	10	91 258	80 980	31 587	31 259
非金属矿采选业	4	23 187	12 210	6 736	2 858
木材及竹材采运业	1	4 098	1 511	1 062	537
食品加工业	90	660 634	703 727	164 651	70 829
#制糖业	70	532 751	604 610	150 468	61 462
食品制造业	19	80 416	77 088	21 104	16 859
饮料制造业	11	70 471	49 740	23 563	8 082
烟草加工业	8	164 768	171 016	88 221	8 790
#卷烟制造业	8	164 768	171 016	88 221	8 790
纺织业	41	203 159	219 957	51 174	69 674
皮革、毛皮、羽绒及其制品业	2	4 355	3 880	805	1 559
木材加工及竹、藤、棕、草制品业	4	32 114	18 357	7 769	2 851
家具制造业	1	1 419	1 541	650	639
造纸及纸制品业	15	68 923	65 376	16 024	11 935
#造纸业	15	68 923	65 376	16 024	11 935
印刷业、记录媒介的复制	7	23 857	21 700	—29	4 081
石油加工及炼焦业	1	10 519	3 840	2 530	929
化学原料及化学制品制造业	35	263 153	216 141	78 475	41 362
医药制造业	13	87 267	89 007	28 744	11 813
化学纤维制造业	5	50 801	51 092	6 925	7 799
橡胶制品业	3	74 040	92 457	21 574	10 295
塑料制品业	8	26 835	30 389	7 446	3 682
非金属矿物制品业	43	257 967	152 743	108 790	48 234
#水泥制造业	21	192 055	98 876	82 812	24 146
黑色金属冶炼及压延加工业	7	268 363	124 362	104 474	32 842
有色金属冶炼及压延加工业	11	98 653	89 052	16 507	12 685
金属制品业	6	27 767	23 096	5 118	7 409
普通机械制造业	27	416 873	267 303	145 080	44 573
专用设备制造业	24	136 814	117 329	37 406	23 064
交通运输设备制造业	22	466 772	320 738	65 068	34 437
武器弹药制造业	1	2 464	1 937	748	950
电气机械及器材制造业	22	115 210	112 393	29 217	21 971
电子及通信设备制造业	11	51 001	63 741	12 376	11 233
仪器仪表及文化、办公用机械制造业	6	30 730	28 497	7 969	6 537
电力、蒸汽、热水的生产和供应业	16	133 662	120 355	58 421	13 222
#电力生产业	10	108 185	89 178	41 785	7 889
自来水的生产和供应业	5	14 888	12 792	7 592	2 968
其他制造业	4	35 053	37 413	5 040	2 749

表 12—15 独立核算大中型工业企业主要经济指标(二)

(1993 年)　　单位:万元

指　　标	固定资产原　价	流动资产年平均余额	固定资产净值年平均余额	利税总额	销售收入
总　计	**2 483 886**	**2 013 972**	**1 603 798**	**589 380**	**4 107 082**
按企业规模分:大型企业	1 218 613	883 074	781 204	282 656	1 923 890
中型企业	1 265 273	1 130 897	822 594	306 724	2 183 192
按企业规模分:轻工业	936 423	851 439	653 256	259 559	1 788 653
重工业	1 547 463	1 162 533	950 542	329 822	2 318 429
按主要行业分:					
煤炭采选业	80 913	20 731	45 713	−816	49 962
黑色金属矿采选业	9 300	4 665	4 501	32	4 586
有色金属矿采选业	117 884	56 149	67 403	−2 776	84 563
非金属矿采选业	11 968	9 426	7 850	2 168	17 372
木材及竹材采运业	3 747	3 327	3 345	1 890	8 524
食品加工业	371 674	253 354	261 353	109 687	723 973
#制糖业	336 870	216 866	236 719	104 736	589 703
食品制造业	54 912	60 074	38 201	2 058	86 537
饮料制造业	41 696	27 515	28 685	13 047	68 127
烟草加工业	53 205	71 783	37 203	73 224	163 454
#卷烟制造业	53 205	71 783	37 203	73 224	163 454
纺织业	125 696	150 140	93 700	3 505	217 575
皮革、毛皮、羽绒及其制品业	2 598	5 709	1 589	−463	2 897
木材加工及竹、藤、棕、草制品业	19 493	11 889	14 882	3 650	28 598
家具制造业	1 068	574	256	62	1 223
造纸及纸制品业	46 789	41 010	30 901	3 822	67 232
#造纸业	46 789	41 010	30 901	3 822	67 232
印刷业、记录媒介的复制	16 102	11 433	10 934	1 779	19 122
石油加工及炼焦业	8 370	1 988	5 693	3 228	10 974
化学原料及化学制品制造业	146 657	110 462	97 368	32 876	264 906
医药制造业	31 302	52 073	19 695	10 789	81 718
化学纤维制造业	62 241	23 714	42 868	5 981	50 305
橡胶制品业	30 705	35 898	18 468	11 801	82 359
塑料制品业	21 458	14 946	12 663	2 251	25 853
非金属矿物制品业	186 061	99 612	145 262	66 042	261 401
#水泥制造业	137 057	71 514	108 889	57 872	194 057
黑色金属冶炼及压延加工业	114 892	127 311	94 448	45 349	260 010
有色金属冶炼及压延加工业	55 597	64 744	34 132	3 845	91 749
金属制品业	8 940	14 875	5 490	1 908	25 551
普通机械制造业	135 376	227 206	81 564	90 171	400 669
专用设备制造业	53 066	88 532	29 982	12 446	145 634
交通运输设备制造业	113 614	175 769	72 587	33 255	480 634
武器弹药制造业	3 537	1 428	871	111	2 536
电气机械及器材制造业	58 194	84 388	40 445	8 339	111 164
电子及通信设备制造业	33 669	52 220	19 341	2 232	55 077
仪器仪表及文化、办公用机械制造业	15 160	25 083	8 194	1 948	32 853
电力、蒸汽、热水的生产和供应业	414 047	60 704	205 460	30 921	133 917
#电力生产业	279 614	23 005	126 811	12 862	90 606
自来水的生产和供应业	26 210	7 142	17 146	3 430	14 555
其他制造业	7 746	18 099	5 606	2 361	31 472

主要统计指标解释

工业总产值 是以货币表现的工业企业在一定时期内工业产品总量的价值。包括成品价值,工业性作业价值和自制半成品,在制品期末期初差额价值。计算工业总产值采用的价格有两种:不变价格和现行价格。

工业增加值 工业增加值是工业企业在报告期内以货币表现的工业生产活动的最终成果。工业增加值有两种计算方法:一是生产法,即工业总产出减去工业中间投入;二是收入法,即从收入的角度出发,根据生产要素在生产过程中应得到的收入份额计算,具体构成项目有固定资产折旧、劳动者报酬、生产税净额、营业盈余,这种方法也称要素分配法。

(1)生产法

工业增加值=工业总产出-工业中间投入

(2)收入法(分配法)

工业增加值=固定资产折旧+劳动者报酬+生产税净额+营业盈余。

工业总产出 是工业企业在一时期内工业生产活动的总成果。工业总产出包括:成品生产价值,对外加工费收入,自制半成品、在产品期末期初差额价值。

工业中间投入 指工业企业在工业生产活动中消耗的外购物质产品和对外支付的服务费用。服务费用包括支付给物质生产部门(工业、农业、批发零售贸易业、建筑业、运输邮电业)的服务费用和支付给非物质生产部门(如保险、金融、文化教育、科学研究、医疗卫生、行政管理等)的服务费用。

中间投入的确定须遵循以下原则:①必须是从外部购入的,并已计入工业总产出的产品和服务价值;②必须是本期投入生产,并一次性消耗掉(包括本期摊销的低值易耗品等)的产品和服务价值。

工业中间投入按购买者价格计算。包括外购材料、外购燃料、动力的消耗以及向外单位支付的运输费、邮电费、修理费、仓储费、利息支出、保险费、职工教育费等各种服务费。

工业销售产值 工业销售产值是以货币表现的工业企业在一定时期内销售的本企业生产的工业产品总量。包括已销售的成品、半成品价值,对外提供的工业性作业价值和对本企业基本建设部门、生活福利部门等提供的产品和工业性作业及自制设备的价值。

工业销售产值的计算范围、计算价格和计算方法与工业总产值一致,但两者计算的基础不同:工业销售产值计算的基础是产品销售总量,工业总产值计算的基础是工业产品生产总量。

工业销售产值分别按现价和不变价两种价格计算。

(1)现行价格工业销售产值。包括:

①成品价值:指企业在报告期内实际销售(包括本期生产和上期生产)全部成品、半成品的总金额,包括为本企业基本建设部门、生活福利部门等提供的成品价值。其计算公式为:成品价值=$\sum$(报告期某种产品销售量×该产品的实际销售单价)。

②对外提供的工业性作业销售价值:指企业按合同对外提供的工业性劳务,包括为企业基本建设部门、生活福利部门等提供的工业性劳务;其价值按实际结算的劳务费计算。

企业为本单位基本建设部门、生活福利部门等提供的产品和工业性作业及自制设备,可参照同类产品和设备的销售价格或实际成本价格计算其销售产值。

生产周期较长(六个月以上)的机械产品,如船舶、重型机械、大型电子计算机等,可按实际完成的工时定额乘以计划销售价格计算销售产值。

自行完成的本企业的工业性作业价值,按报告期实际完成工业性作业的核算成本计算其销售产值。

(2)不变价格工业销售产值。其计算公式为:

工业销售产值=$\sum$〔报告期某种产品销售量×该产品(或工业性作业)1990年不变价格〕。

产品销售收入 指企业销售产品的销售收入和提供劳务等主要经营业务取得的业务总额。

产品销售税金及附加 指企业销售产品、提供劳务等主要经营业务应负担的产品税、增值税、营业税、城市维护建设税、资源税和教育费附加。

利润总额 指企业实现的利润。亏损以"一号"表示。

利税总额 指企业产品销售税金及附加和利润总额之和。

工业产品销售率 是指报告期工业销售产值与同期全部工业总产值之比,是反映工业产品生产已实现销售的程度,分析工业产销衔接情况,研究工业产品满足社会需求程度的重要分析指标。计算公式为:

$$\text{工业产品销售率(\%)}=\frac{\text{报告期现价工业销售产值}}{\text{报告期现价工业总产值}}\times 100\%$$

工业资金利税率 指报告期已实现的利润、税金总额与同期的资产(流动资产和固定资产净值)之比,是反映工业企业资金运用的经济效益,分析资金投入效果的主要分析指标。计算公式为:

$$资金利税率(\%)=\frac{报告期累计实现利税总额}{报告期流动资产平均余额+报告期固定资产净值平均余额}\times 100\%$$

工业增加值率 指报告期工业增加值占工业总产值的比重,是反映工业生产降低中间消耗的经济效益指标。计算公式为:

$$工业增加值率(\%)=\frac{报告期现价工业增加值}{报告期现价工业总产值}\times 100\%$$

工业成本费用利润率 指报告期实现利润与成本费用之比,是反映工业生产成本及费用投入的经济效益指标,同时也是反映企业降低成本的经济效益的指标。计算公式为:

$$工业成本费用利润率(\%)=\frac{报告期实现利润总额}{报告期成本费用总额}\times 100\%$$

工业全员劳动生产率 指报告期工业企业平均每个职工创造的工业增加值,是反映工业活劳动投入的经济效益指标。计算公式为:

$$工业全员劳动生产率(元/人)=\frac{报告期累计工业增加值}{报告期全部职工平均人数}$$

流动资产周转率 指一定时期内流动资产完成的周转次数,是反映工业企业投入流动资产的周转速度的指标。计算公式为:

$$流动资产周转率(次)=\frac{报告期累计产品销售收入}{报告期流动资产平均余额}$$

工业经济效益综合指数 工业经济效益综合指数是综合衡量工业经济效益各方面在数量上总体水平的一种特殊相对数,是反映工业经济运行质量的指标。工业经济效益综合指数根据反映经济效益各个侧面的若干单项指标经过综合计算得到,它是以各项工业经济效益指标实际数值分别除以该项指标的全国标准值并乘以各自的权数,加总后除以总权数求得。

工业经济效益综合指数可以根据不同时期的数据计算不同时期的综合指数,因而可以从静态水平和动态趋势上较为全面地反映工业企业经济效益的变化,并可在一定程度上消除地区、行业以及企业之间在产业结构、产品结构和地区差异上的不可比因素。通过对总指数的分解,可以分析每个单项指标变化对总指数的影响,从而了解、研究制约工业经济效益提高的原因,以便采取针对性措施加以改进。

工业经济效益综合指数计算公式:

$$工业经济效益综合指数=\sum\left(\frac{某项经济效益指标报告期数值}{该项指标全国标准值}\times 权数\right)\div 总权数$$

权数是反映各项工业经济效益指标在综合经济效益中的重要程度。根据我国近期工业经济运行中的问题及特点,结合各方意见,由专家调查法确定。目前我们使用的各项指标权数如下:工业产品销售率为15,工业资金利税率为30,工业成本费用利润率为15,流动资产周转次数为20,工业全员劳动生产率为10,工业增加值率为10。

标准值是作为衡量经济效益水平及变动的尺度。其确定可选择经济发展比较正常,与现实水平比较接近的年度实际数值,最好是几年数据的平均值,这样可以消除偶然因素影响,如1992年建立的工业经济效益评价指标体系中,标准值是根据所选定的六项经济效益指标在全国“七五”时期各年度数据加权平均计算确定的。

十三、建筑业

不断发展壮大的建筑业

建筑业是国民经济重要的物质生产部门，它为国民经济发展提供物质技术基础，对国民经济和社会事业的发展起着举足轻重的作用。

一、建筑业四十五年发展概述

新中国成立以来，广西建筑业随着社会主义建设事业的不断发展而蓬勃兴起，特别是党的十一届三中全会以后，发展更是迅猛。经历了由小到大、由弱到强的发展过程。45年来，建筑业累计完成固定资产投资707.96亿元，建成投产项目62287个，其中，大中型项目221个，竣工各类房屋建筑面积4.08亿平方米。共创造建筑业总产值436.3亿元，为广西国民经济的发展和人民物质文化生活的改善作出了巨大的贡献。

（一）建筑施工企业规模由小到大。1950年广西仅有5家施工企业，从业人员约4500人，施工企业固定资产原值约200万元，净值160万元。经过四十五年的发展建设，到1993年末，广西建筑施工企业发展到7337个，另外，还有30081个农村个体建筑队，职工总人数达65.2万人，拥有固定资产原值24.76亿元，净值18.03亿元。其中，国有施工企业80家，职工24.2万人，固定资产原值15.91亿元，净值11.20亿元；城镇集体施工企业212家，职工8.72万人，固定资产原值4.98亿元，净值3.71亿元；农村集体施工企业5706家，从业人员24.2万人，固定资产原值3.87亿元，净值3.12亿元。

（二）建筑施工企业技术装备从无到有，从弱到强。1950年，广西建筑施工企业几乎没有什么技术装备，到1957年，也仅有十几台主要机械设备，技术装备十分低下。到1993年，全区城镇集体以上施工企业拥有各类机械设备56825台，设备净值7.54亿元，总功率108.11万千瓦，全员技术装备率3207元/人，动力装备率4.6千瓦/人。企业技术装备、机械化程度比解放初期大大增强。

（三）建筑施工企业施工能力逐步增强。解放初期，广西建筑业生产力水平低下，施工企业只能承担一般结构的工、民用建筑，施工能力不强。1950年，施工企业完成总产值只有0.11亿元，全员劳动生产率251元，1993年，建筑业总产值达144.65亿元，全员劳动生产率23144元，分别比1950年增长1315倍、92.2倍。其中，国有施工企业完成总产值48.63亿元，全员劳动生产率30393万元，分别比1950年增长442.1倍、121.1倍；城镇集体施工企业完成总产值20.05亿元，全员劳动生产率22995元，分别比1970年增长1002.5倍、11.8倍。

二、建筑业改革十五年的发展成就

党的十一届三中全会后，国家实行了经济体制改革，作为城市经济改革突破口的建筑业率先实行改革。改革十五年来，广西建筑业经历了重大的战略转变。一是从改革前单纯的生产型转变为生产经营型行业，建筑企业的组织从过去生产指挥型的行政机构转变成生产经营一体化的经济实体；二是封闭的建筑市场被开放型的建筑市场取而代之，初步形成了招标、投标竞争机制；三是实行合同工、农民工相结合的强性用工制度；四是建筑业全面推行百元产值工资含量包干和多种形式的承包经营责任制。这些重大的战略转变，给建筑业注入了强劲的活力，使建筑业得到了长足的发展。

（一）建筑队伍发展迅猛，企业素质显著提高。1993年，广西建筑施工企业发展到7337家，比1978年净增5074个，增长3.24倍；从业人员达65.2万人，分别比1992年、1978年增长17.5%、2.99倍。其中，国有企业由1978年的36个发展到80个，城镇集体企业由93个发展到212个。在国有企业中，一级、二级、三级企业分别由1978年的8个、18个、10个发展到1993年的21个、30个、21个；城镇集体企业中，三级以上企业也由1978年的30多个发展到1993年的146个。

（二）行业门类配套发展，经营范围不断拓宽。改革开放以前，广西建筑行业门类不齐，经营范围狭小，主要以土建安装为主。经过十多年建设，目前已经形成了拥有勘察、设计、建筑安装、建筑制品、装饰装璜、机械生产和科研教育等门类齐全、配套成龙的行业体制，其横向经营范围不仅涉及一般工业、民用建筑，也涉及港口、道路、桥梁、隧道等项目，可以承担交通、机械、水利、电力、化工、矿山、冶金、轻工、建材等部门的复杂结构项目及各类高级民用建设项目的建筑安装施工。在“一业为主，多种经营”方针的指导下，各建筑施工企业利用自身的技术、人才优势，挖掘潜力，积极发展与主业起互补作用的多种经营。据不完全统计，1993年，广西国有施工企业主业之外的多种经营产值达 6 亿多元，约占总产值的 12.0%。

（三）经济效益不断提高。1979～1993 年，广西建筑业产值以年平均 23.1%的速度递增，高出前二十九年平均年增长速度 9 个百分点，累计完成总产值 401.5 亿元，占建国 45 年来完成总产值的 92.0%。1993 年，国有及县以上城镇集体施工企业完成总产值达 68.68 亿元，比 1992 年、1978 年分别增长 1.73 倍、15.6 倍；实现利润 1.84 亿元，上缴税金 2.83 亿元，比 1978 年分别增长 8.7 倍、28.3 倍；产值利税率 6.4%，比 1978 年增长 3.5 倍。

（四）积极参与竞争，开拓国际建筑市场。自八十年代以来，广西各建筑企业乘改革开放的春风，在立足本地同时，积极参与竞争，大胆向世界建筑市场挺进，对外承包工程及劳务合作业务不断扩大。1980——1993 年间，对外共签订承包工程及劳务合作达 487 项，合同金额 5.63 亿美元，完成营业额 2.82 亿美元。其中，1993 年对外签订承包工程 140 项，合同金额 1.21 亿美元，完成营业额 8878 万美元，比 1990 年分别增长 3.78 倍、4.48 倍和 3.82 倍。创历史最好水平。

总之，改革十五年，是广西建筑业蓬勃发展的十五年，也是成绩卓著的十五年。十五年间，建筑业累计完成固定资产投资 662.1 亿元，与前二十九年比，增长 8.7 倍。竣工各类房屋建筑面积 3.6 亿平方米，超过前二十九年的总和。建成了一大批能源、交通、电力、有色、制糖等重点工程项目和文教、邮电、通信等社会公共设施，为发展广西经济提供了重要的物质基础和坚实的后备力量。

三、前景展望

党的十四大再次确认并决心确立建筑业作为国民经济一支柱产业的地位，这为建筑业的发展创造了一个良好的政策背景；社会主义市场经济体制的确立，展示着经济建设将进入一个新的高速度发展时期，与之相对应，建筑业面临着一个广阔的发展前景。而围绕着建设大西南出海通道以及九十年代我国第二步战略目标乃至今后第三步战略目标宏伟兰图的实施，建筑业是大有作为任重而道远，前景灿烂美好，广西建筑业应抓住机遇，着眼长远，继续深化企业内部改革，抓紧企业经营机制的转换；强化科技进步意识，增加装备投入，提高企业整体素质，增强综合能力，加快企业由劳务密集型向劳务密集与技术密集结合型以及由生产速度型向质量效益型的转变，使之能够适应国内、国际形势，面向未来，不断发展，为广西国民经济和社会事业的发展作出新的贡献。

表13—1 建筑业总产值

(地方数)

单位:万元

年　份	合　计	国有企业	城镇集体企业	农村集体企业
总　计	**3 795 405**	**1 711 034**	**801 681**	**1 282 690**
1950	1 131	1 098	33	—
1951	1 428	1 208	220	—
1952	1 403	1 329	74	—
1953	1 781	1 595	186	—
1954	2 357	2 074	283	—
1955	2 636	2 178	458	—
1956	2 742	2 280	462	—
1957	2 713	2 284	429	—
1958	4 888	4 092	796	—
1959	7 506	6 112	1 394	—
1960	11 448	9 408	2 040	—
1961	3 882	3 168	714	—
1962	2 883	2 473	410	—
1963	4 909	3 591	1 318	—
1964	7 581	5 407	2 174	—
1965	8 763	6 530	2 233	—
1966	10 634	7 203	3 431	—
1967	8 094	5 501	2 593	—
1968	4 113	2 926	1 187	—
1969	11 240	8 156	3 084	—
1970	15 516	10 959	4 557	—
1971	17 062	11 738	5 324	—
1972	24 821	18 975	5 846	—
1973	21 502	16 236	5 266	—
1974	23 740	17 628	6 112	—
1975	26 272	20 834	5 438	—
1976	33 626	20 870	8 124	4 632
1977	38 887	22 374	10 370	6 143
1978	49 932	30 741	11 312	7 879
1979	51 292	28 970	13 050	9 272
1980	58 548	31 941	16 517	10 090
1981	52 279	29 303	14 010	8 966
1982	60 635	32 730	15 317	12 588
1983	63 298	33 319	14 242	15 737
1984	93 456	42 724	18 616	32 116
1985	114 487	57 191	21 199	36 097
1986	156 088	73 011	29 072	54 005
1987	196 019	85 354	35 971	74 694
1988	234 938	108 783	48 705	77 450
1989	247 944	110 310	52 463	85 171
1990	249 721	117 023	54 523	78 175
1991	316 965	146 355	72 218	98 392
1992	514 060	200 926	109 393	203 741
1993	1 032 185	364 126	200 517	467 542

表13—2 全社会建筑业主要经济指标

指　　标	单位	1978年	1980年	1985年	1990年	1992年	1993年
全社会建筑业总产值							
国有企业	万元	32 787	35 239	87 837	181 903	287 904	486 286
城镇集体企业	万元	11 312	16 517	21 199	54 523	109 393	200 517
农村集体企业	万元		10 090	36 097	78 175	203 741	467 542
农村个体	万元				20 270	74 873	292 154
全社会房屋建筑竣工面积							
国有企业	万平方米	125.15	140.97	167.12	193.50	237.7	264.85
城镇集体企业	万平方米	139.62	160.69	128.06	181.5	259.0	341.72
农村集体企业	万平方米			673.11	582.0	1 411.89	2 242.73
农村个体	万平方米						
全社会建筑业企业个数							
国有企业	个	36	39	54	65	69	80
城镇集体企业	个	93	145	109	152	155	212
农村集体企业	个			962	4 215	5 706	7 045
农村个体	个				13 261	22 677	30 081
全社会建筑企业年末职工人数							
国有企业	万人	8.24	8.17	11.90	13.07	15.64	15.42
城镇集体企业	万人	3.73	4.80	4.23	6.08	7.38	8.09
农村集体企业	万人			12.15	16.36	19.40	24.20
农村个体	万人				6.77	11.38	17.55

注：1990年、1992年、1993年农村集体企业与农村个体房屋建筑竣工面积以括号合并列示。

表 13—3 国有企业建筑业主要经济指标

（中央、地方）

指 标	单位	1978 年	1980 年	1985 年	1990 年	1992 年	1993 年
企业个数	个	36	39	54	65	69	80
年末全部职工人数	万人	8.24	8.17	11.90	13.07	15.64	15.42
# 工人	万人	6.25	3.97	6.23	9.88	11.15	11.58
全部职工平均人数	万人	10.03	8.72	13.08	12.70	15.04	16.00
职工工资总额	万元			17 311	31 871	47 891	64 728
建筑业总产值	万元	32 787	35 239	87 837	181 903	287 904	486 286
# 施工产值	万元	30 525	32 994	82 558	170 241	274 728	486 286
建筑业增加值	万元					89 013	128 826
竣工产值	万元			62 982	118 555	156 562	247 955
房屋建筑施工面积	万平方米	255.22	273.77	321.06	416.80	580.6	826.09
# 本年新开工	万平方米			164.81	159.80	298.9	407.49
房屋建筑竣工面积	万平方米	125.15	140.97	167.12	193.50	237.7	264.85
# 住宅	万平方米			68.73	78.40	99.0	110.51
年末自有机械设备总台数	台			20 146	32 202	29 790	26 224
年末自有机械设备净值	万元	15 163	8 350	20 699	51 864	99 004	63 504
年末自有机械设备总功率	万千瓦	31.16	17.96	45.87	86.6	91.3	85.81
年末固定资产原值	万元			41 733	111 558	137 270	159 078
年末固定资产净值	万元			30 191	81 499	99 004	112 037
本年固定资产折旧	万元			2 233	5 233	8 513	9 858
利润总额	万元			2 848	6 457	5 623	16 342
利税总额	万元			3 434	13 277	12 669	34 204
按总产值计算的劳动生产率	元/人	3 269	4 041	6 715	14 323	19 136	30 393
按增加值计算的劳动生产率	元/人					6 478	8 052
按竣工面积计算的劳动生产率	平方米/人	12	16	13	15	16	17
产值工资率	%			19.7	17.5	16.6	13.3
产值利润率	%			3.2	3.6	2.0	3.4
产值利税率	%			3.9	7.3	4.4	7.0
房屋建筑面积竣工率	%	49.0	51.5	53.3	46.4	40.9	32.1
工程质量优良品率	%	41.5	51.2	44.2	34.1	41.5	44.4
技术装备率	元/人	1 997	1 569	2 575	3 968	6 330	4 118
动力装备率	千瓦/人	4	3	6	7	6	6
#工人动力装备率	千瓦/人	5	5	7	9	8	7

注：①1980、1985 年的年末工人数未包括中央企业。

②1978 年、1980 年、1985 年的机械设备指标、财务指标均未包括中央企业。

表13—4 地方国有企业建筑业主要经济指标

指　　标	单位	1978年	1980年	1985年	1990年	1992年	1993年
企业个数	个	35	37	48	56	60	72
年末全部职工人数	万人	7.59	5.32	8.04	8.89	11.48	11.59
#工人	万人	5.90	3.97	6.23	7.00	8.37	8.97
全部职工平均人数	万人	9.34	7.86	9.01	8.53	10.85	12.35
职工工资总额	万元			11 775	20 068	31 418	43 198
建筑业总产值	万元	30 741	31 941	57 191	117 023	200 926	364 126
#施工产值	万元	28 479	29 696	52 671	109 687	188 257	364 126
建筑业增加值	万元					58 662	80 071
竣工产值	万元			57 311	92 161	131 714	185 262
房屋建筑施工面积	万平方米	246.06	260.21	269.81	368.7	532.6	775.69
#本年新开工	万平方米			140.29	151.5	283.7	395.14
房屋建筑竣工面积	万平方米	125.15	136.05	143.78	181.0	228.0	255.63
#住宅	万平方米			61.27	76.0	96.8	107.76
年末自有机械设备总台数	台			20 146	20 314	17 956	19 108
年末自有机械设备净值	万元	15 163	8 350	20 699	20 736	26 584	32 819
年末自有机械设备总功率	万千瓦	31.16	17.96	45.87	37.7	42.3	44.65
年末固定资产原值	万元			41 733	54 911	70 200	83 952
年末固定资产净值	万元			30 191	38 970	49 637	60 162
本年固定资产折旧	万元			2 233	2 508	4 942	4 733
利润总额	万元			2 848	4 507	3 573	8 827
利税总额	万元			3 434	7 627	8 443	24 286
按总产值计算的劳动生产率	元/人	3 291	4 064	6 349	13 719	18 519	29 484
按增加值计算的劳动生产率	元/人					5 407	6 483
按竣工面积计算的劳动生产率	平方米/人	13	17	16	21	21	21
产值工资率	%			20.6	17.2	15.6	11.9
产值利润率	%			5.0	3.9	1.8	2.4
产值利税率	%			6.0	6.5	4.2	6.7
房屋建设面积竣工率	%	50.9	52.3	53.3	49.1	42.8	33.0
工程质量优良品率	%	41.5	51.2	44.2	20.6	24.4	20.2
技术装备率	元/人	1 997	1 569	2 575	2 333	2 316	2 832
动力装备率	千瓦/人	4	3	6	4	4	4
#工人动力装备率	千瓦/人	5	5	7	5	5	5

表13—5 建筑业企业生产情况

(1993年)

指标	单位	总计	国有经济	中央企业	地方企业	集体经济
企业个数	个	292	80	8	72	212
#亏损企业个数	个	48	16	—	16	32
建筑业总产值	万元	686 803	486 286	122 160	364 126	200 517
建筑工程	万元	625 331	439 621	101 708	337 913	185 710
安装工程	万元	46 072	38 216	17 011	21 205	7 856
房屋构筑物修理	万元	8 558	1 757	—	1 757	6 801
非标准设备制造	万元	6 842	6 692	3 441	3 251	150
建筑业增加值	万元	176 126	128 826	48 755	80 071	47 300
竣工产值	万元	381 348	247 955	62 693	185 262	133 393
单位工程施工个数	个	11 160	6 214	2 381	3 833	4 946
#本年新开工	个	5 633	2 988	907	2 081	2 645
单位工程竣工个数	个	5 682	2 918	1 063	1 855	2 764
#优良工程	个	1 561	1 296	922	374	265
房屋建筑施工面积	万平方米	1 509.58	826.09	50.40	775.69	683.49
#本年新开工	万平方米	775.23	407.49	12.35	395.14	367.74
房屋建筑竣工面积	万平方米	606.57	264.85	9.21	255.63	341.72
#优良工程	万平方米	123.53	73.46	6.68	66.78	50.06
#住宅面积	万平方米	275.19	110.51	2.75	107.76	164.68
自有机械设备年末总台数	台	56 825	26 224	7 116	19 108	30 601
自有机械设备年末总功率	万千瓦	108.11	85.81	41.16	44.65	22.31
#施工机械功率	万千瓦	81.89	63.69	36.09	27.60	18.21
自有机械设备净值	万元	75 401	63 504	30 685	32 819	11 898
计算建筑业劳动生产率的平均人数	万人	25.40	16.00	3.64	12.35	9.41

注:本资料凡末位及小数点后各项相加不等于总计者均由于四舍五入的缘故。(5—10表)

表 13—6 按主要行业分组的建筑企业生产情况

(1993 年)

指 标	单 位	总 计	#土木工程建筑业	#房屋建筑业	线路管道设备安装业	建筑物装修装饰业
企业个数	个	292	276	241	12	4
#亏损企业个数	个	48	44	37	2	2
建筑业总产值	万元	686 803	632 941	485 620	52 977	885
建筑工程	万元	625 331	608 437	463 901	16 073	821
安装工程	万元	46 072	13 008	10 409	32 999	64
房屋构筑物修理	万元	8 558	8 558	8 403	—	—
非标准设备制造	万元	6 842	2 938	2 908	3 904	—
建筑业增加值	万元	176 126	162 812	106 378	13 224	89
竣工产值	万元	381 348	341 789	268 636	39 057	503
单位工程施工个数	个	11 160	10 607	8 211	523	30
#本年新开工	个	5 633	5 353	4 298	256	24
单位工程竣工个数	个	5 682	5 428	4 232	237	17
#优良工程	个	1 561	1 410	552	151	—
房屋建筑施工面积	万平方米	1 509.58	1 507.05	1 464.44	0.56	1.96
#本年新开工	万平方米	775.23	773.69	762.07	0.04	1.50
房屋建筑竣工面积	万平方米	606.57	604.97	592.61	0.52	1.08
#优良工程	万平方米	123.53	123.04	119.12	0.48	—
#住宅面积	万平方米	275.19	274.65	269.20	0.04	0.50
自有机械设备年末总台数	台	56 825	53 588	42 583	2 938	299
自有机械设备年末总功率	万千瓦	108.11	100.95	43.93	6.99	0.18
#施工机械功率	万千瓦	81.89	77.55	29.25	4.24	0.11
自有机械设备净值	万元	75 401	67 066	30 041	8 285	51
计算建筑业劳动生产率的平均人数	万人	25.40	24.00	19.15	1.35	0.05

表13—7 **建筑业企业主要财务状况**

(1993年)

单位:万元

指　　标	总　计	国有经济	中央企业	地方企业	集体经济
资本金	191 305	142 017	65 772	76 245	49 288
流动资产年末数	733 009	606 126	135 951	470 175	126 882
固定资产年末数	154 087	114 190	51 875	62 314	39 898
固定资产原价年末数	208 910	159 078	75 126	83 952	49 832
#生产经营用	138 867	113 564	55 451	58 113	25 303
累计折旧	59 768	47 041	23 251	23 790	12 727
#本年提取	11 580	9 858	5 125	4 733	1 722
资产年末总计	924 434	751 268	197 931	553 337	173 166
流动负债年末数	687 032	578 688	122 148	456 540	108 344
长期负债年末数	38 715	24 586	6 767	17 819	14 130
所有者权益年末数	198 686	147 994	69 016	78 978	50 692
企业总收入	630 973	454 889	135 482	319 407	176 084
工程结算收入	553 760	380 957	113 672	267 285	172 804
工程结算成本	488 734	331 307	97 246	234 061	157 427
工程结算税金及附加	24 057	17 170	2 319	14 851	6 887
工程结算利润	40 969	32 480	14 107	18 373	8 489
其他业务收入	77 213	73 933	21 810	52 123	3 280
其他业务利润	10 303	9 440	2 755	6 685	863
管理费用	28 135	21 431	10 322	11 110	6 704
财务费用	1 172	510	977	1 487	663
营业利润	21 965	19 979	7 517	12 462	1 986
利润总额	18 363	16 342	7 515	8 827	2 022
利税总额	43 902	34 204	9 917	24 286	9 699

表 13—8 按主要行业分组的建筑企业主要财务状况

（1993 年）

单位：万元

指 标	总 计	土木工程建筑业	房屋建筑业	线路管道设备安装业	建筑物装修装饰业
资本金	**191 305**	**165 576**	**85 572**	**25 517**	**212**
流动资产年末数	733 009	635 652	501 340	96 530	826
固定资产年末数	154 087	127 697	72 188	26 168	223
固定资产原价年末数	208 910	171 335	92 192	37 341	234
#生产经营用	138 867	119 479	62 451	19 226	162
累计折旧	59 768	48 377	22 937	11 378	12
#本年提取	11 580	10 086	4 328	1 490	4
资产年末总计	**924 434**	**794 076**	**594 693**	**129 292**	**1 066**
流动负债年末数	687 032	596 198	479 391	90 084	751
长期负债年末数	38 715	27 306	19 398	11 289	121
所有者权益年末数	198 686	170 572	95 904	27 920	194
企业总收入	630 973	575 132	418 735	55 530	311
工程结算收入	553 760	508 759	364 733	44 690	311
工程结算成本	488 734	449 284	331 006	39 183	268
工程结算税金及附加	24 057	22 907	12 918	1 139	11
工程结算利润	40 969	36 568	20 809	4 369	32
其他业务收入	77 213	66 373	54 001	10 840	—
其他业务利润	10 303	9 086	6 515	1 217	—
管理费用	28 135	24 499	14 869	3 607	29
财务费用	1 172	820	2 171	350	2
营业利润	21 965	20 335	10 284	1 629	1
利润总额	18 363	17 500	6 819	859	4
利税总额	43 902	41 809	20 897	2 073	20

表 13—9 各种分组的建筑业企业主要经济效益指标

(1993 年)

指标	劳动生产率(元/人) 按总产值计算	按增加值计算	按房屋竣工面积计算 (M^2/人)	工程质量优良品率(%) 按单位工程个数计算	按房屋竣工面积计算	房屋建筑面积竣工率 (%)
总计	**27 039**	**6 934**	**24**	**27.5**	**20.4**	**40.2**
按经济类型分						
国有经济	30 402	8 054	17	44.4	27.7	32.1
中央经济	33 530	13 382	3	86.7	72.5	18.3
地方经济	29 480	6 483	21	20.2	26.1	33.0
集体经济	21 319	5 029	36	9.6	14.7	50.0
按企业规模分						
大型企业	32 547	9 876	10	65.9	31.9	26.8
中型企业	33 359	6 640	28	20.0	30.1	33.8
小型企业	21 720	4 955	32	10.9	15.8	47.4
按行业分						
土木工程建筑业	26 372	6 784	25	26.0	20.3	40.1
#房屋建筑业	25 360	5 555	31	13.0	20.1	40.5
矿山建筑业	13 307	4 258	1	14.3	—	32.8
铁路公路隧道桥梁建筑业	32 514	11 409	3	82.3	43.7	23.9
堤坝电站码头建筑业	90 980	13 209	1	68.3	80.0	15.4
线路管道设备安装业	39 344	9 821	…	63.7	92.0	92.9
建筑物装修装饰业	16 612	1 670	20	—	—	54.8

表 13—9 续表 (1993 年) 单位:%

指标	资产利润率	资产利税率	产值利润率	产值利税率
总计	**2.0**	**4.8**	**2.7**	**6.4**
按经济类型分				
国有经济	2.2	4.6	3.4	7.0
中央经济	3.8	5.0	6.2	8.1
地方经济	1.6	4.4	2.4	6.7
集体经济	1.2	5.6	1.0	4.8
按企业规模分				
大型企业	3.0	6.1	4.6	9.4
中型企业	1.1	2.1	1.8	3.4
小型企业	1.0	4.1	1.0	4.4
按行业分				
土木工程建筑业	2.2	5.3	2.8	6.6
#房屋建筑业	1.2	3.5	1.4	4.3
矿山建筑业	0.1	1.8	0.1	1.5
铁路公路隧道桥梁建筑业	5.2	16.4	5.8	18.3
堤坝电站码头建筑业	6.3	7.1	9.4	10.6
线路管道设备安装业	0.7	1.6	1.6	3.9
建筑物装修装饰业	0.4	1.9	0.4	2.3

表 13—10 大中型建筑业企业主要指标

(1993 年)

指标	企业个数(个)	建筑业总产值(万元)	建筑业增加值(万元)	竣工产值(万元)	房屋建筑面积(万 M^2)	
					施工面积	竣工面积
总计	25	401 085	110 941	193 169	614.61	182.75
按隶属关系分						
中央企业	8	122 160	48 755	62 693	50.40	9.21
地方企业	17	278 925	62 186	130 476	564.22	173.54
按行业分						
土木工程建筑业	20	360 689	99 066	165 893	614.13	182.27
#房屋建筑业	13	238 055	49 931	107 305	581.62	176.53
铁路公路隧道桥梁建筑业	4	65 588	23 815	27 888	23.85	4.54
堤坝电站码头建筑业	3	57 046	25 320	30 700	8.66	1.20
线路管道设备安装业	5	40 396	11 874	27 276	0.48	0.48

表 13—10 续表 (1993 年) 单位:万元

指标	资产年末总计	负债年末总计	国家资产		利润总额	利税总额
			原值	净值		
总计	618 898	497 762	133 458	93 700	15 383	31 456
按隶属关系分						
中央企业	197 931	128 915	75 126	51 875	7 515	9 917
地方企业	420 967	368 847	58 331	41 824	7 868	21 538
按行业分						
土木工程建筑业	506 942	410 523	108 470	75 360	14 197	29 254
#房屋建筑业	349 721	313 697	43 911	31 826	40 065	9 357
铁路公路隧道桥梁建筑业	70 079	50 110	21 238	15 887	3 957	13 068
堤坝电站码头建筑业	87 142	46 717	43 322	27 648	6 175	6 830
线路管道设备安装业	111 956	87 239	24 988	18 340	1 186	2 202

主要统计指标解释

建筑总产值 是以货币表现的建筑安装企业和附营施工单位在一定时期内生产的建筑业产品的总和。它是反映建筑生产规模、发展速度、经营成果的重要标志，也是用以计算建筑业经济效益、劳动生产率和建筑业在国民经济中所占比重的依据。在分析和研究建筑业的现状和今后发展趋势时，在为国家制定方针、政策和计划时，以及在衡量判断建筑业企业（单位）的工作成就和问题时都离不开建筑业总产值指标。

今年为进一步规范建筑业总产值，对其计算口径再一次进行了调整。

今年修改建筑业总产值的计算口径，是根据新的《国民经济行业分类与代码》（国标修订方案）和会计制度的要求进行的。新的行业分类按照其活动的性质将原来的“工程勘察设计”大类划入“地质勘查业、水利管理业”门类，因此，原建筑业总产值中的附属勘察设计产值，因其不属于建筑业生产活动而不再包括在建筑业总产值中。对于附属外销构件产值的计算问题，按照行业分类，水泥预制构件制造业和金属结构制造业属于制造业门类。而新老施工企业会计制度也都把施工企业附属单位的外销构件的生产作为“工业生产”处理。因此，为规范企业的生产成果及其构成，将附属外销构件产值作为附营工业产值处理，建筑业总产值不再包括这部分内容。修改后的建筑业总产值的口径范围已与自行完成施工产值的口径范围完全一致，即建筑业总产值等于自行完成施工产值。

建筑业增加值 是建筑业企业在报告期内以货币表现的建筑业生产经营活动的最终成果。建筑业增加值有两种计算方法：一是生产法，即建筑业总产出减去建筑业中间消耗后的余额；二是分配法（收入法），即从收入的角度出发，根据生产要素在生产过程中应得到的收入份额计算，具体构成项目有固定资产折旧、劳动者报酬、生产税净额、营业盈余。

自有机械设备年末总台数 是指归本企业（或单位）所有，属于本企业（或单位）固定资产的生产性机械设备年末总台数。包括施工机械、生产设备、运输设备以及其他设备。

自有机械设备年末总功率 是指本企业（或单位）自有施工机械、生产设备、运输设备以及其他设备等列为在册固定资产的生产性机械设备年末总功率，按设定能力或查定能力计算。包括机械本身的动力和为该机械服务的单独动力设备，如电动机等。计量单位用千瓦，动力换算可按1马力＝0.735千瓦折合成千瓦数。电焊机、变压器、锅炉不计算动力。

自有机械设备净值 是指本企业（单位）自有机械设备经过使用、磨损后实际存在的价值。即原值减去折旧后的净额。

资本金是指企业在工商行政管理部门登记的注册资金。企业筹集的资本金按其投资主体一般分为国家资本金、法人资本金、个人资本金以及外商资本金等。

资产 是企业拥有或控制的能以货币计量的经济资源，包括各种财产、债权和其他权利。建筑业企业的资产其按流动性分为：流动资产、长期投资、固定资产、专项工程、无形及递延资产和其他资产。

负债 是企业所承担的能以货币计量、将以资产或劳务偿付的债务。负债一般按其偿还期长短分为流动负债和长期负债。

流动资产 是指可以在一年或者超过一年的一个营业周期内变现或者耗用的资产，包括现金及各种存款、短期投资、应收及预付款项、存货等。流动资产的一个重要特点是它在参加生产经营时，其价值一次转移到产品成本或费用中去。

固定资产原价 指企业在建造、购置、安装、改建、扩建、技术改造某项固定资产时所支出的全部货币总额。它一般包括买价、包装费、运杂费和安装费等。

固定资产合计 指企业固定资产净值、固定资产清理、待处理固定资产损失所占用的资金。

流动负债 流动负债是指将在一年或者超过一个营业周期内偿还的债务。包括短期借款、应付票据、应付帐款、预收帐款、应付工资、应交税金、应付利润、其他应付款、预提费用等。

长期负债 长期负债是指偿还期在一年或者超过一年的一个营业周期以上的债务。它是除了投资人投入企业的资本以外，企业向债权人筹集，可供企业长期使用的资金。

所有者权益年末合计数 所有者权益是企业投资人对企业净资产的所有权，企业净资产等于企业全部资产减去全部负债后的余额。其中包括实收资本、资本公积、盈余公积和未分配利润四部分。

工程结算收入 指本企业承包工程实现的工程价额结算收入以及向发包单位收取的除工程价款以外按

规定列作营业收入的各种款项，如临时设施费、劳动保险费、施工机构调迁费等以及向发包单位收取的各种索赔款。

工程结算成本 指在报告期内与发包单位办理工程价款结算的已完工程实际成本。

工程结算税金及附加 指因从事建筑业生产活动，取得工程价款结算收入而按规定应该交纳的营业税、城市维护建设税等以及随同营业税金一并计算交纳的教育费附加等。

工程结算利润 把已结算工程实现的利润。

利润总额 指企业全年实现的利润。亏损以“－”号表示。

房屋建筑面积竣工率 是指报告期内房屋建筑竣工面积占同期房屋建筑施工面积的比重。

技术装备率 是指在报告期末自有机械设备净值与全部职工人数的比重。

动力装备率 是指在报告期末自有机械设备总功率与全部职工人数的比重。

产值利润率 指在报告期内每百元产值所实现的利润。它的计算方法是：利润总额除以总产值。

产值利税率 指在报告期内每百元产值所实现的利税。它的计算方法是：利税总额除以总产值。

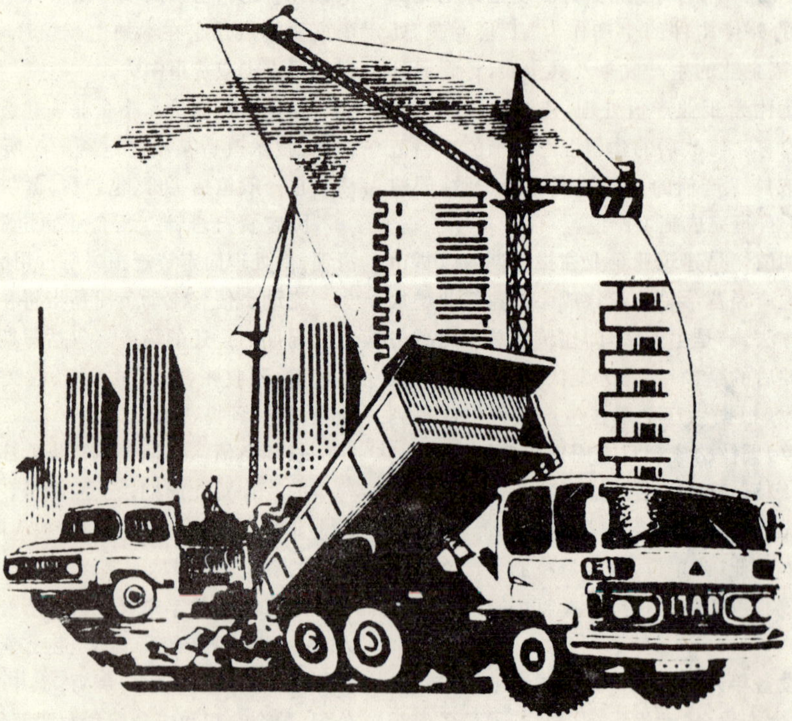

十四、交通、运输和邮电通讯业

我区交通邮电事业长足发展

广西交通邮电事业，经过全区各族人民四十五年的艰苦奋斗，特别是党的十一届三中全会改革开放，取得了很大成就。逐步改变了我区交通比较闭塞、运输和邮电通讯比较落后的面貌。现已发展成为较现代化、多层次的“陆、海、空”立体交叉交通运输邮电通信网络。为建设广西及大西南地区出海通道打下良好的基础。

一、完成繁重的运输和通信任务

在社会主义建设不断发展，客货流和信息迅猛增长的需求下，努力扩大运输、通信能力，克服种种困难，完成了极其繁重的客货运输和通信任务。1993年（’93年等下同）全社会各种运输方式完成客运量39398万人，旅客周转量283.77亿人公里；货运量35509万吨，货物周转量511.96亿吨公里。比’50年分别增长264倍、727倍、277倍、195倍。（平均每年递增分别为13.19%，15.77%，13.31%，12.42%）比’78年增长6.16倍、6.88倍、6.03倍、3.29倍。（平均每年递增12.89%、13.72%、12.72%、8.26%）’93年港口吞吐量1502万吨，比’50年增38倍，比’78年增2.4倍。’93年全区邮电业务总量7.83亿元，比’50年增337倍，比’78年增23倍。（平均每年递增13.81%、7.31%）邮电业务量迅速发展，’93年完成函件1.93亿件，包件312万件，订销报刊累计数5.63亿份，比’50年增26.8倍、78倍、145倍。比’78年增2.46倍、2.21倍、1.15倍。’93年电信完成电报928万份，长话7789万张，比’50年增长36倍，1947倍。比’78年增2.6倍、17.74倍。改革开放以来，发展一批现代化通信业务。’93年完成邮政快件1268万件，特快专递24万件。在短短两年里就发展无线寻呼（BP机）15.98万户，移动电话（大哥大）1.46万户。

二、交通网和通信网建设有长足发展

解放前，我区交通闭塞，铁路不通，公路不平，航道少浅，邮电简陋。解放后，在党中央和各级人民政府的正确领导下，全区各族人民四十五年的艰苦努力，特别是党的十一届三中全会的改革开放，两网建设有长足的发展。到’93年底，全区交通运输线路总长度11.65万公里，比’50年增加9.88万公里，增长8.68倍，（其中：铁路4倍，公路10.62倍）。’93年比’78年增5.55万公里，增长近2倍。（其中：铁路1.33倍，公路增1.29倍）’93年全区邮电线路总长度（含农村投递线路）已达16.61万公里，比’50年增加14.12万公里，增长6.67倍。’78年以来，改造线路，扩大容量，缩短距离，增加通信强度。

铁路。先修复原有线段，延伸修建了湘桂线、黔桂线、黎湛线、焦柳线、南防线以及东罗等六条地方铁路。同时新建企业铁路专用线158条201公里和专用铁道173条220公里。到’93年全区铁路通车里程2292公里，比’50年增4倍，比’78年增1.33倍。现在已有十个地市通火车。区外直达北京、上海、广州、昆明、成都、西安等地。

公路。修通原有公路，新建各级道路，特别是老、少、边、山、穷地区公路建设加快。’60年就实现了县县通公路。’93年底全区通车里程38495公里，比’50年增10.26倍，比’78年增1.29倍。改革开放以来，新建了南宁——北海，南宁——梧州，桂林——阳朔等一批高等级公路。现已形成以自治区首府南宁为中心的干支结合，内外相连，城乡沟通，四通八达的公路网络。在建路的同时，还建造一批大中型桥梁。’93年底全区拥有各种桥梁5861座、总长18.03万米，比’50年增4.66倍、12.4倍。比’78年增44.43%、52.68%。先后建成了南宁邕江一、二桥，柳江一、二桥，漓江二桥等公路大桥。这对畅通运输，方便城乡起了很重要的作用。

水路。我区江河纵横，拥有西江、浔江、郁江、柳江、红水河等20多条重要航道及沿海航线。’93年全区内河通航里程4521公里，比’78年增3.8%。现水运以南宁、梧州、北海等城市为中心，通向区内外水路城市，往返于广州、香港、澳门、百色、贵港等地区。

民航。我区民航事业，从无到有，先后新扩建南宁、桂林、北海等大中型机场。’93年共有航线52条。航线总长度达6.63万公里，比’52年增106倍，比’78年增3倍。现以桂林为中心，辅以南宁、北海机场连结华北、西南、华东、华南等地。辐射于北京、上海、广州、昆明等全国30多个主要城市。同时，还与港澳、日本等地区不定期通航。

邮电。我区邮电事业经过四十五年的建设，从首府南宁到全区各地、市、县、乡已形成通信网络。’93年全区交换机总容量65万门（其中：市话42.73万，农话12.27万）比’50年增73倍，比’78年增6倍。长话业务电路达9991路，电报电路360路各类线路发展很快。

三、运输和通信技术装备水平不断提高

铁路内燃机车逐年增加，蒸汽机车逐步减少。内燃

机车从无到有，到’93年底已拥有335台，比’70年起47台，增加288台，增7.12倍。蒸汽机车已从296台降至111台。综合机车平均牵引总重量’93年2190吨，比’78年增加586吨，增长36.53%

公路等级技术水平显著改善，车辆迅猛发展。我区解放初期，绝大多数是等外路。经过几十年不断改造，特别改革开放后，才有较高等级公路。’93年底全区一级公路11公里，二级公路682公里，三级1917公里，四级18878公里。等外路已从’78年2.9万公里减少为1.57万公里。我区机动车迅猛发展，到’93年底全区拥有62.09万辆。其中：汽车19.32万辆（其中：客车7.5万辆，货车10.8万辆）比’50年增长498倍、155倍。比’78年增4.84倍、5.71倍。

水运港口有较大的发展。’93年底全区拥有运输船舶1.2万艘、净载重74.59万吨，载客量9.18万客位，功率41万千瓦。比’50年增长109倍、581倍、26倍、59倍，比’78年增7倍、12倍、9倍、11倍。港口建设已初具规模，现已拥有防城、北海两个万吨级港口，9个万吨级码头泊位；梧州、贵港等10多个内河主要港口。全区码头长度’93年比’50年增57倍，泊位增28倍。比’78年增1.24倍。

邮电通信拥有一批先进的现代化设施及设备。先后建立了微波通信、光缆通信、卫星地球接收站，无线寻呼台、移动电话台等。’93年市话程控交换机总容量达40多万门。电话机总数已由’50年1154部增加’93年41.86万部，增长362倍。比’78年增长5.42倍。

四、我区交通建设展望

根据中央有关文件指出“要充分发挥广西作为西南地区出海通道的作用”及自治区的战略布署，在中近期内要实现“一五六五三八”工程。一条江，整治南宁——香港航道。五条铁路：南宁——昆明，钦州——北海，玉林——梧州，黎塘——玉林复线，钦州——钦州港。六个机场：桂林两江国际机场，柳州白莲机场，梧州机场，北海机场，桂平机场，南宁机场扩建。五个港口：贵港市猫儿山港、贵港内河港、北海，防城港扩建，钦州港。八条公路：柳州——桂林汽车专用一级公路，全封闭，交体交叉，四车道、全长140公里。南宁——百色，南宁——钦州，钦州——防城等8条高等级公路……。到本世纪末，计划要实现五个一千。修建1000公里汽车专用公路；修建1000公里二级公路；修建1000公里县乡公路；疏通南宁——梧州550公里航道，使之通过能力达1000吨级；沿海港口增加1000万吨吞吐量。上述目标，只要努力奋斗，我们的目标能够达到，我们的目标一定能够达到。

表 14—1 铁路机车拥有量

指　　标	单　位	1978年	1980年	1985年	1990年	1992年	1993年
中央铁路							
蒸汽机车	台	264	260	254	160	109	96
内燃机车	台	86	97	134	232	310	335
客　　车	辆	440	489	690	928	1 028	1 211
地方铁路							
蒸汽机车	台	—	—	—	13	18	15
内燃机车	台	—	—	—	—	—	
客　　车	辆	—	—	—	14	14	14
货　　车	辆	—	—	—	—	—	—

表 14—2 民用车辆和船舶拥有量

（1993 年）

指　　标	单　位	全区总计	交通部门	非交通部门	#城乡个体（私人）
公　　路					
民用汽车	辆	193 274	6 535	186 739	50 883
#载货汽车	辆	110 015	2 517	107 498	37 062
载 重 量	吨位	443 872	13 790	430 082	153 471
载客汽车	辆	75 083	3 965	71 118	13 643
载 客 量	客位	929 489	157 072	772 417	197 406
特 种 车	辆	5 821	41	5 780	10
轮式拖拉机	辆	207 074	780	206 294	199 154
摩 托 车	辆	214 900	359	214 541	172 760
其他机动车	辆	5 740	49	5 691	4 350
货 挂 车	辆	10 056	530	9 526	4 240
水　　运					
货　　船	艘	9 577	2 395	7 182	5 491
载 重 量	吨位	738 972	230 724	508 248	274 113
客 货 船	艘	1 011	53	958	924
载 重 量	吨位	6 963	2 101	4 862	4 862
载 客 量	客位	37 491	10 217	27 274	25 424
客　　船	艘	1 299	125	1 174	1 040
载 客 量	客位	54 363	9 903	44 460	36 097
拖　　船	艘	182	96		
功　　率	千瓦	34 074	23 037		
驳　　船	艘	735	442	293	66
载 重 量	吨位	130 151	105 173	24 978	516
载 客 量	客位	2 686		2 686	1 212
其他非机动船	艘	171	32	139	115
载 重 量	吨位	3 109	1 859	1 250	271

表14—3 主要年份运输线路里程

单位：公里

年份	中央铁路通车里程	地方铁路通车里程	公路里程	内河航道里程	航空里程
1950	573	—	3 622	8 659	—
1952	978	—	5 608	8 659	1 211
1957	1 358	—	9 634	8 669	7 552
1962	1 401	—	17 589	9 966	9 053
1965	1 405	—	18 181	9 833	11 399
1970	1 405	—	20 596	4 466	13 160
1975	1 400	259	27 512	3 610	15 912
1978	1 401	314	29 773	4 355	20 277
1980	1 401	309	31 624	4 519	22 964
1985	1 805	309	32 972	4 521	34 145
1990	1 809	482	36 214	4 521	47 292
1992	1 812	482	37 291	4 521	52 683
1993	1 812	482	38 495	4 521	66 350

注：航空里程含重复计算。

表14—4 主要港口吞吐量

单位：万吨

港口名称	1978年	1980年	1985年	1990年	1992年	1993年
内河港口						
梧州港	192	218	209	261	219	201
贵港港	107	118	137	244	364	416
南宁港	41	46	44	63	74	78
柳州港	30	28	33	52	127	117
百色港	11	12	15	23	24	21
桂平港	10	15	23	20	21	19
沿海港口						
北海港	58	53	55	82	131	189
防城港	—	—	39	220	325	408

表 14—5 全社会客货运输量

年份	全区总计	铁路	公路	#非交通系统	水路	#非交通系统	民航	其他
客运量（万人）								
1985 年	20 018	2 456	16 993	—	526	—	43	—
1990 年	26 272	2 391	22 826	9 903	984	594	69	2
1992 年	27 263	2 703	23 189	11 192	1 273	831	95	3
1993 年	39 398	2 980	33 968	17 848	2 344	2 002	106	—
旅客周转量（亿人公里）								
1985 年	127.77	55.72	66.50	—	5.55	—	—	—
1990 年	174.79	66.78	101.20	39.44	6.67	1.83	—	0.05
1992 年	223.94	83.19	133.39	58.40	7.31	1.81		0.03
1993 年	283.77	112.00	164.04	77.88	7.72	2.74	—	—
货运量（万吨）								
1985 年	12 909.58	2 224	9 897	8 753	787	—	0.58	—
1990 年	19 888.00	3 798	14 711	13 920	1 338	559	—	51
1992 年	23 457	4 167	17 567	16 674	1 666	572		57
1993 年	35 509	4 434	27 723	25 400	3 352	1 328	—	—
货物周转量（亿吨公里）								
1985 年	276.26	200.52	47.30	41.09	28.44	—	—	—
1990 年	428.01	268.17	116.94	113.20	42.82	8.67	—	0.08
1992 年	478.27	310.97	102.72	98.84	64.42	10.81	—	0.16
1993 年	511.96	335.21	103.23	85.66	73.51	68.7	—	—

表 14—6 非交通系统重点单位自有载货汽车运输量

年份	重点单位数（个）	年末实有载货汽车		全年货物运输量	
		辆数（辆）	吨位数（吨）	万吨	万吨公里
1978 年					
1980 年	391	9 155	40 606	4 343	77 192
1985 年	311	6 920	34 694	3 644	64 020
1990 年	453	9 613	54 391	4 535	623 113
1992 年	408	8 882	51 528	4 411	163 876
1993 年	373	8 412	49 640	4 118	172 301
#工交系统	256	6 022	36 613	3 252	127 477
建筑系统	27	786	4 401	418	9 025
贸易系统	60	1 132	6 106	294	25 441
农林水系统	27	437	2 342	145	9 853
其他系统	3	35	178	9	505

表 14—7 交通部门客运量

单位：万人

年份	合计	铁路	公路	水运	民航
1978	6 389.00	1 368	4 628	383	10.00
1980	9 368.74	1 869	7 054	429	16.74
1985	20 017.93	2 456	16 993	526	42.93
1990	15 773.00	2 391	12 923	390	69.00
1992	15 237.00	2 703	11 997	442	95.00
1993	19 548	2 980	16 120	342	106

表 14—8 交通部门旅客周转量

单位：亿人公里

年份	合计	铁路	公路	水路
1978	41.20	21.64	16.89	2.67
1980	60.25	31.11	25.05	4.09
1985	127.77	55.72	66.50	5.55
1990	133.40	66.78	61.75	4.87
1992	163.68	83.20	74.99	5.49
1993	203.14	112.00	86.16	4.98

表 14—9 交通部门货运量

单位：万吨

年份	合计	铁路	公路	水路
1978	5 885	2 118	2 697	1 070
1980	4 496	1 833	1 772	891
1985	4 155	2 224	1 144	787
1990	5 368	3 798	791	779
1992	6 154	4 167	893	1 094
1993	8 781	4 434	2 323	2 024

表 14—10 交通部门货运周转量

单位：万吨公里

年份	合计	铁路	公路	水路
1978	1 837 793	1 539 300	75 358	223 135
1980	1 604 639	1 325 200	57 735	221 704
1985	2 351 639	2 005 200	62 078	284 361
1990	3 060 731	2 681 730	37 472	341 529
1992	3 684 477	3 109 667	38 762	536 048
1993	3 575 988	3 352 118	175 755	481 150

表 14—11 邮电通讯网

年份	邮电局、所（处）	农村	邮路及农村投递线路总长度（公里）	长话电路（路）	电报电路（路）
1978	1 430	1 234	181 579	518	313
1980	1 374	1 186	179 693	603	305
1985	1 387	1 135	182 622	999	348
1990	1 416	1 121	165 212	2 079	367
1992	1 443	1 123	166 057	4 048	385
1993	1 456	1 123	166 100	9 991	360

表 14—12 邮电通信水平

指　　标	单　位	1978 年	1980 年	1985 年	1990 年	1992 年	1993 年
邮电通信水平							
平均每人每年发函件数	件	2.31	2.71	3.31	3.41	3.64	4.36
平均每人每年订报刊数	件	14.31	15.03	16.21	10.01	12.24	12.70
平均每万人拥有电话机数	部	22.69	23.99	28.61	47.79	70.74	94.32
设有邮电局、所乡（镇）比重	%	98.15	98.55	86.90	81.91	82.98	83.52
通邮路的乡（镇）比重	%	100.00	100.00	99.91	99.53	99.92	99.61
通邮路的行政村比重	%	100.00	100.00	97.72	94.83	94.69	96.28
通邮路的村民小组比重	%	67.03	54.41	49.75	—	—	—
通电话的乡（镇）比重	%	97.23	97.00	98.53	97.66	97.43	97.59
通电话行政村比重	%	99.99	92.13	82.91	58.11	54.65	52.00

表 14—13 邮政和电信主要指标

指　　标	单　位	1978 年	1980 年	1985 年	1990 年	1992 年	1993 年
邮电局、所总数	个	1 430	1 374	1 387	1 416	1 443	1 456
# 设在农村	个	1 230	1 186	1 136	1 121	1 123	1 123
邮路总长度（含农村投递线路）	万公里	18.15	17.96	18.30	16.52	16.60	16.61
邮运汽车	辆	170	187	211	328	451	537
电报电路总数	路	313	305	348	367	385	360
载波电报机总数	部	72	125	201	155	126	122
长途电话电路总数	路	518	603	999	2 079	4 048	9 991
市内电话机	部	37 035	43 330	70 630	157 727	255 200	356 394
农村电话机	部	40 157	41 580	40 196	45 913	54 067	62 383
邮电业务总量	万　元	3 272	3 701	6 991	14 235	45 986	78 339
中央国有业务总量	万　元	2 566	2 920	5 883	12 353	41 974	72 864
地方国有业务总量	万　元	706	781	1 108	1 882	4 012	5 475
函　　件	万　件	7 870	9 619	12 823	14 547	15 978	19 377
报刊期发数	万　份	374.9	502	751.90	562.60	717.23	853
电　　报	万　张	356	418	662	808	996	929
长途电话	万　张	439	445	755	1 459	3 387	7 789
市内电话户数	户	25 557	28 197	43 410	89 108	157 585	240 700
农村电话户数	户	43 400	46 025	49 151	34 979	42 973	50 405
订销报纸累计数	万　份	46 640	50 297	58 056	39 062	48 680	51 347
订销杂志累计数	万　份	2 064	2 903	4 732	3 626	4 963	5 024

表 14—14 独立核算交通运输企业财务状况

（1993 年）

	铁 路	公 路 运 输	水 上 运 输	港 口
企业个数（个）	3	197	83	10
#亏损企业		83	22	
资本金合计（万元）	356 294	57 801	47 274	23 667
#国家资本金	356 294	43 224	26 944	8 416
法人基本金		8 272	14 980	499
流动资产年末合计	95 451	47 415	29 464	19 573
#货币资金	41 885	10 813	7 157	5 127
固定资产年末合计	455 537	75 535	55 819	11 078
固定资产原价	480 760	93 950	78 649	92 757
#生产经营用	388 513	63 065	49 067	36 679
累计折旧	120 464	35 092	24 019	8 889
无形及递延资产	13	1 009	237	1
其他资产年末合计	20 031	3 921	1 113	9 191
流动负债年末合计	123 311	39 944	19 690	16 570
长期负债年末合计	75 919	23 113	18 214	17 748
所有者权益年末合计	356 293	53 702	52 620	25 420
营业税金及附加	8 705	2 689	2 187	718
营业利润	18 122	2 339	2 771	3 782
利润总额	7 252	1 761	2 260	3 424
亏损企业亏损总额		1 435	452	
应交所得税	4 810	391	300	757
应付利润		151	755	7
#已分配股利			1	
应付工资	16 185	62 101	11 124	3 808
应付福利费		1 580	1 421	895

主要统计指标解释

货运量 是指运输企业在报告期内实际运送的货物重量，其计算单位为“吨”。

货物周转量 是指运输企业在报告期内实际运送的每批货物重量乘以该批货物的运送距离，其计算单位为“吨公里”。

计算公式为：

货物周转量＝$\sum$（每批货物的重量×该批货物运距）

客运量 是指运输企业在报告期内实际运送的旅客人数。其计算单位为“人”。

旅客周转量 是指运输企业在报告期内实际运送旅客人数乘其乘车里程。其计算单位为“人公里”。

港口吞吐量 是指报告期内从港口出口货物和进口货物的总和量，其计算单位为“吨”。

特种汽车 是指警车、消防车、工程抢险车、救护车等担负特种任务的车辆。

其它机动车 是指除民用汽车、轮式拖拉机及摩托车以外的其他民用机动车辆。如简易机动车，电车等。

驳船 是指本身没有动力，需要依靠其他机动船拖带或顶推航行的船舶。为了港内转泊，编解船队而安装的小发动机的机动驳船仍作为驳船统计。

拖船 是指本身不装载客货而依靠自身发动的功率拖带或顶推驳船队航行的船舶，拖船功率的计算单位为瓦特。

米制每一马力＝735.499瓦（特）

英制每一马力＝745.7瓦（特）

其他非机动船 是指主要依靠风帆或人力行驶的船舶。

邮电局 是指县及县以上或行政上相当县一级地方所设的综合办理邮政、电信各种业务的邮电局。

邮电所 是指市、县邮电局的分支机构。

邮电业务总量 为了综合反映各类邮电业务升降的总情况和邮电业务发展的总趋势，把各类业务不同的实物名称和计算单位，用不变的平均单价换算折成一个综合性的货币量形式就称邮电业务总量。

邮路总长度 包括了城镇以上及农村投递邮路总长度。邮路是指邮电局、所之间，邮电局，所与车站、码头、机场、转运站、报社之间、由自编及委办的人员，按固定班期，按规定路线交换邮件报刊以及在农村地区投递邮件、报刊所走的路线。

函件 是指收寄居受理用户交寄的函件、明信、印刷品、盲人读物及国际港澳小包邮件。

电报 这种电报一般是由发报局收发报人所发的报译成电码在电话上传输，收报局再收电码译成的文投递给收报人。

长途电话 是指县（市）内的用户向外县（市）挂发按照长途电话业务手续处理的电话，包括市郊电话和国际电话。

十五、批发零售贸易和餐饮业

城乡市场商品零售活跃

建国四十五年来特别是党的十一届三中全会以来，随着广西国民经济的迅速发展，城乡居民收入大幅度提高，人民生活显著改善，市场商品供应日趋充裕，商业网点迅速增加，商品零售市场显示出前所未有的繁荣景象。

商品货源日益充裕

由于基础较差，建国后，我区工农业生产虽也取得较大的成绩，但由于商品经济发展水平较低，并且人口过快的增长，因而直到1978年市场商品货源还十分贫乏，相当大的一部分生活必需品乃凭证(票)实行定量供应，市场商品供应远远不能满足城乡居民日益增长的物质需要。十一届三中全会的改革春风给广西国民经济带来了勃勃生机，经济进入了快速发展阶段，经济的发展也为市场提供了充足的商品货源。1993年全自治区当年形成的社会商品货源为365.42亿元，比1952年增加56.03倍，平均每年增长10.64%，其中改革开放的15年平均每年增长16.40%，大大超过1952～1978年平均每年增长8.08%的速度。市场供应的商品不仅数量增加，而且花色品种不断更新，产品质量普遍提高，新产品不断出现，产品更新换代周期大大缩短，适销对路的商品货源增多，市场商品琳琅满目，彻底改变了过去长期存在的商品供应匮乏的状况。如今，95%以上的商品已放开经营，凭证供应的时代在广西已成为历史。

商业网点不断增加

新中国成立以后，建立了国营商业和供销合作社，并通过对原有的资本主义商业和个体、私营商业进行社会主义改造，逐步建立了以国营商业和供销合作社为主体的流通格局。由于长期以来受“左”的思想影响，我区流通体制经历了多次周折，商业网点大并大撤，个体商业和集市贸易的发展受到限制，到了“文化大革命”后期，形成了国营商业独家垄断的局面，这对于当时我国商品经济还不发达，生活消费品供应匮乏，对保证人民生活必需品的供应起了一定的作用，但也严重阻碍了我国国民经济的健康发展。十一届三中全会以后，国家对流通体制进行了改革，在充分发挥国合商业的主渠道作用的同时，大力发展集体商业、个体商业，鼓励各行业开展自销活动，恢复了城乡集市贸易，广西流通领域进入了发展的黄金时期，一时间，各种商业网点遍布城乡大街小巷，多种经济成份、多种经营方式、多条流通渠道、少中间环节的新的流通体制已逐步形成。据统计，1993年末，全自治区商业网点达到46.45万个，从业人员95.2万人，分别比1953年增长36.46倍和45倍，比1979年增长9.8倍和2.57倍。每个商业零售网点服务城乡居民人数也由1953年的1675人和1979年的815人下降到1993年的99人。商业网点不断增加，布局也渐趋合理，不仅方便了城乡居民生活，同时也促进了广西商品经济的发展。

消费品零售市场繁荣活跃

经济的发展，商品货源的增多，人民生活水平的明显提高，市场消费品零售持续发展。1993年，全自治区社会消费品零售总额达到322.40亿元，比1950年增长96.46倍，平均每年增长11.52%，其中十一届三中全会以来的15年平均每年以17.53%的速度增长，远高于改革开放前平均每年增长8.96%的速度。如今一个月的消费品零售额相当于1950年8年、1978年的9个多月的零售，市场供应规模日益扩大。

城乡消费品零售市场同步增长。45年来，我区城乡消费品零售市场日趋活跃，1993年城镇和乡村社会消费品零售总额分别比1950年增长103.08倍和89.68倍，平均每年增长11.69%和11.32%，改革的15年平均以17.75%和17.28%的速度增长，都比1978年以前的增长速度高出8个百分点以上。

各种商品销售成倍增长，消费结构发生变化。45年来，广西城乡市场吃、穿、用各类消费品均有较大的增加。吃的商品由吃饱转向吃好，并逐步讲究营养，对主食的需求量相对减少，对副食品需求不断增加，各种风味、方便、营养、保健食品和饮料的销售大增；衣着商品逐步由低挡转向中、高挡，由一衣多季转向一季多衣，销售也由以衣料为主转向以成衣为主，城乡居民特别是中、青年对衣着商品的花色品种、流行款式和艺术设计等越来越讲究；日用消费品继续保持持续增长的势头，耐用消费品销售显著增加，手表、自行车和缝纫机这“老三件”的社会需求已趋于饱和，许多改革前普通老百姓连想也不敢想的商品如电视机、录音机、洗衣机、电冰箱等在短短的十多年间相继进入百姓家庭，普及率之高、速度之快令许多外国专家惊讶。目前，消费结构已由八十年代初期以前的吃、穿、用变为吃、用、穿，用的商品销售的比重还呈进一步上升的态势。

表15—1 社会消费品零售总额

单位:万元

年份	合计	城镇	乡村
1950	33 082	16 728	16 354
1951	41 543	19 479	22 064
1952	50 102	25 194	24 908
1953	67 524	33 079	34 445
1954	81 286	33 969	47 317
1955	83 737	38 277	45 460
1956	92 484	40 314	52 170
1957	93 016	42 941	50 075
1958	106 315	39 750	66 565
1959	124 311	51 738	72 573
1960	126 260	63 220	63 040
1961	111 580	68 068	43 512
1962	125 137	69 324	55 813
1963	134 967	66 874	68 093
1964	140 248	72 462	67 786
1965	153 621	70 440	83 181
1966	173 709	84 928	88 781
1967	173 186	82 716	90 470
1968	144 994	67 035	77 959
1969	175 966	87 652	88 314
1970	176 764	88 034	88 730
1971	193 442	96 172	97 270
1972	211 405	107 050	104 355
1973	231 775	115 116	116 659
1974	247 230	125 706	121 524
1975	260 981	134 436	126 545
1976	279 685	152 308	127 377
1977	310 253	163 064	147 189
1978	335 918	176 653	159 265
1979	387 884	193 988	193 896
1980	457 228	235 879	221 349
1981	499 169	264 080	235 089
1982	545 790	295 922	249 868
1983	597 838	316 614	281 224
1984	686 450	370 809	315 641
1985	886 005	423 345	462 660
1986	1 002 375	470 501	531 874
1987	1 178 528	562 025	616 503
1988	1 569 833	794 945	774 888
1989	1 699 354	874 633	824 721
1990	1 754 369	924 097	830 272
1991	2 002 276	1 004 108	998 168
1992	2 436 189	1 329 722	1 106 467
1993	3 224 031	1 740 991	1 483 040

表 15—2 批发贸易业机构和人员

（1993 年末）

项目	机构（个）	网点（个）	人员（个）
合计	**24 709**	**16 952**	**199 962**
一、独立核算国内批发商业	**1 857**	**12 095**	**116 367**
1. 按经济类型分：			
国有经济	1 180	5 924	77 684
集体经济	660	6 114	37 131
私营经济	2	2	10
联营经济	6	11	185
股份制经济	7	41	1 333
各种其他经济	2	3	24
2. 按国民经济主要行业分：			
食品、饮料、烟草和家庭用品批发商业	1 210	7 558	85 012
食品、饮料、烟草批发业	755	4 009	38 454
棉、麻、土畜产品批发业	61	474	4 703
纺织品、服装和鞋帽批发业	29	72	2 136
日用百货批发业	125	1 645	18 833
日用杂品批发业	47	309	3 433
五金、交电、化工批发业	127	589	9 418
药品及医疗器械批发业	66	460	8 035
能源、材料和机械电子设备批发业	328	1 083	12 721
能源批发业	91	412	5 383
化工材料批发业	16	24	240
木材批发业	24	91	859
建筑材料批发业	61	157	1 109
矿产品批发业	20	33	522
金属材料批发业	29	133	1 747
机械、电子设备批发业	54	79	969
汽车、摩托车及零配件批发业	21	34	998
再生物资回收批发业	12	120	894
其他批发业	319	3 454	18 634
3. 按企业规模分：			
大型国内批发商业	36	230	8 900
中型国内批发商业	310	2 878	46 192
小型国内批发商业	1 511	8 987	61 275
二、独立核算对外贸易批发业	**152**	**286**	**7 465**
1. 按经济类型分：			
国有经济	148	281	7 428
集体经济	1	2	4
私营经济	—	—	—
联营经济	1	1	7
股份制经济	1	1	17
各种其他经济	1	1	9
2. 按国民经济主要行业分：			
食品、饮料、烟草和家庭用品批发商业	91	163	5 090
食品、饮料、烟草批发业	34	79	1 942
棉、麻、土畜产品批发业	26	32	1 522
纺织品、服装和鞋帽批发业	10	10	495
日用百货批发业	7	8	447
日用杂品批发业	4	29	320
五金、交电、化工批发业	4	4	122
药品及医疗器械批发业	6	6	242

表 15—2 续表

项目	机构 (个)	网点 (个)	人员 (个)
能源、材料和机械电子设备批发业	49	85	1 792
能源批发业	1	1	9
化工材料批发业	4	4	138
木材批发业	1	1	8
建筑材料批发业	3	4	34
矿产品批发业	22	57	1 163
金属属材料批发业	7	7	173
机械、电子设备批发业	11	11	267
汽车、摩托车及零配件批发业	—	—	—
再生物资回收批发业	—	—	—
其他批发业	12	33	583
3. 按企业规模分:			
大型对外贸易批发商业	2	2	67
中型对外贸易批发商业	14	51	2 041
小型对外贸易批发商业	136	233	5 357
三、独立核算物资供销批发业	**551**	**2 066**	**28 205**
1. 按经济类型分:			
国有经济	462	1 808	25 711
集体经济	83	186	2 211
私营经济	—	—	—
联营经济	1	5	63
股份制经济	5	67	220
各种其他经济	—	—	—
2. 按国民经济主要行业分:			
食品、饮料、烟草和家庭用品批发商业	19	83	1 511
食品、饮料、烟草批发业	1	1	18
棉、麻、土畜产品批发业	3	9	242
纺织品、服装和鞋帽批发业	2	4	26
日用百货批发业	4	15	499
日用杂品批发业	1	7	97
五金、交电、化工批发业	7	46	610
药品及医疗器械批发业	1	1	19
能源、材料和机械电子设备批发业	517	1 935	25 914
能源批发业	36	153	2 372
化工材料批发业	31	115	1 438
木材批发业	67	259	5 126
建筑材料批发业	41	102	1 065
矿产品批发业	11	24	445
金属材料批发业	253	911	11 207
机械、电子设备批发业	39	134	1 870
汽车、摩托车及零配件批发业	31	205	1 636
再生物资回收批发业	8	32	755
其他批发业	15	48	780
3. 按企业规模分:			
大型物资供销批发业	14	130	1 330
中型物资供销批发业	227	1 014	15 109
小型物资供销批发业	310	922	11 766
四、附营批发贸易单位	—	**679**	**2 122**
五、乡镇企业局管理的批发贸易业	**1 201**	**1 826**	**14 812**
六、个体批发商业	**20 948**	—	**27 991**

表 15—3 零售贸易业机构和人员

(1993 年末)

项目	机构 (个)	网点 (个)	人员 (个)
合计	**410 871**	**42 462**	**832 771**
一、独立核算零售贸易企业	**7 173**	**32 759**	**225 349**
1. 按经济类型分:			
国有经济	1 676	8 306	95 126
集体经济	5 470	24 337	120 436
私营经济	3	5	31
联营经济	16	32	1 251
股份制经济	7	78	8 499
各种其他经济	1	1	6
2. 按国民经济主要行业分:	**2 031**	**7 011**	**61 686**
食品、饮料和烟草零售业	942	3 213	26 675
粮油食品零售业	309	1 136	12 668
副食品零售业	780	2 662	22 343
其他食品、饮料和烟草零售业	1 507	13 907	76 766
日用百货零售业	1 138	10 059	61 897
百货零售业	20	70	334
文化体育用品零售业	16	25	144
钟表、眼镜及照相器材零售业	333	3 753	14 391
其他日用百货零售业	324	689	7 318
纺织品、服装和鞋帽零售业	218	1 291	8 279
日用杂品零售业	1 339	2 790	27 580
五金、交电、化工零售业	213	3 314	12 319
农业生产资料零售业	193	744	7 027
药品及医疗器械零售业	140	529	3 271
图书报刊零售业	1 208	2 484	21 103
其他零售业	70	164	900
家具零售业	45	115	1 722
煤炭零售业	152	494	4 335
石油制品零售业	176	298	2 432
汽车、摩托车及其零配件零售业	35	50	369
计算机及软件、办公设备零售业	1	1	13
信托、典当业	729	1 362	11 332
其他未包括的零售业			
3. 按企业规模分:			
大型国内零售企业	14	265	14 135
中型国内零售企业	273	5 390	45 838
小型国内零售企业	6 886	27 104	165 376
二、附营国内零售企业	—	**1 753**	**9 576**
三、乡镇企业局管理的国内零售企业	**7 298**	**7 950**	**29 211**
四、个体零售商业	**396 400**	—	**568 635**

表15—4 餐饮业机构和人员

(1993年末)

项　　目	机　构 (个)	网　点 (个)	人　员 (个)
合　　计	**77 900**	**4 338**	**158 633**
一、独立核算餐饮业	**224**	**1 129**	**18 530**
1. 按经济类型分：			
国有经济	108	543	11 816
集体经济	107	575	6 026
私营经济	3	3	66
联营经济	1	1	34
股份制经济	—	—	—
中外合资经营企业	2	2	54
中外合作经营企业	1	1	28
外资企业	2	4	506
各种其他经济	—	—	—
2. 按国民经济主要行业分：			
正餐	169	904	16 538
快餐	24	67	578
其他餐饮业	31	158	1 414
小吃	23	134	1 225
冷饮	—	—	—
茶馆	1	1	50
其他未包括的餐饮业	7	23	139
3. 按企业规模分：			
大型餐饮业	2	16	466
中型餐饮业	19	162	5 655
小型餐饮业	203	951	12 409
二、附营餐饮业	**129**	**788**	**7 126**
三、乡镇企业局管理的餐饮业	**2 139**	**2 421**	**8 892**
四、个体餐饮业	**75 408**	—	**124 085**

表 15—5 国内商业商品购进、销售和库存总额

（1993 年）　　　　单位：万元

项　　目	商品购进			
	总　额	从生产者购　进	农副产品	从批发零售贸易业购进
合　　计	**3 723 817**	**1 731 910**	**283 234**	**1 904 990**
1. 按经济类型分：				
国有经济	2 484 305	1 244 307	189 228	1 210 783
集体经济	1 009 091	352 229	93 837	600 952
私营经济	133	101	—	33
联营经济	11 759	1 536	38	10 223
股份制经济	218 491	133 721	130	82 978
各种其他经济	38	16	—	21
2. 按国民经济行业分：				
食品、饮料、烟草和家庭用品批发商业	1 642 762	801 790	122 883	822 042
食品、饮料、烟草批发业	913 041	436 111	97 851	465 146
棉、麻、土畜产品批发业	68 506	32 942	14 544	33 469
纺织品、服装和鞋帽批发业	39 372	28 237	—	11 121
日用百货批发业	222 641	122 586	5 084	97 821
日用杂品批发业	31 092	18 691	3 160	12 067
五金、交电、化工批发业	271 319	106 200	921	163 313
药品及医疗器械批发业	96 792	57 023	1 323	39 106
能源、材料和机械电子设备批发业	351 969	164 971	7 508	175 932
能源批发业	203 135	58 686	4 139	143 862
化工材料批发业	5 531	2 694	1 798	2 660
木材批发业	3 561	3 099	1 272	440
建筑材料批发业	22 789	11 946	20	8 791
矿产品批发业	32 223	30 672	—	1 351
金属材料批发业	29 783	19 470	1	10 313
机械、电子设备批发业	12 507	10 634	—	1 866
汽车、摩托车及零配件批发业	32 283	24 059	—	3 329
再生物资回收批发业	10 157	3 711	277	3 320
其他批发业	414 634	187 458	13 553	208 618
零售业	1 314 452	577 691	139 290	698 398
食品、饮料和烟草零售业	304 896	149 857	78 708	153 450
日用百货零售业	457 079	165 262	43 819	275 905
纺织品、服装和鞋帽零售业	57 128	35 487	594	21 165
日用杂品零售业	29 821	15 496	2 436	13 733
五金、交电、化工零售业	120 138	38 670	7	76 587
农业生产资料零售业	133 299	57 832	11 281	61 804
药品及医疗器械零售业	39 633	14 387	1 587	25 034
图书报刊零售业	24 085	3 135	—	20 599
其他零售业	148 372	97 565	857	50 122
3. 按企业规模分：				
大型企业	701 192	397 830	2 097	282 031
中型企业	1 708 727	813 842	89 336	865 053
小型企业	1 313 898	520 238	191 800	757 906

注：本表包括的范围为除乡镇企业局管理的企业以外的各种经济类型的独立核算法人国内商业企业，不包括乡及乡以下村办和城乡个体批发零售商业，也不包括其他行业附营的非独立核算的批发零售贸易单位。

表 15—5 续表

项目	商品销售总额	#批发	#零售	年末库存
合计	**4 105 248**	**3 003 209**	**1 102 039**	**801 081**
1. 按经济类型分：				
国有经济	2 656 077	1 971 444	684 634	534 450
集体经济	1 178 419	870 168	308 251	224 024
私营经济	10 167	21	10 147	21
联营经济	12 600	12 013	587	1 701
股份制经济	247 921	149 500	98 421	40 875
各种其他经济	64	64	—	9
2. 按国民经济行业分：				
食品、饮料、烟草和家庭用品批发商业	1 834 052	1 508 191	325 861	316 309
食品、饮料、烟草批发业	1 001 294	887 160	114 134	125 790
棉、麻、土畜产品批发业	84 843	77 762	7 081	17 557
纺织品、服装和鞋帽批发业	44 484	38 431	6 054	11 957
日用百货批发业	252 533	172 542	79 991	61 816
日用杂品批发业	37 584	27 714	9 869	10 312
五金、交电、化工批发业	295 134	241 991	53 143	52 491
药品及医疗器械批发业	118 179	62 591	55 589	36 387
能源、材料和机械电子设备批发业	361 198	324 407	36 790	37 942
能源批发业	218 806	204 176	14 630	18 320
化工材料批发业	7 078	7 022	56	953
木材批发业	5 093	3 661	1 432	386
建筑材料批发业	13 551	12 325	1 226	3 199
矿产品批发业	31 369	31 320	49	2 700
金属材料批发业	31 402	27 056	4 346	2 564
机械、电子设备批发业	11 852	9 924	1 928	2 440
汽车、摩托车及零配件批发业	31 120	19 269	11 851	5 376
再生物资回收批发业	10 928	9 656	1 272	2 006
其他批发业	465 208	432 446	32 763	60 946
零售业	1 444 790	738 165	706 626	385 884
食品、饮料和烟草零售业	354 795	173 683	181 113	115 538
日用百货零售业	535 757	251 547	284 210	163 541
纺织品、服装和鞋帽零售业	66 752	23 387	43 365	10 970
日用杂品零售业	33 808	19 632	14 176	9 750
五金、交电、化工零售业	134 873	66 754	68 119	24 518
农业生产资料零售业	151 361	120 095	31 267	30 753
药品及医疗器械零售业	47 068	17 247	29 821	12 335
图书报刊零售业	23 336	9 207	14 130	5 051
其他零售业	97 039	56 613	40 426	13 427
3. 按企业规模分：				
大型企业	772 291	590 072	182 219	86 056
中型企业	1 830 897	1 402 008	428 890	349 982
小型企业	1 502 060	1 011 129	490 930	365 043

表 15—6 国内商业商品分类销售总额

(1993 年)　　　　单位:万元

项　　目	批发总额	#大中型企业	零售总额	#大中型企业
总　　额	**3 003 209**	**1 992 079**	**1 102 039**	**611 109**
食品类	628 923	425 572	247 191	118 070
饮料、烟酒类	417 004	323 015	51 836	19 255
服装、鞋帽类	61 307	46 371	76 578	49 242
纺织品类	38 354	22 049	41 332	20 182
中西药品类	79 746	57 922	88 340	57 611
化妆品类	13 926	12 301	13 025	9 902
书报、杂志类	46 637	31 691	22 075	6 091
文化体育用品类	22 610	17 790	26 537	18 682
日用品类	183 991	151 513	130 169	87 290
家用电器类	178 461	151 022	143 705	100 536
首饰类	1 608	1 255	20 831	19 122
石油及制品类	231 112	151 813	33 525	13 563
煤炭及制品类	14 310	7 704	6 286	3 947
黑色金属材料类	48 090	28 443	5 865	1 911
有色金属材料类	17 624	12 276	816	204
建筑材料类	37 464	11 642	10 741	3 914
化工材料及制品类	262 095	183 810	10 549	5 295
木材类	6 701	1 342	2 003	274
机电设备类	72 226	35 655	30 276	23 798
其他类	641 020	318 902	140 359	52 220

注:本表包括的范围为除乡镇企业局管理的企业以外的各种经济类型的独立核算法人国内商业企业,不包括乡及乡以下村办和城乡个体批发零售商业,也不包括其他行业附营的非独立核算的批发零售贸易单位。

表 15—7 大中型国内商业企业商品销售数量

(1993 年)

商品名称	计量单位	批发	零售
粮食	吨	634 606	347 158
食用植物油	吨	43 849	37 760
猪和猪肉	吨	38 760	60 448
水产品	吨	5 515	838
盐	吨	27 488	12 927
食糖	吨	1 004 216	19 087
卷烟	箱	1 226 581	106 855
酒	吨	29 239	8 169
茶叶	吨	2 888	381
棉花	吨	67 738	36
布	万米	3 705	1 344
#棉布	万米	2 180	691
呢绒	百米	1 971	5 371
绸缎	百米	12 163	9 146
服装	万件	214	7 038
针织内衣裤	万件	1 616	9 462
鞋	万双	5 701	18 502
#皮鞋	万双	650	7 695
合成洗衣粉	吨	31 381	3 061
黄金饰品	万元	1 144	17 994
自行车	万辆	102	46
摩托车	辆	10 712	18 262
电视机	台	608 821	218 471
#彩色电视机	台	195 100	105 411
录音机	台	24 168	64 644
录像机	台	12 031	12 002
照相机	架	2 425	25 147
家用电风扇	台	601 401	342 795
家用洗衣机	台	110 374	81 541
家用电冰箱	台	64 415	53 834
房间空调器	台	15 699	7 315
抽油烟机	台	11 846	20 618
润滑油	吨	11 397	298
煤炭	吨	377 878	34 548
汽油	吨	208 358	15 906
柴油	吨	333 083	18 947
煤油	吨	40 134	2 800

表 15—8 国内商业企业主要财务指标

(1993 年)　　　　单位:万元

项　　目	资本金合计	商品销售总额	商品销售收入净额	商品销售成本
合　　计	**751 813**	**4 179 615**	**3 952 973**	**3 651 252**
1. 按经济类型分:				
国有经济	424 418	2 667 096	2 564 963	2 348 155
集体经济	283 839	1 245 712	1 123 550	1 068 810
私营经济	72	136	136	117
联营经济	1 833	8 083	5 804	7 460
股份制经济	41 515	258 524	258 496	226 654
各种其他经济	136	64	24	56
2. 按国民经济行业分:				
食品、饮料、烟草和家庭用品批发商业	229 918	1 841 206	1 799 334	1 643 359
食品、饮料、烟草批发业	125 284	989 270	959 030	895 522
棉、麻、土畜产品批发业	17 011	84 364	81 390	76 329
纺织品、服装和鞋帽批发业	7 582	47 792	47 735	43 092
日用百货批发业	34 932	259 410	256 288	226 054
日用杂品批发业	6 648	42 891	42 442	38 183
五金、交电、化工批发业	15 806	293 928	289 429	259 642
药品及医疗器械批发业	22 655	123 552	123 020	104 537
能源、材料和机械电子设备批发业	121 712	376 585	364 367	329 436
能源批发业	100 841	214 944	210 707	187 808
化工材料批发业	720	7 520	7 520	6 986
木材批发业	2 010	5 719	3 878	4 151
建筑材料批发业	3 791	30 067	26 895	26 737
矿产品批发业	1 874	31 131	30 759	27 128
金属材料批发业	6 604	21 679	21 139	18 099
机械、电子设备批发业	1 977	16 723	15 986	14 896
汽车、摩托车及零配件批发业	2 401	37 120	36 547	33 156
再生物资回收批发业	1 495	11 682	10 936	10 474
其他批发业	76 503	479 624	447 577	433 967
零售业	323 680	1 482 200	1 341 695	1 244 491
食品、饮料和烟草零售业	88 859	352 004	330 750	313 868
日用百货零售业	126 025	524 320	481 980	446 411
纺织品、服装和鞋帽零售业	13 430	66 581	66 240	56 483
日用杂品零售业	13 544	78 656	36 458	32 474
五金、交电、化工零售业	12 686	141 145	129 184	122 464
农业生产资料零售业	40 268	149 612	142 261	133 512
药品及医疗器械零售业	7 786	51 190	47 936	42 157
图书报刊零售业	4 979	22 949	21 456	17 508
其他零售业	16 102	95 743	84 429	79 614
3. 按企业规模分:				
大型企业	62 836	711 080	707 398	633 717
中型企业	216 193	1 871 157	1 831 187	1 655 766
小型企业	472 784	1 597 378	1 414 388	1 361 769

表 15—8 续表

项目	经营费用（营业费用）	商品销售利润	营业利润	利润总额
合计	**231 296**	**163 297**	**11 600**	**48 879**
1. 按经济类型分：				
国有经济	148 155	107 603	10 115	43 022
集体经济	72 030	40 775	－8 061	－4 536
私营经济	9	6	1	1
联营经济	226	317	220	312
股份制经济	10 872	14 592	9 324	10 078
各种其他经济	9	4	2	2
2. 按国民经济行业分：				
食品、饮料、烟草和家庭用品批发商业	87 166	74 871	13 780	32 008
食品、饮料、烟草批发业	41 540	37 649	8 520	22 691
棉、麻、土畜产品批发业	4 028	2 136	－1 343	－843
纺织品、服装和鞋帽批发业	2 222	1 698	－43	214
日用百货批发业	14 784	13 091	2 262	1 998
日用杂品批发业	2 533	866	－1 325	－1 246
五金、交电、化工批发业	14 479	10 822	2 352	5 854
药品及医疗器械批发业	7 579	8 609	3 357	3 339
能源、材料和机械电子设备批发业	21 815	17 093	5 020	6 667
能源批发业	13 379	9 740	3 592	4 030
化工材料批发业	413	61	－174	－168
木材批发业	636	505	242	312
建筑材料批发业	948	2 094	621	666
矿产品批发业	1 215	619	3	126
金属材料批发业	2 092	1 229	178	489
机械、电子设备批发业	871	669	－76	519
汽车、摩托车及零配件批发业	1 605	1 728	657	694
再生物资回收批发业	657	447	－23	－1
其他批发业	21 852	17 279	2 096	2 702
零售业	100 463	54 055	－9 296	7 503
食品、饮料和烟草零售业	27 477	4 187	－14 293	－308
日用百货零售业	34 233	23 283	－606	44
纺织品、服装和鞋帽零售业	3 124	4 931	2 511	3 963
日用杂品零售业	3 110	1 320	－771	－731
五金、交电、化工零售业	8 751	5 164	2 258	1 892
农业生产资料零售业	8 552	6 030	－687	－252
药品及医疗器械零售业	3 772	3 240	918	828
图书报刊零售业	1 670	1 796	833	804
其他零售业	9 774	4 104	540	1 263
3. 按企业规模分：				
大型企业	30 228	32 411	17 758	19 260
中型企业	94 196	79 401	20 236	28 894
小型企业	106 872	51 485	－26 394	725

表 15—9 城乡集市贸易情况

指 标	单位	1980 年	1985 年	1990 年	1992 年	1993 年
集市贸易市场	个	**1 516**	**1 917**	**2 208**	**2 359**	**2 593**
城 市	个	80	135	151	168	2 593
乡 村	个	1 435	1 782	2 057	2 191	2 406
集市贸易成交总额	万元	**153 700**	**303 700**	**884 875**	**1 228 363**	**1 786 356**
城 市		6 414	30 832	149 050	235 651	332 378
乡 村		147 286	272 868	735 825	992 712	1 453 978
在城乡集市贸易成交额中：						
粮食类	万元	8 069	14 311	49 982	57 559	94 650
#粮食	吨		675	355 114	459 830	589 812
油指油料类	万元	3 764	6 157	22 861	35 515	58 600
#食用植物油	吨		30	22 417	50 214	38 847
棉烟麻类	万元	2 745	6 008	19 792	16 552	19 098
肉禽蛋类	万元	72 760	150 296	427 686	534 257	730 681
#猪 肉	吨		2 119	470 413	551 730	584 218
牛 肉	吨		550	44 937	67 662	160 142
羊 肉	吨		8	861	988	4 744
鲜 蛋	吨		366	46 459	81 171	149 837
鸡鸭鹅	吨		738	87 552	119 492	342 966
水产品类	万元	4 343	10 844	43 601	53 305	75 020
蔬菜类	万元	10 526	18 563	54 574	67 190	101 731
干鲜果类	万元	5 162	11 858	57 504	100 781	146 177
日用杂品类	万元	3 342	2 890	6 405	11 036	11 772
柴草类	万元	3 066	16 874	8 886	14 108	10 377
饲料农具种苗类	万元	3 206	4 922	12 898	14 266	27 628
大牲畜类	万元	12 943	7 952	18 284	25 160	29 191
#牛	万头	—	—	28.43	—	—
马	万头	—	—	0.5	—	—
仔猪	吨	—	—	91 941	144 175	177 060
家畜幼禽类	万元	15 216	30 216	66 962	105 180	173 701
工业品类	万元	4 756	13 198	71 152	144 013	229 941
废旧物品类	万元	1 303	1 335	11 188	13 777	13 607
其 他 类	万元	2 499	8 276	13 100	35 664	64 182

注：集市贸易市场和集市贸易成交总额的“城市”系指自治区辖五市。

1985 年以前（含 1985 年）的商品成交量系城市集市贸易成交数量。

表15—10 个体工商业发展情况

项 目	1985年	1990年	1992年	1993年
一、户 数(户)	**449 403**	**560 518**	**634 539**	**698 541**
城 镇	139 123	192 518	228 467	259 663
农 村	310 280	368 000	406 072	438 878
城镇中按行业分				
工 业	11 509	17 480	16 299	17 437
交通运输业	3 251	14 965	16 771	22 554
商 业	82 423	110 728	136 770	152 227
#贩 运	2 200	2 801	3 244	—
饮 食 业	19 970	26 913	31 535	34 517
服 务 业	10 271	11 265	15 845	19 069
修 理 业	7 481	8 894	8 973	10 340
其他行业	4 174	2 207	2 184	3 426
二、从业人数(人)	**612 790**	**775 589**	**859 005**	**964 319**
城 镇	182 647	267 690	313 935	366 170
农 村	430 143	507 899	545 070	598 149
城镇中按行业分				
工 业	16 444	29 157	28 018	203 007
交通运输业	4 417	18 698	20 867	—
商 业	105 482	144 977	177 181	203 007
#贩 运	3 088	3 864	5 161	—
饮食业	28 849	44 222	51 460	58 087
服务业	13 275	16 024	21 727	26 637
修理业	9 268	11 425	11 347	13 273
其他行业	4 806	2 976	3 135	5 208
三、营业额(万元)	**231 077**	**549 833**	**696 646**	**944 071**
城 镇	87 307	245 437	333 559	474 603
农 村	143 770	304 396	363 087	469 468
城镇中按行业分				
工 业	9 073	11 232	15 011	17 297
交通运输业	2 739	—	—	—
商 业	56 656	173 114	243 446	348 485
#贩 运	1 911	5 389	11 628	—
饮食业	9 957	35 468	53 359	75 578
服务业	3 486	618	22 405	28 581
修理业	2 403	529	9 769	13 336
其他行业	1 790	59	4 580	8 623

主要统计指标解释

批发零售贸易　指专门从事商品流通行业。根据其经营方式不同可分为批发贸易业和零售贸易业两大部分。

批发贸易业　指从工农业生产者或从商品流通企业购进商品，转卖给工业、农业、建筑业、运输邮电业、餐饮业和服务业等生产经营单位作为生产经营用，以及将商品转卖给其他批发贸易企业或零售企业的商品流通企业和单位。农副产品采购、供应企业，对国(境)外商品进口、出口的对外贸易企业、物资供销企业等，一般都属于批发贸易企业。

零售贸易业　指从工农业生产者、批发贸易业或居民购进商品，转卖给城乡居民作为生活消费和售给社会集团作为公共消费的商品流通企业和单位。

餐饮业　指从事食品的烹饪、调制并直接售给居民和社会集团的机构。包括中西餐馆、饭馆、各种小吃店、冷饮店、酒店、茶楼等。

机构　指各种经济类型独立核算法人批发零售贸易企业、餐饮企业的单位个数。它应同时具备以下条件：①依法成立，有自己的名称、组织机构和场所，能够独立承担民事责任；②独立拥有和使用资产，承担负债，有权与其他单位签订合同；③独立核算盈亏，并能够编制资产负债表。

网点　指各种经济类型独立核算法人批发零售贸易企业、餐饮企业设立的从事商品批发贸易、零售贸易业务的自然单位数和从事餐饮活动的自然单位数。

人员　即从业人员，指从事批发零售贸易业、餐饮业劳动并取得劳动报酬或经营收入的人员。包括职工(含长期职工、合同制职工、临时职工)和其他从业人员(含再就业的离退休人员、三资企业中的外方人员和港澳台方人员)。

商品购进总额　指批发零售贸易企业从本企业以外的单位和个人购进(包括从国外直接进口)作为转卖或加工后转卖的商品。它由从生产者购进额、从批发零售贸易业购进额、进口额和其他项目组成，反映批发零售贸易企业从国内、外市场上购进商品的总量。

从生产者购进　指批发零售贸易企业直接从工农业生产者购进的各种工矿产品和农副产品总额。

农副产品购进　指批发零售贸易企业从农业(包括农、林、牧、副、渔业)生产单位和农民以各种方式购进的全部农副产品总额。这指标反映商品流通部门掌握多少农副产品来供应居民消费、轻纺工业生产和出口的需要。

从批发零售贸易业购进　批发零售贸易业从各种经济类型的批发零售贸易企业或其他行业办的附营批发零售贸易业单位购进的商品。包括国产商品和国外商品。

商品销售总额　指批发零售贸易企业对本企业以外的单位和个人出售〔包括对国(境)外直接出口〕的商品。这个指标反映批发零售贸易企业在国内市场上销售商品以及出口商品的总量。

批发　指除零售以外的一切商品销售活动，包括对生产经营单位批发、对批发零售贸易业批发和出口。

零售　指售给城乡居民直接用于生活消费的商品和社会集团直接用于公用消费的商品。

年末库存　指批发零售贸易企业已取得所有权的全部商品。这指标反映批发零售贸易业的商品库存情况，以及对市场商品供应的保证程度。

社会消费品零售总额　指各种经济类型的批发零售贸易业、餐饮业、制造业和其他行业对城乡居民和社会集团的消费品零售额和农民对非农业居民零售额的总和。这指标反映通过各种商品流通渠道向居民和社会集团供应的生活消费品来满足他们生活需要，是研究人民生活、社会消费品购买力、货币流通等问题的重要指标。

资本金　指国内商业企业在工商行政管理部门登记的注册资金。资本金按投资主体可分为国家资本金、法人资本金、个人资本和外商资本金等。

商品销售收入　指批发零售贸易企业商品销售收入和接受其他单位委托代销商品的收入。

商品销售收入净额　指批发零售贸易企业商品销售收入减去商品销售折扣与折让后的净额。

商品销售成本　指批发零售贸易企业已销售商品应负担的进货原价。

经营费用　指批发零售贸易企业在购、销、存过程中发生的各种经营费用。包括运输费、装卸费、包装费、保险费、展览费、差旅费、广告费、商品损耗、进出口商品累计佣金、经营人员的工资及福利费等。

商品销售利润　指批发零售贸易企业由于商品销售得到的利润。

营业利润　指批发零售贸易企业营业收入扣除成本、费用和各种商品销售税金及附加费后的数额。

利润总额　指批发零售企业全年实现的利润。包括营业利润、投资净收益以及营业外收支净额。

城乡集市贸易成交额　指在城市集市和农村集市上买卖双方(包括农民、非农业居民、机关、团体、企事业单位和个体商贩)成交的全部商品金额。目前农民在集市外对非农业居民的商品销售额也包括在内。

十六、对外经济贸易和旅游业

对外贸易和利用外资成就卓著

建国45年来，广西对外经济贸易有了较大发展。特别是党的十一届三中全会实行对外开放以来，大力开展多种形式的对外贸易，外贸出口规模明显扩大，出口商品结构发生变化，边境贸易，利用外资以及对外承包工程和劳务合作等方面都取得了新的成就。

外贸出口规模明显扩大

广西邻近港澳和东南亚，拥有出海通道和陆路边境口岸，发展对外贸易具备有利条件。但在五、六十年代经济薄弱时期，有利条件未能得到充分发挥，对外贸易发展缓慢，出口总额年平均仅3000万美元左右。进入七十年代后，外贸出口规模不断扩大，年平均出口额由“三五”时期的0.5亿美元增加到“四五”时期的1.5亿美元，“五五”时期继续增加到2.6亿美元。党的十一届三中全会以后，改革外贸管理体系，扩大地方和企业的对外经营出口权，实行外汇留成等鼓励出口的优惠政策，出口贸易大幅度增长。年平均出口额由“六五”时期的3.5亿美元增加到“七五”时期的5.7亿美元，近三年来继续取得新的突破。1993年出口额13.3亿美元，比1990年增长81.8%，比上年增长19.6%。

出口商品品种和数量不断增加。已有一批优质名牌商品投入国际市场。1993年，出口额在100—1000万美元的商品有40多个，1000万美元以上的商品由过去的6种增加到26种。出口商品流向日趋多元化。已由港澳地区逐步扩展到世界五大洲的大部分国家，出口国家(地区)由五十年代初的60多个扩大到1993年的94个。出口商品结构得到改善。随着工业生产的发展，出口商品由五十年代初期的粮油和土畜产两大类发展到五金矿产、纺织、化工、工艺及机械设备等多类工业产品出口不断增加，使出口商品结构发生了可喜的变化。1993年广西初级产品出口额占全自治区出口总额的比重已由五十年代初级的99%下降到25%，工业制成品出口比重则由同一时期的1%上升到75%，从而提高了广西外贸出口创汇水平。

进口贸易逐步增加

广西的进口贸易从1965年开始自营。初期只有少量的机器设备，金属材料和化学肥料等生产资料进口。实行对外开放后，加快了进口贸易步伐。1993年全自治区进口总额7.5亿美元，比上年增长42.8%，比1965年增长188.9倍，平均每年递增20.6%。进口商品结构也有很大变化。1984——1988年这段时间，除了继续进口生产资料和机械仪器之外，曾一度进口电视机、电冰箱、摩托车等高档耐用消费品和其他一些初级产品，适应人民生活多方面需要。近几年高消费热有所控制，基本停止了高档消费品进口，重点进口国内短缺的原材料、农业生产资料和先进技术设备，以解决生产上的急需。1993年，工业制成品的进口额占全自治区进口总额的90%，初级产品进口仅占10%。进口的国家(地区)也逐步扩大。已由六十年代开始的几个国家(地区)扩大到1993年的38个国家(地区)。

新兴边境贸易迅猛发展

广西的沿边沿海地区随着中越关系的正常化和我国改革开放政策的落实，边境贸易从无到有，由小到大，发展很快。1993年，广西边境进出口贸易总额28.68亿元，比开始时期的1989年增长6.2倍，五年间边境贸易累计进出口总额达94.26亿元，平均每年递增63.6%，高于同期广西外贸进出口平均每年递增28.3%的水平。边境贸易进出口总额占全自治区外贸进出口总额的比重由1989年的11.3%上升到1993年的24.3%。在五年边贸总额中，进口累计50.4亿元，平均每年递增81.1%，出口累计43.86亿元，平均每年递增49.7%，分别高于同期外贸进、出口额平均每年递增43.8%和22.7%的水平。边境贸易的迅猛发展，提高了广西在国际上的贸易地位和知名度，扩大了广西产品在国际市场上的占有率，促进了边区各项经济的发展，增强了经济实力，边区人民生活逐步得到改善。

利用外资在开放中崛起

党的十一届三中全会实行对外开放政策以来，广西贯彻执行积极稳妥地利用外资的方针，与外国客商合资和合作办企业，接受外国银行贷款，利用外资由点到面，逐年扩大，行业增多，效益提高。1993年末，广西实有“三资”企业达4368家，比上年末增长1.3倍，比1985年增长39.1倍。新签外商直接投资协议外资额38.14亿美元，比上年增长1.6倍，比1985年增长16.9倍，平均每年递增43.4%。实际利用外资9.24亿美元，比上年增长2.9倍，比1985年增长19.5倍，平均每年递增45.9%。利用外资增长幅度居我国沿海12省(区市)的前列。

1979前，广西开始利用外资时，仅有小额的补偿贸易5项。1981年以后逐年增多，由商品信贷扩展到引进外商独资、合资和合作经营企业。1985年开始接受国际金融组织提供贷款和外国银行商业贷款以及少量的外国政府贷款。利用外资渠道增多，规模扩大。利用外资的行业由建材、轻工、食品扩展到旅游、交通、电子、重工等行业。投资者由来自港澳台地区增加到日本、泰国、新加坡、美国、加拿大等20多个国家的客商。利用外资的地区也由南宁、桂林、北海市发展到边远的百色、河池等全自治区14个地、市。利用外资多数项目效果较好，一是解决了建设资金的不足，加快了投资建设进度；二是推动了老企业的技术改造，提高了产品的竞争能力；三是促进旅游事业的发展，增强了企业的活力。同时，通过利用外资，为增加国家财政收入，安排劳动就业，学习先进经验，培养和造就人才等提供了有利条件，发挥了“窗口”作用。

对外承包工程和劳务合作取得新的进展

1980年起，广西积极开拓国际承包工程和劳务合作市场。经过10多年的努力，取得了较好的成绩。近4年来，平均每年签订合同52项，合同金额9041万美元，每年完成营业额5034万美元。1993年对外承包合同金额12000万美元，比1990年增长3.1倍；完成营业额8900万美元，比1990年增长1.6倍。在发展对外承包工程和劳务合作中，按照“守约、保质、薄利、重义”的经营原则和精心设计施工，保证工程质量，热情传授技术，认真履行合同而受到对方的好评。此外，广西还派出多批医疗队前往卢旺达、尼日尔等国家，热情地为这些国家的人民防病治病，大都获得了良好的医疗效果。所有这些，对加强广西同世界各国的经贸往来起到了桥梁作用，为增进同各国人民之间的相互了解和友谊作出了贡献。

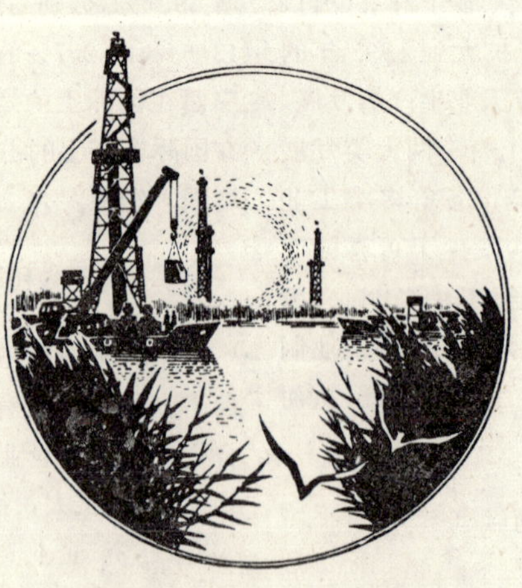

国际旅游事业蓬勃发展

党的十一届三中全会以后，随着对外开放政策的实行和国际交往的不断扩大，广西因地制宜、充分发挥邻近港澳、东南亚和旅游资源丰富的优势，加快了旅游资源的开发建设步伐，国际旅游事业迅速发展。现已建成了以桂林旅游区为中心，环绕南宁、柳州、桂东南和滨海旅游区以及中越边境观光的旅游网络。桂林已成为全国四大旅游热点城市之一。游在桂林，观海在北部湾，欣赏异国风光在友谊关和北仑河畔是广西旅游的一大特色。1993年，广西接待来自30多个国家和港澳台同胞的旅游人数达52万人，旅游事业的蓬勃发展，增进了国外客人对我们的了解和友谊，增强了港、澳、台等海外同胞和国内人民的爱国热情，促进了对外开放政策的更好实施与社会主义物质文明建设。

接待游客成倍增加 旅游收入明显提高

随着对外开放的进一步开展和对外关系的不断扩大，外国游客、华侨、港澳台同胞来广西参观、访问、旅游和从事各项交流活动的人数迅速增加。1993年，全自治区接待国际旅游人数达52万人，比1980年增长2.8倍，平均每年递增10.8%，其中接待外国人30万人，增长5.5倍，平均每年递增15.5%。桂林是全国四大旅游热点之一，又是广西发展旅游事业的重点，1993年接待国际旅游人数44万人，占全自治区接待旅游总人数的84.6%，在全国52个重点城市接待国际旅游人数中、按城市人口平均接待国际游客居首位。

在发展国际旅游事业中，按照"友谊为上，经济受益"的方针，积极增加服务项目，提高服务质量，充分发挥地方特色，大力组织旅游商品的生产和供应，明显提高了经济效益。1993年，全自治区旅游收入外汇券5.05亿元，比1980年增长78.1倍，平均每年递增40%，其中商品性收入0.74亿元，比1980年增长51.5倍，劳务性收入4.31亿元，增长85.6倍。

旅游资源十分丰富 基础设施得到改善

广西的旅游资源十分丰富。全自治区现已开发建设可供旅游参观游览的山、水、岩洞等自然景观有100多处，以及众多的历史文物古迹和少数民族独特的风情习俗，旅游景点各具特色，诸如有山水甲天下的桂林旅游城，果树成荫的自治区首府南宁市，誉称"东方夏威夷"的北海银滩，凭祥、东兴等23个国家对外开放边境口岸，左江两岸的花山崖壁画，尚有桂平的西山、柳州的柳侯洞、陆川的温泉，北流的勾漏洞以及近期正在开发的防城沥尾旅游开发区等等，都是旅游的好去处。

实行对外开放以来，广西十分重视旅游事业的发展，采取多种途径筹集资金，加强旅游基本规化建设，增添旅游设施，扩建旅游宾馆，增加游乐场所和综合服务项目，力求使游客玩得好，住得舒适。目前，全自治区旅游行业职工已达2.47万人，拥有旅游管理机构53家，旅行社109家，旅游涉外饭店69家，其中评上星级的饭店37家，旅游车船公司及其他服务单位28家，载客汽车713辆，游船119辆，火车增开线路和增加车次，新建机场和增加航班航线，经过近几年的努力建设，初步改变了前几年的旅游设施不足、住房紧张、交通不便、管理人才缺，接待工作进展不快的局面。

近几年来，广西的旅游事业迅速发展，但在丰富的旅游资源中，目前得到开发利用的只是一部分，潜力还很大，有待继续加强开发建设，党和国家非常关心和支持广西的旅游事业，自治区亦已作为一项重要工作来抓。近期内将重点整治漓江和北海银滩，改造旅游城市市容，新建桂林国际飞机场等。加上对桂东南及沿海沿边地区的开发和建设，广西的旅游事业定将得到更大的发展。

表16—1 海关进出口货物总值(按口岸分)

项 目	单 位	1992年	1993年
进出口货物总值	**万美元**	**125 375**	**185 911**
#南 宁	万美元	15 902	23 324
柳 州	万美元	8 321	15 101
桂 林	万美元	9 351	13 660
北 海	万美元	24 409	37 868
梧 州	万美元	38 336	44 009
防 城	万美元	26 837	36 655
凭 祥	万美元	1 551	8 027
贵 港	万美元	—	2 724
靖 西	万美元	—	—
东 兴	万美元	668	4 543
进口总值	**万美元**	**62 873**	**112 495**
#南 宁	万美元	5 781	13 861
柳 州	万美元	4 015	8 488
桂 林	万美元	6 236	10 007
北 海	万美元	14 979	29 970
梧 州	万美元	14 701	19 315
防 城	万美元	16 020	22 394
凭 祥	万美元	930	3 913
贵 港	万美元	—	731
靖 西	万美元	—	—
东 兴	万美元	211	3 816
出口总值	**万美元**	**62 502**	**73 416**
#南 宁	万美元	10 121	9 463
柳 州	万美元	4 306	6 613
桂 林	万美元	3 115	3 653
北 海	万美元	9 430	7 898
梧 州	万美元	23 635	24 694
防 城	万美元	10 817	14 261
凭 祥	万美元	621	4 114
贵 港	万美元	—	1 993
靖 西	万美元	—	—
东 兴	万美元	457	727

表16—2 海关进口商品分类金额

单位：万美元

商品类别	1990年	1992年	1993年
进口总额	**45 544**	**71 431**	**138 090**
初级产品	**12 753**	**9 171**	**13 137**
食品及主要供食用的活动物	8 532	390	1 580
#谷物及其制品	7 123	5	36
糖、糖制品及蜂蜜	1 126	35	10
饮料及烟类	38	86	71
#烟草及其制品	31	85	69
非食用原料(燃料除外)	2 862	7 692	9 946
#生橡胶	552	1 968	1 647
软木及木材	329	35	13
纺织纤维(毛皮除外)及其原料	1 518	1 637	989
金属矿砂及金属废料	…	94	56
矿物燃料、润滑油及有关原料	703	320	625
#石油、石油产品及其有关原料	703	7	14
动植物油、脂及蜡	618	683	915
#植物油	590	34	31
工业制成品	**32 791**	**62 260**	**124 953**
化学品及有关产品	8 252	4 015	3 285
#有机化学品	367	229	123
无机化学品	112	503	321
制成肥料	6 927	46	34
人造树脂、塑料、纤维素酯及醚	455	129	74
医药品	54	2 366	1 817
按原料分料的制成品	4 673	211	170
#纸、纸板及其他制品	699	73	51
非金属矿产制品	—	23	31
钢铁	1 490	4	…
有色金属	—	24	19
机械及运输设备	12 219	11 665	51 754
#特种工业专用机械	4 175	4 969	45 227
办公用机械及自动数据处理设备	366	1 017	495
电讯器材、收音、录音及重放装置设备	956	1 805	1 295
电力机械、电器及其配件	—	—	—
陆路车辆	925	…	…
杂项制品	1 118	19 409	48 492
#专业、科学及控制用仪器和装置	750	2 720	9 756
摄影器材、光学物品及钟表	40	71	6
杂项制品	—	379	70
未分类的其他商品	6 529	26 960	21 252

表16—3 海关出口商品分类金额

单位:万美元

商品类别	1990年	1992年	1993年
出口总额	**88 662**	**100 341**	**110 311**
初级产品	**34 935**	**29 753**	**28 058**
食用及主要供食用的活动物	25 441	11 319	8 445
#主要供食用的活动物	2 023	—	—
肉及肉制品	130	2 134	1 769
鱼、甲壳及软体类动物及其制品	3 149	2 115	1 009
谷物及其制品	813	17	20
蔬菜及水果	8 062	959	840
咖啡、茶、可可、调味品及其制品	2 495	1 938	1 344
饮料及烟类	80	1 004	1 264
#饮料	66	222	368
非食用原料(燃料除外)	9 315	13 143	11 942
#生皮及末硝毛皮	204	323	432
油子及含油果实	89	94	218
纺织纤维(毛皮除外)及其废料	1 157	489	557
动、植物原料	2 964	959	1 217
矿物燃料、润滑油及有关原料	—	1 868	4 079
#煤、焦碳及煤砖	—	575	631
石油、石油产品及有关原料	—	1 247	3 392
动植物油、油脂及蜡	99	2 419	2 328
#植物油	99	1 515	1 008
工业制成品	**53 727**	**70 588**	**82 253**
化学品及有关产品	12 459	4 930	4 318
#有机化学品	410	443	192
无机化学品	2 456	3 079	2 778
医药品	1 113	129	138
按原料分料的制成品	20 757	11 875	12 636
#纺纱、织物、制成品及有关产品	6 495	20	33
非金属矿产制品	5 298	50	108
金属制品	790	1 058	1 855
机械及运输设备	3 390	4 619	7 416
#动力机械及设备	263	2 019	2 769
特种工业专用机械	438	1 397	2 050
电讯器材、收音、录音及重新装置设备	491	46	82
电力机械、电器及其配件	1 074	—	—
杂项制品	9 597	8 041	9 459
#服装及衣着附件	4 210	2 095	2 552
鞋类	465	2 571	2 585
摄影器材、光学物品及钟表	174	—	—
家俱及其配件	130	290	171
未分类的其他商品	7 524	41 123	48 424

表 16—4 海关进出口总额(按贸易方式分)

单位:万美元

项　　目	进出口总额			进口总额			出口总额		
	1990 年	1992 年	1993 年	1990 年	1992 年	1993 年	1990 年	1992 年	1993 年
合　　计	**134 206**	**171 772**	**248 401**	**45 544**	**71 431**	**138 090**	**88 662**	**100 341**	**110 311**
一般贸易	96 261	114 146	109 322	28 511	38 222	46 487	57 750	75 924	62 835
国家间、国际组织无偿援助和赠送的物资	300	814	98	300	814	98	…	…	—
华侨、港澳同胞、外籍华人捐赠的物资	9	3 967	3 007	9	3 967	3 007	—	—	—
补偿贸易	2 048	2 463	2 819	855	806	1 144	1 193	1 657	1 675
来料加工装配贸易(对口合同除外)	14 040	10 726	12 547	6 528	5 529	8 031	7 512	5 197	4 516
进料加工贸易	16 646	18 509	23 263	5 127	8 463	12 306	11 519	10 046	10 957
寄售、代销贸易	61	38	12	58	36	11	3	2	1
其他免费提供的物资	387	367	591	387	367	591	—	—	—
边境地方贸易和小额贸易(边民互市贸易除外)	568	1 759	6 097	33	512	2 559	535	1 247	3 538
对外承包工程货物	104	—	88	—	—	—	104	—	88
租赁贸易	299	—	—	299	—	—	—	—	—
外商投资企业进出口的货物	3 226	12 537	25 826	3 226	6 316	25 826	—	6 221	—
出料加工贸易	46	—	7	29	—	…	17	—	7
其他	211	6 406	64 724	182	6 359	38 030	29	47	26 694

表 16—5 我区同各国(地区)外贸进出口总额

单位:万美元

项　　目	进出口总额			进口总额			出口总额		
	1990 年	1992 年	1993 年	1990 年	1992 年	1993 年	1990 年	1992 年	1993 年
合　　计	**89 797**	**163 850**	**207 760**	**16 853**	**53 019**	**75 269**	**72 944**	**110 831**	**132 491**
亚　　洲	**63 851**	**123 472**	**136 493**	**8 768**	**42 946**	**44 686**	**55 083**	**87 029**	**91 807**
#香　港	43 639	69 651	70 851	6 518	14 370	16 191	37 121	55 281	54 660
澳　门	1 155	1 574	1 059	46	142	99	1 109	1 432	960
日　本	5 994	8 518	10 529	461	1 094	2 666	5 533	7 424	7 863
新加坡	1 301	2 434	2 679	132	1 186	1 267	1 169	1 248	1 412
印　度	375	236	195	—	—	30	375	236	165
巴基斯坦	732	824	124	—	—	—	732	824	124
非　　洲	**309**	**766**	**565**	—	—	**145**	**309**	**766**	**420**
欧　　洲	**13 196**	**21 588**	**56 037**	**2 593**	**6 504**	**24 257**	**10 603**	**15 085**	**31 780**
#俄罗斯	1 869	4 375	20 450	976	1 480	8 040	893	2 895	12 410
罗马尼亚	536	926	2 415	354	35	721	182	891	1 694
德　国	3 765	3 459	3 957	111	917	1 724	3 654	2 542	2 233
英　国	1 425	1 531	1 269	78	172	179	1 347	1 359	1 090
法　国	1 174	2 265	2 538	18	569	725	1 156	1 696	1 813
瑞　士	76	41	38	37	30	7	39	11	31
荷　兰	1 927	3 847	2 614	—	1 089	177	1 927	2 758	2 437
拉丁美洲	**1 880**	**2 476**	**1 256**	**1 600**	**1 818**	**882**	**280**	**658**	**374**
北美洲	**7 121**	**7 421**	**10 198**	**878**	**633**	**2 495**	**6 243**	**6 788**	**7 703**
#加拿大	123	265	465	—	11	97	123	254	368
美　国	6 998	7 156	9 733	878	622	2 398	6 120	6 534	7 335
大洋洲	**328**	**549**	**530**	**16**	**188**	**127**	**312**	**361**	**403**
#澳大利亚	230	474	462	16	188	127	214	286	335
其　他	**114**	**144**	**4**	—	—	—	**114**	**144**	**4**

注:分国别(地区)进口数不包括外省代理进口部分。

表 16—6 历年外贸进出口贸易总额

年份	按人民币计算(万元)				按美元计算(万美元)			
	进出口总额	出口总额	进口总额	差额(顺差＋ 逆差－)	进出口总额	出口总额	进口总额	差额(顺差＋ 逆差－)
1950	114	114	—		428	428	—	
1951	2 331	2 331	—		893	893	—	
1952	2 385	2 385	—		916	916	—	
1953	2 643	2 643	—		1 013	1 013	—	
1954	6 659	6 659	—		2 237	2 237	—	
1955	10 992	10 992	—		3 508	3 508	—	
1956	14 867	14 867	—		4 469	4 469	—	
1957	21 415	21 415	—		6 195	6 195	—	
1958	16 164	16 164	—		5 129	5 129	—	
1959	9 319	9 319	—		3 054	3 054	—	
1960	8 020	8 020	—		2 673	2 673	—	
1961	5 370	5 370	—		1 959	1 959	—	
1962	5 335	5 335	—		1 991	1 991	—	
1963	7 574	7 574	—		2 945	2 945	—	
1964	11 270	11 270	—		4 370	4 370	—	
1965	13 199	12 227	972	＋11 255	5 134	4 739	395	＋4 344
1966	15 481	14 490	991	＋13 499	5 761	5 358	403	＋4 955
1967	11 642	10 840	802	＋10 038	4 258	3 932	326	＋3 606
1968	11 045	10 132	913	＋9 219	3 957	3 586	371	＋3 215
1969	12 484	11 623	861	＋10 762	4 557	4 207	350	＋3 857
1970	13 814	12 953	861	＋12 092	5 203	4 853	350	＋4 503
1971	19 483	18 172	1 311	＋16 861	7 233	6 653	580	＋6 073
1972	22 743	21 287	1 456	＋19 831	9 020	8 370	650	＋7 720
1973	32 563	30 816	1 747	＋29 069	15 846	14 981	865	＋14 116
1974	47 023	44 219	2 804	＋41 415	23 526	21 994	1 532	＋20 462
1975	42 001	38 201	3 800	＋34 401	22 053	20 053	2 000	＋18 053
1976	35 343	33 433	1 910	＋31 523	18 507	17 507	1 000	＋16 507
1977	42 187	38 436	3 751	＋34 685	22 560	20 554	2 006	＋18 548
1978	45 783	42 305	3 478	＋38 827	26 931	24 885	2 046	＋22 839
1979	50 202	46 719	3 483	＋43 236	30 799	28 662	2 137	＋26 525
1980	57 112	55 234	1 878	＋53 356	37 823	36 579	1 244	＋35 335
1981	64 955	59 691	5 264	＋54 427	39 849	36 620	3 229	＋33 391
1982	64 858	62 339	6 119	＋56 220	37 614	34 259	3 362	＋30 897
1983	78 494	67 167	11 327	＋55 840	40 048	34 269	5 779	＋28 490
1984	115 884	90 205	25 679	＋64 526	41 387	32 216	9 171	＋23 045
1985	167 444	119 093	48 351	＋70 742	52 310	37 205	15 105	＋22 100
1986	202 844	160 094	42 750	＋117 344	54 528	43 036	11 492	＋31 544
1987	294 568	202 198	92 370	＋109 828	79 151	54 331	24 820	＋29 511
1988	300 602	202 468	98 134	＋104 334	80 807	54 427	26 380	＋28 047
1989	356 054	275 790	80 264	＋195 526	75 435	58 430	17 005	＋41 425
1990	423 842	344 296	79 546	＋264 750	89 797	72 944	16 853	＋56 091
1991	548 601	446 209	102 392	＋343 817	102 351	83 248	19 103	＋64 145
1992	888 067	600 704	287 363	＋313 341	163 850	110 831	53 019	＋57 812
1993	1 194 620	761 823	432 797	＋329 026	207 760	132 491	75 269	＋57 222

表 16—7 外贸部门主要商品出口数量和金额

金额:万美元

商品	单位	1990年		1992年		1993年	
		数量	金额	数量	金额	数量	金额
出口总额	**万美元**	—	**72 944**	—	**110 831**	—	**132 491**
大米	吨	17 360	619	25 864	867	41 743	946
桐油	吨	825	67	5 294	1 007	3 167	398
活大猪	百头	1 340	1 599	1 303	1 703	1 207	1 533
活家禽	万只	195	465	177	453	196	475
水产品	吨	4 376	1 886	5 606	2 223	2 380	1 576
水果	吨	13 837	512	43 040	593	22 735	763
蔬菜	吨	1 994	132	5 805	311	9 661	424
罐头	吨	47 803	3 041	41 616	3 050	48 528	2 748
砂糖	吨	161 915	6 744	306 519	8 289	393 454	9 879
茶叶	吨	5 477	999	4 668	737	4 322	647
桂皮	吨	3 753	799	6 640	892	7 454	1 004
八角	吨	881	193	694	200	4 435	407
松香	吨	52 256	2 541	76 451	4 275	83 366	4 660
鞭炮烟花	万箱	77	2 054	107	2 852	100	2 589
鹅鸭绒毛	吨	2 421	944	1 413	740	914	678
猪革皮	万张	80	441	170	834	236	1 040
棉布	万米	2 331	2 037	6 036	4 346	4 786	3 129
绸缎	万米	155	588	231	920	302	752
自行车	辆	24 257	63	230 344	746	172 716	593
瓦楞芯纸	吨	26 265	670	12 357	372	22 460	717
电池	万打	181	118	651	479	919	557
陶瓷	万件	2 885	759	13 290	1 772	8 037	1 457
首饰	万美元	—	798	—	1 864	—	2 556
矽铁	吨	1 586	86	4 150	186	13 740	684
矽锰合金	吨	10 198	494	10 610	402	31 410	1 322
锡	吨	3 814	2 421	10 277	5 938	16 906	8 349
锑	吨	6 877	1 082	5 132	794	10 775	1 808
锑铅合金	吨	300	32	10 610	402	6 200	825
水泥	吨	640 056	2 723	407 226	1 744	524 210	2 191
滑石块	吨	97 212	604	153 261	684	218 295	814
重晶石	吨	698 822	1 876	324 325	779	387 141	989
颜料	吨	13 937	795	16 555	1 025	13 409	820
柴油机	马力	96 425	227	66 517	362	622 948	1 153

表16—8 外贸部门主要商品收购数量和金额

金额:万元

商品	单位	1990年		1992年		1993年	
		数量	金额	数量	金额	数量	金额
收购总额	**万元**	—	**338 002**	—	**460 993**	—	**635 861**
大米	吨	22 545	3 682	18 834	2 817	15 180	2 501
桐油	吨	943	469	5 762	6 460	3 316	2 842
活大猪	百头	1 397	6 319	1 273	5 624	902	4 490
活家禽	万只	214	3 330	201	2 862	179	2 777
水产品	吨	3 966	7 936	5 058	14 670	1 082	5 867
水果	吨	15 537	2 076	12 164	2 042	7 745	1 561
蔬菜	吨	2 028	790	3 130	1 264	4 467	855
罐头	吨	55 805	21 823	38 553	16 558	47 534	21 685
砂糖	吨	110 593	28 145	237 200	44 896	362 997	85 938
茶叶	吨	6 803	5 209	4 338	3 458	5 262	5 663
桂皮	吨	4 902	7 079	4 789	3 066	6 979	6 065
八角	吨	1 166	665	843	1 480	1 636	4 073
松香	吨	46 591	9 600	55 861	18 131	77 029	25 927
鞭炮烟花	万箱	85	8 932	134	14 118	69	8 559
鹅鸭绒毛	吨	2 969	6 856	2 671	7 884	2 112	7 932
猪革皮	万张	129	3 469	169	4 418	176	5 456
棉布	万米	1 105	4 133	5 349	3 899	623	3 132
绸缎	万米	131	2 443	244	6 372	262	6 554
自行车	辆	18 004	315	182 078	2 520	56 528	859
瓦楞芯纸	吨	22 568	3 825	17 088	2 932	18 184	2 270
电池	万打	200	911	527	2 256	392	1 750
陶瓷	万件	2 033	1 658	3 384	2 856	3 063	4 271
首饰	万元	—	360	—	617	—	526
矽铁	吨	2 589	683	1 700	434	65	29
矽锰合金	吨	11 490	3 217	13 126	2 853	17 539	5 581
锡	吨	4 732	18 354	10 877	40 959	17 638	77 475
锑	吨	4 273	3 492	8 121	7 174	12 152	22 367
锑铅合金	吨	120	87	2 789	2 523	2 013	2 194
水泥	吨	598 126	11 029	457 364	9 484	743 480	25 285
滑石块	吨	61 546	729	104 699	909	118 190	1 558
重晶石	吨	719 429	2 777	426 060	2 437	161 946	834
颜料	吨	18 879	6 408	13 054	5 273	13 324	5 965
柴油机	马力	121 145	1 500	12 480	152	5 024	772

表 16—9 边境贸易主要商品进出口数量和金额

项目	单位	进口				出口			
		数量		金额		数量		金额	
		1992 年	1993 年	1992 年	1993 年	1992 年	1993 年	1992 年	1993 年
农副土特产品	人民币万元			**21 424**	**24 252**	—	—	**9 899**	**30 386**
#粮食(贸易粮)	吨	492	105	102	11	18 474	38 815	2 344	4 255
肉禽蛋	吨	648	929	521	733	84	113	1	142
水产品	吨	7 449	4 235	6 294	6 761	—	—	—	—
干鲜果	吨	59 763	65 630	6 971	9 943	8 288	23 463	2 046	6 380
牛　皮	吨	9 315	3 968	1 127	604	—	—	—	—
工业品	人民币万元	—	—	**88 461**	**84 948**	—	—	**71 500**	**57 167**
#自行车	辆	—	400	—	170	49 045	87 483	1 419	2 037
摩托车	辆	20	—	8	—	—	—	—	—
空调机	台	21 550	372	5 811	259	—	—	—	—
录像机	部	4 850	—	4 291	—	—	—	—	—
缝纫机	台	—	—	—	—	96 730	33 581	1 654	675
食　糖	吨	—	—	—	—	13 644	4 180	2 112	921
啤　酒	吨	—	—	—	—	50 209	30 029	10 942	7 346
电　池	箱	—	—	—	—	21 825	19 915	147	277
橡　胶	吨	74 109	54 969	38 308	14 731	—	—	—	—
生产资料	人民币万元	—		**57 518**	**29 616**	—	—	**30 273**	**22 226**
#发电机	台	—	60	—	114	726	233	24	9
柴油机	台	—	—	—	—	90 758	64 488	11 001	8 808
手扶拖拉机	台	—	—	—	—	204	256	21	25
钢　材	吨	26 137	93 642	6 760	17 746	23 496	712	2 286	197
水　泥	吨	—	—	—	—	41 999	10 451	1 905	499
锰矿石	吨	97 638	21 550	3 140	812	—	—	—	—
焦　炭	吨	—	—	—		—	5 000	—	52
废旧品	人民币万元	—	—	**6 785**	**3 566**	—	**523**	—	**17**
中药材	人民币万元	—	—	**860**	**326**	—	—	**1 122**	**1 481**
其它商品	人民币万元	—	—	**21 761**	**18 505**	—	—	**9 585**	**14 224**
#木　材	m^3	76 119	67 329	1 088	1 507	—	—	—	—

表 16—10 边境集贸市场基本建设情况

项目	单位	1991年	1992年	1993年
投资额	万元	500	682	628
#市场管理费	万元	397	487	263
财政拨款	万元	—	—	—
市场建设数	个/m²	10/7 058	22/41 033	7/113 320
已投入使用	个/m²	10/7 058	10 339/33 613	5/57 260
正在建设	个/m²	—	3/7 420	2/56 060
售货柜(台)	个	345	2 237	636
市场管理人员	人	107	218	1 923

表 16—11 边境贸易分经济类型进出口总额

单位:万元

项目	进出口总额		进口总额		出口总额	
	1992年	1993年	1992年	1993年	1992年	1993年
合计	**319 218**	**286 750**	**196 809**	**161 249**	**122 409**	**125 501**
边境居民	40 135	60 960	17 021	23 534	23 114	37 426
机关、团体、部队学校、企事业等单位	198 050	141 892	145 868	105 742	52 182	36 150
个体商贩	71 887	73 832	30 700	29 031	41 187	44 801
其他	9 146	10 066	3 220	2 942	5 926	7 124

表 16—12 历年实际利用外资金额

单位:万美元

年份	合计	对外借款	外商直接投资	外商其他投资
1979—1983	4 651	—	1 226	3 875
1984	3 435	—	385	3 050
1985	4 493	1 405	1 251	1 837
1986	7 982	2 787	3 700	1 495
1987	9 233	4 403	3 774	1 056
1988	18 157	11 513	4 258	2 386
1989	7 425	1 891	4 594	940
1990	6 031	1 780	3 025	1 226
1991	6 636	1 624	3 871	1 141
1992	23 741	4 355	18 026	1 360
1993	92 415	3 891	87 203	1 321

表16—13 实际利用外资情况

项目	1993年末实有企业数(个)	利用外资总额(万美元)			
		1985年	1990年	1992年	1993年
总计	**4 368**	**4 493**	**6 031**	**23 741**	**92 415**
对外借款	—	**1 405**	**1 780**	**4 355**	**3 891**
外国政府贷款	—	—	920	163	336
国际金融组织贷款	—	1 132	389	432	304
外国银行商业贷款	—	—	—	3 160	1 805
出口信贷	—	273	471	600	1 426
外商直接投资	**4 368**	**1 251**	**3 025**	**18 026**	**87 203**
按投资方式分					
独资经营	746	34	141	8 001	34 161
合资经营	2 867	950	1 861	7 181	45 347
合作经营	755	267	1 023	2 844	7 695
按国民经济行业分					
1. 农林牧渔业	119		89	379	149
2. 工业	2 510		2 271	6 466	25 393
3. 建筑业	146		—	185	994
4. 运输、邮电业	86		29	197	493
5. 商、饮、物资、供销业	146		—	185	515
6. 房地产、公用服务业	1 143		633	10 395	45 928
7. 其他行业	218		3	219	13 731
按国别、地区分					
#香港	3 392		2 623	9 418	50 880
澳门	202		31	253	6 069
日本	48		5	107	1686
新加坡	31		66	24	2 566
台湾	371		138	923	11 028
美国	158		42	651	5 736
泰国	53		—	5 224	2 520
外商其他投资	—	**1 837**	**1 226**	**1 360**	**1 321**
加工装配	—	763	—	—	5
补偿贸易	—	753	646	1 360	1 248
国际租赁	—	321	580	—	68

表 16—14 签订外商直接投资协议(合同)项目和金额

地 市	1990 年	1992 年	1993 年
当年签订协议(合同)项目(个)	**114**	**1 338**	**2 478**
#南宁市	13	85	243
柳州市	7	68	108
桂林市	22	164	154
梧州市	15	117	196
北海市	20	246	545
防城港市	—	10	95
南宁地区	1	12	61
柳州地区	1	9	31
桂林地区	6	64	63
梧州地区	8	137	202
玉林地区	11	358	419
百色地区	1	5	31
河池地区	1	53	37
钦州地区	3	10	128
当年签订协议(合同)外资额(万美元)	**12 523**	**145 001**	**381 404**
#南宁市	934	5 616	24 025
柳州市	208	5 104	12 140
桂林市	2 549	28 730	31 144
梧州市	170	7 007	14 997
北海市	3 584	56 621	131 744
防城港市	18	5 805	25 036
南宁地区	40	752	8 458
柳州地区	17	735	2 762
桂林地区	3 202	6 088	3 953
梧州地区	324	10 112	14 925
玉林地区	1 255	15 074	48 796
百色地区	40	265	2 263
河池地区	14	181	2 224
钦州地区	60	2 911	16 122

表 16—15 外商直接投资额和年末实有企业数

地　　市	1990 年	1992 年	1993 年
外商直接投资额(万美元)	**3 025**	**18 026**	**87 203**
#南 宁 市	—	830	7 463
柳 州 市	319	818	2 973
桂 林 市	64	2 230	5 000
梧 州 市	124	1 011	2 068
北 海 市	932	8 686	1 898
防城港市	—	162	51 367
南宁地区	22	64	250
柳州地区	41	87	504
桂林地区	830	461	867
梧州地区	128	877	4 056
玉林地区	70	2 533	7 864
百色地区	139	105	405
河池地区	—	8	219
钦州地区	356	154	1 198
年末实有企业(个)	**376**	**1 870**	**4 368**
#南 宁 市	47	139	386
柳 州 市	38	119	230
桂 林 市	74	255	437
梧 州 市	33	183	379
北 海 市	69	327	867
防城港市	1	6	167
南宁地区	4	19	94
柳州地区	6	15	44
桂林地区	24	91	148
梧州地区	15	191	396
玉林地区	34	420	840
百色地区	6	18	49
河池地区	—	4	43
钦州地区	24	80	190

注:年末实有企业是指在工商行政管理部门注册登记的企业个数。

表 16—16 对外承包工程

项　　目	1990年	1992年	1993年
合同项目(个)	**40**	**66**	**74**
#乍　　得	5	3	3
冈比亚	18	23	17
布隆迪	4	—	—
巴基斯坦	2	2	3
越　　南	—	5	9
安哥拉	6	20	15
肯尼亚	—	3	—
美　　国	—	1	—
几内亚	—	9	9
合同金额(万美元)	**2 945**	**9 442**	**11 633**
#乍　　得	354	553	52
冈比亚	368	189	232
布隆迪	112	—	—
巴基斯坦	1 700	4 500	9 550
越　　南	—	2 825	1 577
安哥拉	56	95	28
肯尼亚	—	1 044	—
美　　国	—	114	—
几内亚	—	89	28
当年完成营业额(万美元)	**3 353**	**5 017**	**8 582**

表 16—17 旅游部门职工人数

人数:人

地　区	年末职工人数		其中:					
			管理人员		导　游		司　机	
	1992年	1993年	1992年	1993年	1992年	1993年	1992年	1993年
合　　计	**22 910**	**24 669**	**3 199**	**3 002**	**748**	**781**	**1 011**	**949**
#南宁市	3 279	4 089	382	547	41	33	78	92
柳州市	1 326	1 080	184	165	16	18	78	68
桂林市	12 472	11 730	1 572	1 359	576	592	680	607
梧州市	1 800	2 120	125	123	14	14	70	79
北海市	1 760	2 388	177	282	12	15	31	35
桂林地区	728	790	144	189	24	22	17	19
玉林地区	709	685	198	137	22	26	21	14
柳州地区	123	94	25	5	6	8	3	1
南宁地区	87	71		24	5	14	2	8
钦州地区	50	43	33	26	15	15	19	11

表 16—18 国际旅游事业发展情况

项　目	单　位	1985年	1990年	1992年	1993年
接待旅游人数合计	人　次	**425 861**	**518 263**	**599 617**	**519 192**
港澳和台湾同胞	人　次	128 173	340 758	297 975	197 905
华　侨	人　次	3 874	24 120	22 623	22 555
外国人	人　次	293 814	153 385	279 109	298 732
#日　本	人　次	87 128	50 378	67 912	62 075
菲律宾	人　次	1 428	787	821	1 297
新加坡	人　次	11 413	2 803	12 625	14 579
泰　国	人　次	5 157	3 610	5 390	4 913
印度尼西亚	人　次	2 509	357	12 013	9 009
美　国	人　次	41 639	19 505	32 678	34 719
加拿大	人　次	2 207	3 243	4 980	5 421
英　国	人　次	7 394	10 041	16 561	31 932
法　国	人　次	10 764	8 078	11 442	21 161
德　国	人　次	7 800	8 070	21 701	15 924
意大利	人　次	7 494	5 036	11 678	10 076
俄罗斯	人　次	4	74	294	890
澳大利亚	人　次	7 442	3 697	7 037	6 515
新西兰	人　次	211	543	650	859
旅游收入合计	外汇券万元	**10 292**	**36 595**	**55 111**	**50 468**
商品性收入	外汇券万元	2 533	7 312	9 003	7 355
商品销售收入	外汇券万元	1 659	4 457	4 777	3 057
饮食销售收入	外汇券万元	874	2 855	4 226	4 298
劳务性收入	外汇券万元	7 759	29 283	46 108	43 113
交通费收入	外汇券万元	3 848	18 085	28 124	29 289
旅行社收入	外汇券万元	1 637	2 998	5 327	2 765
住宿费收入	外汇券万元	2 092	6 579	10 529	8 806
其他收入	外汇券万元	182	1 621	2 128	2 253

表 16—19　各地接待国际旅游人数和旅游收入

地区	1985年		1990年		1992年		1993年	
	合计	#外国人	合计	#外国人	合计	#外国人	合计	#外国人
接待旅游人数(人次)	**425 861**	**293 814**	**518 263**	**153 385**	**599 617**	**279 019**	**519 192**	**298 732**
#南宁市	13 921	2 917	7 937	2 337	24 535	8 026	24 352	9 691
柳州市	15 723	1 068	3 761	333	34 672	1 921	20 465	3 682
桂林市	336 435	249 895	484 929	147 748	508 638	264 886	439 111	279 253
梧州市	16 274	2 377	12 710	2 142	25 549	3 517	29 519	4 660
北海市	2 422	357	2 203	667	5 388	624	4 615	978
旅游收入(外汇券万元)	**10 292**		**36 595**		**55 111**		**50 468**	
#南宁市	239		527		2 000		2 315	
柳州市	114		201		438		349	
桂林市	9 588		25 551		51 550		46 467	
梧州市	225		226		762		874	
北海市	27		43		310		463	
平均每一旅游者消费额(外汇券元)	**242**		**706**		**922**		**972**	
#南宁市	172		664		815		951	
柳州市	73		534		126		171	
桂林市	285		733		1 013		1 058	
梧州市	138		178		298		296	
北海市	111		134		1 054		1 003	

表 16—20　旅游部门载客汽车年末实有数

单位:辆

地区	总计		大型客车		中型客车		小型客车	
	1992年	1993年	1992年	1993年	1992年	1993年	1992年	1993年
总计	**673**	**713**	**242**	**206**	**170**	**211**	**260**	**296**
#南宁市	42	60	7	4	10	16	25	40
柳州市	50	38	25	14	8	11	17	13
桂林市	502	504	178	172	137	148	187	184
梧州市	34	41	24	6	2	13	8	22
北海市	20	32	0	2	7	18	13	14
桂林地区	8	11	1	2	1	4	6	5
玉林地区	13	9	7	6	4	0	2	3
柳州地区	2	3	0	0	0	1	2	2
南宁地区	2	1	0	0	1	1	1	0
钦州地区	—	1	0	0	0	1	0	0

表 16—21 旅游涉外饭店经营简况

项目	单位	合计		内资		外资	
		1992 年	1993 年	1992 年	1993 年	1992 年	1993 年
汇总企业个数	个	64	69	44	50	20	19
营业收入	人民币万元	47 369.93	63 070.26	23 550.51	32 596.40	23 819.42	30 473.86
税金	人民币万元	2 057.97	3 636.68	952.86	1 563.87	1 105.11	2 072.81
利润	人民币万元	−5 940.85	−6 369.59	1 982.18	2 783.34	−7 923.03	−9 152.93
利税总额	人民币万元	−3 887.70	−2 735.94	2 941.17	4 356.43	−6 828.87	−7 092.37
外汇收入	外汇券万元	16 469.33	14 199.65	1 572.09	1 139.48	14 897.24	13 060.17
结汇	外汇券万元	2 164.75	1 480.79	1 137.62	1 036.83	1 027.13	443.96
实际客房出租间天数	间天	2 383 960	2 441 147	1 512 441	1 492 415	871 519	948 732
核定客房出租间天数	间天	4 289 922	4 413 515	2 514 677	2 463 023	1 775 245	1 950 492
客房出租率	%	55.57	55.31	60.14	60.59	49.09	48.64
平均职工人数	人	17 842	18 635	9 748	10 209	8 094	8 426
接待住宿人数	人次	2 672 630	2 941 125	1 890 419	2 174 916	782 211	766 209
#海外旅游者	人次	657 807	556 949	120 439	107 684	537 368	449 265
接待住宿人夜数	人夜	4 565 612	4 599 345	3 131 508	3 163 639	1 434 104	1 435 706
#涉外旅游者	人夜	1 242 474	1 063 317	209 404	178 494	1 033 070	884 823

主要统计指标解释

进出口总额 指实际进出我国国境的货物总金额。包括对外贸易实际进出口货物,来料加工装配进出口货物,中外合资企业、合作企业和外商独资企业进出口货物和公用物品,以及国家间、联合国及国际组织无偿援助物资和赠送品,华侨、港澳同胞、外籍华人的捐赠物品金额。包括代理进出口额。

进口按到岸价计算,出口按离岸价计算。

出口商品收购总额 指外贸企业单位以现金或通过银行划拨等方式,从对外贸易系统的单位或个人购进的供应出口商品总额。

利用外资 是指我国各级政府、部门、企业、中国银行和其他单位通过对外借款,吸收客商直接投资和外商其他投资方式筹借的境外现汇,设备,技术等。

对外借款 指由我国政府、部门、企业和其他经济组织在境外借入的资金或发行的外币债券等。包括由我国政府和政府授权部门对外提供担保的借款。

外国政府贷款 是指一国家政府利用国库资金向另一发展中国家提供的优惠贷款。

国际金融组织贷款 指从事国际金融业务机构对我国的贷款。

外国银行商业贷款 指国家批准的商业贷款项目。有权对外直接签订借款协议(合同)的单位和中国银行按利用外资计划借入的各种现汇资金。

外商直接投资 指依法批准在我国境内设立的外国,港澳地区客商投资企业和海洋石油勘探开发项目合同中,由境外投资者以现金、实物、技术等对企业的投资(包括外商投资收益的再投资)以及批准的项目投资总额内,企业从境外借入的资金。

直接投资按照投资方式分为中外合资、中外合作、外资和合作开发。

实际利用外资 是指利用外资协议(合同)的执行数。即对外借款实际提取数或拨交的使用数;客商直接投资项目(合同)的实际投入的现金、实物,工业产权及专有技术的计价投资款。

对外承包工程 指我国对外承包公司承包国外建设工程项目,我国援外成套项目,我国驻外机构的工程项目和以服务成果向业主收费的技术服务项目以及由各对外承包公司提供的成套设备,工程物资等。对外承包工程的营业款是以货币表现的本期内完成的对外承包工程的工作量。

旅游人数 指来我国参观、访问、旅行、探亲、访友、休养、考察、参加会议和从事经济、科技、文化、体育、宗教等活动的外国人、华侨、港澳和台湾同胞的人数。

旅游外汇收入 指国内各部门为来我国旅游的外国人,华侨、港澳和台湾同胞提供商品和劳务而得到的外汇收入。

边境贸易 是指在两国接壤的边境地区,通过居民、贸易机构或指定的企业进行的进出口贸易。是实际到达我国边境(口岸)和实际离开我国边境(口岸)直接进出口的所有商品贸易(我区试行包括边民互市贸易)。

十七、金融、保险

表 17—1 银行信贷资金平衡表(资金来源)

(期末余额)　　　　单位:万元

项　　目	1978年	1980年	1985年	1990年	1991年	1992年	1993年
各项存款	**187 476**	**276 840**	**949 640**	**2 711 747**	**3 518 544**	**5 016 562**	**6 630 686**
企业存款	73 066	109 869	328 772	795 581	963 454	1 426 168	2 052 287
财政存款	59 912	23 966	84 324	63 142	73 534	38 419	93 957
中央财政存款	—	8 798	−2 090	−2 290	−2 387	−2 683	−3 177
地方财政存款	11 807	15 168	59 355	42 295	58 494	30 662	81 335
财政预算外存款	5 261	—	19 615	9 065	11 367	10 551	14 995
建行财政性存款	—	—	7 444	12 608	5 819	−364	713
财政性定期存款	—	—	—	1 464	241	253	91
机关团体存款	25 825	33 144	52 085	133 226	160 652	153 966	158 632
城乡居民储蓄存款	39 029	74 406	342 257	1 522 932	2 013 888	2 770 226	4 068 057
农村存款	—	—	71 841	56 095	123 521	179 081	66 235
信托存款	—	—	42 666	20 306	25 644	36 490	52 169
其他存款			27 695	120 465	157 851	412 212	139 349
流通中的货币	**42 000**	**80 500**	**225 000**	**461 400**	**540 000**	**800 000**	**1 200 000**
自有资金			**124 562**	**357 803**	**408 887**	**461 459**	**567 597**
当年结益			**33 546**	**34 269**	**58 397**	**51 247**	**3 544**
其他资金来源			**797 318**	**1 713 574**	**1 980 159**	**2 186 022**	**4 447 069**
资金来源合计			**2 130 066**	**5 278 793**	**6 505 987**	**8 515 290**	**12 848 896**

表 17—2 银行信贷资金平衡表(资金运用)

(期末余额) 单位:万元

项目	1978 年	1980 年	1985 年	1990 年	1991 年	1992 年	1993 年
各项贷款	**461 806**	**550 517**	**1 183 846**	**3 262 927**	**3 897 584**	**4 992 023**	**6 656 219**
流动资金贷款	416 504		810 629	2 045 147	2 391 499	2 882 221	3 811 729
工业贷款	109 560	124 672	255 972	837 441	1 018 852	1 233 295	1 516 731
商业贷款	302 518	343 024	498 130	989 689	1 126 213	1 307 220	1 465 177
建筑企业贷款	—	—	11 440	67 677	76 840	85 340	113 194
个体工商业贷款	—	—	7 621	15 435	17 620	18 137	19 560
乡镇企业贷款	—	—	37 466	134 905	151 974	238 229	283 404
其他短期代款							413 663
农业贷款	45 276	66 400	103 558	413 218	507 782	640 778	495 300
#扶贫贴息贷款	—	—	—	37 554	46 147	62 881	75 303
信用社贷款	1 908	—	31 390				
固定资产贷款	25	12 315	211 770	571 680	712 915	934 090	1 786 658
技术改造贷款	—	—	81 872	211 112	252 377	306 780	384 383
基本建设贷款	—	—	103 525	266 116	352 654	502 313	705 167
老、少、边、山、穷地区发展经济贷款	—	—	17 698	58 051	66 025	76 018	84 164
地方经济开发贷款	—	—	8 675	36 401	30 953	38 229	49 572
沿海经济开发贷款							11 016
其他中长期贷款							552 356
信托贷款	—	—	43 327	104 140	128 137	173 066	90 574
其他贷款	—	—	14 562	128 742	157 251	361 868	471 958
外汇占款			**15 548**	**25 456**	**6 364**	**—5 845**	**63 155**
金银占款			**4 221**	**6 201**	**6 993**	**8 713**	**13 753**
其他资金占用			**926 451**	**1 984 209**	**2 595 046**	**3 520 399**	**6 115 769**
资金运用合计			**2 130 066**	**5 278 793**	**6 505 987**	**8 515 290**	**12 848 896**

注:①根据中国人民银行总行的要求,从 1989 年起,将农村信用社的存放款纳入金融信贷资金平衡表内。因此农村信用社在银行的存款也相应划入金融机构内部的资金往来。

②1988 年以前,"农村存款"只包括"乡镇企事业存款"、"集体农业存款"及"信用社存款"三项。1990 年起,本年鉴中的"农村存款"只包括"乡镇企事业存款"及"集体农业存款"两项。

③1990 年如要与 1989 年对比,第一,必须从 1989 年的资金来源的银行信贷资金平衡表"农村存款"中扣除 97447 万元,将其划入"其他资金来源"一项内;第二,将资金运用部分的银行信贷资金平衡表中的"农业贷款"32376 万元的"信用社贷款"一项取消,将其划入"其他资金占用"一项内。

④本表口径范围:1988 年以前只包括中国人民银行、工商银行、农业银行、中国银行及建设银行。从 1989 年起,除上述五大银行外,还包括交通银行、农村信用社、信托投资机构及城市信用社。

表17—3 银行现金收支、货币投放及回笼

单位:万元

项目	1978年	1980年	1985年	1990年	1991年	1992年	1993年
收入合计	**365 899**	**557 016**	**1 454 321**	**4 449 281**	**5 747 526**	**9 364 199**	**16 624 375**
商品销售收入	267 202	385 115	747 891	1 541 841	1 795 871	2 595 345	4 016 770
服务事业收入	25 094	33 783	93 788	291 562	355 160	549 534	858 385
税款收入	2 810	3 067	18 485	62 436	77 225	101 889	141 901
农村信用社收入	16 806	37 892	90 387	175 691	309 394	506 203	635 241
乡镇企事业收入			18 326	48 531	64 044	125 504	187 338
#商品销售			5 805	16 911	23 076	40 562	47 635
服务事业			1 553	6 340	7 470	11 978	20 196
城乡个体经营			28 950	32 319	38 605	58 324	117 574
储蓄存款收入	31 220	68 998	350 639	1 944 256	2 616 505	4 333 086	8 497 161
其他金融机构			—	65 853	118 207	202 929	426 073
汇兑收入	6 601	10 574	23 008	58 535	75 839	122 378	186 416
其他收入	16 166	17 587	130 123	228 257	296 676	714 424	1 459 499
债券收入						54 583	98 013
支出合计	**361 550**	**572 491**	**1 446 931**	**4 284 685**	**5 634 362**	**9 302 196**	**16 631 238**
工资性支出	140 636	200 629	46 401	936 435	1 110 877	1 501 734	2 063 096
#国家单位	92 170	181 392	341 843	787 144	936 477	1 239 100	1 681 882
职工工资	74 988	138 841	206 043	455 388	530 713	661 823	890 204
奖金	—	12 871	26 441	77 677	97 400	141 147	216 378
对个人其他支出	17 182	29 680	109 359	254 079	308 364	436 130	575 300
#城镇集体单位	25 844	27 573	56 054	117 832	138 592	218 111	327 895
农副产品采购	62 623	109 325	244 202	482 881	529 245	723 819	921 176
工矿产品收购	2 211	5 060	39 181	118 707	149 960	309 715	547 094
企业行政管理	28 094	41 655	112 999	286 227	364 155	595 773	1 089 978
农村信用社	66 246	115 345	144 744	190 506	343 445	574 756	717 144
乡镇企事业			36 923	75 272	96 646	174 565	226 991
城乡个体经营			43 589	46 424	62 506	126 225	219 029
储蓄存款支出	35 060	59 288	294 060	1 731 759	2 406 919	4 068 475	8 314 363
其他金融机构			—	63 409	86 486	193 925	479 523
其他支出	18 084	31 149	453 796	266 412	350 486	758 908	1 665 249
汇兑支出	8 596	10 040	31 036	86 653	133 637	235 863	336 879
债券支出						38 438	50 707
货币回笼	**4 349**	—	**7 430**	**164 593**	**113 164**	**62 003**	—
货币投放	—	**15 475**	—	—	—	—	**6 864**

注:根据中国人民银行有关规定:"城市信用社"项目从**1990**年起改为"其他金融机构"。

表17—4 保险机构和业务

项　　目	单位	1985年	1990年	1991年	1992年	1993年
保险机构数	个	**73**	**110**	**115**	**140**	**150**
#区级公司	个	1	1	1	1	1
地市级公司	个	9	11	11	11	11
县级公司	个	63	98	102	108	110
#市辖区办事处	个	—	15	18	23	23
年末实有职工人数	人	**1 449**	**2 591**	**2 811**	**3 261**	**3 565**
国内业务						
承保额						
企业财产	万元	1 086 150	2 306 574	2 669 759	3 098 319	3 308 369
运输工具	万元	160 765	418 564	506 346	758 414	1 365 886
家庭财产	万元	46 200	366 813	468 074	773 216	5 628 129
业务收入	万元	5 220	36 674	50 242	78 380	104 697
保费收入	万元	4 903	22 344	28 978	42 740	60 496
企业财产险	万元	2 098	5 564	6 498	7 392	8 965
运输工具及责任险	万元	2 091	8 279	9 939	13 571	27 002
家庭财产险	万元	74	844	1 001	1 432	1 827
货物运输险	万元	198	2 759	3 202	2 348	3 087
农业险	万元	20	432	2 142	3 778	2 501
其他险	万元	—	1 595	2 208	3 885	5 973
人身意外伤害险	万元	422	2 871	3 991	10 334	11 141
保险储金收入	万元	317	14 330	21 264	35 639	44 202
家庭财产险	万元	—	1 341	2 143	10 518	12 701
农业险	万元	—	371	465	2 180	3 053
简易人身险	万元	40	7 250	8 156	9 471	10 937
养老金险	万元	277	2 989	4 839	5 236	5 284
人身意外伤害满期还本险	万元	—	2 379	3 541	5 857	9 164
其它险	万元				2 377	3 063
赔案件数	件	23 921	208 530	248 284	434 759	553 434
已决	件	21 914	205 655	245 299	430 776	543 664
未决	件	2 007	2 875	2 985	3 983	9770

注：本表资料由自治区保险公司提供。

表 17—4 续表

项　　目	单　位	1985 年	1990 年	1991 年	1992 年	1993 年
已决赔款	万元	2 808	10 670	13 916	27 507	41 535
企业财产险	万元	1 064	2 074	2 262	4 447	5 111
家庭财产险	万元	43	975	941	1 303	1 874
运输工具及责任险	万元	1 543	4 957	6 011	10 294	17 403
人身意外伤害险	万元	59	1 248	1 534	6 167	8 450
农业险	万元	9	199	1 384	3 092	4 280
其他险	万元		266	542	922	2 978
货物运输险	万元	90	951	1 244	1 282	1 439
国外业务						
保费	万美元	402	829	962	1 211	1 406
赔案件数	件	512	1 004	1 237	1 586	2 246
已决	件	473	933	1 199	1 565	2 141
未决	件	39	71	38	21	105
已决赔款	万美元	112	236	267	690	696
完成情况						
保费实际完成情况	%		112.4	126.0	133.3	106.2
国内业务	%	126.4	110.9	126.6	134.3	106.3
国外业务	%	196.1	114.7	120.7	123.4	104.0
承保比重						
国内企业财产	%	49.1	—	—		
国内运输工具	%		—	—		
当年结案率						
国内业务	%	91.6	98.6	99.0	99.5	98.2
国外业务	%	92.4	92.9	96.9	98.7	95.3
赔款率(已决)						
国内业务	%	53.8	47.7	48.0	64.4	68.6
国外业务	%	27.4	28.4	27.7	57.0	49.5

十八、教育、科技和文化事业

教育、文化和科技事业蓬勃发展

教育事业

建国四十五年来，广西教育事业得到了很大发展，已形成一个多层次、多渠道的教育体系，为提高人口文化素质，促进社会主义事业的发展，发挥了重要的作用。

1、高等教育迅速发展。建国初期，广西高等教育基础十分薄弱，仅有三所学校，在校学生962人。建国后，特别是党的十一届三中全会以后，广西高等教育贯彻“调整、改革、整顿、提高”的方针，步入迅速、健康的发展轨道。1993年，全区高等学校已发展到24所，在校学生达5.1万人，比1950年分别增长7倍和50倍。四十五年来，为社会培养输送各类专门人才16.02万人，其中1979年——1993年达11.97万人，占74.7%。

2、中等教育在调整中前进。建国以来，广西中等教育得到很大发展。1993年全区普通高中达441所，在校学生21.42万人，分别比1950年增长9.3倍和32.5倍；普通初中2433所，在校学生142.69万人，比1950年分别增长20倍和44.6倍；中等专业学校122所，在校学生8.76万人，比1950年分别增长4.5倍和30.3倍。为适应社会经济发展的需要，职业技术教育日益加强。1993年职业中学已达211所，在校学生9.35万人；技工学校从无到有，发展迅速，由1973年的1所增加到1993年114所，在校学生由44人增至4.59万人。中等教育经过调整，其结构日趋合理。1993年职业技术学校在校学生与普通中学在校学生的比例由1978年的1∶47.9调整为1∶7.2

3、初等教育稳步发展。1993年全区有普通小学15841所，在校学生610.77万人，比1950年分别增长19.6%和11.5倍，普及初等教育取得了很大成绩。1972——1993年全区学龄儿童入学率一直保持在91～98%之间。

4、成人教育成效显著。建国四十五年来，全区扫盲工作取得了很大成绩。据不完全统计，全区共扫除青壮年文盲554.47万人，全区绝大部分市县基本扫除青壮年文盲。与此同时，成人教育正向高层次发展，有利促进了教育体制的改革。1993年，全区成人高等学校在校学生达3.36万人，成人中等学校在校学生达12.79万人。自学成才慰然成风。自1984年高等教育自学考试开考以来，全区报考累计达65.79万人次，通过考试已获得大学本、专科毕业证书的达2.87万人，取得一门以上单科合格证书的有34.81万人。

5、少数民族教育初具规模。广西是少数民族聚居较多的地区。建国前，广西少数民族生产力水平极为低下，生活贫困，文化教育落后，全区少数民族文盲、半文盲人数占其人口比重达90%以上。建国后，特别是党的十一届三中全会以来，各级人民政府坚持把少数民族教育作为加强民族团结，实现各民族共同繁荣的一件根本大事来抓，对发展少数民族教育事业采取了一系列有力措施，如逐年增加少数民族教育经费；在少数民族聚居地区兴办民族中学或中学民族班；兴办民族院校，在高等和中等专业学校招生中优先录取少数民族考生，从而使高、中等专业学校在校少数民族学生大幅度增加。1993年全区各级各类学校在校少数民族学生达316.55万人，比1950年增加25.6倍，占全区各级普通学校在校学生的比重由1950年的23.4%上升到39.7%。少数民族整体文化素质明显提高。

四十五年来，广西教育事业取得了令人瞩目的成就，但仍存在一些问题：①教育投资不够，需继续努力拓宽教育经费的来源渠道，同时也要努力提高教育经费的使用效率。②中小学学生流失现象时有发生，要更有效的遏制这一现象避免新文盲群体产生，得需制定更为严厉的法规，并与政治思想工作紧密地结合起来。③职业中学发展较缓慢，仍远不能适应经济社会发展的需要，需加强对发展职业中学的宣传工作，提高认识，制定相关的优惠政策予以扶持，以促进职业中学的迅速发展。

文化事业

建国四十五年来，特别是改革开放十五年来，随着城乡人民生活水平的逐步提高，对精神生活需求日益高涨，从而促进了文化事业欣欣向荣地发展。

1、电影事业成绩显著。自1978年广西电影制片厂建立以来，影片制作水平不断提高。截止至1993年，广西电影制故事片达69部，其中《春晖》、《流浪汉与天鹅》、《黄土地》、《血战台儿庄》、《大阅兵》、《孤光》、《共和国不会忘记》、《百色起义》、《落山风》、《周恩来》、《世界屋脊的太阳》等等影片先后在国内或国际重大评比中荣获大奖，为促进我国电影事业的发展做出了贡献。

2、广播电视迅速发展。四十五年来，特别是党的十一届三中全会以来，广西广播电视呈现出区、地市、县、乡四级办广播电视，四级混合覆盖的大好形势。现已初步形成一个广播和电视并重、有线和无线、微波和调频相结合的节目传输网络，广播电视走进了城乡千家万户，为广西物质文明和精神文明建设发挥着极为重要的作用。1993年全区有广播电台14座，比1950年增加13座，发射台及转播台25座，比1980年增加8座，自办节目17套，平均每日播音177小时，比1980年分别增长7.5倍和5.8倍，广播人口混合覆盖率达63.5%，比1980年提高42个百分点。广西电视事业创建于1969年，二十五年来，也有很大的发展。1993年全区电视台已达13座，发射及转播台19座，自办节目13座，平均每周播出时间由1980年的61小时30分钟增到683小时17分钟，电视人口混合覆盖率由1980年的20%提高到77.5%。

3、群众文化活动环境大为改善。1993年，全区已有公共图书馆99个，藏书达1181.3万册，比1954年分别增长49.5倍和25.1倍，文化馆、艺术馆110个，比1950年增长4.8倍。文化站遍布全区乡镇，极大丰富了农村文化生活。1993年全区乡镇文化站达1299个，比1950年增长49倍。

4、新闻出版事业日益兴旺。建国以来，特别是改革开放以来，广西新闻出版事业树立解放思想、实事求是，立足本地，面向全国的方针，呈现出兴旺发达的大好形势。1993年，全区出版图书3147种，发行2.64亿册，比1952年分别增长223.8倍和1199倍；出版各种报纸55种，发行4.68亿份，比1952年分别增长4.5倍和18.5倍；出版杂志151种，发行4265.6万份，比1950年分别增长74.5倍和54.3倍。

科技事业蓬勃发展

四十五年来，广西的科学技术事业发生了巨大变化。特别是十一届三中全会以来，随着"科学技术是第一生产力"，"经济建设必须依靠科学技术，科学技术必须面向经济建设"科技方针的贯彻落实，我区的科研机构迅速发展，科技队伍不断壮大，科技成果硕果累累，科学技术为经济发展作出了贡献。科技事业在改革中生机勃发，欣欣向荣。

1993年，广西县及以上政府部门属独立科研机构达234所，职工达1.8万人，科技人员达1万人，分别是解放初的59倍、57倍和101倍，并且从单一的自然科学发展成为自然、社会、情报等多学科，较全面的科学研究体系。再加上全区高等院校的105个科研机构、全区大中型工业企业的222个技术开发机构和民办的723个科研机构，我区的科学研究已经形成一定规模，具有承担全社会经济和社会科研任务的能力，为我区的物质文明和精神文明建设作出了贡献。

1993年，我区各类专业技术人员达66.1万人，分别比1958年和1978年增加63.9万人和52.3万人，分别增长29倍和3.8倍。专业技术人员的素质不断提高。1993年具有高级职称的专业技术人员达21219人，比1978年增加21091人，增长165倍，科学技术力量也明显增强。1993年平均每万人口中有专业技术人员150人，分别比1958年和1978年增加127人和109人，增长5.5倍和2.7倍。全区广大科研工作者为繁荣广西作出了贡献。

1979年——1993年间，全区共取得科技成果5553项，比1952年——1977年增加2914项，后十四年比前25年增长90.6%。1979年以来，先后有2083成果获奖，占成果数的37.5%。其中：43项获国家科技进步奖；17项获国家星火奖；1项获国家发明奖；1项获国家自然科学奖；1949项获广西科技进步奖；134项获广西星火奖；一些科技成果推广应用，取得好的效益。仅1990——1993三年时间推广科技成果123项，就节省投资2.8亿元，创利税2140万元。1985年，全区共申请专利5477项，授权专利2505项。

十一届三中全会以来，我区将经济建设做为主战场，又开展了新的科研活动。1978年以来，共开展科技攻关2688项，及时地推动了工农业生产发展。1985年以来，共实施"星火"计划项目464项，科技"星火"在我区已形成燎原之势，有力地推动了农村经济发展。1990年以来，实施海洋科研项目49项，促进了我区海洋经济发展和生态平衡。1984年以来，实施山区综合科技开发项目262项，为山区人民脱贫致富增加了收入。1992年以来，建立了桂林、柳州、南宁、北海四个高新产业开发区，承担了"863"高技术研究发展计划和高科技产业"火炬"开发计划，推动了我区高新技术产业发展。1984年以来，研究软科学项目207项，为党政领导和各部门提供了优化决策方案，促进了决策的科学化、民主化。

随着科学技术的发展，我区进行了多层次、多类型、多方面的科技横向联系和交流。从1990年建立技术市场以来，到1993年止，全区各类技术市场达632个，从事技术贸易活动人员达1.4万人，共签定技术合同2838项，技术贸易额达13505万元。我区还为科技工作创造了良好的开放条件，扩大了国防科技交流。仅1993年由区科委系统组织的出国考察、培训、访问、学术会议代表团就有38个、160人，还邀请了20个国外团体，107人来我区访问，增强了国际合作。

今后我区将继续贯彻科技为经济建设服务的方针，大力开展应用研究和开发研究，组织科技攻关，积极推广科技成果，普及科技知识，发展高新技术产业，加强基础研究，推动我区经济、社会的发展。

表 18—1 各类学校基本情况

项目	单位	1978年	1980年	1985年	1990年	1991年	1992年	1993年
普通高等学校	所	16	18	23	24	25	24	24
毕业生人数	万人	0.44	0.06	0.53	1.07	1.17	1.09	1.06
招生人数	万人	0.71	0.50	1.16	1.08	1.10	1.62	1.95
在校学生数	万人	2.09	2.55	3.05	3.78	3.69	4.20	5.10
专任教师	人	3 393	4 985	5 954	6 834	6 737	6 700	7180
中等专业学校	所	172	171	115	121	124	123	122
毕业生人数	万人	0.15	2.25	2.16	2.25	2.44	2.36	2.24
招生人数	万人		0.93	1.38	2.18	2.46	2.70	3.49
在校学生数	万人	4.07	3.96	5.10	7.17	7.20	7.48	8.76
专任教师	人	4 294	4 214	5 604	7 268	7 105	7 406	7 172
农业职业中学	所	—	227	201	210	221	206	211
毕业生人数	万人	—	0.67	0.66	1.46	1.69	1.80	2.39
招生人数	万人	—	1.22	2.12	3.16	2.46	3.32	3.88
在校学生数	万人	—	2.37	4.50	7.04	7.85	8.46	9.35
专任教师	人	—	1 339	2 696	4 600	4 829	5 157	5 819
技工学校	所	49	103	91	104	108	111	114
毕业生人数	万人	0.02	0.41	0.50	0.72	0.89	0.94	1.14
招生人数	万人		0.59	0.48	1.08	1.12	1.49	1.95
在校学生数	万人	0.55	1.10	1.03	2.81	3.02	3.77	4.59
专任教师	人		1 005	1 201	2 623	2 944	3 034	3 342
普通中学	所	2 122	2 096	2 556	2 751	2 772	2 853	2 874
毕业生人数	万人	92.12	48.18	28.56	36.89	28.27	39.37	43.12
招生人数	万人		56.05	40.82	51.04	54.49	59.10	62.40
在校学生数	万人	221.12	155.88	116.32	140.88	149.08	159.83	164.11
专任教师	人	108 280	92 799	70780	81 518	83 600	85 843	88 304
普通高中	所	1 595	305	514	457	442	448	441
毕业生人数	万人	25.87	18.00	6.25	5.75	5.95	6.76	7.48
招生人数	万人		10.87	6.48	7.83	7.82	7.62	7.17
在校学生数	万人	56.23	28.97	19.82	21.26	22.57	23.03	21.42
专任教师	人	25 264	18 151	14 799	14 885	15 258	15 492	15 118
普通初中	所	617	1 191	2 042	2 294	2 330	2 405	2 433
毕业生人数	万人	66.25	30.18	22.31	31.14	32.32	32.60	35.65
招生人数	万人		45.18	34.34	43.21	46.67	51.48	55.24
在校学生数	万人	164.89	126.91	96.50	119.62	126.51	136.80	142.69
专任教师	人	83 016	74 648	55 981	66 633	68 342	70 851	73 186
普通小学	所	13 448	14 065	14 875	15 789	15 798	15 847	15 841
毕业生人数	万人	87.64	65.79	69.29	69.03	72.60	77.60	79.63
招生人数	万人			105.52	97.95	106.40	113.15	116.69
在校学生数	万人	511.69	502.48	531.45	560.55	577.55	595.00	610.77
专任教师	人	191 295	201 979	211 113	204 686	199 811	196 118	195 101
幼儿园	所	12 058	2 562	2 706	2 368	1 565	1 608	1 754
在园儿童	万人	48.15	23.37	38.37	81.28	97.36	99.55	105.35
专任教师	人	18 804	8 976	11 738	20 471	20 852	17 733	21 884

表18—2 专任教师负担学生数

年份	高等学校		中等学校		小学	
	教师（人）	平均每个教师负担学生（人）	教师数（人）	平均每个教师负担学生（人）	教师数（人）	平均每个教师负担学生（人）
1978	3 396	6.2	112 574	20.0	191 295	26.8
1980	4 446	5.7	99 357	16.5	201 979	24.9
1985	5 954	5.1	80 281	15.9	211 113	25.2
1990	6 834	5.6	96 009	16.4	204 686	27.4
1991	6 737	5.5	98 478	17.0	199 811	28.9
1992	6 700	6.3	101 440	17.7	196 118	30.3
1993	7 180	7.1	104 637	17.9	195 101	31.3

表18—3 在校学生及构成

年份	各级学校在校学生占全区人口%	平均每万人中			在校学生占学生总数(%)		
		大学生（人）	中学生（人）	小学生（人）	大学生（人）	中学生（人）	小学生（人）
1978	21.7	6.1	661.9	1 504.1	0.3	30.5	69.2
1980	18.9	7.1	451.8	1 420.1	0.4	24.0	75.6
1985	16.9	7.9	313.5	1 372.1	0.5	18.5	81.0
1990	17.0	8.9	372.3	1 321.6	0.5	21.9	77.6
1991	17.4	8.6	389.3	1 345.0	0.5	22.8	77.2
1992	17.9	9.6	411.8	1 364.9	0.5	23.1	76.4
1993	18.2	11.6	423.7	1 385.3	0.6	23.3	76.1

表18—4 成人教育基本情况

单位：人

项目	1985年	1990年	1991年	1992年	1993年
成人高等学校在校学生	20 600	24 470	23 608	27 697	33 573
广播电视大学	13 098	11 671	10 907	11 213	12 631
职工(农民)大学	1 425	3 351	2 771	3 376	4 940
函授(业余)大学	—	—	—	—	—
管理干部学院	1 186	1 494	1 445	1 728	3 428
教育学院	4 891	7 954	8 485	11 380	12 574
成人中等学校在校学生	11 925	19 579	81 270	175 546	127 915
中等专业学校	2 572	11 459	40 757	98 950	46 407
中学	2 078	1 835	11 983	21 636	8 575
教师进修学校	4 703	6 285	28 347	54 960	72 933
成人初等学校在校学生	1 591	2 468	282 347	211 336	213 510
职工初等学校	—	—	4 633	769	505
农民初等学校	1 591	2 468	277 714	210 567	213 005
技术班	25	120	—	—	—
小学班	1 356	989	151 573	113 531	63 679
扫盲班	210	1 359	126 141	97 036	149 326

表 18—5 科技活动机构概况

(1993 年)

机构	机构数(个)	职工人数(人)	#从事科技活动人员	#科学家和工程师	科技机构经费总支出(万元)	科技机构内项目数(个)	科技机构内项目经费支出(万元)
合计	**327**	**5 379**	**5 368**	**2 681**	**18 527.5**	**722**	**18 527.5**
高等学校属科技活动机构	105	548	537	226	—	—	—
大中型工业企业属技术开发机构	222	4 831	4 831	2 455	18 527.5	722	18 527.5

表 18—6 国有企事业单位技术人员

(1993 年)

指标	人数(人)	各类科技人员占总计比重(%)	平均每万人有科技人员(人)	平均每万名职工有科技人员(人)
合计	**661 206**	**100**	**150.0**	**2 565.8**
工程技术人员	98 075	14.8	22.2	380.6
农业技术人员	19 273	2.9	4.4	74.8
卫生技术人员	87 657	13.3	19.9	340.2
科学研究人员	3 550	0.5	0.8	13.8
教学人员	308 388	46.6	69.9	1 196.7
经济、会计、统计人员	113 640	17.2	25.8	441.0
编辑、翻译、记者播音人员	4 353	0.6	1.0	16.9
工艺美术文艺人员	4 057	0.6	0.9	15.7
图书档案文博人员	6 510	1.0	1.5	25.3
其他人员	15 703	2.5	3.6	60.9

表18—7 从事科技活动人员情况

(1993年)

单位:人

分类	从事科技活动人员情况				合计中:课题活动人员
	合计	科学家和工程师	技术员	辅助人员	
总计	**38 875**	**22 577**	**8 341**	**7 957**	**13 073**
按机构分					
科学研究和技术开发机构	10 391	5 328	2 329	2 734	5 155
科技情报与文献机构	306	217	72	17	65
全日制普通高等学校	12 949	11 288	1 206	455	1 304
大中型工业企业	15 229	5 744	4 734	4 751	6 549
按隶属关系分					
中央属	3 922	2 065	955	902	1 832
省(区)属	19 018	14 605	2 426	1987	9 940
地(市)属	13 363	4 765	4 000	4 598	1 111
县(区)属	1 233	375	404	454	190
其他	1 339	767	556	16	—
按经济类型分					
全民所有制	36 718	21 571	7 369	7 778	12 367
集体所有制	658	188	394	76	377
其他	1 499	818	578	103	329
按学科领域分					
自然科学	3 142	2 770	251	121	770
工程科学与技术	21 135	9 725	5 756	5 654	9 037
医学科学	5 565	4 294	1 096	175	1 005
农业科学	4 296	1 957	808	1 531	1 793
社会、人文科学	2 864	2 684	176	4	314
其他	1 873	1 147	254	472	154

表 18－8 国有企事业单位分行业科学技术人员数

(1993年)　　　　单位：人

行　　业	合　　计	工程技术人员	农业技术人员	卫生技术人员	科学研究人员	教学人员
总　　计	**661 206**	**98 075**	**19 273**	**87 657**	**3 350**	**308 388**
农、林、牧、渔、水利业	54 072	17 702	17 094	1 976	57	4 868
工　业	96 919	43 726	402	5 552	18	7 742
地质普查和勘探业	601	383	—	15	—	26
建筑业	17 047	11 410	6	536	1	233
交通运输、邮电通讯业	14 140	5 746	8	472	1	442
商业、公共饮食业、物资供销和仓储业	53 892	4 955	815	1 263	9	385
房地产、公用事业、居民和咨询服务业	10 789	3 424	57	275	—	235
卫生、体育和社会福利业	82 422	396	16	75 470	188	1 324
教育、文化艺术和广播电视事业	315 543	4 484	270	1 650	598	292 458
科研和综合技术服务业	9 381	4 519	524	180	2 328	293
金融、保险业	592	127	1	3	2	8
其　　它	5 808	1 203	80	265	348	374

行　　业	经济会计统计人员	编辑翻译记者播音人员	工艺美术文艺人员	图书档案文博人员	其他人员
总　　计	**113 640**	**4 353**	**4 057**	**6 510**	**15 703**
农、林、牧、渔、水利业	10 192	14	28	104	2 027
工　业	31 847	179	257	704	6 492
地质普查和勘探业	141	—	1	6	29
建筑业	3 678	23	27	137	996
交通运输、邮电通讯业	6 170	20	5	85	1 191
商业、公共饮食业、物资供销和仓储业	44 273	100	57	154	1 881
房地产、公用事业、居民和咨询服务业	5 290	475	34	137	862
卫生、体育和社会福利业	3 521	29	26	180	1 272
教育、文化艺术和广播电视事业	4 532	2 939	3 515	4 504	593
科研和综合技术服务业	1 097	129	60	194	57
金融、保险业	424	8	—	6	13
其　　它	2 475	427	47	299	290

表18—9 科技活动经费来源情况

(1993年)　　单位:万元

机构	经费总额	政府拨款	自筹资金	银行贷款	接受外单位委托	其他
总计	**107 079.9**	**12 121**	**60 303.4**	**26 692.5**	**3 035.3**	**4 927.7**
科学研究与技术开发机构	46 772	10 324	23 785	6 012	2 387	4 264
科技情报与文献机构	1 054	404	607	27	2	14
全日制普通高等学校	897.8	518.1	22.4	50	280.7	26.6
大中型工业企业	58 356.1	874.9	35 889.0	20 603.5	365.6	623.1

表18—10 科技活动经费使用情况

(1993年)　　单位:万元

机构	经费使用总额	劳务费	业务费	管理费	固定资产购建支出	#科研仪器设备	其他	外部支出
总计	**83 184.8**	**14 781.3**	**24 826.8**	**3 189.6**	**30 743.2**	**13 237.8**	**9 643.9**	**6 827.1**
科学研究与技术开发机构	30 335	9 273	5 034	3 093	7 215	3 293	5 720	207
科技情报与文献机构	611	221	80	70	177	142	63	1
全日制普通高等学校	721	50.3	491.5	26.6	139.7	139.7	12.9	294.7
大中型工业企业	51 517.8	5 237	19 221.3	—	23 211.5	9 663.1	3 848	6 324.4

表18—11 科技成果和著作情况

(1993年)

分类	科技论文(篇)			出版科技著作(种)					获奖成果数(项)			
	合计	国外学术刊物发表	全国性学术刊物发表	合计	科技专著	#被译成外文	大专院校教科书	科普专著	合计	国家奖	省级奖	地方奖
总计	**4 379**	**130**	**3 957**	**384**	**182**	**1**	**116**	**71**	**444**	**17**	**268**	**159**
按机构分												
科学研究与技术开发机构	1 067	59	1 008	27	17	1	—	10	133	3	88	42
科技情报与文献机构	32	—	32	3	2	—	—	1	3	—	1	2
全日制普通高等学校	2 988	71	2 917	339	163	—	116	60	147	9	57	81
大中型工业企业	292	—	—	15	—	—	—	—	161	5	122	34
按学科领域分												
自然科学	555	58	497	25	7	1	6	12	40	1	26	13
工程科学与技术	931	21	618	47	9	—	19	4	228	10	167	51
医学科学	1 313	40	1 273	15	8	—	—	7	72	3	19	50
农业科学	307	8	299	34	5	—	9	20	63	3	37	23
社会、人文科学	1 079	3	1 076	254	148	—	82	24	32	—	15	17
其他	194	—	194	9	5	—	—	4	9	—	4	5

表 18—12 文化事业机构和人员数

单位：机构：人
人员：人

年份	电影事业		艺术表演团体		图书馆		群众文化事业		其他文化事业	
	机构	人员	机构	人员	机构	人员	机构	人员	机构	人员
1978	4 427	13 729	118	6 231	84	464	416	1 362		
1980	5 211	15 189	121	6 326	87	596	1 085	2 287	6	108
1985	8 085	21 997	117	4 271	89	808	1 256	2 754	17	267
1990	5 575	16 924	115	4 610	90	1 208	1 422	3 630	14	321
1991	5 316	16 497	116	4 694	92	1 223	1 444	3 483	48	889
1992	5 078	16 497	115	4 632	99	1 313	1 486	3 833	48	917
1993	4 536	15 015	115	4 478	99	1 296	1 425	3 739	51	942

表 18—13 艺术表演团体演出情况

(1993 年)

项目	演出场数（千场）	#到农村演出	观众人数（千人次）
总计	**11.8**	**5.4**	**9 167**
按经济类型分			
#国营剧团	11.4	5.2	8 966
集体经营剧团	0.4	0.2	201
按剧种分			
#话剧、儿童剧、滑稽剧团	0.1	—	50
歌舞剧团	2.3	0.7	1 483
乐队、合唱团	—	—	—
戏曲剧团	3.4	2.0	3 425
曲艺、木偶、杂技团	2.0	0.4	673

表 18—14 电影放映情况

项目	单位	1978年	1980年	1985年	1990年	1991年	1992年	1993年
放映单位	个	4 325	5 118	7 969	5 455	5 208	4 963	4 433
放映场数	万场	78.58	110.25	103.4	115.14	118.14	99.2	69.0
观众人数	万人次	56 937.00	82 141.90	62 000.00	52 799.62	51 595.50	36 689	21 444.98
放映收入	万元	2 630	3 955	6 453	8 986.87	9 651.11	7 869	6 666.5
发行收入	万元	1 159	1 602	1 930	3 876.02	4 090.74	3 199	2 601.7

表 18—15 广播事业发展情况

项目	单位	1978年	1980年	1985年	1990年	1991年	1992年	1993年
基本情况								
电台	座	1	1	6	13	13	13	14
发射台及转播台	座		17	24	27	27	27	25
节目	套		2	6	15	15	15	17
平均每日播出时间	小时		26	73	130	135	155	177
广播人口覆盖率	%		21.5	62.8	63.2	63.2	63.5	63.5
制作广播节目								
新闻节目	小时		1 034	1 394	1 875	2 239	2 594	7 263
文艺节目	小时		3 437	3 767	2 685	1 567	6 628	1 254
专题节目	小时		1 490	1 809	2 765	3 068	2 822	5 402
教育节目	小时		365	762	512	728	546	884
服务性节目	小时		395	1 314	1 803	1 756	2 567	4 046

表 18—16 电视事业发展情况

项　目	单　位	1978 年	1980 年	1985 年	1990 年	1991 年	1992 年	1993 年
基本情况								
电视台	座	1	1	1	9	10	10	13
发射台及转播台	座	2	3	7	14	16	16	19
节　目	套		1	1	9	10	10	13
平均每日播出时间	小时．分		60°30′	88°00′	530°39′	555°39′	544°28′	683°17′
电视人口覆盖率	%		20.0	59.3	77.5	77.5	77.5	77.5
制作电视节目								
新闻节目	小时．分		26°07′	50°37′	463°29′	502°57′	494°21′	713°35′
文艺节目	小时．分		415°55′	25°35′	359°28′	507°21′	415°31′	913°41′
#电视剧	小时．分			8°30′				
专题节目	小时．分		17°40′	14°38′	234°41′	263°37′	450°34′	505°43′
服务性节目	小时．分		26°07′	48°15′	273°32′	326°36′	320°26′	581°03′

表 18—17 图书、报纸及杂志出版情况

年份	图书			报纸			杂志		
	种数（种）	印数（万册）	印张（万印张）	种数（种）	印数（万册）	印张（万印张）	种数（种）	印数（万册）	印张（万印张）
1978	179	8 550.0	33 644.7	4	25 680.0	25 036.7	12	697.0	1 932.7
1980	188	9 532.0	43 393.3	6	20 902.0	20 221.3	34	878.0	3 012.2
1985	520	13 974.0	47 908.0	45	35 028.0	23 620.7	95	5 015.0	17 107.2
1990	1 672	13 360.4	51 582.9	48	33 603.0	24 206.6	124	3 226.4	7 667.1
1991	2 261	22 366.9	78 361.1	50	36 725.0	26 535.1	140	4 177.1	9 412.2
1992	2 658	23 910.5	86 178.9	51	48 891.0	31 822.0	141	4 513.6	10 429.3
1993	3 147	26 446.5	99 139.5	55	46 758.0	37 337.3	151	4 265.6	10 135.1

主要统计指标解释

各级各类学校数 包括普通高等院校、普通中专、普通中学、农、职业中学、技工学校、普通小学、特殊学校、工读学校、成人高等学校(包括广播电视大学、职工、农民高等学校、管理干部学院、教育(进修)学院、独立函授学院、高等学校举办的函授部、夜大学)、成人中等专业学校、成人初等学校。

毕业生数 指具有学藉的学生学完教学计划规定的全部课程,考试及格、获得毕业证书的学生数。不包括结业和肄业生数。

在校学生数 指学年初开学以后,具有学藉的全部在学习的学生总数。

专任教师 指主要从事教育工作的人员。包括临时调去帮助做其他工作的人员。不包括调离教学岗位,担任行政领导工作或其他工作的原教学人员,不包括兼任教师和代课教师。

平均每一教师负担的学生数 指专任教师在校学生数的比值。反映了教师所负担的教学工作量。

计算公式

$$平均每一教师负担学生数(人)=\frac{在校学生数}{专任教师数}$$

自然科学技术人员 指已取得科学技术职称,或大学、中专的理、工、农、医科系毕业,以及国民经济各部门从工作实践中提拔,从事理、工、农、医等自然科学技术研究、教学、生产(事业)技术方面工作的专业人员、机关、企事业中从事科学技术业务管理工作的专业人员。

社会科学技术人员 指专门从事人口、政治、经济、哲学、历史、美学、文学、艺术、法学、社会学、语言、民族、文物考古等社会科学方面研究的技术人员。

文化事业机构 指从事专业文化工作和为专业文化工作服务的单位核算、独立建制的单位。不包括文化主管部门直属单位举办的其他行业和各部门的业余文化组织。

电影放映单位 具有反映机器设备,固定和不固定的放映场所与专职或兼职的放映技术人员,经文化行政部门登记批准,经常为一定的观众对象映出电影的机构。

广播(电视)人口覆盖率 指广播(电视)覆盖地区的人口与总人口的比率。

算式为:

$$\begin{array}{l}广播(电视)\\人口覆盖率\end{array}=\frac{年末广播(电视)覆盖人口数}{年末总人口}\times100\%$$

十九、体育、卫生、社会福利及其他

体育卫生事业不断发展

体育事业

建国四十五年来，尤其是党的十一届三中全会以来，广西体育事业呈现出前所未有的好势头，体育设施迅速增加，群众性体育活动广泛开展，体育队伍不断壮大，运动技术水平显著提高。

1、体育设施迅速增加。1993年，全区已有体育场19个，体育馆13个，运动场103个，游泳池177个，灯光球场888个，比1978年分别增加12个、10个、46个、102个和613个，其他体育设施也有不同程度的增加，这就为我区广泛开展体育运动提供了较好的物质条件。

2、群众性的体育活动蓬勃发展。随着经济社会的发展，人民生活水平的不断提高，体育运动逐渐成为广大人民群众乐于接受的活动，从而使群众性体育活动广泛开展。尤其是学校体育已步入经常化、制度化、正规化的发展轨道。1978年，全区达到国家体育锻炼标准的人数逐年增加，据不完全统计，1993年"达标"人数达357.39万人，比1978年增长31倍。

3、体育队伍不断壮大。1993年，全区等级运动员达1698人，比1978年增长282倍，专职教练员845人，比1978年增长8倍，等级裁判员1720人，比1978年增长9.8倍。

4、运动技术水平显著提高。改革开放给广西体育事业注入了强大的活力，体育运动技术水平显著提高。1978——1993年，广西运动员奋力拼搏，勇于进取，在国际重大比赛中夺得金牌511枚，银牌194枚，铜牌195枚；在国内重大比赛中夺得金牌551枚，银牌557枚，铜牌286枚；在各比赛中共打破世界纪录5次，打破全国纪录60次。为祖国、为广西争了光。

卫生事业

建国前，广西缺医少药极为严重。据1947年统计，全区仅有简陋医院153所，卫生技术人员1102人。建国后，广西卫生事业坚持预防为主，城乡兼顾，中西医结合，卫生工作与群众运动相结合的方针，遍布城乡的医疗卫生网络逐步形成，人民的医疗卫生保健条件得到较大的改善，防病治病水平有了很大提高，人民的健康状况有了明显的改善。

1993年，全区有各类卫生机构5549个，病床达8.12万张，比1950年分别增长27.5倍和34倍。其中医院达1497个，病床7.65万张，比1950年分别增长12.9倍和32倍。全区每万人口拥有医院床位由1950年的1.2张提高到17.3张，增长13.4倍。遍布城乡的医疗卫生网络已经形成。与此同时，医疗卫生技术队伍也在不断壮大。1993年，全区卫生技术人员达11.07万人，比1950年增长52倍。其中医生5.16万人，护师、士3.37万人，分别比1950年增长52.6倍和70.4倍。平均每万人口拥有卫生专业技术人员由1950年的1.1人提高到25.1人，平均每万人口拥有医生、护师和护士由1950年的0.8人提高到19.4人。

随着医疗卫生专业技术人员队伍扩大和素质的提高，广西对疾病的防治能力日益增强。一些烈性传染病、地方病和寄生虫病逐步得到控制，一些过去被视为疑难的病症也得到有效的诊治，人民健康水平明显提高。

诚然，建国四十五年来，广西卫生医疗保健网络建设取得了很大成绩，但就农村区域而言，仍较薄弱，应继续加强和发展农村合作医疗事业，从根本上改变农村缺医少药的状况。同时，要加强卫生保健宣传教育工作，增强广大人民群众自我保健意识和自我保健能力，以进一步增强人民群众的身体健康。

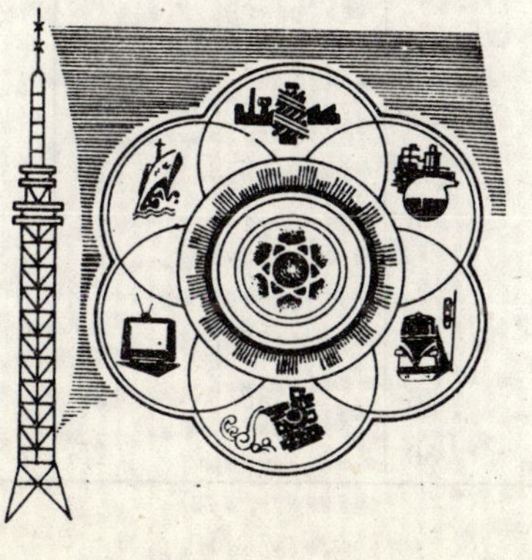

表19—1 体育事业发展情况

项　目	单位	1978年	1980年	1985年	1990年	1991年	1992年	1993年
体委系统固定职工人数	人	**1 993**	**1 964**	**3 380**	**3 234**	**3 565**	**3 739**	**3 654**
#体育运动学校	人	37	106	206	174	183	180	191
业余体校	人	680	586	563	779	867	1 077	1 052
训练基地	人	28	95	106	119	152	173	174
公共体育场、馆	人	193	184	194	146	198	218	246
体育场地								
体育场	个	7	8	11	15	15	17	19
体育馆	个	3	3	3	7	9	11	13
游泳池	个	75	86	111	166	169	175	177
灯光球场	个	275	302	340	614	810	845	888
运动场	个	57	64	77	92	94	102	103
各级体委举办运动会次数	次	**391**	**647**	**2 732**	**6 502**	**4 474**	**3 958**	**3 931**
国家体育锻炼标准及格人数	万人	**11.14**	**15.68**	**80.17**	**271.21**	**305.05**	**357.39**	**161.91**
等级运动员发展人数	人	**6**	**1 382**	**988**	**1 216**	**1 818**	**892**	**1 698**
#运动健将	人	6						
一级运动员	人		53	6	27	49	31	41
二级运动员	人		55	21	269	322	298	660
三级运动员	人		566	550	412	664	413	582
等级裁判员发展人数	人	**160**	**1 137**	**1 073**	**1 550**	**2 066**	**2 009**	**1 720**
#国家级裁判	人	7						
打破纪录情况								
破世界纪录								
项　数	项		1		1	1	3	
人　数	人		1		1	1	2	
次　数	次		1		1	1	3	
破全国纪录								
项　数	项	6	6	9	3	3	7	4
人　数	人		6	6	3	3	7	2
次　数	次		6	14	4	3	7	8
获奖情况								
在国际比赛中								
金　牌	枚	8	3	33	42	39	30	39
银　牌	枚	5	1	12	15	20	11	11
铜　牌	枚	4	5	9	21	26	9	12
在全国比赛中								
金　牌	枚		46	40	27	27	28	38
银　牌	枚		45	36	38	36	38	44
铜　牌	枚		51	39	34	25	43	27

表 19—2 各类卫生机构数

单位：个

年份	卫生机构数	疗养院、所	门诊部、所	专科防治所、站	卫生防疫站	妇幼保健所、站	药品检验所、室	医学科学研究机构	其他卫生机构
1978	4 865	12	3 242	28	103	95	24	4	135
1980	5 359	12	3 680	33	102	92	36	5	149
1985	5 861	18	4 056	42	106	86	48	9	128
1990	5 791	16	3 779	57	115	87	85	12	120
1991	5 865	17	3 854	57	117	85	86	10	118
1992	5 839	17	3 788	57	119	86	86	11	138
1993	5 549	12	3 528	65	126	81	86	20	134

表 19—3 卫生机构和病床数

年份	卫生机构数（个）	#医院	病床数（张）	#医院	每千人口中医院病床（张）
1978	4 865	1 205	48 793	43 500	1.28
1980	5 359	1 231	53 080	47 608	1.35
1985	5 861	1 346	62 422	57 300	1.48
1990	5 791	1 496	74 843	69 005	1.63
1991	5 865	1 492	77 120	71 323	1.66
1992	5 839	1 516	79 477	73 668	1.69
1993	5 549	1 497	81 217	76 457	1.72

表 19—4 卫生技术人员数

单位：人

年份	卫生技术人员	#医生	#中医	#西医师	护师护士	每千人口中有卫生技术人员
1978	55 778	25 988	4 087	12 161	13 722	1.64
1980	66 667	30 023	4 946	13 313	15 854	1.88
1985	94 359	43 796	8 524	16 942	20 800	2.44
1990	107 815	51 163	10 920	30 906	30 477	2.54
1991	110 577	51 325	10 093	31 540	31 728	2.57
1992	113 007	50 058	10 164	31 217	33 028	2.59
1993	110 732	51 640	9 205	32 747	33 706	2.50

表 19—5 医院诊疗人次和入院人数

(1993年)

医院类别	诊疗人数(人次)	#门、急诊	入院人数(人次)	每百诊次的入院人数(人次)	每百门、急诊次的入院人数(人次)
总　计	**65 017 785**	**63 454 573**	**1 726 388**	**2.66**	**2.72**
县及县以上医院	41 126 778	39 962 879	1 106 573	2.69	2.77
卫生部门	34 949 127	33 979 913	1 024 349	2.93	3.01
工业及其他部门	6 164 182	5 969 497	81 975	1.33	1.37
农村乡卫生院	23 740 516	23 423 319	616 402	2.60	2.63
其他医院	150 491	68 375	3 413	2.27	4.99

表 19—6 县和县以上医院病床使用情况

指　　标	单位	1978年	1980年	1985年	1990年	1991年	1992年	1993年
病床周转次数	次	22.8	25.3	24.3	22.87	25.21	23.45	21.3
病床工作日数	日	287.7	295.5	307.2	322.04	334.80	319.91	294.7
病床使用率	%	78.8	80.7	84.2	88.2	91.73	87.65	80.7
出院者平均住院日数	日	12.2	11.3	12.2	13.7	12.88	13.44	13.6

表 19—7 十种主要疾病死亡情况

(1993年)

死亡原因	实际死亡人数(人)			占死亡总人数(%)	
		城　市	农　村	城　市	农　村
总　计	**9 493**	**5 029**	**4 464**	**52.98**	**47.02**
心脏病	1 013	574	439	56.66	43.34
脑血管病	1 173	789	384	67.26	32.74
恶性肿瘤	1 912	1 360	552	71.13	28.87
呼吸系病	1 098	468	630	42.62	57.38
消化系病	1 028	465	563	45.23	54.77
损伤和中毒	1 332	592	740	44.44	55.56
肺结核	227	91	136	40.09	59.91
新生儿病	564	175	389	31.03	68.97
传染病	838	329	509	39.26	60.74
泌尿系统	308	186	122	60.38	39.62

表 19—8 优抚和社会福利事业单位基本情况

（1993 年）

项目	机构（个）	职工人数（人）	床位（张）	年末收养人数（人）
总计	**343**	**1 925**	**8 279**	**5 851**
民政部门举办优抚、社会福利事业单位	**61**	**1 361**	**4 305**	**3 164**
残废军人休养院	1	66	80	63
光荣院	15	90	505	215
复退军人精神病院	4	253	541	495
社会福利院	33	596	2 171	1 643
社会儿童福利院	2	20	38	34
社会精神病人福利院	4	262	850	670
其他收养性单位	2	74	120	44
乡镇集体办敬老院	**282**	**564**	**3 974**	**2 687**
城镇办敬老院	140	289	2 012	1 373
乡村办敬老院	142	275	1 962	1 314

表 19—9 社会救济对象享受救济情况

项目	单位	1985 年	1990 年	1991 年	1992 年	1993 年
社会困难户总人数	人					4 672 130
乡村社会困难户总人数	人	6 230 331	4 171 924	4 110 176	3 614 641	
乡村社会困难户得到救济人次数	人次	2 696 821	1 734 324	1 529 104	1 339 937	1 261 767
#得到国家定期定量救济人数*	人	49 034	13 050	10 624	10 983	14 136
城镇社会困难户总人数	人	1 344 791	1 248 813	1 354 269	1 385 544	
城镇社会困难户得到救济人次数*	人次	458 949	375 872	456 006	409 072	49 662
#得到国家定期定量救济人数*	人	7 975	6 972	6 772	4 673	1 302
社会散居孤老残幼总人数	人					189 379
乡村社会散居孤老残幼总人数*	人	118 049	126 291	129 090	121 720	
#得到国家定期定量救济人数*	人	23 627	30 701	29 474	29 122	35 181
得到集体给予供养人数*	人	41 587	74 289	75 815	80 090	133 531
城镇社会散居孤老残幼总人数*	人	32 764	60 441	64 153	66 208	
#得到国家定期定量救济人数*	人	4 396	12 246	12 271	9 137	3 181
得到集体给予供养人数*	人	11 721	36 961	41 047	44 638	2 830
城镇精减退职老弱残职工得到救济人数	人	7 534	6 973	6 808	6 559	6 591
享受原工资 40%的救济人数	人	5 298	4 547	4 479	4 375	4 398
享受定量救济人数	人	2 236	2 426	2 329	2 184	2 193
城乡扶贫总户数	户	117 923	83 018	81 410	79 921	70 524
当年城乡新增扶贫户数	户	73 772	22 516	21 678	32 563	8 730
#新增脱贫户数	户	16 581	22 391	22 450	33 498	19 805

*：92 年以前的数是按行政区域划分，93 年的数是按农业与非农业划分。

表 19—10 优抚和社会福利事业单位机构和人员

项目	1985年 机构(个)	1985年 职工人数(个)	1990年 机构(个)	1990年 职工人数(个)	1991年 机构(个)	1991年 职工人数(个)	1992年 机构(个)	1992年 职工人数(个)	1993年 机构(个)	1993年 职工人数(个)
收养性事业单位合计	**92**	**925**	**190**	**1 390**	**258**	**1 541**	**308**	**1 790**	**343**	**1 925**
优抚事业单位	14	286	21	356	20	368	20	413	20	409
社会福利事业单位	78	639	169	1 034	238	1 173	288	1 377	323	1 516
民政部门举办	34	591	40	804	40	801	41	939	41	952
社会举办	44	48	129	230	198	372	247	438	282	564
军队离退休干休所			**10**	**78**	**10**	**81**	**10**	**90**	**10**	**93**
军供站			**11**	**297**	**11**	**305**	**11**	**362**	**11**	**402**
社会福利企业单位合计	**204**	**5 394**	**317**	**8 198**	**411**	**11 234**	**415**	**11 672**	**494**	**12 867**
民政部门举办	118	3 396	205	6 314	304	9 082	294	9 195	311	9 288
社会举办	86	1 998	112	1 884	107	2 152	121	2 477	183	3 579
流浪乞讨收容遣送及安置单位	**17**	**652**	**17**	**675**	**17**	**663**	**17**	**669**	**17**	**702**
#收容遣送站	15	223	15	237	15	236	15	242	15	237
安置农场	2	429	2	438	2	427	2	427	2	465
殡葬事业单位	**21**	**448**	**24**	**442**	**24**	**435**	**24**	**455**	**24**	**453**

表 19—11 企事业单位污染治理情况

指标	单位	1985年	1990年	1991年	1992年	1993年
污染治理资金来源总计	**万元**	**3 181**	**10 469**	**11 838**	**18 135**	**19 517**
基本建设资金	万元	514	4 493	1 801	2 787	928
更新改造资金	万元	1 026	1 699	2 177	2 640	3 802
综合利用利润留成	万元	108	126	452	890	1 488
环保补助资金	万元	606	2 730	3 019	3 568	3 625
其他	万元	210	501	4 389	8 249	
污染治理资金使用总计	**万元**	**3 181**	**10 469**	**11 838**	**18 135**	**19 517**
治理废水	万元	1 703	6 058	5 368	7 252	9 340
治理废气	万元	935	2 987	5 334	6 260	7 122
治理固体废物	万元	439	1 015	838	3 937	2 270
治理噪声	万元	17	99	117	144	278
其他	万元	87	310	180	542	505
污染治理概况						
当年安排治理项目	个	292	781	932	1 049	1 051
当年竣工项目	个	231	696	774	822	855
#治理废水	个		261	281	282	311
治理废气	个		278	337	352	375
治理固体废物	个		76	83	98	84
治理噪声	个		31	39	40	43
排污费收支情况						
交纳排污费单位	个	719	1 607	1 905	2 160	2 591
征收排污费收入	万元	1 559	4 073	4 948	6 200	7 730
污染情况						
污染事故	次	249	234	118	244	244
污染赔款总额	万元	119	180	97	155	217
污染罚款总额	万元	28	16	18	6	23

表 19—12 “三废”排放、处理及综合利用情况

指　　标	单　位	1985年	1990年	1991年	1992年	1993年
全社会废水排放总量	**万吨**	**111 049**	**138 889**	**139 949**	**138 985**	**144 538**
#工业废水	万吨	89 906	105 248	92 856	93 766	93 158
#经过处理达标的	万吨	8 639	33 235	49 827	46 132	45 062
全社会废气排放总量	**亿标米³**	**906**	**1 429**	**1 617**	**1 809**	**2 059**
#燃料燃烧过程中废气排放量	亿标米³	566	861	1 020	979	1 052
生产工艺过程中工业废气排放量	亿标米³	340	568	560	670	740
二氧化硫	万吨	36	62	58	62	66
烟　　尘	万吨	27	31	29	35	34
工业粉尘排放量	**万吨**	**32**	**21**	**18**	**20**	**19**
工业粉尘回收量	**万吨**	**28**	**86**	**80**	**91**	**113**
工业固体废物产生、排放及处理利用情况						
工业固体废物产生量	万吨	793	1 211	1 312	1 372	1 705
工业固体废物处置量	万吨		638	245	163	161
工业固体废物综合利用量	万吨	100	310	433	558	609
#冶炼废渣	万吨		52	62	72	92
煤粉灰	万吨		63	88	116	116
炉　　渣	万吨		71	111	118	117
煤矸石	万吨		3	11	13	14
工业固体废物排放量	万吨		118	111	135	161
#排入江河湖海的	万吨		51	67	78	67
历年固体废物堆存总量	万吨	7 488	10 474	11 032	12 112	10 745
工业固体废物占地面积	万平方米	349	830	708	1 636	585
“三废”综合利用产品产值	**万元**	**3 347**	**17 398**	**41 039**	**59 964**	**76 582**
“三废”综合利用产品利润	**万元**	**649**	**4 526**	**6 389**	**8 981**	**17 054**

主要统计指标解释

世界三大赛 指世界锦标赛、世界杯赛和奥运会赛。

等级运动员 指经考核正式批准授予等级运动员称号的人。运动员等级分为国际级运动健将、运动健将、一级、二级、三级、少年级。

等级裁判员 指经考核正式批准授予等级裁判员称号的人。裁判员等级分为国际裁判、国家级裁判、一级裁判、二级裁判、三级裁判。

打破世界(全国)纪录 指在国际、国内正式比赛中打破世界(全国)纪录经正式批准者。

卫生机构数 指各个部门、各种性质的专职卫生技术人员的卫生机构数。包括:医院、疗养院(所)、门诊部(所)、专科防治所(站)、卫生防疫站、妇幼保健所(站)、药品检验所(室)、其他卫生机构、医学科学研究机构、高等医药院校和中等医药学校。

医院 指设有固定床位能收容病人住院并能为病人提供医疗和护理服务的医疗机构。一般设有门诊部、住院部、各种诊断辅助部门和行政管理部门。

卫生技术人员 指卫生事业机构中现任职务为卫生技术工作的人员。包括中医师、西医师、中西医结合高级医师、护理、中药师、中西药师、检验士、其他技师、中医士、西医士、护士、助产士、中药剂士、西药剂士、检验士、其他技士、其他中医、护理员、中药剂员、西药剂员、检验员其他初级卫生技术人员。

医生 指掌握医药卫生知识,经卫生部门审查合格,从事医疗工作的专业人员。分为中医医生和西医医生。包括中医师、西医师、中西医结合高级医师、中医士、西医士和其他中医。

每千人口中卫生技术人员数 指卫生技术人员同总人口的比例。算式为:

$$每千人口中卫生技术人员数(人)=\frac{年末卫生技术人员}{年末总人数}\times 1000$$

每千人口医院床位数 指卫生机构年末医院床位数与年末总人口数的比重。算式为:

$$每千人口医院床位(张)=\frac{年末医院床位数}{年末总人口数}\times 1000$$

社会福利事业单位 指集中收养社会孤老、残、幼的机构,包括由民政部门管理的社会福利院、儿童福利院、精神病人福利院和城镇集体办的福利院,以及农村集体举办的敬老院。

福利福利事业单位收养人数 包括民政部门管理的和城镇及集体举办的社会福利事业单位中收养的老人、少年儿童、缺乏生活自理能力的残疾人员和精神病人。其中老人系指年龄在60岁以上的被供养人员。

废水排放总量 包括生产废水和生活污水。生产废水指企、事业单位在生产、科研过程中,向外环境排放的所有排放口的废水量总和。生活污水指城镇居民区和企、事业单位职工集中居住区排放的污水量。

工业废水排放量 指经过企业所有排放口排到企业外的生产废水总量,包括外排的直接冷却水和矿区超标排放的有毒有害矿井水地下水,但不包括外排间接冷却水(清污不分流的应计算在内)。

生产工艺过程废气排放量 指生产工艺过程中排放的废水总量。

燃料燃烧过程废气排放量 指燃煤、油、气、锅炉及工业窑炉在燃烧过程中所排废气的总量。

净化处理的废气量 指生产工艺过程中排放的废气经过各种处理装置净化、处理的量。

工业粉尘排放量 指生产工艺过程中排放的固体微粒重量。

工业粉尘回收量 指经过各种回收处理装置回收的工业粉尘和尘泥量(包括干法和湿法)。

工业固体废物排放量 指工矿企业、事业单位在生产(试验)过程中产生的固体废弃物总量,不包括矿山开采的剥离废石和掘进废石。

工业固定废物处理量 指以填埋、焚烧等方式处理的固体废物量。

工业固体废物综合利用量 指已用作农业肥料、造田、生产建筑材料以及其他方式综合利用的固体废物量(不包括填埋量和焚烧量)。

"三废"综合利用产品产值 指企业利用"三废"作为主要原料生产和回收利用的产品产值。

"三废"综合利用利润 指企业利用"三废"作为主要原料生产和回收利用的产品售出后所得的利润额。

二十、各地、市、县基本情况

表 20—1 各地、市、县基本情况

(1993 年)

指　　标	单　位	南宁市	邕宁县	武鸣县
年末总人口	万　人	264.61	86.47	62.97
社会劳动者人数	万　人	146.77	46.28	32.71
职　工	万　人	54.77	4.04	4.76
#国有单位	万　人	46.11	3.37	4.30
城镇集体单位	万　人	6.99	0.95	0.37
城镇个体劳动者	万　人	3.48	0.22	0.46
乡村劳动力	万　人	86.52	42.02	27.49
国内生产总值(当年价)	万　元	948 987	164 226	117 954
第一产业	万　元	166 406	74 872	51 986
第二产业	万　元	382 878	42 076	45 071
第三产业	万　元	399 703	47 278	20 897
国内生产总值指数(可比价)	以上年为 100	129.65	123.54	123.59
第一产业	以上年为 100	110.55	110.01	105.82
第二产业	以上年为 100	134.96	143.64	143.19
第三产业	以上年为 100	136.02	141.95	138.90
国有单位固定资产投资	万　元	176 117	21 132	13 492
地方财政收入	万　元	118 053	13 579	14 056
地方财政支出	万　元	83 287	10 710	13 036
职工工资总额	万　元	191 345	12 540	12 196
#国有单位	万　元	162 745	10 685	11 258
城镇集体单位	万　元	21 708	1 589	885
职工平均货币工资	元	3 784	3 244	2702
城乡居民储蓄存款余额	万　元	518 058	48 509	46 278
农林牧渔业劳动者	万　人	75.18	34.97	26.90
耕地面积	万公顷	16.67	75.57	5.53
农业机械总动力	万千瓦	80.14	29.34	30.88
化肥施用折纯量	吨	93 934	45 731	33 813
农村用电量	万千瓦小时	14 871	4 397	5 359
农林牧渔业总产值(当年价)	万　元	270 146	115 619	82 047
农林牧渔业总产值指数(可比价)	以上年为 100	113.18	114.50	108.82
粮食产量	万　吨	74.41	33.49	28.94
油料产量	万　吨	3.62	1.58	1.23
糖料产量	万　吨	338.88	165.66	99.19
水果产量	吨	213 470	63 321	62 072
猪牛羊肉产量	万　吨	6.12	2.13	2.48
大牲畜年底头数	万　头	36.58	16.36	13.13
猪年底头数	万　头	96.37	37.64	39.06
水产品产量	吨	26 550	6 373	6 251

表 20—1 续表 1 (1993 年)

指 标	单 位	南宁市	邕宁县	武鸣县
农村经济总收入	万 元	460 741	15 474	149 296
农村经济纯收入	万 元	201 608	76 422	54 880
国家税金	万 元	13 303	4 171	3 506
集体提留	万 元	4 456	291	2 948
个人所得	万 元	154 137	71 960	48 426
全部乡镇企业人数	人	163 309	66 876	45 318
乡镇企业总收入	万 元	288 580	108 101	70 080
乡镇企业国家税金	万 元	10 041	3 205	2 676
乡镇企业纯利润(乡村两级)	万 元	3 396	4 508	3 153
乡镇企业固定资产原值	万 元	24 231	22 125	22 866
乡镇企业固定资产净值	万 元	18 189		
乡镇企业年末占用流动资金	万 元	21 307	14 864	
全部工业总产值(当年价)	万 元	1 005 613	127 564	105 618
#国有	万 元	719 657	75 916	69 293
#轻工业	万 元	719 657	88 953	81 602
全部工业总产值指数(可比价)	以上年为 100	118.72	145.18	120.95
#国有	以上年为 100		116.46	106.47
#轻工业	以上年为 100	107.39	132.84	111.54
独立核算工业企业平均职工人数	人	162 589	14 546	10 327
独立核算工业企业总产值(当年价)	万 元	863 470	96 157	70 576
独立核算工业企业财务指标				
产品销售收入	万 元	865 264	99 215	75 979
固定资产原值	万 元	461 404	44 968	32 621
固定资产净值	万 元	332 608	33 728	25 168
全部流动资金年平均余额	万 元	414 905	29 134	
利税总额	万 元	32 633	16 880	18 756
公路线路长度	公 里		731	977
邮电业务总量(不变价)	万 元	15 929	362	454
城镇电话机拥有量	部	84 380	1 155	1 218
农村电话机拥有量	部	2 794	1 205	1 187
社会消费品零售总额	万 元	520 934	30 786	39 344
小学在校学生数	万 人	35.03	13.13	9.52
普通中学在校学生数	万 人	11.92	3.42	2.82
中等专业学校在校学生数	人	36 295	1 064	815
学龄儿童入学率	%	99.51	99.34	99.56
医院数	个	79	25	16
医院病床数	张	10 539	1 155	803
医生数	人	7 718	523	531

表 20—1 续表 2 (1993 年)

指　标	单　位	柳州市	柳江县	柳城县
年末总人口	万　人	165.28	48.29	37.35
社会劳动者人数	万　人	94.62	25.50	20.07
职　工	万　人	45.95	2.29	2.35
#国有单位	万　人	36.03	2.12	2.13
城镇集体单位	万　人	8.41	0.17	0.22
城镇个体劳动者	万　人	2.75	0.31	0.62
乡村劳动力	万　人	42.76	20.90	16.53
国内生产总值(当年价)	万　元	857 263	71 885	60 547
第一产业	万　元	75 382	30 031	32 684
第二产业	万　元	532 570	20 023	17 365
第三产业	万　元	249 311	21 831	10 498
国内生产总值指数(可比价)	以上年为 100	124.99	120.08	126.18
第一产业	以上年为 100	108.04	107.21	109
第二产业	以上年为 100	135.21	141.36	167.10
第三产业	以上年为 100	113.41	119.88	119.43
国有单位固定资产投资	万　元	224 643	10 258	9 900
地方财政收入	万　元	122 160	6 695	6 450
地方财政支出	万　元	84 782	6 920	6 904
职工工资总额	万　元	176 866	7 060	6 582
#国有单位	万　元	145 084	6 593	6 166
城镇集体单位	万　元	24 389	467	387
职工平均货币工资	元	3 935	3 078	2 791
城乡居民储蓄存款余额	万　元	371 035	16 463	16 692
农林牧渔业劳动者	万　人	36	17.23	14.81
耕地面积	万公顷	10.01	5.13	3.85
农业机械总动力	万千瓦	32.36	14	9
化肥施用折纯量	吨	40 196	19 633	16 526
农村用电量	万千瓦小时	6 962	2 239	2 194
农林牧渔业总产值(当年价)	万　元	135 347	51 022	56 832
农林牧渔业总产值指数(可比价)	以上年为 100	107.71	110.22	108.89
粮食产量	万　吨	39.39	20.21	16.34
油料产量	万　吨	1.99	0.89	0.76
糖料产量	万　吨	146.78	53.91	81.45
水果产量	吨	41 343	7 558	18 788
猪牛羊肉产量	万　吨	3.13	1.12	1.30
大牲畜年底头数	万　头	24.78	12.34	10.39
猪年底头数	万　头	41.81	17.84	17.48
水产品产量	吨	6 344	1 748	2 045

表 20—1　续表 3　　(1993 年)

指　　标	单　　位	柳州市	柳江县	柳城县
农村经济总收入	万　元	263 981	105 296	89 737
农村经济纯收入	万　元	98 842	46 823	33 246
国家税金	万　元	6 553	2 303	2 348
集体提留	万　元	9 179	3 710	2 469
个人所得	万　元	83 110	40 810	28 429
全部乡镇企业人数	人	71 522	22 563	22 141
乡镇企业总收入	万　元	203 276	58 368	35 800
乡镇企业国家税金	万　元	6 300	1 751	1 604
乡镇企业纯利润(乡村两级)	万　元	4 659	3 710	2 349
乡镇企业固定资产原值	万　元	58 438	19 580	10 650
乡镇企业固定资产净值	万　元	25 853	18 523	9 778
乡镇企业年末占用流动资金	万　元	67 222	16 179	11 763
全部工业总产值(当年价)	万　元	1 887 325	70 749	62 749
#国有	万　元	1 348 098	33 500	39 932
#轻工业	万　元		39 255	33 304
全部工业总产值指数(可比价)	以上年为 100	132.20	125.30	141.24
#国有	以上年为 100	112.36	86.63	117.50
#轻工业	以上年为 100		126.72	120.31
独立核算工业企业平均职工人数	人	232 464	7 146	10 299
独立核算工业企业总产值(当年价)	万　元	1 758 321	50 517	47 449
独立核算工业企业财务指标				
产品销售收入	万　元	1 771 344	52 384	53 445
固定资产原值	万　元	752 442	24 466	24 843
固定资产净值	万　元	562 455	19 947	18 432
全部流动资金年平均余额	万　元	859 563		0
利税总额	万　元	222 558	8 164	8 095
公路线路长度	公　里		319	243
邮电业务总量(不变价)	万　元	7 285	285	267
城镇电话机拥有量	部	53 277	1 827	1 353
农村电话机拥有量	部	1 563	465	1 098
社会消费品零售总额	万　元	326 733	22 623	22 637
小学在校学生数	万　人	22.57	8.23	5.91
普通中学在校学生数	万　人	8.72	1.96	1.60
中等专业学校在校学生数	人	12 243	—	
学龄儿童入学率	%	98.71	98.50	97
医院数	个	77	14	14
医院病床数	张	7 832	531	482
医生数	人	5 028	318	333

表 20—1　续表 4　　　　(1993 年)

指　　标	单　位	桂林市	阳朔县	临桂县
年末总人口	万　人	126.44	29.47	43.10
社会劳动者人数	万　人	68.87	14.81	22.72
职　工	万　人	24.62	1.17	1.68
#国有单位	万　人	20.14	0.95	1.43
城镇集体单位	万　人	3.28	0.22	0.24
城镇个体劳动者	万　人	2.27	0.55	0.16
乡村劳动力	万　人	41.98	13.16	19.56
国内生产总值(当年价)	万　元	411 826	36 770	55 484
第一产业	万　元	64 404	23 330	28 333
第二产业	万　元	186 464	3 612	14 551
第三产业	万　元	160 958	9 828	12 600
国内生产总值指数(可比价)	以上年为 100	122.05	110.49	121.57
第一产业	以上年为 100	106.07	100.59	108.98
第二产业	以上年为 100	125.37	136.85	145.82
第三产业	以上年为 100	125.52	125.64	140.35
国有单位固定资产投资	万　元	124 296	3 122	3 497
地方财政收入	万　元	74 067	2 968	4 412
地方财政支出	万　元	58 288	4 317	5 986
职工工资总额	万　元	85 948	3 162	4 924
#国有单位	万　元	72 711	2 607	4 206
城镇集体单位	万　元	9 000	555	707
职工平均货币工资	元	3 543	2 771	3 492
城乡居民储蓄存款余额	万　元	286 632	16 413	21 274
农林牧渔业劳动者	万　人	35.52	11.76	16.73
耕地面积	万公顷	6.42	2.01	3.57
农业机械总动力	万千瓦	14.71	4.30	6.02
化肥施用折纯量	吨	19 802	4 922	11 486
农村用电量	万千瓦小时	5 660	3 033	2 824
农林牧渔业总产值(当年价)	万　元	101 858	35 103	45 641
农林牧渔业总产值指数(可比价)	以上年为 100	103.35	100.55	106.18
粮食产量	万　吨	34.16	11.07	19.34
油料产量	万　吨	0.41	0.26	0.06
糖料产量	万　吨	4.65	1.61	2.59
水果产量	吨	58 600	24 801	10 238
猪牛羊肉产量	万　吨	3.26	0.99	1.59
大牲畜年底头数	万　头	15.87	5.94	7.52
猪年底头数	万　头	43.92	13.65	22.02
水产品产量	吨	6 806	1 468	2 369

表 20—1 续表 5 (1993 年)

指标	单位	桂林市	阳朔县	临桂县
农村经济总收入	万元	201 481	52 489	81 297
农村经济纯收入	万元	77 716	26 049	34 569
国家税金	万元	5 298	1 114	1 832
集体提留	万元	2 842	1 920	269
个人所得	万元	69 576	23 105	32 468
全部乡镇企业人数	人	51 468	11 147	20 112
乡镇企业总收入	万元	106 831	16 961	38 380
乡镇企业国家税金	万元	4 164	550	1 422
乡镇企业纯利润(乡村两级)	万元	3 344	1 680	2 762
乡镇企业固定资产原值	万元	28 800	5 490	8 777
乡镇企业固定资产净值	万元	23 202	1 646	7 332
乡镇企业年末占用流动资金	万元	23 804	4 224	7 014
全部工业总产值(当年价)	万元	692 540	9 966	39 373
#国有	万元	463 611		16 036
#轻工业	万元			13 928
全部工业总产值指数(可比价)	以上年为 100	133.56	132.27	201.33
#国有	以上年为 100	118.57	64.08	114.88
#轻工业	以上年为 100		153.47	160.21
独立核算工业企业平均职工人数	人	103 569	2 088	5 800
独立核算工业企业总产值(当年价)	万元	637 227	4 301	28 482
独立核算工业企业财务指标				
产品销售收入	万元	623 984	6 814	27 746
固定资产原值	万元	332 505	5 187	17 051
固定资产净值	万元	240 282	4 174	12 704
全部流动资金年平均余额	万元	346 903	4 064	
利税总额	万元	56 775	—40	2 446
公路线路长度	公里	—	264	
邮电业务总量(不变价)	万元	8 933	230	215
城镇电话机拥有量	部	45 105	610	660
农村电话机拥有量	部	672	383	289
社会消费品零售总额	万元	191 613	13 422	—
小学在校学生数	万人	16.03	4.35	6.03
普通中学在校学生数	万人	5.81	1.04	1.69
中等专业学校在校学生数	人	1.12		
学龄儿童入学率	%	98.93	99.00	98.00
医院数	个	53	12	14
医院病床数	张	4 898	364	329
医生数	人	3 109	182	

表 20—1　续表 6　　　　（1993 年）

指　　标	单　位	梧州市	苍梧县	北海市
年末总人口	万　人	89.60	59.31	130.33
社会劳动者人数	万　人	51.64	34.11	70
职　工	万　人	14.68	2.65	12.99
#国有单位	万　人	10.87	1.88	10.06
城镇集体单位	万　人	3.16	0.61	2.39
城镇个体劳动者	万　人	1.97	1.21	2.60
乡村劳动力	万　人	34.99	30.24	53.07
国内生产总值(当年价)	万　元	271 827	70 397	551 627
第一产业	万　元	47 720	42 205	158 823
第二产业	万　元	105 954	11 501	205 101
第三产业	万　元	118 153	16 691	187 703
国内生产总值指数(可比价)	以上年为 100	124.63	103.95	160.03
第一产业	以上年为 100	85.98	90.04	125.05
第二产业	以上年为 100	140.86	139.44	194.53
第三产业	以上年为 100	129.84	119.89	165.13
国有单位固定资产投资	万　元	82 174	5 410	211 420
地方财政收入	万　元	40 203	6 434	56 839
地方财政支出	万　元	34 826	7 377	51 129
职工工资总额	万　元	50 193	7 110	49 252
#国有单位	万　元	37 881	5 859	36 924
城镇集体单位	万　元	9 528	1 209	9 873
职工平均货币工资	元	3 412	2 880	4 001
城乡居民储蓄存款余额	万　元	149 635	36 733	379 826
农林牧渔业劳动者	万　人	26.26	23.44	41.53
耕地面积	万公顷	3.04	2.90	7.94
农业机械总动力	万千瓦	20.78	16.25	51.56
化肥施用折纯量	吨	10 136	9 630	46 270
农村用电量	万千瓦小时	3 924	2 932	6 675
农林牧渔业总产值(当年价)	万　元	80 126	67 796	260 855
农林牧渔业总产值指数(可比价)	以上年为 100	101.15	100.18	117.83
粮食产量	万　吨	20.99	20.39	38.51
油料产量	万　吨	0.30	0.23	3.11
糖料产量	万　吨	8.16	8.07	145.73
水果产量	吨	8 740	6 958	20 301
猪牛羊肉产量	万　吨	1.74	1.29	3.61
大牲畜年底头数	万　头	7.64	7.34	18.56
猪年底头数	万　头	34.69	24.98	46.16
水产品产量	吨	5 078	1 806	261 082

表 20—1 续表 7 (1993 年)

指　　标	单　位	梧州市	苍梧县	北海市
农村经济总收入	万　元	158 468	113 938	650 999
农村经济纯收入	万　元	64 660	53 841	235 149
国家税金	万　元	3 162	2 348	18 791
集体提留	万　元	2 262	1 513	51 501
个人所得	万　元	59 236	49 980	165 357
全部乡镇企业人数	人	44 441	29 746	199 990
乡镇企业总收入	万　元	82 691	50 200	646 450
乡镇企业国家税金	万　元	2 365	22 581	15 424
乡镇企业纯利润(乡村两级)	万　元	4 049	2 389	49 855
乡镇企业固定资产原值	万　元	7 880	3 393	136 299
乡镇企业固定资产净值	万　元	6 259	2 324	45 755
乡镇企业年末占用流动资金	万　元		3 064	84 868
全部工业总产值(当年价)	万　元	415 397	52 761	494 770
#国有	万　元	249 234	23 958	167 133
#轻工业	万　元		27 458	
全部工业总产值指数(可比价)	以上年为 100	138.43	146.49	178.07
#国有	以上年为 100	117.13	121.89	152.60
#轻工业	以上年为 100		158.38	
独立核算工业企业平均职工人数	人	66 991	11 512	55 470
独立核算工业企业总产值(当年价)	万　元	339 373	33 829	260 655
独立核算工业企业财务指标				
产品销售收入	万　元	324 998	35 320	248 390
固定资产原值	万　元	172 537	22 752	158 152
固定资产净值	万　元	120 703	15 251	123 634
全部流动资金年平均余额	万　元	177 595	8 082	159 509
利税总额	万　元	28 068	3 005	4 028
公路线路长度	公　里		620	
邮电业务总量(不变价)	万　元	5 133	511	8 347
城镇电话机拥有量	部	22 294	2 080	23 589
农村电话机拥有量	部	1 170	1 170	3 740
社会消费品零售总额	万　元	126 174	27 072	154 169
小学在校学生数	万　人	9.29	6.38	18.49
普通中学在校学生数	万　人	3.38	1.84	5.96
中等专业学校在校学生数	人	5 475	657	3 274
学龄儿童入学率	%	97.28	97.30	90.16
医院数	个	25	16	32
医院病床数	张	2 711	452	2 837
医生数	人	1 867	340	1 873

表 20—1　续表 8　　(1993 年)

指　　标	单　　位	合浦县	防城港市	上思县
年末总人口	万　人	106.92	71.80	19.68
社会劳动者人数	万　人	54.74	37.62	8.72
职　工	万　人	6.72	6.19	1.74
#国有单位	万　人	5.18	5.34	1.58
城镇集体单位	万　人	1.52	0.80	0.15
城镇个体劳动者	万　人	1.39	2.21	0.11
乡村劳动力	万　人	45.54	29.22	6.91
国内生产总值(当年价)	万　元	332 257	173 471	36 724
第一产业	万　元	127 690	61 777	17 662
第二产业	万　元	97 831	41 299	12 150
第三产业	万　元	106 736	70 395	6 912
国内生产总值指数(可比价)	以上年为 100	149.63	128.61	122.01
第一产业	以上年为 100	149.63	72.76	107.59
第二产业	以上年为 100	113.29	179.79	161.12
第三产业	以上年为 100	197.59	161.74	105.42
国有单位固定资产投资	万　元	24 804	36 980	4 381
地方财政收入	万　元	17 668	29 228	4 650
地方财政支出	万　元	17 427	25 806	5 009
职工工资总额	万　元	21 786	18 523	4 629
#国有单位	万　元	15 581	15 425	4 328
城镇集体单位	万　元	6 140	2 683	301
职工平均货币工资	元	3 449	3 469	2 769
城乡居民储蓄存款余额	万　元	87 737	118 187	15 672
农林牧渔业劳动者	万　人	33.87	23.77	6.51
耕地面积	万公顷	7.45	4.53	2.12
农业机械总动力	万千瓦	35.62	19.67	7.08
化肥施用折纯量	吨	43 027	22 613	10 895
农村用电量	万千瓦小时	5 423	3 404	1 107
农林牧渔业总产值(当年价)	万　元	201 476	96 237	27 994
农林牧渔业总产值指数(可比价)	以上年为 100	119.99	100.42	115.62
粮食产量	万　吨	37.30	22.42	8.03
油料产量	万　吨	2.77	0.53	0.23
糖料产量	万　吨	137.82	94.54	77.36
水果产量	吨	13 089	38 338	6 639
猪牛羊肉产量	万　吨	3.05	1.99	0.38
大牲畜年底头数	万　头	16.71	13.85	4.51
猪年底头数	万　头	42.44	24	6.66
水产品产量	吨	110 272	48 142	2 046

表 20—1 续表 9 (1993 年)

指标	单位	合浦县	防城港市	上思县
农村经济总收入	万元	314 830	98 442	35 456
农村经济纯收入	万元	138 073	41 916	17 199
国家税金	万元	7 221	2 587	1 267
集体提留	万元	2 341	1 908	2 418
个人所得	万元	124 069	37 421	13 514
全部乡镇企业人数	人	180 294	70 100	14 406
乡镇企业总收入	万元	5 795 955	175 075	33 091
乡镇企业国家税金	万元	13 112	6 100	1 224
乡镇企业纯利润(乡村两级)	万元	45 687	10 055	2 544
乡镇企业固定资产原值	万元	109 440	44 021	10 484
乡镇企业固定资产净值	万元		31 209	1 533
乡镇企业年末占用流动资金	万元		30 206	6 336
全部工业总产值(当年价)	万元	296 584	88 773	35 493
#国有	万元	64 018	44 113	27 402
#轻工业	万元	197 946		31 867
全部工业总产值指数(可比价)	以上年为100	202.91	154.59	156.82
#国有	以上年为100	143.57	134.55	158.75
#轻工业	以上年为100	130.64		220.42
独立核算工业企业平均职工人数	人	31 586	14 065	6 163
独立核算工业企业总产值(当年价)	万元	116 493	60 549	31 479
独立核算工业企业财务指标				
产品销售收入	万元	118 001	59 529	34 426
固定资产原值	万元	62 198	35 950	16 072
固定资产净值	万元	48 036	28 934	12 134
全部流动资金年平均余额	万元		27 560	11 128
利税总额	万元	15 301	6 935	5 130
公路线路长度	公里	803		403
邮电业务总量(不变价)	万元	1 711	2 569	156
城镇电话机拥有量	部	6 051	5 675	820
农村电话机拥有量	部	3 740	2 510	351
社会消费品零售总额	万元	61 169	47 022	
小学在校学生数	万人	15.35	11.01	2.98
普通中学在校学生数	万人	4.81	3.19	0.87
中等专业学校在校学生数	人	2 946		
学龄儿童入学率	%	98.44		99.20
医院数	个	20	33	11
医院病床数	张	1 390	959	287
医生数	人	940	761	272

表 20—1 续表 10 (1993 年)

指标	单位	南宁地区	凭祥市	横县
年末总人口	万人	534.87	9.31	100.51
社会劳动者人数	万人	281.26	5.43	51.68
职工	万人	26.84	0.87	4.49
#国有单位	万人	23.41	0.78	3.23
城镇集体单位	万人	3.43	0.09	1.26
城镇个体劳动者	万人	9.80	0.29	0.73
乡村劳动力	万人	244.62	4.27	46.47
国内生产总值(当年价)	万元	692 421	29 771	161 868
第一产业	万元	323 032	5 618	72 290
第二产业	万元	207 865	8 388	58 017
第三产业	万元	161 474	15 765	31 561
国内生产总值指数(可比价)	以上年为 100	123.47	144.14	122.02
第一产业	以上年为 100	108.85	125.68	100.54
第二产业	以上年为 100	162.96	194.17	170.81
第三产业	以上年为 100	119.52	135.53	118.09
国有单位固定资产投资	万元	68 687	18 181	14 071
地方财政收入	万元	70 618	3 465	14 626
地方财政支出	万元	84 007	4 183	12 947
职工工资总额	万元	74 745	3 343	12 256
#国有单位	万元	66 707	3 057	10 249
城镇集体单位	万元	6 358	286	1 626
职工平均货币工资	元	2 904	4 202	3 321
城乡居民储蓄存款余额	万元	410 540	20 092	59 991
农林牧渔业劳动者	万人	213.07	3.56	37.75
耕地面积	万公顷	40.81	0.41	6.37
农业机械总动力	万千瓦	135.79	1.15	25.52
化肥施用折纯量	吨	169 933	837	31 347
农村用电量	万千瓦小时	23 818	692	5 742
农林牧渔业总产值(当年价)	万元	526 817	7 621	129 354
农林牧渔业总产值指数(可比价)	以上年为 100	110.18	123.98	102.14
粮食产量	万吨	171.74	2.02	38.52
油料产量	万吨	5.32	0.01	0.84
糖料产量	万吨	609.02	3.52	95.50
水果产量	吨	183 455	1 254	16 211
猪牛羊肉产量	万吨	2.27	0.19	3.75
大牲畜年底头数	万头	111.28	1.53	11.44
猪年底头数	万头	221.90	3.65	42.04
水产品产量	吨	28 228	391	6 488

表 20—1 续表 11 (1993 年)

指　　标	单　位	南宁地区	凭祥市	横 县
农村经济总收入	万　元	664 106	12 416	177 284
农村经济纯收入	万　元	375 187	8 306	92 657
国家税金	万　元	15 374	330	3 941
集体提留	万　元	4 712	2 151	1 733
个人所得	万　元	348 235	5 825	83 729
全部乡镇企业人数	人	521 672	7 719	133 586
乡镇企业总收入	万　元	425 678	6 044	120 154
乡镇企业国家税金	万　元	16 560	168	5 618
乡镇企业纯利润(乡村两级)	万　元	32 222	489	8 259
乡镇企业固定资产原值	万　元	131 577	1 785	35 606
乡镇企业固定资产净值	万　元	88 859	1 606	21 676
乡镇企业年末占用流动资金	万　元	88 619	523	29 758
全部工业总产值(当年价)	万　元	556 889	5 281	136 400
#国有	万　元	334 610	4 784	54 157
#轻工业	万　元		1 092	62 896
全部工业总产值指数(可比价)	以上年为 100	135.88	110.66	118.07
#国有	以上年为 100	109.53	112.45	94.38
#轻工业	以上年为 100		78.57	104.27
独立核算工业企业平均职工人数	人	87 048	1 333	18 869
独立核算工业企业总产值(当年价)	万　元	388 799	3 153	99 709
独立核算工业企业财务指标				
产品销售收入	万　元	411 331	3 136	97 333
固定资产原值	万　元	300 425	4 151	76 485
固定资产净值	万　元	228 838	3 674	48 326
全部流动资金年平均余额	万　元	180 871	1 520	43 788
利税总额	万　元	30 920	291	13 796
公路线路长度	公　里		170	612
邮电业务总量(不变价)	万　元	3 332	528	415
城镇电话机拥有量	部	12 248	2 100	1 402
农村电话机拥有量	部	6 845	151	1 400
社会消费品零售总额	万　元	261 023	29 000	55 347
小学在校学生数	万　人	71.92	1.27	14.10
普通中学在校学生数	万　人	19.46	0.37	3.27
中等专业学校在校学生数	人	2 251	205	106
学龄儿童入学率	%	98.66	99.50	98.46
医院数	个	183	3	24
医院病床数	张	7 468	121	957
医生数	人	3 108	117	629

表 20—1　续表 12　　(1993 年)

指　　标	单　位	宾阳县	上林县	隆安县
年末总人口	万　人	88.34	43.01	36.18
社会劳动者人数	万　人	42.88	24.20	17.65
职　工	万　人	4.04	1.54	1.59
#国有单位	万　人	3.59	1.36	1.39
城镇集体单位	万　人	0.44	0.18	0.20
城镇个体劳动者	万　人	6.44	0.13	0.05
乡村劳动力	万　人	32.41	22.53	16
国内生产总值(当年价)	万　元	123 951	44 724	40 550
第一产业	万　元	50 024	24 042	20 949
第二产业	万　元	49 194	10 362	12 164
第三产业	万　元	24 733	10 320	7 437
国内生产总值指数(可比价)	以上年为 100	119.67	114.14	127.40
第一产业	以上年为 100	100.75	104.48	104.41
第二产业	以上年为 100	165.62	144.73	222.62
第三产业	以上年为 100	106.62	115.70	122.58
国有单位固定资产投资	万　元	4 699	5 036	3 367
地方财政收入	万　元	11 746	3 088	3 895
地方财政支出	万　元	11 187	5 624	4 257
职工工资总额	万　元	12 073	4 148	4 552
#国有单位	万　元	10 969	3 802	4 115
城镇集体单位	万　元	1 104	346	436
职工平均货币工资	元	3 040	2 750	2 982
城乡居民储蓄存款余额	万　元	55 732	13 490	19 070
农林牧渔业劳动者	万　人	32.41	17.97	14.33
耕地面积	万公顷	5.53	2.83	2.76
农业机械总动力	万千瓦	21.29	1.47	11
化肥施用折纯量	吨	29 064	11 680	16 065
农村用电量	万千瓦小时	4 257	3 267	
农林牧渔业总产值(当年价)	万　元	77 276	36 287	35 771
农林牧渔业总产值指数(可比价)	以上年为 100	104.80	101.42	109.19
粮食产量	万　吨	29.82	14.25	12.26
油料产量	万　吨	0.96	0.59	0.12
糖料产量	万　吨	73.49	13.89	40.55
水果产量	吨	4 793	788	23 015
猪牛羊肉产量	万　吨	1.80	1.27	1.12
大牲畜年底头数	万　头	12.09	9.29	9.03
猪年底头数	万　头	29.46	20.21	16.64
水产品产量	吨	5 012	1 909	1 403

表 20—1 续表 13 (1993 年)

指 标	单 位	宾阳县	上林县	隆安县
农村经济总收入	万 元	112 578	51 067	39 478
农村经济纯收入	万 元	67 934	30 943	21 973
国家税金	万 元	4 883	1 327	1 129
集体提留	万 元	1 409	100	279
个人所得	万 元	61 642	29 516	20 314
全部乡镇企业人数	人	129 471	27 596	27 087
乡镇企业总收入	万 元	11 580	28 079	22 326
乡镇企业国家税金	万 元	3 509	813	848
乡镇企业纯利润(乡村两级)	万 元	8 396	2 311	1 445
乡镇企业固定资产原值	万 元	33 516	6 385	7 970
乡镇企业固定资产净值	万 元	31 837	5 285	1 300
乡镇企业年末占用流动资金	万 元	21 847	3 061	4 310
全部工业总产值(当年价)	万 元	142 957	27 430	29 533
#国有	万 元	75 950	15 997	21 209
#轻工业	万 元	90 527	12 505	24 125
全部工业总产值指数(可比价)	以上年为 100	132.83	146.76	172.84
#国有	以上年为 100	98.36	109.73	161.73
#轻工业	以上年为 100	83.58	82.45	187.94
独立核算工业企业平均职工人数	人	15 350	5 783	3 833
独立核算工业企业总产值(当年价)	万 元	81 946	18 480	21 448
独立核算工业企业财务指标				
产品销售收入	万 元	84 647	11 604	21 632
固定资产原值	万 元	40 089	13 711	15 071
固定资产净值	万 元	29 122	9 326	10 633
全部流动资金年平均余额	万 元	16 594	2 631	8 015
利税总额	万 元	17 485	287	2 888
公路线路长度	公 里	437	371	154
邮电业务总量(不变价)	万 元	574	236	155
城镇电话机拥有量	部	1 139	609	432
农村电话机拥有量	部	1 590	278	544
社会消费品零售总额	万 元	59 855	12 746	13 323
小学在校学生数	万 人	12.07	5.63	4.54
普通中学在校学生数	万 人	3.64	1.87	1.33
中等专业学校在校学生数	人	1 245		
学龄儿童入学率	%	99.56	99	99
医院数	个	6	13	14
医院病床数	张	774	392	434
医生数	人	763	276	288

表 20—1　续表 14　　（1993 年）

指　　标	单　位	马山县	扶绥县	崇左县
年末总人口	万　人	46.89	40.02	32.47
社会劳动者人数	万　人	23.21	22.35	17.63
职　工	万　人	1.48	3.43	2.13
#国有单位	万　人	1.30	3.10	1.92
城镇集体单位	万　人	0.18	0.33	0.21
城镇个体劳动者	万　人	0.07	0.40	0.48
乡村劳动力	万　人	21.66	18.52	15.02
国内生产总值(当年价)	万　元	23 135	59 760	59 229
第一产业	万　元	13 413	29 316	26 746
第二产业	万　元	4 236	17 166	17 954
第三产业	万　元	5 486	13 278	14 529
国内生产总值指数(可比价)	以上年为 100	116.52	125.80	126.16
第一产业	以上年为 100	110.79	122.40	102.54
第二产业	以上年为 100	140.86	141.30	191.49
第三产业	以上年为 100	116.74	115.80	123.65
国有单位固定资产投资	万　元	1 794	3 882	6 351
地方财政收入	万　元	1 905	6 100	6 518
地方财政支出	万　元	4 544	6 227	6 404
职工工资总额	万　元	3 364	9 117	5 982
#国有单位	万　元	3 017	8 643	4 423
城镇集体单位	万　元	347	474	469
职工平均货币工资	元	2 397	2 729	2 970
城乡居民储蓄存款余额	万　元	13 394	28 326	15 700
农林牧渔业劳动者	万　人	18	16.65	13.08
耕地面积	万公顷	2.41	4.71	4.01
农业机械总动力	万千瓦	6.53	10.81	9.72
化肥施用折纯量	吨	4 930	20 479	14 777
农村用电量	万千瓦小时	1 889	1 105	2 666
农林牧渔业总产值(当年价)	万　元	21 154	51 290	40 591
农林牧渔业总产值指数(可比价)	以上年为 100	113.89	121.20	130.40
粮食产量	万　吨	10.50	14.43	7.76
油料产量	万　吨	0.20	1.45	0.54
糖料产量	万　吨	6.95	100.51	130.02
水果产量	吨	1 939	27 346	25 203
猪牛羊肉产量	万　吨	1.16	0.90	0.57
大牲畜年底头数	万　头	9.72	10.78	9.39
猪年底头数	万　头	18.10	16.78	9.47
水产品产量	吨	1 936	2 930	1 301

表 20—1 续表 15 (1993 年)

指 标	单 位	马山县	扶绥县	崇左县
农村经济总收入	万 元	31 051	47 716	36 973
农村经济纯收入	万 元	18 024	27 901	20 410
国家税金	万 元	836	1 110	700
集体提留	万 元	212	509	487
个人所得	万 元	16 976	25 764	712
全部乡镇企业人数	人	19 947	45 693	16 810
乡镇企业总收入	万 元	14 674	35 513	18 076
乡镇企业国家税金	万 元	489	1 472	971
乡镇企业纯利润(乡村两级)	万 元	1 157	1 546	1 585
乡镇企业固定资产原值	万 元	3 885	2 459	4 835
乡镇企业固定资产净值	万 元	1 268	2 176	4 623
乡镇企业年末占用流动资金	万 元	2 441	1 791	3 095
全部工业总产值(当年价)	万 元	12 247	55 251	46 950
#国有	万 元	8 073	43 882	47 382
#轻工业	万 元	5 982	35 559	29 286
全部工业总产值指数(可比价)	以上年为 100	153.80	124.30	125.07
#国有	以上年为 100	106.88	113.30	150.28
#轻工业	以上年为 100	182.79	121.30	126.51
独立核算工业企业平均职工人数	人	1 999	16 485	4 881
独立核算工业企业总产值(当年价)	万 元	9 128	44 172	40 840
独立核算工业企业财务指标				
产品销售收入	万 元	7 828	49 422	51 290
固定资产原值	万 元	5 483	51 004	35 901
固定资产净值	万 元	4 488	41 798	31 630
全部流动资金年平均余额	万 元		28 389	15 998
利税总额	万 元	740	3 855	16 504
公路线路长度	公 里	550	576	389
邮电业务总量(不变价)	万 元	140	165	208
城镇电话机拥有量	部	519	1 070	844
农村电话机拥有量	部	250	343	353
社会消费品零售总额	万 元	10 042	17 396	15 641
小学在校学生数	万 人	6.46	6.16	4.63
普通中学在校学生数	万 人	1.57	1.66	1.36
中等专业学校在校学生数	人			1 000
学龄儿童入学率	%	97.05	99.50	99
医院数	个	30	13	13
医院病床数	张	291	955	408
医生数	人	175	696	293

表 20—1　续表 16　　(1993 年)

指　　标	单　位	大新县	天等县	宁明县
年末总人口	万　人	34.53	39.56	37.79
社会劳动者人数	万　人	19.13	23.43	19.20
职　　工	万　人	2.09	1.17	1.92
#国有单位	万　人	1.97	1	1.81
城镇集体单位	万　人	0.12	0.16	0.11
城镇个体劳动者	万　人	0.10	0.31	0.59
乡村劳动力	万　人	16.94	21.96	16.69
国内生产总值(当年价)	万　元	39 687	25 389	50 584
第一产业	万　元	21 923	14 600	25 815
第二产业	万　元	10 130	3 038	9 171
第三产业	万　元	7 634	7 751	15 598
国内生产总值指数(可比价)	以上年为 100	112.96	110.55	123.76
第一产业	以上年为 100	115.17	104.43	113.47
第二产业	以上年为 100	111.90	104.02	159.55
第三产业	以上年为 100	108.57	124.40	123.68
国有单位固定资产投资	万　元	3 195	1964	4 163
地方财政收入	万　元	3 522	1 533	7 088
地方财政支出	万　元	4 910	3 655	7 691
职工工资总额	万　元	5 944	3 389	4 795
#国有单位	万　元	5 616	3 039	4 516
城镇集体单位	万　元	328	350	217
职工平均货币工资	元	2 918	2 681	2 379
城乡居民储蓄存款余额	万　元	16 554	12 036	16 940
农林牧渔业劳动者	万　人	14.87	18.71	15.06
耕地面积	万公顷	3.32	2.58	3.12
农业机械总动力	万千瓦	9.38	6.09	10.04
化肥施用折纯量	吨	12 831	6 760	11 875
农村用电量	万千瓦小时	1 741	504	794
农林牧渔业总产值(当年价)	万　元	36 509	23 863	40 899
农林牧渔业总产值指数(可比价)	以上年为 100	113.18	105.35	118.83
粮食产量	万　吨	12.28	12.18	10.43
油料产量	万　吨	0.09	0.06	0.26
糖料产量	万　吨	45.84	7.15	59.22
水果产量	吨	12 595	4 052	41 698
猪牛羊肉产量	万　吨	0.98	0.80	0.77
大牲畜年底头数	万　头	10.99	10.34	8.61
猪年底头数	万　头	18.50	20.39	18.07
水产品产量	吨	1 733	671	1 680

表 20—1　续表 17　　(1993 年)

指　　标	单　位	大新县	天等县	宁明县
农村经济总收入	万　元	38 816	27 314	55 795
农村经济纯收入	万　元	22 771	17 097	25 220
国家税金	万　元	1 151	633	937
集体提留	万　元	454	164	130
个人所得	万　元	21 166	16 263	24 153
全部乡镇企业人数	人	23 042	22 104	20 515
乡镇企业总收入	万　元	16 927	13 710	21 314
乡镇企业国家税金	万　元	787	515	1 083
乡镇企业纯利润(乡村两级)	万　元	1 598	1 646	2 096
乡镇企业固定资产原值	万　元	5 691	3 802	13 795
乡镇企业固定资产净值	万　元	4 562	3 598	12 591
乡镇企业年末占用流动资金	万　元	3 737	1 140	3 743
全部工业总产值(当年价)	万　元	28 034	8 270	30 800
#国有	万　元	22 765	5 171	26 586
#轻工业	万　元	12 869	4 134	21 030
全部工业总产值指数(可比价)	以上年为 100	127.18	115.87	142.30
#国有	以上年为 100	118.31	108.19	133.24
#轻工业	以上年为 100	132.97	103.10	141.43
独立核算工业企业平均职工人数	人	8 609	2 170	4 515
独立核算工业企业总产值(当年价)	万　元	23 640	5 207	23 789
独立核算工业企业财务指标				
产品销售收入	万　元	27 284	5 523	25 141
固定资产原值	万　元	26 010	4 900	12 597
固定资产净值	万　元	20 023	3 829	9 950
全部流动资金年平均余额	万　元	17 577	4 365	14 259
利税总额	万　元	2 842	460	4 096
公路线路长度	公　里	635	428	744
邮电业务总量(不变价)	万　元	178	157	317
城镇电话机拥有量	部	628	345	1 105
农村电话机拥有量	部	615	307	281
社会消费品零售总额	万　元	9 366	10 198	22 923
小学在校学生数	万　人	4.30	4.88	5.31
普通中学在校学生数	万　人	1.32	1.19	1.37
中等专业学校在校学生数	人	145	—	116
学龄儿童入学率	%	99.80	98.78	98
医院数	个	19	23	15
医院病床数	张	594	372	295
医生数	人	507	435	399

表 20—1 续表 18 (1993 年)

指　　标	单　位	龙州县	柳州地区	合山市
年末总人口	万　人	26.24	379.80	14.21
社会劳动者人数	万　人	14.47	195.20	7.81
职　工	万　人	2.09	20.29	2.73
#国有单位	万　人	1.95	17.79	2.45
城镇集体单位	万　人	0.15	2.42	0.28
城镇个体劳动者	万　人	0.21	2.38	0.21
乡村劳动力	万　人	12.16	172.53	4.86
国内生产总值(当年价)	万　元	32 673	514 649	41 893
第一产业	万　元	18 346	240 024	5 644
第二产业	万　元	6 945	157 779	30 305
第三产业	万　元	7 382	116 846	5 944
国内生产总值指数(可比价)	以上年为 100	120.58	114.36	102.21
第一产业	以上年为 100	119.18	104.05	103.93
第二产业	以上年为 100	125.43	132.72	101.73
第三产业	以上年为 100	119.42	115.13	102.09
国有单位固定资产投资	万　元	2 992	52 697	11 424
地方财政收入	万　元	4 406	54 503	4 554
地方财政支出	万　元	5 576	68 454	4 065
职工工资总额	万　元	5 583	62 633	9 823
#国有单位	万　元	5 262	56 414	8 980
城镇集体单位	万　元	321	6 037	843
职工平均货币工资	元	2 653	3 263	3 635
城乡居民储蓄存款余额	万　元	14 874	189 378	18 364
农林牧渔业劳动者	万　人	10.62	149.83	3.11
耕地面积	万公顷	2.76	32.57	0.58
农业机械总动力	万千瓦	8	90.09	2.64
化肥施用折纯量	吨	9 198	94 559	1 537
农村用电量	万千瓦小时	1 127	19 887	330
农林牧渔业总产值(当年价)	万　元	29 002	336 795	7 568
农林牧渔业总产值指数(可比价)	以上年为 100	105.34	104.16	101
粮食产量	万　吨	6.99	131.40	2.90
油料产量	万　吨	0.28	5.93	0.12
糖料产量	万　吨	64.23	213.03	1.35
水果产量	吨	21 413	48 137	184
猪牛羊肉产量	万　吨	0.62	10.33	0.27
大牲畜年底头数	万　头	7.60	96.73	1.86
猪年底头数	万　头	8.57	166.90	2.97
水产品产量	吨	1 670	9 895	271

表 20—1　续表 19　　　　　(1993 年)

指　　标	单　位	龙州县	柳州地区	合山市
农村经济总收入	万　元	27 963	567 444	30 084
农村经济纯收入	万　元	16 569	264 677	8 901
国家税金	万　元	1 096	12 974	1 180
集体提留	万　元	594	8 848	527
个人所得	万　元	14 879	242 855	7 194
全部乡镇企业人数	人	12 272	251 645	17 727
乡镇企业总收入	万　元	13 161	328 924	23 271
乡镇企业国家税金	万　元	788	11 561	1 134
乡镇企业纯利润(乡村两级)	万　元	1 655	4 766	1 869
乡镇企业固定资产原值	万　元	4 078	74 508	7 126
乡镇企业固定资产净值	万　元	3 796	15 622	1 466
乡镇企业年末占用流动资金	万　元	3 117	39 965	2 392
全部工业总产值(当年价)	万　元	23 178	445 182	81 243
#国有	万　元	18 706	274 341	61 486
#轻工业	万　元	20 633		4 490
全部工业总产值指数(可比价)	以上年为 100	114.01	128.30	104.81
#国有	以上年为 100	96.02	104.59	96.62
#轻工业	以上年为 100	111.16		128.34
独立核算工业企业平均职工人数	人	3 731	90 072	21 859
独立核算工业企业总产值(当年价)	万　元	16 428	311 136	64 417
独立核算工业企业财务指标				
产品销售收入	万　元	19 675	321 809	64 468
固定资产原值	万　元	16 567	275 626	87 339
固定资产净值	万　元	13 206	1 921 406	51 746
全部流动资金年平均余额	万　元	8 163	159 156	16 535
利税总额	万　元	4 214	16 344	6 704
公路线路长度	公　里	256		102
邮电业务总量(不变价)	万　元	194	2 114	123
城镇电话机拥有量	部	895	11 156	1 606
农村电话机拥有量	部	222	4 851	—
社会消费品零售总额	万　元	14 194	151 885	11 731
小学在校学生数	万　人	2.98	59.08	2.44
普通中学在校学生数	万　人	0.62	13.23	0.88
中等专业学校在校学生数	人	272	1 160	—
学龄儿童入学率	%	97.60	97.88	99.67
医院数	个	17	140	8
医院病床数	张	554	4 980	529
医生数	人	236	3 313	301

表 20—1　续表 20　　(1993 年)

指　　标	单　位	鹿寨县	象州县	武宣县
年末总人口	万　人	44.10	33.51	36.96
社会劳动者人数	万　人	16.03	16.03	21.44
职　工	万　人	2.86	1.30	1.77
#国有单位	万　人	2.47	1.15	1.61
城镇集体单位	万　人	0.39	0.15	0.16
城镇个体劳动者	万　人	0.53	0.23	0.18
乡村劳动力	万　人	20.55	14.50	19.49
国内生产总值(当年价)	万　元	75 667	50 362	53 461
第一产业	万　元	28 737	28 079	29 890
第二产业	万　元	30 246	11 557	11 714
第三产业	万　元	16 684	10 726	11 857
国内生产总值指数(可比价)	以上年为 100	113.76	117.06	116.77
第一产业	以上年为 100	93.43	101.38	101.50
第二产业	以上年为 100	161.54	148.55	156.17
第三产业	以上年为 100	96.50	122.72	133.09
国有单位固定资产投资	万　元	14 525	2 829	2 044
地方财政收入	万　元	7 791	4 287	5 079
地方财政支出	万　元	6 912	5 934	6 431
职工工资总额	万　元	9 647	3 822	4 845
#国有单位	万　元	8 713	3 387	4 469
城镇集体单位	万　元	934	435	376
职工平均货币工资	元	3 627	3 034	2 874
城乡居民储蓄存款余额	万　元	30 696	15 621	15 715
农林牧渔业劳动者	万　人	16.51	13.02	15.99
耕地面积	万公顷	4.58	3.28	3.44
农业机械总动力	万千瓦	17.29	8.18	10.80
化肥施用折纯量	吨	15 833	14 223	8 281
农村用电量	万千瓦小时	1 343	939	2 646
农林牧渔业总产值(当年价)	万　元	42 913	39 336	43 261
农林牧渔业总产值指数(可比价)	以上年为 100	100.49	101.62	103.33
粮食产量	万　吨	17.98	19.61	14.39
油料产量	万　吨	0.59	0.90	1.14
糖料产量	万　吨	28.01	23.18	57.08
水果产量	吨	12 730	4 800	4 148
猪牛羊肉产量	万　吨	1.40	1.28	1.55
大牲畜年底头数	万　头	9.65	7.35	8.57
猪年底头数	万　头	22.10	17.05	19.47
水产品产量	吨	1 166	758	1 396

表 20—1　续表 21　　(1993 年)

指　　标	单　位	鹿寨县	象州县	武宣县
农村经济总收入	万　元	90 402	74 537	79 730
农村经济纯收入	万　元	37 346	28 798	28 758
国家税金	万　元	2 375	2 064	976
集体提留	万　元	2 370	981	140
个人所得	万　元	32 601	25 753	27 642
全部乡镇企业人数	人	36 935	26 241	23 557
乡镇企业总收入	万　元	52 621	36 248	35 906
乡镇企业国家税金	万　元	1 766	1 608	803
乡镇企业纯利润(乡村两级)	万　元	3 391	2 417	3 271
乡镇企业固定资产原值	万　元	10 661	7 912	6 244
乡镇企业固定资产净值	万　元	3 203	1 452	591
乡镇企业年末占用流动资金	万　元	6 200	4 874	1 354
全部工业总产值(当年价)	万　元	92 697	30 809	32 760
#国有	万　元	67 494	13 073	20 154
#轻工业	万　元	40 071	17 863	16 703
全部工业总产值指数(可比价)	以上年为 100	141.05	136.02	143.20
#国有	以上年为 100	108.65	129.62	116.93
#轻工业	以上年为 100	136.63	143.54	121.17
独立核算工业企业平均职工人数	人	15 750	5 059	4 540
独立核算工业企业总产值(当年价)	万　元	71 011	17 058	20 890
独立核算工业企业财务指标				
产品销售收入	万　元	73 077	17 330	16 535
固定资产原值	万　元	34 119	10 002	11 317
固定资产净值	万　元	26 090	7 915	8 762
全部流动资金年平均余额	万　元	52 551	10 254	8 396
利税总额	万　元	8 583	3 023	2 579
公路线路长度	公　里	538 00	278	227
邮电业务总量(不变价)	万　元	418	204	160
城镇电话机拥有量	部	1 563	834	569
农村电话机拥有量	部	674	461	324
社会消费品零售总额	万　元	21 596	15 988	12 210
小学在校学生数	万　人	6.12	5.35	5.98
普通中学在校学生数	万　人	1.72	1.32	1.43
中等专业学校在校学生数	人	46	—	—
学龄儿童入学率	%	98.50	98.80	98.89
医院数	个	12	12	11
医院病床数	张	685	252	428
医生数	人	527	234	299

表 20—1 续表 22 (1993 年)

指　　标	单　　位	来宾县	融安县	三江侗族自治县
年末总人口	万　人	89.10	30.72	32.85
社会劳动者人数	万　人	38.92	15.80	18.74
职　工	万　人	4.06	2.01	1.22
#国有单位	万　人	3.64	1.67	1.08
城镇集体单位	万　人	0.39	0.31	0.13
城镇个体劳动者	万　人	0.26	0.28	0.21
乡村劳动力	万　人	34.60	13.49	17.32
国内生产总值(当年价)	万　元	113 031	39 554	30 511
第一产业	万　元	59 505	18 399	14 032
第二产业	万　元	30 631	8 825	5 884
第三产业	万　元	22 895	12 330	10 595
国内生产总值指数(可比价)	以上年为 100	120.73	115.19	106.55
第一产业	以上年为 100	113.45	103.41	97.78
第二产业	以上年为 100	128.89	150.58	136.15
第三产业	以上年为 100	126.04	114.97	105.29
国有单位固定资产投资	万　元	6 058	6 010	691
地方财政收入	万　元	10 379	4 018	2 439
地方财政支出	万　元	10 526	5 483	4 295
职工工资总额	万　元	11 756	5 031	3 630
#国有单位	万　元	10 753	4 361	3 323
城镇集体单位	万　元	945	635	307
职工平均货币工资	元	3 018	2 956	3 339
城乡居民储蓄存款余额	万　元	35 343	19 334	11 082
农林牧渔业劳动者	万　人	31.37	12.57	15.83
耕地面积	万公顷	9.04	2.83	1.44
农业机械总动力	万千瓦	24.72	4.80	2.80
化肥施用折纯量	吨	34 733	3 930	1886
农村用电量	万千瓦小时	6 794	816	1 842
农林牧渔业总产值(当年价)	万　元	80 675	26 078	19 265
农林牧渔业总产值指数(可比价)	以上年为 100	106.13	101.45	101.51
粮食产量	万　吨	29.55	10.95	6.95
油料产量	万　吨	2.57	0.09	0.02
糖料产量	万　吨	68.32	1.10	
水果产量	吨	10 566	7 320	2 412
猪牛羊肉产量	万　吨	2.35	0.65	0.64
大牲畜年底头数	万　头	26.44	6.82	8.55
猪年底头数	万　头	43.25	11.02	12.57
水产品产量	吨	2 392	1 253	954

表 20—1　续表 23　　　　(1993 年)

指　　标	单　位	来宾县	融安县	三江侗族自治县
农村经济总收入	万　元	130 150	30 603	43 632
农村经济纯收入	万　元	63 639	22 284	18 775
国家税金	万　元	2 737	788	889
集体提留	万　元	1 642	1 139	472
个人所得	万　元	59 260	20 357	17 414
全部乡镇企业人数	人	53 318	19 641	17 401
乡镇企业总收入	万　元	73 918	26 472	25 315
乡镇企业国家税金	万　元	2 139	1 161	652
乡镇企业纯利润(乡村两级)	万　元	8 557	1 901	1 399
乡镇企业固定资产原值	万　元	17 031	5 582	4 875
乡镇企业固定资产净值	万　元	2 763	791	1 144
乡镇企业年末占用流动资金	万　元	8 621	4 259	3 678
全部工业总产值(当年价)	万　元	104 845	23 964	16 681
#国有	万　元	64 473	11 785	3 083
#轻工业	万　元	27 534	11 704	12 899
全部工业总产值指数(可比价)	以上年为 100	110.97	145.22	226.11
#国有	以上年为 100	90.36	112.10	161.05
#轻工业	以上年为 100	104.50	172.08	236.31
独立核算工业企业平均职工人数	人	17 347	7 280	2 575
独立核算工业企业总产值(当年价)	万　元	76 570	14 617	4 466
独立核算工业企业财务指标		—		
产品销售收入	万　元	84 164	11 248	4 035
固定资产原值	万　元	75 450	10 691	6 102
固定资产净值	万　元	55 950	5 338	5 429
全部流动资金年平均余额	万　元	41 818	6 566	2 950
利税总额	万　元	7 922	1 151	346
公路线路长度	公　里	651	587	340
邮电业务总量(不变价)	万　元	435	226	138
城镇电话机拥有量	部	1 741	1 540	975
农村电话机拥有量	部	1 659	422	405
社会消费品零售总额	万　元	25 974	15 390	13 568
小学在校学生数	万　人	15.15	4.47	4.39
普通中学在校学生数	万　人	2.70	1.19	0.80
中等专业学校在校学生数	人	654	—	—
学龄儿童入学率	%	98.34	97.20	95.80
医院数	个	27	16	11
医院病床数	张	917	494	367
医生数	人	475	328	223

表 20—1 续表 24　　(1993 年)

指　　标	单　位	融水苗族自治县	金秀瑶族自治县	忻城县
年末总人口	万　人	45.11	14.23	39.01
社会劳动者人数	万　人	24.22	8.16	20.16
职　工	万　人	2.33	0.75	1.27
#国有单位	万　人	1.90	0.67	1.14
城镇集体单位	万　人	0.40	0.08	0.12
城镇个体劳动者	万　人	0.30	0.08	0.10
乡村劳动力	万　人	21.59	7.32	18.79
国内生产总值(当年价)	万　元	56 042	19 614	34 514
第一产业	万　元	25 744	11 409	18 585
第二产业	万　元	14 687	3 801	10 129
第三产业	万　元	15 611	4 404	5 800
国内生产总值指数(可比价)	以上年为 100	115.05	113.58	105.07
第一产业	以上年为 100	114.32	105.04	97.42
第二产业	以上年为 100	106.99	139.79	137.94
第三产业	以上年为 100	126.87	115.38	100.43
国有单位固定资产投资	万　元	4 370	2 705	2 014
地方财政收入	万　元	6 353	1 982	2 764
地方财政支出	万　元	8 695	3 941	4 650
职工工资总额	万　元	7 931	2 373	3 776
#国有单位	万　元	6 844	2 156	3 428
城镇集体单位	万　元	1 050	210	302
职工平均货币工资	元	3 549	3 136	3 095
城乡居民储蓄存款余额	万　元	21 586	9 396	12 241
农林牧渔业劳动者	万　人	19.09	5.95	16.42
耕地面积	万公顷	2.94	1.40	3.05
农业机械总动力	万千瓦	6.31	4.44	8.09
化肥施用折纯量	吨	3 924	1 782	8 430
农村用电量	万千瓦小时	2 036	1 320	1 820
农林牧渔业总产值(当年价)	万　元	33 980	15 006	28 713
农林牧渔业总产值指数(可比价)	以上年为 100	108.61	106.01	108.94
粮食产量	万　吨	10.60	5.62	12.86
油料产量	万　吨	0.08	0.07	0.34
糖料产量	万　吨	6.66	1.46	25.87
水果产量	吨	1 849	2 696	1 432
猪牛羊肉产量	万　吨	0.88	0.52	0.80
大牲畜年底头数	万　头	14.24	2.88	10.36
猪年底头数	万　头	18.05	6.75	13.69
水产品产量	吨	1 064	208	433

表 20—1　续表 25　　(1993 年)

指　　标	单　位	融水苗族自治县	金秀瑶族自治县	忻城县
农村经济总收入	万　元	36 401	17 755	34 150
农村经济纯收入	万　元	27 551	11 035	17 593
国家税金	万　元	783	596	586
集体提留	万　元	556	548	473
个人所得	万　元	26 212	9 891	16 531
全部乡镇企业人数	人	23 172	7 853	25 800
乡镇企业总收入	万　元	24 164	10 703	20 306
乡镇企业国家税金	万　元	1 006	474	818
乡镇企业纯利润(乡村两级)	万　元	2 030	743	1 561
乡镇企业固定资产原值	万　元	6 657	3 799	4 621
乡镇企业固定资产净值	万　元	1 637	1 792	783
乡镇企业年末占用流动资金	万　元	2 882	3 137	2 568
全部工业总产值(当年价)	万　元	29 500	7 897	24 786
#国有	万　元	17 266	2 735	12 792
#轻工业	万　元	10 023	4 484	10 586
全部工业总产值指数(可比价)	以上年为 100	135.88	149.81	121.92
#国有	以上年为 100	110.29	104.64	112.84
#轻工业	以上年为 100	128.24	161	129.22
独立核算工业企业平均职工人数	人	8 030	2 295	5 337
独立核算工业企业总产值(当年价)	万　元	20 924	4 555	16 630
独立核算工业企业财务指标				
产品销售收入	万　元	29 674	4 260	17 019
固定资产原值	万　元	22 667	4 063	13 875
固定资产净值	万　元	16 985	3 367	10 558
全部流动资金年平均余额	万　元	11 607	2 914	5 565
利税总额	万　元	4 431	581	3 515
公路线路长度	公　里	499	475	398
邮电业务总量(不变价)	万　元	215	78	117
城镇电话机拥有量	部	1 678	216	434
农村电话机拥有量	部	345	267	294
社会消费品零售总额	万　元	19 319	6 057	10 052
小学在校学生数	万　人	7.52	2.17	5.48
普通中学在校学生数	万　人	1.32	0.53	1.32
中等专业学校在校学生数	人	460	—	—
学龄儿童入学率	%	95.30	98.90	97.20
医院数	个	23	9	11
医院病床数	张	724	193	391
医生数	人	472	217	237

表 20—1 续表 26 (1993 年)

指标	单位	桂林地区	灵川县	全州县
年末总人口	万人	338.49	34.02	76.42
社会劳动者人数	万人	178.01	18.60	40.39
职工	万人	17.28	2.29	2.83
#国有单位	万人	13.99	1.98	2.32
城镇集体单位	万人	2.71	0.24	0.46
城镇个体劳动者	万人	2.89	0.20	0.43
乡村劳动力	万人	157.84	16.10	36.55
国内生产总值(当年价)	万元	566 780	71 374	112 519
第一产业	万元	266 729	27 910	56 685
第二产业	万元	165 488	27 392	29 989
第三产业	万元	134 563	16 072	25 845
国内生产总值指数(可比价)	以上年为100	124.11	126.65	125.72
第一产业	以上年为100	114.10	114.40	109.74
第二产业	以上年为100	151.94	149.38	173.31
第三产业	以上年为100	116.36	119.54	124.81
国有单位固定资产投资	万元	62 645	11 328	10 434
地方财政收入	万元	53 139	8 053	7 631
地方财政支出	万元	64 920	8 158	7 951
职工工资总额	万元	53 105	8 399	7 630
#国有单位	万元	45 297	7 803	6 544
城镇集体单位	万元	6 460	596	994
职工平均货币工资	元	3 084	3 881	2 784
城乡居民储蓄存款余额	万元	216 756	34 242	37 300
农林牧渔业劳动者	万人	136.09	14.13	31.11
耕地面积	万公顷	21.71	2.38	4.87
农业机械总动力	万千瓦	64.11	11	12
化肥施用折纯量	吨	81 038	9 865	18 956
农村用电量	万千瓦小时	19 848	2 517	5 080
农林牧渔业总产值(当年价)	万元	398 083	41 214	82 108
农林牧渔业总产值指数(可比价)	以上年为100	117.58	113.20	118.38
粮食产量	万吨	151.26	15.41	36.94
油料产量	万吨	2.38	0.16	0.59
糖料产量	万吨	18.83	1.12	0.47
水果产量	吨	272 891	36 027	47 390
猪牛羊肉产量	万吨	17.96	2.08	3.92
大牲畜年底头数	万头	61.45	6	12.40
猪年底头数	万头	218.88	22.10	43.02
水产品产量	吨	13 324	1 446	4 051

表 20—1 续表 27 （1993 年）

指　　标	单　位	桂林地区	灵川县	全州县
农村经济总收入	万　元	574 459	70 505	120 452
农村经济纯收入	万　元	302 484	31 018	68 795
国家税金	万　元	14 451	2 007	2 739
集体提留	万　元	5 442	340	1 017
个人所得	万　元	272 795	27 340	61 884
全部乡镇企业人数	人	288 444	30 427	84 808
乡镇企业总收入	万　元	553 579	54 900	108 203
乡镇企业国家税金	万　元	12 770	1 231	2 023
乡镇企业纯利润（乡村两级）	万　元	37 104	3 464	9 465
乡镇企业固定资产原值	万　元	47 856	12 332	17 958
乡镇企业固定资产净值	万　元	38 285	9 874	15 062
乡镇企业年末占用流动资金	万　元	37 455	10 875	12 831
全部工业总产值（当年价）	万　元	529 117	88 910	80 068
#国有	万　元	190 946	55 790	27 498
#轻工业	万　元		17 137	38 973
全部工业总产值指数（可比价）	以上年为 100	156.16	154.30	180.74
#国有	以上年为 100	108.61	115.05	126.53
#轻工业	以上年为 100		210.70	180.02
独立核算工业企业平均职工人数	人	87 845	15 296	15 706
独立核算工业企业总产值（当年价）	万　元	315 521	72 184	41 985
独立核算工业企业财务指标				
产品销售收入	万　元	310 770	81 199	39 210
固定资产原值	万　元	183 564	36 101	26 123
固定资产净值	万　元	173 030	24 121	20 125
全部流动资金年平均余额	万　元	161 964		17 224
利税总额	万　元	30 455	8 905	4 969
公路线路长度	公　里		343	787
邮电业务总量（不变价）	万　元	2 381	233	307
城镇电话机拥有量	部	7 887	1 513	1 149
农村电话机拥有量	部	3 423	392	635
社会消费品零售总额	万　元	184 132	21 720	31 381
小学在校学生数	万　人	45.56	4.99	9.90
普通中学在校学生数	万　人	14.75	1.59	4.10
中等专业学校在校学生数	人	1 712		
学龄儿童入学率	%	99.08	99.91	99.40
医院数	个	133	16	26
医院病床数	张	5 096	1 011	449
医生数	人	3 052	356	555

表 20—1 续表 28 (1993 年)

指标	单位	兴安县	永福县	灌阳县
年末总人口	万人	36.79	26.45	27
社会劳动者人数	万人	13.20	13.20	14.54
职工	万人	2.05	1.38	1.50
#国有单位	万人	1.84	1.07	0.92
城镇集体单位	万人	0.22	0.23	0.21
城镇个体劳动者	万人	0.22	0.08	0.06
乡村劳动力	万人	17.53	11.74	12.98
国内生产总值(当年价)	万元	72 030	41 272	37 672
第一产业	万元	28 582	19 216	21 763
第二产业	万元	23 314	11 814	7 147
第三产业	万元	20 134	10 242	8 762
国内生产总值指数(可比价)	以上年为100	122.76	121.06	122.19
第一产业	以上年为100	112.22	114.41	114.92
第二产业	以上年为100	154.96	139.79	156.97
第三产业	以上年为100	109.80	115.73	113.36
国有单位固定资产投资	万元	14 458	2 616	2 992
地方财政收入	万元	6 373	4 339	2 571
地方财政支出	万元	7 079	5 195	4 063
职工工资总额	万元	7 660	4 118	3 400
#国有单位	万元	6 676	3 154	2 888
城镇集体单位	万元	561	689	443
职工平均货币工资	元	3 560	3 020	3 027
城乡居民储蓄存款余额	万元	35 298	15 228	14 155
农林牧渔业劳动者	万人	14.40	10.44	11.31
耕地面积	万公顷	2.38	2.20	1.61
农业机械总动力	万千瓦	9	4	7
化肥施用折纯量	吨	8 646	6 369	4 158
农村用电量	万千瓦小时	2 368	1 635	1 978
农林牧渔业总产值(当年价)	万元	42 848	29 277	31 442
农林牧渔业总产值指数(可比价)	以上年为100	116.84	113.42	115.63
粮食产量	万吨	19.66	12.26	12.75
油料产量	万吨	0.17	0.06	0.15
糖料产量	万吨		2.46	
水果产量	吨	52 561	9 402	24 936
猪牛羊肉产量	万吨	2.46	1.20	1.22
大牲畜年底头数	万头	4.17	6.58	2.81
猪年底头数	万头	26.38	16.64	16.58
水产品产量	吨	2 706	730	871

表 20—1 续表 29 （1993年）

指 标	单 位	兴安县	永福县	灌阳县
农村经济总收入	万 元	73 035	43 286	45 683
农村经济纯收入	万 元	43 706	24 123	23 019
国家税金	万 元	2 130	1 094	861
集体提留	万 元	958	383	294
个人所得	万 元	38 747	21 820	20 984
全部乡镇企业人数	人	30 107	22 286	18 276
乡镇企业总收入	万 元	66 155	44 046	26 092
乡镇企业国家税金	万 元	1 573	1 083	554
乡镇企业纯利润（乡村两级）	万 元	6 696	2 684	1 614
乡镇企业固定资产原值	万 元	13 827	4 302	10 670
乡镇企业固定资产净值	万 元	11 523	3 698	9 287
乡镇企业年末占用流动资金	万 元	6 763	9 376	2 772
全部工业总产值（当年价）	万 元	60 092	34 155	23 920
#国有	万 元	23 179	9 246	6 104
#轻工业	万 元	24 553	20 335	5 046
全部工业总产值指数（可比价）	以上年为100	147.86	135.34	180.96
#国有	以上年为100	103.57	89.22	115.26
#轻工业	以上年为100	162.15	142.33	103.68
独立核算工业企业平均职工人数	人	10 611	5 992	4 772
独立核算工业企业总产值（当年价）	万 元	38 862	17 986	13 882
独立核算工业企业财务指标				
产品销售收入	万 元	40 182	17 566	14 706
固定资产原值	万 元	27 929	10 319	9 233
固定资产净值	万 元	20 123	8 089	7 139
全部流动资金年平均余额	万 元	7 212	9 306	
利税总额	万 元	4 165	1 016	1 954
公路线路长度	公 里	373	261	183
邮电业务总量（不变价）	万 元	350	244	136
城镇电话机拥有量	部	1 666	724	305
农村电话机拥有量	部	364	340	257
社会消费品零售总额	万 元	24 099	14 617	11 153
小学在校学生数	万 人	5.63	3.22	3.33
普通中学在校学生数	万 人	1.81	1.02	1.33
中等专业学校在校学生数	人	923	—	—
学龄儿童入学率	%	99.80	99.70	99.77
医院数	个	16	11	10
医院病床数	张	835	324	380
医生数	人	395	261	199

表 20—1　续表 30　　(1993 年)

指　　标	单　位	龙胜各族自治县	资源县	平乐县
年末总人口	万　人	16.61	16.41	41.25
社会劳动者人数	万　人	8.75	8.76	21.41
职　工	万　人	1.02	0.86	2.12
#国有单位	万　人	0.87	0.73	1.55
城镇集体单位	万　人	0.15	0.13	0.49
城镇个体劳动者	万　人	0.22	0.07	0.54
乡村劳动力	万　人	7.51	7.83	18.51
国内生产总值(当年价)	万　元	24 611	19 185	58 740
第一产业	万　元	9 316	9 100	34 487
第二产业	万　元	8 265	3 529	10 299
第三产业	万　元	7 030	6 556	13 954
国内生产总值指数(可比价)	以上年为 100	118.48	111.99	119.05
第一产业	以上年为 100	111.07	104.60	125.82
第二产业	以上年为 100	144.33	118.11	111.03
第三产业	以上年为 100	105.96	122.48	111.18
国有单位固定资产投资	万　元	2 880	3 135	4 607
地方财政收入	万　元	2 456	1 837	5 316
地方财政支出	万　元	3 602	2 840	6 323
职工工资总额	万　元	3 250	2 308	5 685
#国有单位	万　元	2 806	2 050	4 534
城镇集体单位	万　元	432	258	1 025
职工平均货币工资	元	3 300	2 686	2 765
城乡居民储蓄存款余额	万　元	10 063	7 385	21 515
农林牧渔业劳动者	万　人	6.92	6.78	16.44
耕地面积	万公顷	1.26	8 173	2.27
农业机械总动力	万千瓦	3	3	7
化肥施用折纯量	吨	2 148	2 169	10 773
农村用电量	万千瓦小时	36 919	1 119	1 492
农林牧渔业总产值(当年价)	万　元	14 863	13 000	50 501
农林牧渔业总产值指数(可比价)	以上年为 100	114.94	110.16	118.81
粮食产量	万　吨	5.14	5.89	16.12
油料产量	万　吨	0.01	0.02	0.48
糖料产量	万　吨			5.82
水果产量	吨	4 812	1 366	38 138
猪牛羊肉产量	万　吨	0.53	0.54	1.88
大牲畜年底头数	万　头	6.62	8.21	8.21
猪年底头数	万　头	8.98	9.67	25.48
水产品产量	吨	186	363	842

表 20—1　续表 31　　　　(1993 年)

指　　标	单　位	龙胜各族自治县	资源县	平乐县
农村经济总收入	万　元	16 237	17 770	49 210
农村经济纯收入	万　元	10 564	10 972	31 670
国家税金	万　元	644	617	774
集体提留	万　元	237	201	190
个人所得	万　元	8 962	9 852	30 542
全部乡镇企业人数	人	10 056	9 831	28 054
乡镇企业总收入	万　元	14 670	15 244	56 962
乡镇企业国家税金	万　元	463	413	52 930
乡镇企业纯利润(乡村两级)	万　元	1 521	958	1 509
乡镇企业固定资产原值	万　元	4 433	2 800	2 202
乡镇企业固定资产净值	万　元	3 264	2 371	9 173
乡镇企业年末占用流动资金	万　元	2 111	1 337	12 641
全部工业总产值(当年价)	万　元	11 887	10 735	46 305
#国有	万　元	4 417	2 488	12 567
#轻工业	万　元	2 429	5 484	32 628
全部工业总产值指数(可比价)	以上年为 100	137.12	163.07	126.54
#国有	以上年为 100	116.91	99.18	90.17
#轻工业	以上年为 100	84.63	328.10	123.30
独立核算工业企业平均职工人数	人	2 573	2 203	9 005
独立核算工业企业总产值(当年价)	万　元	7 635	5 842	23 126
独立核算工业企业财务指标				
产品销售收入	万　元	8 306	5 786	23 315
固定资产原值	万　元	11 121	4 866	17 587
固定资产净值	万　元	8 873	3 827	14 550
全部流动资金年平均余额	万　元		1 497	
利税总额	万　元	1 492	806	2 387
公路线路长度	公　里	250	280	261
邮电业务总量(不变价)	万　元	166	114	293
城镇电话机拥有量	部	884	640	1 014
农村电话机拥有量	部	243	250	554
社会消费品零售总额	万　元	7 368	6 792	23 087
小学在校学生数	万　人	1.94	2.30	5.65
普通中学在校学生数	万　人	0.60	0.71	1.14
中等专业学校在校学生数	人			
学龄儿童入学率	%	98.90	99.50	98
医院数	个	9	9	17
医院病床数	张	237	314	432
医生数	人	181	230	290

表 20—1 续表 32 (1993年)

指 标	单 位	荔浦县	恭城瑶族自治县	梧州地区
年末总人口	万 人	36.14	27.39	360.65
社会劳动者人数	万 人	19.59	13.85	179.35
职 工	万 人	1.85	1.64	16.73
#国有单位	万 人	1.42	1.31	14.04
城镇集体单位	万 人	0.37	0.33	2.18
城镇个体劳动者	万 人	0.60	0.48	2.68
乡村劳动力	万 人	17.15	11.73	159.94
国内生产总值(当年价)	万 元	87 854	41 523	707 539
第一产业	万 元	39 892	19 778	376 079
第二产业	万 元	30 519	13 220	192 675
第三产业	万 元	17 443	8 525	138 785
国内生产总值指数(可比价)	以上年为100	134.01	122.38	133.33
第一产业	以上年为100	117.70	112.71	120.73
第二产业	以上年为100	166.34	151.82	164.63
第三产业	以上年为100	123.75	107.67	127.61
国有单位固定资产投资	万 元	8 985	4 518	88 007
地方财政收入	万 元	7 157	3 762	45 722
地方财政支出	万 元	8 697	4 644	59 177
职工工资总额	万 元	6 045	4 758	48 722
#国有单位	万 元	4 830	3 999	42 523
城镇集体单位	万 元	910	758	5 120
职工平均货币工资	元	3 217	2 976	2 956
城乡居民储蓄存款余额	万 元	26 185	15 089	230 371
农林牧渔业劳动者	万 人	13.78	10.17	130.72
耕地面积	万公顷	2.04	1.92	16.38
农业机械总动力	万千瓦	5	4.92	54.39
化肥施用折纯量	吨	8 209	9 747	71 332
农村用电量	万千瓦小时	1 939	1 343	14 385
农林牧渔业总产值(当年价)	万 元	62 617	30 213	556 257
农林牧渔业总产值指数(可比价)	以上年为100	122.80	112.71	126.54
粮食产量	万 吨	15.82	11.27	138.34
油料产量	万 吨	0.14	0.60	3.88
糖料产量	万 吨	4.97	5.16	36.43
水果产量	吨	17 578	43 493	94 126
猪牛羊肉产量	万 吨	2.85	1.30	16.43
大牲畜年底头数	万 头	4.56	5.65	43.81
猪年底头数	万 头	37.40	12.64	222.30
水产品产量	吨	1 386	743	21 791

表 20—1 续表 33　　　　(1993 年)

指　　标	单　位	荔浦县	恭城瑶族自治县	梧州地区
农村经济总收入	万　元	87 047	51 197	1 006 552
农村经济纯收入	万　元	36 514	22 104	400 082
国家税金	万　元	2 273	1 312	18 278
集体提留	万　元	512	331	25 536
个人所得	万　元	32 533	20 131	356 268
全部乡镇企业人数	人	36 245	18 354	323 407
乡镇企业总收入	万　元	132 578	34 729	531 819
乡镇企业国家税金	万　元	3 028	893	13 238
乡镇企业纯利润(乡村两级)	万　元	7 806	1 126	31 723
乡镇企业固定资产原值	万　元	13 433	9 254	99 201
乡镇企业固定资产净值	万　元	11 089	6 873	43 455
乡镇企业年末占用流动资金	万　元	18 213	6 447	32 105
全部工业总产值(当年价)	万　元	124 972	47 094	526 884
#国有	万　元	29 066	20 071	183 175
#轻工业	万　元	113 493	12 291	
全部工业总产值指数(可比价)	以上年为 100	172.92	137.46	166.21
#国有	以上年为 100	119.56	112.51	102.72
#轻工业	以上年为 100	173.17	90.75	
独立核算工业企业平均职工人数	人	11 289	10 398	70 057
独立核算工业企业总产值(当年价)	万　元	61 822	32 915	301 782
独立核算工业企业财务指标				
产品销售收入	万　元	53 595	26 906	290 609
固定资产原值	万　元	18 006	22 279	191 669
固定资产净值	万　元	14 813	15 370	144 382
全部流动资金年平均余额	万　元			127 910
利税总额	万　元	4 137	625	5 420
公路线路长度	公　里	237	308	
邮电业务总量(不变价)	万　元	343	196	3 329
城镇电话机拥有量	部	1 140	804	12 048
农村电话机拥有量	部	397	269	4 965
社会消费品零售总额	万　元	28 432	15 142	199 631
小学在校学生数	万　人	4.63	3.94	47.66
普通中学在校学生数	万　人	1.61	0.88	10.77
中等专业学校在校学生数	人	593	—	1 772
学龄儿童入学率	%	99.55	99.49	
医院数	个	14	10	130
医院病床数	张	412	413	4 338
医生数	人	316	309	2 308

表 20—1 续表 34 (1993 年)

指 标	单 位	岑溪县	藤 县	昭平县
年末总人口	万 人	68.68	37.01	37.01
社会劳动者人数	万 人	36.10	35.68	19.33
职 工	万 人	3.06	2.65	1.93
#国有单位	万 人	2.18	2.34	1.42
城镇集体单位	万 人	0.52	0.28	0.47
城镇个体劳动者	万 人	2		0.29
乡村劳动力	万 人	26.63	28.92	17.15
国内生产总值(当年价)	万 元	160 862	143 468	65 415
第一产业	万 元	84 940	80 832	36 565
第二产业	万 元	55 591	30 857	11 716
第三产业	万 元	20 331	31 779	17 134
国内生产总值指数(可比价)	以上年为 100	135.34	139.49	125.60
第一产业	以上年为 100	115.44	114.42	110.22
第二产业	以上年为 100	265.19	210.56	150.98
第三产业	以上年为 100	101.83	148.92	150.67
国有单位固定资产投资	万 元	21 307	3 848	7 037
地方财政收入	万 元	6 588	7 880	4 049
地方财政支出	万 元	8 557	9 105	5 229
职工工资总额	万 元	8 288	8 468	5 336
#国有单位	万 元	6 808	7 643	4 257
城镇集体单位	万 元	1 057	769	1 025
职工平均货币工资	元	3 048	3 350	2 852
城乡居民储蓄存款余额	万 元	49 625	48 400	17 192
农林牧渔业劳动者	万 人	22.36	28.92	14.48
耕地面积	万公顷	2.21	3.34	1.46
农业机械总动力	万千瓦	8.65	12.60	5.53
化肥施用折纯量	吨	11 522	20 707	5 773
农村用电量	万千瓦小时	2 969	2 244	1 442
农林牧渔业总产值(当年价)	万 元	125 710	115 145	57 492
农林牧渔业总产值指数(可比价)	以上年为 100	125.67	118.66	125.43
粮食产量	万 吨	24.94	31.01	14.02
油料产量	万 吨	0.70	0.83	0.13
糖料产量	万 吨	3.29	9.76	0.42
水果产量	吨	23 042	17 319	12 966
猪牛羊肉产量	万 吨	3.94	3.57	1.41
大牲畜年底头数	万 头	5.33	6.02	5.61
猪年底头数	万 头	34.37	38.53	18.51
水产品产量	吨	5 642	5 563	1 850

表 20—1 续表 35 (1993 年)

指　　标	单　位	岑溪县	藤　县	昭平县
农村经济总收入	万　元	250 114	229 196	78 632
农村经济纯收入	万　元	100 596	85 901	35 765
国家税金	万　元	3 620	4 079	1 397
集体提留	万　元	7 799	3 082	632
个人所得	万　元	89 177	78 744	33 736
全部乡镇企业人数	人	97 761	65 881	29 824
乡镇企业总收入	万　元	141 908	126 980	34 587
乡镇企业国家税金	万　元	1 321	3 230	841
乡镇企业纯利润(乡村两级)	万　元	4 436	5 051	1 569
乡镇企业固定资产原值	万　元	11 002	26 745	6 150
乡镇企业固定资产净值	万　元	9 356	23 559	5 455
乡镇企业年末占用流动资金	万　元	6 162	15 169	3 643
全部工业总产值(当年价)	万　元	138 573	84 700	31 954
#国有	万　元	22 196	25 252	15 444
#轻工业	万　元	30 371	41 495	15 045
全部工业总产值指数(可比价)	以上年为 100	216.00	223.59	143.54
#国有	以上年为 100	106.71	104.71	142.13
#轻工业	以上年为 100	131.92	174.21	168.32
独立核算工业企业平均职工人数	人	13 155	9 979	4 533
独立核算工业企业总产值(当年价)	万　元	74 155	40 773	19 322
独立核算工业企业财务指标				
产品销售收入	万　元	66 058	53 876	18 379
固定资产原值	万　元	35 429	21 336	10 476
固定资产净值	万　元	28 594	16 804	9 649
全部流动资金年平均余额	万　元	29 984		3 261
利税总额	万　元	4 614	3 116	2 210
公路线路长度	公　里	470	738	521
邮电业务总量(不变价)	万　元	782	572	337
城镇电话机拥有量	部	2 297	2 405	1 210
农村电话机拥有量	部	784	1 492	510
社会消费品零售总额	万　元	34 828	54 732	27 573
小学在校学生数	万　人	8.80	10.84	5.20
普通中学在校学生数	万　人	2.28	2.11	1.20
中等专业学校在校学生数	人	—	—	—
学龄儿童入学率	%	97.51	96.50	98.20
医院数	个	21	18	19
医院病床数	张	835	544	363
医生数	人	451	295	217

表 20—1 续表 36 (1993年)

指标	单位	蒙山县	贺县	钟山县
年末总人口	万人	19.17	81.82	43.53
社会劳动者人数	万人	9.65		21.14
职工	万人	0.97		2.80
#国有单位	万人	0.78		2.49
城镇集体单位	万人	0.19		0.21
城镇个体劳动者	万人	0.15		
乡村劳动力	万人	8.34		16.48
国内生产总值(当年价)	万元	32 227	158 915	93 630
第一产业	万元	19 644	92 989	36 818
第二产业	万元	5 156	35 520	39 556
第三产业	万元	7 427	30 406	17 256
国内生产总值指数(可比价)	以上年为100	145.12	135	131.06
第一产业	以上年为100	151.22	128	135.41
第二产业	以上年为100	141.97	146	142.62
第三产业	以上年为100	132.86	138	104.32
国有单位固定资产投资	万元	4 045	51 029	11 407
地方财政收入	万元	2 404	8 122	8 118
地方财政支出	万元	3 524	8 476	11 045
职工工资总额	万元	2 883	10 987	7 698
#国有单位	万元	2 518	9 769	6 988
城镇集体单位	万元	365	931	486
职工平均货币工资	元	2 638	—	2 703
城乡居民储蓄存款余额	万元	13 380	54 751	20 476
农林牧渔业劳动者	万人	7.22	30.97	15.08
耕地面积	万公顷	0.93	4.15	2.46
农业机械总动力	万千瓦	4.31	13	5.80
化肥施用折纯量	吨	4 476	23 079	9 254
农村用电量	万千瓦小时	548	3 818	1 280
农林牧渔业总产值(当年价)	万元	29 919	138 616	50 600
农林牧渔业总产值指数(可比价)	以上年为100	128.89	130	124.34
粮食产量	万吨	8.55	31.40	17.51
油料产量	万吨	0.08	0.98	0.45
糖料产量	万吨	4.50	22.22	1.61
水果产量	吨	1 616	11 813	7 722
猪牛羊肉产量	万吨	1.09	2.49	2.17
大牲畜年底头数	万头	1.73	12.10	7.79
猪年底头数	万头	22.11	67.62	22.46
水产品产量	吨	1 072	3 686	2 350

表 20—1 续表 37 (1993 年)

指 标	单 位	蒙山县	贺 县	钟山县
农村经济总收入	万 元	50 706	148 904	83 766
农村经济纯收入	万 元	18 995	77 771	42 647
国家税金	万 元	1 054	3 172	4 414
集体提留	万 元	448	644	2 665
个人所得	万 元	17 493	71 680	35 568
全部乡镇企业人数	人	18 974	59 239	36 029
乡镇企业总收入	万 元	23 115	127 411	54 521
乡镇企业国家税金	万 元	219	999	2 039
乡镇企业纯利润(乡村两级)	万 元	253	1 613	3 965
乡镇企业固定资产原值	万 元	1 499	8 499	12 612
乡镇企业固定资产净值	万 元	1 011	6 935	4 633
乡镇企业年末占用流动资金	万 元	1 503	6 216	9 039
全部工业总产值(当年价)	万 元	17 146	102 940	105 069
#国有	万 元	7 374	37 972	50 765
#轻工业	万 元	8 872	46 601	42 742
全部工业总产值指数(可比价)	以上年为 100	134.33	146	142.80
#国有	以上年为 100	140.43	90	106.28
#轻工业	以上年为 100	127.64	181	154.86
独立核算工业企业平均职工人数	人			18 918
独立核算工业企业总产值(当年价)	万 元		49 951	70 363
独立核算工业企业财务指标				
产品销售收入	万 元		53 801	62 302
固定资产原值	万 元		61 749	45 390
固定资产净值	万 元		49 083	26 641
全部流动资金年平均余额	万 元			34 593
利税总额	万 元		6 775	9 001
公路线路长度	公 里	100	605	419
邮电业务总量(不变价)	万 元	192	809	424
城镇电话机拥有量	部	1 034	3 608	1 909
农村电话机拥有量	部	246	1 573	1 234
社会消费品零售总额	万 元	9 994	41 008	15 107
小学在校学生数	万 人	2.10	11.51	5.88
普通中学在校学生数	万 人	0.78	2.28	1.22
中等专业学校在校学生数	人	—	1 411	361
学龄儿童入学率	%	91.78	97.11	98.39
医院数	个	11	29	17
医院病床数	张	388	938	808
医生数	人	178	567	333

表 20—1 续表 38　　(1993 年)

指　　标	单　位	富川瑶族自治县	玉林地区	玉林市
年末总人口	万　人	27.17	935.92	142.78
社会劳动者人数	万　人	14.60	487.08	75.71
职　工	万　人	1.45	39.33	9.06
#国有单位	万　人	1.31	30.68	6.66
城镇集体单位	万　人	0.14	7.17	1.58
城镇个体劳动者	万　人	0.14	6.51	2.11
乡村劳动力	万　人	12.97	429.90	64.54
国内生产总值(当年价)	万　元	53 022	1 794 996	389 910
第一产业	万　元	24 291	631 212	90 310
第二产业	万　元	14 279	678 840	200 893
第三产业	万　元	14 452	484 944	98 707
国内生产总值指数(可比价)	以上年为 100	116.68	142.60	157.34
第一产业	以上年为 100	115.19	103.45	104.59
第二产业	以上年为 100	115.68	195.67	218.51
第三产业	以上年为 100	120.42	152.35	139.49
国有单位固定资产投资	万　元	3 962	140 451	41 174
地方财政收入	万　元	6 245	112 429	28 691
地方财政支出	万　元	9 082	105 670	23 983
职工工资总额	万　元	4 963	114 214	31 902
#国有单位	万　元	4 646	88 954	22 983
城镇集体单位	万　元	317	18 022	4 365
职工平均货币工资	元	3 536	3 000	3 640
城乡居民储蓄存款余额	万　元	17 501	685 857	158 714
农林牧渔业劳动者	万　人	12.28	328.07	46.19
耕地面积	万公顷	1.81	39.60	5.82
农业机械总动力	万千瓦	4.43	207.48	38.68
化肥施用折纯量	吨	8 523	203 641	27 534
农村用电量	万千瓦小时	1 018	39 352	8 327
农林牧渔业总产值(当年价)	万　元	37 973	987 891	156 896
农林牧渔业总产值指数(可比价)	以上年为 100	125.68	102.59	102.90
粮食产量	万　吨	10.90	355.74	54.11
油料产量	万　吨	0.70	7	0.64
糖料产量	万　吨	4 118.00	306.39	24.99
水果产量	吨	19 648	296 003	121 750
猪牛羊肉产量	万　吨	1.68	26.09	4.45
大牲畜年底头数	万　头	5.06	102.27	11.96
猪年底头数	万　头	17.21	480.54	59.62
水产品产量	吨	1 628	53 368	12 097

表 20—1 续表 39 (1993 年)

指标	单位	富川瑶族自治县	玉林地区	玉林市
农村经济总收入	万元	42 425	3 081 525	666 182
农村经济纯收入	万元	21 951	1 017 893	184 204
国家税金	万元	1 071	70 426	14 053
集体提留	万元	753	53 647	19 864
个人所得	万元	20 127	893 820	150 287
全部乡镇企业人数	人	15 799	954 399	167 804
乡镇企业总收入	万元	23 297	3 027 111	608 000
乡镇企业国家税金	万元	597	60 595	15 735
乡镇企业纯利润(乡村两级)	万元	1 326	149 141	38 753
乡镇企业固定资产原值	万元	7 635	459 425	92 105
乡镇企业固定资产净值	万元	6 633	355 380	34 513
乡镇企业年末占用流动资金	万元	2 798	380 470	74 810
全部工业总产值(当年价)	万元	36 846	2 279 218	606 276
#国有	万元	23 836	462 879	210 547
#轻工业	万元	28 632		300 733
全部工业总产值指数(可比价)	以上年为 100	127.63	217.47	197.02
#国有	以上年为 100	108.48	90.50	122.32
#轻工业	以上年为 100	120.40		165.26
独立核算工业企业平均职工人数	人		189 465	40 956
独立核算工业企业总产值(当年价)	万元		914 100	288 040
独立核算工业企业财务指标				
产品销售收入	万元		904 588	290 563
固定资产原值	万元		419 590	106 312
固定资产净值	万元		328 030	80 587
全部流动资金年平均余额	万元		361 247	55 158
利税总额	万元		76 395	60 135
公路线路长度	公里	353		553
邮电业务总量(不变价)	万元	213	9 345	3 388
城镇电话机拥有量	部	1 354	31 984	12 032
农村电话机拥有量	部	145	27 589	1 916
社会消费品零售总额	万元	14 414	557 600	148 988
小学在校学生数	万人	3.39	128.21	19.12
普通中学在校学生数	万人	1.09	31.13	5.49
中等专业学校在校学生数	人	—	9 632	3 225
学龄儿童入学率	%	96.77	98.43	98.60
医院数	个	15	221	35
医院病床数	张	462	10 286	3 130
医生数	人	267	7 090	1 815

表 20—1 续表 40 (1993 年)

指标	单位	贵港市	桂平县	平南县
年末总人口	万人	152.28	149.19	113.79
社会劳动者人数	万人	81.34	69.98	53.95
职工	万人	7.07	4.68	3.37
#国有单位	万人	5.50	4.12	2.66
城镇集体单位	万人	1.44	0.51	0.67
城镇个体劳动者	万人	1.26	1	0.35
乡村劳动力	万人	63.30	69.63	50.23
国内生产总值(当年价)	万元	267 141	257 207	207 566
第一产业	万元	63 916	108 015	90 088
第二产业	万元	112 528	67 192	57 431
第三产业	万元	90 697	82 000	60 047
国内生产总值指数(可比价)	以上年为 100	153.33	123.08	134.46
第一产业	以上年为 100	86.62	97.05	125.50
第二产业	以上年为 100	212.01	151.07	144.72
第三产业	以上年为 100	203.11	139.08	138.90
国有单位固定资产投资	万元	26 439	10 370	8 372
地方财政收入	万元	20 486	9 938	9 578
地方财政支出	万元	20 421	8 565	9 308
职工工资总额	万元	21 234	10 220	9 108
#国有单位	万元	17 170	8 931	7 568
城镇集体单位	万元	3 767	1 234	1 477
职工平均货币工资	元	3 101	2 263	2 762
城乡居民储蓄存款余额	万元	99 806	77 727	62 418
农林牧渔业劳动者	万人	50.90	56.17	37.65
耕地面积	万公顷	7.96	7.05	4.69
农业机械总动力	万千瓦	30.84	25.29	22.91
化肥施用折纯量	吨	47 117	30 585	24 268
农村用电量	万千瓦小时	3 568	51 680	4 662
农林牧渔业总产值(当年价)	万元	95 122	158 082	140 236
农林牧渔业总产值指数(可比价)	以上年为 100	95.80	98.34	110.99
粮食产量	万吨	50.62	52.77	43.81
油料产量	万吨	2.20	1.93	0.93
糖料产量	万吨	144.36	43.52	18.05
水果产量	吨	15 662	12 796	23 222
猪牛羊肉产量	万吨	4.58	4.12	3.77
大牲畜年底头数	万头	21.53	17.10	8.52
猪年底头数	万头	54.33	52.67	54.27
水产品产量	吨	10 500	10 116	8 106

表 20—1 续表 41 （1993 年）

指 标	单 位	贵港市	桂平县	平南县
农村经济总收入	万 元	245 216	469 765	275 353
农村经济纯收入	万 元	159 120	153 225	117 098
国家税金	万 元	14 510	7 442	7 723
集体提留	万 元	6 830	4 933	5 871
个人所得	万 元	137 781	140 850	103 504
全部乡镇企业人数	人	153 730	83 049	118 165
乡镇企业总收入	万 元	369 896	320 000	382 918
乡镇企业国家税金	万 元	8 738	6 085	6 008
乡镇企业纯利润(乡村两级)	万 元	19 738	13 400	16 364
乡镇企业固定资产原值	万 元	61 847	48 132	60 634
乡镇企业固定资产净值	万 元	58 757	44 754	46 538
乡镇企业年末占用流动资金	万 元	58 295	45 597	90 802
全部工业总产值(当年价)	万 元	445 035	175 726	244 641
#国有	万 元	155 624	43 681	27 191
#轻工业	万 元	130 372	116 862	76 952
全部工业总产值指数(可比价)	以上年为100	292.87	161.33	186.10
#国有	以上年为100	93.32	89.36	96.47
#轻工业	以上年为100	107.51	155.24	114.16
独立核算工业企业平均职工人数	人	26 896	19 458	14 731
独立核算工业企业总产值(当年价)	万 元	198 305	68 958	54 532
独立核算工业企业财务指标				
产品销售收入	万 元	181 554	71 496	54 687
固定资产原值	万 元	79 642	40 619	27 621
固定资产净值	万 元	59 826	31 532	20 907
全部流动资金年平均余额	万 元	56 701	33 943	16 148
利税总额	万 元	27 108	6 086	6 994
公路线路长度	公 里	704	599	536
邮电业务总量(不变价)	万 元	1 273	975	767
城镇电话机拥有量	部	5 588	3 168	2 500
农村电话机拥有量	部	2 526	2 015	1 570
社会消费品零售总额	万 元	90 569	73 430	59 840
小学在校学生数	万 人	21.70	20.74	15.18
普通中学在校学生数	万 人	5.41	4.65	3.42
中等专业学校在校学生数	人	2 463	690	230
学龄儿童入学率	%	98.74	98.76	98.50
医院数	个	29	30	20
医院病床数	张	1 459	1 138	840
医生数	人	936	1 137	384

表 20—1　续表 42　　(1993 年)

指　　标	单　位	容　县	北流县	陆川县
年末总人口	万　人	68.38	104.65	76.82
社会劳动者人数	万　人	34.16	57.13	50.65
职　工	万　人	3.17	4.92	2.97
#国有单位	万　人	2.23	3.60	2.44
城镇集体单位	万　人	0.84	1.04	0.38
城镇个体劳动者	万　人	0.81	0.53	0.18
乡村劳动力	万　人	33.52	51.70	38.33
国内生产总产值(当年价)	万　元	117 320	212 644	126 418
第一产业	万　元	52 271	79 316	47 942
第二产业	万　元	33 013	90 012	43 273
第三产业	万　元	31 946	43 316	35 203
国内生产总值指数(可比价)	以上年为 100	134.89	150.27	120.67
第一产业	以上年为 100	113	86.89	123.40
第二产业	以上年为 100	152.84	281.76	111.91
第三产业	以上年为 100	155.16	165.54	128.61
国有单位固定资产投资	万　元	12 910	28 398	6 738
地方财政收入	万　元	7 287	13 418	7 861
地方财政支出	万　元	7 590	13 782	9 163
职工工资总额	万　元	9 462	13 506	7 800
#国有单位	万　元	6 912	9 650	6 966
城镇集体单位	万　元	2 279	2 538	647
职工平均货币工资	元	3 053	2 846	2 695
城乡居民储蓄存款余额	万　元	38 859	90 279	50 833
农林牧渔业劳动者	万　人	25.10	36.23	28.92
耕地面积	万公顷	2.29	3.67	2.74
农业机械总动力	万千瓦	12.05	22.66	21.70
化肥施用折纯量	吨	12 987	19 861	16 310
农村用电量	万千瓦小时	4 055	5 051	3 106
农林牧渔业总产值(当年价)	万　元	89 764	111 175	67 446
农林牧渔业总产值指数(可比价)	以上年为 100	111.81	84.75	112.49
粮食产量	万　吨	24.57	47.87	30.08
油料产量	万　吨	0.21	0.33	0.12
糖料产量	万　吨	1.58	1.37	13.28
水果产量	吨	19 767	26 410	13 918
猪牛羊肉产量	万　吨	1.68	2.13	2.44
大牲畜年底头数	万　头	67.43	11.27	7.45
猪年底头数	万　头		75.61	41.51
水产品产量	吨	2 328	3 517	3 175

表 20—1 续表 43 (1993 年)

指　　标	单　位	容　县	北流县	陆川县
农村经济总收入	万　元	379 563	500 255	194 734
农村经济纯收入	万　元	65 119	122 011	79 113
国家税金	万　元	5 697	10 497	3 263
集体提留	万　元		8 631	3 491
个人所得	万　元	59 422	102 883	72 639
全部乡镇企业人数	人	60 618	130 930	81 388
乡镇企业总收入	万　元	290 886	389 998	255 587
乡镇企业国家税金	万　元	5 589	9 455	3 299
乡镇企业纯利润(乡村两级)	万　元	10 789	18 843	10 044
乡镇企业固定资产原值	万　元	41 426	53 494	79 714
乡镇企业固定资产净值	万　元	38 394	37 480	75 238
乡镇企业年末占用流动资金	万　元	31 526	28 929	21 570
全部工业总产值(当年价)	万　元	151 482	339 972	132 494
#国有	万　元	22 688	51 988	18 602
#轻工业	万　元	103 543	136 002	72 872
全部工业总产值指数(可比价)	以上年为100	220.36	280.77	165.93
#国有	以上年为100	96.04	96.71	115.18
#轻工业	以上年为100	225.63	279.88	181.45
独立核算工业企业平均职工人数	人	16 643	23 118	14 084
独立核算工业企业总产值(当年价)	万　元	80 021	109 423	37 703
独立核算工业企业财务指标				
产品销售收入	万　元	81 127	95 526	41 317
固定资产原值	万　元	44 991	50 623	31 866
固定资产净值	万　元	37 616	39 316	27 024
全部流动资金年平均余额	万　元	32 643	37 572	18 218
利税总额	万　元	5 619	19 059	3 074
公路线路长度	公　里	513	504	400
邮电业务总量(不变价)	万　元	640	672	487
城镇电话机拥有量	部	2 470	3 800	1 846
农村电话机拥有量	部	1 148	1 489	964
社会消费品零售总额	万　元	43 027	75 335	35 872
小学在校学生数	万　人	8.10	12.56	11.18
普通中学在校学生数	万　人	2.46	3.22	2.45
中等专业学校在校学生数	人	704	1 425	310
学龄儿童入学率	%	98.81	99.25	98.23
医院数	个	19	28	21
医院病床数	张	715	923	892
医生数	人	469	1 045	550

表 20—1　续表 44　　(1993 年)

指　　标	单　位	博白县	百色地区	百色市
年末总人口	万　人	128.05	351.80	30.20
社会劳动者人数	万　人	64.15	180	16.62
职　工	万　人	4.32	21.23	5.45
#国有单位	万　人	3.58	19.27	4.90
城镇集体单位	万　人	0.74	1.93	0.54
城镇个体劳动者	万　人	0.27	1.87	0.66
乡村劳动力	万　人	58.67	156.90	10.51
国内生产总值(当年价)	万　元	216 790	401 860	79 635
第一产业	万　元	99 354	190 413	21 551
第二产业	万　元	74 408	102 097	30 235
第三产业	万　元	43 028	109 350	27 849
国内生产总值指数(可比价)	以上年为 100	152.35	115.42	115.24
第一产业	以上年为 100	107.21	110.06	104.40
第二产业	以上年为 100	277.71	125.19	125.42
第三产业	以上年为 100	158.62	117.17	114.72
国有单位固定资产投资	万　元	6 863	166 926	18 955
地方财政收入	万　元	10 243	42 397	9 872
地方财政支出	万　元	11 207	56 729	8 006
职工工资总额	万　元	11 369	65 770	17 205
#国有单位	万　元	9 618	61 362	15 917
城镇集体单位	万　元	1 751	4 303	1 288
职工平均货币工资	元	2 766	3 250	3 208
城乡居民储蓄存款余额	万　元	73 878	162 182	42 788
农林牧渔业劳动者	万　人	46.90	270.25	9.98
耕地面积	万公顷	5.39	24.65	1.89
农业机械总动力	万千瓦	33.27	56.33	6
化肥施用折纯量	吨	24 928	36 178	3 610
农村用电量	万千瓦小时	6 414	102 175	20 430
农林牧渔业总产值(当年价)	万　元	156 889	270 249	31 061
农林牧渔业总产值指数(可比价)	以上年为 100	110.86	109.66	111.34
粮食产量	万　吨	51.90	108.62	8.38
油料产量	万　吨	0.64	0.26	0.03
糖料产量	万　吨	45.94	98.51	27.48
水果产量	吨	62 795	55 989	11 100
猪牛羊肉产量	万　吨	3.93	7.49	0.53
大牲畜年底头数	万　头	19.09	115.13	7.22
猪年底头数	万　头	75.10	179.09	11.79
水产品产量	吨	4 529	6 510	845

表 20—1 续表 45 (1993 年)

指标	单位	博白县	百色地区	百色市
农村经济总收入	万元	381 253	338 431	37 874
农村经济纯收入	万元	148 114	182 863	16 928
国家税金	万元	6 041	7 242	352
集体提留	万元	3 243	3 414	223
个人所得	万元	123 629	172 207	16 353
全部乡镇企业人数	人	158 715	148 804	21 112
乡镇企业总收入	万元	409 825	141 770	35 442
乡镇企业国家税金	万元	5 688	6 209	1 617
乡镇企业纯利润(乡村两级)	万元	9 626	1 354	4 282
乡镇企业固定资产原值	万元	25 060	32 819	6 421
乡镇企业固定资产净值	万元	19 706	8 911	1 990
乡镇企业年末占用流动资金	万元	28 941	23 793	4 372
全部工业总产值(当年价)	万元	186 903	203 633	90 900
#国有	万元	33 926	181 874	79 071
#轻工业	万元	126 581		33 503
全部工业总产值指数(可比价)	以上年为100	211.99	117.86	137.69
#国有	以上年为100	111.84	111.85	130.37
#轻工业	以上年为100	207.97		125.35
独立核算工业企业平均职工人数	人	32 036	62 884	20 055
独立核算工业企业总产值(当年价)	万元	81 206	19 667	78 426
独立核算工业企业财务指标				
产品销售收入	万元	87 903	201 421	79 639
固定资产原值	万元	37 482	154 344	47 797
固定资产净值	万元	30 861	112 246	33 941
全部流动资金年平均余额	万元	30 306	102 433	40 681
利税总额	万元	11 339	27 069	9 473
公路线路长度	公里	623		708
邮电业务总量(不变价)	万元	993	2 331	674
城镇电话机拥有量	部	2 366	12 744	5 382
农村电话机拥有量	部	1 732	2 836	408
社会消费品零售总额	万元	42 080	141 385	34 606
小学在校学生数	万人	18.31	51.83	4.15
普通中学在校学生数	万人	4.12	11.14	1.36
中等专业学校在校学生数	人	585	5 130	4 226
学龄儿童入学率	%	98.61	86.65	98.33
医院数	个	39	171	21
医院病床数	张	1 189	5 698	1 673
医生数	人	754	4 149	1 151

表 20—1　续表 46　　　　(1993 年)

指　　标	单　位	田阳县	田东县	平果县
年末总人口	万　人	32.99	38.42	43.12
社会劳动者人数	万　人	17.60	20.17	22.04
职　工	万　人	2.18	2.78	2.02
#国有单位	万　人	1.87	2.51	1.76
城镇集体单位	万　人	0.31	0.27	0.26
城镇个体劳动者	万　人	0.22	0.29	0.97
乡村劳动力	万　人	15.20	17.11	19.06
国内生产总值(当年价)	万　元	54 041	47 185	54 048
第一产业	万　元	28 704	20 130	24 906
第二产业	万　元	11 032	16 637	1 734
第三产业	万　元	14 305	10 418	11 802
国内生产总值指数(可比价)	以上年为 100	115.93	117.32	124.16
第一产业	以上年为 100	109.70	114.31	120.49
第二产业	以上年为 100	120.27	117.57	136.25
第三产业	以上年为 100	126.61	123.58	116.78
国有单位固定资产投资	万　元	8 705	11 219	103 661
地方财政收入	万　元	4 613	5 285	4 294
地方财政支出	万　元	5 449	5 198	6 019
职工工资总额	万　元	6 603	9 994	5 864
#国有单位	万　元	5 952	9 391	5 610
城镇集体单位	万　元	651	603	254
职工平均货币工资	元	3 134	3 696	3 767
城乡居民储蓄存款余额	万　元	18 844	22 363	22 800
农林牧渔业劳动者	万　人	14.31	15.40	18.49
耕地面积	万公顷	2.27	2.41	2.10
农业机械总动力	万千瓦	9.73	8.18	8.00
化肥施用折纯量	吨	5 826	4 976	6 958
农村用电量	万千瓦小时	12 122	1 926	1 651
农林牧渔业总产值(当年价)	万　元	36 251	28 667	38 411
农林牧渔业总产值指数(可比价)	以上年为 100	106.83	115.59	115.93
粮食产量	万　吨	13.09	13.41	12.42
油料产量	万　吨	0.06	0.02	0.04
糖料产量	万　吨	24.74	17.75	19.95
水果产量	吨	8 161	13 858	2 802
猪牛羊肉产量	万　吨	1	0.92	1.32
大牲畜年底头数	万　头	8.88	10.32	9.27
猪年底头数	万　头	19.49	20.94	21.61
水产品产量	吨	1 287	1 254	1 147

表 20—1 续表 47 (1993 年)

指标	单位	田阳县	田东县	平果县
农村经济总收入	万元	41 484	40 475	50 500
农村经济纯收入	万元	24 420	20 351	20 792
国家税金	万元	1 132	961	976
集体提留	万元	160	487	348
个人所得	万元	23 128	18 903	19 468
全部乡镇企业人数	人	21 267	10 484	32 023
乡镇企业总收入	万元	15 188	14 491	21 220
乡镇企业国家税金	万元	654	740	660
乡镇企业纯利润(乡村两级)	万元	849	847	1 742
乡镇企业固定资产原值	万元	5 012	4 266	5 447
乡镇企业固定资产净值	万元	2 948	2 158	4 654
乡镇企业年末占用流动资金	万元	2 408	3 629	2 974
全部工业总产值(当年价)	万元	27 873	42 920	16 028
#国有	万元	21 989	37 292	11 682
#轻工业	万元	18 234	7 027	8 509
全部工业总产值指数(可比价)	以上年为100	110.33	119.94	106.68
#国有	以上年为100	102.86	112.94	103.06
#轻工业	以上年为100	106.76	104.19	104.45
独立核算工业企业平均职工人数	人	8 122	12 041	4 783
独立核算工业企业总产值(当年价)	万元	23 713	41 341	13 917
独立核算工业企业财务指标				
产品销售收入	万元	24 167	41 795	16 554
固定资产原值	万元	16 387	39 924	13 433
固定资产净值	万元	13 123	30 618	10 233
全部流动资金年平均余额	万元	13 243	13 382	3 567
利税总额	万元	2 956	7 784	3 410
公路线路长度	公里	371	312	339
邮电业务总量(不变价)	万元	186	267	264
城镇电话机拥有量	部	754	2 013	1 397
农村电话机拥有量	部	353	205	330
社会消费品零售总额	万元	20 711	18 939	18 096
小学在校学生数	万人	4.54	5.95	6.62
普通中学在校学生数	万人	1.30	1.69	1.41
中等专业学校在校学生数	人	—	1 229	—
学龄儿童入学率	%	98	96.12	98.18
医院数	个	11	14	15
医院病床数	张	383	600	465
医生数	人	341	490	383

表 20—1　续表 48　　　(1993 年)

指　　标	单　位	德保县	靖西县	那坡县
年末总人口	万　人	34.08	55.71	19.11
社会劳动者人数	万　人	15.52	28.64	9.77
职　工	万　人	1.50	2.02	0.94
#国有单位	万　人	1.34	1.65	0.87
城镇集体单位	万　人	0.17	0.18	0.07
城镇个体劳动者	万　人	0.09	0.19	0.13
乡村劳动力	万　人	13.93	26.62	8.70
国内生产总产值(当年价)	万　元	30 556	36 626	14 560
第一产业	万　元	17 824	20 744	7 738
第二产业	万　元	4 259	4 944	2 148
第三产业	万　元	8 473	10 938	4 674
国内生产总值指数(可比价)	以上年为 100	115.23	114.91	116.92
第一产业	以上年为 100	108.30	108.59	121.11
第二产业	以上年为 100	119.96	136.83	136.90
第三产业	以上年为 100	127.76	121.44	103.98
国有单位固定资产投资	万　元	2 313	4 081	1 806
地方财政收入	万　元	2 075	2 476	873
地方财政支出	万　元	4 359	5 105	2 636
职工工资总额	万　元	4 181	4 471	2 551
#国有单位	万　元	3 775	4 180	2 353
城镇集体单位	万　元	312	291	198
职工平均货币工资	元	3 167	2 453	2 715
城乡居民储蓄存款余额	万　元	.665	9 327	6 817
农林牧渔业劳动者	万　人	13.82	24.78	8.70
耕地面积	万公顷	2.35	3.59	1.27
农业机械总动力	万千瓦	2	5	2
化肥施用折纯量	吨	4 535	4 072	989
农村用电量	万千瓦小时	18 573	1 212	300
农林牧渔业总产值(当年价)	万　元	25 347	31 709	10 341
农林牧渔业总产值指数(可比价)	以上年为 100	107.84	108.29	102.11
粮食产量	万　吨	9.56	18.56	4.70
油料产量	万　吨		0.03	
糖料产量	万　吨	4.20	0.57	0.10
水果产量	吨	2 072	1 985	3 221
猪牛羊肉产量	万　吨	0.80	1.06	0.32
大牲畜年底头数	万　头	13.11	15.62	7.23
猪年底头数	万　头	15.28	26.97	9.51
水产品产量	吨	380	682	98

表 20—1　续表 49　　　　(1993 年)

指　　标	单　位	德保县	靖西县	那坡县
农村经济总收入	万　元	29 576	49 631	9 871
农村经济纯收入	万　元	13 431	30 094	6 879
国家税金	万　元	577	845	218
集体提留	万　元	172	453	137
个人所得	万　元	12 682	28 896	6 524
全部乡镇企业人数	人	9 792	16 404	8 062
乡镇企业总收入	万　元	9 333	11 959	4 716
乡镇企业国家税金	万　元	357	60	234
乡镇企业纯利润(乡村两级)	万　元	745	49	535
乡镇企业固定资产原值	万　元	1 523	543	1 545
乡镇企业固定资产净值	万　元	1 130	417	740
乡镇企业年末占用流动资金	万　元	1 008	114	999
全部工业总产值(当年价)	万　元	9 031	11 373	3 977
#国有	万　元	7 905	5 312	1 481
#轻工业	万　元	4 538	1 377	2 565
全部工业总产值指数(可比价)	以上年为 100	91.29	141.86	129.35
#国有	以上年为 100	89.33	113.04	94.39
#轻工业	以上年为 100	87.80	130.04	86.15
独立核算工业企业平均职工人数	人	3 245	3 811	1 834
独立核算工业企业总产值(当年价)	万　元	8 181	5 629	1 853
独立核算工业企业财务指标				
产品销售收入	万　元	10 154	7 441	1 760
固定资产原值	万　元	9 758	6 043	2 398
固定资产净值	万　元	7 006	3 183	1 856
全部流动资金年平均余额	万　元		1 647	386
利税总额	万　元	1 734	757	285
公路线路长度	公　里	423	552	466
邮电业务总量(不变价)	万　元	141	168	89
城镇电话机拥有量	部	673	570	253
农村电话机拥有量	部	187	238	247
社会消费品零售总额	万　元	10 407	14 016	6 065
小学在校学生数	万　人	4.59	7.77	2.61
普通中学在校学生数	万　人	0.93	1.53	0.51
中等专业学校在校学生数	人			
学龄儿童入学率	%	96.80	98	96.50
医院数	个	15	26	13
医院病床数	张	433	730	354
医生数	人	282	408	247

表 20—1　续表 50　　(1993 年)

指　　标	单　位	凌云县	乐业县	田林县
年末总人口	万　人	17.31	13.74	21.70
社会劳动者人数	万　人	8.05	6.53	10.68
职　工	万　人	0.83	0.66	1.07
#国有单位	万　人	0.77	0.61	0.92
城镇集体单位	万　人	0.07	0.05	0.09
城镇个体劳动者	万　人	0.06	0.36	0.20
乡村劳动力	万　人	7.16	5.51	9.46
国内生产总值(当年价)	万　元	18 357	11 861	18 652
第一产业	万　元	9 356	6 206	10 899
第二产业	万　元	4 750	2 557	3 485
第三产业	万　元	4 261	3 098	4 268
国内生产总值指数(可比价)	以上年为 100	118.51	133.44	109.49
第一产业	以上年为 100	107.16	120.33	112.71
第二产业	以上年为 100	156.50	176.66	116.88
第三产业	以上年为 100	113.58	141.56	98.13
国有单位固定资产投资	万　元	4 596	1 150	7 112
地方财政收入	万　元	801	829	2 172
地方财政支出	万　元	2 254	1 978	3 620
职工工资总额	万　元	2 407	1 903	2 547
#国有单位	万　元	2 242	1 756	2 335
城镇集体单位	万　元	165	140	212
职工平均货币工资	元	3 032	2 922	2 527
城乡居民储蓄存款余额	万　元	5 116	4 457	8 090
农林牧渔业劳动者	万　人	6.81	5.31	8.95
耕地面积	万公顷	1.10	1.15	2.06
农业机械总动力	万千瓦	2.32	3	4.32
化肥施用折纯量	吨	1 067	490	1 682
农村用电量	万千瓦小时	208	119	162
农林牧渔业总产值(当年价)	万　元	13 863	9 054	17 755
农林牧渔业总产值指数(可比价)	以上年为 100	115.17	114.84	105.82
粮食产量	万　吨	3.64	3.83	8.15
油料产量	万　吨	0.01	0.01	
糖料产量	万　吨	0.06	0.31	0.34
水果产量	吨	2 034	838	3 935
猪牛羊肉产量	万　吨	0.35	0.34	0.35
大牲畜年底头数	万　头	5.09	6.34	11.26
猪年底头数	万　头	11.74	6.93	13.16
水产品产量	吨	68	58	302

表 20—1　续表 51　　　　（1993 年）

指　　标	单　位	凌云县	乐业县	田林县
农村经济总收入	万　元	10 859	9 448	20 234
农村经济纯收入	万　元	6 456	6 968	10 463
国家税金	万　元	231	253	832
集体提留	万　元	106	428	193
个人所得	万　元	6 119	6 287	9 438
全部乡镇企业人数	人	6 123	6 484	6 792
乡镇企业总收入	万　元	5 859	6 138	6 665
乡镇企业国家税金	万　元	307	195	479
乡镇企业纯利润（乡村两级）	万　元	444	339	631
乡镇企业固定资产原值	万　元	1 492	798	1 552
乡镇企业固定资产净值	万　元	577	782	
乡镇企业年末占用流动资金	万　元	873	527	
全部工业总产值（当年价）	万　元	8 376	5 795	9 050
#国有	万　元	6 407	2 433	7 443
#轻工业	万　元	4 339	2 866	3 138
全部工业总产值指数（可比价）	以上年为 100	129.86	181.98	123.32
#国有	以上年为 100	118.79	131.29	123.29
#轻工业	以上年为 100	114.19	153.37	123.34
独立核算工业企业平均职工人数	人	2 151	732	1 514
独立核算工业企业总产值（当年价）	万　元	6 917	1 657	7 383
独立核算工业企业财务指标				
产品销售收入	万　元	5 687	1 628	5 322
固定资产原值	万　元	2 677	1 538	2 786
固定资产净值	万　元	2 163	1 302	2 129
全部流动资金年平均余额	万　元	4 861	990	
利税总额	万　元	861	472	1 459
公路线路长度	公　里	308	244	651
邮电业务总量（不变价）	万　元	81	55	132
城镇电话机拥有量	部	291	216	415
农村电话机拥有量	部	174	78	256
社会消费品零售总额	万　元	4 787	4 004	6 713
小学在校学生数	万　人	3.01	2.23	3.54
普通中学在校学生数	万　人	0.47	0.40	0.63
中等专业学校在校学生数	人	1 101	214	—
学龄儿童入学率	%	98.50	96.14	97.50
医院数	个	11	11	22
医院病床数	张	160	166	222
医生数	人	145	155	238

表 20—1 续表 52 （1993 年）

指标	单位	隆林各族自治县	西林县	河池地区
年末总人口	万人	33.29	12.13	364.60
社会劳动者人数	万人	19.15	6.77	174.51
职工	万人	1.06	0.61	21.84
#国有单位	万人	0.94	0.52	19.65
城镇集体单位	万人	0.12	0.08	2.15
城镇个体劳动者	万人	0.05	0.06	2.08
乡村劳动力	万人	15.44	6.12	148.10
国内生产总值(当年价)	万元	25 719	10 620	489 167
第一产业	万元	16 107	6 248	178 576
第二产业	万元	3 036	1 674	181 228
第三产业	万元	6 576	2 698	129 363
国内生产总值指数(可比价)	以上年为 100	109.29	110.50	121.60
第一产业	以上年为 100	109.28	105.76	108.64
第二产业	以上年为 100	107.36	140.43	145.67
第三产业	以上年为 100	110.59	110.46	112.56
国有单位固定资产投资	万元	2 204	1 364	104 545
地方财政收入	万元	2 873	1 069	46 812
地方财政支出	万元	4 867	2 301	66 483
职工工资总额	万元	3 467	1 692	71 113
#国有单位	万元	3 104	1 248	65 450
城镇集体单位	万元	363	186	5 563
职工平均货币工资	元	3 266	2 764	3 459
城乡居民储蓄存款余额	万元	8 299	3 139	180 240
农林牧渔业劳动者	万人	15.06	5.94	134.26
耕地面积	万公顷	2.61	1.85	22.27
农业机械总动力	万千瓦	3	2	68.11
化肥施用折纯量	吨	1 391	420	58 490
农村用电量	万千瓦小时	614	122	9 633
农林牧渔业总产值(当年价)	万元	18 572	9 217	273 117
农林牧渔业总产值指数(可比价)	以上年为 100	107.86	106	113.93
粮食产量	万吨	8.47	4.42	105.91
油料产量	万吨	0.03	0.02	0.73
糖料产量	万吨	2	0.37	86.40
水果产量	吨	4 482	1 598	44 454
猪牛羊肉产量	万吨	0.43	0.24	12.05
大牲畜年底头数	万头	13.59	7.19	100.41
猪年底头数	万头	14.37	7.30	191.61
水产品产量	吨	220	78	6 235

表 20—1　续表 53　　　　(1993 年)

指　　　标	单　位	隆林各族自治县	西林县	河池地区
农村经济总收入	万　元	20 410	9 387	307 575
农村经济纯收入	万　元	17 594	6 484	178 006
国家税金	万　元	336	151	7 918
集体提留	万　元	553	137	2 637
个人所得	万　元	16 705	6 149	163 898
全部乡镇企业人数	人	5 896	4 365	177 790
乡镇企业总收入	万　元	6 019	4 740	198 028
乡镇企业国家税金	万　元	290	223	7 736
乡镇企业纯利润(乡村两级)	万　元	462	405	18 357
乡镇企业固定资产原值	万　元	1 385	846	61 165
乡镇企业固定资产净值	万　元	1 235	293	20 939
乡镇企业年末占用流动资金	万　元	967	309	42 148
全部工业总产值(当年价)	万　元	6 142	3 094	443 085
#国有	万　元	5 084	1 209	317 482
#轻工业	万　元	904	1 706	
全部工业总产值指数(可比价)	以上年为 100	104.53	145.60	141.67
#国有	以上年为 100	109.04	100	125.35
#轻工业	以上年为 100	57.81	136.75	
独立核算工业企业平均职工人数	人	2 247	793	106 854
独立核算工业企业总产值(当年价)	万　元	60 729	2 013	378 221
独立核算工业企业财务指标				
产品销售收入	万　元	5 543	1 709	372 844
固定资产原值	万　元	6 107	1 436	424 847
固定资产净值	万　元	4 619	1 141	315 843
全部流动资金年平均余额	万　元		425	163 377
利税总额	万　元	269	125	56 015
公路线路长度	公　里	332	396	
邮电业务总量(不变价)	万　元	850	71	3 156
城镇电话机拥有量	部	546	285	13 371
农村电话机拥有量	部	204	113	6 631
社会消费品零售总额	万　元	7 515	3 251	155 827
小学在校学生数	万　人	4.43	1.98	54.56
普通中学在校学生数	万　人	0.62	0.36	14.27
中等专业学校在校学生数	人	159	—	5 865
学龄儿童入学率	%	97	88.30	95.53
医院数	个	22	12	164
医院病床数	张	358	184	6 086
医生数	人	287	118	4 164

表 20—1　续表 54　　(1993 年)

指　　标	单　位	河池市	宜州市	罗城仫佬族自治县
年末总人口	万　人	29.27	57.45	34.65
社会劳动者人数	万　人	15.07	30.01	16.45
职　工	万　人	6.24	3.34	1.80
#国有单位	万　人	5.42	3.08	1.61
城镇集体单位	万　人	0.79	0.26	0.19
城镇个体劳动者	万　人	0.62	0.50	0.17
乡村劳动力	万　人	9.78	25.56	14.44
国内生产总值(当年价)	万　元	82 626	107 714	35 114
第一产业	万　元	13 473	42 336	14 067
第二产业	万　元	34 038	39 988	12 490
第三产业	万　元	35 115	25 390	8 557
国内生产总值指数(可比价)	以上年为 100	120.50	119.38	117.61
第一产业	以上年为 100	114.50	111.09	101.46
第二产业	以上年为 100	143.10	133.85	149.43
第三产业	以上年为 100	105.80	115.34	119.48
国有单位固定资产投资	万　元	20 398	16 851	6 683
地方财政收入	万　元	7 070	9 485	3 739
地方财政支出	万　元	7 198	7 831	5 619
职工工资总额	万　元	21 239	11 464	5 431
#国有单位	万　元	18 680	10 860	5 032
城镇集体单位	万　元	2 498	604	399
职工平均货币工资	元	3 869	3 707	3 219
城乡居民储蓄存款余额	万　元	44 241	34 959	13 302
农林牧渔业劳动者	万　人	8.23	23.36	13.11
耕地面积	万公顷	1.58	4.63	2.15
农业机械总动力	万千瓦	6.23	14.74	5.94
化肥施用折纯量	吨	4 801	16 731	9 087
农村用电量	万千瓦小时	1 996	1 363	1 507
农林牧渔业总产值(当年价)	万　元	21 634	60 895	25 610
农林牧渔业总产值指数(可比价)	以上年为 100	110.14	115.65	110.04
粮食产量	万　吨	8.38	26.73	12.45
油料产量	万　吨	0.02	0.33	0.10
糖料产量	万　吨	7.73	59.47	6.70
水果产量	吨	4 224	7 524	3 563
猪牛羊肉产量	万　吨	0.92	2.50	1.15
大牲畜年底头数	万　头	5.68	17.10	9.44
猪年底头数	万　头	10.89	31.59	17.28
水产品产量	吨	750	2 090	656

表 20—1 续表 55 (1993 年)

指标	单位	河池市	宜州市	罗城仫佬族自治县
农村经济总收入	万元	24 158	69 728	35 448
农村经济纯收入	万元	13 593	38 231	21 501
国家税金	万元	750	1 423	1 193
集体提留	万元	390	1 264	286
个人所得	万元	12 453	35 544	20 022
全部乡镇企业人数	人	18 911	28 056	28 308
乡镇企业总收入	万元	25 721	36 600	25 421
乡镇企业国家税金	万元	1 126	1 286	912
乡镇企业纯利润(乡村两级)	万元	1 751	2 688	2 686
乡镇企业固定资产原值	万元	3 902	7 859	2 932
乡镇企业固定资产净值	万元	1 422	2 251	1 999
乡镇企业年末占用流动资金	万元	2 420	6 244	1 306
全部工业总产值(当年价)	万元	135 866	97 028	31 158
#国有	万元	114 801	79 725	16 211
#轻工业	万元	18 521	43 489	2 918
全部工业总产值指数(可比价)	以上年为 100	218.03	125.72	150.61
#国有	以上年为 100	133.17	118.23	164.40
#轻工业	以上年为 100	137.22	108.02	190
独立核算工业企业平均职工人数	人	33 141	20 567	8 484
独立核算工业企业总产值(当年价)	万元	125 885	85 704	19 451
独立核算工业企业财务指标				
产品销售收入	万元	138 931	82 010	20 485
固定资产原值	万元	133 459	69 292	21 475
固定资产净值	万元	94 111	52 722	14 117
全部流动资金年平均余额	万元	60 959	36 634	8 991
利税总额	万元	14 906	14 076	2 861
公路线路长度	公里	419	671	357
邮电业务总量(不变价)	万元	905	535	209
城镇电话机拥有量	部	6 244	1 511	654
农村电话机拥有量	部	344	1 033	473
社会消费品零售总额	万元	34 578	33 061	10 285
小学在校学生数	万人	4.20	8.57	5.05
普通中学在校学生数	万人	1.35	2.49	1.30
中等专业学校在校学生数	人	2 958	2 034	—
学龄儿童入学率	%	99	99.01	98.50
医院数	个	16	26	16
医院病床数	张	1 478	838	565
医生数	人	843	633	334

表 20—1 续表 56 （1993 年）

指　　标	单　　位	环江毛南族自治县	南丹县	天峨县
年末总人口	万　人	32.93	26.79	13.53
社会劳动者人数	万　人	15.04	12.57	5.88
职　工	万　人	2.53	1.52	0.75
#国有单位	万　人	2.41	1.41	0.68
城镇集体单位	万　人	0.12	0.12	0.08
城镇个体劳动者	万　人	0.55	0.54	0.09
乡村劳动力	万　人	11.96	9.72	5
国内生产总值(当年价)	万　元	45 280	64 464	15 615
第一产业	万　元	18 472	14 891	8 880
第二产业	万　元	18 754	37 763	2 993
第三产业	万　元	8 054	11 810	3 742
国内生产总值指数(可比价)	以上年为 100	123.22	138.98	117.04
第一产业	以上年为 100	112	111.28	120.98
第二产业	以上年为 100	142.68	165.77	109.31
第三产业	以上年为 100	111.10	109.06	114.19
国有单位固定资产投资	万　元	3 475	3 258	3 805
地方财政收入	万　元	4 087	6 871	1 267
地方财政支出	万　元	5 703	8 311	2 457
职工工资总额	万　元	8 367	5 096	2 103
#国有单位	万　元	8 078	4 779	1 961
城镇集体单位	万　元	288	317	142
职工平均货币工资	元	3 335	3 369	2 840
城乡居民储蓄存款余额	万　元	13 205	26 113	5 571
农林牧渔业劳动者	万　人	11.43	8.41	4.73
耕地面积	万公顷	2.27	1.71	1.48
农业机械总动力	万千瓦	7.69	4.70	4.68
化肥施用折纯量	吨	4 174	2 147	545
农村用电量	万千瓦小时	9 342	832	300
农林牧渔业总产值(当年价)	万　元	24 849	19 722	11 114
农林牧渔业总产值指数(可比价)	以上年为 100	113.08	115.43	116.24
粮食产量	万　吨	11.96	8.01	4.38
油料产量	万　吨	0.01	0.17	0.01
糖料产量	万　吨	7.08		0.16
水果产量	吨	2 915	5 466	2 150
猪牛羊肉产量	万　吨	0.99	0.70	0.35
大牲畜年底头数	万　头	11.44	10.16	7.06
猪年底头数	万　头	17.08	14.58	11.87
水产品产量	吨	350	253	138

表 20—1 续表 57 (1993 年)

指标	单位	环江毛南族自治县	南丹县	天峨县
农村经济总收入	万元	27 365	33 897	11 158
农村经济纯收入	万元	17 096	15 506	7 904
国家税金	万元	607	1 252	204
集体提留	万元	723	878	290
个人所得	万元	15 766	13 376	7 410
全部乡镇企业人数	人	13 521	20 006	3 272
乡镇企业总收入	万元	16 388	40 919	3 662
乡镇企业国家税金	万元	992	1 490	163
乡镇企业纯利润(乡村两级)	万元	1 439	5 485	526
乡镇企业固定资产原值	万元	7 365	18 647	871
乡镇企业固定资产净值	万元	1 654	9 863	153
乡镇企业年末占用流动资金	万元	1 278	13 870	1 077
全部工业总产值(当年价)	万元	43 436	65 636	4 558
#国有	万元	34 654	26 984	3 251
#轻工业	万元	4 024	1 636	1 552
全部工业总产值指数(可比价)	以上年为 100	132.18	176.95	107.32
#国有	以上年为 100	115.73	134.28	105.02
#轻工业	以上年为 100	105.29	79.07	98.97
独立核算工业企业平均职工人数	人	18 268	9 555	1 530
独立核算工业企业总产值(当年价)	万元	39 172	55 801	3 123
独立核算工业企业财务指标				
产品销售收入	万元	40 640	48 812	3 437
固定资产原值	万元	32 027	27 809	2 604
固定资产净值	万元	21 041	22 490	2 095
全部流动资金年平均余额	万元	17 750	20 221	1 277
利税总额	万元	5 247	11 303	900
公路线路长度	公里	429	437	365
邮电业务总量(不变价)	万元	200	381	167
城镇电话机拥有量	部	416	1 314	845
农村电话机拥有量	部	680	1 860	132
社会消费品零售总额	万元	13 256	16 775	3 653
小学在校学生数	万人	5.47	4.14	2.01
普通中学在校学生数	万人	1.65	1.08	0.54
中等专业学校在校学生数	人	—	—	—
学龄儿童入学率	%	97.50	97.70	97.30
医院数	个	21	19	13
医院病床数	张	275	688	257
医生数	人	398	366	147

表 20—1 续表 58 (1993 年)

指 标	单 位	凤山县	东兰县	巴马瑶族自治县
年末总人口	万 人	17.48	27.25	22.76
社会劳动者人数	万 人	7.59	12.39	10.25
职 工	万 人	0.87	1.14	0.91
#国有单位	万 人	0.82	0.96	0.81
城镇集体单位	万 人	0.04	0.18	0.09
城镇个体劳动者	万 人	0.08	0.03	0.06
乡村劳动力	万 人	6.58	11.14	9.21
国内生产总值(当年价)	万 元	10 867	26 162	18 869
第一产业	万 元	6 049	15 137	12 147
第二产业	万 元	2 010	4 856	3 155
第三产业	万 元	2 808	6 169	3 567
国内生产总值指数(可比价)	以上年为 100	117.24	120.84	123.15
第一产业	以上年为 100	113.34	113.98	120.84
第二产业	以上年为 100	119.97	159.04	151.82
第三产业	以上年为 100	115.46	112.59	110.74
国有单位固定资产投资	万 元	1 046	414	1 243
地方财政收入	万 元	898	1 898	1 283
地方财政支出	万 元	2 517	4 116	3 265
职工工资总额	万 元	2 585	3 473	2 715
#国有单位	万 元	2 490	3 033	2 506
城镇集体单位	万 元	95	440	172
职工平均货币工资	元	3 025	2 960	2 887
城乡居民储蓄存款余额	万 元	4 726	6 327	5 375
农林牧渔业劳动者	万 人	6.58	10.19	8.15
耕地面积	万公顷	1.02	1.21	1.01
农业机械总动力	万千瓦	3	4.61	2.72
化肥施用折纯量	吨	994	2 756	1 419
农村用电量	万千瓦小时	220	536	377
农林牧渔业总产值(当年价)	万 元	9 310	23 226	18 922
农林牧渔业总产值指数(可比价)	以上年为 100	113.37	116.62	126.08
粮食产量	万 吨	4.11	5.23	5.52
油料产量	万 吨		0.01	0.02
糖料产量	万 吨			0.42
水果产量	吨	1 958	4 793	2 627
猪牛羊肉产量	万 吨	0.41	0.72	0.61
大牲畜年底头数	万 头	6.06	7.48	6.62
猪年底头数	万 头	11.81	13.84	10.79
水产品产量	吨	64	150	168

表 20—1 续表 59　　　　(1993 年)

指　　标	单　位	凤山县	东兰县	巴马瑶族自治县
农村经济总收入	万　元	9 363	20 648	13 327
农村经济纯收入	万　元	6 564	12 336	10 098
国家税金	万　元	249	755	192
集体提留	万　元	124	331	697
个人所得	万　元	6 191	11 250	9 209
全部乡镇企业人数	人	4 807	13 867	7 206
乡镇企业总收入	万　元	2 493	10 686	5 724
乡镇企业国家税金	万　元	253	308	186
乡镇企业纯利润(乡村两级)	万　元	449	835	441
乡镇企业固定资产原值	万　元	1 113	3 548	1 336
乡镇企业固定资产净值	万　元	308	1 174	315
乡镇企业年末占用流动资金	万　元	447	2 438	311
全部工业总产值(当年价)	万　元	3 597	13 953	6 160
#国有	万　元	2 012	8 548	3 619
#轻工业	万　元	528	8 118	1 496
全部工业总产值指数(可比价)	以上年为 100	124.36	145.59	143.29
#国有	以上年为 100	126	119.78	123.66
#轻工业	以上年为 100	56.42	111.14	119.84
独立核算工业企业平均职工人数	人	2 808	3 025	2 457
独立核算工业企业总产值(当年价)	万　元	2 918	10 553	4 086
独立核算工业企业财务指标				
产品销售收入	万　元	2 970	10 334	3 784
固定资产原值	万　元	2 871	4 995	4 260
固定资产净值	万　元	2 287	4 110	3 018
全部流动资金年平均余额	万　元	1 034	5 468	
利税总额	万　元	1 100	1 093	536
公路线路长度	公　里	282	493	414
邮电业务总量(不变价)	万　元	79	175	138
城镇电话机拥有量	部	349	957	779
农村电话机拥有量	部	71	270	249
社会消费品零售总额	万　元	3 720	9 400	4 721
小学在校学生数	万　人	2.53	4.32	3.65
普通中学在校学生数	万　人	0.63	1.11	0.70
中等专业学校在校学生数	人			849
学龄儿童入学率	%	94.80	96.10	95
医院数	个	7	9	17
医院病床数	张	230	292	312
医生数	人	167	256	210

表 20—1　续表 60　　　　(1993 年)

指　　标	单　　位	都安瑶族自治县	大化瑶族自治县	钦州地区
年末总人口	万　人	61.67	40.82	294.63
社会劳动者人数	万　人	29.23	18.38	145.52
职　工	万　人	1.49	1.26	12.98
#国有单位	万　人	1.33	1.12	10.76
城镇集体单位	万　人	0.16	0.14	2.18
城镇个体劳动者	万　人	0.13	0.07	1.86
乡村劳动力	万　人	27.38	17.02	129.25
国内生产总值(当年价)	万　元	37 467	43 324	494 539
第一产业	万　元	21 096	13 722	275 259
第二产业	万　元	5 337	21 644	123 039
第三产业	万　元	11 034	7 958	96 241
国内生产总值指数(可比价)	以上年为 100	105.19	127.43	121.98
第一产业	以上年为 100	96.64	105.65	102.98
第二产业	以上年为 100	147.51	143.10	161.01
第三产业	以上年为 100	111.47	116.12	138.78
国有单位固定资产投资	万　元	1 798	45 674	79 316
地方财政收入	万　元	2 191	4 567	34 121
地方财政支出	万　元	6 082	6 972	34 537
职工工资总额	万　元	4 514	4 142	34 428
#国有单位	万　元	4 187	3 836	29 112
城镇集体单位	万　元	327	306	5 129
职工平均货币工资	元	3 094	3 415	2 761
城乡居民储蓄存款余额	万　元	14 512	12 223	216 461
农林牧渔业劳动者	万　人	24.50	15.57	96.65
耕地面积	万公顷	3.58	1.63	14.04
农业机械总动力	万千瓦	9.16	4.96	19.97
化肥施用折纯量	吨	11 298	4 538	96 273
农村用电量	万千瓦小时	1 253	315	22 690
农林牧渔业总产值(当年价)	万　元	37 872	19 963	415 461
农林牧渔业总产值指数(可比价)	以上年为 100	110.11	114.08	104.51
粮食产量	万　吨	13.01	6.14	102.09
油料产量	万　吨	0.02	0.03	1.42
糖料产量	万　吨	4.72	0.11	136.25
水果产量	吨	7 491	1 743	467 595
猪牛羊肉产量	万　吨	2.68	1.02	7.87
大牲畜年底头数	万　头	11.26	8.12	39.09
猪年底头数	万　头	33.61	18.26	105.67
水产品产量	吨	499	1 117	70 746

表 20—1　续表 61　　（1993 年）

指　　标	单　　位	都安瑶族自治县	大化瑶族自治县	钦州地区
农村经济总收入	万　元	40 795	21 688	885 144
农村经济纯收入	万　元	22 904	12 274	342 728
国家税金	万　元	804	489	18 636
集体提留	万　元	976	287	23 700
个人所得	万　元	21 124	11 498	300 392
全部乡镇企业人数	人	30 492	9 344	396 459
乡镇企业总收入	万　元	21 332	8 082	647 931
乡镇企业国家税金	万　元	765	255	17 840
乡镇企业纯利润(乡村两级)	万　元	1 603	454	20 580
乡镇企业固定资产原值	万　元	5 691	3 548	101 851
乡镇企业固定资产净值	万　元	632	893	52 066
乡镇企业年末占用流动资金	万　元	3 516	2 663	91 214
全部工业总产值(当年价)	万　元	13 798	24 351	373 078
#国有	万　元	5 908	21 770	108 991
#轻工业	万　元	4 205	1 297	
全部工业总产值指数(可比价)	以上年为 100	156.90	174.95	158.98
#国有	以上年为 100	116.90	173.67	108.85
#轻工业	以上年为 100	99.49	226.19	
独立核算工业企业平均职工人数	人	4 118	2 901	57 889
独立核算工业企业总产值(当年价)	万　元	8 014	23 513	176 574
独立核算工业企业财务指标				
产品销售收入	万　元	7 941	13 530	181 436
固定资产原值	万　元	6 583	119 473	114 433
固定资产净值	万　元	5 095	94 757	92 356
全部流动资金年平均余额	万　元	3 885	1 400	106 352
利税总额	万　元	605	3 438	23 214
公路线路长度	公　里	593	404	
邮电业务总量(不变价)	万　元	206	162	3 249
城镇电话机拥有量	部	470		
农村电话机拥有量	部	206	1 321	6 478
社会消费品零售总额	万　元	14 884	11 494	217 032
小学在校学生数	万　人	8.82	5.80	38.23
普通中学在校学生数	万　人	2.06	1.37	10.30
中等专业学校在校学生数	人	—	—	3 442
学龄儿童入学率	%	97.22	90.76	98.17
医院数	个	22	20	66
医院病床数	张	595	504	3 310
医生数	人	383	382	1 879

表 20—1　续表 62　　　　(1993 年)

指　　标	单　位	钦州市	灵山县	浦北县
年末总人口	万　人	107.50	116.75	70.40
社会劳动者人数	万　人	51.61	56.80	36.80
职　工	万　人	6.52	3.68	2.83
#国有单位	万　人	5.28	3.14	2.29
城镇集体单位	万　人	1.20	0.50	0.54
城镇个体劳动者	万　人	0.93	0.55	0.52
乡村劳动力	万　人	42.74	52.57	33.44
国内生产总值(当年价)	万　元	223 069	146 761	114 912
第一产业	万　元	130 128	83 807	61 324
第二产业	万　元	48 716	32 139	32 387
第三产业	万　元	44 225	30 815	21 201
国内生产总值指数(可比价)	以上年为 100	121.10	103.93	131.05
第一产业	以上年为 100	114.20	85.48	118.22
第二产业	以上年为 100	142.14	158.53	150.24
第三产业	以上年为 100	116.75	127.36	150.93
国有单位固定资产投资	万　元	68 601	8 369	6 222
地方财政收入	万　元	14 370	8 666	8 196
地方财政支出	万　元	13 447	8 668	8 149
职工工资总额	万　元	18 569	8 169	7 789
#国有单位	万　元	15 242	7 131	6 728
城镇集体单位	万　元	3 234	953	1 052
职工平均货币工资	元	2 923	2 217	2 820
城乡居民储蓄存款余额	万　元	113 028	61 847	41 586
农林牧渔业劳动者	万　人	33.03	40.06	23.56
耕地面积	万公顷	5.98	5.20	2.91
农业机械总动力	万千瓦	19.95	13	10.42
化肥施用折纯量	吨	38 544	39 945	17 775
农村用电量	万千瓦小时	13 920	6 206	2 564
农林牧渔业总产值(当年价)	万　元	188 171	123 479	103 811
农林牧渔业总产值指数(可比价)	以上年为 100	111.84	95.37	107.79
粮食产量	万　吨	45.89	35.87	20.33
油料产量	万　吨	0.77	0.35	0.29
糖料产量	万　吨	85.24	35.73	15.28
水果产量	吨	88 076	243 561	135 958
猪牛羊肉产量	万　吨	2.51	2.94	2.42
大牲畜年底头数	万　头	17.46	14.28	7.35
猪年底头数	万　头	33.91	39.11	32.65
水产品产量	吨	62 129	3 447	5 170

表 20—1　续表 63　　(1993 年)

指　　标	单　位	钦州市	灵山县	浦北县
农村经济总收入	万　元	410 061	322 795	152 288
农村经济纯收入	万　元	161 506	109 649	71 573
国家税金	万　元	9 451	6 210	2 975
集体提留	万　元	19 486	2 550	1 664
个人所得	万　元	132 569	100 889	66 934
全部乡镇企业人数	人	107 287	146 892	142 357
乡镇企业总收入	万　元	296 274	190 306	161 550
乡镇企业国家税金	万　元	7 943	4 558	5 339
乡镇企业纯利润(乡村两级)	万　元	18 609	10 463	9 671
乡镇企业固定资产原值	万　元	54 819	28 759	17 323
乡镇企业固定资产净值	万　元	18 945	17 479	14 564
乡镇企业年末占用流动资金	万　元	17 482	43 361	19 889
全部工业总产值(当年价)	万　元	174 487	104 083	95 884
#国有	万　元	48 111	25 880	33 693
#轻工业	万　元	107 625	74 087	96 046
全部工业总产值指数(可比价)	以上年为 100	162.98	154.85	156.26
#国有	以上年为 100	102.18	101.35	120.11
#轻工业	以上年为 100	175.36	145.67	106.01
独立核算工业企业平均职工人数	人	27 201	15 150	15 538
独立核算工业企业总产值(当年价)	万　元	90 367	43 493	42 714
独立核算工业企业财务指标				
产品销售收入	万　元	93 534	44 310	43 592
固定资产原值	万　元	68 201	27 568	18 664
固定资产净值	万　元	57 654	20 918	13 784
全部流动资金年平均余额	万　元	54 100	27 788	24 463
利税总额	万　元	13 273	4 264	5 677
公路线路长度	公　里	863	884	470
邮电业务总量(不变价)	万　元	2 136	655	398
城镇电话机拥有量	部	8 646	1 921	1 145
农村电话机拥有量	部	2 417	2 328	1 733
社会消费品零售总额	万　元	128 122	43 567	49 559
小学在校学生数	万　人	15.31	15.18	8.66
普通中 学在校学生数	万　人	4.05	3.43	2.82
中等专业学校在校学生数	人	3 442	—	—
学龄儿童入学率	%	98	98.27	98.27
医院数	个	28	23	15
医院病床数	张	1 603	981	726
医生数	人	822	610	447

附　　录

全国及各省、市、自治区主要指标

附录—1 国民经济主要指标

指　　标	单位	1978年	1980年	1985年	1990年	1991年	1992年
一、人口							
年底总人口	万人	96 259	98 705	105 851	114 333	115 823	117 171
二、劳动力(年底数)							
劳动力资源人数	万人	48 530	52 885	62 114	69 732	70 982	72 120
社会劳动者人数	万人	40 152	42 361	49 873	56 740	58 360	59 432
#职工人数	万人	9 499	10 444	12 358	14 059	14 508	14 792
三、国民生产总值	**亿元**	**3 588**	**4 470**	**8 558**	**17 695**	**20 236**	**24 036**
四、国民收入	**亿元**	**3 010**	**3 688**	**7 020**	**14 384**	**16 557**	**19 845**
五、社会总产值	**亿元**	**6 846**	**8 534**	**16 582**	**38 035**	**44 142**	**55 842**
#工农业总产值	亿元	5 634	7 077	13 335	31 586	36 405	46 151
六、固定资产投资							
1. 全社会固定资产投资总额	亿元	668.72	910.85	2 543.19	4 449.29	5 508.80	7 854.98
生产性	亿元			1 544.10	2 768.28	3 453.39	5 166.14
非生产性	亿元			999.09	1 681.01	2 055.41	2 688.84
#住　宅	亿元			641.63	1 164.48	1 417.41	1 716.91
2. 国有单位固定资产投资	亿元	668.72	745.90	1 680.51	2 918.64	3 628.11	5 273.64
基本建设投资	亿元	500.99	558.89	1 074.37	1 703.81	2 115.80	3 012.65
更新改造及其他固定资产投资	亿元	167.73	187.01	606.14	1 029.26	1 261.86	1 754.91
3. 集体单位固定资产投资	亿元		45.95	327.46	529.48	697.80	1 359.35
城　镇	亿元		22.95	128.23	163.38	203.83	364.49
农　村	亿元		23.00	199.23	366.10	493.98	994.86
七、国家财政							
1. 国家财政收入	亿元	1 121.1	1 085.2	1 866.4	3 312.6	3 610.9	4 153.1
中　央	亿元	164.6	209.8	707.9	1 367.9	1 399.7	1 649.2
地　方	亿元	956.5	875.5	1 158.5	1 944.7	2 211.2	2 503.9
2. 国家财政支出	亿元	1 111.0	1 212.7	1 844.8	3 452.2	3 813.6	4 389.7
中　央	亿元	521.0	650.7	836.5	1 372.8	1 517.7	1 817.9
地　方	亿元	590.0	562.0	1 008.2	2 079.4	2 295.8	2 571.8
3. 预算外资金收入	亿元	347.1	557.4	1 530.0	2 708.6	3 243.3	
八、物价总指数(上年=100)							
1. 农副产品收购价格总指数	%	103.9	107.1	108.6	97.4	98.0	103.4
2. 零售物价总指数	%	100.7	106.0	108.8	102.1	102.9	105.4
3. 职工生活费用价格总指数	%	100.7	107.5	111.9	101.3	105.1	108.6
九、工资							
1. 职工工资总额	亿元	568.9	772.4	1 383.0	2 951.1	3 323.9	3 939.2
2. 职工平均货币工资	元	615	762	1 148	2 140	2 340	2 711
十、居民消费水平	**元**	**175**	**227**	**403**	**723**	**803**	**935**
农　民	元	132	173	324	524	570	648
非农业居民	元	383	468	727	1 477	1 676	1 983
十一、农业							
1. 农业总产值	亿元	1 397	1 923	3 619	7 662	8 157	9 085
2. 主要农产品产量							
粮　食	万吨	30 477	32 056	37 911	44 624	43 529	44 266
棉　花	万吨	216.7	270.7	414.7	450.8	567.5	450.8
油　料	万吨	521.8	769.1	1 578.4	1 613.2	1 638.3	1 641.2
甘　蔗	万吨	2 111.6	2 280.7	5 154.9	5 762.0	6 789.8	7 301.1
甜　菜	万吨	270.2	630.5	891.9	1 452.5	1 628.9	1 506.9
茶　叶	万吨	26.8	30.4	43.2	54.0	54.2	56.0
水　果	万吨	657.0	679.3	1 163.9	1 874.4	2 176.1	2 440.1
猪牛羊肉	万吨	856.3	1 205.4	1 760.7	2 513.5	2 723.8	2 940.6
水产品	万吨	466	450	705	1 237	1 351	1 557
十二、工业							

附录一1 续表1

指标	单位	1978年	1980年	1985年	1990年	1991年	1992年
1. 工业总产值	亿元	4 237	5 154	9 716	23 924	28 248	37 066
2. 主要工业产品产量							
布	亿米	110.3	134.7	146.7	188.8	181.7	190.7
机制纸及纸板	万吨	439	535	911	1 372	1 479	1 725
糖	万吨	227	257	451	582	640	829
家用电冰箱	万台	2.8	4.9	144.8	463.1	469.9	485.8
电视机	万台	51.73	249.20	1 667.66	2 684.70	2 691.41	2 867.82
#彩色电视机	万台	0.38	3.20	435.28	1 033.04	1 205.06	1 333.08
家用洗衣机	万台	0.04	24.50	887.20	662.68	687.17	707.93
录放音机	万台	4.7	74.3	1 393.1	3 023.5	2 873.7	3 231.8
照相机	万架	17.89	37.28	178.97	213.22	478.18	526.48
原煤	亿吨	6.18	6.20	8.72	10.80	10.87	11.16
原油	万吨	10 405	10 595	12 490	13 831	14 099	14 210
发电量	亿千瓦小时	2 566	3 006	4 107	6 212	6 775	7 539
钢	万吨	3 178	3 712	4 679	6 635	7 100	8 094
成品钢材	万吨	2 208	2 716	3 693	5 153	5 638	6 697
水泥	万吨	6 524	7 986	14 595	20 971	25 261	30 822
3. 国有独立核算工业企业全员劳动生产率	元/人·年	11 131	12 081	15 080	18 639	32 304	36 074
4. 国有独立核算工业企业主要财务指标							
年底固定资产原值	亿元	3 193.4	3 730.1	5 956.2	11 610.3	13 556.8	15 669.8
资金总额	亿元	3 273.0	3 663.7	5 604.1	12 088.6	14 067.6	16 094.7
年底固定资产净值	亿元	2 225.7	2 528.0	3 980.8	8 088.3	9 507.2	10 982.6
定额流动资金年平均余额	亿元	1 047.3	1 135.7	1 623.3	4 000.3	4 560.4	5 112.0
利润和税金总额	亿元	790.7	907.1	1 334.1	1 503.1	1 661.2	1 944.1
十三、运输邮电							
1. 货物周转量	亿吨公里	9 829	12 026	18 126	26 207	27 986	29 218
铁路	亿吨公里	5 345	5 717	8 126	10 622	10 972	11 576
公路	亿吨公里	274	764	1 693	3 358	3 428	3 755
水运	亿吨公里	3 779	5 053	7 700	11 592	12 955	13 256
管道	亿吨公里	430	491	603	627	621	617
空运	亿吨公里	1	1	4	8	10	13
2. 旅客周转量	亿人公里	1 743	2 281	4 437	5 628	6 178	6 649
铁路	亿人公里	1 093	1 383	2 416	2 613	2 828	3 152
公路	亿人公里	521	730	1 725	2 620	2 872	3 193
水运	亿人公里	101	129	179	165	177	198
空运	亿人公里	28	40	117	230	301	406
3. 沿海主要港口货物吞吐量	万吨	19 834	21 731	31 154	43 229	47 117	53 329
4. 邮电业务总量	亿元	11.65	13.34	29.60	81.65	204.38	290.94
5. 函件	亿件	28.35	33.13	46.78	54.87	52.11	57.18
6. 报刊期发数	万份	11 250	16 431	30 172	20 078	23 277	25 104
十四、能源生产与消费(标准煤)							
能源生产总量	万吨	62 770	63 735	85 546	103 922	104 844	107 256
能源消费总量	万吨	57 144	60 275	76 682	98 703	103 783	108 900
十五、国内商业							
1. 社会商业商品购进总额	亿元	1 739.7	2 263.0	3 532.5	8 221.2	9 347.9	10 653.7
#工业品	亿元	1 263.4	1 567.6	2 462.3	5 871.2	6 767.2	8 071.7
农副产品	亿元	459.9	677.0	1 033.2	2 258.6	2 453.2	2 427.5
2. 社会农副产品收购量							
粮食	万吨	5 072.5	6 129.0	10 762.8	13 995.2	13 635.5	13 246.4
棉花	万吨	209.6	261.0	431.9	409.1	529.0	435.8
食用植物油	万吨	110.5	191.0	409.8	470.3	477.0	457.1

附录—1　续表 2

指　　标	单　位	1978 年	1980 年	1985 年	1990 年	1991 年	1992 年
甘蔗	万吨	1 557.9	1 584.0	3 687.5	4 619.0	4 728.5	6 012.1
甜菜	万吨	255.3	554.1	806.4	1 402.8	1 556.6	1 206.3
茶叶	万吨	24.3	26.2	39.5	49.2	52.2	80.3
肥猪	万头	10 936.5	14 250.0	16 020.8	18 504.5	21 054.1	21 373.1
菜牛	万头	140.8	221.6	463.8	909.5	1 018.5	1 088.3
菜羊	万只	998.3	1 680.2	2 839.3	4 033.3	4 432.6	4 515.0
鲜蛋	万吨	56.0	99.1	192.2	282.4	350.5	376.3
水产品	万吨	269.2	239.3	334.2	575.3	652.4	697.8
3. 社会商品零售总额	亿元	1 558.6	2 140.0	4 305.0	8 300.1	9 415.6	10 993.7
4. 主要消费品零售量							
粮食	万吨	4 750.0	5 497.0	9 011.6	9 289.1	9 242.6	9 774.7
食用植物油	万吨	87.5	126.0	349.1	441.6	467.2	519.9
猪肉	万吨	467.5	704.5	916.4	1 246.9	1 316.8	1 448.7
食糖	万吨	315.6	363.5	572.5	541.6	547.6	602.7
布	亿米	76.9	98.4	121.2	120.3	118.5	125.0
电视机	万台	55.1	364.0	2 156.9	1 923.0	2 096.1	2 137.8
洗衣机	万台	0.2	23.5	1 098.1	924.9	984.1	1 091.0
电冰箱	万台	2.0	5.5	220.0	436.0	465.7	472.1
5. 农业生产资料销售量							
化学肥料(标准量)	万吨	4 087.5	5 531.1	6 231.8	10 023.6	10 702.2	10 119.4
化学农药	万吨	146.4	152.7	65.3	61.5	62.6	53.8
农用动力机械	万千瓦	1 037.1	639.8	723.4	898.1	983.6	1 154.7
十六、对外经济贸易和旅游							
进出口总额	亿美元	206.4	381.4	696.0	1 154.4	1 356.3	1 656.1
进口额	亿美元	108.9	200.2	422.5	533.5	637.9	806.1
出口额	亿美元	97.5	181.2	273.5	620.9	718.4	850.0
2. 利用外资							
签订利用外资协议额	亿美元			98.67	120.86	195.83	694.39
实际利用外资额	亿美元			46.47	102.89	115.54	192.02
#外商直接投资	亿美元			16.61	34.87	43.66	110.07
3. 旅游							
来华旅游人数	万人		570.25	1 783.31	2 746.18	3 334.98	3 811.49
旅游外汇收入	亿美元		6.17	12.50	22.18	28.45	39.47
十七、教育文化							
1. 在校学生数							
高等学校	万人	85.6	114.4	170.3	206.3	204.4	218.4
中等专业学校	万人	88.9	124.3	157.1	224.4	227.7	240.8
普通中学	万人	6 548.3	5 508.1	4 706.0	4 586.0	4 683.5	4 770.8
小学	万人	14 624.0	14 627.0	13 370.2	12 241.4	12 164.2	12 201.3
2. 出版数量							
图书	亿册(张)	37.7	45.9	66.7	56.4	61.4	63.4
杂志	亿册	7.6	11.2	25.6	17.9	20.6	23.6
报纸	亿份	127.8	140.4	199.8	160.5	176.6	189.1
十八、卫生							
医院床位数	万张	185.6	198.2	222.9	262.4	268.9	274.4
卫生技术人员	万人	246.4	279.8	341.1	389.8	398.5	407.4
#医生	万人	103.3	115.3	141.3	176.3	178.0	180.8

注:1. 本表价值指标均按当年价格计算。

2. 国有独立核算工业企业全员劳动生产率按 1980 年不变价格计算。

3. 1979 年起,货物周转量中公路运输包括社会车辆完成数,1984 年起还包括私营运输完成数量。

4. 1990—1992 年沿海主要港口货物吞吐量如包括龙口、威海等中型港口应为 49025、48321、53220 万吨。

5. 邮电业务总量,1991 年起按 1990 年不变价格计算,1981 年—1990 年按 1980 年不变价格计算,以前按 1970 年不变价格计算。

附录—2 国民经济主要指标发展速度

指标	1992年为以下各年%					平均每年增长%	
	1978年	1980年	1985年	1990年	1991年	1979—1992年	1986—1992年
一、人口							
年底总人口	121.7	118.7	110.7	102.5	101.2	1.4	1.5
二、劳动力(年底数)							
劳动力资源人数	148.6	136.4	116.1	103.4	101.6	2.9	2.2
社会劳动者人数	148.0	140.3	119.2	104.7	101.8	2.8	2.5
#职工人数	155.7	141.6	119.7	105.2	102.0	3.2	2.6
三、国民生产总值	**333.4**	**287.4**	**177.2**	**122.3**	**113.0**	**9.0**	**8.5**
四、国民收入	**324.9**	**285.2**	**177.4**	**123.2**	**114.4**	**8.8**	**8.5**
五、社会总产值	**442.2**	**376.0**	**222.1**	**135.7**	**121.8**	**11.2**	**12.1**
#工农业总产值	462.5	396.5	235.5	137.4	122.7	11.6	13.0
六、固定资产投资							
1. 全社会固定资产投资总额	1 174.6	862.4	308.9	176.5	142.6		15.6
生产性			334.6	186.6	149.6		16.6
非生产性			269.1	160.0	130.8		13.9
#住　宅			267.6	147.4	121.1		14.6
2. 国有单位固定资产投资	788.6	707.0	313.8	180.7	145.4	13.8	15.0
基本建设投资	601.3	539.0	280.4	176.8	142.4	11.2	12.7
更新改造及其他固定资产投资	1 046.3	938.4	289.5	170.5	139.1	19.3	18.7
3. 集体单位固定资产投资		2 958.3	415.1	256.7	194.8		18.6
城　镇		1 588.2	284.2	223.1	178.8		12.9
农　村		4 325.5	499.4	271.7	201.4		21.8
七、国家财政							
国家财政收入	370.4	382.7	222.5	125.4	115.0	9.8	12.1
国家财政支出	395.1	362.0	237.9	127.2	115.1	10.3	13.2
八、工资							
1. 职工工资总额	272.9	220.1	150.8	116.9	109.1	7.4	6.0
2. 职工平均实际工资	173.7	153.6	125.0	111.0	106.7	4.0	3.2
九、居民消费水平	**251.2**	**215.1**	**142.6**	**119.5**	**110.5**	**6.8**	**5.2**
农　民	247.7	211.1	130.3	116.7	109.4	6.7	3.9
非农业居民	222.4	199.2	157.2	120.8	110.6	5.9	6.7
十、农业							
1. 农业总产值	223.5	205.0	139.1	110.3	106.4	5.9	4.8
2. 主要农产品产量							
粮　食	145.2	138.1	116.8	99.2	101.7	2.7	2.2
棉　花	208.0	166.5	108.7	100.0	79.4	5.4	1.2
油　料	314.5	213.4	104.0	101.7	100.2	8.5	0.6
甘　蔗	345.8	320.1	141.6	126.7	107.5	9.3	5.1
甜　菜	557.7	239.0	169.0	103.7	92.5	13.1	7.8
茶　叶	209.0	184.2	129.6	103.7	103.4	5.4	3.8
水　果	371.4	359.2	209.6	130.2	112.1	9.8	11.2
猪牛羊肉	343.4	244.0	167.0	117.0	108.0	9.2	7.6
水产品	334.1	346.0	220.9	125.9	115.3	9.0	12.0
十一、工业							
1. 工业总产值	570.2	479.6	271.8	146.4	127.5	13.2	15.4
2. 主要工业产品产量							
布	172.9	141.5	130.0	101.0	104.9	4.0	3.8
机制纸及纸板	393.0	322.5	189.4	125.8	116.7	10.3	9.6
糖	365.2	322.6	183.8	142.4	129.5	9.7	9.1
家用电冰箱	17 348.6	9 913.5	335.4	104.9	103.4	44.5	18.9

附录—2　续表 1

指　　标	1992年为以下各年%					平均每年增长%	
	1978年	1980年	1985年	1990年	1991年	1979—1992年	1986—1992年
电视机	5 543.8	1 150.8	172.0	106.8	106.6	33.2	8.1
#彩色电视机		41 658.8	306.3	129.0	110.6	79.2	17.3
家用洗衣机		2 889.5	79.8	106.8	103.0	101.1	−3.2
录放音机		4 349.6	232.0	106.9	112.5	59.5	12.8
照相机	2 942.9	1 412.2	294.2	246.9	110.1	27.3	16.7
原　煤	180.6	180.1	128.0	103.4	102.7	4.3	3.6
原　油	136.6	134.1	113.8	102.7	100.8	2.3	1.9
发电量	293.8	250.8	183.6	121.4	111.3	8.0	9.1
钢	254.7	218.0	173.0	122.0	114.0	6.9	8.1
成品钢材	303.3	246.6	181.3	129.9	118.8	8.2	8.9
水　泥	472.4	385.9	211.2	147.0	122.0	11.7	11.3
3. 国有独立核算工业企业							
全员劳动生产率	195.9	180.5	144.6	117.0	111.7	4.9	5.4
4. 国有独立核算工业企业							
主要财务指标							
年底固定资产原值	490.7	420.1	263.1	135.0	115.6	12.0	14.8
资金总额	491.7	439.3	287.2	133.1	114.4	12.0	16.3
年底固定资产净值	493.4	434.4	275.9	135.8	115.5	12.1	15.6
定额流动资金年平均余额	488.1	450.1	314.9	127.8	112.1	12.0	17.8
利润和税金总额	245.9	214.3	145.7	129.3	117.0	6.6	5.5
十二、运输邮电							
1. 货物周转量	297.3	243.0	161.2	111.5	104.4	8.1	7.1
铁　路	216.6	202.5	142.5	109.0	105.5	5.7	5.2
公　路	1 370.4	491.5	221.8	111.8	109.5	20.6	12.1
水　运	350.8	262.3	172.2	114.4	102.3	9.4	8.1
管　道	143.5	125.7	102.3	98.4	99.4	2.6	0.3
空　运	1 340.2	922.0	313.3	158.5	128.8	20.4	17.7
2. 旅客周转量	398.7	304.6	156.6	123.5	112.5	10.4	6.6
铁　路	288.3	227.9	130.5	120.6	111.5	7.9	3.9
公　路	612.9	437.4	185.1	121.9	111.2	13.8	9.2
水　运	196.8	153.3	110.8	120.1	111.7	5.0	1.5
空　运	1 454.7	1 026.3	347.9	176.2	134.7	21.1	19.5
3. 沿海主要港口货物吞吐量	304.4	277.9	193.8	139.7	128.1	8.3	9.9
4. 邮电业务总量	1 310.9	1 144.9	516.0	187.1	142.4	20.2	26.4
5. 函　件	201.7	172.6	122.2	104.2	109.7	5.1	2.9
6. 报刊期发数	223.2	152.8	83.2	125.0	107.8	5.9	−2.6
十三、能源生产与消费(标准煤)							
能源生产总量	170.9	168.3	125.4	103.2	102.3	3.9	3.3
能源消费总量	190.6	180.7	142.0	110.3	104.9	4.7	5.1
十四、国内商业							
1. 社会商业商品购进总额	612.4	470.8	301.6	129.6	114.0	13.8	17.1
#工业品	638.9	514.9	327.8	137.5	119.3	14.2	18.5
农副产品	527.8	358.6	234.9	107.5	99.0	12.6	13.0
2. 社会农副产品收购量							
粮　食	261.1	216.1	123.1	94.6	97.1	7.1	3.0
棉　花	207.9	167.0	100.9	106.5	82.4	5.4	0.1
甘　蔗	385.9	379.6	163.0	130.2	127.1	10.1	7.2
甜　菜	472.5	217.7	149.6	86.0	77.5	11.7	5.9
茶　叶	330.5	306.5	203.3	163.2	153.8	8.9	10.7

附录—2 续表 2

指 标	1992年为以下各年%					平均每年增长%	
	1978年	1980年	1985年	1990年	1991年	1979—1992年	1986—1992年
肥 猪	195.4	150.0	133.4	115.5	101.5	4.9	4.2
菜 牛	772.9	491.1	234.6	119.7	106.9	15.7	13.0
菜 羊	452.3	268.7	159.0	111.9	101.9	11.4	6.9
鲜 蛋	672.0	379.7	195.8	133.3	107.4	14.6	10.1
水产品	259.2	291.6	208.8	121.3	107.0	7.0	11.1
3. 社会商品零售总额	313.2	246.5	145.2	122.1	110.8	8.5	5.5
4. 主要消费品零售量							
粮 食	205.8	177.8	108.5	105.2	105.8	5.3	1.2
食用植物油	594.2	412.6	148.9	117.7	111.3	13.6	5.9
猪 肉	309.9	205.6	158.1	116.2	110.0	8.4	6.8
食 糖	191.0	165.8	105.3	111.3	110.1	4.7	0.7
布	162.5	127.0	103.1	103.9	105.5	3.5	0.4
电视机	3 879.9	587.3	99.1	111.2	102.0	29.9	-0.1
洗衣机		4 642.6	99.4	118.0	110.9	84.9	-0.1
电冰箱	23 605.0	8 583.6	214.6	108.3	101.4	47.7	11.5
5. 农业生产资料销售量							
化学肥料(标准量)	247.6	183.0	162.4	101.0	94.6	6.7	7.2
化学农药	36.7	35.2	82.4	87.5	85.9	-6.9	-2.7
农用动力机械	111.3	180.5	159.6	128.6	117.4	0.8	6.9
十五、对外贸易和旅游业							
进出口总额	802.4	434.2	237.9	143.5	122.1	16.0	13.2
进口额	740.2	402.7	190.8	151.1	126.4	15.4	9.7
出口额	871.8	469.1	310.8	136.9	118.3	16.7	17.6
2. 利用外资							
签订利用外资协议额			703.7	574.6	354.6		32.1
实际利用外资额			413.2	186.6	166.2		22.5
#外商直接投资			662.7	315.6	252.1		31.0
3. 旅游							
来华旅游人数		668.4	213.7	138.8	114.3		11.5
旅游外汇收入		639.7	315.8	178.0	138.7		17.9
十六、教育文化							
1. 在校学生数							
高等学校	255.0	191.0	128.2	105.9	106.9	6.9	3.6
中等专业学校	270.8	193.7	153.3	107.3	105.8	7.4	6.3
普通中学	72.9	86.6	101.4	104.0	101.9	-2.2	0.2
小 学	83.4	83.4	91.3	99.7	100.3	-1.3	-1.3
2. 出版数量							
图 书	168.2	138.1	95.1	112.4	103.3	3.8	-0.7
杂 志	310.5	210.7	92.2	131.8	114.5	8.4	-1.2
报 纸	148.0	134.7	94.6	117.8	107.1	2.8	-0.8
十七、卫生							
医院床位数	147.8	138.4	123.1	104.6	102.0	2.8	3.0
卫生技术人员	165.3	145.6	119.4	104.5	102.2	3.7	2.6
#医生	175.0	156.8	128.0	102.6	101.6	4.1	3.6

注:1. 本表第三、四、五、九项及农业总产值发展速度按可比价格计算,工资按扣除价格变动因素计算。

2. 本表工业总产值和国有独立核算工业企业全员劳动生产率发展速度按可比价格计算。

3. 社会商品零售总额发展速度是按扣除价格变动因素计算的。

4. 本表固定资产投资年平均增长速度按累计法计算,其他均按水平法计算。

附录—3 国民经济主要比例关系

单位：%

指　　标	1978 年	1980 年	1985 年	1990 年	1991 年	1992 年
1. 国民生产总值中三次产业比例						
第一产业	28.4	30.4	29.7	28.4	26.1	23.9
第二产业	48.6	49.0	45.2	43.6	45.0	48.2
第三产业	23.0	20.6	24.8	28.0	28.6	27.9
2. 国民收入生产额比例						
农　业	32.8	36.0	35.5	34.8	32.7	29.2
工　业	49.4	48.9	45.1	46.0	47.8	49.4
建筑业	4.2	5.0	5.8	5.8	6.5	7.4
运输业	3.9	3.4	3.7	5.5	5.3	4.8
商　业	9.8	6.7	9.9	8.0	7.7	9.1
3. 国民收入使用额中积累消费比例						
积　累	36.5	31.5	35.0	32.8	32.8	34.3
消　费	63.5	68.5	65.0	67.2	67.2	65.7
在积累总额中：						
生产性	71.8	54.5	62.4	61.2	60.9	73.2
非生产性	28.2	45.5	37.6	38.8	39.1	26.8
在消费总额中：						
居民消费	88.6	87.8	86.9	84.9	84.3	83.5
社会消费	11.4	12.2	13.1	15.1	15.7	16.5
4. 全社会固定资产投资的资金来源比例						
国家预算内投资	62.2	44.7	16.0	8.7	6.8	4.3
国内贷款	1.7	11.7	20.1	19.6	23.5	27.1
利用外资	4.2	7.2	3.6	6.3	5.7	5.5
自筹投资	} 31.9	} 36.5	} 60.3	52.4	52.3	51.2
其他投资				13.1	11.8	12.0
5. 全社会固定资产投资中生产与非生产性建设投资比例						
生产性建设			60.7	62.2	62.7	65.8
非生产性建设			39.3	37.8	37.3	34.2
#住宅			25.2	26.2	25.7	21.9
6. 国有单位固定资产投资中能源工业、运输邮电业投资比例						
能源工业			21.8	29.0	26.4	22.1
运输邮电业			13.5	11.9	13.4	13.3
7. 国家财政收入相当于国民生产总值的比例	31.2	24.3	21.8	18.7	17.8	17.3
8. 国家财政收入相当于国民收入的比例	37.2	29.4	26.6	23.0	21.8	20.9
9. 中央财政和地方财政收支比例						
收　入						
中央财政	14.7	19.3	37.9	41.3	38.8	39.7
地方财政	85.3	80.7	62.1	58.7	61.2	60.3
支　出						
中央财政	46.9	53.7	45.3	39.8	39.8	41.4
地方财政	53.1	46.3	54.7	60.2	60.2	58.6

附录—3 续表 单位:%

指 标	1978年	1980年	1985年	1990年	1991年	1992年
10. 预算外资金收入相当于						
国家预算收入比例	31.0	53.5	83.3	86.4	94.5	
11. 预算外资金收入比例						
地方财政预算外资金收入	9.0	7.3	2.9	2.2	2.1	
行政事业单位预算外资金收入	18.3	13.4	15.2	21.3	21.5	
国有企业和主管部门						
预算外资金收入	72.8	79.3	81.9	76.5	76.4	
12. 能源使用比例						
物质部门消费		81.1	79.4	80.5	80.8	
非物质部门消费		3.0	3.2	3.5	3.8	
生活消费		15.9	17.4	16.0	15.4	
13. 工农业总产值中农轻重比例						
农 业	24.8	27.2	27.1	24.3	22.4	19.7
轻工业	32.4	34.3	34.3	37.4	37.9	37.9
重工业	42.8	38.5	38.6	38.3	39.7	42.4
14. 工业总产值中轻重工业比例						
轻工业	43.1	47.1	47.1	49.4	48.9	47.2
重工业	56.9	52.8	52.9	50.6	51.1	52.8
15. 农业总产值中五业的比例						
农作物种植业	76.7	71.7	63.0	58.5	57.2	55.5
林 业	3.4	4.2	5.2	4.3	4.5	4.7
牧 业	15.0	18.4	22.0	25.6	26.4	27.0
副 业	3.3	4.0	6.3	6.2	6.0	6.1
渔 业	1.6	1.7	3.5	5.4	5.9	6.7
16. 轻工业总产值内部比例						
以农产品为原料	68.4	68.4	70.9	69.7	68.4	67.8
以非农产品为原料	31.6	31.6	29.1	30.3	31.6	32.2
17. 重工业总产值内部比例						
采掘工业	12.0	11.3	12.7	12.1	11.7	10.5
原料工业	35.5	37.8	36.8	41.6	41.7	41.0
加工工业	52.5	50.9	50.5	46.3	46.6	48.5
18. 货运量中各种运输方式比例						
铁 路	44.2	20.4	17.5	15.5	15.5	15.1
公 路	34.2	69.9	72.1	74.6	74.4	74.7
水 运	17.4	7.8	8.5	8.3	8.5	8.8
民用航空	...	...	...	...	...	...
管道输油(气)	4.2	1.9	1.8	1.6	1.6	1.4
19. 货物周转量中各种运输方式比例						
铁 路	54.4	47.5	44.8	40.5	39.2	39.6
公 路	2.8	6.4	9.3	12.8	12.2	12.9
水 运	38.4	42.0	42.5	44.2	46.3	45.4
民用航空	...	...	...	...	...	...
管道输油(气)	4.4	4.1	3.3	2.4	2.2	2.1

注:本表价值指标除轻重工业内部比例1980年及以前各年按不变价格计算外,其他均按当年价格计算。

附录—4 国民生产总值和指数

年份	国民生产总值	国内生产总值	第一产业	第二产业	#工业
绝对值(亿元)					
1978	3 588.1	3 588.1	1 018.4	1 745.2	1 607.0
1979	3 988.1	3 988.1	1 258.9	1 913.5	1 769.7
1980	4 470.0	4 470.0	1 359.4	2 192.0	1 996.5
1981	4 773.0	4 775.1	1 545.6	2 255.5	2 048.4
1982	5 193.0	5 182.3	1 761.6	2 383.0	2 162.3
1983	5 809.0	5 787.0	1 960.8	2 646.2	2 375.6
1984	6 962.0	6 928.2	2 295.5	3 105.7	2 789.0
1985	8 557.6	8 527.4	2 541.6	3 866.6	3 488.7
1986	9 696.3	9 687.6	2 763.9	4 492.7	3 967.0
1987	11 301.0	11 307.1	3 204.3	5 251.6	4 585.8
1988	14 068.2	14 074.2	3 831.0	6 587.2	5 777.2
1989	15 993.3	15 997.6	4 228.0	7 278.0	6 484.0
1990	17 695.3	17 681.3	5 017.0	7 717.4	6 858.0
1991	20 236.3	20 188.3	5 288.6	9 102.2	8 087.1
1992	24 036.2	24 020.2	5 744.0	11 575.2	10 128.4
指数(以1978年为100)					
1978	100.0	100.0	100.0	100.0	100.0
1979	107.6	107.6	106.1	108.2	108.7
1980	116.0	116.0	104.6	122.9	122.4
1981	121.2	121.2	111.9	125.2	124.5
1982	131.8	131.2	124.8	132.1	131.7
1983	145.5	144.9	135.1	145.8	144.5
1984	166.9	166.0	152.6	166.9	166.0
1985	188.2	187.4	155.4	197.9	196.2
1986	203.5	203.3	160.5	218.2	215.2
1987	225.7	225.9	168.1	248.1	243.6
1988	251.2	251.3	172.3	284.1	280.8
1989	262.1	262.2	177.6	294.8	295.0
1990	272.7	272.4	190.7	304.1	304.9
1991	295.0	294.2	195.2	344.7	346.9
1992	333.4	333.0	203.1	416.6	418.1
指数(以上年为100)					
1978	111.7	111.7	104.1	115.0	116.4
1979	107.6	107.6	106.1	108.2	108.7
1980	107.9	107.9	98.5	113.6	112.7
1981	104.4	104.5	107.0	101.9	101.7
1982	108.8	108.5	111.5	105.6	105.8
1983	110.4	110.2	108.3	110.4	109.7
1984	114.7	114.5	112.9	114.5	114.9
1985	112.8	112.9	101.8	118.6	118.2
1986	108.1	108.5	103.3	110.2	109.6
1987	110.9	111.1	104.7	113.7	113.2
1988	111.3	111.3	102.5	114.5	115.3
1989	104.4	104.3	103.1	103.8	105.1
1990	104.1	103.9	107.3	103.2	103.4
1991	108.2	108.0	102.4	113.3	113.8
1992	113.0	113.2	104.1	120.9	120.5

附录—4 续表

年份	#建筑业	第三产业	#运输邮电	#商业	人均国民生产总值（元）
绝对值（亿元）					
1978	138.2	824.5	172.8	265.5	375
1979	143.8	825.7	184.2	220.2	413
1980	195.5	918.6	205.0	213.6	456
1981	207.1	974.0	211.1	227.9	480
1982	220.7	1 037.7	236.7	159.6	515
1983	270.6	1 180.0	264.9	171.0	568
1984	316.7	1 527.0	327.1	285.1	671
1985	417.9	2 119.2	406.9	577.0	814
1986	525.7	2 431.0	475.6	596.6	909
1987	655.8	2 851.2	544.9	714.2	1 042
1988	810.0	3 656.0	661.0	980.0	1 277
1989	794.0	4 491.6	786.0	1 012.0	1 430
1990	859.4	4 946.9	1 117.6	837.0	1 559
1991	1 015.1	5 797.5	1 277.0	1 245.5	1 758
1992	1 446.8	6 701.0	1 402.1	1 411.6	2 063
指数（以 1978 年为 100）					
1978	100.0	100.0	100.0	100.0	100.0
1979	102.0	107.8	107.7	108.8	106.1
1980	129.2	114.3	113.8	107.4	113.1
1981	133.3	122.2	116.0	127.6	116.6
1982	137.9	135.2	129.5	120.0	124.9
1983	161.4	152.3	142.5	134.8	135.9
1984	179.0	178.3	163.8	153.6	153.9
1985	218.7	207.9	185.9	188.5	171.2
1986	253.4	231.0	209.7	201.1	182.4
1987	298.7	260.8	230.7	222.5	199.1
1988	322.5	296.2	261.5	250.3	218.0
1989	295.3	316.2	273.8	227.4	224.1
1990	298.8	323.0	297.2	213.1	229.7
1991	327.4	340.8	322.5	220.5	245.1
1992	405.3	373.4	351.8	237.1	273.5
指数（以上年为 100）					
1978	99.4	113.8	108.9	123.1	110.2
1979	102.0	107.8	107.7	108.8	106.1
1980	126.7	106.0	105.7	98.7	106.5
1981	103.2	106.9	101.9	118.8	103.1
1982	103.4	110.6	111.7	94.1	107.2
1983	117.1	112.6	110.0	112.4	108.8
1984	110.9	117.1	115.0	113.9	113.2
1985	122.2	116.6	113.5	122.7	111.3
1986	115.9	111.1	112.8	106.7	106.6
1987	117.9	112.9	110.0	110.6	109.1
1988	108.0	113.6	113.3	112.5	109.5
1989	91.6	106.7	104.7	90.9	102.8
1990	101.2	102.1	108.6	93.7	102.5
1991	109.6	105.5	108.5	103.5	106.7
1992	123.8	109.6	109.1	107.5	111.6

注：1. 本表绝对数按当年价格计算，指数按可比价格计算。

2. 1980 年以后一、二、三产业之和与国民生产总值的差额为国外净要素收入。

3. 各行业增加值中包括基本折旧和大修理基金。

附录—5 分地区国民生产总值、国民收入和社会总产值

单位:亿元

地区	国民生产总值			国民收入			社会总产值		
	1991 年	1992 年	1992 年为 1991 年%	1991 年	1992 年	1992 年为 1991 年%	1991 年	1992 年	1992 年为 1991 年%
北京	598.8	709.0	111.6	406.6	507.2	115.8	1 206.9	1 481.0	116.5
天津	342.8	411.2	111.7	290.0	344.3	113.2	1 067.3	1 332.8	120.1
河北	960.6	1 156.1	113.9	792.2	949.8	112.1	2 058.4	2 578.8	117.1
山西	430.1	518.2	112.8	334.0	406.1	112.1	906.9	1 100.4	114.1
内蒙古	320.8	378.4	111.0	263.3	306.5	109.4	617.5	744.2	112.7
辽宁	1 073.2	1 297.7	111.7	869.8	1 060.7	111.7	2 577.6	3 216.3	117.4
吉林	424.1	514.8	113.0	357.4	434.5	112.7	957.5	1 168.6	114.0
黑龙江	733.8	855.9	106.6	617.6	702.7	106.0	1 505.9	1 725.7	107.9
上海	857.7	1 065.9	114.9	696.9	881.0	117.0	2 403.2	2 999.9	118.8
江苏	1 472.2	1 977.9	126.5	1 267.9	1 697.0	128.2	4 273.1	6 069.7	141.4
浙江	983.5	1 220.7	118.9	856.0	1 071.1	120.3	2 539.1	3 345.5	128.5
安徽	600.2	724.9	117.4	506.5	665.4	124.0	1 294.8	1 703.5	123.9
福建	557.8	705.2	120.4	459.8	590.0	122.3	1 118.5	1 504.6	128.9
江西	461.3	558.0	115.4	390.7	465.9	114.4	912.6	1 145.2	119.4
山东	1 595.0	1 980.0	119.5	1 376.3	1 685.6	118.2	3 932.3	5 141.2	125.5
河南	993.1	1 213.2	113.7	836.1	1 017.3	114.2	2 139.6	2 667.7	118.7
湖北	858.5	1 003.6	112.1	706.2	823.3	112.3	1 813.1	2 143.2	113.4
湖南	785.8	920.1	112.3	651.4	767.4	109.9	1 503.8	1 863.0	116.0
广东	1 780.6	2 293.5	122.0	1 380.3	1 793.6	123.2	3 890.1	5 340.4	130.7
广西	453.0	572.3	118.3	380.4	483.8	121.6	839.5	1 111.6	126.9
海南	107.9	141.7	123.3	87.7	111.1	121.9	184.3	250.3	128.6
四川	1 284.4	1 492.4	112.9	1 064.5	1 263.9	112.4	2 591.8	3 222.1	117.8
贵州	289.4	331.7	109.2	239.5	270.5	106.2	498.9	585.1	109.3
云南	432.9	510.0	110.9	381.1	446.7	109.6	746.1	912.3	114.4
西藏	30.5	33.3	107.1	25.9	28.2	105.8	45.7	49.5	105.6
陕西	428.8	494.5	108.7	343.6	398.9	110.8	860.0	1 000.1	111.2
甘肃	255.8	301.9	109.7	225.8	265.8	110.0	552.8	653.3	112.8
青海	72.6	84.3	107.4	52.9	62.4	107.1	118.7	141.9	110.4
宁夏	68.5	78.6	107.5	52.5	60.4	106.9	133.0	158.7	109.9
新疆	311.7	382.3	113.1	252.4	292.1	109.8	576.7	695.4	113.9

注:本表绝对值按当年价格计算,发展速度按可比价格计算。

附录—6 各地区国内生产总值

(1991)

单位:亿元

地区	国内生产总值	第一产业	第二产业	#工业	#建筑业	第三产业	#运输业	#商业	人均国内生产总值(元)
北京	598.9	45.53	291.53	255.59	35.94	261.84	29.61	65.65	5 781
天津	342.75	29.26	194.41	177.56	16.85	119.08	26.99	27.64	3 944
河北	959.57	236.89	459.91	417.17	42.74	262.77	55.18	56.19	1 545
山西	431.55	68.77	236.28	210.81	25.47	126.5	26.28	23.68	1 467
内蒙古	320.99	117.19	124.03	102.74	21.29	79.77	25.47	6.58	1 466
辽宁	1 073.24	180.82	590.1	526.81	63.29	302.32	65.79	65.09	2 707
吉林	424	120.47	203.03	181.72	21.31	100.5	25.48	5.37	1 718
黑龙江	734.69	150.18	413.34	369.52	43.82	171.17	41.72	24.9	2 099
上海	857.71	33.36	551.34	515.49	35.85	273.01	70.34	56.24	6 675
江苏	1 471.05	345.14	793.92	725.83	68.09	331.99	74.6	73.07	2 143
浙江	983.54	245.22	494.11	438.36	55.75	244.21	45.66	76.91	2 310
安徽	600.13	190.48	280.28	245.34	34.94	129.37	26.17	15.63	1 052
福建	547.42	170.79	217.74	188.29	29.45	158.89	30.61	36.1	1 803
江西	465.1	183.27	154.77	135.82	18.95	127.06	18.2	15.49	1 212
山东	1 596.88	521.85	745.9	663.9	82	329.13	47.38	44.61	1 876
河南	993.08	334.61	388.09	336.26	51.83	270.38	51.47	56.22	1 141
湖北	856.85	279.3	359.86	327.5	32.36	217.69	44	60.11	1 584
湖南	785.83	301.02	281.95	242.96	38.99	202.86	40.22	45.48	1 280
广东	1 780.56	416	749.65	647.05	102.6	614.91	113.51	127.72	2 823
广西	453.04	192.68	141.03	123.66	17.37	119.33	21.6	25.28	1 058
海南	107.93	50.22	24.65	14.86	9.79	33.06	6.32	5.08	1 645
四川	1 281.1	452.15	493.75	413.79	79.96	335.2	47.97	105.75	1 180
贵州	289.76	115.71	102	88.96	13.04	72.05	12.57	16.68	890
云南	432.86	169.48	179.56	162.32	17.24	83.82	11.82	26.38	1 147
西藏	30.53	15.5	4.17	2.27	1.9	10.86	1.73	2.86	1 388
陕西	427.9	116.88	185.9	157.4	28.5	125.12	31.55	12.22	1 292
甘肃	255.45	66.55	111.91	97.19	14.72	76.99	13.36	33.7	1 133
青海	72.58	17.96	29.84	23.49	6.35	24.78	3.72	6.67	1 592
宁夏	68.49	17.9	27.77	23.12	4.65	22.82	4.74	3.91	1 451
新疆	311.72	111.86	107.99	84.07	23.92	91.87	19.92	22.47	2 047

注:本表按当年价格计算。

附录—7 各地区国内生产总值指数

（1991 年，以上年为 100）

地　区	国　内 生产总值	第一产业	第二产业	第三产业
北　京	107.5	103.6	107.7	108.1
天　津	106.0	108.2	104.8	107.5
河　北	109.0	102.5	110.0	114.4
山　西	103.3	87.4	106.3	109.0
内蒙古	107.5	104.0	110.7	108.4
辽　宁	105.5	104.2	104.0	109.5
吉　林	104.8	100.0	105.8	110.4
黑龙江	103.9	93.1	104.3	117.6
上　海	107.0	100.4	106.8	108.4
江　苏	106.5	96.1	108.3	115.7
浙　江	115.4	106.8	120.0	115.5
安　徽	96.3	77.2	109.8	107.8
福　建	114.7	109.7	122.0	111.2
江　西	108.2	103.5	111.8	112.1
山　东	113.9	114.1	114.0	113.3
河　南	107.0	97.7	113.5	110.6
湖　北	104.5	95.1	111.1	107.8
湖　南	107.8	105.6	108.5	110.5
广　东	117.3	105.4	124.4	117.9
广　西	112.7	108.8	115.9	116.0
海　南	112.4	108.7	120.1	112.6
四　川	107.7	106.4	109.6	106.9
贵　州	109.9	113.3	103.6	114.3
云　南	106.6	101.1	108.9	115.0
西　藏	101.6	96.3	108.6	107.3
陕　西	110.9	106.8	115.2	108.6
甘　肃	106.5	101.6	109.0	107.7
青　海	104.7	101.0	104.3	108.4
宁　夏	105.1	102.6	103.1	109.8
新　疆	113.9	111.2	117.0	114.2

注：本表按可比价格计算。

附录—8 各地区总人口和出生率、死亡率、自然增长率

（1992 年）

地 区	年底总人口（万人）	出生率（‰）	死亡率（‰）	自然增长率（‰）
全 国	**117 171**	**18.24**	**6.64**	**11.60**
北 京	1 102	9.22	6.11	3.11
天 津	920	12.50	6.00	6.50
河 北	6 275	15.33	6.43	8.90
山 西	2 979	19.59	6.94	12.65
内蒙古	2 207	17.07	6.73	10.34
辽 宁	4 016	12.57	6.11	6.46
吉 林	2 532	15.74	6.57	9.17
黑龙江	3 608	16.25	6.12	10.13
上 海	1 345	7.28	6.74	0.54
江 苏	6 911	15.71	6.76	8.95
浙 江	4 236	14.72	6.57	8.15
安 徽	5 834	18.76	6.14	12.62
福 建	3 116	18.18	6.02	12.16
江 西	3 913	19.53	7.07	12.46
山 东	8 610	11.43	6.88	4.55
河 南	8 861	18.13	6.99	11.14
湖 北	5 580	19.05	6.87	12.17
湖 南	6 267	16.70	7.30	9.40
广 东	6 525	19.31	6.17	13.14
广 西	4 380	20.19	7.28	12.91
海 南	686	21.31	6.07	15.24
四 川	10 998	16.27	7.03	9.24
贵 州	3 361	22.40	8.52	13.88
云 南	3 832	21.00	8.00	13.00
西 藏	228	23.63	8.09	15.54
陕 西	3 405	18.85	6.57	12.28
甘 肃	2 314	19.37	6.64	12.73
青 海	461	22.54	8.14	14.40
宁 夏	487	20.11	5.36	14.75
新 疆	1 581	22.80	7.84	14.96

注：1. 本表数字根据 1990 年人口变动情况抽样调查推算。

2. 全国总人口包括现役军人数，各地区均不包括。

3. 全国直接推算的总人口数，与分地区推算的总人口数之和相差 333 万人。

附录—9 各地区各种文化程度人口数

（1990年人口普查资料）　　　　单位：万人

地区	6岁及6岁以上人口数	大学本科	大学专科	中专	高中	初中	小学	不识字或识字很少
全国	**99 408.99**	**613.85**	**961.90**	**1 728.37**	**7 260.38**	**26 338.49**	**42 020.53**	**20 485.48**
北京	986.78	60.39	40.24	48.46	156.87	330.55	244.29	105.97
天津	792.73	18.25	22.78	33.96	105.99	258.29	260.33	93.13
河北	5 295.82	21.12	37.13	76.69	378.78	1 509.42	2 249.16	1 023.52
山西	2 515.35	13.92	25.85	54.25	199.48	841.28	1 027.57	352.99
内蒙古	1 898.73	10.83	20.90	42.97	173.07	546.55	716.68	387.72
辽宁	3 572.96	38.48	63.87	87.20	344.33	1 275.49	1 352.36	411.23
吉林	2 195.10	21.70	31.35	58.79	254.42	650.35	870.45	308.03
黑龙江	3 149.71	23.75	51.60	73.82	339.30	1 002.20	1 200.81	458.23
上海	1 234.01	43.36	43.85	51.46	209.23	421.55	302.73	161.82
江苏	6 003.49	36.79	62.09	90.39	491.93	1 771.40	2 334.04	1 216.85
浙江	3 769.69	18.60	29.95	51.13	239.85	985.02	1 643.73	801.43
安徽	4 930.10	18.53	31.06	59.46	223.52	1 121.91	1 949.54	1 526.09
福建	2 598.46	15.63	21.26	41.88	168.20	507.54	1 298.46	545.49
江西	3 276.08	13.39	23.99	50.93	217.29	711.43	1 534.66	724.40
山东	7 425.49	26.81	55.47	121.78	481.58	2 125.47	3 061.20	1 553.17
河南	7 425.66	21.81	50.74	90.14	515.94	2 269.80	2 971.91	1 505.32
湖北	4 677.01	29.88	54.62	97.91	380.62	1 249.75	1 935.16	929.08
湖南	5 300.94	20.72	48.27	81.82	404.79	1 370.42	2 552.16	822.76
广东	5 454.12	29.43	54.65	86.91	474.57	1 447.82	2 542.56	818.17
广西	3 640.10	12.11	21.34	53.24	234.70	809.43	1 904.27	605.01
海南	567.14	1.99	6.19	10.37	57.55	147.55	226.93	116.57
四川	9 613.98	42.35	60.70	132.68	444.64	2 324.23	4 702.53	1 906.86
贵州	2 808.19	10.34	14.72	38.43	89.07	475.78	1 210.75	969.11
云南	3 223.70	12.00	17.86	46.84	104.77	511.20	1 402.02	1 129.00
西藏	186.31	0.46	0.79	2.43	2.23	8.45	40.79	131.16
陕西	2 831.94	25.44	29.57	53.22	251.94	801.33	1 024.86	645.58
甘肃	1 944.05	10.20	14.53	32.10	143.23	377.16	652.79	714.04
青海	392.21	2.84	3.80	9.72	27.17	79.23	118.25	151.20
宁夏	402.32	2.86	4.64	8.99	28.29	94.38	136.98	126.19
新疆	1 296.84	9.87	18.11	40.41	117.01	313.51	552.55	245.38

注：本表和以下各表中数据相加如果在尾数上与总计数或合计数稍有差异，是由于四舍五入原因。

附录—10 各地区各种文化程度人口比重

（1990年人口普查资料） 单位：%

地区	6岁及6岁以上人口数	大学本科	大学专科	中专	高中	初中	小学	不识字或识字很少
全国	**100.00**	**0.62**	**0.97**	**1.74**	**7.30**	**26.50**	**42.27**	**20.61**
北京	100.00	6.12	4.08	4.91	15.90	33.50	24.76	10.74
天津	100.00	2.30	2.87	4.28	13.37	32.58	32.84	11.75
河北	100.00	0.40	0.70	1.45	7.15	28.50	42.47	19.33
山西	100.00	0.55	1.03	2.16	7.93	33.45	40.85	14.03
内蒙古	100.00	0.57	1.10	2.26	9.12	28.79	37.75	20.42
辽宁	100.00	1.08	1.79	2.44	9.64	35.70	37.85	11.51
吉林	100.00	0.99	1.43	2.68	11.59	29.63	39.65	14.03
黑龙江	100.00	0.75	1.64	2.34	10.77	31.82	38.12	14.55
上海	100.00	3.51	3.55	4.17	16.96	34.16	24.53	13.11
江苏	100.00	0.61	1.03	1.51	8.19	29.51	38.88	20.27
浙江	100.00	0.49	0.79	1.36	6.36	26.13	43.60	21.26
安徽	100.00	0.38	0.63	1.21	4.53	22.76	39.54	30.95
福建	100.00	0.60	0.82	1.61	6.47	19.53	49.97	20.99
江西	100.00	0.41	0.73	1.55	6.63	21.72	46.84	22.11
山东	100.00	0.36	0.75	1.64	6.49	28.62	41.23	20.92
河南	100.00	0.29	0.68	1.21	6.95	30.57	40.02	20.27
湖北	100.00	0.64	1.17	2.09	8.14	26.72	41.38	19.86
湖南	100.00	0.39	0.91	1.54	7.64	25.85	48.15	15.52
广东	100.00	0.54	1.00	1.59	8.70	26.55	46.62	15.00
广西	100.00	0.33	0.59	1.46	6.45	22.24	52.31	16.62
海南	100.00	0.35	1.09	1.83	10.15	26.02	40.01	20.55
四川	100.00	0.44	0.63	1.38	4.62	24.18	48.91	19.83
贵州	100.00	0.37	0.52	1.37	3.17	16.94	43.11	34.51
云南	100.00	0.37	0.55	1.45	3.25	15.86	43.49	35.02
西藏	100.00	0.24	0.42	1.30	1.20	4.54	21.90	70.40
陕西	100.00	0.90	1.04	1.88	8.90	28.30	36.19	22.80
甘肃	100.00	0.52	0.75	1.65	7.37	19.40	33.58	36.73
青海	100.00	0.72	0.97	2.48	6.93	20.20	30.15	38.55
宁夏	100.00	0.71	1.15	2.24	7.03	23.46	34.05	31.36
新疆	100.00	0.76	1.40	3.12	9.02	24.18	42.61	18.92

附录—11 各地区在业人口文化程度

（1990年人口普查资料）　　　　单位：万人

地　区	在业人口数	大学本科	大学专科	中　专	高　中	初　中	小　学	不识字或识字很少
全　国	**64 724.47**	**430.15**	**781.83**	**1 342.44**	**5 824.16**	**20 913.86**	**24 483.38**	**10 948.65**
北　京	622.57	40.48	34.21	38.54	129.01	264.09	93.77	22.45
天　津	499.53	12.38	19.96	27.53	89.02	205.51	123.93	21.20
河　北	3 410.11	15.87	30.88	61.34	320.20	1 259.89	1 230.33	491.62
山　西	1 495.20	10.25	21.49	42.75	152.87	626.25	513.40	128.19
内蒙古	1 119.21	8.12	16.72	33.99	128.21	392.25	357.58	182.33
辽　宁	2 238.09	27.44	54.23	69.52	279.77	1 019.14	690.80	97.20
吉　林	1 286.51	15.25	25.62	46.33	205.26	473.38	431.84	88.83
黑龙江	1 745.02	16.85	42.22	58.55	261.63	706.44	534.05	125.29
上　海	805.85	27.07	36.90	41.75	176.56	335.56	131.76	56.30
江　苏	4 186.80	25.14	51.13	70.17	416.32	1 473.45	1 453.04	697.54
浙　江	2 457.54	13.40	25.05	39.70	187.70	776.98	1 034.78	379.94
安　徽	3 346.57	13.63	25.79	46.11	172.39	895.47	1 161.29	1 031.89
福　建	1 495.51	11.56	17.00	32.35	130.25	369.74	703.85	230.75
江　西	2 044.48	9.77	19.90	41.01	165.34	523.67	910.44	374.35
山　东	5 077.21	19.52	46.42	93.15	404.45	1 766.26	1 900.29	847.12
河　南	5 019.15	16.48	41.36	67.76	433.10	1 904.77	1 668.38	887.30
湖　北	3 156.96	19.15	43.64	73.87	320.91	1 031.34	1 145.74	522.31
湖　南	3 489.74	14.43	37.19	60.87	327.15	1 099.40	1 554.68	396.02
广　东	3 365.72	21.31	43.21	64.88	383.36	1 148.74	1 422.13	282.08
广　西	2 292.56	9.17	16.57	39.36	194.89	645.41	1 123.41	263.76
海　南	333.53	1.50	4.94	8.32	44.87	111.45	104.23	58.22
四　川	6 854.37	29.21	47.49	104.63	339.50	1 874.90	3 303.57	1 155.07
贵　州	1 801.25	8.00	11.54	29.95	63.86	358.38	690.88	638.63
云　南	2 104.80	8.55	13.43	36.03	74.28	384.37	844.58	743.58
西　藏	110.89	0.40	0.67	1.96	1.64	6.14	25.89	74.19
陕　西	1 810.17	16.35	22.63	42.47	198.53	643.98	540.98	345.22
甘　肃	1 317.36	7.26	11.42	24.04	112.20	281.85	376.16	504.45
青　海	241.25	2.23	3.23	7.73	17.22	55.50	57.82	97.53
宁　夏	240.88	2.28	3.63	7.21	18.51	66.47	63.87	78.92
新　疆	755.65	7.07	13.38	30.58	75.20	213.14	289.93	126.35

附录—12 各地区在业人口文化程度构成

（1990年人口普查资料）　　单位：%

地　区	在业人口数	大学本科	大学专科	中　专	高　中	初　中	小　学	不识字或识字很少
全　国	**100.00**	**0.66**	**1.21**	**2.07**	**9.00**	**32.31**	**37.83**	**16.92**
北　京	100.00	6.50	5.50	6.19	20.72	42.42	15.06	3.61
天　津	100.00	2.48	3.99	5.51	17.82	41.14	24.81	4.24
河　北	100.00	0.47	0.91	1.80	9.39	36.95	36.08	14.42
山　西	100.00	0.69	1.44	2.86	10.22	41.88	34.34	8.57
内蒙古	100.00	0.73	1.49	3.04	11.46	35.05	31.95	16.29
辽　宁	100.00	1.23	2.42	3.11	12.50	45.54	30.87	4.34
吉　林	100.00	1.19	1.99	3.60	15.95	36.80	33.57	6.90
黑龙江	100.00	0.97	2.42	3.36	14.99	40.48	30.60	7.18
上　海	100.00	3.36	4.58	5.18	21.91	41.63	16.35	6.99
江　苏	100.00	0.60	1.22	1.68	9.94	35.19	34.71	16.66
浙　江	100.00	0.55	1.02	1.62	7.64	31.62	42.11	15.46
安　徽	100.00	0.41	0.77	1.38	5.15	26.76	34.70	30.83
福　建	100.00	0.77	1.14	2.16	8.71	24.72	47.06	15.43
江　西	100.00	0.48	0.97	2.01	8.09	25.61	44.53	18.31
山　东	100.00	0.38	0.91	1.83	7.97	34.79	37.43	16.68
河　南	100.00	0.33	0.82	1.35	8.63	37.95	33.24	17.68
湖　北	100.00	0.61	1.38	2.34	10.17	32.67	36.29	16.54
湖　南	100.00	0.41	1.07	1.74	9.37	31.50	44.55	11.35
广　东	100.00	0.63	1.28	1.93	11.39	34.13	42.25	8.38
广　西	100.00	0.40	0.72	1.72	8.50	28.15	49.00	11.50
海　南	100.00	0.45	1.48	2.49	13.45	33.42	31.25	17.46
四　川	100.00	0.43	0.69	1.53	4.95	27.35	48.20	16.85
贵　州	100.00	0.44	0.64	1.66	3.55	19.90	38.36	35.46
云　南	100.00	0.41	0.64	1.71	3.53	18.26	40.13	35.33
西　藏	100.00	0.36	0.61	1.77	1.48	5.53	23.35	66.90
陕　西	100.00	0.90	1.25	2.35	10.97	35.58	29.89	19.07
甘　肃	100.00	0.55	0.87	1.82	8.52	21.39	28.55	38.29
青　海	100.00	0.92	1.34	3.21	7.14	23.00	23.97	40.43
宁　夏	100.00	0.95	1.51	2.99	7.68	27.59	26.52	32.76
新　疆	100.00	0.94	1.77	4.05	9.95	28.21	38.37	16.72

附录—13 各地区分行业社会劳动者人数

（1992年底）

单位：万人

地区	合计	农、林、牧、渔、水利业	工业	地质普查和勘探业	建筑业	交通运输、邮电通讯业	商业、公共饮食业、物资供销和仓储业
全国	**59 431.5**	**34 854.9**	**10 219.2**	**100.1**	**2 701.6**	**1 572.7**	**3 311.8**
北京	668.6	84.6	206.8	0.6	72.8	26.3	82.6
天津	472.1	92.5	202.6	2.6	30.8	21.8	47.8
河北	3 179.3	1 874.7	555.4	10.5	167.1	91.0	158.4
山西	1 402.7	646.6	334.4	1.8	71.4	65.7	90.0
内蒙古	979.4	532.3	176.0	2.4	42.0	31.9	75.3
辽宁	1 954.1	657.2	649.8	6.2	122.2	76.2	193.3
吉林	1 224.5	591.3	284.7	5.0	49.7	39.4	112.4
黑龙江	1 477.1	547.8	464.5	6.1	75.7	56.7	149.9
上海	764.1	72.3	400.3	0.4	34.2	33.3	71.7
江苏	3 729.4	1 730.4	979.3	3.3	241.4	132.3	195.6
浙江	2 625.2	1 352.4	614.3	1.1	108.7	76.6	140.6
安徽	2 982.7	2 013.1	360.1	2.5	121.4	66.0	143.8
福建	1 489.9	839.0	245.8	1.4	80.9	48.0	88.5
江西	1 870.3	1 177.2	291.1	3.4	60.0	35.0	89.8
山东	4 405.1	2 644.6	760.5	2.1	240.6	106.9	220.0
河南	4 386.6	2 965.0	537.5	9.3	186.5	98.3	215.2
湖北	2 567.0	1 512.9	425.0	3.0	101.9	71.3	158.5
湖南	3 308.8	2 287.3	382.3	3.3	105.9	64.0	142.6
广东	3 397.0	1 583.2	674.8	3.2	215.3	111.5	270.4
广西	2 217.4	1 627.9	172.7	2.1	62.2	40.4	87.1
海南	321.2	215.0	23.0	0.2	11.1	9.2	26.6
四川	6 202.5	4 332.1	660.7	8.2	236.8	97.2	241.1
贵州	1 741.8	1 359.0	140.3	2.2	34.9	23.2	49.5
云南	2 065.2	1 607.0	145.5	2.8	52.6	39.0	60.5
西藏	111.0	87.7	2.9	0.3	1.9	2.9	4.3
陕西	1 699.6	1 069.1	242.5	3.1	78.0	44.3	80.9
甘肃	1 112.7	708.4	139.5	2.9	47.6	27.6	50.2
青海	216.0	130.6	28.1	2.8	11.4	8.2	11.4
宁夏	224.4	138.7	33.0	1.3	8.2	6.8	10.9
新疆	635.7	375.4	85.5	5.6	27.2	21.7	42.2

附录—13　续表　　(1992年底)　　单位:万人

地区	房地产管理、公用事业、居民服务和咨询服务业	卫生、体育和社会福利事业	教育、文化艺术和广播电视事业	科学研究和综合技术服务事业	金融、保险业	国家机关、政党机关和社会团体	其他
全国	**697.3**	**564.4**	**1 521.7**	**182.8**	**248.0**	**1 148.0**	**2 312.8**
北京	43.3	14.7	42.8	26.5	4.8	36.5	26.5
天津	14.1	8.4	21.2	5.0	3.0	14.7	7.5
河北	21.8	26.2	71.7	5.8	15.1	64.2	117.2
山西	17.6	16.5	47.8	4.1	8.6	48.6	49.7
内蒙古	12.2	11.4	37.1	3.1	6.5	30.2	19.0
辽宁	42.9	25.7	62.5	9.9	13.0	53.4	41.5
吉林	19.6	16.0	43.9	4.5	7.8	33.0	17.4
黑龙江	32.6	21.2	56.6	6.0	8.8	42.5	8.4
上海	39.7	16.2	34.5	12.3	4.3	18.5	26.3
江苏	38.9	35.2	97.6	10.1	13.6	64.6	187.0
浙江	88.6	20.2	45.7	4.2	9.9	41.3	121.4
安徽	21.2	21.9	62.3	4.1	8.4	34.3	123.7
福建	14.7	14.6	42.2	2.6	6.7	28.7	76.7
江西	25.4	16.7	48.3	4.7	6.9	36.2	75.6
山东	27.6	42.5	105.0	6.9	15.8	68.4	164.3
河南	22.0	37.8	99.3	6.1	14.6	64.3	130.6
湖北	25.4	31.2	76.4	7.9	12.8	56.2	84.5
湖南	19.3	24.9	67.5	5.6	11.0	50.2	144.8
广东	50.3	33.5	79.4	7.3	19.5	70.6	278.2
广西	14.3	16.1	54.7	3.8	7.2	35.2	93.7
海南	5.2	2.8	8.2	1.3	1.9	8.6	7.9
四川	39.4	43.6	115.8	16.4	16.4	81.1	313.7
贵州	9.7	10.2	36.0	2.2	4.8	26.4	43.2
云南	9.4	13.9	46.0	4.1	6.5	39.4	38.4
西藏	1.1	1.5	2.4	0.4	0.3	4.3	1.1
陕西	14.2	17.8	47.3	9.6	7.6	41.0	44.0
甘肃	11.7	9.7	26.9	3.6	4.6	20.6	59.4
青海	2.0	2.6	6.5	0.9	1.4	6.1	3.8
宁夏	3.0	2.5	7.6	0.9	1.4	5.6	4.4
新疆	8.7	8.7	27.2	2.8	4.8	23.1	2.9

附录—14 各地区分行业职工人数

(1992年底)　　单位:万人

地　区	合　计	农、林、牧、渔、水利业	工　业	地质普查和勘探业	建筑业	交通运输、邮电通讯业	商业、公共饮食业、物资供销和仓储业
全　国	**14 792.0**	**817.9**	**6 621.4**	**100.1**	**1 035.9**	**818.9**	**1 946.4**
北　京	476.6	10.0	154.2	0.6	62.0	19.4	67.0
天　津	294.0	4.1	149.2	2.6	22.2	14.9	38.1
河　北	688.4	21.1	315.2	10.5	58.1	37.1	85.5
山　西	462.3	7.7	229.1	1.8	34.2	26.3	56.1
内蒙古	392.7	37.4	156.7	2.4	31.3	24.0	53.9
辽　宁	1 045.2	45.7	547.6	6.2	87.1	49.3	129.5
吉　林	541.5	25.5	255.8	5.0	38.8	27.7	81.2
黑龙江	880.3	82.3	427.9	6.1	64.4	45.2	108.2
上　海	511.2	6.2	275.4	0.4	28.2	29.8	60.4
江　苏	904.1	38.7	453.4	3.3	42.8	55.8	121.8
浙　江	491.4	13.9	235.9	1.1	30.3	28.5	67.7
安　徽	507.6	20.7	225.4	2.5	39.6	31.0	74.0
福　建	340.8	15.6	151.3	1.4	22.8	21.3	38.8
江　西	408.4	41.0	176.0	3.4	22.9	20.7	49.5
山　东	837.8	17.2	419.8	2.1	37.3	39.4	122.4
河　南	746.2	18.4	333.9	9.3	35.7	40.5	126.3
湖　北	731.9	60.7	311.7	3.0	42.2	43.2	103.1
湖　南	579.7	45.7	245.2	3.3	32.7	34.1	76.9
广　东	858.1	41.7	362.5	3.2	60.3	52.6	131.9
广　西	334.0	25.4	119.9	2.1	21.7	22.2	38.2
海　南	111.8	48.3	17.4	0.2	5.1	4.6	12.3
四　川	982.6	21.5	439.8	8.2	78.2	57.8	128.8
贵　州	235.8	7.1	93.2	2.2	23.7	12.6	25.5
云　南	308.1	25.8	103.8	2.8	21.9	18.9	35.2
西　藏	16.8	1.1	2.0	0.3	1.2	2.0	1.5
陕　西	394.6	9.5	178.8	3.1	33.1	20.2	45.2
甘　肃	252.0	11.8	112.0	2.9	20.1	14.6	29.3
青　海	67.8	4.0	23.5	2.8	8.6	4.7	6.6
宁　夏	71.9	7.3	29.0	1.3	5.0	3.4	6.9
新　疆	318.3	102.9	75.6	5.6	24.3	17.1	24.7

附录—14 续表 (1992年底) 单位:万人

地区	房地产管理、公用事业、居民服务和咨询服务业	卫生、体育和社会福利事业	教育、文化艺术和广播电视事业	科学研究和综合技术服务事业	金融、保险业	国家机关、政党机关和社会团体
全国	**439.7**	**420.9**	**1 212.4**	**159.2**	**222.9**	**996.1**
北京	41.1	13.8	42.0	26.3	4.6	35.7
天津	13.0	7.7	20.7	4.8	2.9	13.8
河北	15.5	16.8	54.9	4.4	11.9	57.3
山西	12.0	11.6	36.8	3.2	7.1	36.5
内蒙古	8.3	9.7	31.0	2.7	6.3	29.0
辽宁	36.0	22.2	54.1	9.4	12.3	45.5
吉林	15.7	14.2	38.2	4.2	7.5	27.9
黑龙江	26.8	18.5	46.2	5.5	8.3	40.6
上海	31.3	14.8	33.5	10.6	4.3	16.2
江苏	24.2	24.7	79.1	7.9	11.8	40.4
浙江	15.2	16.2	39.6	3.2	9.1	30.6
安徽	12.5	14.7	44.8	3.2	7.5	31.7
福建	8.9	10.3	36.0	2.0	6.0	26.3
江西	7.2	11.9	36.7	3.5	6.2	29.5
山东	19.6	26.8	72.1	5.2	13.5	62.4
河南	16.1	24.3	62.0	5.7	13.5	60.3
湖北	18.0	24.3	57.5	6.5	11.2	50.5
湖南	10.1	18.5	53.2	4.6	9.2	46.1
广东	36.4	24.7	61.8	5.7	17.4	60.1
广西	8.6	11.6	44.7	3.2	6.5	29.9
海南	3.4	2.4	7.5	1.3	1.8	7.5
四川	21.2	30.9	95.2	13.9	15.0	72.0
贵州	5.6	7.6	27.4	2.0	4.4	24.4
云南	6.3	10.3	39.8	3.3	6.1	33.9
西藏	0.7	1.1	2.1	0.3	0.3	4.2
陕西	10.0	12.0	35.9	9.1	6.4	31.2
甘肃	5.9	6.9	21.1	3.3	4.4	19.7
青海	1.4	2.2	5.8	0.8	1.4	5.9
宁夏	2.4	2.1	6.9	0.8	1.4	5.4
新疆	6.1	7.9	25.5	2.5	4.6	21.4

附录—15 各地区分行业职工平均工资

（1992年）　　　　单位:元

地区	合计	农、林、牧、渔、水利业	工业	地质普查和勘探业	建筑业	交通运输、邮电通讯业	商业、公共饮食业、物资供销和仓储业
全国	**2 711**	**1 898**	**2 774**	**3 586**	**3 087**	**3 261**	**2 221**
北京	3 402	2 573	3 518	3 612	3 581	4 007	3 391
天津	3 118	2 430	3 116	3 692	3 251	3 931	2 899
河北	2 485	1 782	2 539	4 016	2 818	3 003	1 824
山西	2 530	1 937	2 727	2 842	2 940	3 015	1 773
内蒙古	2 339	1 783	2 357	2 851	2 894	3 173	1 738
辽宁	2 715	1 612	2 704	3 577	3 279	3 433	2 154
吉林	2 308	1 708	2 270	3 146	2 890	2 975	1 794
黑龙江	2 295	1 521	2 326	3 496	2 761	2 917	1 839
上海	4 273	3 770	4 317	5 923	4 448	5 079	4 261
江苏	2 800	2 112	2 883	3 530	3 164	3 148	2 341
浙江	2 884	2 788	2 827	3 672	3 190	3 451	2 527
安徽	2 264	1 717	2 360	2 955	2 625	2 420	1 630
福建	2 777	1 920	2 856	3 344	3 150	3 232	2 231
江西	2 154	1 599	2 167	2 846	2 535	2 596	1 701
山东	2 601	2 272	2 653	3 160	2 985	3 261	2 007
河南	2 269	1 850	2 374	3 365	2 585	2 767	1 564
湖北	2 370	1 684	2 430	3 355	2 843	2 856	1 949
湖南	2 526	1 804	2 551	3 042	2 807	2 924	2 202
广东	4 027	2 730	4 178	4 303	4 627	4 762	3 358
广西	2 634	2 066	2 669	3 155	2 970	3 054	2 349
海南	2 720	1 661	3 237	5 357	4 828	4 234	2 795
四川	2 458	2 008	2 528	3 414	2 731	2 651	1 905
贵州	2 406	1 858	2 683	2 942	2 400	2 711	1 783
云南	2 686	1 967	2 876	3 326	2 985	3 134	2 410
西藏	3 448	3 211	3 355	5 788	3 610	3 530	3 209
陕西	2 434	2 095	2 441	3 148	2 666	3 091	1 808
甘肃	2 902	2 340	2 986	3 546	3 055	3 508	2 271
青海	3 098	2 665	2 905	5 043	3 054	3 739	2 457
宁夏	2 722	1 872	2 925	4 105	2 893	3 368	2 100
新疆	2 742	1 878	2 897	4 959	3 058	3 806	2 765

附录—15 续表 (1992年) 单位:元

地区	房地产管理、公用事业、居民服务和咨询服务业	卫生、体育和社会福利事业	教育、文化艺术和广播电视事业	科学研究和综合技术服务事业	金融、保险业	国家机关、政党机关和社会团体
全国	**2 891**	**2 812**	**2 715**	**3 115**	**2 829**	**2 768**
北京	3 528	3 474	3 066	3 263	2 874	2 913
天津	2 980	3 368	2 906	3 212	3 246	2 983
河北	2 294	2 526	2 568	2 711	2 219	2 471
山西	1 948	2 307	2 364	2 507	2 283	2 313
内蒙古	2 022	2 552	2 494	2 567	2 552	2 503
辽宁	2 777	2 866	2 921	3 068	3 100	3 037
吉林	2 190	2 458	2 543	2 692	2 429	2 551
黑龙江	2 177	2 479	2 568	2 708	2 815	2 591
上海	4 409	3 621	3 542	4 193	4 141	3 879
江苏	2 851	2 881	2 707	3 277	2 913	2 960
浙江	2 940	3 081	2 943	3 074	2 966	3 049
安徽	2 042	2 359	2 428	2 774	2 410	2 474
福建	3 094	2 787	2 776	3 074	2 889	2 798
江西	2 085	2 410	2 420	2 288	2 713	2 395
山东	2 460	2 874	2 676	2 818	2 623	2 630
河南	2 105	2 288	2 447	2 771	2 331	2 399
湖北	2 312	2 512	2 564	2 725	2 570	2 458
湖南	2 647	2 728	2 680	2 831	2 720	2 765
广东	4 886	4 086	3 708	4 136	4 290	4 022
广西	2 496	2 889	2 514	2 829	2 606	2 860
海南	3 814	4 156	3 684	2 929	3 909	3 800
四川	2 320	2 488	2 356	3 165	2 513	2 595
贵州	1 990	2 288	2 188	2 739	2 337	2 315
云南	2 464	2 818	2 520	3 002	2 847	2 581
西藏	2 970	3 650	3 470	3 549	3 761	3 379
陕西	2 081	2 435	2 631	2 985	2 448	2 386
甘肃	2 365	2 789	3 093	3 096	3 015	2 903
青海	2 302	3 318	3 241	3 496	3 319	3 332
宁夏	2 178	2 874	2 721	2 757	2 852	2 809
新疆	2 683	3 352	3 247	3 544	3 482	3 420

附录—16 各地区全社会固定资产投资

（1992 年）

单位：亿元

地区	投资总额	国有单位	#基本建设	#更新改造	#其他固定资产投资	集体单位	城乡个人
全国	**7 854.98**	**5 273.64**	**3 012.65**	**1 461.10**	**293.81**	**1 359.35**	**1 221.99**
北京	263.38	227.80	114.88	72.91	6.32	26.94	8.64
天津	174.41	137.81	80.14	45.72	7.36	28.89	7.71
河北	322.19	200.39	113.31	71.69	4.07	54.08	67.72
山西	162.79	131.99	88.19	36.80	1.81	15.63	15.17
内蒙古	138.55	113.05	81.96	25.14	2.13	6.50	19.00
辽宁	431.04	360.38	170.92	115.28	28.51	39.94	30.72
吉林	151.30	121.67	62.08	34.01	11.25	8.46	21.17
黑龙江	244.29	215.87	104.33	44.36	47.29	6.81	21.61
上海	356.39	275.60	129.60	126.77	6.52	62.25	18.54
江苏	740.32	280.61	148.45	93.73	8.01	296.39	163.32
浙江	443.80	155.33	79.03	48.30	3.76	140.36	148.11
安徽	189.01	121.14	66.51	43.92	3.51	24.92	42.95
福建	194.70	123.99	70.86	29.40	2.35	22.04	48.67
江西	123.92	82.33	41.56	30.37	2.76	13.20	28.39
山东	597.55	342.74	174.28	85.84	45.14	184.00	70.81
河南	310.32	189.15	101.03	58.56	20.78	41.13	80.04
湖北	245.17	177.95	109.49	52.06	3.85	28.49	38.73
湖南	234.40	146.40	87.58	49.17	2.24	30.61	57.39
广东	938.51	600.98	336.38	128.57	10.46	204.08	133.45
广西	140.22	92.68	52.21	34.17	1.76	15.40	32.14
海南	87.04	79.42	43.36	5.31	0.52	3.98	3.64
四川	401.94	280.88	160.22	84.46	18.55	49.15	71.91
贵州	68.53	57.92	34.36	19.99	1.29	2.68	7.93
云南	148.28	101.53	61.43	32.21	3.37	20.65	26.10
西藏	14.63	11.89	11.85	0.04	0.00	0.16	2.58
陕西	133.16	93.17	51.11	33.40	3.21	13.01	26.98
甘肃	83.85	66.23	39.22	21.61	2.44	6.32	11.30
青海	30.56	27.45	17.68	3.67	5.52	1.03	2.08
宁夏	33.60	26.25	16.60	7.96	0.12	2.96	4.39
新疆	171.77	151.66	105.47	21.74	22.05	9.31	10.80
不分地区	279.37	279.37	258.56	3.95	16.87		

附录—17 各地区按国民经济行业分的基本建设投资

(1992年)

单位:亿元

地区	合计	农、林、牧、渔、水利业	工业	地质普查和勘探业	建筑业	交通运输、邮电通讯业	商业、公共饮食业、物资供销和仓储业
全国	**3 012.65**	**112.70**	**1 458.31**	**10.35**	**23.25**	**448.25**	**145.83**
北京	114.88	0.29	31.19	0.09	2.43	13.97	4.75
天津	80.14	0.80	64.18	0.03	0.58	5.26	3.70
河北	113.31	2.77	61.64	6.35	1.11	7.27	6.87
山西	88.19	2.66	63.34	0.07	0.55	11.76	2.16
内蒙古	81.96	2.20	49.98	0.17	0.28	12.91	4.83
辽宁	170.92	4.79	97.91	0.23	2.46	11.69	11.30
吉林	62.08	1.40	40.24	0.09	0.52	2.86	4.16
黑龙江	104.33	6.15	56.75	0.16	0.76	9.37	9.18
上海	129.60	3.46	59.62	0.14	0.43	7.43	3.73
江苏	148.45	3.49	68.73	0.09	0.67	23.75	9.92
浙江	79.03	4.82	33.88	0.16	0.58	9.40	8.69
安徽	66.51	5.07	38.29	0.12	0.43	7.55	2.21
福建	70.86	2.04	32.76	0.10	2.05	9.50	3.08
江西	41.56	2.47	20.91	0.12	0.10	6.10	1.94
山东	174.28	5.46	86.49	0.06	0.36	31.36	8.64
河南	101.03	10.37	59.29	0.22	0.75	6.61	6.70
湖北	109.49	4.95	62.18	0.06	1.04	15.56	6.12
湖南	87.58	5.60	40.94	0.21	0.73	7.14	7.40
广东	336.38	6.65	136.46	0.13	1.93	103.54	9.52
广西	52.21	2.51	21.38	0.05	0.68	8.05	2.96
海南	43.36	3.08	11.37	0.04	0.30	6.81	3.09
四川	160.22	6.94	84.43	0.13	1.38	15.54	10.21
贵州	34.36	0.86	22.60	0.54	0.18	1.81	1.80
云南	61.43	3.00	27.48	0.30	0.36	10.59	3.51
西藏	11.85	0.79	3.98	0.09	0.04	3.89	0.47
陕西	51.11	2.00	29.67	0.21	0.90	2.88	3.16
甘肃	39.22	3.84	24.53	0.02	0.80	2.74	1.07
青海	17.68	1.40	11.99	0.11	0.06	1.66	0.55
宁夏	16.60	1.48	8.16	0.06	0.14	2.29	1.05
新疆	105.47	7.02	77.17	0.19	0.63	6.38	3.06
不分地区	258.56	4.34	30.76			82.59	

附录—17 续表 (1992年) 单位:亿元

地区	房地产管理、公用事业、居民服务和咨询服务业	卫生、体育和社会福利事业	教育、文化艺术和广播电视事业	科学研究和综合技术服务事业	金融、保险业	国家机关、政党机关和社会团体	其他行业
全国	**210.41**	**45.56**	**151.34**	**31.56**	**32.21**	**141.65**	**201.24**
北京	17.94	3.30	13.62	9.67	0.58	12.59	4.46
天津	0.61	0.84	2.13	0.33	0.05	0.97	0.66
河北	7.76	1.97	6.45	0.72	1.80	5.77	2.83
山西	0.77	0.81	3.10	0.37	0.56	1.80	0.25
内蒙古	2.74	0.58	2.76	0.34	1.16	3.05	0.94
辽宁	14.50	2.68	9.02	2.33	2.34	8.11	3.57
吉林	2.65	0.69	3.82	0.35	1.23	3.44	0.61
黑龙江	4.58	0.90	4.30	0.29	1.94	8.17	1.79
上海	40.90	1.79	6.10	1.56	0.52	2.20	1.71
江苏	12.43	2.77	9.01	0.69	1.20	8.06	7.64
浙江	6.50	2.64	5.82	0.36	0.75	4.85	0.58
安徽	3.91	0.84	3.04	1.73	0.77	2.42	0.11
福建	7.30	1.34	3.92	0.18	0.83	3.99	3.76
江西	1.47	0.77	2.57	0.13	0.83	2.60	1.55
山东	7.31	3.12	11.20	0.56	2.18	8.80	8.75
河南	3.37	1.79	4.22	0.65	1.03	4.19	1.84
湖北	3.23	2.01	6.52	0.95	1.42	4.87	0.57
湖南	6.60	2.28	6.36	0.67	1.90	6.86	0.89
广东	30.20	4.53	14.71	0.98	1.21	13.26	13.26
广西	3.58	1.42	4.38	0.28	1.17	5.11	0.63
海南	11.43	0.83	2.26	0.05	2.05	1.72	0.31
四川	9.98	2.59	11.13	3.43	2.14	10.79	1.52
贵州	1.25	0.49	1.54	0.30	0.48	2.44	0.06
云南	3.63	1.48	3.78	0.69	1.14	5.22	0.26
西藏	0.21	0.12	0.63	0.13	0.26	1.16	0.08
陕西	1.04	0.94	3.61	2.67	1.04	2.41	0.56
甘肃	1.58	0.40	1.74	0.52	0.38	1.44	0.17
青海	0.26	0.26	0.56	0.08	0.12	0.63	0.01
宁夏	0.55	0.29	0.60	0.06	0.27	0.85	0.79
新疆	2.11	1.06	2.43	0.47	0.83	3.90	0.22
不分地区							140.87

附录—18　各地区基本建设施工、投产项目个数和新增固定资产

（1992 年）

地　区	施工项目（个）	#新开工	全部建成投产项目（个）	项目建成投产率（%）	新增固定资产（亿元）	固定资产交付使用率（%）
全　国	**90 609**	**56 364**	**50 633**	**55.9**	**1 975.00**	**65.6**
北　京	1 181	398	326	27.6	67.38	58.7
天　津	543	280	282	51.9	36.06	45.0
河　北	4 227	2 880	2 491	58.9	89.34	78.8
山　西	1 860	819	790	42.5	57.98	65.7
内蒙古	2 065	1 396	1 179	57.1	54.00	65.9
辽　宁	3 269	1 971	1 703	52.1	114.33	66.9
吉　林	1 472	1 036	921	62.6	39.90	64.3
黑龙江	2 644	1 985	1 825	69.0	81.84	78.4
上　海	1 007	472	326	32.4	98.48	76.0
江　苏	4 031	2 448	2 376	58.9	99.73	67.2
浙　江	5 277	3 414	2 900	55.0	46.27	58.5
安　徽	2 771	1 504	1 508	54.4	45.93	69.1
福　建	3 126	1 799	1 561	49.9	32.81	46.3
江　西	2 566	1 625	1 500	58.5	30.81	74.1
山　东	4 528	2 899	2 474	54.6	113.38	65.1
河　南	3 463	2 296	2 236	64.6	74.55	73.8
湖　北	5 317	3 425	3 252	61.2	52.39	47.9
湖　南	5 735	3 659	3 156	55.0	73.16	83.5
广　东	4 553	2 493	2 264	49.7	206.01	61.2
广　西	4 520	3 056	2 532	56.0	32.60	62.4
海　南	1 170	726	763	65.2	30.53	70.4
四　川	7 997	4 827	4 404	55.1	104.74	65.4
贵　州	2 874	1 709	1 595	55.5	17.92	52.1
云　南	4 701	3 133	2 693	57.3	35.74	58.2
西　藏	746	665	620	83.1	11.20	94.5
陕　西	2 556	1 375	1 213	47.5	45.10	88.2
甘　肃	1 628	876	843	51.8	27.45	70.0
青　海	867	598	590	68.1	12.52	70.8
宁　夏	805	566	503	62.5	17.43	105.0
新　疆	3 059	2 028	1 800	58.8	67.70	64.2
不分地区	51	6	7	11.8	157.72	61.0

附录—19 各地区按国民经济行业分的更新改造投资

（1992年）　　　　单位：亿元

地区	合计	农、林、牧、渔、水利业	工业	地质普查和勘探业	建筑业	交通运输、邮电通讯业	商业、公共饮食业、物资供销和仓储业
全国	**1 461.10**	**19.54**	**1 076.67**	**0.46**	**14.20**	**191.01**	**49.88**
北京	72.91	3.46	43.46	0.01	0.61	10.27	4.23
天津	45.72	0.71	26.30		0.75	5.18	2.00
河北	71.69	0.13	64.16	0.04	0.35	5.37	0.50
山西	36.80	0.15	32.84		0.59	1.76	0.24
内蒙古	25.14	0.05	19.09	0.04	0.30	4.03	0.75
辽宁	115.28	0.43	89.68	0.01	1.72	15.16	5.00
吉林	34.01	0.20	28.45		0.32	3.82	0.60
黑龙江	44.36	1.60	33.85	0.03	0.16	8.16	0.43
上海	126.77	0.93	74.46	0.03	1.38	15.77	6.19
江苏	93.73	0.91	77.63	0.01	0.83	7.21	3.03
浙江	48.30	0.94	37.95	0.02	0.18	6.67	1.07
安徽	43.92	0.12	38.68	0.02	1.14	2.60	0.72
福建	29.40	0.13	20.69		0.03	6.95	0.96
江西	30.37	0.16	27.60		0.02	1.02	0.18
山东	85.84	0.51	64.08		0.37	8.41	5.94
河南	58.56	0.14	47.88		0.51	6.26	1.05
湖北	52.06	0.72	40.70	0.04	0.55	4.53	2.29
湖南	49.17	0.07	37.14	0.01	0.21	10.31	0.74
广东	128.57	1.50	73.46	0.02	0.80	34.05	3.58
广西	34.17	0.40	26.22	0.02	0.37	4.57	0.93
海南	5.31	0.41	3.40			0.97	0.24
四川	84.46	0.26	67.60	0.02	0.68	7.83	2.86
贵州	19.99	0.01	17.40		0.15	1.28	0.58
云南	32.21	0.77	21.35	0.03	0.49	3.45	2.37
西藏	0.04		0.02			0.02	
陕西	33.40	0.05	26.21	0.01	0.78	2.59	1.67
甘肃	21.61	0.06	17.28		0.04	3.14	0.62
青海	3.67	0.02	2.52		0.12	0.52	0.15
宁夏	7.96	0.15	6.21		0.13	0.69	0.26
新疆	21.75	4.58	9.96	0.13	0.61	4.88	0.71
不分地区	3.95		0.40			3.55	

附录—19　续表　　(1992年)　　单位:亿元

地　区	房地产管理、公用事业、居民服务和咨询服务业	卫生、体育和社会福利事　业	教育、文化艺术和广播电视事业	科学研究和综合技术服务事业	金融、保险业	国家机关、政党机关和社会团体	其他行业
全　国	**65.95**	**4.22**	**6.08**	**3.16**	**2.42**	**12.81**	**14.69**
北　京	6.57	0.35	0.83	0.55	0.08	1.84	0.66
天　津	6.32	0.11	0.10	0.09	0.02	0.18	3.98
河　北	0.22	0.18	0.12	0.12	0.03	0.47	0.01
山　西	1.14	0.03	0.01	0.02		0.03	
内蒙古	0.73	0.03	0.06		0.07		
辽　宁	1.96	0.04	0.13	0.23	0.07	0.09	0.77
吉　林	0.07	0.01	0.04	0.12	0.11	0.27	
黑龙江	0.03	0.01	0.05			0.04	
上　海	17.48	0.39	1.00	0.32	0.01	1.64	7.16
江　苏	2.28	0.15	0.12	0.06	0.09	1.28	0.13
浙　江	0.93	0.09	0.09	0.06	0.03	0.24	0.04
安　徽	0.27	0.02	0.05	0.07	0.01	0.21	0.01
福　建	0.32	0.07	0.11	0.03	0.01	0.09	0.02
江　西	1.01	0.02	0.10	0.04	0.03	0.16	0.02
山　东	4.33	0.23	0.49	0.13	0.15	0.68	0.53
河　南	2.24	0.05	0.06	0.05	0.15	0.07	0.10
湖　北	2.20	0.17	0.13	0.01	0.02	0.62	0.06
湖　南	0.48	0.06	0.06	0.02		0.06	
广　东	8.93	1.01	1.33	0.16	0.53	2.36	0.84
广　西	0.82	0.16	0.13	0.06	0.19	0.17	0.13
海　南	0.03	0.18	0.02	0.01	0.02	0.05	
四　川	4.10	0.16	0.27	0.31	0.03	0.27	0.07
贵　州	0.08	0.06	0.05	0.08	0.03	0.28	
云　南	1.37	0.38	0.35	0.29	0.28	1.05	0.05
西　藏							
陕　西	1.47	0.17	0.15	0.28		0.02	0.01
甘　肃	0.16		0.02	0.02	0.14	0.10	0.04
青　海	0.02	0.03	0.02		0.02	0.24	0.01
宁　夏	0.30	0.01	0.02	0.02	0.06	0.07	0.03
新　疆	0.10	0.06	0.18	0.02	0.24	0.26	0.02
不分地区							

附录—20 各地区更新改造项目个数、投资和新增固定资产

(1992年)

地区	施工项目个数(个)	全部建成投产项目个数(个)	项目建成投产率(%)	投资额(亿元)	新增固定资产(亿元)	固定资产交付使用率(%)
全国	**69 781**	**40 574**	**58.1**	**1 461.10**	**1 105.03**	**75.6**
北京	2 395	1 443	60.3	72.91	51.52	70.7
天津	1 662	925	55.7	45.72	29.74	65.0
河北	2 656	1 538	57.9	71.69	46.99	65.5
山西	1 793	1 038	57.9	36.80	30.89	83.9
内蒙古	1 509	961	63.7	25.14	18.12	72.1
辽宁	4 974	3 313	66.6	115.28	85.02	73.8
吉林	1 157	771	66.6	34.01	27.28	80.2
黑龙江	1 281	809	63.2	44.36	37.82	85.3
上海	4 787	2 815	58.8	126.77	107.10	84.5
江苏	4 398	2 806	63.8	93.73	76.77	81.9
浙江	3 118	1 727	55.4	48.30	34.88	72.2
安徽	2 200	1 168	53.1	43.92	26.80	61.0
福建	1 708	900	52.7	29.40	24.21	82.4
江西	1 895	969	51.1	30.37	20.33	66.9
山东	3 502	2 179	62.2	85.84	64.69	75.4
河南	2 639	1 539	58.3	58.56	45.21	77.2
湖北	2 730	1 511	55.3	52.06	38.39	73.7
湖南	2 155	998	46.3	49.17	36.25	73.7
广东	4 452	2 488	55.9	128.57	96.41	75.0
广西	2 592	1 485	57.3	34.17	25.31	74.1
海南	324	252	77.8	5.31	4.09	77.1
四川	4 525	2 318	51.2	84.46	62.56	74.1
贵州	1 554	824	53.0	19.99	15.55	77.8
云南	2 860	1 555	54.4	32.21	27.30	84.7
西藏	4	3	75.0	0.04	0.04	98.6
陕西	2 050	1 004	49.0	33.40	25.65	76.8
甘肃	1 461	918	62.8	21.61	17.35	80.3
青海	247	143	57.9	3.67	2.35	64.0
宁夏	609	379	62.2	7.96	6.35	79.8
新疆	2 540	1 795	70.7	21.75	17.17	78.9
不分地区	4			3.95	2.88	73.1

附录—21 各地区全社会零售物价总指数

（1992年）

地 区	1978年=100			1980年=100			上年=100		
	全 省（区、市）	城 镇	农 村	全 省（区、市）	城 镇	农 村	全 省（区、市）	城 镇	农 村
全 国	**225.2**	**250.7**	**209.5**	**208.4**	**227.9**	**196.8**	**105.4**	**107.7**	**103.9**
北 京	280.3	280.3		258.0	258.0		108.3	108.3	
天 津	238.8	238.8		223.9	223.9		109.4	109.4	
河 北	212.9	234.6	201.1	199.7	214.6	191.9	105.2	107.4	103.3
山 西	224.4	241.7	208.3	215.8	226.6	205.2	106.3	108.2	103.7
内蒙古	223.9	233.8	210.8	208.3	214.5	199.8	106.8	108.7	103.4
辽 宁	236.4	255.5	204.3	220.6	230.9	198.4	106.0	107.5	102.7
吉 林	245.7	266.7	211.0	228.1	242.1	200.9	107.1	107.7	103.7
黑龙江	254.1	270.6	224.4	236.4	244.7	213.3	108.5	108.6	106.9
上 海	269.5	269.5		250.8	250.8		109.7	109.7	
江 苏	232.8	253.7	218.2	218.9	236.4	206.2	104.8	107.2	103.2
浙 江	253.2	286.4	227.4	229.2	252.9	209.7	106.6	108.9	104.1
安 徽	224.6	237.0	212.7	213.1	221.2	202.7	106.6	107.5	106.0
福 建	248.4	281.7	218.9	229.8	256.9	204.8	105.0	107.4	103.3
江 西	227.9	246.1	207.3	216.6	227.5	200.8	105.6	107.2	103.9
山 东	208.4	218.9	193.0	199.7	209.5	187.3	105.9	108.1	103.1
河 南	202.0	225.3	187.9	193.1	210.8	181.2	104.4	107.5	101.9
湖 北	218.9	243.5	199.9	206.4	220.8	192.0	107.0	108.4	104.7
湖 南	267.7	289.1	247.3	236.7	244.0	224.1	109.5	111.4	106.6
广 东	271.3	293.6	243.9	243.1	260.7	223.7	105.8	107.5	103.9
广 西	245.5	279.8	229.7	223.4	241.5	213.0	104.6	106.2	103.9
海 南							108.7	109.1	102.5
四 川	232.3	260.6	215.2	203.8	223.0	191.9	106.4	108.4	104.4
贵 州	229.4	262.4	203.1	208.1	217.0	193.1	107.4	108.2	106.6
云 南	224.0	238.9	213.3	210.3	218.4	205.2	107.7	109.0	107.4
西 藏									
陕 西	236.5	252.6	214.0	222.2	233.8	205.1	109.5	111.1	106.3
甘 肃	221.4	238.5	204.6	208.8	217.7	198.5	105.8	106.1	105.2
青 海	237.0	252.8	204.1	222.8	230.8	200.4	106.4	107.5	104.1
宁 夏	233.8	252.3	215.2	218.2	229.2	204.9	107.4	109.1	105.5
新 疆	230.7	251.3	218.5	214.0	227.6	205.1	108.1	108.6	107.1

注：本表全国零售物价总指数是按照全国统一规定的商品目录，根据各调查市、县的商品零售价格直接汇总计算的，而不是各省（区、市）指数的平均数。

附录—22 各地区居民生活费用价格分类指数

（1992 年，上年＝100）

地区	总指数	1.消费品	2.服务项目	房租	水电费	交通费	邮电费	医疗保健费	学杂保育费	文娱费	管理及其他服务费
全国	**106.4**	**105.6**	**113.4**	**119.5**	**108.3**	**109.2**	**100.9**	**112.1**	**119.3**	**125.0**	**109.3**
北京	109.9	108.3	122.8	200.0	124.6	100.0	100.0	156.3	106.7	125.1	120.9
天津	111.4	109.4	133.1	220.6	130.6	117.8	100.8	118.2	108.4	111.8	112.5
河北	106.1	105.4	112.9	103.3	108.1	112.2	100.1	110.2	125.8	128.9	105.8
山西	107.3	106.7	112.8	109.3	110.0	106.4	101.5	108.8	116.6	124.5	114.9
内蒙古	107.4	107.4	107.4	133.8	103.1	111.6	99.9	111.3	100.0	119.1	109.9
辽宁	106.7	106.2	110.6	101.1	118.4	104.9	100.0	113.4	101.5	129.5	116.7
吉林	108.0	107.2	112.2	114.6	108.4	106.1	102.2	143.7	110.3	126.2	110.2
黑龙江	109.2	108.3	117.7	116.9	108.6	130.4	104.7	107.4	128.4	126.2	109.2
上海	110.0	109.7	112.5	128.3	116.2	100.0	100.4	118.5	102.5	118.9	116.9
江苏	106.6	105.1	123.0	146.2	114.0	107.6	100.1	103.8	145.4	145.1	114.4
浙江	107.5	107.1	111.0	107.5	113.9	104.1	104.7	105.6	120.1	128.4	105.3
安徽	108.2	107.1	116.8	107.0	106.6	112.3	100.2	123.0	126.3	130.9	109.1
福建	105.9	105.5	108.5	132.9	118.2	105.6	100.5	102.6	105.8	111.0	105.3
江西	105.7	105.6	106.9	110.2	113.7	105.3	102.0	106.4	103.1	115.6	106.6
山东	106.8	106.2	112.6	116.6	105.3	115.8	100.2	118.5	106.0	135.6	113.4
河南	105.4	105.0	109.0	108.0	105.5	110.5	100.9	119.7	105.4	124.4	107.1
湖北	109.6	107.1	128.0	122.0	101.6	117.8	101.3	103.6	158.1	121.8	106.9
湖南	110.7	109.6	119.1	173.6	106.0	116.5	100.1	117.0	121.2	135.6	104.8
广东	107.3	106.6	112.1	109.6	104.7	114.3	107.2	104.9	118.1	124.1	110.9
广西	105.9	104.8	114.0	102.5	106.4	118.7	100.1	123.2	119.6	115.4	103.2
海南	108.7	108.8	107.9	103.3	101.9	102.3	100.0	104.1	110.7	107.4	116.9
四川	107.4	106.4	114.4	162.4	107.0	122.4	102.9	112.2	107.7	125.3	105.6
贵州	107.8	107.6	108.9	123.5	105.0	110.0	100.8	115.6	106.0	125.2	105.9
云南	108.9	108.2	115.3	117.7	106.4	109.4	100.4	138.9	120.4	115.3	107.2
西藏											
陕西	110.3	109.7	114.7	109.0	102.6	115.1	102.5	108.8	127.5	124.9	108.5
甘肃	107.2	105.7	118.7	115.2	105.3	122.6	103.7	103.3	139.5	123.2	112.2
青海	108.0	106.6	119.3	110.7	100.7	105.0	100.4	100.1	168.2	115.5	104.8
宁夏	108.3	108.1	109.9	110.8	122.0	120.5	100.0	100.0	102.5	131.2	109.3
新疆	108.6	108.1	114.3	105.5	111.2	115.9	100.8	131.8	108.4	124.0	117.5

附录—23 各地区城镇居民生活费用价格分类指数

(1992年,上年=100)

地区	总指数	1.消费品	2.服务项目	房租	水电费	交通费	邮电费	医疗保健费	学杂保育费	文娱费	修理及其他服务费
全国	**108.6**	**107.7**	**115.8**	**125.4**	**111.4**	**109.0**	**101.1**	**115.8**	**120.8**	**127.6**	**112.3**
北京	109.9	108.3	122.8	200.0	124.6	100.0	100.0	156.3	106.7	125.1	120.9
天津	111.4	109.4	133.1	220.6	130.6	117.8	100.8	118.2	108.4	111.8	112.5
河北	108.5	107.4	117.3	103.5	107.8	109.3	100.2	113.3	139.4	136.5	106.1
山西	109.1	108.6	112.6	108.5	112.5	105.7	101.5	108.1	114.6	125.2	115.6
内蒙古	108.7	108.7	108.8	137.2	102.9	111.7	100.1	106.3	102.7	121.1	110.3
辽宁	108.1	107.5	113.1	101.0	119.0	105.2	100.1	118.8	106.1	128.7	120.7
吉林	107.3	107.7	112.6	114.7	109.4	107.6	103.0	138.5	109.7	126.8	110.5
黑龙江	109.7	108.6	118.5	118.5	110.8	133.2	104.3	106.8	127.3	131.9	109.6
上海	110.0	109.7	112.5	128.3	116.2	100.0	100.4	118.5	102.5	118.9	116.9
江苏	108.8	107.2	124.7	149.1	115.6	108.1	100.1	106.2	138.3	152.7	117.3
浙江	109.2	108.9	112.0	107.9	114.2	103.3	102.6	110.1	119.9	127.2	109.3
安徽	108.8	107.5	120.2	106.5	107.6	115.3	100.2	148.0	131.1	140.9	109.6
福建	108.0	107.4	112.7	149.3	120.4	105.6	101.3	100.8	109.1	117.4	105.5
江西	107.5	107.2	109.8	111.1	115.1	105.2	105.3	109.1	107.2	120.8	109.3
山东	108.6	108.1	114.3	125.7	107.0	112.7	100.1	115.3	105.5	148.0	117.7
河南	107.7	107.5	109.1	104.7	107.8	108.9	101.1	135.2	104.6	131.9	108.1
湖北	110.5	108.4	126.5	125.5	101.7	115.7	101.1	102.5	152.1	124.8	106.5
湖南	113.5	111.4	120.9	177.4	107.3	113.2	100.2	110.7	124.3	131.4	107.3
广东	108.4	107.5	114.5	109.5	105.4	115.5	109.5	115.5	121.5	130.5	113.8
广西	107.0	106.2	113.1	102.9	104.8	117.4	100.1	124.7	120.7	119.5	105.3
海南	109.0	109.1	108.0	103.2	101.9	102.8	100.0	103.0	110.9	106.5	117.6
四川	109.8	108.4	119.6	180.6	109.8	117.4	102.8	111.1	109.9	129.3	106.3
贵州	108.7	108.2	111.7	138.6	105.9	109.6	100.5	108.1	109.0	131.6	108.1
云南	110.4	109.0	119.1	119.3	110.1	111.1	101.1	145.2	135.0	122.0	111.2
西藏											
陕西	111.2	111.1	112.2	109.0	102.1	113.5	104.0	108.7	111.8	140.9	114.7
甘肃	107.3	106.1	116.7	119.3	107.3	117.8	115.7	102.3	124.1	124.5	117.1
青海	108.6	107.5	118.2	104.8	100.9	103.9	100.5	100.1	164.1	117.4	105.0
宁夏	109.3	109.1	111.2	110.7	106.0	130.0	100.0	100.1	105.2	127.5	112.8
新疆	109.3	108.6	115.1	104.9	113.3	114.9	100.9	132.5	110.4	122.4	120.3

附录—24 各地区农民生活费用价格分类指数

（1992年，上年=100）

地区	总指数	1. 消费品	2. 服务项目	房租	水电费	交通费	邮电费	医疗保健费	学杂保育费	文娱费	修理及其他服务费
全国	**104.7**	**104.0**	**111.6**	**105.7**	**105.2**	**109.3**	**100.8**	**111.1**	**118.3**	**121.7**	**106.3**
北京											
天津											
河北	103.9	103.3	111.6	102.4	106.5	115.6	100.0	108.6	120.8	114.1	105.1
山西	104.6	103.8	113.8	114.4	101.8	109.4	101.6	110.1	123.9	120.1	110.3
内蒙古	103.9	104.0	103.6	105.1	103.4	109.4	99.8	114.7	96.0	109.2	107.3
辽宁	102.3	102.3	102.7	106.6	103.4	104.2	100.0	110.5	95.7	135.2	105.5
吉林	103.9	103.3	111.7	105.5	100.0	104.4	100.0	149.3	115.4	117.3	105.9
黑龙江	105.9	105.3	112.6	103.7	102.3	121.4	106.1	108.1	124.4	115.7	106.5
上海											
江苏	104.4	103.3	119.7	104.0	107.3	107.1	100.1	103.2	153.9	120.9	106.7
浙江	104.8	104.2	110.2	106.2	113.6	104.5	105.2	101.2	120.2	128.7	103.0
安徽	108.0	107.0	115.7	109.1	102.8	111.3	100.2	121.1	124.8	119.8	108.1
福建	104.1	103.7	106.5	100.3	116.5	105.7	100.3	102.7	104.7	109.1	105.2
江西	103.5	103.5	103.9	101.8	113.7	105.6	100.5	105.8	99.5	110.8	103.1
山东	104.6	103.8	110.5	105.0	103.2	119.7	100.4	122.6	106.6	119.9	107.9
河南	102.9	102.2	108.9	116.2	101.5	113.0	100.8	117.6	106.5	119.2	106.5
湖北	108.1	104.1	132.8	106.2	99.5	121.9	101.0	102.7	165.3	118.9	106.3
湖南	107.9	107.0	116.2	109.4	100.0	117.6	100.0	117.1	122.3	139.8	103.8
广东	105.9	105.2	110.3	108.8	103.4	113.4	102.6	102.6	116.4	113.0	105.9
广西	105.4	103.9	115.6	101.3	105.5	120.4	100.1	123.2	120.4	109.9	101.8
海南	103.4	103.0	106.9	112.8	100.0	103.1	100.0	109.5	108.9	114.5	100.9
四川	104.6	103.9	109.9	107.3	101.9	126.0	103.0	112.5	106.5	119.7	105.7
贵州	106.9	106.9	106.8	100.0	100.5	109.8	100.7	117.6	105.4	111.3	101.4
云南	108.8	108.2	114.1	112.3	100.6	109.3	100.1	137.3	116.1	109.9	104.3
西藏											
陕西	107.3	106.3	115.8	109.1	103.1	121.5	100.8	108.9	131.5	115.6	103.3
甘肃	106.4	104.7	119.6	105.9	103.3	126.8	100.5	103.8	147.6	121.5	107.3
青海	106.6	104.2	123.7	120.1	100.0	108.5	100.3	100.0	188.0	112.6	103.2
宁夏	106.5	106.2	109.0	111.5	145.9	111.4	100.0	100.0	100.0	142.5	105.7
新疆	107.6	107.0	113.7	108.4	106.3	117.6	100.8	131.4	101.3	126.6	113.8

附录—25 各地区农民家庭平均每人纯收入

单位:元

地区	1978年	1980年	1985年	1988年	1989年	1990年	1991年	1992年
全国	**133.57**	**191.33**	**397.60**	**544.94**	**601.51**	**686.31**	**708.55**	**783.99**
北京	224.80	290.46	775.08	1 062.55	1 230.74	1 297.05	1 422.37	1 571.56
天津	178.40	277.92	564.55	891.16	1 020.25	1 069.04	1 168.53	1 309.01
河北	91.50	175.78	385.23	546.62	589.40	621.67	657.38	682.48
山西	101.61	155.78	358.32	438.73	513.57	603.51	567.90	627.01
内蒙古	100.30	181.32	360.41	499.79	477.50	607.15	517.99	672.17
辽宁	165.20	273.02	467.84	699.58	740.22	836.17	896.71	995.10
吉林	179.20	236.30	413.74	627.54	623.96	803.52	748.33	807.41
黑龙江	167.90	205.38	397.84	553.26	535.19	759.86	734.80	949.20
上海	290.00	397.35	805.92	1 300.96	1 379.87	1 907.32	2 003.38	2 225.87
江苏	152.10	217.94	492.60	796.76	875.70	959.06	920.72	1 060.71
浙江		219.18	548.60	902.36	1 010.72	1 099.04	1 210.77	1 359.13
安徽	101.70	184.82	369.41	485.53	515.66	539.16	446.05	573.58
福建	134.90	171.74	396.45	613.41	697.34	764.41	850.05	984.10
江西	140.70	180.94	377.31	488.16	558.64	669.90	702.53	768.41
山东	101.20	194.33	408.12	583.74	630.56	680.18	764.04	802.90
河南	101.40	160.78	329.37	401.32	457.06	526.95	539.29	588.48
湖北	106.50	169.88	421.24	497.84	571.84	670.80	626.92	677.82
湖南	134.40	219.71	395.26	515.35	558.34	664.24	688.91	739.42
广东	182.30	274.37	495.31	808.70	955.02	1 043.03	1 143.06	1 307.65
广西	119.50	173.68	302.96	424.23	483.04	639.45	657.74	731.69
海南				566.60	674.27	696.22	730.08	842.79
四川	116.70	187.90	315.07	448.85	494.07	557.76	590.21	634.31
贵州	108.00	161.46	287.83	397.74	430.34	435.14	465.53	506.13
云南	123.90	150.12	338.34	427.72	477.89	540.86	572.58	617.98
西藏			352.97	374.41	397.25	649.71	706.67	829.66
陕西	133.00	142.49	295.26	404.14	433.67	530.80	533.96	558.79
甘肃	98.40	153.33	255.22	339.88	365.89	430.98	446.42	489.47
青海			342.95	492.82	457.52	559.78	555.56	603.40
宁夏	115.90	178.06	321.17	472.48	521.90	578.13	589.98	591.01
新疆	199.17	198.01	394.30	496.49	545.61	683.47	703.17	740.44

附录—26 各地区农民家庭平均每人按来源分的纯收入

(1992年)

单位:元

地区	纯收入	从集体统一经营中得到的收入	从经济联合体得到的收入	家庭经营纯收入	其他非生产性收入
全国	**783.99**	**77.82**	**2.13**	**643.71**	**60.33**
北京	1 571.56	685.48	1.80	649.66	234.62
天津	1 309.01	413.81	1.89	804.87	88.44
河北	682.48	77.86	8.81	530.32	65.49
山西	627.01	65.03	0.70	494.97	66.31
内蒙古	672.17	17.72		631.31	23.14
辽宁	995.10	155.17	1.67	757.02	81.24
吉林	807.41	28.04	0.82	747.95	30.60
黑龙江	949.20	26.17		883.13	39.90
上海	2 225.87	1 220.30	3.06	750.11	252.40
江苏	1 060.71	279.73	0.23	708.66	72.09
浙江	1 359.13	276.13	16.91	927.32	138.77
安徽	573.58	27.16	0.27	507.51	38.64
福建	984.10	58.69	6.26	831.21	87.94
江西	768.41	30.68	1.57	694.43	41.73
山东	802.90	130.23	2.82	606.25	63.60
河南	588.48	24.21	0.19	516.53	47.55
湖北	677.82	40.91	0.13	603.59	33.19
湖南	739.42	37.68	0.72	666.27	34.75
广东	1 307.65	91.23	5.96	1 079.83	130.63
广西	731.69	2.64	0.91	675.42	52.72
海南	842.79	10.42	2.67	756.77	72.93
四川	634.31	25.29	0.34	556.93	51.75
贵州	506.13	4.07		456.00	46.06
云南	617.98	14.85	0.07	546.88	56.18
西藏	829.66	1.54		783.23	44.89
陕西	558.79	19.12	0.25	495.18	44.24
甘肃	489.47	14.63	1.25	433.70	39.89
青海	603.40	10.72		551.07	41.61
宁夏	591.01	15.97		537.69	37.35
新疆	740.44	17.57		689.27	33.60

附录—27 各地区农民家庭平均每人生活消费支出

(1992年)

单位:元

地区	生活消费支出合计	1. 生活消费品支出	(1) 食品	(2) 衣着	(3) 住房	(4) 燃料	(5) 用品及其他	2. 非商品支出
全国	**659.01**	**601.88**	**374.36**	**52.43**	**68.15**	**28.89**	**78.05**	**57.13**
北京	1 148.58	1 015.31	556.86	119.75	108.26	49.03	181.41	133.27
天津	846.66	784.86	426.10	84.00	121.30	39.96	113.50	61.80
河北	579.36	530.33	298.49	56.05	68.71	28.54	78.54	49.03
山西	492.90	459.86	279.81	64.02	36.02	15.20	64.81	33.04
内蒙古	599.73	546.85	329.40	55.44	57.02	31.43	73.56	52.88
辽宁	799.40	726.27	407.41	86.39	79.08	37.17	116.22	73.13
吉林	643.13	587.94	381.53	57.85	56.96	21.95	69.65	55.19
黑龙江	674.50	631.93	414.30	59.94	38.24	53.82	65.63	42.57
上海	1 967.39	1 804.88	848.04	145.04	421.19	17.47	373.14	162.51
江苏	953.44	890.01	515.86	73.11	154.62	29.35	117.07	63.43
浙江	1 111.87	1 015.51	547.54	80.61	194.59	26.15	166.62	96.36
安徽	501.73	455.25	292.98	35.69	48.42	29.13	49.03	46.48
福建	820.75	739.23	483.17	49.07	77.57	42.26	87.16	81.52
江西	648.25	592.06	396.96	40.06	56.65	36.70	61.69	56.19
山东	655.69	595.67	351.80	61.93	67.55	29.07	85.32	60.02
河南	472.61	425.96	264.02	45.16	44.98	20.28	51.52	46.65
湖北	611.84	549.46	368.22	42.96	43.91	24.15	70.22	62.38
湖南	707.79	645.54	438.11	42.15	63.01	31.19	71.08	62.25
广东	1 060.29	931.04	566.24	45.58	127.99	40.87	150.36	129.25
广西	616.33	560.04	381.07	30.42	56.52	29.32	62.71	56.29
海南	671.75	594.96	417.81	38.06	55.95	22.04	61.10	76.79
四川	569.46	525.42	348.66	40.25	50.06	25.63	60.82	44.04
贵州	454.47	423.49	306.56	36.62	25.56	21.34	33.41	30.98
云南	536.06	503.95	324.96	42.68	59.68	17.46	59.17	32.11
西藏	540.94	533.34	384.83	50.82	10.44	63.39	23.86	7.60
陕西	497.82	457.56	285.59	43.53	41.12	21.73	65.59	40.26
甘肃	419.68	383.48	247.76	35.47	29.50	23.90	46.85	36.20
青海	495.90	467.09	301.97	62.24	29.39	34.01	39.48	28.81
宁夏	544.64	502.21	321.94	48.39	47.44	12.67	71.77	42.43
新疆	610.66	556.41	334.76	86.73	43.23	28.52	63.17	54.25

附录—28 各地区耕地面积

(1992年)

单位:千公顷

地区	年末实有耕地面积	水田	旱地	年内减少	#国家基建占地	#退耕造林占地	#退耕改牧占地
全国	**95 425.8**	**25 597.2**	**69 828.6**	**738.7**	**131.7**	**135.4**	**62.6**
北京	408.8	30.2	378.6	2.4	1.0		
天津	429.6	53.2	376.4	2.0	1.5		
河北	6 543.7	146.6	6 397.1	7.5	4.6	0.8	0.4
山西	3 680.5	10.0	3 670.5	11.9	2.0	5.0	1.0
内蒙古	5 081.7	95.1	4 986.6	50.1	1.8	15.2	20.0
辽宁	3 452.2	550.8	2 901.4	14.5	4.1	0.8	0.5
吉林	3 931.6	455.4	3 476.2	16.0	1.9	6.7	0.5
黑龙江	8 904.6	791.1	8 113.5	25.2	4.4	6.1	2.0
上海	317.8	280.3	37.5	9.7	4.8		
江苏	4 521.9	2 836.8	1 685.1	31.0	13.0	3.9	
浙江	1 691.2	1 404.8	286.4	27.5	7.2	0.5	
安徽	4 334.1	1 904.9	2 429.2	20.5	10.2	0.6	
福建	1 228.7	993.2	235.5	8.0	2.5	0.1	
江西	2 236.9	1 978.1	358.8	9.1	2.5	1.9	0.5
山东	6 797.8	150.9	6 646.9	44.7	15.7	13.5	0.4
河南	6 887.4	440.8	6 446.6	36.7	6.6	4.0	
湖北	3 421.5	1 845.3	1 576.2	41.7	5.0	8.1	0.2
湖南	3 295.9	2 611.2	684.7	19.3	3.5	2.5	
广东	2 443.6	1 808.4	635.2	89.1	9.5	1.1	
广西	2 610.8	1 573.0	1 037.8	35.5	5.7	11.7	1.0
海南	435.7	254.5	181.2	5.2	2.3	0.3	0.1
四川	6 255.5	3 204.1	3 051.4	32.9	9.7	5.3	1.0
贵州	1 849.0	774.2	1 074.8	11.4	1.9	4.0	0.4
云南	2 857.7	975.2	1 882.5	48.8	4.4	18.0	10.8
西藏	223.6	0.8	222.8	0.7			0.6
陕西	3 487.6	174.9	3 312.7	54.4	2.9	10.5	4.9
甘肃	3 481.8	8.3	3 473.5	6.6	0.5	0.3	0.9
青海	579.5		579.5	1.5	0.1	0.1	0.3
宁夏	801.1	168.5	632.6	2.7	0.4	0.3	0.5
新疆	3 134.0	76.6	3 057.4	72.1	2.0	14.1	16.6

注:本表实有耕地面积数字偏小,有待进一步核查。

附录—29 各地区农作物总播种面积

(1992年)　　　　单位:千公顷

地　区	农作物总播种面积	粮食作物播种面积	经济作物播种面积	其他农作物播种面积	占总播种面积比重(%)		
					粮食作物	经济作物	其他农作物
全　国	**149 007.1**	**110 559.7**	**24 275.3**	**14 172.1**	**74.2**	**16.3**	**9.5**
北　京	585.3	477.3	17.5	90.5	81.5	3.0	15.5
天　津	573.6	446.1	57.7	69.8	77.8	10.1	12.2
河　北	8 570.5	6 625.9	1 481.4	463.2	77.3	17.3	5.4
山　西	3 982.4	3 196.1	573.2	213.1	80.3	14.4	5.4
内蒙古	4 854.4	3 925.1	723.6	205.7	80.9	14.9	4.2
辽　宁	3 633.0	3 051.4	281.7	299.9	84.0	7.8	8.3
吉　林	4 048.7	3 536.8	292.7	219.2	87.4	7.2	5.4
黑龙江	8 479.4	7 348.4	734.5	396.5	86.7	8.7	4.7
上　海	601.7	392.4	114.7	94.6	65.2	19.1	15.7
江　苏	8 234.8	6 180.8	1 350.4	703.6	75.1	16.4	8.5
浙　江	4 275.2	3 164.2	431.1	679.9	74.0	10.1	15.9
安　徽	8 155.1	5 873.0	1 683.8	598.3	72.0	20.6	7.3
福　建	2 881.0	2 085.0	284.6	511.4	72.4	9.9	17.8
江　西	5 844.9	3 446.2	1 212.0	1 186.7	59.0	20.7	20.3
山　东	10 837.5	7 918.6	2 381.2	537.7	73.1	22.0	5.0
河　南	11 936.3	8 804.7	2 569.7	561.9	73.8	21.5	4.7
湖　北	7 186.8	4 955.3	1 405.9	825.6	69.0	19.6	11.5
湖　南	7 960.8	5 243.6	1 181.7	1 535.5	65.9	14.8	19.3
广　东	5 487.2	3 640.3	928.9	918.0	66.3	16.9	16.7
广　西	5 373.8	3 521.8	979.8	872.2	65.5	18.2	16.2
海　南	868.3	585.4	186.2	96.7	67.4	21.4	11.1
四　川	12 752.1	9 906.6	1 636.8	1 208.7	77.7	12.8	9.5
贵　州	3 906.1	2 635.3	773.9	496.9	67.5	19.8	12.7
云　南	4 708.1	3 582.0	719.5	406.6	76.1	15.3	8.6
西　藏	215.0	192.3	11.5	11.2	89.4	5.3	5.2
陕　西	4 884.0	4 059.9	587.7	236.4	83.1	12.0	4.8
甘　肃	3 661.6	2 893.5	423.8	344.3	79.0	11.6	9.4
青　海	546.6	401.3	118.1	27.2	73.4	21.6	5.0
宁　夏	895.0	729.6	113.0	52.4	81.5	12.6	5.9
新　疆	3 067.9	1 740.8	1 018.7	308.4	56.7	33.2	10.1

附录—30 各地区主要农产品产量

(1992年)

地　区	粮食(万吨)	#稻谷	#小麦	#玉米	#大豆	#薯类	棉花(万吨)
全　国	**44 265.8**	**18 622.2**	**10 158.7**	**9 538.3**	**1 030.4**	**2 844.2**	**450.8**
北　京	281.9	21.1	111.4	140.5	2.3	3.0	0.5
天　津	198.7	39.4	62.0	76.0	8.4	2.1	1.6
河　北	2 185.6	95.5	917.9	834.3	44.0	119.0	30.6
山　西	858.3	5.4	274.5	297.9	22.5	70.2	9.5
内蒙古	1 046.8	41.4	330.3	435.4	40.0	58.7	0.3
辽　宁	1 568.4	412.2	65.5	853.2	31.9	25.8	2.8
吉　林	1 840.3	303.0	22.1	1 326.6	75.4	32.0	
黑龙江	2 366.3	376.6	424.8	1 042.8	349.1	75.7	
上　海	227.2	166.7	30.8	5.5	1.2	0.2	1.5
江　苏	3 297.8	1 728.2	1 006.1	219.4	38.9	93.4	52.7
浙　江	1 553.5	1 299.8	80.1	13.8	12.1	63.8	6.0
安　徽	2 325.1	1 223.5	611.8	166.9	56.7	219.3	26.3
福　建	897.2	733.0	22.1	4.3	13.2	116.5	
江　西	1 566.0	1 473.6	8.4	8.8	22.4	44.8	14.8
山　东	3 589.3	78.1	1 878.3	1 150.8	74.9	340.0	67.7
河　南	3 109.6	278.7	1 650.7	806.6	62.0	249.5	65.9
湖　北	2 426.6	1 746.5	372.3	130.1	24.7	113.3	61.0
湖　南	2 620.1	2 423.1	30.1	32.3	25.2	86.6	20.3
广　东	1 774.3	1 565.3	14.6	15.9	13.9	157.5	
广　西	1 418.9	1 242.9	1.6	121.9	15.9	31.3	0.1
海　南	193.3	159.8		4.0	0.8	27.4	
四　川	4 289.6	2 140.6	718.3	632.0	33.5	588.7	15.1
贵　州	788.9	379.0	97.6	182.7	8.8	97.1	0.1
云　南	1 070.4	501.2	127.0	271.0	8.8	66.2	0.1
西　藏	65.5	0.4	19.6	0.9	0.1	0.2	
陕　西	1 031.6	99.6	418.3	346.2	26.5	76.0	5.5
甘　肃	674.9	3.5	326.8	158.0	10.6	63.0	1.8
青　海	118.5		75.0			12.2	
宁　夏	186.9	41.8	49.9	47.9	3.4	6.4	
新　疆	694.3	42.3	410.8	212.6	3.2	4.3	66.8

附录—30 续表 1 (1992 年)

地区	油料（万吨）	#花生	#油菜籽	#芝麻	麻类（万吨）	#黄红麻	甘蔗（万吨）	甜菜（万吨）	烟叶（万吨）	#烤烟
全国	**1 641.2**	**595.3**	**765.3**	**51.6**	**93.8**	**61.9**	**7 301.1**	**1 506.9**	**349.9**	**311.9**
北京	3.4	3.3								
天津	4.0	2.0		0.2	0.2	0.2				
河北	66.3	50.0	1.8	2.0	2.0	1.9		13.3	1.6	0.8
山西	33.7	3.8	0.5	2.8	0.2			60.8	2.2	2.1
内蒙古	81.4	0.1	5.5	1.0	1.4			260.1	0.8	0.5
辽宁	17.6	12.9		1.5	0.2			52.3	4.4	3.2
吉林	35.8	2.5		0.3	0.4			91.8	8.5	5.5
黑龙江	21.9	0.2	9.9	0.1	19.6			539.8	13.6	12.6
上海	21.9	0.1	21.8				3.0			
江苏	127.3	30.5	95.9	0.8	1.3	1.2	20.9	3.9	1.1	1.0
浙江	50.1	1.6	48.1	0.4	5.8	5.7	75.0		0.6	
安徽	140.0	27.9	104.8	7.0	17.2	16.1	12.6		8.9	8.7
福建	19.9	17.9	1.9	0.1	0.2	0.2	361.6		9.0	8.6
江西	74.2	21.5	49.0	3.6	2.5	1.8	256.1		4.6	3.8
山东	166.3	164.9	0.1	0.8	1.8	1.5		6.5	16.3	15.6
河南	133.6	95.2	23.4	13.4	13.7	13.3	9.3		45.8	45.4
湖北	99.7	15.7	70.9	12.7	6.9	6.0	51.6	0.1	17.2	11.5
湖南	83.9	12.5	70.9	0.5	3.0	1.1	171.3		23.2	20.5
广东	61.4	60.3	0.8	0.3	1.9	1.9	2 376.6		8.6	6.1
广西	29.3	27.2	1.6	0.4	2.9	2.8	2 354.9		7.4	5.8
海南	5.7	5.3		0.3	0.1	0.1	453.1		0.1	
四川	161.7	28.1	132.7	0.5	10.1	8.1	226.0	1.8	28.3	17.8
贵州	53.4	2.9	49.9		0.2		21.6		47.0	44.8
云南	18.8	3.0	14.9		0.2		906.9	0.3	78.8	77.8
西藏	1.8									
陕西	35.6	5.8	20.7	2.7	0.2		0.5	7.0	16.4	15.3
甘肃	36.5	0.1	13.3		0.3			94.2	5.1	4.3
青海	14.0		13.7					0.2		
宁夏	6.2							45.4		
新疆	35.6	0.1	13.2		1.7			329.1	0.3	

附录—30　续表 2　　　　　　　　　　(1992 年)

地　区	蚕　茧（吨）	#桑蚕茧	茶　叶（吨）	水　果（吨）	#苹果	#柑桔	#梨	#葡萄	#香蕉
全　国	**692 205**	**659 522**	**559 827**	**24 400 930**	**6 555 836**	**5 160 081**	**2 846 121**	**1 125 102**	**2 450 988**
北　京	58	58		328 720	91 379		67 881	12 986	
天　津				141 169	39 204		16 567	20 389	
河　北	689	655		2 266 224	619 013		885 195	128 222	
山　西	3 618	3 617		505 925	236 072		65 384	23 345	
内蒙古	847			87 902	28 956		29 891	5 077	
辽　宁	26 124	198		1 527 272	979 434		222 916	121 829	
吉　林	901	13		145 700	13 990		56 432	26 527	
黑龙江	1 069			58 031	33 856		7 231	4 271	
上　海	1 201	1 201		163 275		52 928	14 056	24 728	
江　苏	146 037	146 037	14 130	565 794	123 646	21 174	161 119	27 741	
浙　江	140 747	140 747	119 404	1 023 733	617	738 515	26 303	41 638	
安　徽	28 495	28 490	50 536	283 889	72 589	397	122 161	17 489	
福　建	581	576	70 520	1 171 776	128	579 122	17 275	5 706	235 762
江　西	15 386	15 386	18 239	140 914		70 700	15 777	2 359	
山　东	29 973	28 581	795	3 717 702	2 353 290		433 449	142 068	
河　南	7 408	5 231	2 653	877 862	530 649	287	45 567	37 645	
湖　北	14 195	14 145	30 537	338 112	22 099	141 151	79 043	4 913	
湖　南	3 174	3 174	69 331	397 455		298 732	17 864	5 097	
广　东	46 057	45 821	28 736	4 187 971		1 707 304	20 399		1 482 657
广　西	18 341	18 303	16 411	1 611 555		415 946	31 107		597 130
海　南	48	43	6 941	153 958		6 654			61 751
四　川	185 679	185 679	60 702	1 505 696	78 371	1 066 300	123 583	26 486	5 550
贵　州	1 189	1 180	12 301	141 756	3 324	29 180	27 769	3 779	7 066
云　南	3 210	3 210	52 910	428 260	40 520	28 124	124 751	4 419	61 072
西　藏			119	5 522	4 317		690		
陕　西	12 704	12 703	5 403	1 146 903	842 953	1 977	49 269	18 560	
甘　肃	294	294	159	471 214	226 085	1 590	93 631	7 474	
青　海				26 049	17 388		6 632	127	
宁　夏				61 705	43 375		5 137	3 231	
新　疆	4 180	4 180		918 886	154 581		79 042	408 996	

附录—31 **各地区牲畜饲养情况**

（1992年）

地区	大牲畜年底头数	#役畜（万头）	牛（万头）	#乳牛	马（万头）	驴（万头）	骡（万头）
全国	**13 485.1**	**7 759.5**	**10 784.0**	**313.9**	**1 001.7**	**1 098.3**	**561.0**
北京	27.0	13.6	13.1	6.3	2.4	5.6	5.9
天津	34.2	25.7	13.4	2.7	2.8	12.1	5.9
河北	557.7	392.4	248.6	20.3	53.2	173.4	82.5
山西	299.2	218.2	184.7	8.6	10.6	50.1	53.8
内蒙古	690.2	245.6	370.7	46.2	151.9	89.4	60.7
辽宁	331.6	214.2	155.3	7.1	45.1	87.6	43.6
吉林	341.1	206.0	222.9	4.9	79.0	14.3	24.9
黑龙江	406.0	213.2	292.8	69.6	100.0	6.7	6.5
上海	6.9	0.8	6.9	5.9			
江苏	96.7	63.6	74.6	4.3	2.1	17.6	2.4
浙江	60.5	41.7	60.5	4.3			
安徽	513.2	357.4	485.2	1.5	6.3	17.0	4.7
福建	131.2	95.6	131.1	2.3	0.1		
江西	347.8	262.5	347.8	1.9			
山东	874.3	616.4	663.2	3.8	33.5	136.0	41.6
河南	1 135.5	794.9	934.9	1.0	37.8	102.9	59.9
湖北	357.2	260.3	352.4	2.9	2.4	2.0	0.4
湖南	413.1	306.0	411.6	1.1	1.1	0.3	0.1
广东	474.6	339.0	474.6	2.4			
广西	770.3	523.4	741.4	0.5	27.9	0.1	0.9
海南	133.2	74.5	133.2	0.1			
四川	1 084.9	455.1	1 019.3	5.1	55.2	6.0	4.4
贵州	690.7	477.8	616.6	1.6	72.6	0.1	1.4
云南	931.2	522.9	763.3	6.5	93.4	27.9	46.6
西藏	618.1	147.0	567.2	23.4	35.6	14.1	1.2
陕西	305.4	202.1	242.4	5.6	4.1	40.9	18.0
甘肃	590.6	360.4	342.4	10.1	40.2	143.5	61.5
青海	622.5	64.1	550.7	6.3	41.7	12.4	15.7
宁夏	74.4	55.5	30.3	2.3	2.2	25.9	15.7
新疆	565.8	209.6	332.9	55.3	100.5	112.4	2.7

附录—31 续表 (1992年)

地 区	骆 驼（万 头）	肉猪出栏头数（万 头）	猪年底头数（万 头）	羊年底只数（万 只）	山 羊	绵 羊	养 锋（万 箱）
全 国	**40.1**	**35 169.7**	**38 421.1**	**20 732.9**	**9 761.0**	**10 971.9**	**701.2**
北 京		373.3	269.1	64.0	40.6	23.4	4.9
天 津		131.9	88.0	69.6	35.0	34.6	0.4
河 北		1 607.0	1 632.4	960.6	503.7	456.9	15.8
山 西		364.7	391.9	679.0	291.1	387.9	13.4
内蒙古	17.5	371.2	621.5	2 856.7	926.0	1 930.7	5.6
辽 宁		945.4	1 222.0	239.5	75.7	163.8	7.7
吉 林		464.4	544.8	227.6	15.9	211.7	7.5
黑龙江		614.9	763.2	308.6	39.0	269.6	7.1
上 海		405.2	246.4	34.8	26.5	8.3	1.3
江 苏		2 246.2	1 969.1	873.7	823.6	50.1	23.5
浙 江		1 345.5	1 437.0	183.3	75.2	108.1	108.4
安 徽		1 141.0	1 317.0	324.1	312.1	12.0	22.1
福 建		931.6	996.0	64.7	64.7		24.9
江 西		1 571.4	1 656.6	19.8	19.5	0.3	28.3
山 东		2 311.6	2 018.6	2 373.3	1 826.4	546.9	17.7
河 南		1 437.2	1 959.7	1 234.2	1 100.2	134.0	45.9
湖 北		1 927.0	2 099.1	126.8	124.9	1.9	35.6
湖 南		3 536.3	2 912.1	79.4	78.8	0.6	27.9
广 东		2 059.7	2 122.5	14.9	14.9		27.9
广 西		1 349.9	1 903.9	89.1	89.1		21.4
海 南		162.7	294.0	43.3	43.3		2.7
四 川		6 600.3	6 654.2	945.2	594.0	351.2	114.2
贵 州		883.9	1 402.5	165.7	135.2	30.5	16.9
云 南		1 019.5	2 112.2	631.2	507.0	124.2	85.3
西 藏		9.0	18.6	1 778.7	590.3	1 188.4	0.1
陕 西		639.2	874.1	601.9	445.0	156.9	31.2
甘 肃	3.0	508.9	627.0	1 012.2	218.9	793.3	25.0
青 海	2.0	63.6	97.7	1 648.1	211.4	1 436.7	0.5
宁 夏	0.3	62.9	70.7	252.5	74.3	178.2	1.9
新 疆	17.3	84.3	99.2	2 830.4	458.7	2 371.7	4.0

附录—32 **各地区畜产品产量**

(1992年)

地区	猪牛羊肉产量(万吨)	猪肉	牛肉	羊肉	奶类(万吨)	#牛奶
全国	**2 940.6**	**2 635.3**	**180.3**	**125.0**	**563.9**	**503.1**
北京	27.4	25.2	1.2	1.0	24.5	24.5
天津	11.2	9.4	0.8	1.0	9.6	9.5
河北	144.4	125.8	9.9	8.7	18.6	15.4
山西	35.1	27.3	3.5	4.3	21.4	19.5
内蒙古	60.8	34.4	9.9	16.5	42.8	41.0
辽宁	99.7	91.4	6.7	1.6	19.7	18.0
吉林	50.1	42.9	6.1	1.1	11.3	10.9
黑龙江	62.7	52.1	8.8	1.8	138.0	136.7
上海	23.1	22.8		0.3	27.7	27.7
江苏	172.4	160.9	2.4	9.1	11.9	11.5
浙江	97.1	95.0	0.8	1.3	12.4	12.3
安徽	106.2	93.0	10.6	2.6	2.7	2.7
福建	75.3	73.7	1.0	0.6	5.7	5.6
江西	128.4	125.8	2.4	0.2	2.8	2.8
山东	231.2	184.4	27.2	19.6	34.3	10.7
河南	152.9	119.2	25.7	8.0	7.2	3.0
湖北	162.2	158.2	2.7	1.3	5.6	5.6
湖南	214.0	211.1	2.3	0.6	1.2	1.2
广东	172.7	166.2	6.1	0.4	5.8	5.7
广西	115.0	109.8	4.8	0.4	0.9	0.9
海南	15.7	14.1	1.3	0.3	0.1	0.1
四川	449.1	435.3	9.5	4.3	28.7	28.2
贵州	81.7	76.9	3.5	1.3	1.3	1.3
云南	87.2	82.2	3.3	1.7	9.2	8.8
西藏	9.7	0.5	4.9	4.3	18.6	14.8
陕西	55.5	48.1	4.6	2.8	25.6	13.1
甘肃	44.5	34.9	5.2	4.4	8.6	8.4
青海	16.1	4.6	5.7	5.8	21.5	20.8
宁夏	6.9	4.6	0.7	1.6	6.4	6.4
新疆	32.3	5.5	8.7	18.1	39.8	36.0

附录—32 续表 (1992年)

地区	绵羊毛(吨)	#细羊毛	山羊毛(吨)	羊绒(吨)	禽蛋(万吨)	蜂蜜(万吨)
全国	**238 192**	**106 201**	**17 496**	**5 886**	**1 019.9**	**17.8**
北京	216	18	135	35	30.0	0.1
天津	391		53	2	21.3	0.2
河北	11 465	4 952	1 874	344	68.2	0.5
山西	5 742	2 308	877	318	20.9	0.3
内蒙古	58 178	34 363	2 167	2 272	14.3	0.3
辽宁	6 575	3 511	383	164	64.3	0.3
吉林	9 042	6 810	48	2	30.5	0.2
黑龙江	11 985	4 052	102	2	45.9	0.3
上海	72		39		17.0	
江苏	1 978	1 405	131	1	111.7	1.0
浙江	2 448	2 448	67		25.1	5.3
安徽	475	15	49		36.2	
福建					17.1	0.7
江西	3		5		21.6	0.9
山东	21 758	8 754	3 946	339	170.5	0.8
河南	4 873	2 098	1 107	44	79.3	1.5
湖北	105	18	74		63.3	0.7
湖南	7		3		31.1	0.5
广东			5		23.9	0.8
广西					8.8	0.3
海南					1.4	
四川	2 885	240	273	4	57.7	1.8
贵州	514	52	3		4.8	0.1
云南	1 378	287	78	1	4.8	0.3
西藏	8 376	33	995	445	0.1	
陕西	3 915	2 442	989	546	29.0	0.5
甘肃	14 858	5 704	1 171	255	9.8	0.2
青海	17 887	333	628	190	1.1	
宁夏	3 076	352	261	172	2.6	
新疆	49 990	26 006	2 033	750	7.6	0.2

附录—33 各地区乡村企业基本情况

（1992年）

地区	企业单位数（个）		企业人数（人）		总收入（万元）	
	乡办企业	村办企业	乡办企业	村办企业	乡办企业	村办企业
全国	**392 570**	**1 127 474**	**26 083 418**	**25 404 790**	**54 106 105**	**46 303 358**
北京	4 455	14 407	390 234	574 090	1 249 044	1 622 428
天津	2 581	9 080	253 779	552 468	711 534	1 712 545
河北	19 714	54 811	1 056 196	1 451 474	1 948 332	2 362 678
山西	7 482	42 042	472 372	912 191	654 715	1 042 166
内蒙古	6 505	6 500	222 688	126 172	247 115	138 347
辽宁	12 863	38 009	946 379	1 114 538	1 971 178	2 605 792
吉林	7 394	14 670	313 779	284 943	421 144	365 719
黑龙江	8 171	17 630	350 678	250 102	509 990	366 021
上海	4 266	10 211	812 477	681 692	2 765 138	1 882 607
江苏	34 556	73 089	4 012 601	2 937 313	12 049 230	7 896 152
浙江	30 078	49 516	2 358 608	1 581 334	6 429 480	3 213 436
安徽	22 760	34 104	1 286 691	708 360	1 565 589	797 086
福建	12 617	45 820	732 172	894 953	1 441 290	1 493 819
江西	18 098	40 071	666 464	459 211	729 423	534 588
山东	24 116	136 569	2 455 608	3 798 032	5 281 723	8 241 113
河南	15 270	63 725	1 059 341	1 918 501	1 434 250	2 850 023
湖北	18 554	111 919	1 015 865	1 060 408	1 500 026	1 312 687
湖南	24 566	83 322	1 326 249	1 021 268	1 638 929	983 082
广东	25 055	95 138	1 851 922	2 350 370	6 077 859	4 051 619
广西	10 033	19 933	415 315	227 711	634 400	253 263
海南	1 429	1 244	53 475	13 799	63 008	13 505
四川	46 488	98 711	2 377 676	1 237 383	3 092 623	1 403 341
贵州	5 370	3 138	219 026	54 375	223 024	39 175
云南	6 103	20 641	384 930	388 973	416 586	379 528
西藏						
陕西	11 126	31 281	416 457	538 575	462 768	547 325
甘肃	6 441	6 927	366 617	184 827	290 277	127 364
青海	800	858	34 688	22 540	26 543	14 098
宁夏	1 416	1 345	70 147	22 034	76 910	17 413
新疆	4 263	2 763	160 984	37 153	193 977	36 439

附录—33 续表 1 (1992 年)

地区	工资总额（万元）	银行贷款余额（万元）	固定资产原值（万元）	固定资产净值（万元）	年末占用流动资金（万元）
全国	**9 571 199**	**18 393 169**	**34 630 643**	**25 858 627**	**40 637 787**
北京	218 381	485 555	894 050	657 128	1 047 581
天津	141 908	554 771	736 383	539 496	1 249 365
河北	423 757	875 504	1 734 560	1 378 230	1 451 358
山西	264 454	375 615	941 941	722 821	605 944
内蒙古	60 599	71 450	181 368	142 569	191 680
辽宁	393 665	1 016 964	1 528 321	1 135 162	2 378 894
吉林	100 849	199 962	334 108	254 524	300 256
黑龙江	111 271	194 402	391 754	303 868	414 490
上海	314 076	1 054 711	1 662 379	1 199 879	2 787 542
江苏	1 309 750	2 808 796	5 344 972	3 972 792	8 715 295
浙江	815 209	1 935 008	2 892 711	2 081 285	4 846 004
安徽	271 743	381 570	790 488	584 638	683 930
福建	400 329	245 392	930 875	718 175	703 702
江西	162 780	257 273	436 379	336 437	391 366
山东	985 672	2 030 723	4 435 620	3 351 374	5 339 511
河南	438 298	606 528	1 537 625	1 197 318	1 125 917
湖北	284 434	514 854	1 023 802	743 353	207 284
湖南	353 142	473 604	885 015	631 158	839 510
广东	1 373 969	2 697 431	4 481 890	3 461 725	4 177 439
广西	105 632	182 604	340 107	263 920	277 076
海南	13 380	13 995	59 846	50 261	13 202
四川	468 124	862 468	1 485 720	1 040 629	1 795 698
贵州	42 688	44 133	150 991	113 742	96 280
云南	115 103	149 577	386 316	286 586	222 679
西藏					
陕西	123 513	244 183	457 313	337 648	471 134
甘肃	223 903	7 605	344 515	169 679	100 306
青海	4 859	9 917	26 545	19 386	18 879
宁夏	12 803	15 691	62 701	48 421	50 787
新疆	36 908	82 883	152 348	116 423	134 678

附录－33　续表 2　　(1992 年)

地　区	每百元固定资产原值实现利润(元)	每百元资金实现利润(元)	每百元资金实现的利润税金(元)	每百元总收入实现利润(元)	每百元固定资产原值实现总收入(元)	每百元总收入占用的流动资金(元)
全　国	**13.8**	**7.2**	**14.3**	**4.8**	**289.9**	**40.5**
北　京	23.4	12.3	22.0	7.3	321.2	26.5
天　津	18.2	7.5	16.7	5.5	329.2	51.5
河　北	21.7	13.3	20.0	8.7	248.5	33.7
山　西	14.0	9.9	17.6	7.8	180.1	35.7
内蒙古	13.2	7.2	12.2	6.2	212.5	49.7
辽　宁	13.0	5.6	13.2	4.3	299.5	52.0
吉　林	15.1	9.1	18.1	6.4	235.5	38.2
黑龙江	11.8	6.4	12.3	5.3	223.6	47.3
上　海	8.4	3.5	9.0	3.0	279.6	60.0
江　苏	10.4	4.4	11.1	2.8	373.2	43.7
浙　江	7.5	3.1	11.8	2.3	333.4	50.3
安　徽	15.6	9.7	17.6	5.2	298.9	28.9
福　建	19.4	12.7	21.1	6.1	315.3	24.0
江　西	15.3	9.2	17.4	5.3	289.7	31.0
山　东	17.3	8.8	15.6	5.7	304.9	39.5
河　南	25.5	16.9	22.8	9.2	278.6	26.3
湖　北	10.9	11.8	23.2	4.0	274.7	7.4
湖　南	14.8	8.9	17.1	5.0	296.3	32.0
广　东	14.0	8.2	13.5	6.2	226.0	41.2
广　西	13.8	8.6	17.6	5.3	261.0	31.2
海　南	13.4	12.6	17.2	10.5	127.8	17.3
四　川	6.3	3.3	10.2	2.1	302.6	39.9
贵　州	10.6	7.7	16.0	6.1	173.7	36.7
云　南	7.5	5.7	13.5	3.6	206.1	28.0
西　藏						
陕　西	12.1	6.9	13.0	5.5	220.9	46.6
甘　肃	7.4	9.5	18.3	6.1	121.2	24.0
青　海	3.7	2.6	7.3	2.4	153.1	46.5
宁　夏	8.4	5.3	10.7	5.6	150.4	53.8
新　疆	8.2	5.0	10.1	5.4	151.2	58.4

注:国家税金分省数不等于全国总计。

附录—34 # 各地区工业总产值

（1992年，按轻重工业和经济类型分）　　单位：亿元

地区	按轻重工业分		按经济类型分			
	轻工业	重工业	国有工业	集体工业	城乡个体工业	其他经济类型工业
全国	**17 491.67**	**19 574.04**	**17 824.15**	**14 101.19**	**2 506.80**	**2 633.58**
北京	436.45	649.32	628.81	329.36	13.70	113.90
天津	465.48	532.43	492.15	380.54	24.12	101.11
河北	775.69	957.91	776.59	719.09	192.79	45.13
山西	180.90	563.21	428.52	241.98	66.00	7.61
内蒙古	131.55	230.16	274.33	64.37	18.68	4.34
辽宁	697.02	1 640.83	1 326.63	695.30	192.16	123.76
吉林	272.66	495.15	535.70	157.61	50.50	24.00
黑龙江	335.86	767.26	885.03	174.39	35.80	7.90
上海	1 132.08	1 297.21	1 389.80	517.63	5.11	516.75
江苏	2 379.00	2 294.57	1 319.21	2 927.57	163.44	263.36
浙江	1 586.34	911.90	646.34	1 545.21	210.39	96.30
安徽	490.75	505.06	517.83	350.62	119.48	7.87
福建	587.20	328.31	314.17	323.69	64.92	212.74
江西	282.37	363.82	382.98	188.50	66.64	8.08
山东	1 752.82	1 800.91	1 301.39	1 859.70	346.45	46.18
河南	670.93	957.69	792.80	591.76	226.94	17.13
湖北	605.11	768.55	860.46	420.66	65.81	26.74
湖南	422.17	584.62	594.30	303.91	94.87	13.71
广东	2 233.10	1 246.29	1 202.46	1 174.41	184.60	917.91
广西	304.13	278.68	382.47	129.56	57.52	13.27
海南	49.47	26.23	54.19	7.23	2.77	11.51
四川	812.29	1 037.53	1 073.14	566.83	184.31	25.54
贵州	118.88	183.41	228.66	41.71	26.16	5.76
云南	240.85	236.22	363.35	98.74	13.13	1.85
西藏	1.25	2.69	3.15	0.50	0.21	0.07
陕西	239.85	359.69	396.02	137.54	50.92	15.07
甘肃	99.30	267.75	278.11	69.88	18.33	0.74
青海	19.70	48.52	56.84	9.16	2.14	0.08
宁夏	22.31	67.05	70.19	14.23	3.93	1.02
新疆	146.15	171.07	248.54	59.55	5.00	4.13

注：本表按当年价格计算。

附录—35 各地区主要工业产品产量

(1992年)

地区	化学纤维(万吨)	#合成纤维	纱(万吨)	布(亿米)	#化纤布	毛线(万吨)	呢绒(万米)	麻袋(亿条)
全国	**213.04**	**188.17**	**501.75**	**190.65**	**21.18**	**35.06**	**33 791.79**	**6.16**
北京	3.65	3.65	8.01	2.97	0.08	1.07	1 512.40	…
天津	8.36	7.76	10.86	4.30	0.18	0.70	901.00	0.01
河北	3.02	1.95	38.94	12.59	1.47	4.32	924.56	0.10
山西	2.70	1.92	10.17	4.23	0.03	0.17	235.44	0.07
内蒙古	0.76	0.26	2.09	0.95	0.52	0.35	1 028.60	0.03
辽宁	17.08	14.62	20.10	6.00	1.09	0.50	1 672.67	0.22
吉林	3.37	1.53	5.58	1.88	0.22	0.24	590.00	0.25
黑龙江	11.90	10.83	6.75	2.21	0.41	0.15	442.25	0.08
上海	28.74	25.83	36.36	13.93	2.33	2.07	2 799.66	…
江苏	55.09	53.80	55.88	29.04	4.17	13.12	11 648.09	0.35
浙江	14.98	12.14	24.67	13.23	5.03	2.35	3 347.00	0.78
安徽	1.48	1.48	20.72	7.10	0.07	0.48	210.53	0.57
福建	3.56	2.97	6.15	2.30	0.40	0.41	118.00	0.03
江西	2.54	1.12	9.64	2.92	0.32	0.10	236.00	0.14
山东	7.24	5.59	72.05	22.97	2.33	2.85	1 891.78	0.88
河南	7.16	4.92	37.45	12.66	0.48	0.43	1 244.31	0.57
湖北	2.87	1.68	39.99	15.16	0.41	0.78	379.15	0.91
湖南	4.10	3.86	14.34	4.61	0.08	0.18	37.94	0.23
广东	18.18	17.38	14.35	7.07	0.50	2.85	945.90	0.07
广西	1.99	1.99	7.48	2.00	0.06	0.17	126.03	0.36
海南	1.62	1.62	0.26	0.07				
四川	6.60	5.74	19.32	9.39	0.47	0.25	425.61	0.42
贵州	0.52	0.52	2.31	0.80		0.06	28.66	0.01
云南	0.64	0.24	4.33	1.79	0.03	0.08	38.04	0.05
西藏						…	12.55	
陕西	2.32	2.20	16.52	7.24	0.49	0.18	564.86	0.03
甘肃	1.86	1.86	1.99	0.47	0.02	0.74	852.59	…
青海			0.70	0.25		0.09	236.48	
宁夏	0.42	0.42	0.48	0.11	…	0.21	67.77	
新疆	0.29	0.29	14.27	2.40	…	0.16	1 273.92	

附录—35 续表 1 (1992 年)

地 区	丝（万吨）	机制纸及纸板（万吨）	缝纫机（万架）	自行车（万辆）	表（万只）	手 表	日用精铝制品（万吨）	灯 泡（亿只）
全 国	**7.42**	**1 725.11**	**833.19**	**4 083.64**	**8 658.76**	**8 610.46**	**8.21**	**32.81**
北 京		22.63	0.23		104.05	104.05	0.25	0.30
天 津		33.32	25.99	457.40	438.57	438.57	0.35	0.51
河 北	0.01	132.72	0.58	59.79	61.60	60.28	0.23	0.78
山 西	0.04	39.29	7.25	15.76	51.29	51.29	0.06	0.47
内蒙古		15.64		1.06			0.07	0.15
辽 宁	0.19	79.14	0.35	125.87	362.85	359.89	0.53	1.54
吉 林	...	61.21		20.49	113.80	113.80	0.11	0.51
黑龙江	...	55.99	0.25	12.93	46.05	46.05	0.12	0.52
上 海	0.04	46.86	340.50	817.66	1 306.93	1269.86	0.25	5.71
江 苏	1.85	88.75	59.91	535.81	434.73	434.73	0.62	4.48
浙 江	2.03	80.88	88.24	374.43	22.99	22.99	1.40	2.61
安 徽	0.26	49.69	24.54	116.72	125.38	125.38	0.12	0.78
福 建	...	67.00	10.77	99.08	1 050.17	1 050.17	0.18	1.04
江 西	0.04	31.03		59.25	75.23	75.23	0.12	0.83
山 东	0.34	159.51	16.45	140.48	419.22	419.22	0.45	1.61
河 南	0.07	250.71	22.25	138.72	146.59	146.59	0.39	1.18
湖 北	0.09	48.82	8.48	194.38	107.33	101.52	0.37	1.39
湖 南	0.01	68.25	30.74	116.70	50.64	50.64	0.13	1.17
广 东	0.41	134.20	120.91	591.90	3 490.41	3 490.41	1.26	2.18
广 西	0.12	53.91	25.72	133.08	86.30	86.30	0.37	0.70
海 南		1.03			0.90	0.90	...	...
四 川	1.75	91.89	2.07	10.11	27.94	26.80	0.25	1.67
贵 州	0.01	7.35			4.78	4.78	0.13	0.20
云 南	0.03	19.43	12.16	43.35			0.12	0.44
西 藏								
陕 西	0.10	50.87	35.80	9.20	131.01	131.01	0.07	1.33
甘 肃		12.68		2.69			0.05	0.32
青 海		0.70					0.17	0.16
宁 夏		9.80					0.03	
新 疆	0.03	11.81		6.78			0.02	0.25

附录—35　续表 2　　　　　　　　(1992 年)

地　区	合成洗涤剂（万吨）	原盐（万吨）	糖（万吨）	食用植物油（万吨）	罐头（万吨）	饮料酒（万吨）	#啤酒	卷烟（万箱）
全　国	**166.60**	**2 837.70**	**829.31**	**660.67**	**224.32**	**1 752.72**	**1 020.64**	**3 284.68**
北　京	6.55			4.28	1.13	56.59	48.57	13.85
天　津	10.56	229.10		2.17	2.80	10.88	4.98	22.00
河　北	4.03	370.08	1.15	27.06	13.82	95.74	73.11	117.01
山　西	6.19	0.22	7.74	8.31	2.35	19.36	6.25	22.00
内蒙古	1.05	116.05	29.23	11.66	0.73	31.58	19.58	29.26
辽　宁	4.31	293.22	5.36	23.85	8.85	100.22	78.54	45.26
吉　林	1.69		10.49	21.30	1.51	67.77	49.58	66.00
黑龙江	2.15		66.36	32.57	2.93	97.78	71.05	77.30
上　海	13.23			15.77	5.46	24.27	21.21	85.92
江　苏	15.69	244.85		64.42	8.15	117.50	51.50	81.80
浙　江	2.26	59.92	2.01	26.58	31.43	172.93	93.83	83.64
安　徽	8.98	12.90		55.33	8.50	68.38	29.76	206.33
福　建	0.18	75.18	43.30	2.11	21.67	55.44	48.60	84.66
江　西	2.51	29.31	15.31	15.28	4.35	37.24	19.05	49.49
山　东	15.77	656.69	1.10	80.24	19.16	244.53	139.39	226.21
河　南	10.00	7.22	0.41	48.28	8.35	79.75	44.12	298.71
湖　北	11.88	156.43	1.25	34.92	4.10	69.23	41.92	216.28
湖　南	5.82	52.52	10.12	22.05	5.49	35.24	14.67	236.02
广　东	16.24	35.24	227.50	23.13	8.56	94.87	65.69	153.90
广　西	3.96	15.52	214.78	6.17	27.24	35.14	14.15	104.04
海　南	0.16	15.26	40.15	0.24	9.25	1.22	0.05	10.00
四　川	9.35	217.59	18.15	49.86	19.62	129.60	37.63	197.66
贵　州	0.15		1.27	34.69	0.14	29.28	4.51	202.89
云　南	5.41	29.82	83.66	3.60	1.72	20.63	6.80	466.17
西　藏				0.22		0.27	0.27	
陕　西	2.71	10.48	1.26	11.39	2.05	22.06	12.29	138.98
甘　肃	1.66	6.27	10.72	8.89	1.07	13.02	9.90	29.50
青　海	0.88	92.21		1.78	0.05	3.28	2.00	2.70
宁　夏	1.01	0.14	5.81	2.19	0.42	2.91	2.31	5.00
新　疆	2.22	111.48	32.18	22.33	3.42	16.01	9.33	12.10

附录—35 续表3 (1992年)

地　区	中成药（吨）	家　用电冰箱（万台）	电风扇（万台）	家　用洗衣机（万台）	收音机（万台）	录音机（万台）	电视机（万台）	#彩色	照相机（万架）
全　国	**322 402**	**485.76**	**6 837.03**	**707.93**	**1 648.85**	**3 231.78**	**2 867.82**	**1 333.08**	**526.48**
北　京	12 103	9.13	4.83	14.70	10.75	99.98	64.05	64.05	4.15
天　津	2 984	6.02	6.75	50.48	22.19	6.50	140.99	68.29	0.76
河　北	8 060	0.05	3.11		1.43	7.14	20.84	5.90	
山　西	3 647		0.71	25.91		0.20	2.56	1.30	
内蒙古	2 976				2.51	3.42	29.38	21.31	
辽　宁	7 672	10.28	25.03	20.48	68.59	43.45	73.18	25.69	
吉　林	17 719	14.01		28.80	0.50	5.47	18.88	13.09	
黑龙江	4 275	3.00	2.36	0.31	1.86	3.93	7.10	7.00	0.92
上　海	9 726	75.76	190.49	100.91	148.93	89.74	434.93	112.29	16.51
江　苏	11 534	16.54	1 084.43	28.65	647.98	593.32	602.60	169.66	26.22
浙　江	14 723	28.07	441.16	39.31	110.15	75.80	215.81	38.52	1.02
安　徽	9 327	55.77	88.07	44.14	19.93	5.22	107.00	23.07	
福　建	5 332	1.29	25.73		16.85	18.83	142.70	132.31	0.64
江　西	14 363	14.99	41.80		10.40	40.47	61.90	20.98	14.20
山　东	15 234	21.70	235.89	60.78	13.20	5.54	54.47	37.57	35.20
河　南	14 744	14.43	21.37		13.38	14.85	35.68	10.07	1.83
湖　北	15 547	2.13	35.93	20.44	0.45	2.49	22.58	12.45	0.66
湖　南	10 529	26.99	38.72	0.18	8.00	28.77	37.24	5.35	
广　东	86 303	126.92	4 420.19	185.28	534.48	2 134.30	432.04	367.04	410.80
广　西	20 752	1.11	49.49	0.31		11.13	17.73	5.62	
海　南	604				2.66	0.31	9.51	6.08	
四　川	17 371	15.23	114.37	30.56	2.67	18.92	175.46	110.26	3.37
贵　州	4 285	4.76	1.38	15.32	0.10	0.35	42.27	1.35	
云　南	4 599	2.58		3.60			17.70	7.99	
西　藏	76								
陕　西	2 951	30.20	5.22	15.57	10.30	1.10	80.88	53.65	
甘　肃	2 599	4.80		22.20		19.11	14.41	8.81	10.20
青　海	254					0.94			
宁　夏	1 137				1.54		0.01		
新　疆	974					0.50	5.92	3.38	

附录—35　续表 4　　　　　　　　(1992 年)

地　区	原　煤（亿吨）	原　油（万吨）	天然气（亿立方米）	发电量（亿千瓦小时）	#水　电	生　铁（万吨）	钢（万吨）	成品钢材（万吨）
全　国	**11.16**	**14 209.69**	**157.88**	**7 539 48**	**1 306.64**	**7 589.23**	**8 093.59**	**6 696.68**
北　京	0.10			142.31	2.37	435.14	575.00	438.33
天　津		491.76	4.12	98.07	0.19	162.21	183.45	249.00
河　北	0.63	418.80	3.25	457.10	5.43	683.27	502.96	409.32
山　西	2.97		0.65	384.17	5.98	612.17	279.37	149.93
内蒙古	0.50	100.05		222.29	1.11	301.81	309.01	210.97
辽　宁	0.54	1 387.82	21.10	489.06	32.43	1 262.72	1 349.87	1 082.92
吉　林	0.25	344.06	1.68	204.04	38.69	84.11	104.03	86.69
黑龙江	0.84	5 565.83	22.87	346.83	6.25	65.17	117.30	107.09
上　海				347.63		867.98	1 234.24	918.09
江　苏	0.25	91.60	0.30	481.15	0.28	164.08	270.78	387.51
浙　江	0.01			284.13	58.45	69.85	120.86	119.40
安　徽	0.34	4.00		236.19	9.33	306.67	261.33	221.70
福　建	0.09			176.55	94.69	68.88	61.87	63.45
江　西	0.21			143.63	36.79	97.83	133.06	109.76
山　东	0.64	3 346.10	14.43	566.24	0.23	308.96	281.22	203.70
河　南	0.90	810.13	12.61	405.52	14.81	204.41	212.87	179.34
湖　北	0.09	76.50	0.82	367.20	227.03	572.43	679.30	594.63
湖　南	0.36			244.78	106.19	177.00	182.11	157.58
广　东	0.10	285.69		459.00	92.84	104.00	147.66	168.59
广　西	0.11	3.21		153.06	73.98	69.61	68.60	63.73
海　南	...			19.79	7.63	1.76	0.41	1.13
四　川	0.71	14.01	67.10	419.40	168.30	538.97	609.35	438.74
贵　州	0.42		0.44	129.35	52.07	90.53	64.19	48.83
云　南	0.24	12.37	0.44	155.75	91.26	126.82	103.02	97.18
西　藏	...			3.56	2.61			
陕　西	0.34	101.70	0.28	189.10	30.15	61.00	57.92	44.10
甘　肃	0.15	198.09	0.43	200.32	87.10	101.96	93.40	64.54
青　海	0.03	105.53	0.52	49.83	34.50	0.05	38.21	34.16
宁　夏	0.14	20.78	0.09	76.62	8.40	3.37	4.71	5.97
新　疆	0.22	831.66	6.75	86.81	17.55	46.47	47.49	40.30

附录—35　续表 5　　　　　　　　(1992 年)

地　区	铁合金（万吨）	焦　炭（万吨）	#机制焦炭	水　泥（万吨）	平板玻璃（万重量箱）	木　材（万立方米）	硫　酸（万吨）	纯　碱（万吨）
全　国	**264.84**	**7 983.88**	**5 599.57**	**30 821.70**	**9 359.12**	**6 173.57**	**1 408.66**	**454.98**
北　京	3.52	309.93	309.93	402.97	188.84	4.56	8.23	
天　津	0.94	162.63	162.63	144.58	226.18		8.15	61.19
河　北	6.06	484.22	397.73	1 942.29	1 282.34	46.06	72.26	48.49
山　西	13.13	1 814.96	454.30	815.26	207.56	28.05	45.54	2.18
内蒙古	4.25	274.19	213.12	319.61	163.64	494.19	7.00	8.24
辽　宁	20.31	807.54	805.96	1 644.39	1 188.45	96.65	86.21	72.42
吉　林	25.18	111.74	110.40	572.04	209.47	515.28	11.39	0.50
黑龙江	0.79	144.76	137.51	645.92	419.15	1 270.40	8.87	
上　海	16.92	607.33	607.33	354.73	513.55		37.45	3.67
江　苏	6.84	140.53	135.69	2 275.69	379.18	45.38	140.18	38.19
浙　江	12.97	39.33	36.89	1 965.64	268.69	198.67	37.90	10.86
安　徽	1.56	262.43	262.43	1 239.17	130.98	221.56	91.09	5.39
福　建	4.45	39.04	37.03	747.62	84.74	548.36	27.84	4.23
江　西	14.31	146.26	146.26	689.25	26.37	278.33	47.49	
山　东	2.84	309.47	247.83	3 161.81	609.02	127.12	87.56	93.04
河　南	6.63	241.39	178.07	1 879.75	1 132.95	201.05	51.63	20.90
湖　北	7.25	359.90	358.18	1 263.16	174.37	180.51	97.27	27.67
湖　南	23.27	191.73	148.10	1 503.27	448.35	316.53	76.63	7.52
广　东	1.43	53.35	53.35	3 223.27	548.60	250.11	113.19	
广　西	11.41	52.19	43.30	1 167.10	154.04	288.51	41.97	
海　南				89.99		47.87	1.94	
四　川	20.18	542.97	359.58	2 003.26	250.05	430.29	150.34	38.42
贵　州	17.54	267.13	67.94	370.44	44.32	64.60	13.34	
云　南	10.16	269.89	88.47	663.87	157.00	311.33	52.36	1.64
西　藏				14.09		23.92		
陕　西	3.55	154.07	91.67	673.78	156.90	79.25	35.31	4.90
甘　肃	10.74	86.76	85.90	489.59	291.29	46.63	42.15	5.39
青　海	9.32	0.83		70.50		7.06	2.06	0.07
宁　夏	8.63	32.81	17.68	113.54	22.44	20.90	7.27	
新　疆	0.66	76.50	42.29	375.22	80.65	30.42	6.04	0.07

附录—35 续表 6 (1992 年)

地 区	烧 碱 (万吨)	农用氮、磷、钾化肥 (万吨)	#磷 肥	#氮 肥	化学农药 (万吨)	电 石 (万吨)	塑 料 (万吨)	轮胎外胎 (万条)
全 国	**379.50**	**2 047.91**	**1 570.45**	**462.17**	**28.08**	**242.47**	**330.77**	**5 183.36**
北 京	11.38	9.71	9.16	0.55	0.11	5.94	45.22	329.05
天 津	27.99	7.90	6.24	1.45	2.01	8.26	13.92	70.02
河 北	15.18	138.36	117.00	18.51	1.81	10.65	7.61	118.13
山 西	8.06	80.30	65.60	14.67	0.21	34.34	1.73	82.86
内蒙古	5.46	13.44	13.07	0.37		9.90	0.68	18.36
辽 宁	29.68	62.81	50.93	11.88	1.50	5.20	29.96	311.05
吉 林	9.10	30.06	29.70	0.36	0.23	9.00	6.03	120.19
黑龙江	7.15	40.50	39.26	1.24	0.05	8.00	30.31	180.81
上 海	34.55	29.88	25.73	4.15	0.79	7.65	42.32	464.68
江 苏	37.87	144.63	106.82	37.61	5.42	8.72	43.50	269.36
浙 江	17.80	73.69	62.36	11.33	2.78	10.53	6.37	137.73
安 徽	8.68	116.15	92.66	23.49	0.56	8.57	3.98	135.44
福 建	10.34	47.31	37.57	9.74	0.78	12.19	5.11	198.84
江 西	6.59	33.40	19.95	13.09	0.52	4.97	2.58	54.19
山 东	43.00	154.66	137.13	17.53	2.00	8.46	44.01	1 143.41
河 南	16.12	169.78	143.17	26.61	2.25	8.27	6.45	304.80
湖 北	10.30	145.76	92.23	53.47	1.51	9.85	4.55	148.19
湖 南	15.35	123.95	97.53	26.25	2.42	10.57	4.41	72.13
广 东	13.47	63.33	41.08	22.25	1.14	2.42	10.84	305.55
广 西	7.06	45.88	27.22	18.66	0.62	6.05	1.77	108.76
海 南	0.12	0.67		0.67	0.01	0.11		42.77
四 川	25.28	199.36	141.65	57.35	0.97	10.79	3.76	229.85
贵 州	1.81	51.54	33.95	17.59	0.04	5.52	0.31	78.17
云 南	2.83	96.79	54.70	42.08	0.07	5.65	1.06	59.93
西 藏								
陕 西	6.20	55.52	40.61	14.84	0.03	12.77	1.46	44.44
甘 肃	4.23	32.87	20.31	12.56	0.25	7.80	10.28	20.19
青 海	1.29	12.31	0.46	0.52		1.09	0.19	
宁 夏	0.74	32.11	29.97	2.14		7.77	58.00	103.59
新 疆	1.87	35.60	34.39	1.21		1.43	1.79	30.87

附录—35　续表 7　　(1992 年)

地　区	交　流 电动机 (万千瓦)	金　属 切削机床 (万台)	汽　车 (万辆)	#载重汽车	拖拉机(14.7 千瓦及以上) (万台)	小　型 拖拉机 (万台)	内燃机 商品量 (万千瓦)
全　国	**5 243.47**	**22.87**	**106.67**	**47.67**	**5.70**	**139.07**	**9 252.53**
北　京	174.90	0.80	13.79	3.51		0.87	1 346.36
天　津	211.66	0.13	7.57	2.98	0.96	0.23	210.31
河　北	223.11	0.32	3.76	0.40	0.01	14.58	79.07
山　西	174.66	0.12	0.07	0.02		1.54	18.42
内蒙古	56.01	0.13	0.02	…		1.29	7.47
辽　宁	532.64	2.15	6.08	3.13	0.12	2.48	575.03
吉　林	64.58	0.21	14.51	8.20	0.27	5.48	200.25
黑龙江	165.33	0.38	1.58	1.19	0.03	2.93	80.50
上　海	448.93	1.61	7.00	0.27	1.25		394.07
江　苏	612.64	2.78	10.10	5.29	0.18	14.98	1 698.89
浙　江	188.39	5.78	1.57	0.38	0.18	5.29	433.13
安　徽	137.20	0.53	1.13	0.72	0.03	9.75	256.33
福　建	122.03	0.21	0.34	0.31		4.19	112.77
江　西	118.09	0.61	2.53	2.08	…	1.88	428.00
山　东	396.13	1.94	1.73	0.85	0.97	30.51	738.27
河　南	213.86	0.24	0.83	0.31	1.23	15.76	408.69
湖　北	294.57	0.82	15.12	8.70	0.46	1.00	223.48
湖　南	252.34	0.35	2.21	0.10		2.71	513.32
广　东	239.98	0.77	2.93	0.92		5.44	122.00
广　西	72.39	0.48	3.72	2.99		5.81	422.60
海　南	0.22		0.07			0.02	
四　川	195.40	0.77	6.79	3.17		2.31	671.09
贵　州	9.74	0.19	0.74	0.55		1.15	102.11
云　南	73.78	0.72	1.64	0.99		2.34	98.10
西　藏							
陕　西	144.37	0.43	0.75	0.55		1.65	61.51
甘　肃	66.65	0.08	…			1.46	21.19
青　海	0.28	0.11	0.08	0.05	…		4.60
宁　夏	35.46	0.20			0.02	1.18	24.97
新　疆	18.13	0.03			0.01	2.24	

附录—36 各地区独立核算工业企业主要经济效益指标

（1992年）

地区	产品销售率（%）	工业净产值占工业总产值的比重（%）	每百元固定资产原值实现的利税（元）	资金利税率（%）	产值利税率（%）	每百元销售收入实现的利润（元）	每百元销售成本实现的利润（元）	流动资金周转次数（次/年）
全国	**95.67**	**26.86**	**14.03**	**9.89**	**10.10**	**3.76**	**4.51**	**1.67**
北京	95.73	28.45	23.58	16.61	15.77	8.89	11.06	1.77
天津	95.51	22.01	12.85	9.08	8.44	3.65	4.22	1.74
河北	98.61	27.72	10.25	8.13	9.17	3.17	3.84	1.66
山西	94.18	30.41	8.57	7.41	11.27	4.66	5.69	1.39
内蒙古	95.51	30.86	7.93	6.29	9.68	2.06	2.48	1.32
辽宁	96.08	27.09	9.70	7.68	9.05	2.12	2.49	1.51
吉林	95.80	28.51	9.34	6.45	8.80	2.78	3.25	1.25
黑龙江	96.79	35.85	7.72	6.03	8.42	1.58	2.04	1.35
上海	98.40	25.88	23.59	13.84	12.87	6.06	7.46	1.78
江苏	93.67	22.49	17.64	10.59	7.41	3.51	4.07	2.04
浙江	95.71	24.12	23.24	13.24	9.33	4.64	5.44	2.02
安徽	94.78	24.73	14.36	10.16	9.85	2.38	2.84	1.78
福建	95.00	25.80	18.77	11.97	10.64	4.79	5.77	1.85
江西	94.42	25.86	12.07	8.25	8.62	2.58	3.02	1.52
山东	92.98	26.00	12.27	8.92	8.73	3.38	3.99	1.75
河南	95.63	29.53	12.38	9.34	10.84	3.06	3.65	1.55
湖北	96.38	27.44	14.99	10.87	11.44	4.15	5.05	1.61
湖南	97.71	28.29	14.93	10.77	11.37	2.42	2.98	1.70
广东	95.46	25.82	16.75	10.29	9.23	4.54	5.43	1.86
广西	95.46	27.58	17.46	11.43	11.71	3.49	4.25	1.71
海南	94.20	26.10	8.36	6.05	8.49	2.90	3.36	1.40
四川	96.21	27.28	11.72	8.50	9.73	2.94	3.50	1.52
贵州	97.49	34.36	18.46	12.93	17.67	3.19	4.20	1.30
云南	98.03	38.83	31.34	24.77	25.80	3.66	5.24	1.97
西藏	94.85	42.39	6.32	6.16	17.62	14.58	20.06	1.13
陕西	94.79	29.36	9.75	6.78	9.78	2.59	3.05	1.18
甘肃	97.69	31.15	9.73	8.20	11.20	3.27	3.94	1.37
青海	98.02	28.28	5.33	3.99	8.67	−0.03	−0.03	0.98
宁夏	98.37	29.54	6.23	5.03	8.53	1.08	1.26	1.29
新疆	95.32	31.44	6.58	6.00	8.81	2.26	2.66	1.46

附录—37 各地区国有独立核算工业企业主要经济效益指标

（1992年）

地区	产品销售率（%）	工业净产值占工业总产值的比重（%）	每百元固定资产原值实现的利税（元）	资金利税率（%）	产值利税率（%）	每百元销售收入实现的利润（元）	每百元销售成本实现的利润（元）	流动资金周转次数（次/年）	可比产品成本降低率（%）
全国	**97.77**	**28.34**	**12.41**	**9.71**	**11.38**	**3.21**	**3.88**	**1.65**	**−6.50**
北京	98.18	29.37	21.75	17.10	17.72	9.04	11.37	1.82	−8.85
天津	98.23	21.32	9.80	7.78	7.83	2.17	2.46	1.80	−11.17
河北	99.66	28.50	8.02	7.00	8.67	1.45	1.75	1.69	−4.58
山西	95.71	29.80	7.51	6.99	11.57	4.21	5.05	1.43	−7.77
内蒙古	96.65	30.49	7.45	6.22	10.02	1.84	2.22	1.35	−5.17
辽宁	97.74	26.82	8.10	7.19	9.09	1.24	1.44	1.57	−8.14
吉林	97.34	27.53	8.36	6.24	8.84	2.61	3.05	1.30	−6.28
黑龙江	98.06	36.70	7.42	6.09	8.71	1.49	1.95	1.40	−10.59
上海	99.46	25.69	19.39	12.84	13.04	4.55	5.62	1.84	−9.71
江苏	97.00	24.22	15.06	10.84	9.44	3.44	4.03	2.08	−3.23
浙江	98.38	24.63	19.41	13.61	11.30	4.49	5.36	2.18	−2.63
安徽	97.70	25.55	13.57	10.22	11.29	1.78	2.13	1.73	−8.36
福建	97.55	30.39	19.10	13.91	14.58	5.28	6.48	1.88	−4.51
江西	96.38	25.62	11.43	8.17	9.17	2.48	2.89	1.49	−6.68
山东	97.18	28.61	10.40	8.66	9.80	2.15	2.54	1.91	−4.77
河南	97.06	30.96	11.70	9.28	11.76	2.52	3.03	1.54	−6.70
湖北	97.89	28.05	15.34	11.90	13.21	4.62	5.68	1.65	−7.43
湖南	99.42	29.11	15.87	11.81	13.08	2.60	3.18	1.67	−8.00
广东	96.66	27.95	17.47	11.82	11.73	4.76	5.72	1.84	−3.90
广西	96.38	27.59	17.30	11.58	12.47	3.41	4.18	1.69	−4.24
海南	95.54	26.81	9.20	6.38	9.99	3.85	4.49	1.42	1.27
四川	97.89	28.06	10.82	8.33	10.59	3.00	3.59	1.47	−7.06
贵州	98.47	35.26	18.49	13.17	18.80	3.11	4.15	1.27	−5.25
云南	98.71	40.78	33.34	27.21	28.16	3.85	5.68	2.04	−6.19
西藏	96.25	42.61	4.96	4.90	15.78	11.93	15.57	1.07	−0.76
陕西	96.10	29.32	8.77	6.32	9.84	1.88	2.20	1.14	3.02
甘肃	99.62	31.52	9.23	8.14	11.57	2.97	3.58	1.39	−7.59
青海	98.51	28.33	5.20	3.96	9.06	0.01	0.02	0.97	−4.17
宁夏	99.63	29.16	5.66	4.79	8.39	0.52	0.60	1.34	−6.44
新疆	96.60	32.89	6.19	5.92	9.16	1.98	2.34	1.50	−6.69

附录—38 各地区每亿元工业总产值能源、电力消费量

（1991年）

地　区	能源消费量(万吨标准煤)			电力消费量(万千瓦小时)		
	工　业	重工业	轻工业	工　业	重工业	轻工业
全　国	**2.71**	**4.23**	**1.10**	**1 994**	**3 071**	**857**
北　京	2.28	3.18	0.99	1 648	1 969	733
天　津	2.22	3.29	1.02	1 684	2 031	1 016
河　北	4.05	6.07	1.56	2 654	3 606	1 071
山　西	6.03	6.87	3.08	3 833	3 755	2 360
内蒙古	5.59	7.81	2.31	3 540	4 853	1 052
辽　宁	3.45	4.38	1.42	2 300	2 595	1 159
吉　林	4.32	5.46	2.62	2 957	3 636	1 241
黑龙江	3.66	4.41	2.12	2 546	2 828	1 252
上　海	1.36	2.00	0.74	1 217	1 692	617
江　苏	1.42	2.27	0.68	1 142	1 544	610
浙　江	1.26	2.54	0.58	1 201	1 884	628
安　徽	3.20	5.54	1.05	2 283	3 339	879
福　建	1.69	3.47	0.68	1 667	2 370	979
江　西	2.90	4.23	1.37	2 268	2 895	1 046
山　东	2.15	3.62	0.77	1 658	2 436	665
河　南	3.38	4.99	1.40	2 768	3 580	1 113
湖　北	2.65	4.39	0.98	2 023	2 718	945
湖　南	3.42	5.06	1.43	2 295	2 873	1 025
广　东	1.57	2.96	0.87	1 439	1 982	909
广　西	2.53	4.29	1.15	2 360	3 538	1 042
海　南	1.63	4.06	0.67	2 252	3 875	1 000
四　川	3.05	4.47	1.50	2 053	2 816	759
贵　州	5.72	8.59	1.34	4 086	5 853	635
云　南	3.38	5.63	0.96	2 703	3 924	827
西　藏						
陕　西	3.16	4.29	1.55	2 730	3 150	1 257
甘　肃	4.84	6.06	1.76	4 650	5 471	1 204
青　海	5.60	7.01	2.36	7 328	9 354	1 213
宁　夏	6.87	8.20	2.85	6 677	7 694	1 543
新　疆	4.63	7.43	1.99	2 028	2 846	905

注：本表统计范围为村及村以上工业企业，工业总产值按1990年不变价格计算。

附录—39 各地区运输线路长度

（1992 年）　　　　单位：公里

地区	中央铁路		内河航道里程	公路里程	有路面里程	高级次高级	中级	低级	无路面里程
	营业里程	正线延展里程							
全国	**53 565**	**68 500**	**109 748**	**1 056 707**	**926 452**	**301 651**	**320 724**	**304 077**	**130 255**
北京	1 018	1 605		10 827	10 555	6 699	2 031	1 855	272
天津	470	803	90	4 088	3 661	3 548	26	87	427
河北	2 978	4 763	75	47 034	39 478	30 818	1 845	6 815	7 556
山西	2 331	3 394	170	31 554	24 410	10 648	5 702	8 060	7 144
内蒙古	5 073	5 801	602	43 704	33 877	6 792	6 633	20 452	9 827
辽宁	3 563	4 947	508	41 548	40 106	13 644	8 682	17 780	1 442
吉林	3 473	3 799	1 114	27 192	21 201	6 314	3 220	11 667	5 991
黑龙江	4 988	6 533		47 880	43 181	6 141	19 191	17 849	4 699
上海	235	388	2 100	3 625	3 625	2 312	1 313		
江苏	744	1 292	23 679	25 325	24 610	10 102	12 891	1 617	715
浙江	903	1 208	10 590	30 281	30 281	7 582	22 699		
安徽	1 672	2 282	5 534	30 571	29 208	10 526	13 190	5 492	1 363
福建	1 015	1 028	3 888	41 882	37 490	7 149	18 370	11 971	4 392
江西	1 583	1 937	4 937	33 986	33 955	5 713	15 807	12 435	31
山东	2 048	3 039	1 861	43 134	40 714	27 931	3 022	9 761	2 420
河南	2 131	3 880	1 104	45 049	37 020	24 344	6 612	6 064	8 029
湖北	1 692	2 163	7 907	47 892	38 459	12 972	15 157	10 330	9 433
湖南	2 273	2 902	10 010	58 110	57 175	10 733	36 057	10 385	935
广东	686	1 189	10 857	55 883	47 891	14 751	9 782	23 358	7 992
广西	1 670	1 812	4 521	37 291	36 200	9 721	10 307	16 172	1 091
海南	219	238	266	12 937	6 114	1 581	1 016	3 517	6 823
四川	2 877	2 879	7 904	98 920	92 255	13 356	52 210	26 689	6 665
贵州	1 423	1 480	1 773	31 889	31 889	3 377	22 628	5 884	
云南	1 592	1 643	1 130	60 045	55 916	11 642	20 929	23 345	4 129
西藏				21 842	7 685	868		6 817	14 157
陕西	1 826	2 184	998	38 318	27 096	11 583	4 478	11 035	11 222
甘肃	2 220	2 352	219	34 822	27 796	10 827	2 986	13 983	7 026
青海	1 095	1 105		16 854	14 334	3 617	629	10 088	2 520
宁夏	429	446	397	8 200	7 753	2 597		5 156	447
新疆	1 343	1 409		26 024	22 517	13 793	3 311	5 413	3 507
直属合计			7 514						

附录—40 各地区全社会货物周转量

(1992年)

单位:亿吨公里

地 区	铁 路	公 路	#汽 车	水 运	#轮驳船
全 国	**11 575.6**	**3 755.3**	**3 521.3**	**13 256.3**	**13 174.5**
北 京	268.2	63.9	61.8		
天 津	255.4	44.1	41.7	1.9	1.9
河 北	1 407.5	300.6	287.8	44.6	44.6
山 西	499.7	210.9	198.3		
内蒙古	526.2	102.3	96.4		
辽 宁	1 023.2	173.1	162.8	47.8	47.8
吉 林	406.0	56.9	55.6	0.9	0.9
黑龙江	735.1	100.7	97.5	4.2	4.2
上 海	43.2	42.9	42.9	32.1	32.0
江 苏	333.9	194.7	176.1	281.5	207.6
浙 江	167.5	142.4	125.4	212.3	212.3
安 徽	487.0	161.8	152.4	95.1	95.1
福 建	125.9	104.1	89.9	98.9	98.4
江 西	232.4	62.6	56.1	26.5	26.5
山 东	627.5	239.4	206.6	48.0	48.0
河 南	1 123.6	182.2	167.7	8.1	8.1
湖 北	485.7	137.8	127.1	111.0	110.9
湖 南	641.8	174.8	164.9	54.0	53.9
广 东	214.8	431.6	415.6	122.7	118.7
广 西	278.2	112.1	108.0	63.4	62.6
海 南	2.1	20.9	19.2	27.0	26.9
四 川	416.9	232.8	219.8	69.1	67.5
贵 州	214.9	51.2	50.4	4.0	3.5
云 南	103.1	144.9	137.9	0.9	0.9
西 藏		6.4	6.4		
陕 西	355.2	66.2	66.2	0.3	0.3
甘 肃	372.8	60.4	58.6	0.1	…
青 海	31.8	19.1	18.3		
宁 夏	61.8	13.7	12.9		
新 疆	134.5	98.8	93.7		
不分地区		2.0	2.0	11 901.9	11 901.9

附录—41 各地区社会商业机构

(1992年底)

单位:个

地区	合计	国有单位	集体商业	供销合作社	合营	个体
全国	**10 622 387**	**572 382**	**1 503 819**	**719 233**	**3 152**	**8 543 034**
北京	126 137	8 229	13 551	4 193	64	104 293
天津	69 906	5 687	10 161	3 581	59	53 999
河北	535 106	18 826	52 425	31 337	16	463 849
山西	262 707	13 485	38 007	25 114	0	211 215
内蒙古	171 329	11 341	31 368	16 807	0	128 620
辽宁	430 454	20 229	54 631	18 941	28	355 566
吉林	236 292	11 467	31 175	12 162	8	193 642
黑龙江	309 094	15 135	39 756	12 351	6	254 197
上海	103 340	9 899	24 668	8 286	643	68 130
江苏	636 151	25 613	118 988	38 333	75	491 475
浙江	642 520	18 294	64 790	30 457	68	559 368
安徽	479 611	23 589	73 868	31 792	75	382 079
福建	295 340	15 017	41 100	22 222	344	238 879
江西	307 574	19 272	44 938	28 147	70	243 294
山东	908 718	31 063	100 513	44 332	148	776 994
河南	549 094	34 433	99 008	52 408	85	415 568
湖北	453 303	40 309	75 613	45 596	263	337 118
湖南	536 558	27 723	73 642	41 485	5	435 188
广东	877 911	54 699	107 545	43 534	889	714 778
广西	446 809	16 691	39 324	25 745	52	390 742
海南	78 369	4 498	7 253	5 406	32	66 586
四川	1 094 251	63 641	215 104	86 111	24	815 482
贵州	207 843	18 409	22 404	17 392	17	167 013
云南	256 609	20 731	37 019	26 960	2	198 857
西藏	25 495	609	822	730	15	24 049
陕西	225 136	16 102	43 113	18 690	144	165 777
甘肃	153 079	11 638	21 908	13 597	2	119 531
青海	31 250	2 602	3 290	1 560	9	25 349
宁夏	33 512	2 544	3 785	2 343	0	27 183
新疆	138 889	10 607	14 060	9 621	9	114 213

附录—42 各地区社会商业人员

(1992 年)

单位:人

地区	合计	国有单位	集体商业	供销合作社	合营	个体
全国	**31 898 372**	**9 261 455**	**9 941 150**	**4 273 617**	**57 276**	**12 638 491**
北京	557 191	246 686	176 747	55 164	3 007	130 751
天津	375 349	158 750	148 656	51 279	898	67 045
河北	1 627 829	376 742	436 650	251 080	1 975	812 462
山西	798 479	229 855	243 515	126 598	0	325 109
内蒙古	685 909	253 743	256 886	107 953	0	175 280
辽宁	1 741 173	623 311	645 732	231 047	905	471 225
吉林	1 043 828	399 500	386 000	139 870	3 033	255 295
黑龙江	1 394 066	567 195	492 894	145 524	143	333 834
上海	687 723	268 389	325 143	109 247	8 668	85 523
江苏	1 971 673	500 855	798 803	309 676	2 778	668 207
浙江	1 364 170	251 609	359 568	168 235	3 317	749 676
安徽	1 425 976	337 678	462 556	172 235	1 968	623 774
福建	755 168	176 025	198 400	86 569	3 923	376 820
江西	1 000 111	242 108	268 803	121 206	735	488 465
山东	2 736 533	569 787	818 041	349 889	3 901	1 344 804
河南	1 836 043	585 980	638 991	320 252	519	610 553
湖北	1 486 098	528 639	442 802	275 385	851	513 806
湖南	1 477 510	390 376	393 865	218 629	567	692 702
广东	2 635 955	753 519	732 546	241 598	12 860	1 137 030
广西	940 952	215 234	217 916	107 638	914	506 888
海南	195 974	58 536	33 614	22 863	490	103 334
四川	2 264 463	598 332	686 364	285 052	249	979 518
贵州	441 167	142 093	84 050	50 227	212	214 812
云南	596 406	191 332	134 932	82 729	15	270 127
西藏	49 982	14 969	3 355	3 052	157	31 501
陕西	808 456	247 939	286 260	95 220	4 933	269 324
甘肃	432 071	132 999	123 926	59 433	22	175 124
青海	85 492	32 505	19 200	7 829	108	33 679
宁夏	92 531	32 594	24 982	12 901	0	34 955
新疆	390 094	134 145	99 953	65 237	128	155 868

附录—43 各地区社会商品零售总额

（1992年，按用途和对象分） 单位：亿元

地区	社会商品零售总额	消费品	对居民	对社会集团	农业生产资料
全国	**10 993.70**	**9 704.80**	**8 621.30**	**1 083.50**	**1 288.90**
北京	430.01	407.77	340.09	67.68	22.24
天津	192.34	181.20	155.51	25.69	11.14
河北	497.19	405.00	365.01	39.99	92.19
山西	240.57	212.56	186.56	26.00	28.01
内蒙古	186.96	168.68	150.65	18.03	18.28
辽宁	589.44	540.62	464.76	75.86	48.82
吉林	298.17	261.47	233.57	27.90	36.70
黑龙江	442.18	403.03	355.47	47.56	39.15
上海	489.36	464.82	365.10	99.72	24.54
江苏	802.54	704.52	625.16	79.36	98.02
浙江	569.60	493.87	442.35	51.52	75.73
安徽	337.99	285.04	260.56	24.48	52.95
福建	319.77	289.38	274.69	14.69	30.39
江西	230.59	197.62	180.92	16.70	32.97
山东	796.47	653.23	591.70	61.53	143.24
河南	508.04	414.53	370.64	43.89	93.51
湖北	465.07	411.51	370.44	41.07	53.56
湖南	453.40	393.19	359.00	34.19	60.21
广东	1 060.41	984.16	912.80	71.36	76.25
广西	283.61	243.62	227.90	15.72	39.99
海南	58.33	55.02	50.88	4.14	3.31
四川	719.35	629.76	565.69	64.07	89.59
贵州	120.96	106.75	96.43	10.32	14.21
云南	234.55	204.60	183.39	21.21	29.95
西藏	16.84	15.23	10.32	4.91	1.61
陕西	237.28	208.37	178.02	30.35	28.91
甘肃	144.17	128.26	109.00	19.26	15.91
青海	37.59	35.29	31.77	3.52	2.30
宁夏	37.98	32.17	28.42	3.75	5.81
新疆	157.61	138.25	121.24	17.01	19.36

注：各地区数字之和小于全国总计，原因是部分地区对其他集体单位、个体和农民对非农业居民零售额统计不全（下同）。

附录—44 **各地区社会商品零售总额**

（1992年，按经济类型分） 单位：亿元

地区	社会商品零售总额	国有单位	集体单位	#供销合作社	合营	个体	农民对非农业居民零售
全国	**10 993.70**	**4 539.80**	**3 068.20**	**1 402.30**	**80.30**	**2 228.00**	**1 077.40**
北京	430.01	230.61	139.58	26.44	3.33	27.50	28.98
天津	192.34	86.03	45.43	14.94	1.67	40.77	18.44
河北	497.19	224.66	134.69	76.77	1.88	93.33	42.64
山西	240.57	110.72	62.72	31.46	0.03	46.22	20.88
内蒙古	186.96	91.92	52.21	25.56	0.03	28.93	13.87
辽宁	589.45	259.10	135.81	50.80	1.12	131.74	61.68
吉林	298.18	123.54	71.86	36.20	4.66	67.95	30.17
黑龙江	442.18	213.11	103.74	40.69	0.55	97.89	26.88
上海	489.36	255.04	174.74	65.08	5.75	22.88	30.95
江苏	802.54	292.81	325.96	135.44	3.12	113.49	67.17
浙江	569.60	195.27	159.87	80.31	4.42	141.55	68.48
安徽	337.99	134.41	104.21	41.44	0.67	62.12	36.58
福建	319.78	94.41	67.88	27.70	9.37	119.92	28.20
江西	230.59	88.16	60.10	37.37	0.10	46.20	36.03
山东	796.47	310.98	284.39	139.88	2.08	154.85	44.17
河南	508.05	217.68	151.69	75.48	0.49	104.47	33.72
湖北	465.07	197.90	127.55	66.85	0.02	76.62	62.98
湖南	453.40	162.57	120.25	66.87	0.31	102.49	67.78
广东	1 060.41	401.89	204.17	80.94	34.37	297.07	122.91
广西	283.61	107.61	65.81	43.38	0.52	81.11	28.57
海南	58.33	20.77	6.19	3.97	2.90	21.09	7.39
四川	719.35	260.67	214.99	94.54	2.14	161.80	79.75
贵州	120.96	47.13	28.23	17.65	0.30	30.39	14.91
云南	234.55	112.86	65.57	42.00	0.00	35.76	20.36
西藏	16.84	9.85	2.13	0.26	0.10	4.37	0.39
陕西	237.28	99.72	71.40	29.14	0.15	39.29	26.71
甘肃	144.17	65.71	36.30	22.02	0.04	30.51	11.61
青海	37.59	193.33	6.81	2.98	0.03	9.09	2.32
宁夏	37.98	18.17	9.64	5.77	0.03	5.77	4.37
新疆	157.60	87.26	34.20	20.36	0.18	23.90	12.07

附录—45 各地区主要消费品社会零售量

(1992年)

地区	粮食(万吨)	食用植物油(万吨)	猪和猪肉(万头)	鲜蛋(万吨)	水产品(万吨)	食糖(万吨)	卷烟(万箱)	酒(万吨)
北京	386.5	18.4	393.0	9.9	5.6	2.7	21.3	13.5
天津	133.4	12.1	178.0	8.7	6.2	1.9	14.1	8.0
河北	514.1	21.0	501.4	6.2	8.1	10.7	121.2	29.4
山西	285.4	14.6	238.1	5.8	3.6	4.5	48.8	6.7
内蒙古	286.9	10.2	158.8	1.9	3.7	3.5	32.8	13.2
辽宁	666.2	19.3	591.9	21.1	33.9	9.8	76.7	35.0
吉林	450.0	18.4	254.1	5.5	11.0	2.6	29.0	24.5
黑龙江	572.2	23.0	363.9	17.3	13.0	5.5	71.1	97.6
上海	313.1	12.0	577.8	9.2	21.2	5.5	60.3	22.6
江苏	546.0	34.8	1 210.6	15.8	38.3	19.0	134.6	58.2
浙江	383.2	19.7	796.4	8.0	45.5	17.9	88.6	91.1
安徽	556.4	23.3	650.6	7.7	16.2	13.6	103.8	29.5
福建	245.1	9.9	438.6	5.6	23.4	11.2	68.0	25.8
江西	221.6	11.2	567.2	6.4	11.8	9.6	26.1	18.5
山东	683.8	38.2	556.1	11.2	29.0	21.5	175.4	70.7
河南	543.9	27.4	886.7	12.7	5.8	16.9	166.1	35.3
湖北	433.3	28.4	1 207.5	15.7	37.5	9.3	75.0	29.0
湖南	392.7	13.6	1 278.7	10.1	16.3	12.1	105.9	21.3
广东	520.6	21.2	2 097.2	22.3	78.9	23.9	54.2	21.0
广西	316.7	6.7	767.9	4.2	7.7	20.4	60.1	10.7
海南	27.4	0.9	170.4	1.0	6.1	3.4	4.5	2.1
四川	653.5	41.9	1 925.8	12.2	9.8	22.0	251.3	61.4
贵州	150.2	8.1	200.2	2.9	3.2	2.2	47.0	10.7
云南	156.3	6.3	377.8	2.6	1.7	16.5	133.2	13.5
西藏	24.7	0.7	8.1	0.1	0.0	0.3	9.2	0.4
陕西	279.8	13.5	170.0	5.1	4.3	7.0	83.4	7.9
甘肃	173.5	5.6	194.4	2.4	1.9	1.8	20.2	3.8
青海	42.6	2.1	40.6	0.4	0.4	0.8	7.7	1.5
宁夏	42.0	1.1	25.5	0.9	0.8	1.0	10.7	1.1
新疆	174.7	10.9	89.5	2.4	2.1	5.9	18.7	5.3

附录—46 各地区高等学校分类别学校数

(1992年)　　单位:所

地区	合计	综合大学	理工院校	农业院校	林业院校	医药院校	师范院校	语文院校	财经院校	政法院校	体育院校	艺术院校	其他院校
全国总计	**1 053**	**59**	**288**	**58**	**11**	**121**	**253**	**14**	**82**	**25**	**15**	**31**	**96**
北　京	67	3	22	2	1	5	3	7	7	5	1	8	3
天　津	22	1	6	1		3	3	1	3		1	2	1
河　北	47	1	15	2	1	6	13		3		1		5
山　西	25	1	5	1		4	9		3				2
内蒙古	19	1	2	2	1	3	6		1				3
辽　宁	61	3	21	3		6	14	1	4	2	1	2	4
吉　林	42	3	14	3	1	4	8		4	1	1	1	2
黑龙江	42	1	14	2	1	5	10		4		1		4
上　海	50	2	23	2		5	5	1	6	3	1	2	
江　苏	67	5	24	2	1	8	9		4	1	1	1	11
浙　江	35	2	6	2	1	3	10	1	3	1		1	5
安　徽	36	1	8	1		5	13		4				4
福　建	33	2	5	2	1	2	9		2	1	1		8
江　西	28	3	7	2		5	8		1	1			1
山　东	51	3	14	2		9	15		3	1	1	2	1
河　南	47	1	11	4		5	14		4	1			7
湖　北	57	2	18	2		7	9		3	2	1	2	11
湖　南	45	2	16	1	1	4	13		4	1			3
广　东	43	9	8	5		5	7	1	3		1	2	2
广　西	24	1	3	1		4	8		2		1	1	3
海　南	4	1		1			2						
四　川	60	2	18	5		5	17	1	4	1	1	2	4
贵　州	23	1	1	1		4	10		2			1	3
云　南	26	1	3	1	1	3	11		1	2		1	2
西　藏	3	1		1									1
陕　西	45	2	17	1	1	3	10	1	4	1	1	2	2
甘　肃	17	1	3	1		2	6		1	1			2
青　海	7	1		1		1	3						1
宁　夏	6	1	1	1		1	2						
新　疆	21	1	3	3		4	6		2			1	1

附录—47 各地区中等专业学校数

(1992年)

单位:所

地区	合计	中等技术学校	工业学校	农业学校	林业学校	医药学校	财经学校	政法学校	体育学校	艺术学校	其他学校	中等师范学校
全国总计	**3 903**	**2 984**	**908**	**377**	**52**	**551**	**550**	**133**	**168**	**146**	**99**	**919**
北京	117	97	31	1	1	38	9	4	6	6	1	20
天津	73	62	25	3	1	8	11	3	5	4	2	11
河北	217	134	33	22	1	21	29	9	6	5	8	83
山西	124	100	26	16	1	15	21	4	6	10	1	24
内蒙古	100	79	26	11	2	15	1		14	8	2	21
辽宁	165	135	49	12	1	21	20	7	14	7	4	30
吉林	117	94	24	9	3	13	15	6	5	2	17	23
黑龙江	110	80	24	11	5	16	15	5	3	1		30
上海	103	92	39	3	1	24	12	3	3	6	1	11
江苏	195	160	67	10	1	21	31	5	12	10	3	35
浙江	142	113	33	11	2	21	23	8	3	5	7	29
安徽	135	90	30	12	2	19	18	3	2	3	1	45
福建	107	82	26	12	2	14	16	4	3	4	1	25
江西	98	71	23	11	2	13	11	5	3	2	1	27
山东	234	175	57	14	1	29	35	8	17	10	4	59
河南	174	129	29	14	3	22	31	7	8	12	3	45
湖北	223	188	63	22	5	35	29	9	8	12	5	35
湖南	135	103	31	22	1	16	20	2	3	4	4	32
广东	227	182	53	18	2	36	36	8	13	11	5	45
广西	123	98	27	18	3	22	18	4	1	2	3	25
海南	27	19	3	5		3	8	1	1	1		8
四川	287	178	56	28	1	38	36	5	3	6	5	109
贵州	113	84	21	15	2	14	21	3	2	2	4	29
云南	142	114	24	24	2	18	29	5	4	2	6	28
西藏	14	9	1	1		2	2	1	1	1		5
陕西	110	88	26	12	3	14	16	5	6	4	2	22
甘肃	115	93	31	13	2	14	14	2	10	2	5	22
青海	38	23	7	2		7	3	2		1	1	15
宁夏	26	22	5	3	1	3	5	2		1	2	4
新疆	112	90	18	22	1	19	18	3	6	2	1	22

附录—48 **各地区中等专业学校教职工数**

(1992 年)

单位:人

地区	教职工总数	校本部教职工	专任教师	教辅人员	行政人员	工勤人员
全国	**503 000**	**463 967**	**235 134**	**45 190**	**97 673**	**85 970**
北京	14 752	13 618	6 380	1 489	3 141	2 608
天津	10 213	9 562	4 630	945	2 143	1 844
河北	24 819	23 393	12 260	2 149	4 678	4 306
山西	17 172	16 325	8 467	1 408	3 480	2 970
内蒙古	15 606	14 784	7 379	1 600	3 106	2 699
辽宁	25 295	23 300	11 856	2 286	5 028	4 130
吉林	17 248	15 551	7 885	1 432	3 394	2 840
黑龙江	17 709	15 822	7 227	1 651	3 374	3 570
上海	14 948	13 752	6 299	1 680	2 798	2 975
江苏	24 821	22 904	11 839	2 324	4 589	4 152
浙江	15 424	14 076	7 169	1 408	3 027	2 472
安徽	16 190	14 905	7 898	1 388	3 160	2 459
福建	11 706	11 022	6 159	939	2 370	1 554
江西	13 430	12 218	6 201	1 077	2 541	2 399
山东	32 857	30 470	15 972	2 778	6 670	5 050
河南	26 132	24 100	12 526	2 221	5 254	4 099
湖北	28 653	26 439	14 465	2 472	5 166	4 336
湖南	21 516	18 970	9 238	2 198	3 991	3 543
广东	20 565	19 648	10 185	1 982	4 020	3 461
广西	16 461	14 378	7 406	1 390	2 830	2 752
海南	2 401	2 335	1 133	181	439	582
四川	37 926	34 004	16 339	3 715	7 272	6 678
贵州	11 876	11 285	5 820	910	2 589	1 966
云南	14 518	14 217	7 377	1 306	2 674	2 860
西藏	1 315	1 241	654	56	264	267
陕西	17 611	15 155	7 111	1 580	3 558	2 906
甘肃	12 592	11 887	5 994	1 036	2 355	2 502
青海	3 020	2 993	1 571	237	604	581
宁夏	3 037	2 899	1 484	257	546	612
新疆	13 187	12 714	6 210	1 095	2 612	2 797

附录—49 各地区高等学校和中等专业学校学生数

（1992年）

单位：人

地 区	高等学校			中等专业学校		
	毕业生数	招生数	在校学生数	毕业生数	招生数	在校学生数
全国总计	**604 223**	**754 192**	**2 184 376**	**742 957**	**879 242**	**2 408 365**
北 京	37 075	41 517	139 978	16 190	17 119	56 406
天 津	14 857	17 320	52 127	11 353	13 264	38 837
河 北	23 387	32 956	84 083	35 569	45 190	118 747
山 西	14 246	18 471	55 717	29 535	31 018	88 659
内蒙古	9 350	10 012	31 779	16 754	18 133	52 792
辽 宁	35 208	45 129	134 671	33 377	39 517	110 011
吉 林	21 597	24 912	75 686	20 890	26 237	74 115
黑龙江	22 590	28 810	85 149	22 578	23 806	69 766
上 海	33 246	37 458	119 532	18 603	24 573	64 149
江 苏	42 617	51 688	152 716	42 813	51 161	149 413
浙 江	18 267	21 217	62 226	22 708	27 205	71 990
安 徽	19 489	23 824	65 947	27 498	30 174	81 221
福 建	17 344	20 693	57 179	18 291	23 978	65 329
江 西	17 086	20 152	59 294	21 113	26 051	66 040
山 东	34 994	57 878	130 188	52 088	55 353	158 309
河 南	25 905	33 792	89 496	49 440	54 704	148 971
湖 北	34 814	43 355	137 168	47 692	64 294	167 960
湖 南	25 920	32 939	95 389	33 761	42 352	106 578
广 东	30 294	35 519	97 432	42 277	48 773	130 791
广 西	10 914	16 177	42 026	23 645	27 034	74 768
海 南	2 357	3 125	8 498	3 769	4 886	12 111
四 川	43 144	52 055	150 139	52 971	65 921	170 799
贵 州	7 247	8 339	26 685	18 072	20 183	56 954
云 南	13 294	15 622	45 357	22 678	26 716	77 511
西 藏	393	683	2 239	1 006	1 303	4 713
陕 西	26 142	32 923	100 694	19 633	23 950	65 771
甘 肃	10 371	12 065	34 591	15 773	17 832	51 596
青 海	1 632	1 947	6 315	3 756	3 814	10 611
宁 夏	2 104	2 722	8 475	4 174	4 090	11 345
新 疆	8 339	10 892	33 600	14 950	20 611	52 102

附录—50 各地区普通中学分城乡学校数

(1992年)

单位:所

地区	合计	#高中	城市	#高中	县镇	#高中	农村	#高中
全国总计	**84 021**	**14 850**	**11 715**	**4 830**	**16 772**	**5 989**	**55 534**	**4 031**
北京	685	279	292	188	138	56	255	35
天津	672	169	268	86	89	47	315	36
河北	5 314	602	669	215	1 174	317	3 471	70
山西	3 641	403	381	147	462	146	2 798	110
内蒙古	1 984	401	314	147	511	225	1 159	29
辽宁	2 457	383	698	194	368	133	1 391	56
吉林	1 911	315	435	137	590	170	886	8
黑龙江	2 738	550	686	230	714	241	1 338	79
上海	724	245	380	140	85	48	259	57
江苏	5 349	981	542	199	1 403	448	3 404	334
浙江	3 283	501	292	124	2 073	364	918	13
安徽	4 284	622	442	188	466	197	3 376	237
福建	1 491	401	160	90	445	210	886	101
江西	2 802	559	330	154	563	268	1 909	137
山东	5 897	632	689	211	409	123	4 799	298
河南	6 893	789	726	227	926	260	5 241	302
湖北	4 320	613	794	274	399	138	3 127	201
湖南	5 107	833	567	259	823	303	3 717	271
广东	3 783	822	509	262	430	215	2 844	345
广西	2 853	448	176	73	393	186	2 284	189
海南	468	175	27	14	61	42	380	119
四川	6 229	1 136	715	357	1 953	656	3 561	123
贵州	1 638	369	211	89	313	162	1 114	118
云南	2 120	496	225	129	561	258	1 334	109
西藏	62	20	13	9	48	11	1	
陕西	2 900	601	449	217	640	270	1 811	114
甘肃	1 595	471	226	152	217	152	1 152	167
青海	488	200	79	66	148	86	261	48
宁夏	430	119	64	32	70	44	296	43
新疆	1 903	715	356	220	300	213	1 247	282

附录—51 各地区普通中学按城乡和主办部门分的专任教师数

（1992年）

单位：人

地区	合计	按城乡分			按主办部门分		
		城市	县镇	农村	教育部门办	其他部门办	集体办
全国总计	**3 141 132**	**700 375**	**817 095**	**1 623 662**	**2 565 276**	**321 000**	**254 856**
北京	42 305	24 327	8 179	9 799	39 795	2 510	
天津	34 886	17 625	5 675	11 586	32 049	2 794	43
河北	161 789	34 968	49 374	77 447	137 379	11 809	12 601
山西	110 213	23 605	24 568	62 040	84 705	14 618	10 890
内蒙古	79 543	21 792	28 017	29 734	54 707	15 407	9 429
辽宁	137 044	48 697	24 686	63 661	108 655	14 868	13 521
吉林	86 962	29 859	31 092	26 011	63 687	15 010	8 265
黑龙江	129 868	43 115	40 594	46 159	77 389	39 279	13 200
上海	42 328	24 317	5 469	12 542	40 737	1 591	
江苏	177 912	31 285	59 261	87 366	147 583	5 345	24 984
浙江	95 268	16 731	61 232	17 305	91 578	1 805	1 885
安徽	132 380	24 918	24 077	83 385	115 214	8 449	8 717
福建	78 327	12 480	32 179	33 668	75 119	2 248	960
江西	113 346	20 533	34 401	58 412	96 615	14 296	2 435
山东	258 308	44 397	27 180	186 731	194 719	11 892	51 697
河南	234 894	37 989	45 004	151 901	178 346	14 150	42 398
湖北	164 556	45 800	21 993	96 763	141 275	17 316	5 965
湖南	166 189	29 435	38 248	98 506	140 207	15 473	10 509
广东	145 370	31 644	26 211	87 515	129 463	7 127	8 780
广西	85 843	10 501	19 563	55 779	71 683	7 731	6 429
海南	18 209	1 696	4 793	11 720	13 278	4 835	96
四川	248 820	39 684	94 105	115 031	216 537	23 850	8 433
贵州	59 006	10 413	16 559	32 034	49 404	8 291	1 311
云南	75 239	10 772	26 092	38 375	66 235	8 533	471
西藏	2 377	892	1 474	11	2 326	51	
陕西	99 841	23 097	30 208	46 536	75 999	15 513	8 329
甘肃	62 307	14 226	12 659	35 422	50 483	9 203	2 621
青海	16 377	4 013	5 895	6 469	13 170	3 134	73
宁夏	17 160	3 722	4 449	8 989	13 872	2 913	375
新疆	64 465	17 842	13 858	32 765	43 067	20 959	439

附录—52 各地区普通中学分城乡在校学生数

(1992年) 单位：万人

地区	合计	#高中	城市	#高中	县镇	#高中	农村	#高中
全国总计	**4 770.8**	**704.9**	**878.8**	**215.3**	**1 243.6**	**343.9**	**2 648.5**	**145.7**
北京	47.7	8.3	25.2	5.3	10.5	2.3	11.9	0.7
天津	38.1	6.5	17.8	3.5	6.7	1.9	13.6	1.1
河北	239.3	31.1	43.9	8.7	71.1	19.5	124.2	2.9
山西	142.3	23.9	28.0	7.5	33.3	11.8	81.0	4.5
内蒙古	104.8	19.3	24.8	7.4	38.9	11.0	41.1	0.8
辽宁	197.0	26.3	64.9	12.3	34.2	11.3	97.9	2.7
吉林	129.8	17.4	40.6	8.3	45.4	8.8	43.8	0.3
黑龙江	176.2	26.5	52.9	11.6	57.2	12.6	66.1	2.3
上海	55.3	10.7	26.6	6.5	8.1	3.0	20.6	1.2
江苏	294.6	42.8	41.2	8.3	96.8	22.8	156.6	11.7
浙江	188.4	23.1	25.7	6.1	122.6	16.5	40.1	0.5
安徽	227.6	26.7	31.7	6.3	37.4	11.2	158.5	9.2
福建	123.4	17.9	16.3	4.4	51.7	10.6	55.4	2.9
江西	185.9	26.7	26.0	7.6	55.2	15.6	104.7	3.6
山东	382.5	49.0	60.5	16.5	39.4	13.9	282.6	18.5
河南	359.8	46.2	49.2	11.8	66.4	21.7	244.1	12.7
湖北	227.3	33.7	57.4	13.8	28.4	10.0	141.6	9.9
湖南	252.9	40.8	36.7	9.5	56.0	18.7	160.1	12.6
广东	255.0	34.9	48.1	11.8	44.8	13.6	162.1	9.5
广西	159.8	23.0	15.4	3.6	32.6	12.6	111.8	6.9
海南	26.2	5.2	2.6	0.7	7.9	2.9	15.7	1.6
四川	359.3	53.8	40.1	12.3	133.3	35.0	185.9	6.6
贵州	104.0	13.3	12.7	3.4	26.7	7.7	64.6	2.2
云南	131.7	18.7	14.5	4.4	44.2	11.7	73.0	2.6
西藏	2.3	0.4	0.9	0.2	1.4	0.2		
陕西	137.3	28.5	28.5	8.1	41.7	15.8	67.2	4.5
甘肃	94.0	18.5	18.3	5.3	19.4	8.1	56.3	5.0
青海	21.4	4.8	4.9	1.3	7.7	2.5	8.8	1.0
宁夏	28.8	5.8	4.8	1.4	7.7	3.0	16.4	1.5
新疆	78.3	21.3	18.6	7.4	16.9	7.6	42.8	6.3

附录—53 各地区农业中学和职业中学基本情况

(1992年)

单位:人

地　区	学校数(所)	毕业生数	招生数	在校学生数	教职工数	#专任教师
全国总计	**9 860**	**967 229**	**1 521 377**	**3 427 628**	**376 268**	**247 932**
北　京	179	16 713	19 132	51 270	9 471	5 347
天　津	93	9 838	11 542	28 590	4 095	2 685
河　北	383	40 252	70 162	160 727	18 410	12 570
山　西	376	31 856	47 556	96 070	11 212	7 411
内蒙古	382	35 981	65 490	145 108	16 500	11 463
辽　宁	598	50 882	60 251	155 112	20 774	13 045
吉　林	338	51 777	69 614	151 571	14 995	9 642
黑龙江	477	45 088	59 293	142 705	20 816	12 823
上　海	82	16 812	27 341	48 764	5 233	2 527
江　苏	390	50 454	83 749	198 153	20 806	13 474
浙　江	367	35 452	49 369	108 218	10 600	7 258
安　徽	591	48 640	74 511	187 167	16 641	11 922
福　建	289	25 273	49 253	96 501	9 928	6 757
江　西	396	39 325	56 752	127 805	13 872	8 649
山　东	605	92 755	139 129	315 396	34 935	21 959
河　南	636	48 603	95 335	203 968	21 319	15 101
湖　北	499	37 408	60 613	147 172	18 464	13 091
湖　南	601	39 776	69 466	150 597	16 448	11 196
广　东	564	67 448	77 931	205 397	19 835	14 625
广　西	206	18 033	33 152	84 568	7 746	5 157
海　南	42	3 272	4 153	10 202	1 309	943
四　川	580	55 956	103 381	229 966	28 343	17 498
贵　州	235	15 604	26 102	64 828	5 757	3 968
云　南	228	20 646	66 104	102 601	6 835	4 573
西　藏	1	74	15	112	23	23
陕　西	258	24 930	42 295	82 586	9 314	5 554
甘　肃	189	15 397	21 020	45 964	5 443	3 615
青　海	74	4 466	5 578	8 455	697	502
宁　夏	41	5 519	6 047	12 725	1 028	785
新　疆	160	18 999	27 041	65 330	5 194	3 769

附录—54 各地区小学按城乡和主办部门分的专任教师数

（1992年）　　单位：人

地区	合计	按城乡分			按主办部门分		
		城市	县镇	农村	教育部门办	其他部门办	集体办
全国总计	**5 526 491**	**733 463**	**824 553**	**3 968 475**	**3 134 452**	**347 080**	**2 044 959**
北京	57 510	29 191	10 800	17 519	55 197	2 313	
天津	49 030	23 268	6 380	19 382	45 223	2 932	875
河北	269 130	39 424	38 972	190 734	148 824	12 950	107 356
山西	167 090	22 339	20 986	123 765	80 225	15 672	71 193
内蒙古	155 243	21 165	25 883	108 195	72 924	18 590	63 729
辽宁	210 141	52 090	21 114	136 937	134 895	17 593	57 653
吉林	146 337	29 839	28 372	88 126	81 290	16 412	48 635
黑龙江	216 377	41 068	35 740	139 569	104 375	46 712	65 290
上海	58 418	29 460	4 891	24 067	56 113	2 305	
江苏	266 616	36 994	70 770	158 852	161 359	6 738	98 519
浙江	136 259	18 830	81 590	35 839	112 813	1 916	21 530
安徽	268 443	27 223	28 700	212 520	139 254	10 748	118 441
福建	154 807	12 571	27 048	115 188	131 130	3 037	20 640
江西	224 322	15 194	43 128	166 000	120 432	13 092	90 798
山东	416 662	48 033	29 729	338 900	164 754	11 004	240 904
河南	375 459	36 713	39 801	298 945	148 884	14 164	212 411
湖北	296 386	48 459	22 327	225 600	125 697	18 323	152 366
湖南	300 390	30 497	42 392	227 501	162 195	15 768	122 427
广东	289 920	38 393	26 906	224 621	174 989	9 387	105 544
广西	196 118	13 604	17 800	164 714	131 783	10 922	53 413
海南	41 261	2 205	4 711	34 345	26 688	10 893	3 680
四川	424 047	36 303	86 830	300 914	266 488	19 814	137 745
贵州	166 769	11 256	22 472	133 041	98 326	7 255	61 188
云南	175 321	8 026	24 179	143 116	135 768	9 044	30 509
西藏	8 647	789	2 700	5 158	5 632	290	2 725
陕西	178 648	23 959	29 162	125 527	81 855	12 420	84 373
甘肃	126 073	13 746	9 927	102 400	61 066	9 063	55 944
青海	26 507	3 517	5 306	17 684	16 956	2 924	6 627
宁夏	27 831	3 501	3 559	20 771	20 218	2 959	4 654
新疆	96 729	15 806	12 378	68 545	69 099	21 840	5 790

附录—55 各地区小学分城乡学校数和在校学生数

（1992年）

地区	学校数（所）	城市	县镇	农村	在校数生数（万人）	城市	县镇	农村
全国总计	**712 973**	**27 823**	**72 469**	**612 681**	**12 201.3**	**1 423.1**	**1 718.2**	**9 060.0**
北京	3 306	745	641	1 920	100.2	48.8	19.4	31.9
天津	3 238	499	315	2 424	87.2	42.7	10.4	34.1
河北	48 189	1 921	4 095	42 173	747.7	82.0	90.7	575.0
山西	41 712	711	2 520	38 481	308.3	42.0	37.4	229.0
内蒙古	14 326	649	929	12 748	236.3	35.9	39.2	161.1
辽宁	15 230	1 436	668	13 126	373.6	111.2	36.8	225.7
吉林	10 635	893	1 161	8 581	260.0	61.0	50.0	148.9
黑龙江	16 678	1 139	1 137	14 402	378.0	81.6	61.7	234.8
上海	2 298	758	119	1 421	114.5	64.6	9.5	40.5
江苏	28 753	1 648	7 271	19 834	585.0	70.3	150.6	364.2
浙江	27 268	1 110	15 119	11 039	355.2	42.0	215.7	97.5
安徽	33 749	1 086	2 526	30 137	604.5	50.7	55.9	497.9
福建	18 287	444	1 209	16 634	353.9	26.0	59.8	268.2
江西	26 822	522	3 796	22 504	419.1	24.9	82.1	312.0
山东	56 885	2 197	2 311	52 377	826.2	88.7	52.5	684.9
河南	42 370	1 649	2 680	38 041	936.7	69.3	86.8	780.6
湖北	31 183	2 085	1 430	27 668	612.4	90.2	43.6	478.7
湖南	47 661	1 517	4 350	41 794	685.5	56.6	92.6	536.3
广东	24 654	1 568	1 127	21 959	804.0	92.5	76.4	635.1
广西	15 847	522	599	14 726	595.0	27.6	35.7	531.7
海南	4 725	118	151	4 456	103.6	5.6	11.5	86.5
四川	72 507	1 311	10 512	60 684	878.5	63.5	180.5	634.6
贵州	20 284	510	1 455	18 319	435.9	20.9	49.5	365.5
云南	28 124	293	2 108	25 723	445.4	13.7	49.2	382.6
西藏	2 831	21	133	2 677	19.2	1.5	3.8	13.8
陕西	36 693	1 308	2 693	32 692	379.1	49.5	61.7	267.9
甘肃	24 063	488	506	23 069	247.1	23.9	19.0	204.2
青海	3 593	114	318	3 161	45.7	5.9	8.8	30.9
宁夏	3 940	106	106	3 728	65.2	6.3	6.5	52.4
新疆	7 122	455	484	6 183	198.1	23.8	20.8	153.5

附录—56 各地区幼儿园基本情况

（1992年）

地区	园数（所）	班数（个）	幼儿数（万人）	教职工数（人）	#教师
全国总计	**172 506**	**741 525**	**2 428.2**	**1 121 377**	**815 014**
北京	3 510	14 127	40.5	48 007	18 513
天津	288	4 791	15.6	8 760	4 592
河北	2 564	42 481	143.3	54 383	44 463
山西	6 522	34 280	93.0	42 070	34 007
内蒙古	1 102	14 381	42.7	21 723	14 184
辽宁	5 651	33 155	101.9	72 501	43 424
吉林	2 059	16 164	47.5	33 193	20 533
黑龙江	1 975	21 147	59.6	40 414	25 449
上海	4 333	13 990	43.9	38 541	26 025
江苏	20 699	56 317	201.5	89 486	74 672
浙江	9 860	29 035	94.3	41 052	34 024
安徽	1 869	18 537	66.0	25 077	20 763
福建	10 731	26 232	88.4	37 807	33 277
江西	4 353	13 067	44.2	20 776	16 731
山东	39 543	84 317	258.3	122 542	102 705
河南	20 905	41 031	154.8	26 956	14 732
湖北	2 808	27 811	95.6	52 284	36 619
湖南	2 508	40 042	113.0	52 068	42 346
广东	6 917	46 382	177.6	73 770	49 308
广西	1 608	27 805	99.5	24 816	17 733
海南	327	3 099	11.4	4 483	2 995
四川	15 332	64 787	215.7	87 045	69 437
贵州	1 319	7 600	27.1	13 554	11 154
云南	1 054	12 494	40.3	18 581	13 980
西藏	36	100	3	300	159
陕西	1 676	24 850	73.2	25 271	18 172
甘肃	597	9 028	31.4	11 477	7 341
青海	189	1 711	5.8	2 741	1 504
宁夏	283	2 042	6.5	3 563	1 992
新疆	1 888	10 722	35.6	28 136	14 180

附录—57 各地区研究与开发机构及情报文献机构数

（县级以上政府部门属、1992 年）

单位：个

地　区	合　计	自然科学技术领　域	社会、人文科学领　域	科技情报和文献机构
全国总计	**5 855**	**5 116**	**324**	**415**
北　京	469	377	50	42
天　津	158	141	6	11
河　北	152	138	1	13
山　西	213	173	26	14
内蒙古	146	120	12	14
辽　宁	366	333	17	16
吉　林	176	144	20	12
黑龙江	270	235	19	16
上　海	271	235	22	14
江　苏	332	299	17	16
浙　江	169	152	4	13
安　徽	205	177	9	19
福　建	133	113	5	15
江　西	129	115	1	13
山　东	319	288	10	21
河　南	195	167	13	15
湖　北	264	242	10	12
湖　南	190	175	2	13
广　东	300	273	13	14
广　西	167	139	8	20
海　南	45	37	2	6
四　川	308	263	13	32
贵　州	115	103	2	10
云　南	167	147	15	5
西　藏	15	13	1	1
陕　西	207	188	4	15
甘　肃	136	121	7	8
青　海	49	43	4	2
宁　夏	60	50	6	4
新　疆	129	115	5	9

附录—58 各地区研究与开发机构及情报文献机构人员数

（县级以上政府部门属、1992 年）　　单位：人

地区	合计	自然科学技术领域		社会、人文科学技术领域		科技情报和文献机构	
		职工人数	#科学家、工程师	职工人数	#科学家、工程师	职工人数	#科学家、工程师
全国总计	**1 075 767**	**1 028 918**	**459 326**	**20 204**	**13 549**	**26 645**	**14 868**
北京	200 094	182 631	98 317	5 758	4 198	11 705	6 917
天津	36 050	34 130	15 419	572	341	1 348	748
河北	24 444	23 639	10 947	309	215	496	291
山西	21 876	20 795	8 597	707	467	374	238
内蒙古	14 998	14 136	5 565	454	272	408	186
辽宁	55 963	54 455	24 521	691	482	817	427
吉林	30 982	29 756	11 904	873	544	353	200
黑龙江	27 204	25 913	11 845	849	579	442	263
上海	96 149	93 107	42 431	1 469	1 004	1 573	807
江苏	55 933	54 603	25 211	610	421	720	428
浙江	19 566	18 972	9 092	228	166	366	195
安徽	19 890	19 153	8 743	337	241	400	252
福建	9 450	8 706	4 399	298	219	446	271
江西	18 629	17 989	5 597	250	153	390	241
山东	34 526	33 086	12 479	620	425	820	410
河南	34 106	33 090	14 948	576	340	440	222
湖北	48 910	47 759	20 156	586	362	565	231
湖南	28 565	28 034	11 103	252	114	279	183
广东	32 619	31 369	13 428	716	476	534	272
广西	17 263	16 571	6 349	266	187	426	245
海南	5 925	5 732	597	83	32	110	51
四川	100 968	98 235	37 847	1 082	789	1 651	813
贵州	10 840	10 323	4 566	229	127	288	142
云南	16 106	15 413	6 264	507	331	186	105
西藏	878	722	200	121	78	35	18
陕西	73 033	71 968	32 520	422	257	643	245
甘肃	21 431	20 575	8 558	533	252	323	163
青海	4 094	3 842	1 795	192	79	60	36
宁夏	5 699	5 293	1 723	263	193	143	94
新疆	9 576	8 921	4 205	351	205	304	174

附录—59 各地区国有企事业单位专业技术人员数

(1992年)

单位:人

地　区	合　计	工程技术人员	农业技术人员	卫生技术人员	科学研究人员	教学人员
全国总计	**17 596 532**	**5 204 950**	**476 863**	**2 827 599**	**337 146**	**8 749 984**
北　京	703 042	311 930	5 795	103 980	74 211	207 126
天　津	378 422	156 088	2 360	66 104	12 505	141 365
河　北	784 964	204 833	17 455	118 006	9 132	435 538
山　西	503 136	156 538	10 747	79 779	5 885	250 187
内蒙古	385 117	103 748	17 976	59 848	3 374	200 171
辽　宁	1 050 337	399 069	19 595	179 141	18 033	434 499
吉　林	584 227	177 428	16 906	92 191	10 247	287 455
黑龙江	834 410	277 849	30 423	143 534	8 040	374 564
上　海	597 647	278 540	3 914	94 005	22 549	198 639
江　苏	1 001 575	336 195	18 835	150 285	21 501	474 759
浙　江	540 070	141 640	13 402	89 477	7 385	288 166
安　徽	582 087	138 890	18 019	83 641	8 885	332 652
福　建	431 291	105 781	13 618	47 690	3 819	260 383
江　西	487 120	113 793	11 520	84 555	3 765	273 487
山　东	1 047 862	280 064	31 909	176 210	10 701	548 978
河　南	822 189	194 681	21 542	140 504	11 714	453 748
湖　北	891 978	255 345	21 510	172 586	15 270	427 267
湖　南	772 300	189 318	19 648	116 283	11 957	435 094
广　东	795 236	221 428	14 960	118 879	10 096	429 873
广　西	536 926	119 683	18 847	89 528	5 050	303 818
海　南	91 478	15 444	3 109	15 683	786	56 456
四　川	1 352 613	369 096	34 831	209 126	22 322	717 238
贵　州	385 894	96 115	18 744	60 966	3 300	206 769
云　南	514 090	112 821	26 748	86 365	5 791	282 365
西　藏	22 974	4 101	1 524	6 954	641	9 763
陕　西	562 828	195 969	15 709	83 087	14 619	253 444
甘　肃	333 062	97 748	11 197	50 436	7 905	165 776
青　海	96 469	27 447	4 713	17 666	1 616	45 027
宁　夏	102 648	27 554	5 865	16 950	953	51 326
新　疆	404 540	95 814	25 432	74 149	5 094	204 051

附录—60 各地区卫生机构、床位、人员数

(1992年)

地区	机构合计(个)	#医院	床位合计(万张)	#医院	人员合计(万人)	#卫生技术人员
全国总计	**204 787**	**61 352**	**304.9**	**274.4**	**514.0**	**407.4**
北京	4 868	535	6.3	6.0	16.4	11.6
天津	3 287	301	3.8	3.6	9.0	7.0
河北	10 715	3 640	15.2	13.2	23.2	18.9
山西	5 933	2 518	10.8	10.0	16.0	13.1
内蒙古	5 253	1 928	6.4	6.1	12.7	10.0
辽宁	7 922	2 016	20.1	17.9	31.0	23.3
吉林	4 189	1 344	9.5	8.6	16.8	12.8
黑龙江	8 853	1 694	12.7	11.6	23.8	18.2
上海	7 363	454	7.1	6.4	15.9	11.8
江苏	12 277	2 493	17.0	15.1	29.4	22.9
浙江	8 861	3 463	10.2	9.3	17.1	13.8
安徽	7 035	3 049	11.5	10.2	17.4	14.2
福建	4 914	1 218	7.1	6.3	10.9	9.1
江西	5 620	2 321	9.3	8.4	14.7	11.9
山东	10 865	2 924	18.7	17.1	31.6	24.7
河南	8 375	2 857	18.9	17.0	29.0	23.9
湖北	10 590	2 115	16.6	13.5	28.2	22.1
湖南	10 579	4 229	15.0	13.7	22.3	18.3
广东	8 989	1 943	13.6	12.5	25.7	20.5
广西	5 839	1 516	7.9	7.4	14.2	11.3
海南	2 517	438	2.2	2.2	3.8	3.0
四川	20 333	8 349	25.1	22.3	39.6	31.9
贵州	4 734	1 626	5.8	5.2	10.6	8.8
云南	6 765	1 950	9.1	8.1	13.2	10.6
西藏	1 223	491	0.6	0.6	1.0	0.8
陕西	6 404	2 604	9.3	8.5	15.1	12.3
甘肃	4 192	1 561	5.2	4.9	9.2	7.6
青海	1 187	510	1.7	1.6	2.5	2.0
宁夏	1 120	156	1.2	1.1	2.6	2.1
新疆	3 985	1 109	7.0	6.4	11.0	8.6

中国统计出版社最新统计资料书简目